普通高等学校"十四五"规划社会学专业精品教材

应用社会学导论

风笑天 ◎ 主编

华中科技大学出版社
http://www.hustp.com
中国·武汉

内容提要

本书结合国内外社会学发展的最新状况,对应用社会学的重要分支和相关领域进行了比较全面的介绍。书中不仅包含了经济社会学、教育社会学、人口社会学、城市社会学、农村社会学等重要的应用社会学分支,也涉及公共社会学、性别社会学、医学社会学、宗教社会学、艺术社会学等一些目前相对较少介绍但同样重要的应用社会学分支领域。全书在内容上侧重于社会学理论和方法在社会生活的各个领域中的实际应用。除了介绍应用社会学各个分支领域中的基本概念和相关理论外,着重介绍了每一个分支领域中最重要的研究主题及典型研究实例。

本书既适合作为社会学、社会工作专业本科生"应用社会学"课程的基础教材,也适合作为社会科学各相关专业(比如经济学、政治学、教育学、人口学、传播学、管理学等)的本科生、硕士生选修课程的教材,还可以作为医学、城市规划、体育学、语言学、宗教学、历史学等专业的师生开设相关选修课程的学习参考书。同时,对于希望了解社会学及其应用的其他读者来说,也能从本书中得到帮助。

图书在版编目(CIP)数据

应用社会学导论/风笑天主编. —武汉:华中科技大学出版社,2022.8
ISBN 978-7-5680-8483-3

Ⅰ.① 应… Ⅱ.① 风… Ⅲ.① 应用社会学 Ⅳ.① C91

中国版本图书馆CIP数据核字(2022)第119865号

应用社会学导论
Yingyong Shehuixue Daolun

风笑天　主编

策划编辑:钱　坤　张馨芳
责任编辑:殷　茵
封面设计:孙雅丽
版式设计:赵慧萍
责任校对:张汇娟
责任监印:周治超

出版发行:华中科技大学出版社(中国·武汉)　　电话:(027)81321913
　　　　　武汉市东湖新技术开发区华工科技园　　邮编:430223
录　　排:华中科技大学出版社美编室
印　　刷:湖北金港彩印有限公司
开　　本:787mm×1092mm　1/16
印　　张:26　插页:2
字　　数:649千字
版　　次:2022年8月第1版第1次印刷
定　　价:78.00元

本书若有印装质量问题,请向出版社营销中心调换
全国免费服务热线:400-6679-118　竭诚为您服务
版权所有　侵权必究

PREFACE

前言

　　社会学是同社会生活实际结合最紧密的学科之一。作为一门综合研究人类社会行为及其相关现象的社会科学，社会学在其创立至今的近两百年中，发展出越来越多的应用领域，也形成了越来越多的社会学分支。社会学的研究主题遍及社会生活的各种领域。无论是社会的政治现象、经济现象、文化现象、教育现象、人口现象，还是与社会中各种不同人群相关的问题，比如老年问题、青年问题、社会分层与流动问题、社会治理问题等，社会学都大有用武之地。也正是在这些领域中，社会学研究者运用社会学的基础理论和研究方法，通过积极探索和分析，得出了众多的研究结果，不仅为人们正确认识各种社会现象、发现各种社会规律提供了科学的依据，同时也为人们解决社会现实问题、进行社会治理，提供了有价值的措施、建议和方案。

　　除了社会学以外，还有众多的社会科学也同样研究着社会。但是它们对社会的研究与社会学的研究有着一定的差别。如果说各门社会科学分别是从不同的侧面来观察、认识和研究社会与社会生活的特定领域的话，那么可以说，社会学主要是从整体上、从综合的角度来观察、认识和研究社会与社会生活的。也正因为如此，社会学不可避免地与各门具体的社会科学发生联系。换句话说，正是社会学学科的这种整体性、综合性特征，以及客观社会和社会生活的这种多重维度，使得社会学不可避免地会深入到纷繁复杂的社会生活的方方面面，形成众多不同特点的社会学应用领域，以及在此基础上建立众多的分支社会学。这种特定的社会学应用领域或各种分支社会学的集合，我们就称之为应用社会学。

　　从总体上看，我们可以将社会学学科的知识体系大致划分为三个大的部分：社会学理论部分、社会学方法部分、应用社会学（或称为分支社会学）部分。当然也有学者将其划分为基础社会学（包括社会学理论和社会学方法）与应用社会学两大部分。无论是哪种划分方法，应用社会学始终是相对独立的一大块，其基本内涵就是将社会学基本理论和社会研究方法应用到社会生活的具体领域或方面中。也可以说，社会学理论和社会学方法是社会学学科的基础，而应用社会学则可以看成是社会学理论与方法在具体社会生活领域中的实践与应用。

　　从高等院校社会学专业的课程设置来看，这三大部分都包含着一系列具体的课程。我们大体可以做如下归类：

　　（1）社会学理论部分。这一部分主要包括社会思想史（中国的、西方的）、社会学史（中国的、西方的）、经典社会学理论、当代社会学理论、现代社会学理论、后现代社会学理论等。作为社会学专业入门课程的社会学概论（或称为社会学导论）也可以放在这一部分中。

（2）社会学方法部分。这一部分的主要内容大体上包括社会学方法论、社会研究方法（包括各种定性研究方法、定量研究方法、混合研究方法等）、社会统计学（包括初级统计学、中级统计学、高级统计学等）、统计分析软件应用（比如 SPSS、SAS、STATE 等统计软件的应用）等。

（3）应用社会学（或称为分支社会学）部分。这是社会学学科知识体系中内容最多、范围最广、与社会现实联系也最为紧密的一部分。正是由于社会学涉及人类社会生活的方方面面，所以这一部分的内容究竟有多少目前很难确定。有人甚至说，人类社会的构成部分有多少种、社会生活的领域有多少个方面，应用社会学的具体分支就会有多少。因此，要列出所有的应用社会学课程名称，即使是可能的，也会因为有长长的一大串而不宜在这里逐一列出。实际情况是，一些相对成熟也相对重要的应用社会学课程在各高校中都会普遍开设。同时各高校又会基于自身师资的研究领域和研究兴趣的不同，而开出互不相同、各具特色的应用社会学课程。

在教材建设方面，前两部分的教材相对比较多，同时也相对成熟。在应用社会学这一部分中，那些相对成熟、相对普遍、相对重要的课程，比如经济社会学、教育社会学、城市社会学、农村社会学等，也出版了不少教材。但更多的其他应用社会学分支课程的专门教材则相对较少。这一状况无论是对于那些已系统学习过社会学基本理论和社会研究方法的社会学专业的学生进一步了解社会学的各种具体实践和应用领域，还是对于政治学、经济学、教育学、人口学、传播学、管理学等相关社会科学的学生结合本专业的学习，初步了解本专业与社会学专业的交叉研究领域和应用领域来说，都形成了一定的障碍。因此，编写一本类似于《社会学导论》《社会研究方法导论》那样的系统介绍应用社会学主要分支领域及其实际应用的入门性教材《应用社会学导论》就是十分必要的了。

20 世纪末，中国人民大学社会学系曾经组织编写和出版过一本《应用社会学》教材。2020 年该书又重新进行修订，出版了第三版。这也是我国社会学恢复重建以来出版的唯一一本该类教材。一方面，随着社会的变迁，应用社会学所涉及和包含的领域有了新的发展和变化；另一方面，人大版本的《应用社会学》教材中花了三分之一的篇幅（18 章中的 6 章）去介绍社会研究方法的知识，因而导致其所涉及的应用社会学具体研究领域相对较少（只有 10 个领域）。本书则希望在这两方面都有所提高。因此，我们一方面补充了一些相对新的和相对重要的应用社会学研究领域和分支的介绍，比如公共社会学、性别社会学、宗教社会学、青年社会学等；另一方面又将所包含的分支社会学领域的数量增加了一倍多，达到了 21 个，使得应用社会学中最为普遍的分支领域基本上都有所涉及。

我们编写本书的主要目标，是希望结合国内外社会学发展的最新状况，对应用社会学的重要分支和相关领域进行全面介绍，力图编写出一本适应社会发展变化，与社会学概论、社会学理论、社会学史、社会学方法相对应的，与众多社会科学相交叉，与众多社会领域相联系的，综合性的应用社会学教材。特别是突出社会学基本理论和基本方法在社会各个具体领域中的应用。根据这一目标，本书在编写中尽可能多地涵盖了应用社会学最主要的分支内容，以此作为学生了解应用社会学的各种分支或特定研究领域的一种导引；在具体内容上，主要包括应用社会学各个分支中的具体理论、研究主题及其典型例子。

需要说明的是，对众多应用社会学分支领域的介绍在有些方面会与社会学概论一类教材中的某些主题有所交叉，比如家庭、教育、社会分层与流动、社会问题等。但是，与社会学概论一类教材主要介绍社会学的基本概念、基本内容有所不同的是，本书并不介绍社会学的整体理论与研究方法，而是更加侧重于社会学理论和社会研究方法在社会生活各个领域中的实际应用。而且，本书所涉及的社会学应用领域相比于社会学概论教材中的相关主题，也要更为广泛一些，介绍也更为详细、更加深入一些。与此同时，本书与单本的分支社会学教材也有一定区别，即在内容上更加浓缩，也更突出其核心主题和应用实例。

由于编写团队的人员结构所限，应用社会学中还有一些重要的分支和研究领域本书尚未涉及，比如政治社会学、文化社会学、家庭社会学等。希望这一缺陷能够在今后再版时通过补充有所改进。

本书作为系统介绍应用社会学的导论性著作，既适合高等院校社会学、社会工作专业本科生应用社会学入门课程的基础教材，以帮助学生了解应用社会学整体结构和基本内容，也适合作为相关社会科学各专业（如政治学、经济学、教育学、人口学、传播学、管理学等）本科生、硕士生选修课程的教材，还可以作为医学、城市规划、体育学，以及语言学、宗教学、历史学等专业的师生开设相关选修课程的学习参考书。同时，希望了解社会学及其应用的其他读者，也能从本书中得到帮助。

CONTENTS

目 录

第一章　教育社会学 — 001
 第一节　教育与教育社会学 — 001
 第二节　教育社会学的研究主题 — 007
 第三节　教育社会学研究实例：教育不平等与再生产 — 011

第二章　经济社会学 — 021
 第一节　经济社会学概述 — 021
 第二节　利益、分工与道德：古典议题 — 027
 第三节　创新、嵌入与互动：后古典议题 — 033
 第四节　网络、组织与文化：当代议题 — 037
 第五节　结语：通向"新综合" — 041

第三章　农村社会学 — 044
 第一节　学科特征和学术传统 — 044
 第二节　村落空间的社会文化特征 — 045
 第三节　农民与农民学理论 — 049
 第四节　传统农村和农民的当代变迁 — 054

第四章　城市社会学 — 060
 第一节　城市社会学概述 — 060
 第二节　城市社会学的历史、流派与人物 — 064
 第三节　城市社会学的研究内容 — 068
 第四节　城市社会学研究实例 — 074

第五章　人口社会学 — 077
 第一节　人口社会学概述 — 077

第二节　人口社会学的研究内容　　— 081
第三节　人口社会学研究实例　　— 096

第六章　环境社会学　　— 102
第一节　环境社会学：建构中的科学　　— 102
第二节　环境社会学的理论视角　　— 105
第三节　环境问题与社会　　— 109

第七章　公共社会学　　— 116
第一节　公共社会学的起源及发展　　— 116
第二节　公共社会学的研究主题　　— 124
第三节　公共社会学研究实例　　— 131

第八章　传播社会学　　— 138
第一节　传播与传播社会学　　— 138
第二节　传播社会学的研究主题　　— 146
第三节　传播社会学研究实例　　— 153

第九章　艺术社会学　　— 157
第一节　艺术与艺术社会学　　— 157
第二节　艺术社会学的研究主题　　— 162
第三节　艺术社会学研究实例　　— 169

第十章　性别社会学　　— 173
第一节　性别与性别社会学　　— 173
第二节　性别社会学的研究主题　　— 177
第三节　性别社会学研究实例　　— 185

第十一章　宗教社会学　　— 191
第一节　宗教与宗教社会学　　— 191
第二节　宗教社会学的研究主题　　— 197
第三节　宗教社会学研究实例　　— 202

第十二章　医学社会学　　— 208
第一节　健康、医疗与医学社会学　　— 208
第二节　医学社会学的研究主题　　— 216
第三节　医学社会学研究实例：凯博文的学术关怀　　— 222

第十三章　青年社会学 —— 228
第一节　青年与青年社会学 —— 228
第二节　青年社会学的研究主题 —— 233
第三节　青年社会学研究实例 —— 244

第十四章　老年社会学 —— 249
第一节　老年社会学的产生与发展 —— 249
第二节　老年社会学相关理论的基本观点 —— 256
第三节　老年社会学研究实例 —— 261

第十五章　犯罪社会学 —— 266
第一节　社会学视野中的犯罪问题 —— 266
第二节　对犯罪的解释 —— 270
第三节　犯罪类别 —— 276
第四节　犯罪控制与犯罪预防 —— 279
第五节　犯罪社会学研究方法与研究实例 —— 281

第十六章　社会心理学 —— 285
第一节　社会心理学概述 —— 285
第二节　社会思维 —— 286
第三节　社会影响 —— 293
第四节　社会关系 —— 302

第十七章　社会分层与流动 —— 310
第一节　社会分层 —— 310
第二节　社会流动 —— 316
第三节　当代中国社会分层与社会流动 —— 320

第十八章　社会组织 —— 325
第一节　社会学视野中的社会组织 —— 325
第二节　社会组织相关研究议题 —— 330
第三节　社会组织研究实例 —— 337

第十九章　社会问题 —— 340
第一节　社会问题的界定 —— 340
第二节　社会问题的特性 —— 348
第三节　社会问题的类型与化解路径 —— 352

第二十章　社会工作　— 362
   第一节　社会工作与社会学　— 362
   第二节　社会工作的发展维度　— 366
   第三节　社会工作的一些议题　— 374

第二十一章　社会保障　— 382
   第一节　社会保障概述　— 382
   第二节　社会保障的理论基础与研究主题　— 391
   第三节　社会保障研究实例　— 397

后记　— 405

第一章

教育社会学

第一节
教育与教育社会学

我们先从教育社会学中"教育"和"社会"这两个关键词,以及两者之间的关系来展开本章内容。在第一节,我们通过以下两点讨论来深化对于教育社会学的学科认识。一是阐述教育社会学是怎样把握教育和社会的关系的;二是论述教育社会学两个重要的学科视角特点——"转向背后"和"强调关系"。

一、社会中的教育

教育伴随着人类社会一起形成、发展。教育与社会的关系,是一种互为影响、相互促进的关系。一方面,没有人类社会就不可能有教育,另一方面,也正因为有了教育,才有了人类社会的成型和发展。

教育是人的一种行为或者说人所建立的一种制度,受到社会的制约和影响。但同时,在一个没有教育的世界里,社会不成为社会。因为社会最重要的组成要素——人,如果脱离了教育,将不会成为真正意义上的人。即便其生理上形成了人体形状结构,但其行为和伦理道德意识上,跨不进人类社会。人之成为人,不是简单生理成熟就可以,重要的是社会成熟。所谓社会成熟,意味着人须得完成社会化——接受社会特有的伦理观念、道德规范、行事逻辑。这些都必须通过教育来完成。

社会化是一种把人从生理存在改造为社会存在的行为,可以把教育看成是社会化的一条主要途径,或者说是达成社会化的一个主要工具。"途径说""工具说"虽然有矮化教育之嫌疑,但不可否认,确实把握住了教育的一个重要本质特性。从这一角度说,教育与社会的关系是,没有教育就不可能有社会化了的人,而没有社会化的人,就很难想象会有人类社会。即便有原始的集群意义上的人类社会,也不能孕育出文明的、文化的、真正意义上的人类社会。

以上这一点具有普遍意义。也正因此,人类社会无论在其发展过程中演化出制度、结构、性质上如何不同的形态,每个社会都一定不会不重视教育。

中国具有很长的重教传统。翻开中国教育思想史的各种著作,都能读到古人对于教育意义的许多真知灼见。"由于我们的祖先很早就知道教育的重要,所以远在四五千年以前,就开始了有组织的教育活动。传说中的伏羲、神农、黄帝、尧、舜等,可以说是我国最早的教育家。"[①] 而在教育思想方面形成独自体系并完成系统化的孔子,也早在两千多年前提出了许多观点主张,阐述教育对于社会之重要:"道之以政,齐之以刑,民免而无耻;道之以德,齐之以礼,有耻且格","临之以庄则敬,孝慈则忠,举善而教不能则劝"。孔子认识到了"教育的力量对于治理国家、安定社会秩序所发生的重大作用","把教育放在治国治民的首要地位"。[②]

西方对于教育的重要性同样领会充分。古希腊的苏格拉底既是哲学家,同时也是伟大的教育家、教育思想家。苏格拉底特别关注教育和社会的研究,展开了对于"虔诚和不虔诚,美和丑,高贵与卑贱,公平与不公平,严肃与粗鲁,勇敢与胆怯,国家的本质和政治家"等问题的讨论,而"这些问题中最主要的,他认为是如何教育青年成为一个好公民。……教育失败了,国家也就弱了、危险了"。[③]

教育意义的认识虽然中外都比较一致,但具体如何展开,社会不同、发展历史阶段不同,认识会有很大差异。教育实践有其特殊性,不同的社会,教育思想与实践各有其特点。我们一方面可以在普遍意义上来谈论对于人类社会来说教育应该怎样,另一方面又可以在特殊意义上来探讨具体落实到每个不同社会时,教育又是怎样的。每个不同的社会,对于培养什么样的人以及怎样培养人,各有自己的认识。

比如教育史、教育思想史上经常提到的雅典与斯巴达的对比。这两个社会同处一个历史时间段,地理上也紧靠一起,互为邻国,而且都是古希腊城邦国家,但由于社会形态不同,教育呈现了鲜明的差异。一言以蔽之,雅典是"民主生活的教育",而斯巴达是"军事教育"。

雅典是一个完全由公民组成的公民—国家社会,创造了人类文明史上的一个辉煌。社会是民主、自由、理智的,公民是权力的主人,而教育也是根据这一理念来设计并展开的。雅典在教育上"强调把青少年培养成德、智、体、美和谐发展的公民",由此而"创设了非常丰富且广泛的教育内容,并在教育史上首先提出了人的多方面和谐发展的教育思想"。[④] 雅典在德智体美各方面都对教育进行了精心的设计,德育方面强调礼仪的培养,重视学生养成良好的道德品质和习惯;智育方面不仅注重读、写、算基本技能的掌握,还倡导三艺,突出文法、修辞、哲学的训练;体育方面则强调力与美的结合,展开五项竞技

---

① 郭齐家:《中国教育思想史》,教育科学出版社,1987年版,前言,第1页。
② 郭齐家:《中国教育思想史》,教育科学出版社,1987年版,第15页。
③ S.E.佛罗斯特:《西方教育的历史和哲学基础》,吴元训等译,华夏出版社,1987年版,第60页。
④ 樊国福:《斯巴达与雅典的教育之比较研究》,《继续教育研究》,2009年第12期。

（赛跑、跳跃、角力、掷铁饼、投标枪），注重身体的协调、匀称训练；美育方面则是唱歌、舞蹈、弹奏、绘画等。雅典主张"用体育锻炼出儿童健美的体格；用美育发展儿童的行为美、语言美；用德育剔除儿童心中的邪念，使他们具有坚强的意志和巨大的毅力；用智育使儿童获得真正有用的学问，成为身心既善且美，和谐发展的人"。①

斯巴达则完全不同。这是一个贵族的军事的国家。在斯巴达，所谓的教育是培养战士，而为儿童提供教育是国家的义务和责任，儿童也是完全属于国家的。即便早期教育阶段主要在家庭展开、由母亲具体负责，但从内容上看，早期教育也带有浓厚的国家色彩，包括了忍受痛苦、接受贫困、经受吃苦耐劳和身体能力的锻炼。"虽然仍是小孩，但被送到成人俱乐部去听讲或观看年长人的模范行为。所有这些早期教育都贯彻了斯巴达生活的理想和道德。"②

"斯巴达的教育制度是残酷的。跳舞、合唱、军事演习是锻炼儿童的腿脚，为了在战时使用灵活。在斯巴达课程中把音乐和文学放在很不重要的地位。……斯巴达人不喜欢雄辩和情感，因为它是放纵的信号。他们欣赏'简练'。他们用荷马诗、战歌、民歌来描绘对国家的勇敢和忠诚。"③

"儿童到18岁，他准备去受紧张的军事训练。他要献身于以后的12年。青年组的成员被送去进行对抗演习。他们常常伏击奴隶，作为战争的练习。……假如他在各种测验和表演中都证明他是好样的，那么到30岁他就成为一个公民，于是他有责任参加集会或入公共兵营，或作儿童的教师。"④

二、教育中的社会

教育是社会的基础，没有教育就没有社会，而社会也反过来制约教育、影响教育。除此之外，它们还有一层关系：教育可以看作是社会的投射、社会的表征。制度化了的学校教育尤其如此。

教育并非是在真空而是在社会中具体展开的。随着人们对于社会认识的深化、思考的深入以及渐成体系，就会对教育进行相应的制度化建设。制度化了的教育，是对社会的一种回应和模仿，而其中的典型如学校，本身也构成一个小社会，有着社会的形态和结构。我们对于学校的探索和认识，有助于加深对于更为广阔的外部社会的理解和认识。

美国社会学家帕森斯对这一点有过精辟的阐述，他以美国小学教育中的班级为例，展开过相关的讨论。

---

① 樊国福：《斯巴达与雅典的教育之比较研究》，《继续教育研究》，2009年第12期。
② S.E.佛罗斯特：《西方教育的历史和哲学基础》，吴元训等译，华夏出版社，1987年版，第50-51页。
③ S.E.佛罗斯特：《西方教育的历史和哲学基础》，吴元训等译，华夏出版社，1987年版，第51页。
④ S.E.佛罗斯特：《西方教育的历史和哲学基础》，吴元训等译，华夏出版社，1987年版，第51-52页。

帕森斯认为，家庭和学校都在青少年社会化或者说教育上肩负重任。但是两者比较，区别也很明显。在结构上，现代学校是一个更为正式的、制度化了的机构，构成学校的一个基本单位是班级，班级从功能角度看，是学生社会化的单位，而从社会角度看，又是筛选人才的地方。班级在学生社会化和筛选人才过程中发挥着以下作用：① 从家庭过分感情溺爱中解放孩子；② 灌输与特定发展阶段相适应的社会价值规范；③ 不同成绩不同评价，并根据成绩分流学生；④ 根据社会要求筛选人才、分配人才。班级在很大程度上决定了一个人社会流动可能性的大小。帕森斯指出，一个人将来社会地位的高低跟他学历高低密切相关，而社会地位和学历又都与工作职位相关。在学历、工作职位的获得上起决定作用的因素，如果一直往前推，可以推到小学时的学习成绩。学习成绩被认为是筛选人才过程中最主要的一个指标，决定着将来能否升入大学学习。[①]

帕森斯的这一认识很有洞见，他虽然论述的是美国的学校教育，但其观点与中国人根深蒂固的"不能让孩子输在起跑线上"的"起跑线"观念颇有些相似。只不过帕森斯聚焦的是小学的班级并认为小学班级实际上起着分流（人才筛选）功能，而我国可能更早。美国学校教育中，小学的班级实际上是一条"起跑线"，但中国家长把这条线更早地往前推到幼儿园甚至是胎教。

在学校教育资源配置不均衡、存在不公平的情况下，国家施行"双减"等政策扭转局面，对于择校等问题，也已经在开始探索各种解决方案。但孩子上什么样的学校，对于中国家长来说依然不是一件小事，而且即便是跨进了自己理想中的学校，进入哪个班级又是一个不可小觑的问题。中国的中小学多数不是走班制而是分班制，一般情况下，小学生在小学的六年都会在同一个班级度过。对孩子来说，这个班级就是他的世界，就是他的生活，就是他的社会。班级的文化氛围（比如班主任的带班风格是专制型的还是民主型的）、生源（同学之间都差不多来自同一阶层还是极端的社会分层）、人才筛选原理（班干部选拔基于什么标准）等，基本上决定了孩子毕业以后跨入中学、升入大学、走上社会的社会适应程度。

因此，从以上意义来说，教育中的社会，是教育社会学讨论教育与社会关系时的一个主要切入点。

三、教育社会学的独特视角

教育社会学是研究教育与社会的关系以及教育中的社会的一门学问。而在研究视角上，教育社会学又有独特之处，可以用"转向背后"和"强调关系"来概括。

我国教育社会学家吴康宁指出，社会学视角的独特性可以从比较中得到更为清晰的认识。比如哲学视角与社会学视角不同，同样研究人，哲学不关心具体的个人，也不关注特定的一群人，而是关注整个人类意义上、作为"类存在"而存在的人。哲学追寻意义，建构价值，是通向根基的研究。而社会学则研究特定的人群，以及由建立在人群基础之上延伸形成的宏观社会、民族国家等。社会学揭示差异，企求公平，是转向背后的研究。而作

---

① 参见塔尔科特·帕森斯：《作为一种社会体系的班级：它在美国社会中的某些功能》，载张人杰主编：《国外教育社会学基本文选》（修订版），华东师范大学出版社，2008年版。

为研究人群之学问的社会学在内容上包括两个基本方面。一是研究人群之间的差异，并首先关注的是弱势群体、弱势阶层；二是研究作为社会产物的人群属性，要去追问：某一特定的社会产物（制度、知识、活动）究竟是谁的？它代表了谁的利益？其真实的人群属性是什么？[1]

可以看出，"转向背后"的研究视角是与研究内容（具体的各种追问）紧密关联在一起的。"转向背后"一词本身意味着探究的深度，不是仅把目光停留在社会现象、社会问题的表面，而是要去纵深挖掘，去追问那些一眼看不见的"背后"的东西。

除了"转向背后"，"强调关系"是教育社会学的另一个独特视角。"强调关系"有两层意思：一指对于教育现象、教育问题的认识，要把它放到更为宏大的社会与历史语境中去探究，重在发现和描述这一语境的意义之网，以及作为网络节点的各种因素之间的相互关系；二指研究的态度或者说思维方式坚持韦伯所说的"价值中立"，不是去做善恶、美丑、对错这样的价值判断，而更多的是去做关系性思考，即去追问教育现象或问题在什么样的条件下、为什么被认为是具有如此这般的本质和特性。价值和本质是关系的产物而不是相反。

四、教育社会学的发展

教育社会学是经历了一个曲折、漫长的发展过程后趋于成熟的。基本上可以说，在制度建设方面，美国人开了先河。

教育社会学的课程开设迄今已有 100 多年历史。早在 1898 年，斯坦福大学教育学院就开设了"教师社会学"课程，1901 年又开设了"教育与社会"课程；1906 年，弗吉尼亚大学开设的一门社会学被冠名为"教育社会学"；1908 年，哥伦比亚大学教育学院也开出了"教育社会学"课程。这些课程把教育社会学定位为一门研究和分析学校的社会条件——学校外在条件状况和需求的学问。教育社会学以高度专业化的科学方法作为工具，探索作为教育理论和实践基础的外在社会现象法则。

1916 年，哥伦比亚大学创设了教育社会学专业。1917 年，史密斯出版了第一部教育社会学教材《教育社会学概论》。1923 年，史密斯又成为全美教育社会学学会第一任会长。学会的成立，意味着教育社会学的发展进入了一个新阶段。

1927 年，学会会刊《教育社会学研究》应运而生。此会刊从 1927 年至 1962 年期间总共刊出 36 期，代表了早期教育社会学在制度建设、学术研究方面的成就。但早期教育社会学是一门规范性学科，与真正的社会学尚有距离，它注重利用社会学概念来探讨和研究教育实践中的道德意义和目标，解决实际存在的问题。而教育社会学的早期学者当中，绝大多数也是十分迷信社会学的教育学者，主要是一批对如何有效解决教育实践中出现的各种实际问题感兴趣的师范院校教师，社会学者少得可怜。《教育社会学研究》1927 年至

---

[1] 吴康宁：《通向根基与转向背后——哲学视角与社会学视角的比较》，《教育参考》，2004 年第 5 期。

1932年刊载的论文中，72%出自教育学家之手，只有11%才是社会学家的研究。①

早期教育社会学自身的两个内在特性很大程度上限制了学问本身的发展和地位的提高。一是当时教育社会学者坚持一种社会学万能主义，认为任何教育现象都可以从社会学角度得到更好的解释；二是坚持一种实用主义，想利用教育社会学这门学问迅速有效地解决教育实践中的种种问题。这两点必然决定了教育社会学是一门辅助性的应用学科，埋没于各种教育方法、技术的讨论当中，成不了一门逻辑严密的真正学科。著名教育社会学家卡拉贝尔和哈尔西就曾尖锐地批评道，虽然20世纪初教育社会学就已经从涂尔干（即迪尔凯姆）、马克思和韦伯那里继承了丰富的思想遗产，但直到20世纪50年代，教育社会学领域依然没有出现什么令人刮目相看的成果。②确实，1949年美国社会学会撤销了教育学分会，认为它没有存在的必要。

早期教育社会学并没有突显出"转向背后"和"强调关系"这两个分析性的视角特点、学科特点。

20世纪50年代以后，教育社会学在质和量两方面都有了长足的发展。社会学者开始关注这门学科，科研项目科研经费情况大有好转。后期教育社会学在制度建设方面最引人注目的是，美国社会学会在1963年接过了主编《教育社会学研究》的工作，并把它改名为《教育社会学》。1969年10月，美国社会学会就各分支学科的会员数做过调查，在全部33个分支学科中，教育社会学学者人数约占4%，排在第九。再从学者年龄角度进行分析，从事教育社会学研究的、30岁以下的学者人数位列第八，30—40岁的学者数位列第七，40—50岁的学者数位列第九。可以看出，在当时的美国社会学会中，主要是一批研究热情高涨、有充沛精力体力的中青年学者在推动教育社会学发展。③

当时教育社会学研究的主角是一批结构功能主义社会学者，他们信仰进步主义教育观，坚信学校教育能够促进社会进步，带来社会平等，并试图以科学、实证的方法证明这一点。但60年代以后，由于结构功能主义理论未能有效解释和解决当时出现的种种社会问题、教育问题，于是逐渐为冲突理论所取代。

社会学者影响教育社会学研究之后，发生了从Educational Sociology到Sociology of Education的转型，后者后来一直成为研究的主流。Educational Sociology带着强烈的应用目的为教师服务，通过社会调查、社会分析寻求教育问题的解决途径；而Sociology of Education则注重事实判断，强调客观性与分析性，取向上远离所谓的"开处方"式应用。这一转型也凸显出了"转向背后"和"强调关系"两个分析性的视角特点、学科特点。

---

① 森重雄：《教育社会学小史——新しいシナリオ》，载《東京大学教育学部紀要》（第28卷），1988年。

② Karabel J, Halsey A H（eds.），*Power and Ideology in Education*，Oxford University Press，1977.

③ 森重雄：《教育社会学小史——新しいシナリオ》，载《東京大学教育学部紀要》（第28卷），1988年。

第二节
教育社会学的研究主题

教育社会学的研究主题主要有哪些？上一节把教育社会学的研究领域做了两分——研究教育与社会关系以及教育中的社会，我们还可进一步做研究主题上的细分。教育社会学的研究主题可大可小，可宏观可微观，如果放任罗列，马上能想到"社会与社区""学校与班级""教师与学生""教学与课程""家庭与亲子关系"等，但这样的罗列理论上没有穷尽，我们需要定下一个能将研究主题分门别类的框架。

教育就其本质说，是影响人的成长以及社会化的一种行为，本身内含了"有计划、有意识、有目的"或者说"计划、意识、目的一目了然"（可称为"明确的"）和"无计划、无意识、无目的"或者说"计划、意识、目的不易觉察"（可称为"潜在的"）两个向度；而社会这一概念，也内含了微观和宏观两个层面。据此，我们以"教育"和"社会"为横轴和纵轴建立一个坐标，然后按照坐标象限归纳出一些典型的教育社会学研究主题。

以"教育"为 X 轴，其一端为"明确的"，另一端为"潜在的"；以"社会"为 Y 轴，其一端为"宏观"，另一端为"微观"。四个象限分别为"宏观·明确的""宏观·潜在的""微观·明确的""微观·潜在的"。这四个象限，从研究主题上可以说分别对应"制度与政策""分层与流动""过程与互动""熏陶与影响"。

一、制度与政策

"宏观·明确的"象限Ⅰ中，经典的研究主题无疑是教育制度、学校制度、教育政策。制度一词本身意味着一种国家层面（至少也是地方层面）的有组织、有计划、有意图的建构，这一建构又经常落脚在文本，体现为形形色色的教育政策。这一象限领域的研究，主要聚焦在教育尤其是学校教育，是如何随着社会变化、时代变化发生变革的，教育政策又是如何体现和落实这一点的。教育政策经常围绕制度层面展开，但制度一词在此并不仅仅指种种宏观层面的硬性规定和架构，也包括了理念与思想。

一个国家为学校课程制定、颁布的政策就是一例。各类学校，尤其是中小学开设什么科目，选什么样的内容进入教材，绝非是一个微观问题，而是关系到国家命运、国家走向的宏观问题。围绕学校课程，教育社会学展开了许多有见地的研究。Wong 聚焦"社会科学"这一科目群（历史、地理、公民、社会等），把课程看作是国家意志的一种体现，在国家如何利用教学促进国家凝聚力和未来社会进步的问题意识下，通过量化研究的方法，深入、具体地去追问"民族国家对扩大社会科学教育的强调使中央权威与社会之间的固定联系达到了何种程度""不同类型政治结构利用社会科学反复灌输的民族主义价值观有多大的共同性或广泛性"等问题。Wong 在分析了有多少国家开设这些科目以及这些科目的教学时间变化后指出，存在着贯穿全部时间、跨国跨地区压倒性的一致：二战以后整个社会科学的课程从传统的历史和地理向"社会"这样的新整合学科内容形式的转变。与其说这是民族社会内在属性的反映，不如说是这个世界的社会模式一般变迁的反映。[①]

二、分层与流动

"宏观·潜在的"象限Ⅱ中，经典的研究主题是分层与流动。分层指的是社会分层，流动则指某一特定群体从一个社会阶层到另一个社会阶层的地位变化。迄今为止的人类社会，无论其追求平等的理念如何灿烂辉煌，结构上都是以分层面貌出现的。最为多见的金字塔型社会中，社会底层占了人口的绝大多数，却只拥有很少的资源财富；在追求平等上往前迈了一大步的橄榄型社会，拥有一个庞大的中产阶层群体，但社会分层依然是一个不可否认的事实。正因如此，什么样人的社会阶层、社会地位能够往上流动，什么样的人只能原地不动甚至向下层跌落，便成为社会学重点关注和探究的一个问题。从群体意义看，一个群体向上流动是否可能以及多大可能，不是由这个群体的每个成员是否聪明决定的，更为重要的是这个群体的社会条件和社会环境，这其中当然很主要的是教育条件、教育环境。

有关社会分层与流动的研究很多，其中部分研究的关注点放在了对分层机制以及机制所隐含的意图、目的的追问上。但正如"隐含"一词所体现的，这一研究主题的一个预设是，即使潜藏着特定的意图、目的，但这些东西也不太为人所觉察。这也因之诞生出了许多质性的"社会再生产""文化再生产"研究。而社会分层与流动的主流研究，大多采用量化的技术方法，与其说重在追问"隐含"，不如说主要是在科学、理性地分析各影响因素和被影响因素之间的相关关系。简言之就是，作为被影响因素（因变量）的社会分层和流动是如何可能的，其机制是什么，有哪些影响因素（自变量），各影响因素之间的关系以及各因素的影响力又是如何。

1967 年，社会学家布劳和邓肯的《美国的职业结构》一书问世，奠定了教育社会学"分层与流动"主流定量模式的思想和方法基础。布劳和邓肯的研究不仅详尽论述了社会流动和教育不平等的许多重要问题，关键是在方法上独有建树，引入了路径分析这种多元回归方法来讨论变量之间的因果关系。20 世纪 70 年代以后的教育社会学种种"分层与流动"的量化研究，都可以看作是布劳和邓肯研究的延伸。

三、过程与互动

"微观·明确的"象限Ⅲ中，经典的主题是班级社会学、教学社会学的研究。班级这样的小群体中的一些有目的、有计划的组织行为及其效果，尤其是教学过程中的师生关系、人际互动，包括师生互动和生生互动，成为这一主题的聚焦对象。这些主题也可以看作是教育社会学独特的研究主题。其他领域的社会学者普遍不太关心学校里发生的微观过程，即便时而涉足教育领域，也主要是围绕比较宏观的教育问题做文章。而教育社会学者则常常会把目光深入班级这一微观世界内部去。

---

① Suk-Ying Wong, "The Evolution of Social Science Instruction, 1900—1986: A Cross-National Study", *in Sociology of Education*, 1991, 64, pp. 34-47.

日本教育社会学家片冈德雄指出，构成教学活动主要有三要素，一是学习内容，二是学生，三是人际关系。"展开教学活动的教室，乃是一张由教育者（教师）和受教育者（学生）之间的人际关系以及学生自身之间人际关系交织而成的网络"[①]。但这三种因素只是教学过程的静态一面，教学过程还有其动态的一面，它是"一种对于学习内容的'主体化过程'，又可理解为对于学习内容的'集体化过程'"，是"一种人际关系的交互作用过程"[②]。而"在教学过程中，该怎样来计划和组织各种各样的交互作用，乃是教师的教学指导所面临的最大的问题。更明确一点说，这是一个为了加强和增大班级的凝聚性和生产效率，提高学生个人的学力和学习热情，在已有的教学输入条件下，应该怎样来展开集体化过程的问题"[③]。

片冈德雄认为任何集体的活动过程中都包括了两种功能，一是使整个集体朝着解决和完成一个课题的方向前进，另一则是维持集体的团结性、整体性。前一种功能产生效率，后一种功能产生凝聚力。而班级教学是否成功、效率和学力是否提升，既决定于学习内容的特性，也决定于班集体的学习热情和凝聚力。特别是后者，关联到班级的集体风气等问题。片冈用实证方法（尤其是实验法），研究了集体风气和创造性的关联。他以某小学五年级一个班41名学生（22名男生、19名女生）为实验对象，将之分成"支持性风气组"和"防卫性风气组"两组。前一组的"支持性"表现在"一句不漏地注意听小组同学提出的意见"，"即使觉得同学发表的意见有些不妥，也决不嘲笑，贬低对方"，"认真想一想同学发表的意见中有哪些好的可取的地方"，"尽量把每个同学所具有的特色和长处发挥到小组集体的活动中去"，"不管什么样的观点都不嘲笑，站在对方的立场上考虑问题"等方面。后一组的"防卫性"则表现为"尽量让同学们认识到自己的意见比任何哪位同学的意见都好，尽量赢得大家的赞赏"，"如果受到同学的批评，尽量坚持主张自己的意见的正确，注意不被对方抓住自己的弱点"，"认真思考找出同学的发言中的缺点和不足之处"等[④]。实验以完成作业方式进行，要求完成两项作业。一是以"徒步旅行的归途"为题写一篇3~5分钟、尽可能恐怖的广播剧小剧本。二是制作动画片：出示两张画，一张示意故事开头，另一张示意结尾，要求学生根据自己的想象插入三张画，构成一个完整的故事，并在每张画下加上300字左右的说明文字。完成的作业交由第三者打分。"立意""连贯性""变化""作为动画的具体性"是四个打分的角度。实验结果显示，支持性风气组完成的作品比防卫性风气组的更为优秀。"具体地说，在'立意'和'变化'这两个方面，两组间显示出了比另两方面更显著的差别。如果说决定创造性的基本因素是扩散型思考，那么可以说'立意'和'变化'这两个方面在很大程度上规定了作品中表现出来的创造性。"[⑤]

[①] 片冈德雄：《班级社会学》，贺晓星译，北京教育出版社，1993年版，第53页。
[②] 片冈德雄：《班级社会学》，贺晓星译，北京教育出版社，1993年版，第55页。
[③] 片冈德雄：《班级社会学》，贺晓星译，北京教育出版社，1993年版，第64-65页。
[④] 片冈德雄：《班级社会学》，贺晓星译，北京教育出版社，1993年版，第179页。
[⑤] 片冈德雄：《班级社会学》，贺晓星译，北京教育出版社，1993年版，第191页。

个人创造性与自己本身能力大小有关，集体创造性则主要受班集体所处的条件状况影响，班级的支持性风气能给群体思维和创造性培养带来良好的影响，这是班级社会学的一个重要的研究结论。

四、熏陶与影响

"微观·潜在的"象限Ⅳ，主要关注学生在学校生活与学习中受到的无形的熏陶与影响。这一主题常被归为一个概念——潜在课程。课程往往指的是有目的、有计划、有组织的教学、学习内容，但冠上"潜在"二字，意在表达两层意思：一是对于与教育相关的所有人，包括教育政策制定者、教师、学生来说，学生所学到的东西是无形的、意想不到的、伴随正式学习而相应产生的；二是从教育政策制定者或者教师的角度来说是有目的、有计划、有组织的，但这一目的、计划、组织学生却意识不到，而在自己的无意识中又学到了很多东西。

在第一个层面上，潜在课程为教育社会学研究确定了一类很特殊的主题，就是去分析学生在学校、班级的微观世界里，是怎样在学习、生活的互动中，无意识地接受熏陶和影响的。杰克逊在《课堂生活》一书中指出，学生在老师的迟到中学会等待，而等待意味着忍耐，忍耐又是一种很为美国社会需要的人才之素质。这种无意识的忍耐的学习就是潜在课程。[1]

在第二个层面上，教育社会学去关注一些教育政策制定者包括学校领导有意识策划安排而学生却没有这种自觉但又实实在在地在这种策划安排中学到了教育一方所意图传递的东西。从潜在课程角度展开的学校建筑空间研究属于这一主题。教室空间怎么布置，课桌椅怎样排列，学生的学习空间和教师的教学空间处于怎样的关系，物理性空间布置如何影响教师的教学行为以及师生互动、生生互动，学生又在这种被空间制约了的互动模式中学到什么，等等，都属于这个主题要去追问的问题。在我国，教室一般都是以长方形面貌出现的，教师的教学空间被安排在正前方且设有比地板高几寸的讲台；学生的课桌椅排列整齐划一，学生面对教师面对黑板或并列或前后排而坐，课桌大多也是方形或长方形，一般为两人共用一桌，也因此产生了意味深长的"同桌的你"。这种传统的教室空间，是以大课式教学，即教师主管传授、学生主要听讲的课堂教学模式为思想前设的。但近年的教室空间呈现出了一些革命性变化，在某些学校，一个反映是课桌不再为方形或长方形，而是变成了梯形、扇形或S形。这一看似微观层面的小小变化，却意味着教学思想迈出了一大步。梯形、扇形、S形并非是教育政策制定者、校长们的心血来潮、花样翻新，而是在思想上内含了对于教育、教学的认识深化。梯形、扇形、S形相比方形、长方形，更具有拼成圆的可能。教学的思想前设建立在了更多的生生面对面的讨论式互动上，而非传统大课灌输式。在拼成圆的可能性中，学生取代教师成为课堂的真正主体，他们更有可能去体验与感悟"积极""主动""平等""参与""互动""对话""主体""探究"等教学思想的魅力。

---

[1] Jackson P, *Life in Classrooms*, Holt, Rinehart and Winston, Inc., 1968.

第三节
教育社会学研究实例：教育不平等与再生产

从方法角度讲，社会学的特点主要体现在"实证"两字。与哲学的思辨不同，社会学主要通过实证方法，即从实际调研中获取的资料，用定量或定性分析，来论证问题意识、理论假设。教育社会学对于教育问题、教育现象的研究也是如此。教育社会学或是通过统计学数据处理，发现问题，讨论因果关联，或是运用深度访谈、参与观察、文本分析等质性方法，在做因果探析的同时，追问现象发生和存在的意义问题。我们以下聚焦教育不平等问题，介绍几位西方社会学家是如何展开实证研究的。

教育不平等是一个与社会不平等紧密关联在一起的现象，也是教育社会学研究的一个永恒主题。任何阶段的人类社会，除了极为原始的时代和极为理想的状态以外，都呈现为高低不等的分层结构，也就是不平等。难以想象现实中存在一个没有高低起伏的完美的平等社会。社会不平等结构典型的如金字塔型、沙漏型，前者顶端尖而底边大，体现出社会上层阶层人数乃为一小撮而底层劳动人民占了绝大多数，而后者两头大而中间小，意指社会贫富极端分化，贫穷人口占了很大比例而有钱人口也并非少数。相对于这两种类型，比较平等的是橄榄型社会。橄榄型社会在结构上两头尖中间丰满，表明社会存在着一个人口数量庞大的中产阶层，而极富的上层阶层和极贫的下层阶层，人数上都仅为少数。但是，无论哪种类型的社会，虽然形状各异且不平等强度也有区别，但分层乃为社会不变的一个本质特点。

巨大、极端的差距毕竟不是一个令人向往的状态，人类怀揣一种浪漫主义、理想主义的情感愿望，一直为缩小社会不平等做着种种努力。长期以来，教育，尤其是学校教育，一直被认为是解决社会不平等问题、缩小社会差距的一条主要途径。通过教育，尤其是成体系的学校教育，能够引发"知识改变命运"的效果。即便身处社会底层，教育也使人能够拥有往上流动的机会，给家庭与个人带来希望和信心。

然而对于这种长期且普遍存在的乐观见解，社会学家却看到和揭示出了相反的玄机：学校教育不仅不是解决社会不平等的有效途径，反而扩大和固化了社会不平等。以传授知识、陶冶情操为目的的学校教育，在现实运作中，本身是不平等的。本身不平等的教育，怎么能够想象可以缩小甚至消灭社会不平等？社会学家通过实证的方法、缜密的分析来展开对于教育本身的不平等及其社会功能的论证。以下主要介绍梳理美国社会学家科尔曼、同为美国的社会学家鲍尔斯和金蒂斯、英国教育社会学家伯恩斯坦以及同为英国的社会学家威利斯等几位，来具体呈现教育社会学在这一领域的经典研究实例。

一、科尔曼与《科尔曼报告》

在美国，社会不平等在教育方面的一个突出表现是，黑人儿童与白人儿童在学业上存在着巨大差距。前者成绩往往不甚理想，而后者在学习中如鱼得水。正如帕森斯所指出的那样，学校（尤其是班级）是社会化和人才筛选的地方，成绩的好坏决定了人往上社会流动还是原地踏步甚至掉入底层。20 世纪 60 年代，美国黑人民权运动高涨，学业成败成为一个万众瞩目的焦点。1964 年，美国国会为回应民权运动，决定就黑人在学校教育中遭受的不平等待遇状况展开调研。这项调研的课题，委托给了当时哈佛大学社会学院的科尔曼教授。

调研之前，科尔曼的预设是，人种、族群之间学业成绩的巨大差距确实是一个难于否认的现象，其原因不在先天遗传而在社会。缩小差距首先要解决的是种族歧视，而解决种族歧视，在学校方面首先要做的是改善黑人和少数族群的学校环境和条件。

许多人赞同科尔曼的观点并对他的调研寄予了厚望，希望通过这项调研能够证明不平等的存在及其原因，以使联邦政府合理合法地介入黑人地区，改善学校教育。科尔曼从 1964 年到 1966 年调查了 3100 所学校、5 个年级（一、三、六、九、十二年级）的 65 万名儿童，最后形成了一部厚达 737 页、在教育社会学史上影响深远的调研报告。这部报告通常被称为《科尔曼报告》，它颠覆了人们对于学校教育的惯常看法，揭示出了许多令人意想不到的问题。简言之，科尔曼总结出了三点：① 黑人学校和白人学校之间，其实出乎很多人的意料，在许多方面都很平等，学校硬件设施对学业成就的影响很小；② 种族间（东北部城市的白人和南部农村的白人、东北部城市的黑人和南部农村的黑人）的学业成绩差距在小学一年级时就业已存在，且很明显；③ 随着年级增高，差距步步扩大。

让我们更具体地来看看科尔曼对于以上三点的论证。就第一点，科尔曼对学校投入与学业成就的相关性进行了调查。他指出，调查表明，学校对白人学生和黑人学生其实投入基本相似，投入很少对他们的学业成就产生影响。如果说黑人学校与白人学校之间存在着差异，最关键的乃是学生教育背景上的差异，其次是教师素质上的差异，最后才是设备条件和课程上的差异。同理，若论投入对于黑人学生学业成就的重要性，最不重要的是设备条件和课程，其次是教师素质，最重要的是学生背景。

而对于第二点和第三点的论证，科尔曼是用更为具体的实证数据来体现的。他用图表的方式将各地区各年级的学生的言语技能成就形象地表现出来。科尔曼指出，与东北部城市的白人学生相比较，其他三组的言语技能成就得分都要低。如果再仔细分析，东北部城市白人学生与南部农村白人学生做比较，可以看出，一年级开始时他们几乎是在同一水平上的，但随着年级增高而逐渐分化，到了中学阶段，差距就一直保持在一定的水准。东北部城市白人学生与东北部城市黑人学生相比较，两组在一年级就存在很大的差距，并且一直保持这种距离；而如果与南部农村的黑人学生比较，两组一开始就出现很大的差距，并且随着年级的增高，差距越拉越大。

"上述最后一次比较所表明的两组起点的差距和随着年级升高（一至十二年级）而差距增大这一状况，最有力地说明了存在着最严重的不均等。与南部农村的白人学生所作的第一次比较所显示的年级升高差距越大的状况也说明了机会不均等的存在。然而第二次比较中显示的东北部城市的白人学生和黑人学生之间出现的几乎恒常的差距说明了什么？是机会均等吗？我看不是的。事实上，它仅仅意味着在校期间黑人学生的平均成就水平与白人学生的平均成就水平的差距和他们入学时的差距几乎相等。……我们不妨这样认为，在没有上学时，由于家庭环境的差异，成就曲线就已经分化，或者说它们也许已经保持了同样的差距……如果我们承认家庭环境影响的可能性，那么它们造成的影响到何种程度才不算教育机会不均等呢?……这些问题关系到两组影响的相对强度:一组是黑人学生与白人学生基本相似的影响(主要是校内影响);一组是不同的影响(主要是家庭或邻里的影响)。如果学校影响不仅对黑人学生和白人学生相似,而且比其他影响更强,那么这两组学生的平均学业成就就会趋于一致。如果学校的影响非常弱,那么两组的平均成绩就会分化。更为一般地说,一致性的学校影响与差别性的校外影响的相对强度决定了教育制度在提供机会均等上的有效性。从这一观点来看,完全的机会均等只有当全部差别性校外影响消失时才能实现,这一条件只有在寄宿学校创建后才可能存在。由于存在着差别性校外影响,机会均等只可能是一种接近,永远也不可能完全实现。"①

由此,科尔曼调查报告的研究结论是,教育不平等现实存在,其根源不在学校而在家庭。学业成败受家庭文化背景影响。而学校软弱无能,不能把学生从家庭影响中解脱出来,反而强化了家庭及其他社团的影响。学业成败决定于家庭的社会阶层背景和同辈集团(交友)的社会阶层背景。

二、伯恩斯坦与《阶级、编码与控制》

持教育不平等现实存在,其根源不在学校而在家庭之观点的社会学家并非科尔曼一人,这一发现也并非是科尔曼的独特贡献,因为我们即刻能够联想到英国教育社会学家伯恩斯坦的研究成果。当然,科尔曼调查的是美国,讨论的是种族与教育不平等问题,而伯恩斯坦研究的是英国,关注的是社会阶层与学业成败之关联。侧重点稍有不同,但他们都得出了相似的结论。

我们以伯恩斯坦的一个实证调查为例,看看教育社会学是怎样展开具体的分析和讨论的。

伯恩斯坦的代表作是《阶级、编码与控制》。这是他的论文汇编,伯恩斯坦将他一生当中的主要研究成果汇编成册,分为5卷,都是以这个标题命名。伯恩斯坦从语言社会学研究起步,后来转向教育社会学研究,最后大有成就,坐上了伦敦大学教育学院曼海姆讲席教授的宝座。《阶级、编码与控制》第一卷、第二卷是他早期的语言社会学研究,第三卷、第四卷、第五卷则是教育社会学研究。虽然第三卷主要收录的是伯恩斯坦20世纪70年代的论文,属于他的教育社会学早期研究作品,但相比于第四卷、第五卷,在教育社会学领域影响更大。这部第三卷,可以说在理论上把教育社会学研究推上了一个高峰。

从理论角度说,伯恩斯坦的教育社会学研究主要由两部分构成。一是关于社会语言编码的研究,二是关于教育知识和传递过程的研究。在教育不平等问题上,可以说他建立了语言与教育之间的关联,打通了宏观与微观之间的沟壑。对于伯恩斯坦教育社会学理论的梳理介绍不是此处的目的,但关注其实证研究的构思及其分析,能够更好地理解何谓教育社会学研究。

伯恩斯坦在分析学业成败问题时使用到了伦敦大学教育学院霍金斯的调查案例,可以说是脍炙人口。霍金斯的调查对象是两组5岁的英国儿童,一组来自中产阶级家庭,另一

---

① 詹姆斯·科尔曼:《教育机会均等的观念》,载张人杰主编:《国外教育社会学基本文选》(修订版),华东师范大学出版社,2008年版,第157-158页。

组来自工人阶级家庭。调查者给孩子们四幅图片,第一幅画的是几个孩子在踢足球,第二幅画的是球从窗口飞进一间屋子,第三幅画的是一位太太把头伸出窗口张望,一位先生做了一个威胁性的手势,第四幅画的是孩子们正在逃跑。调查者要求看完图片的孩子们根据这四幅图片讲故事。这两组儿童表述故事时所使用的语言形成了鲜明的对照。中产阶级家庭出身的儿童的故事叙述方式是:"三个男孩在踢足球。一个孩子踢了一脚,球飞进窗户,打碎窗户玻璃。孩子们正在找球,一个男人走出来,对着他们大骂,因为他们踢碎了玻璃。于是,他们逃走了。后来一位太太从窗口伸出头来,她叫他们滚开。"而工人阶级家庭出身的儿童的故事叙述方式则是:"他们正在踢球。他踢了一脚,它飞进窗户,打碎了玻璃。他们正在找球,他走出来,对他们大骂,因为他们踢碎了它。于是,他们逃走了,后来她从窗口伸出头来,她叫他们滚开。"①

以上两种不同的故事叙述方式,在听故事的是什么样的人的预设上,存在着本质性差异。中产阶级家庭出身的儿童预设的是听故事的人事先并没有看过那四张画,对于故事内容的理解完全要靠故事叙述者的语言表达才能达成。而工人阶级家庭出身的儿童预设的是听故事的人事先已经看过那四张画,只不过现在要求叙述者把故事用口头语言重新表达一遍。而看过画就意味着拥有了与叙述者相同的知识背景,所以叙述者的跳跃、省略等并不影响故事内容的理解。伯恩斯坦认为可以区分出两种不同的语言编码,分别对应这两种故事叙述方式,一种是精密编码,对应于中产阶级家庭出身的儿童的故事叙述,另一种是局限编码,对应工人阶级家庭出身的儿童的故事叙述。从理论上讲,精密编码在语言表达上多用复句、从句、被动句和不定词等来表达叙述者的说话意图,在用法上讲究逻辑性和清晰度,副词、形容词的选用偏难;而局限编码在特点上则恰好相反,语法结构较为简单,连词用得较少,形容词和副词固定在一些常用词上,表现叙述者说话的主观意图时比较含糊,逻辑上缺少连贯性。

伯恩斯坦通过对不同阶层子女在掌握不同语言表达形式时出现的差异的分析,提出了语言中内藏着特定表达方式和分类框架,这种方式和框架乃是一种社会关系的产物,具有特定的社会结构属性。这一理论主张就是他的语言编码理论的核心。伯恩斯坦认为语言编码能力解释了学业的成败、教育的不平等。工人阶级习惯于用局限编码表达自己而中产阶级则日常多用精密编码,这一点正好是学校教育不平等现象产生的根源所在。学校是一个精密编码的世界,主要用精密编码来传授知识,促进和评估学生的发展成长,因此原来在家庭中习惯于精密编码表达的中产阶级子女,自然而然地就容易适应学校的学习环境。而只习惯于局限编码表达的工人阶级子女,则顺应不了精密编码的世界,从而感到许多学习上的困难,经历学业上的失败,因为他们输在了语言编码这条"起跑线"上。

三、鲍尔斯、金蒂斯与《资本主义美国的学校教育》

相对于科尔曼以及伯恩斯坦,美国社会学家鲍尔斯和金蒂斯更强调学校在社会不平等、教育不平等中扮演的重要角色。他们的代表作是《资本主义美国的学校教育》,此书

---

① 巴兹尔·伯恩斯坦:《社会阶级、语言与社会化》,载张人杰主编:《国外教育社会学基本文选》(修订版),华东师范大学出版社,2008年版,第339-340页。

在教育社会学领域被引率极高,意味着其研究理路包括他们被称为"对应理论"的理论架构,受到了众多学者的高度关注。

鲍尔斯和金蒂斯对于学校在社会不平等、教育不平等中扮演角色的实证性论证材料主要有两类:统计数据和教育社会史资料。在量化研究方面,他们开发了 16 对描述性格特性的形容词量表,并以纽约州某高中的高年级 237 名学生为调查样本,搜集了每个学生的平均学习成绩、IQ 得分、SAT(Scholastic Achievement Test)的语文和数学得分等信息,然后通过相关分析、因子分析、回归分析等统计分析,发现认知方面的成绩确实能够最好地预测平均学习成绩。浅白地说,就是聪明的孩子学习也好。但问题并不到此为止,研究同时也发现,性格也与学习成绩相关。16 对性格特性,在整体上,也几乎具有同等的效力来进行相关的预测。虽然说整体上的预测效力很重要,但还有更重要的发现——性格特性相对于学习成绩得分的贡献率的分布:所产生的关联形态明显支持对应。性格特性中,在得分上处于非常低的位置的,是那些在阶层式分工中与"遵从"不相符合的东西,比如创造性、独立性、主动性等。因子分析将 16 对性格特性归纳成 3 个"性格因子",第一因子命名为"服从权威",包括"一贯的""认同学校""严守时间的""可靠的""外在激励的""坚韧"等,独立性、创造性在因子负荷上则是负分;第二因子命名为"性情",包括"不进取的""不喜怒无常的""不直率的""可预测的""机敏的""非创造性的";第三因子命名为"内化的控制",包括"看重秩序""延宕满足"等。他们注意到,细致的分析表明,性格中的"服从权威"是整体预测效力中最主要的决定性因素。"服从权威"是"人格特质当中预测成绩的最佳变项",而其内涵,也就是"一贯的""认同学校""严守时间的""可靠的""外在激励的""坚韧"等性格特性,正是工厂雇主们对于工人(劳动力)的直接期待和要求。因此鲍尔斯和金蒂斯认为,学校中所学到的与工厂中所要求的之间有一种明确的对应相关。

教育社会史的论证也是鲍尔斯和金蒂斯颇为得意之处。他们从以凯茨为代表的教育社会史学者的研究中获益良多。凯茨用到的一个史料是 1841 年麻省棉纺织厂某老板的日记,它记录了当时麻省罗威市当地权势阶层普遍的一种想法,认为受过教育的工人做工人更为出色。但"更为出色"并非指技术更加娴熟、大脑更加聪明,而是指具有生产所需的人格特性。鲍尔斯和金蒂斯指出,无论在大众初等教育的历史中还是 19 世纪经济制度中,都找不到合适的证据能够支持职业技能、认知技能可以用来说明教育成就和经济成就之间的关联。受过教育的工人在雇主眼中可能是举止较好的,但他们并不比未受学校教育的工人来得更有生产性。学校教育的非认知效果,才是说明解释学校制度之现状的主因。学校制度透过其社会关系与生产社会关系之间的一种结构性对应,将年轻人整合进经济制度之中,完成社会再生产。

由于主张学校教育通过学校内的社会关系(管理与服从的关系)与资本主义生产中的社会关系对应起来的方法,起着重新建立和固化产生不平等差别结构的分工社会的作用,他们的理论也因之被称为"对应理论"。这是一种从新马克思主义立场上提出的社会再生产理论。产生出阶级文化的不同价值结构的根源乃在于劳动工作的权威结构中不同阶级所处的不同位置,不同阶级的子弟通过学习掌握本阶级特有的文化,形成与自己将来在分工社会中的职业地位相称的价值观和人格特性。学校教育一方面通过学习成绩反映出阶级的不平等,另一方面通过不同阶级的不同社会化过程,强调扎根于生产过程中的不平等。在这种不平等的形成和维持过程中,个人的智商起的作用极小,主要问题在于不同阶级的子弟在社会化过程中实际上受到怎样不同的对待。学校教育以不同的方式对待不同阶级的子弟,强化巩固了那些学生身上原本就有的某个阶级的特定的人格和价值观念。比如在课程方面,美国的学校教育往往一方面注重给工人阶级子弟灌输职业训练的学习内容,另一方面给中产阶级子女传授一般科学文化知识,通过这种方法分别培养出工作认真、服从管理的一般劳动工人和富有创新、具有高觉自居意识的技术人员、白领阶层。

鲍尔斯和金蒂斯认为,由于这种对应关系的存在,仅仅靠实现教育机会均等和改革学校教育体制是改变不了社会不平等的状态的,要想教育改革得以成功,彻底消灭社会不平等,还得触及资本主义这一社会制度的根本。

四、威利斯与《学做工》

意在凸显学校在教育不平等、社会不平等中扮演的角色的,当然还有很多教育社会学家。英国的威利斯,把学校当作自己的研究田野,深入学校生活的内部,描述了在学校教育过程中到底发生了什么。他的理论和思路颇为独特,相对于其他社会学家强调家庭、学校、语言、课程等制度性因素,他的关注点聚焦在了作为能动者的学生身上。能动者一词,意味着不是被动地受制于种种外部制度的制约,而是有着自己的自我选择、自我决定。在不平等的再生产这个问题上,学生并非制度的应声虫。

威利斯的代表作是《学做工:工人阶级子弟为何继承父业》(以下简称《学做工》),出版于1977年。中译本译者在作者介绍中称,这本书奠定了威利斯在教育社会学等领域"突破性"人物的历史地位。

《学做工》全书分为两部分,第一部分具体呈现了一个实证研究的案例,第二部分则展开了相关的理论诠释。书的序言开头的第一句就写得非常有趣:"要解释中产阶级子弟为何从事中产阶级工作,难点在于解释别人为什么成全他们。要解释工人阶级子弟为何从事工人阶级工作,难点却是解释他们为什么自甘如此。"[①] 无疑,这句话第一表明了这是一本关于再生产的书,第二表明了分析的焦点是再生产机制,特别是工人阶级子弟在再生产上的自我选择、自我决定。

第一部分的实证研究是一个名叫"汉默镇男子中学"的案例。汉默镇地处英格兰中部地区,是一个工业区,而工业区通常被认为是一个粗野、肮脏的地方。汉默镇男子中学只有四五十年历史,地处社会薄弱地区,周围遍布酒馆、商店,并为穷人居住的所谓"福利公屋"所包围。虽然地理条件不十分理想,但学校名声还算不错。威利斯用了打引号的"'好'学校"一词来形容,并分析说"这似乎意味着这所学校基本上代表了学生行为和穿着的'合理标准'"。学校约有600名学生,家庭成分皆为工人阶级,而且其中不少少数族裔的孩子来自西印度群岛和亚洲。威利斯主要以观察法和深度访谈法展开研究,其观察和访谈对象是12名工人阶级子弟,皆为男孩、白人。这些学生无论是学习意义上还是所谓的品行意义上,都是这所"好"学校的差生,是"失败的"工人阶级子弟,自称"家伙

[①] 保罗·威利斯:《学做工:工人阶级子弟为何继承父业》,秘舒、凌旻华译,译林出版社,2013年版,第1页。

们"(the lads)。威利斯通过对这 12 名男孩的学习、生活、工作经历（毕业前的十八个月和工作后的半年时间）的细致观察和访谈，以个案研究的形式，揭示了教育不平等与社会再生产的内在机制。

《学做工》是一本研究学生文化的书，12 名男孩是一个亚群体，其群体文化表现为反学校文化。而反学校文化最基本、最明确的表现是对学校权威的彻底反抗。"家伙们"刻意与勤奋、谦恭、尊敬等学校权威所支持的常规价值观背道而驰，与学校制度格格不入，并把自己的反抗行为凝练成一种风格，体现在无数的行为细节中，成为自己的日常生活中几乎仪式化的一部分。他们把学习认真、循规蹈矩的学生称为"软耳朵"，因为在人体器官中，耳朵是只能接受别人表达而自己最没有自主表达能力的一个器官。他们看不起"软耳朵"，觉得相比起来，自己更有一种优越感。他们的行为做事，总爱显示自己对于学校正统文化的反抗以及与"软耳朵"的天差地别，这形成了他们这一群体特有的、寻求刺激的整体氛围：崇尚暴力，打架斗殴，喝酒泡妞，破坏公物，违纪违规，憎恶学习。他们觉得，在学校里读书，重要的并非是老师或者同班同学，而是一起玩的同辈群体。正如一个被访学生说的，"学校对谁都没什么影响，我觉得你也就学到点基础知识。我觉得学校每天的四小时真够受的。塑造你的不是老师，而是你遇到的那些孩子。你和老师相处的时间不过是你在学校时间的 30%，另外那三分之二的时间都花在他妈的聊天、争论和胡闹上了"①。

不过威利斯并非仅仅是强调同辈群体的意义和作用。《学做工》的价值首先在于对反学校文化的生动、细致的描述，它提供了具体的实证调查一手资料。重要的还在于，研究不只停留在描述，不只满足于将崇尚暴力、憎恶学习这样的案例通过访谈文本的形式呈现给读者，而是更进一步探讨了反学校文化与工人阶级文化之间的对应关系。这是一种社会再生产的内在机制。可以说，对应关系的分析，把《学做工》从一个纯实证性调查提升到了具有理论深度的教育社会学研究的高度。

反学校文化与工人阶级文化之间是如何对应的呢？威利斯一直表明一种明确的意识，要在更为广阔的工人阶级文化背景中来理解"家伙们"的反学校文化之本质和意义。他注意到反学校文化与工人阶级的车间文化有着根本性的相似，都试图在枯燥的制度下创造出属于自己的兴趣和娱乐。"工人阶级车间文化的核心是：无论条件多么艰苦，上级指导多么苛刻，人们总是在寻求意义，并为之搭建参照体系。他们运用自己的才能，即使在最受他人控制的活动中也能寻求到乐趣。"②另外，在男性气概这一点上，两者也极其相似。工人的车间充满了象征性的男性气概，甚至可以叫作"男性沙文主义"。工作艰辛、令人不快、吃力累人，而越是艰辛、不快、累人，就越是和男性沙文主义的态度紧密相连在一起，就越是产生"找刺激"的文化氛围和对学习理论知识的蔑视。"车间里充斥着关于纯

---

① 保罗·威利斯：《学做工：工人阶级子弟为何继承父业》，秘舒、凌旻华译，译林出版社，2013 年版，第 34 页。

② 保罗·威利斯：《学做工：工人阶级子弟为何继承父业》，秘舒、凌旻华译，译林出版社，2013 年版，第 67 页。

粹理论知识愚昧不堪的虚构故事。实践能力才是首要的，是其他知识的基础。"① "车间里独特的语言形式和高度发达、具有威胁性的笑话也和反学校文化极为相似。车间里很多言语交谈都很不严肃，也与工作无关。他们说笑话、'嘲弄'、'开玩笑'或者'找刺激'。要流利运用这种语言需要真正的技巧：你能辨认出什么时候你被'涮'了，还得及时给出合适的反应，以免上当被嘲弄。"② 威利斯想表明，这两种文化间的对应般的相似性或者说本质性联系，使得车间的底层工人阶级文化赋予了"家伙们"的反学校文化以独特的气场和氛围，在同辈群体这种气场和氛围中的浸染成为人生的一种重要经历，让"家伙们"为从事工人阶级工作做好了准备。换言之，这是一种彻头彻尾的社会再生产，"家伙们"通过这种本质性联系自动走上父辈的职业道路，重蹈父辈的覆辙，彻底成为工人阶级的一分子。

然而，威利斯的"突破性"在于，他在"对应"的分析之上又往前走。威利斯对于社会再生产，并不仅仅满足于从文化之间的"对应"角度进行解释，否则《学做工》就成了鲍尔斯、金蒂斯"对应理论"的英国翻版。在解释重蹈父辈覆辙这一再生产现象时，威利斯把辩证法的思维用了进来，而且用得得心应手、淋漓尽致。在这个问题上，威利斯向读者展现了一种教育社会学高超的分析技巧：敏感于现象的悖论性一面，并尝试在悖论中寻找社会学意义。这一悖论威利斯自己表述为"主观确定性的闪念越强，由创造力所导致的迷障就越深不可探"③。在此，"闪念"和"迷障"究竟意指什么，需要具体做一些解释。

"闪念"一词表达的是一种对于自由、选择、超越的盲信，认为自己的行为是自己的一种主体选择，自己是一种有创造力的存在，不会听命于学校、听命于社会，自己的未来由自己决定；而"迷障"意指正是由于这种盲信而完全意识不到的结构性的"被决定"问题，导致工人阶级只能按原样再生产自己。在结果上，改变自己地位命运的大门被紧锁了起来。

威利斯观察到，"家伙们"从生理上就排斥文凭，认为文凭是一种恶，是知识权力的爪牙，令人恶心。他们难以忍受为了文凭而学习，为了知识而学习。他们觉得，并非是学了知识、学了技能因而能够胜任将来所要从事的工作，关键不是工作的内在本质或技术属性，而是工作中的感觉。即便薪水再低，工作只要带来文化消遣的乐趣，再苦再累也变得可以忍受。

这种表面上看"很不正确"的学校观、学习观的背后，其实潜藏着"家伙们"极为理性、深刻的思考。这一思考，确实反映出了其"闪念"的"主观确定性"：对于不肯就范的主体性自由的彰扬。他们的"闪念"意识清醒，充满"睿智"。他们对文凭具有根深蒂固的怀疑，思考文凭的价值，思考在什么意义上说是有价值或是没有价值。而在学校教育

---

① 保罗·威利斯：《学做工：工人阶级子弟为何继承父业》，秘舒、凌旻华译，译林出版社，2013年版，第73页。

② 保罗·威利斯：《学做工：工人阶级子弟为何继承父业》，秘舒、凌旻华译，译林出版社，2013年版，第71页。

③ 保罗·威利斯：《学做工：工人阶级子弟为何继承父业》，秘舒、凌旻华译，译林出版社，2013年版，第153页。

当中,这类问题经常被当作不证自明、不辨自清的道理来处理的。"家伙们"意识到只要不开创一个无阶级的社会,工人阶级获得再多的文凭也不具有意义。资本家不会为工人阶级创造更多的就业岗位。而盲目地去追求文凭,则正中资本家的圈套。因为文凭并非是为了提升工人阶级的社会地位而存在的,其存在乃是为了维护社会上层阶级的优势地位和利益。文凭看似中性,只是获得了什么层次的知识和技能的象征,但实际上充满了阶级意涵。"家伙们"认识到阶级利益的逻辑有别于个体利益的逻辑。对于个体而言,文凭有一定意义,它为自己在社会结构中向上流动带来可能。而事实上,一些工人阶级的个体,通过学业的成功,确实实现了社会地位的提升。但是从阶级整体上讲,文凭没有意义。阶级整体不可能通过文凭的追求改变自己阶级的境遇,获得整体向上流动的可能。社会的上下分层乃为必然,阶级的不平等也不会改变,阶级社会也不会被摧毁。因此,从阶级角度看,文凭的效力值得怀疑,那为文凭付出自己的时间、牺牲自己的独立性就绝非明智之举。在此意义上说,反文凭的思想与行为(并酝酿成一种反学校的文化)乃是一种拒绝与施加于自身的教育压制、阶级压迫共谋的激进行动。

"闪念"虽然深刻,但威利斯还是尖锐地指出了问题悖论性的另一面:争取自由的胜利同时意味着不自由的失败,不肯就范的反抗结果上却导致对于宿命的遵从。"反学校文化中的胜利色彩在把工人阶级子弟送进紧闭的工厂大门就戛然而止。事实上,可以这么说,正是对这些矛盾(好运与不幸、知识和无知)的认可最终定格了工人阶级的宿命论和固步自封:这就是反学校文化的天真之处,以及与真正的工人阶级文化之间的差别。等他们知晓答案时已经太迟了。表象之下,明显的诱惑之后,结局恰恰相反。"[①] 正是工人阶级文化、反学校文化当中的理性因素、从整体出发而不是个体出发的理性思考以及对于未来的洞见,使得本阶级的文化提升难以实现,现实生活陷入困境。

思考题

1. 在中国,城乡差别是如何与教育不平等关联在一起的?
2. 怎样从教育社会学的角度去思考"不能让孩子输在起跑线上"?
3. 教育社会学为什么会去关注班级中的师生互动?
4. 韦伯的价值中立学说对于教育社会学发展有什么影响?

推荐阅读

1. 贺晓星:《教育·文本·弱势群体:社会学的探索》,中国社会科学出版社,2012年版。
2. 吴康宁:《教育社会学》,人民教育出版社,1998年版。

[①] 保罗·威利斯:《学做工:工人阶级子弟为何继承父业》,秘舒、凌旻华译,译林出版社,2013年版,第140-141页。

3. 张人杰主编：《国外教育社会学基本文选》（修订版），华东师范大学出版社，2008年版。

4. 保罗·威利斯：《学做工：工人阶级子弟为何继承父业》，秘舒、凌旻华译，译林出版社，2013年版。

5. Karabel J，Halsey A H（eds.），*Power and Ideology in Education*，Oxford University Press，1977.

第二章

经济社会学

第一节
经济社会学概述

一、定义之争

经济社会学是一门新兴的边缘学科（edge discipline），同时也是一个源流颇丰的知识传统。20 世纪 90 年代一批教材、手册和课程大纲的出现，以及 2001 年美国社会学会经济社会学分会的成立，标志着作为体系化学科的经济社会学的确立。原先分散的研究取向开始形成"集丛"，许多已有的研究也开始冠上经济社会学之名。[①]

英国经济学家威廉姆·斯坦利·杰文斯于 1879 年最早提出"经济社会学"一词，随后涂尔干、韦伯等学者也开始在著作中使用该名称来讨论特定的知识领域。涂尔干认为经济社会学（sociologie economique）是社会学中研究诸经济制度——一类外在于个体经济行动者的社会事实——的分支，其对象包括与财富的产生有关的制度（农奴制、佃农制、法人组织、工厂制、作坊或家庭生产等），与交换有关的制度（商业组织、市场、股票交易等），与分配有关的制度（租金、利息、薪酬等）。[②] 韦伯则是在早期"社会经济学"的探讨中定位经济社会学的：广义的社会经济学需要研究经济史现象（包括经济事件和制度）、经济上意义重大的现象及受经济制约的现象。如果说理论经济学只处理纯粹经济现

[①] 参见斯威德伯格：《经济学与社会学》，安佳译，商务印书馆，2003 年版，第 5-7 页。

[②] Durkheim Emile, "Sociology and the Social Sciences", *in On Institutional Analysis*, University of Chicago Press, 1978, pp. 71-90.

象，那么，经济史研究和经济社会学则处理上述三类现象。①

经济社会学的当代定义因学派、学者而异，但归总起来不外继承涂尔干传统的分支学科定义和继承韦伯传统的边缘学科定义。前一种定义视经济社会学为社会学的分支，即"社会学的视角在经济现象研究中的应用"和"将社会学的参考框架、变量和解释模型应用于分析关于稀缺物品和服务的生产、分配、交换以及消费活动这类复杂的现象"②。后一种定义认为，经济现象和社会现象之间有着密切的交叉和相互作用，单纯的经济学方法和社会学方法都不足以处理这类问题，故而需要经济社会学这样一门综合性的边缘学科。经济社会学"研究处于相互交叉、相互嵌入中的经济与社会"，这是一个包括经济对社会影响以及社会对经济影响的相对独立的、无法划分为单纯经济现象或社会现象的"中间领域"。③ 在经济学和社会学的固有议题之外尤其关注经济-社会现象，是因为多数现实问题并不能像学术科目一样简单地归类在"经济学"或"社会学"的名下。④ 或如冈纳·缪尔达尔所说：实际上，没有纯粹的"经济"问题，只有问题。所以"经济"和"非经济"因素之分充其量是人为的。⑤

我们认为，经济社会学的边缘学科定义能够更好地涵盖自诸思想先驱直至当代经济学和社会学中旨在综合两门学科的知识传统，并且更具方法与视角的开放性。简单将经济社会学定义为用社会学方法研究经济现象的分支学科，不仅在研究方法和研究对象的适配性问题上有待检讨和澄清，还可能导致一部分问题领域被忽视，以及学科内部方法和议题的"内卷化"。

总之，经济社会学是一门新兴的旨在研究经济与社会关系的边缘学科。作为一门边缘学科，经济社会学需要保持方法和视角适度的开放性，并且在连接经济学和社会学知识库存的基础上通过综合和创新来追求本学科的概念、分析框架及研究方法与特定研究对象的适配性。研究经济对社会的影响，不仅要求我们重拾韦伯有关资本主义如何形塑现代世界的宏大议题，还要求我们在中观和微观层面关注利益如何作用于组织形态和人际互动。研究社会对经济的影响，更需超越寻找与企业经济表现有关的非经济因素的"绩效思维"，而更为一般性地讨论经济事件和组织赖以出现的社会基础。经济学和社会学的长期分立导致我们在处理复杂的经济-社会现象时缺少能够综合利益和社会关系的分析框架，如何建立这一框架是经济社会学重要的理论日程。上述问题领域既构成未来经济社会学发展的巨大挑战，也潜藏着一个具有丰富的研究议题、理论和方法创新的"处女湖"。

---

① 参见马克斯·韦伯：《社会科学方法论》，韩水法等译，商务印书馆，2013年版，第16-269页。
② 斯梅尔瑟、斯威德伯格：《经济社会学手册》，罗教讲等译，华夏出版社，2009年版，第3页。
③ 汪和建：《再思"经济与社会"——经济社会学转向发展的问题与抉择》，《江海学刊》，2021年第1期。
④ 斯威德伯格：《经济社会学原理》，周长城等译，中国人民大学出版社，2005年版，第4页。
⑤ 缪尔达尔：《亚洲的戏剧：对一些国家贫困问题的研究》，谭力文、张卫东译，北京经济学院出版社，1992年版，第11页。

二、经济学与社会学

一门新的边缘学科的兴起,对其源出学科而言多少是一种反叛性的知识运动。因此要说明经济社会学的方法特征,可以从其与源出学科典型方法(或范式)的区别开始。我们将首先比较经济学与社会学在诸如逻辑基础与研究取向、理论形成方式、理论与经验关系的处理、研究操作、积累学科知识库存的方式,以及社会科学哲学预设等诸多方面的区别,然后再说明经济社会学自身的特征。

斯梅尔瑟和斯威德伯格曾这样描述经济学与社会学的分歧:作为社会科学家,经济学家和社会学家都试图去解释他们各自研究领域中的现象。但是在这种共同兴趣下,各自强调的东西却不一样。经济学家对描述性研究持批评态度,他们一直指责传统的制度经济学过于重视描述,没有形成自己的理论体系。而且,他们强调预测的重要性。与此相对,社会学家喜欢有趣并且富有解释意义的描述,他们很少提供正式的预测。这种不同导致的结果是,社会学家经常批评经济学家建立高度形式化和抽象的模型却忽视实证数据的作用,经济学家则指责社会学家总是从事"事后解释"。这种不同已经成为经济学家和社会学家不同职业文化的组成部分。[①] 虽然并非所有的社会学家和经济学家都按照"典型"的学科范式和职业文化从事研究,但这种分歧确实一直存在于两门学科之间。

诚然,经济学与社会学有着不同的逻辑基础和研究取向。一般说来,李嘉图及边际革命以降经济学逐渐形成了以公理演绎为基础的研究取向,这一取向随着数理工具的应用而不断巩固。米塞斯宣称经济学是先验的,而不是经验的。正如逻辑学和数学一样,它不是得自经验,而是先于经验。[②] 罗宾斯亦直言经济学家的工作就是从少数几个自明性假定出发,通过逻辑演绎去发现不可抗拒的真理。[③]

社会学几乎从诞生之日起就对经济学演绎的逻辑基础抱有批评态度。孔德曾挖苦经济学家是一群"经院哲学家"。涂尔干则批评经济学"满足于冥思苦想","先制造观念,再进行研究",其"科学研究所占的部分不大",充其量只是一套烦琐的思维技巧。[④] 在涂尔干看来,对"社会事实"即外在于个体的经验现象进行观察、分类和比较才是科学研究的开始。以涂尔干的典范性研究《自杀论》为滥觞,社会学家基本遵循着始于经验材料的收集,终于对其进行分类、比较与归纳分析的研究取径。

公理演绎和经验归纳的研究取向一旦在经济学和社会学中形成,就分获其"正统"和"主流"的特征。经济学同行嘲讽凡勃伦"几乎是一个社会学家",齐美尔则被社会学同行谐为"混杂哲学思辨和轶事的美文学家",多少说明两门学科在体系化过程中各自形成了其主流的研究取向,并都对学科内其他的研究取向予以排斥和否定。

两门学科不同的研究取向也导致其形成的理论方式有所不同。经济学从自明公理和先

---

① 斯梅尔瑟、斯威德伯格:《经济社会学手册》,罗教讲等译,华夏出版社,2009年版,第7页。
② 米塞斯:《经济学的认识论问题》,梁小民译,经济科学出版社,2001年版,第12页。
③ 罗宾斯:《经济科学的性质和意义》,朱泱译,商务印书馆,2000年版,第2页。
④ 参见涂尔干:《社会学方法的准则》,狄玉明译,商务印书馆,1995年版,第40-48页。

验假设出发，通过演绎发展其理论。社会学则从经验材料出发，经过分类、比较和归纳形成理论。涂尔干甚至并不期许所有社会学研究都能产生理论。在他看来，描述性研究之于社会学，正如观察笔记之于生物学，因为只有科学达到足够的高度时才能形成理论。①

上述差别造成两门学科获得了相当不同的理论面貌和职业文化。经济学从有限、公认的假设出发，很容易形成学科共享的统一理论。由此，经济学家们也更可能在同一理论平台上从事某一主题的研究，其成果也较易以通用的语汇传播和积累。社会学主张从经验现象中归纳出理论，结果"千差万别"的经验现象不仅制造了理论的分异，而且也造成众理论间比较、整合与提升的艰难。社会学家的两难在于，要么用很多精力了解哪些同行完成了哪些研究，再遴选与自己研究相关的部分，要么无视已有的研究从头做起（毕竟在社会学中，"描述一个新现象"被认可为科学研究的第一步）。比较而言，经济学较不关心理论与经验的关系；而对于社会学家来说，理论与经验的关系是一个需要认真对待并时常带来研究困扰的问题。

经济学和社会学的研究操作同样有很大的区别。经济学主要的研究操作是建立数理模型。斯威德伯格统计过一段时间发表在期刊《美国经济评论》上的论文所属的研究类型，其中"有数理模型而没有任何经验数据"和"有数理模型并且有经验数据"的论文分别占比50.1%和21.2%。②而在社会学中，除去理论和思想史研究外，几乎所有的研究都要交代经验材料的来源和可靠性，并说明收集资料的方法，在此基础上才能开展分析和讨论。社会学习惯于收集各种来源的数据，也积累了大量捕捉、记录经验现象的技术。

将一定时期内的诸研究转变为可共享、可传递的知识库存，是一门学科的基本功能。"长期以来，经济理论家比其他社会科学家更倾向于得出一般命题，然后假定它们对任何时间、任何地方、任何文化都无往而不适。我们有一个从古典经济继承下来，而且后来得到进一步发展的理论宝库，它通常被认为比它所能说明的更具有普遍性。"③ 此外，经济学研究强调对原有假设、方法的修正而非"颠覆"，例如设置较为现实的假设、引入更具社会性的变量、使用更复杂的数学工具等，都有助于形成一种一致性和连贯性的知识库存。

社会学形成知识库存的方式则带有更多的人文色彩。社会学家似乎需要不断对经典著作进行再阐释，以此说明其研究在经典著作开辟的问题领域中所处的位置，同时他们也善于比较其与同行的研究并寻找彼此之间的联系。诚然，"经济学着意区分经济学思想史和当代经济学理论。而在社会学中，二者结合十分紧密。经典著作仍然充满活力，常常成为理论课程中的必读内容"④。

---

① 涂尔干：《社会学方法的准则》，狄玉明译，商务印书馆，1995年版，第45页。
② Swedberg Richard, "Economic Sociology: Past and Present", *in Current Sociology*, 1987, 35, p.135.
③ 缪尔达尔：《亚洲的戏剧：对一些国家贫困问题的研究》，谭力文、张卫东译，北京经济学院出版社，1992年版，第6页。
④ 斯梅尔瑟、斯威德伯格：《经济社会学手册》，罗教讲等译，华夏出版社，2009年版，第7页。

经济学和社会学在涉及人和宏观-微观关系方面的哲学预设也相去甚远。经济学倾向于将"人"设定为追求利益最大化并有能力做出最优选择的独立行动者；宏观现象要还原到微观行动者进行解释，在新古典经济学中，宏观现象甚至被假定为是诸多行动者行动的简单加总。社会学则倾向于将"人"视为受社会关系、规范、制度、文化等外部力量形塑的产物，一个人采取什么样的行动通常是由其处境所决定的。与经济学不同，社会学认为个体行动者和结构性力量之间如何发生联结是一个需要澄清的问题。虽然社会学中已有若干研究纲领（结构化方案、场域方案、社会理性选择方案等）试图解决这一问题，但总体而言，对结构的分析远多于对结构-行动关系的分析。这与两位社会学先驱所奠定的结构主义分析倾向——马克思认为人的本质是一切社会关系的总和，涂尔干强调社会事实对人有无可辩驳的强制性——密切相关。①

三、经济社会学的方法特征

以上对经济学与社会学的比较，显示其共同面临的困境在于如何处理其学科的体系化与专业化。经济学为过度追求体系化和专业化付出了代价，致使其成为无视现实的"经院哲学"；相反，社会学追求体系化和专业化不足，致使其内部诸多研究缺少对话与整合，其学科发展远未达到前辈所期许的"成熟科学"的要求。社会学虽然视"个体与结构的关系"为重要议题并提出了若干理论方案，但和经济学一样，其主流研究还局限在单一取向的分析水平。

经济社会学作为旨在通过综合两门学科的知识库存，则可能成为应对上述困境的一种知识运动。其方法特征只有在此背景下才能得到说明，如表 2-1 所示。

表 2-1 经济社会学的方法特征及其与邻近学科的比较

	经济学	经济社会学	社会学
逻辑基础	公理演绎	归纳-演绎	经验归纳
研究操作	构建数理模型，改进既有模型	将各种社会科学研究方法纳入"工具箱"，按照其与研究对象的适配性进行选择	实际调查，至少要使用已有的数据和经验材料
方法造成的学科特征	较为统一的学科语言，研究成果易积累	追求可对话、可综合的视角或学派	学科碎片化，研究成果较难积累，新的研究需要"另起炉灶"

---

① 关于经济学与社会学不同哲学预设的更为详尽的分析，可参见格兰诺维特对"社会化不足"和"过度社会化"两种方法论的比较（参见格兰诺维特：《经济行动与社会结构》，载格兰诺维特、斯威德伯格：《经济生活中的社会学》，瞿铁鹏、姜志辉译，上海人民出版社，2014 年版，第 56-77 页），以及笔者对"方法论个体主义"和"方法论集体主义"的批判性评价（参见汪和建：《迈向中国的新经济社会学：交易秩序的结构研究》，中央编译出版社，1999 年版，第 58-66 页）。

续表

	经济学	经济社会学	社会学
理论与经验关系	基本不考虑理论与经验的关系	追求理论的适度抽象和必要的复杂性	自觉处理理论与经验的关系问题
社会科学哲学假设	人是追求经济利益的个体行动者，其行动后果加总为宏观现象	人是具有多种利益和复杂动机的经济-社会人，追求对行动者和结构相互作用的机制做出说明	人受规范、社会关系、文化、制度等结构性力量的支配，可以通过结构说明个体行动及其差异

第一，经济社会学对源于不同学科（主要是经济学和社会学）的研究方法会采取一种"工具箱"的态度，即在选择具体的方法时会考虑其与研究对象的适配性。例如，理性选择分析适用于研究高度工具化的、可测量的行动，而不能无条件地推广到利他主义、亲密关系等生活领域中的行动，经济社会学者在运用时必须限定其对象领域并对其条件和背景予以说明。再如，文化分析或意识形态分析适用于研究无反思、缺少计算和选择过程的行动，但企业家的"创造性破坏"显然不在此列。这样，经济社会学才能避免单一范式的局限和无反思性，从而借助一系列有限而有效的结论形成若干可以对话和综合的视角或学派。

第二，追求方法和研究对象的适配性，要求经济社会学进一步考量经济与社会关系的形态及其变迁。在微观层面需要探究"理性选择-利益最大化"的行动逻辑止步于何处，在此界限之外人们以怎样的方式行动。在宏观层面需要探究经济（尤其是市场）和社会以何种形态发生嵌入、重叠和相互作用，以及这种形态的社会历史性。此外，还需考量不断发生在两个层面之间的结构-行动相互作用。秉持这样的自觉，才能为研究对象选取适合的方法，从而生产出有效的经济社会学知识。

第三，与社会学一致，经济社会学重视经典著作的价值。经典作家的优势在于他们处在学科分化尚不明显的时代，这使他们更多地关注问题而非学科规范。当代研究者普遍受过严格的专业训练、拥有丰富的研究技巧，如果将这一优势与经典作家的开阔视野相结合，便能期待一系列杰出研究的问世。在经济社会学尚未形成成熟知识库存的情况下，不妨接受默顿的忠告，将经典作品的再阐释和理论对话作为学科积累之途。

经典作家中尤其需要推重的是韦伯。将韦伯的思想视为经济社会学的重要基础——此为熊彼特、弗兰克·H. 奈特、帕森斯、斯威德伯格等学科倡导者的共识——有着充分的学理缘由：无论是早期倡导"社会经济学"，还是晚期构建"经济社会学"，韦伯都旨在调和由施穆勒和门格尔的"方法论之争"所带来的新古典经济学与国民经济学之间的冲突。当下经济学与社会学的对立，一如奥地利学派和历史学派的对立，其核心问题仍然是社会科学中理论与经验持续的紧张关系。因此，韦伯有关调和理论和经验研究的思想与方法（主要通过构建理想类型的方法来调和理论和经验的关系）对经济社会学而言十分重要。[①]

[①] 参见斯威德伯格：《马克斯·韦伯与经济社会学思想》，何蓉译，商务印书馆，2007年版，第 232-277 页。

此外，韦伯有关从微观层次对宏观现象进行"解释性理解"、对人类行动类型进行划分，以及对理性之历史性和制度条件的讨论等，都是值得经济社会学重视的思想遗产。我们期待在这些遗产的基础上建设一种结构行动主义的经济社会学：经济与社会关系研究的界域，可以通过建构某种可内涵经济与社会关系的一般概念（如交易秩序概念）来予以限定；经济与社会关系研究的层次，则可以通过划定分析的微-宏层次以及建构综合两个层面的方法论来达到。①

第四，经济社会学主张"人"是具有多种利益和复杂动机的经济-社会人，并以此为基础说明行动者和结构相互作用的机制。这要求我们不仅要关注宏观社会领域之间如何相互作用，还要说明这种作用在中观和微观的分析水平上是如何发生的——"制度和结构不会行动，只有人才会行动"。② 经济社会学理论需要平衡"适度的抽象性"和"必要的复杂性"：既保持对经验现实的关照，又能使分散的研究形成知识库存，从而为保持适度的学科一致性奠定基础。③

经济社会学的发展经历了古典（19 世纪中期至 20 世纪 20 年代）、后古典（20 世纪 30 年代到 70 年代）和当代（20 世纪 70 年代以后）三个时期。下面几节将通过回溯代表性学者及其核心议题来对经济社会学发展的三个时期做简单介绍。

第二节
利益、分工与道德：古典议题

利益、分工与道德构成了古典经济社会学的核心议题。古典时期社会科学尚未高度分化，无论是经济学家还是社会学家都能够以开阔的视野和运用综合性的分析方法开展研究，从而产生出许多富有创见的经济社会学思想。

一、利益、道德与阶级

利益是亚当·斯密和马克思共同关注的议题，他们都注意到利益在经济-社会变迁中所起到的重要作用，尽管他们对利益概念的理解所基于的分析方法截然不同。

斯密采用个体主义的分析方法，强调个人利益的追求可以通过市场机制运作达到与社会利益的一致，同时引入道德情操来为个体间秩序的形成奠定基础，从而弥补市场机制之不足。斯密的这一核心思想包含在其《国富论》（即《国民财富的性质和原因的研究》）和《道德情操论》两部重要著作中。在《国富论》中，斯密认为，劳动分工

---

① 参见汪和建：《迈向中国的新经济社会学：交易秩序的结构研究》，中央编译出版社，1999 年版，第 57—70 页。

② 特纳、比格利：《韦伯的社会科学方法论》，载苏国勋、刘小枫主编：《二十世纪西方社会理论文选：社会理论的开端与终结》，上海三联书店，2005 年版，第 393 页。

③ 需要承认，上述的方法特征中有很多还停留在学科的建设日程阶段，如何真正有效地完成对邻近学科的综合与超越，仍是经济社会学面临的巨大挑战。

和市场的扩展是人类具有天然的交易倾向的结果,这种倾向就是互通有无,物物交换、互相交易。① 人们为了获得自己需要的东西,就要向交换者提供对方所需的东西,这样人们就会更多生产他人需要的东西。交易倾向导致劳动分工,而劳动分工又会导致生产效率的提高,从而导致各个阶级物质福祉的增加。人们为了获利而拓宽市场,又进一步扩大了分工的范围。

如果说自利心及其驱动的交易形成了分工和市场秩序的基础,那么,同情心则构成了另一种协调甚至超越自利心的自发性力量。在《道德情操论》中,斯密提出,同情心不仅形塑了正义、仁慈、克制、自尊等社会美德,同时也将关心私利的个人联结了起来:"无论人们会认为某人怎样自私,这个人的天赋中总是明显地存在着这样一种本性,这些本性使他关心别人的命运,把别人的幸福看成是自己的事情,虽然他除了看到别人幸福就一无所得。这种本性就是怜悯或同情心,就是当我们看到或逼真地想象到他人的不幸遭遇时所产生的感情。"② 同情心的作用机制是,当一个人设身处地地体会到他人的痛苦或快乐时,会考量假如自己在那样处境中,也会感到同样的痛苦或快乐。为了避免这种想象或预期中的痛苦,或为可能的快乐寻求保障,这个人就会倾向于帮助他所观看或设想的人避免痛苦或保持快乐。这样,利己和利他通过同情心联系在一起。

斯密留给我们的启发在于,人类的动机既包括对私利的考量,也包括道德情感。重读《国富论》和《道德情操论》两部著作有助于经济社会学加深对经济-社会人以及经济与道德的关系的理解。③

比较而言,马克思的研究方法更有集体主义色彩,即系统水平分析多于行动水平分析,关注阶级利益与冲突甚于个体利益与互动。马克思被后世冠以很多头衔,但不论作为经济社会学家还是革命家,马克思最关注的问题是受经济力量推动的社会形态变迁:"资产阶级在它已经取得了统治的地方把一切封建的、宗法的和田园诗般的关系都破坏了。它无情地斩断了把人们束缚于天然尊长的形形色色的封建羁绊,它使人和人之间除了赤裸裸的利害关系,除了冷酷无情的'现金交易',就再也没有任何别的联系了。"④

对"庸俗经济学"将社会现象自然化、意识形态化的批判,是马克思开展研究的重要途径。这要求马克思将那些被自然化的现象还原为社会关系,将预定和谐的信条还原为充满冲突的真实世界。例如,马克思指出厂房、原料、机器的物质属性并不足以说明资本的属性:"资本,土地,劳动!但资本不是物,而是一定的、社会的、属于一定历史社会形态的生产关系,它体现在一个物上,并赋予这个物以特有的社会性质。"⑤ 与此类似,利

---

① 亚当·斯密:《国民财富的性质和原因的研究》(上卷),王亚南、郭大力译,商务印书馆,1974年版,第12页。
② 亚当·斯密:《道德情操论》,蒋自强等译,商务印书馆,1997年版,第5页。
③ 斯密可谓经济社会学家"第一人"。遗憾的是,斯密的思想在社会科学体系化的过程中,一方面被经济学教条化,另一方面被社会学长期忽视。因此,重新发掘斯密的经济社会学思想应当被提上当代经济社会学的研究日程。
④ 《共产党宣言》,载《马克思恩格斯文集》(第二卷),人民出版社,2009年版,第33-34页。
⑤ 《资本论》,载《马克思恩格斯选集》(第二卷),人民出版社,1995年版,第577页。

息也不是资本自然增殖属性的产物,而是货币资本家在资产阶级内部分配中有权索取的那部分剩余价值。

马克思还着力批判"庸俗经济学"中个体利益能够与社会利益自动达成一致的信条。在马克思看来,个体利益、个体所属阶级的利益和社会总体利益之间通常是冲突的,并且会导致个人之间与阶级之间无休止的斗争。马克思对个体利益和阶级利益冲突的讨论并未形成一个集中的主题,并且常常为缔造阶级团结的政治主张所掩盖,但我们仍可以从《路易·波拿巴的雾月十八日》等时政著作和《资本论》对一些调查材料的评论中发现这类分析。马克思试图说明经济处境相似的人们并不会自动形成一个阶级,例如法国的农民就由于缺少组织、不参与集中劳动而难以形成一个能够采取共同行动的阶级。

《资本论》中对人口和工资问题的讨论也揭示出了个体利益和阶级利益的不一致问题。对于工人来说,生更多孩子可以增加家庭的劳动性收入,但当大多数工人家庭都选择生更多孩子时,整个无产阶级却为资产阶级提供了一支无产阶级待业大军,从而再生产出低工资和自身的贫困。单个工厂主降低工人工资可以提高自身竞争力、获取更多剩余价值,但当众多工厂主都想方设法降低工资时,整个资产阶级以商品形式积累起来的庞大剩余价值便无法最终实现。在马克思的设想中,工人个体的利益可以因为"全世界无产者,联合起来"而达到一致,资本家也可以组成自己的委员会并豢养代理人和意识形态家,如此阶级之间的利益冲突和斗争便成为人类难以摆脱的宿命,或如恩格斯所说:"历史可以说是所有女神中最残酷的一个,她不仅在战争中,而且在'和平的'经济发展时期中,都是在堆积如山的尸体上驰驱她的凯旋车。"① 马克思有关意识形态的分析可以被视为认知的(或知识的)经济社会学,即分析人们的知识形成过程和认知方式如何受到其经济社会处境的影响的。② 马克思为经济社会学留下了丰富的遗产,但如何在其庞杂的著述和思想中整理出较为系统的经济社会学思想仍是一项挑战。

上述分析强调了斯密和马克思对利益概念的不同理解和研究进路的差异,我们不能因此而忽视二者思想中的共性,即关注经济力量对社会所产生的影响。由于时代所限,他们的理论可能包含经济一元论的风险,即将社会现象看作派生的、受经济现象限定的。

二、分工、契约与道德

相比斯密和马克思关注经济对社会的影响,涂尔干更加关注社会对经济的影响。这一关照既体现在涂尔干对劳动分工的社会解释中,也体现在他对经济行为中"契约中的非契约因素"的研究中。

涂尔干研读过若干经济学名著,并且将经济社会学列为社会学的一个分支,不过他是以论战姿态提出其方案的。涂尔干批评了经济学的"经济人"假设和过度抽象的研究方法:"真正的人——我们了解,并且我们都是真正的人——是十分复杂的,它属于一个时

---

① 《马克思恩格斯选集》(第四卷),人民出版社,1995年版,第725页。
② 加里贝:《马克思著作中意识形态的三元模式》,载苏国勋、刘小枫主编:《二十世纪西方社会理论文选:社会理论的开端与终结》,上海三联书店,2005年版,第329页。

代、一个国家；他拥有家庭、城市、祖国、宗教和政治信仰；所有这些因素以及其他的因素相互融合，影响着人的心智和行动。"[①] 他批评经济学将这些对人产生真实影响的因素排除在外，只留下经济学家自己对人的简单设想。对经验现象进行适度的抽象是必要的，但抽象应当是"隔离一部分现实"，而不是像经济学那样"让现实消失"。[②] 由此，涂尔干认为，要对经济现象进行真正科学的认识必须运用从经验现象出发、逐步积累理论成果的社会学方法。

涂尔干的经济社会学研究主要体现在他的博士论文《社会分工论》中。该书旨在用实证方法研究经济-社会变迁所带来的道德生活的变化：为什么个人越变得自主，他就会越依赖社会？为什么在个人不断膨胀的同时，他与社会的联系却越加紧密？要解决这种非常明显的矛盾现象，就要从社会团结的转型过程着眼，而后者正是伴随着劳动分工的迅速发展而产生的。[③] 涂尔干认为，社会分工的原因并非因为劳动效率的提高，而是来自人口容量和社会密度的压力的结果。这一解释符合涂尔干为社会学奠定的方法准则，即要解释一种社会事实只能诉诸其他社会事实。社会人口和交往频率的增加会导致生存压力的上升，此时人类群体选择分工合作的方式可以保证彼此之间以非战争的状态共存。分工的社会后果在于，社会的机械团结逐渐被有机团结所取代：个体越来越无法独自完成生产所需的一切活动，个体和群体之间因为职能上的分工与联系（彼此依赖）而形成了一个"牢固的关系系统"；并且，这一关系系统还内在地产生了一种新型道德即新的"义务之网"，使得个体能够按照这一超越私利的责任和情感而行动。

涂尔干同样反对那种认为契约是由两个独立个体自由达成的观点。契约作为一种合作关系包含着"固有的道德"，即"在契约里，并不是所有一切都是契约的"。[④] 如果没有法律和道德情感强制人们服从契约，人们连最低程度的协作都无法完成。有学者评价，涂尔干在此提供了一种研究社会对经济影响的典范性视角：涂尔干在经济社会学领域中的一个卓越贡献，是在其社会分工与契约关系的研究中，建构起了一种经典的社会学视角，即"道德性视角"。在该视角的审视下，分工不仅造就了新的经济形式（职业互赖关系），而且衍生出了一种新的道德信念。与此同时，非契约因素（法律与道德）也内在地构成了契约（交易）关系的组成部分。依循涂尔干的道德性视角，经济与道德是难以分离的。道德因素渗透并影响着现代所有的经济关系。[⑤]

涂尔干富有论辩才华的著述容易将读者引向一种"社会学主义"的取向，经济社会学在继承涂尔干的思想遗产时需要探索其与结构行动主义可能结合的"理论接口"。此外，涂尔干的结构分析有一种将社会或群体视为有理智的、能够做出选择和行动的实体的倾

[①] Durkheim Emile, "Sociology and the Social Sciences", *in On Institutional Analysis*, University of Chicago Press, 1978, pp.34-60.
[②] 斯威德伯格：《经济社会学原理》，周长城等译，中国人民大学出版社，2005年版，第6页。
[③] 参见涂尔干：《社会分工论》，渠东译，生活·读书·新知三联书店，2000年版，第213-239页。
[④] 参见涂尔干：《社会分工论》，渠东译，生活·读书·新知三联书店，2000年版，第160-185页。
[⑤] 汪和建：《经济社会学——迈向新综合》，高等教育出版社，2006年版，第64页。

向，而不是将其视为若干行动者的集合或组织。这是涂尔干全然否弃经济学方法论个人主义的代价，也是结构主义理论方案难以避免的缺陷。

三、利益、理念与其他

齐美尔（又作西美尔）和韦伯对利益和理念之间的关系的共同关注延续了古典经济社会学对利益议题的研究。

虽然马克思做出过人在其本质上是一切社会关系的总和的论断，但最早通过细致的分析说明社会是由互动着的个体所组成的复杂网络的学者或许是齐美尔。和涂尔干一样，齐美尔对经济学那种自称具有普适性的"总体科学"抱有很大的怀疑。因此，齐美尔认为描述和分析人类互动的不同形式——这些形式是构成较大社会的基础结构——才是对社会产生有效认识的开端。① 在齐美尔那里，关注形式而非经验材料本身也是社会学区别于历史学和传记作品的特征所在。

齐美尔在其《社会学——关于社会化形式的研究》中详细研究了竞争、冲突、"坐收渔翁之利"等社会经济互动的形式，以及群体如何借助所在社会的条件追求自身的利益。② 这些研究对社会学中的网络分析方法卓有启发。齐美尔的另一部著作《货币哲学》则堪称"经济的文化社会学"研究典范。齐美尔认为货币便于分割和计算，因此可以充当严格的一般等价物。而随着货币越来越频繁地成为人们互动的中介，人的心智也会随之发生变化。原先感官和体验的领域日益遭到抽象计算的入侵，例如人们开始以计算货币的心智计算审美和情感。这导致一切质的区别都可以被货币化为量的区别。此外，货币也在改变人们的互动形式。货币能够促成血缘、地缘等关系之外的"自由联盟"，使人们结成专注于一定目的的团体。③ 总之，货币促进了人类事务的理性化，"在货币的推动下，现代的计算和抽象精神已经胜过那些过时的、把感觉和想象放在首位的世界观"④。齐美尔的著述风格可能会招致那些追求学科体系化，尤其是热衷仿慕自然科学的学者的厌恶，但这并非我们可以忽视齐美尔有关现代经济社会洞见的理由。

如果要选取一种综合当代经济社会学诸视角的理论平台，韦伯的思想或许是最重要的候选者。这不仅因为韦伯兼具经济学、经济史、法律和制度史的学术训练，且是社会学的重要奠基人，还因为韦伯早已面临并设法处理过今日经济社会学的理论困境。韦伯的重要贡献是，在与其他学科的比较中为经济社会学定位，并为这一学科奠定了基本的理论和概念框架。韦伯认为广义的经济科学——社会经济学——应当处理经济现象、与经济相关的现象以及受经济制约的现象。经济理论只能处理一般经济现象，而更具体的经济的历史以及经济与社会的相互关系的研究，则需要借助经济史和经济社会学来完成。

---

① 参见科塞：《社会学思想名家》，石人译，中国社会科学出版社，1990年版，第198-239页。
② 参见西美尔：《社会学——关于社会化形式的研究》，林荣远译，华夏出版社，2002年版，第25-96页。
③ 参见西美尔：《货币哲学》，陈戎女等译，华夏出版社，2002年版，第175-230页。
④ 科塞：《社会学思想名家》，石人译，中国社会科学出版社，1990年版，第213页。

韦伯的经济社会学研究在很大程度上延续了马克思的主题，即现代资本主义的起源及其经济社会后果。① 马克思是在宏观层面解释现代资本主义起源的，韦伯则试图找到一种"宏观现象的微观解释"来说明资本主义精神的起源：与其说资本主义完全是一种新鲜事物，毋宁说强制连续劳动和积累财富的制度性条件早已存在，而一种新的心智状态（资本主义精神）使得人们能够以有计划的、坚韧不疲的状态从事强制连续劳动和财富的积累。韦伯还试图与马克思经济决定论式的唯物主义展开论战："直接支配人类行为的是物质上与精神上的利益，而不是理念。但是由'理念'所创造出来的'世界图像'，常如铁道上的转辙器，决定了轨道的方向，在这轨道上，利益的动力推动着人类的行为。"② 在晚年，韦伯又在《经济通史》中进一步研究了资本主义演进过程中的诸多制度性条件。我们或许有理由认为韦伯这位"资产阶级的马克思"试图说明的是一种"弱经济决定论"的历史唯物主义：利益是人类行为的决定性因素，但人类有着包括经济利益和精神利益在内的多种利益，而不是单一的经济利益；经济力量的推动作用并不导致所有社会遵循同样的发展路径，不同社会的发展路径会因为文化-认知的不同而产生差异。

韦伯对阶级问题的讨论也可以被视为其与经济决定论之间论战的延伸。马克思和马克思主义者主张以对生产资料的占有程度来划分阶级（如果不是能够集体行动的阶级，至少也是潜在的阶级），而韦伯认为决定一个人地位的因素不仅仅是经济处境，包括身份、政党等在内的社会因素同样会对一个人的地位产生影响。阶级的重要性是伴随着市场日益发展而增加的，而在前资本主义社会中，身份和政治归属更能确定一个人的身份。③

韦伯认为体系化的经济学对人类行动动机的设定太过单一，因而划分了行动的不同类型。这样就将情感、传统、文化信念等社会因素同经济利益一起纳入了对人类行动的基本动机的考察。④ 理想类型是对一类经验现象"抽象画"式的重构，即既保留一类现象的经验事实，又对其最主要的理论特质予以抽象概括。通过这一方法程序，经济理论能够作为一种理想类型而得以保全，同时纯粹理论和经验事实之间的张力也能够得到调和。此外，通过理想类型和经验现实的比较，也更容易发现诸多社会因素对经济行动、经济组织与制度乃至经济体制的实际影响。

综上，韦伯为今日经济社会学带来的启发在于：第一，经济社会学应当建立在对纯粹经济理论批判和超越的基础之上，而非反对和拒绝理论经济学；第二，作为一门学科的经济社会学，应当以经济与社会关系为研究的对象和领域；第三，建构经济社会学的一般理论体系应当采取一种综合的研究方法。综合的方法不仅表现在历史研究中的多因素相互关联分析，而且更主要地体现在因果解释中的行动与结构的关联上。⑤

---

① 科恩：《马克斯·韦伯论现代资本主义——韦伯〈经济通史〉导读》，载韦伯：《经济通史》，姚曾廙译，上海三联书店，2006年版，附录。
② 韦伯：《中国的宗教·宗教与世界》，康乐等译，广西师范大学出版社，2004年版，第477页。
③ 参见格特、米尔斯：《马克斯·韦伯社会学文集》，阎克文译，人民出版社，2010年版，第174-187页。
④ 参见韦伯：《经济与社会》（第一卷），阎克文译，上海人民出版，2010年版，第91-130页。
⑤ 参见汪和建：《经济社会学——迈向新综合》，高等教育出版社，2006年版，第15-32页。

同马克思一样，韦伯留下了相当庞杂的著述和思想，其中有很多是停留在研究纲领阶段的半成品，这导致整理和阐释韦伯的思想面临诸多困难。例如，研读不同时期的韦伯著作即可引发"文化韦伯"和"制度韦伯"之间的持久论战。此外，韦伯志在探寻一种联结宏观和微观两个层面的分析方法①，这尤其需要经济社会学者的关注。虽然面临着一切伟大思想家都难以逃脱的苛责，韦伯提出的问题、纲领和方法论指引仍是积累当代经济社会学知识库存的重要基础。

第三节
创新、嵌入与互动：后古典议题

创新、嵌入与互动成为后古典经济社会学的核心议题。由于经济学和社会学各自的体系化所带来的隔阂，后古典时期的经济社会学呈现出衰落的态势。但这一时期仍有一些富有原创性的思想，仍有沟通经济学与社会学的努力。

一、创新、经济周期与资本主义危机

熊彼特是连接经济社会学古典时期和后古典时期的重要人物，并目睹了现代经济学的快速数理化和体系化。熊彼特虽然是经济学数理化的热情推动者，但同时十分珍视经济学中其他的研究取向和知识传统，并在其巨著《经济分析史》中不厌其烦地收集了种种分析经济现象的思想和方法。

受韦伯的影响，熊彼特也主张构建一种广义的经济学：除了经济理论之外，还包括经济史、经济统计和经济社会学。他这样区分经济分析与经济社会学："经济分析所讨论的问题是人们在任何时候怎样行为以及产生什么经济效果；经济社会学处理的问题是他们怎么会这样行为的。如果我们把人类行为的定义下得广泛一些，不仅包括行动、动机、偏好，而且也包括与经济行为有关的社会制度如政治制度、财产的继承、契约等等，那么这句话就把我们所需要的一切包括在内了。"② 经济行动并非发生在真空之中，而是发生在一定的制度条件之中，这些条件为经济行动提供了选项和资源，而经济社会学在广义经济学中的角色就是对这种制度条件加以说明。

除为经济社会学进行学科定位，熊彼特还完成了若干富有社会学色彩的研究，如社会阶级和企业家行为、帝国主义扩张的动力、现代国家财政特权的来源和后果、资本主义制度未来的变迁走向，等等。其中，创新、经济周期与资本主义危机是熊彼特研究的经典主题。

熊彼特在其1912年发表的《经济发展理论》中开创性地提出了创新理论。该书第一章分析了"循环流转"的经济均衡状态，在这一假定的状态下，企业的收入等于支出，企

---

① 参见科尔曼：《社会理论的基础》（上册），邓方译，社会科学文献出版社，1999年版，第1-45页。

② 熊彼特：《经济分析史》（第一卷），朱泱等译，商务印书馆，1991年版，第41页。

业主获得的只有管理报酬，整个经济系统重复着简单再生产。在此情况下，既不存在利润（包括作为利息而被分配的一部分利润），也无经济发展。由此，熊彼特在第二章中提出企业家理论，以解释经济发展和利润的来源。他主张，企业家作为资本主义的"灵魂"，其职能在于通过创新实现经济发展。创新或生产要素的"新组合"的途径包括：① 引进新产品；② 引用新技术，即新的生产方法；③ 开辟新市场；④ 控制原材料的新供应来源；⑤ 实现企业的新组织。他强调，"资本主义在本质上是经济变动的一种形式或方法，它从来不是静止的"①。企业家的"创造性破坏"是资本主义经济发展的根本动力。

在《经济发展理论》中，熊彼特初建一种基于创新的经济周期理论，即用创新变动解释企业利润率下降的趋势：刚完成创新的企业能够获得"垄断利润"，但随着模仿者的竞争，利润会不断下降直到再度进入"循环往复"状态。② 而在1939年发表的《经济周期》一书中，熊彼特则尝试将创新理论整合进长、中、短三种经济周期中，从而发展出了一种多层次的"三种周期"理论。长周期又名康德拉捷夫周期，历时50年左右，是由生产技术的大幅变革（如历次产业革命）引起的；中程周期又名尤格拉周期，历时10年左右；短周期又名基钦周期，历时40个月左右。熊彼特意识到，虽然中程周期和短周期的确和创新有关，但并不能像利用电气革命说明长周期那样，用具体的技术、组织创新加以说明。③

1942年出版的《资本主义、社会主义与民主》一书，是熊彼特生前发表的最后一部著作。这部著作很大程度上延续了创新、经济周期等主题。熊彼特指出，随着创新的惯常化和自动化，企业家的个人职能与重要性会不断丧失，"机关和委员会的工作日将取代个人活动"。随着利润和利息转化为工资，原先以利润和利息为生的资产阶级也会消失——在此意义上，以无休止的破坏-创造循环为特征的资本主义也将宣告自身的消亡。熊彼特悲观地认为，这一不可避免的社会主义趋势并不能自动为民主制度提供保证。④

由于其著述和思想的复杂性及其他原因，熊彼特的经济社会学思想尚待重视与进一步挖掘。

二、"嵌入-脱嵌"与市场社会

有关经济嵌入与脱嵌于社会的观点，以及利用这一观念或视角探究市场社会的兴衰，是波兰尼对经济社会学的重要贡献。

波兰尼认为，在人类社会的绝大部分时期，经济活动都是嵌入于社会（各种经济的和非经济的制度）中的；经济脱嵌于社会即市场成为支配社会的主导性力量只是19世纪市场社会诞生之后的现象。这一观点是建立在其对经济现象进行实质主义分析的方法基础之上的。

---

① 参见熊彼特：《经济发展理论》，何畏等译，商务印书馆，1990年版，第5-85页。
② 参见熊彼特：《经济发展理论》，何畏等译，商务印书馆，1990年版，第106-150页。
③ 熊彼特：《经济发展理论》，何畏等译，商务印书馆，1990年版，第286页。
④ 参见熊彼特：《资本主义、社会主义与民主》，吴良健译，商务印书馆，1999年版，第190-215页。

在1957年出版的《经济——有制度的过程》一文中,波兰尼通过区分"经济"的实质意义和形式意义,确定了其实质主义分析方法:"经济的实质意义派生于人类生计而对自然和其伙伴的依赖。它涉及与自然和社会的环境进行相互交换,这种交换最终向他提供满意的物质财富。经济的形式意义派生于手段-目的关系的逻辑特点,就如在'节约的'或'节省的'这些词中显而易见的那样。它涉及选择的特定情境,即由手段不充分而引起的对不同手段的使用作出选择的情境。"① 波兰尼认为,"在稀缺的手段中作出有效选择以达到目的效果的最大化",只是在晚近欧美社会中通过形式分析而被构建的一种特有的行动取向。将经济的形式分析方法不加限制地推广到对其他时代和社会进行研究会导致"经济主义谬误"。因此,要对不同时期和不同社会的经济现象做出有效的分析,就必须深入具体的历史和制度情境中考察人们如何在互动和协作中维持自己的生计。

波兰尼1944发表的《巨变:当代政治与经济的起源》一书正是其主张的实质主义分析方法的运用。这是波兰尼影响最大、引发广泛评论和争议的著作。波兰尼在该书中研究了英国市场社会的诞生及其变迁。波兰尼提出,所谓自律的、独立于其他社会部门的市场只是到了近代才获得了不受控制甚至反而控制社会的力量,而自律市场和市场社会的诞生有赖于种种政治和社会条件。他还指出,自律市场的根基是不稳固的,因为土地(作为生计来源)、货币(作为支付和流通手段)和劳动力(作为人)并非商品,却被市场统摄为"虚拟商品",当它们被视为简单商品而非生计、支付和流通手段及人本身时,人们对它们的利用和破坏就会变得肆无忌惮。当市场的破坏性作用足够明显时,就会引发社会的自我保护运动。

《巨变:当代政治与经济的起源》的理论价值在于提出了一种一般化的经济嵌入于社会的设想,以及较具体的经济嵌入-脱嵌和再嵌入的经济-社会双向运动过程。民族主义、战争等非经济现象都可以在这一经济-社会双向运动的框架中得到某种解释。② 然而,波兰尼在《巨变:当代政治与经济的起源》中为经济脱嵌的破坏性力量所开出的处方值得存疑:所谓能动的、可以进行自我保护的社会和政府的差别究竟在何处?政府对市场的管制是否可以达到波兰尼期许的"在复杂社会中重建人的自由"的目标?

波兰尼试图弃置经济学方法,而不是对之进行相对化处理后整合进经济社会学之中,似乎延续了涂尔干以来对经济学的偏见。由此,经济社会学在继承波兰尼的思想时需要区分其经验研究和政治主张,并调和其与经济学知识、经济社会学中不同研究取向之间的关系。

三、行动、系统与变迁

后古典经济社会学最显著的议题是帕森斯与斯梅尔瑟共同尝试的对处于分离状态的经济学与社会学的沟通,以及对经济社会学学科所做的体系化的努力。

---

① 波兰尼:《经济——有制度的过程》,载格兰诺维特、斯威德伯格:《经济生活中的社会学》,瞿铁鹏、姜志辉译,上海人民出版社,2014年版,第35页。
② 参见波兰尼:《巨变:当代政治与经济的起源》,黄树民译,社会科学文献出版社,2017年版。

这一努力最早体现在帕森斯1937年发表的《社会行动的结构》一书中。在该书中，帕森斯对马歇尔、帕累托、涂尔干、韦伯四位思想家的社会行动理论进行了发掘和综合，以揭示一种既保持实证主义又强调"唯意志论"的社会行动的结构及其过程，并试图通过"相互指向的行动"来解答个体间秩序起源的问题。虽然帕森斯没有运用这一行动理论对经济行动予以特别研究，但其一般化理论的建构似乎已预示着行动理论是一条综合经济学和社会学的可能的途径——在行动"目的-手段"链条中，社会学关注前者即目的问题，经济学关注后者即效率问题，而一种能够同时处理目的和手段的行动理论则可能将这两门学科的分析方法整合起来。

20世纪50年代，帕森斯的理论志趣开始转向社会系统理论和一般行动理论。在1951年出版的《社会系统》一书中，帕森斯提出了行动由"动机"和"价值取向"决定，以及由"互动"实现"制度化"的思想。在同年出版的《迈向一般行动理论》一书中，帕森斯与合作者希尔斯提出了一般社会系统理论，即认为社会系统的生存必须在最低限度上满足适应（A）、目标达成（G）、整合（I）和模式维持（L）四个功能；为满足这功能，社会相应分化为经济、政治、整合和文化价值四个子系统，并且子系统之间存在着密切的联系和交换活动。1956年，帕森斯与斯梅尔瑟在《经济与社会》中，将上述AGIL模式运用于对社会系统的分析，从而建立了一种结构功能主义的经济社会学。[①] 结构功能主义经济社会学包含了两个重要的命题：① 经济是社会的一个功能子系统；② 经济系统与其他社会子系统之间存在着一种输入与输出的界限互换关系。第一个命题赋予了以研究相对分离的经济子系统为己任的经济理论的独立地位，第二个命题则提出了建构以研究经济子系统与其他社会子系统之家的关系为使命的经济社会学的必要性。不过，帕森斯和斯梅尔瑟用AGIL模式来对经济与其他社会子系统之间的关系进行分析的努力，最终被认为是一种失败的尝试。批评者主要认为，AGIL模型不可能得到实证，其假设难以操作化，也缺少动态的分析。斯梅尔瑟在其后的研究中，[②] 力图对这些限制进行修正，这显示了结构功能主义研究从系统水平下降到经济过程与变迁研究的可能性。遗憾的是，其努力未能改变结构功能主义经济社会学衰落的命运。

不过，我们相信帕森斯和斯梅尔瑟的尝试值得重新审视："结构功能主义经济社会学因其方法策略的错误而失败，但这不应影响我们作出公正的评价。尽管有社会经济学的先驱性反动，但主要是结构功能主义经济社会学的兴起与挑战，才终结了新古典经济学完全分离观的支配，从而也颠覆经济学与社会学之间的分割与'敌对'的合法性。更重要的是，结构功能主义经济社会学为我们留下一种从对经济与社会关系的认知的角度，理解经济学与社会学的关系，从而探寻经济社会学转变发展路向的宝贵的思想遗产。"[③]

---

① 参见帕森斯、斯梅尔瑟：《经济与社会》，刘进等译，华夏出版社，1989年版。
② 参见斯梅尔瑟：《经济社会学》，方明、折晓叶译，华夏出版社，1989年版。
③ 参见汪和建：《再思"经济与社会"——经济社会学转向发展的问题与抉择》，《江海学刊》，2021年第1期。

第四节
网络、组织与文化:当代议题

网络、组织与文化构成当代经济社会学的核心议题。当代经济社会学的复兴以新经济社会学的诞生为标志,尽管在此之前经济学和社会学中已经出现了彼此接近的研究取向(既有染指对方研究领域的"帝国主义"行为,也有吸收对方知识库存、更新本学科研究方法和主题的举动)。随着新经济社会学的确立,越来越多的有着相近研究取向的知识集丛开始汇聚在这一旗号之下。我们将这些集丛概括为社会网络-社会建构分析、组织-制度分析和文化-比较历史分析。

一、社会网络-社会建构分析

社会网络分析的代表性学者主要有哈里森·怀特、马克·格兰诺维特、罗纳德·伯特和布莱恩·乌兹。

怀特的市场研究始于对新古典经济学市场理论的批评。在他看来,新古典经济学只关注交易,而发生交易的市场则几乎被当作一种"真空"。因此,他主张将市场作为社会结构来研究。例如,在其研究的生产市场中,[①] 主要参与者是协同生产同一类产品的上下游企业。各企业并非独自做出"最优"决策,而是在不断收集其他企业决策信息的基础上随时调整生产行为。因此,生产市场可以被视为"各个相互检视的生产者组成的集团",或一类产品的"市场一览表"。分析上下游企业之间的互动和权力关系也因此构成了市场的社会结构分析的核心内容。市场的社会结构分析的要义在于:"把生产市场内生地解释为社会结构:一是把特定市场的形成视为经济行动者相互作用的结果;二是把社会网络视为市场运作或市场自身再生产的基本要件。"[②]

格兰诺维特的贡献则是对社会关系在求职过程中的作用进行研究。在 1974 年出版的《找工作:关系人与职业生涯的研究》一书中,格兰诺维特发现,56% 的受访者是通过某种社会关系找到工作的,并且,通过"工作关系"得到信息的人,更能流动到一个地位较高、收入较丰的职位,而通过"家庭-社会关系"得到信息的人,向上流动的机会大大减少。这被认为证实了其提出的"弱关系优势"假设,也就是互动频率较低、较不亲密的关系即弱关系在传递非重复信息方面更具优势。弱关系优势假设对经济学有关"劳动力市场中每一个劳动者获得工作信息的机会是均等的"这一命题提出了挑战,由此开启了许多验证性或反证性的研究。

---

① White H C, "Where Do Markets Come From?", *in American Journal of Sociology*, 1981, 87, pp.517-547.
② 参见汪和建:《自我行动的逻辑:当代中国人的市场实践》,北京大学出版社,2013 年版,第 32-35 页。

格兰诺维特的另一个贡献则是在1985年发表了纲领性文献《经济行动与社会结构：嵌入性问题》。该文重构了波兰尼的"嵌入"观，建立了一种"弱嵌入性"主张："我断定经济行动的嵌入水平，在非市场社会中要比实在主义者和发展理论家所宣称的更低，而随着现代化发生的变迁要比他们所相信的小；但是我也主张：这一水平比起形式主义者和经济学家所考虑的，总是并将仍然是更为实质性的。"① 诚然，格兰诺维特从建构一般化的普适的"嵌入性"概念中获得一种从社会结构或社会网络的角度研究经济行动和制度的"合法性"，新经济社会学宣告诞生。当代经济社会学由此复兴。

之后的研究进一步推进了经济的社会结构分析。与格兰诺维特强调关系性质不同，伯特关注的是关系位置，即一个人或组织在关系网络中的位置的重要性。在1993年出版的《结构洞：竞争的社会结构》一书中，伯特指出，当两个相对封闭的网络只能通过中介产生联系而没有直接联系时，该中介就处于结构洞的位置。处于结构洞上的中介者或行动者就有更多的信息优势和策略选项，因而能够为自身博取较大利益。② 结构洞理论说明网络中的位置关系和关系的强弱程度一样，能够对信息传递和行动者的行动策略产生重要影响。

与格兰诺维特将嵌入性程度视为"中等"或稳定不同，乌兹致力于考察和分析嵌入性水平的变动。在1997年发表的《企业网络间的社会结构与竞争：嵌入性悖论》一文中，他通过对一个服装企业的调查研究，证明不同的嵌入性水平对企业绩效的影响。他认为，企业采用适度的嵌入关系能得到最好的经济绩效，因为过度嵌入会造成信息冗余、管理自由度降低等问题，而嵌入不足又难以帮助企业建立稳固的合作关系。

与此同时，对嵌入性的内涵和范围的争论与研究开始增多。例如，祖京和迪马吉奥提出，不仅要考虑"结构嵌入"，还要考虑"政治嵌入""文化嵌入""认知嵌入"。③ 玛丽·C. 布林顿和刘谷雄彦主张，高端市场的就业更依赖于"制度嵌入性"，而不是依赖"社会嵌入性"。④ 更早、更严厉的批评来自泽利泽。她认为，把一切都还原为社会关系或网络无疑会走向一种"社会结构绝对主义"（social structural absolutism）。⑤

面对诸多质疑与批评，格兰诺维特和斯威德伯格共同推动了新经济社会学研究的转向，即将经济的社会网络分析转变为社会建构分析。在为1992年出版的《经济生活中的社会学》文集所撰写的导论中，格兰诺维特和斯威德伯格将"新经济社会学"的理论核心或基本原理归结为三个命题，即：经济行动是一种社会行动的特殊类型（Economic action is a form of social action）；经济行动是社会定位的（Economic action is socially situated）；

---

① 格兰诺维特、斯威德伯格：《经济生活中的社会学》，瞿铁鹏、姜志辉译，上海人民出版社，2014年版，第60页。

② 参见伯特：《结构洞：竞争的社会结构》，任敏等译，上海人民出版社，2017年版。

③ Zukin Sharon, DiMaggio Paul, *The Structures of Capital: The Social Organization of the Economy*, Cambridge University Press, 1990.

④ Brinton Mary, Takehiko Kariya, Mary Brinton, Victor Nee, "Institutional Embeddedness in Japanese Labor Markets", *in* Russell Sage Foundation, *The New Institutionalism in Sociology*, 1998, pp. 181-207.

⑤ Zelizer Viviana, "Beyond the Polemics of the Market: Establishing a Theoretical and Empirical Agenda", *in Sociological Forum*, 1988, 3, pp. 614-634.

经济制度是社会建构的（Economic institutions are social constructions）。命题1主张经济行动者具有多种经济和非经济的动机并且存在着与他人的相互关系。这一主张被认为继承了韦伯的观点。命题2强调经济行动的嵌入性，即认为经济行动是嵌入关系网络并受其限定的。该观点乃社会结构分析的核心。命题3主张经济制度是一种"社会建构"而非个人选择之结果。"社会建构"被界定为是通过"现实的社会建构""社会网络""路径依赖发展"等三个概念过程实现的。"现实的社会建构"意味着，制度不是外在的事实，而是一种社会互动的结果。"社会网络"旨在说明经济制度是通过社会网络对资源的动员建构起来的。"路径依赖发展"则主张制度建构过程是在诸多社会背景制约下进行的；制度一旦"锁定"，网络的重要性便减低了。尽管这三个概念之间存在着某些方法论上的冲突①，但社会建构分析对于社会网络分析仍然是一次重要的修正与拓展。

二、组织-制度分析

经济社会学中的组织-制度分析主要来源于组织理论、管理学和工业社会学等知识背景。这一分析较为关注组织结构、组织治理及组织与环境之间的关系等问题。按照研究方法和分析层次的不同，该分析可以分为新制度主义和比较历史制度主义两种取向。

新制度主义的代表学者有约翰·迈耶、保罗·迪马乔和沃尔特·鲍威尔。新制度主义认为，组织虽然比个人更有可能按照理性原则行动，但追求效益最大化目标无法解释组织的全部行为。一般来说，组织面临两类任务，即完成日常事务并获取收益，以及在其所处的特定环境中保持组织和组织行为的合法性。两类任务之间经常会出现冲突，例如一家小企业为了维持"正规经营"的面貌而租用更大的办公场所、雇佣更多的礼仪人员，即使经济绩效会受到负面影响也如此行为。② 新制度主义还发现了组织趋同发生的三种机制。① 强迫性机制：组织必须遵守国家法律、法令，不然就会受到惩罚；② 模仿机制：不确定性诱导了竞争性和制度性模仿；③ 社会规范机制：社会规范产生一种共享观念、思维方式。组织之所以要趋同，并非技术或生产逻辑的要求，而是由于组织遵循的往往是一种制度合法性逻辑，即通过结构趋同来获得权力部门、同行内部成员的认可，从而获得他们的资源支持。③

比较历史制度主义——一般使用比较与历史分析的方法——关注更为长期和宏观的现象。布鲁斯·卡拉瑟斯、弗兰克·道宾和高柏对此做出颇有成效的探索。卡拉瑟斯的代表作是《资本之城：英国金融革命中的政治与市场》，该书对英国资本主义经济和全球霸权的快速发展做出了解释，即根植于一系列政策和机构组织的金融革命为英国的发展提供了强大的动力。此外，卡拉瑟斯还致力于研究经济领域中法律的形成过程，以及市场和货币

---

① 参见汪和建：《自我行动的逻辑：当代中国人的市场实践》，北京大学出版社，2013年版，第272-274页。

② Meyer John, Brian Rowen, "Institutionalized Organizations: Formal Structure as Myth and Ceremony", *in American Journal of Sociology*, 1977, 83, pp. 340-363.

③ DiMaggio Paul, Walter Powell, "The Iron Cage Revisited: Institutional Isomorphism and Collective Rationality", *in American Sociological Review*, 1984, 42, pp. 726-743.

的社会意义。① 道宾的代表作是《打造产业政策：铁路时代的美国、英国和法国》，他通过比较19世纪英国、美国和法国的铁路产业政策，指出经济和政治制度禀赋是造成三个国家铁路产业形态产生巨大差别的根本原因。② 高柏的《经济意识形态与日本产业政策：1931—1965年的发展主义》一书，则说明了特定的经济意识形态如何影响了日本的产业政策，进而催生了日本的"发展主义"。③

三、文化-比较历史分析

文化-比较历史分析是对韦伯经济社会学思想的延续，并在当代以批评"结构专制主义"的姿态出现。例如，文化分析的代表学者泽利泽认为，以格兰诺维特为首的"社会科学的结构分析"取向过度忽视文化和认知因素，显现出一种远离真实社会世界的"危险的帕森斯式遗风"，因此主张经济社会学要在结构分析和文化分析之间建立一条"中间道路"。④ 道宾强调认知在经济行动中的作用。他认为从马克思开始，认知（尤其是人们有关利益的认知）就是经济社会学中不可忽视但一直没有得到有效澄清的因素。⑤ 迪马乔则认为有必要将文化分析与经济（利益）分析结合起来，既分析文化如何告诉人们什么是利益（文化的建构性作用），以及为利益获得提供有限的、为社会所认可的途径（文化的规范性作用），也考察经济力量如何不断推动文化和社会的变迁。

泽利泽的"三部曲"研究最典型地体现了文化-比较历史分析的主要原则。在1979年出版的《道德与市场——美国人寿保险的发展》一书中，泽利泽探讨了1844年前后民众信念的转变对美国人寿保险市场发展的影响。⑥ 1844年之前，社会民众对人寿保险持抗拒态度。而在1844年之后，随着社会日趋复杂，理性化步伐加快，民众的宿命观逐渐减弱，开始认识到风险管理的必要，不再把购买寿险与投机赌博混为一谈。同时，新教神职人员也宣称，购买寿险是基督徒的神圣责任，由此推动了人寿保险市场的迅猛发展。在1985年出版的《给无价的孩子定价：变迁中的儿童社会价值》一书中，泽利泽研究了1870—1930年间美国人对儿童社会价值看法的转变。⑦ 至19世纪末，美国中下层阶级大多肯定儿童的经济价值，以及早作劳动的道德价值。进入20世纪，中产阶级改革者及其组织开

---

① Carruthers Bruce, *City of Capital: Politics and Markets in the English Financial Revolution*, Princeton University Press, 1995.

② 参见道宾：《打造产业政策：铁路时代的美国、英国和法国》，张网成、张海东译，上海人民出版社，2008年版。

③ 参见高柏：《经济意识形态与日本产业政策：1931—1965年的发展主义》，安佳译，上海人民出版社，2008年版。

④ Zelizer Viviana, "Beyond the Polemics of the Market: Establishing a Theoretical and Empirical Agenda", *in Sociological Forum*, 1988, 3, pp.614-634.

⑤ 参见道宾：《新经济社会学读本》，左晗等译，上海人民出版社，2013年版，第10-32页。

⑥ Zelizer Viviana, *Morals and Markets: The Development of Life Insurance in the United States*, Columbia University Press, 1979.

⑦ 参见泽利泽：《给无价的孩子定价：变迁中的儿童社会价值》，王水雄译，华东师范大学出版社，2018年版。

始发难，大力谴责童工。联邦政府1938年亦立法，禁止14岁以下的孩子进入劳动市场。由此，儿童的价值由经济价值向情感价值转变。无价儿童的价格（如孩子的保费、赔偿金、收养孩子的价格）主要由其情感价值来设定。在1995年出版的《金钱的社会意义》一书中，泽利泽研究了1870—1930年间美国人用钱方式的转变。① 她认为，有关金钱或货币的论述，一直以来都是从经济学角度出发的，即将货币视之为可以无限分割的、完全等价的交换媒介，这根本忽视了金钱在质的方面的差异。她的研究旨在说明，金钱的使用受到文化因素影响，从而具有多重社会价值特性。

基兰·希利有关器官移植市场的研究拓展了文化-比较历史分析。在《器官移植的神圣市场和世俗仪式》一文中，希利讨论了原先难以被人们接受的器官有偿移植怎样经过一系列情感和文化的仪式，"变形"为延续死者生命意义、促进死者家属与其他家庭相互支持的"非经济"活动。② 这项研究的启发在于两个方面。一是文化-经济现象的不可分性，即使死者的生命意义得以延续，死者的家属与其他家庭能够相互慰藉，器官移植的基本事实仍是死者器官和经济补偿的交换。二是仪式在经济活动中的桥梁或连通器作用：器官移植在收益计算层面上是合乎理性的，因为患者可以获得新的器官，死者家属也可以获得经济收益，但情感和文化的阻碍作用却使得这种活动实际上难以被人们所接受（毕竟很少有人乐意利用去世的亲人获取收益）。在这种情况下，为特殊交易构建情感和文化意义的仪式则能够消除阻碍，促成交易的达成。

此外，还有安纳利·萨克森宁对硅谷"竞争-合作"文化的研究。③ 由于技术产品的高速更新和激烈竞争，硅谷的企业和个人很容易失去原有的优势而在竞争中落败。硅谷的竞争-合作文化使得人们可以泰然接受落败并重新参与研发、生产和竞争的工作。萨克森宁认为，正是这种文化构成了硅谷创新力量的重要源泉。

第五节
结语："通向"新综合"

20世纪90年代以来，新经济社会学"有意无意"地开始了我们称之为"新综合"的转向与发展。如果说从社会网络分析到社会建构分析是新经济社会学的第一次转向，那么新综合很有可能成为其第二次转向。我们将作为一种新的研究取向的新综合的特征概括如下：第一，它并不企求建构某种单一统括的综合性经济社会理论，而是对建立多元有限的综合性经济社会理论感兴趣。第二，它反对那种认为经济社会学只研究社会对经济的影响，而不研究经济对社会的影响的观点，即主张研究经济和社会的相互作用。第三，新综合对整合各种可能的研究维度或视角有着极大的兴趣。根据不同面向及层次的研究对象，整合相关的研究维度或视角，是建立多元有限的综合性经济社会理论的关键。第四，新综

---

① Zelizer Viviana，*The Social Meaning of Money*，Princeton University Press，1995.

② 参见希利：《器官移植的神圣市场和世俗仪式》，载道宾：《经济社会学》，冯秋石、王星译，上海人民出版社，2008年版。

③ 参见萨克森宁：《硅谷优势》，曹蓬等译，上海远东出版社，2000年版。

合旨在将方法论的综合与各种视角的整合联系起来。这种结合既有助于达到建立多元有限的综合理论的目标，同时也可为发展某种新的本土的经济社会理论提供基础。[①]

比较而言，目前新经济社会学之新综合转向主要体现为三种方案。第一种方案是将格兰诺维特发掘的"嵌入性"概念扩展运用到关系网络之外，即探索包括制度、文化、政治和认知等在内的经济-社会嵌入现象。这种方案要求在社会科学哲学的层面上澄清三个问题：第一，何种关系状态可以被称作"嵌入"？第二，这种关系状态应用在何种分析层次上？个体可以嵌入结构，结构是否可以嵌入结构？结构之间的嵌入又如何发生在个体层面？第三，不同嵌入关系在个体经济行动中被调用的先后顺序如何？缺少上述工作会造成嵌入性概念的滥用，所谓的扩展性也会变成简单的拼凑。

第二方案是道宾所主张的不同视角的综合：经济社会学已经发现这四种力量（制度、网络、权力、认知）共同运作，产生并维持着行为习俗和市场结构。于是，经济社会学像更广泛的社会学一样，正经历着一种不寻常的范式变迁。在对经济生活的社会学研究中，我们更多地看到网络观点和马克思的权力观点相结合，以及认知观点和韦伯的制度结构观点相融合。[②] 不同视角整合极其关键，不过具体的整合方案和研究范例仍需探索与归纳。

第三种可能的方案是以布尔迪厄的场域理论为基础，将不同视角所关注的对象丛视为有特殊利益、博弈规则、权力关系和资本类型的场域，在不同的场域中，"游戏规则"和资本的配置情况各有不同，但它们同时受到"元场域"的影响、遵循着相似的运作法则。[③] 场域分析能够整合各种经济的和非经济的力量，然而，这一方案可能进一步加剧经济社会学理论中忽视行动者的倾向。经济社会学如何整合结构性力量与个体能动性的力量？虽然在短期内无法解答，但这仍是每一个处在"相互观察的研究者集团"中的经济社会学家需要思考的问题。

经过上述评介，可以肯定经济社会学是一门研究经济与社会关系的学科，这要求我们将其研究范围界定在由经济与社会的相互作用所形成的一个中间领域，即经济-社会领域。同时，作为一门旨在克服邻近学科弊端的新兴边缘学科，其在方法上也要求建立一种中间性的方法论，即能够整合社会结构约束与个体选择行动的结构行动主义方法。

最后，我们也相信经济社会学研究能够反哺经济学和社会学这两门邻近学科。首先，经济社会学可以在知识库存和日常研究活动两个层面沟通经济学与社会学，从而使其在专业化之外获得更广阔的视野。其次，经济社会学可以构建一种指向现实又适度抽象的行动者假设，即经济-社会人。再次，经济社会学可以增进社会学对行动者和利益的关注，同时帮助经济学明确其主流方法的"情境局限性"，即通过理性计算获取最大收益只是部分人类在部分行动中的原则。经济学能够推动人类活动的理性化的扩张，经济社会学则能说明和防止理性化的限度。最后，要理解高度复杂的全球化转型中的当代中国与世界，任何单独的学科力量都会显得不足，而经济社会学所主张的学

---

① 汪和建：《经济社会学——迈向新综合》，高等教育出版社，2006年版，第1页。
② 参见道宾：《新经济社会学读本》，左晗等译，上海人民出版社，2013年版。
③ 参见布尔迪厄：《科学的社会用途——写给科学场的临床社会学》，刘成富、张艳译，南京大学出版社，2005年版。

科间的沟通与协作，以及其既指向现实问题又兼顾理论有效性的研究取向，能够增进我们对当代中国与世界的理解。

思考题

1. 为何说经济社会学是一门边缘学科，而不是社会学的分支？
2. 简述经济社会学的发展阶段及其代表性思想。
3. 韦伯与马克思在方法论上有何区别？为何韦伯被认为是"资产阶级的马克思"？
4. 简述"嵌入性"概念的含义、来源及其修正。
5. 经济社会学之"新综合"转向有哪些基本特征？

推荐阅读

1. 斯威德伯格：《经济社会学原理》，周长城等译，中国人民大学出版社，2005年版。
2. 斯梅尔瑟、斯威德伯格：《经济社会学手册》，罗教讲等译，华夏出版社，2009年版。
3. 汪和建：《经济与社会：新综合的视野》，中国社会科学出版社，2012年版。

第三章

农村社会学

第一节
学科特征和学术传统

农村社会学也称为乡村社会学。两者间的差异主要源于汉语中农、乡二字的区别，前者强调产业、职业层面的"农"，后者则突出作为生活空间、兼具产业和职业多样性的"乡"。考虑到绝大部分乡村是以农业为基础，本书沿用"农村社会学"这一习惯称呼。

面对"农村社会"这一特定的研究对象，农村社会学的任务实际上等同于一般社会学，也就是要兼顾其中的社会结构、社会关系、社会组织、社会生活和社会问题，揭示所有这些领域的特征和演变趋势。由于农村与城市是两种不同的主要社会（区）类型和生活方式，而社会学的主旨在于解释人类社会从农业-农村社会向工业-城市社会转型的过程、动力机制及其伴随的问题，因此需要重视索罗金和齐默尔曼的主张：这门学科的重点是在与城市社会的比较中描述农村社会普遍而持久的特点和各种社会关系，包括农村社会内部各个领域之间、农村社会与自然环境之间，以及农村与城市之间的关系。[①]

农村社会学起源于20世纪初的美国，20年代初传入中国，最早由金陵大学农业经济系的美籍教授卜凯开讲，随后有乔启明、杨开道等中国学者跟进。与稍后兴起的乡村建设运动相呼应，许多农村社会学家发起或参与了多起较大规模的社会调查，并由此产生了《定县社会概况调查》《中国土地利用》《江村经济》等代表性成果，标志着中国农村社会学走向成熟。而在经过50年代以降的长期沉寂之后，中国农村社会学与社会学整体一起于80年代初开始重建，成为汇集学者较多、成果也较丰硕的领域。相关研究紧密围绕那些亟待解决的现实问题而展开，如农村剩余劳动力转移、农村工业化和发展模式、城乡关

[①] Sorokin P, Zimmerman C, *Principles of Rural-Urban Sociology*, Henry Holt and Company, 1929.

系和小城镇建设、农村社会流动与分化、农民负担及其引发的社会冲突、村民自治和乡村治理、农村家庭和宗族、农民合作、城镇化浪潮对乡村的冲击、进城农民的权利和城市融入、农村医疗和社会保障、农村教育和环境问题，等等。这些繁多的议题反映了这门学科具有广泛的应用性和高度的综合性。

高度的综合性意味着农村社会学的地域空间指向，它不同于其他分支社会学往往主要针对政治、经济、教育或文化、组织等单一领域。正因如此，在认识论和方法论层面，学习这门学科需要注意以下四条原则。

一是综合-系统的视角。农村社会是深度包容在自然环境中的有机系统，农民家庭的生产和生活是一体的，这一地理-社会空间包含了政治、经济、文化、组织、家庭等诸多要素或领域。这种属性决定了这门学科的知识要求更为广泛。除了社会学的基础理论和基本方法之外，还要向其他学科，尤其是人类学、农业经济学，以及历史学和地理学吸取营养，以达到对农村社会和农民文化的全面理解。换句话说，需要将这门学科理解为"关于农村社会的学问"，而不是"农村＋社会学"。

二是动态-变迁的意识。要切忌静止地看待农村社会和农民问题，应重视其长期的历史过程和动力机制，兼顾社会变迁或转型意义上的变和不变。在这种历时性比较中，把握适当的时间尺度非常重要。以中国农村而论，需要了解五个阶段的不同形态和特征：明清时代奠定的"底色"；19世纪中期开始的蜕变；20世纪中期的农业合作化运动对农村的改造；改革开放对农村的重塑；20世纪90年代以来的城市化浪潮对乡村的解构。

三是横向比较的视角。除了与农村自身历史的纵向比较之外，还需要确立三个横向比较的维度。一是与城市社会的比较，借此更准确地理解农村社会的特征和机制；二是国内不同农村区域之间的比较，这将有助于避免对"中国农村"做单一性理解，而认识到其中的多样性和差异；三是与世界其他国家农村的比较，借此把握那些真正属于"中国特色"的中国农村社会的特征。

四是实践取向。超越智力游戏是这门学科的内在要求，它意味着要不断地"走进田野"，从农民的实践中获得真知或真实的"发现"，并将其反馈给农民和决策机构，以促进农村的可持续发展和农民福祉的提升。实际上，从美国社会学家参与乡村生活运动并长期关注农业技术推广，到中国社会学家深入参与乡村建设运动，都显示了这门学科的实践性，而费孝通的"志在富民"及其对中国城乡发展道路的探索，更是一种珍贵的学术传统。

第二节
村落空间的社会文化特征

一、农村的层次和村庄类型

农村是以从事农业活动的人群为主体构成的区域性社会。它既可以泛指对应于城市区域的农村地区，其中集镇是中心，又可以具体指向特定的村落或自然村，也即社会学所称的农村社区（rural community）。

农村社区通常被视为自成一体的单个村庄，如太湖东岸的江村和云南高原的禄村、易村，但在规模较小时也可能是"一个以上的村庄，因为生活上的需要，自然组成的一个适当的圆满的合作单位"①。根据全国第三次农业普查，到 2016 年，中国大地上存在着 317 万个自然村，它们组成近 60 万个村民委员会。其中既有十来户人家构成的散村，也有上千个家庭组成的大型村庄。数量庞大的自然村既是目前 5 亿多乡村人民的居住地和大部分城镇居民的"老家"，也是 14 亿中国人的食物来源地和中国农业文明的主要载体。

将小规模聚落称为村最早是在魏晋时期，这与当时的屯垦以及北方战乱造成民众屯聚自保的历史有关。② 唐代以后，不同地区的村庄开始带有繁多的名称，如反映自然地理形态的沟、坡、岗、岭、峁、塘、湾、凹，体现人文营造特征的店、铺、坊、集、堡、寨、庙、桥，以及带有军事遗迹的卫、营、都，如此等等。除了以地理形态命名，许多村庄还会冠以一个或两个血缘集团的姓氏，如张庄、马王村、郝家寨等，反映了村庄的历史与特定族群的关系。

从生计方式和产业的角度，可以将名目繁多的村庄区分为农业村、牧业村和渔村、工业村，乃至于可能属于过渡现象的"城中村"和城郊村。就广大农区的状况来看，又可以主要依据地理形态的差异区分为平原村和山村两种类型。由于土地资源的限制，山间丘陵地区的村庄往往规模较小，房屋依地势修建，住宅、庭院和道路的布局难以规整。至于平原地带的村庄，受到水源、耕作距离和安全状况等影响，在旱地和水乡又有不同。在华北平原，出于"共井、共保"的需要，往往形成较大规模的集团性聚落，村庄之间相距较远，村外少见独立房舍；而在河塘密布的江南平原，水网分割造成村庄的规模较小、聚集度较低，村庄之间相距不远且界限模糊。③

村落的规模和聚集状况所体现的居住方式，不只是受到自然地理和社会经济状况的影响，也揭示了"某些社会气质"和物质文明的特点④，包含着村民和村庄的内外社会关联。大致说来，近代华北村庄的内聚性显著而村际关系疏远，并且因为商品化程度较低而与市镇的联系不那么频繁，江南地区和成都平原的村庄则表现出邻里关系较为松散，而与集镇的关系更为密切，这也是当地集镇"茶馆文化"发达的重要原因。⑤

---

① 乔启明：《乔启明文选》，社会科学文献出版社，2012 年版，第 338 页。

② 参见宫崎市定：《宫崎市定亚洲史论考》（中），张雪锋等译，上海古籍出版社，2017 年版，第 578-597 页。

③ 以面积达"3730 方里"（约 933 平方公里）的河北定县为例，1928 年仅有 470 个村庄，平均 2 平方公里一个村庄，其中东亭有 62 个村庄的平均户数达 168 户、三分之一的村庄超过 200 户，最大的村庄有 458 户（李景汉编著：《定县社会概况调查》，上海人民出版社，2005 年版，第 18、53、177 页）。而在浙江省海宁县（1986 年改为海宁市）681 平方公里的土地上，20 世纪 80 年代初散布着 3702 个自然村，平均每平方公里 5.4 个，平均每村 33 户居民，其中规模在 20～40 户的村接近一半（曹锦清、张乐天、陈中亚：《当代浙北乡村的社会文化变迁》，上海远东出版社，2001 年版，第 2-3 页）。

④ 阿·德芒戎：《人文地理学问题》，葛以德译，商务印书馆，1993 年版，第 141 页。

⑤ 贺雪峰：《论中国农村的区域差异——村庄社会结构的视角》，《开放时代》，2012 年第 10 期。

尽管有着上述区域差异，与现代城市社区相比，绝大部分自然村通常具有三方面的共性。一是人与自然关系紧密、高度融合，村庄常有独自的小生境或风土，人们在对自然的顺应中改变着自然，这不同于现代城市中人与自然的分离。二是生产与生活紧密结合，生产空间与生活空间高度重叠，劳作成为生活的一部分，这不同于现代城市中"工作"与生活的分离。三是今人与古人共居（庐、墓共存），现世与往世和来世相连，容易形成贯通本人与祖先和子孙的历史联结感，具有高度的继承性，这不同于现代城市的高流动性和低归属感。

这些共性表明，村落是一个凝聚了多种功能的复合性空间，生产、生活、生态融为一体，血缘、地缘、业缘关系紧密，村民们在其中从事着食物和生命的再生产，完成世代继替。这种完整性促成了村人的归属感、联结意识和扎根意识，因此，村落是具有共同的事业和生活（方式）的更为实在的共同体，有别于现代城市中的商业性住宅区——后者主要是行政话语中的"社区"，其中的居民少有内在的联系和认同感。

在确认了这些特征之外，需要观照血缘关系对村落社会关系的影响。这是社会学、人类学认识中国村庄的必做功课。

二、村落中的血缘关系和宗族

从血缘关系来看，自然村是由一个或多个血缘集团组成的聚落，血缘关系在社会关系中占有重要地位。自然村通常被从男性的角度分为单姓村和复姓村。其中复姓村又分主姓村和杂姓村，前者以一两个大姓为主，杂以若干小姓，后者是多个姓氏杂处而无明显大姓。

村庄姓氏的组成与移民的历史有关。自发移民的村庄往往是单姓村，它由一位始迁祖经历数代繁衍而成，而政府发动的有组织的移民更容易形成复姓村。随着人口的迁徙，许多单姓村会演化成主姓村。在20世纪20年代的河北定县东亭区，总计62个村中单姓村仅1个，拥有5个姓氏以上的村庄则多达43个，其中第一大姓占40%以上的村庄有33个。[①] 对浙江北部和东部地区不同时期的调查表明，在晚清时期还较为常见的单姓村，到了20世纪末已经非常稀少，比如海宁县（1986年改为海宁市）的3654个自然村几乎全部是主姓村。[②] 由于人多势众会影响到村庄的资源和利益分配，小门小户可能要屈服于世家大族，因此主姓村中的小姓往往通过婚姻或"认干亲"而进入主姓村民的婚姻血缘网络，异姓之间的亲属称谓则使所有的村民处于准血缘关系之中。

在血缘关系浓厚的村落社会中，由同姓家庭联合而成的家族-宗族曾经或依然是重要的社会组织。但是，在宗族的组织化程度和内外影响方面，存在明显的南北差异。历史学家吕思勉曾谓："聚居之风，古代北盛于南，近世南盛于北。"同族聚居程度的南高北低，促成祠堂建设、宗族资产和编修族谱方面的南盛北弱。在清代中期，"族必有祠、宗必有谱"是南方多数地区的普遍现象，宗族的公共资产则包括祀田、书田、义田；北方的许多

---

① 李景汉：《定县社会概况调查》，上海人民出版社，2005年版，第179页。
② 以浙江忠义乡为例，晚清时期存在的124个村中，34个属单姓村。到了20世纪90年代初对浙北某乡52个自然村的调查显示，单姓村仅3个。参见曹锦清、张乐天、陈中亚：《当代浙北乡村的社会文化变迁》，上海远东出版社，2001年版，第11页。

家族则并无族谱和祠堂，以至于"燕、晋士大夫不能言五世以上"，有族产者也限于少量的祀产或祠田，拥有书田、义庄者实属罕见。[①]

南方宗族的活跃有着来自北方移民的根源，尤其是北宋末年华北的世家大族纷纷渡江南迁（靖康南渡）的影响。在新的迁入地，移居者既有为了寻根记祖而编修谱牒的需要，又要面对与当地原著居民围绕土地、山林和水源的资源竞争，这种"土客之争"强化了宗族的内聚力和组织化程度。进而，南方自宋代以后商品经济和文化发达，依靠宗族网络发达起来的族人实施反哺，为宗族的兴盛提供了条件。至于北方，汉人族群的南迁和金、元政权的统治造成了宗法制度的销蚀，为防止聚族而居，明政府有组织地发动移民，加上战乱和自然灾害频仍，物质文化积累难以延续，北方地区大多数宗族的活动只停留在扫墓祭祖、族人规约、纠纷调解的层面。

不过，进入20世纪后，南方和北方的宗族活跃程度都急剧下降。经历新的文化思潮冲击，尤其是革命意识形态的严加控制，宗族组织丧失了赖以存在的政治、法律、文化基础和组织行为的合法性，土地改革则彻底瓦解了它的经济基础，到60年代，宗族活动普遍湮灭或转入地下。尽管在80年代人民公社制度解体之后有所恢复，少数地区也确实存在着宗族影响村庄选举并控制村级权力组织甚至宗族械斗现象，但总体上停留在修谱祭祖、寻求情感认同的层面，重建宗祠限于南方的部分村庄，还没有发现具备完整的宗族制度所必需的四大构成要件（族谱、宗祠、族长和族产）的宗族组织。由于低组织化程度和难以形成共同的宗族资产，今天宗族的主要功能是提供情感认同和有限互助，已经不再具备其鼎盛时期所具有的社会整合、社会控制和社会保障的功能。受人口的高流动性和市场化的影响，血缘纽带弱化、地缘性结合明显可能成为村落社区的长期演变趋势。

三、村落空间的文化特征和社会关系

与现代城市相比，传统村落的文化特征和社会关系可以归纳为以下诸项。[②]

稳定、封闭、保守。农业深受气候条件的制约，农人须遵循季节变化和农事的节奏而安土重迁。村落是较为狭小的熟人社会，构成村民的绝大部分活动空间和交往范围，而较高程度的自给自足也造成了其低流动性和封闭性。农业的特性既促成农人对经验和成熟技术的依赖、对传统的尊重，也容易养成其保守和因循的风气，这种产业-职业特性使得他们难以像商人那样追求流动和冒险。

同质性社会。村民在同样的自然和社会环境中从事相同的职业，沿袭着同样的传统，容易相互适应和认同。而较小的人口规模难以形成多样的劳动分工和职业分化，造成村人在价值观念和行为方式上的雷同，也难以容忍个性和异端，越轨者可能遭遇严厉的惩罚或排斥。在此背景下，也难以基于少部分人的利益或兴趣而结成小的集团组织，超越村庄的区域性组织更难出现。

---

① 参见冯尔康：《18世纪以来中国家族的现代转向》，上海人民出版社，2005年版，第75-81页。

② 此处的归纳参照费孝通（《乡土中国》，上海人民出版社，2013年版）和福武直（《日本の農村社会》，東京大学出版会，1964年版）的相关论述。

家庭本位而非个人本位。传统农村的家庭是一种事业组织，是兼具物质和人口再生产双重功能的生产单位，而不只是生活或消费单位。当家庭的维系和再生产成为第一要务，个人便处于从属地位，财产属于家庭而非个人，家庭的利益和名誉也比个人的独立和自由更为重要。因此，农村是天然的家庭-家族主义的社会，村庄内部的社会关系主要表现为家庭或家庭集团之间的关系。

礼俗文化支配。家庭本位意味着个人在村庄的位置由其在家庭中的位置决定。每个人生来就置身于一种等级分明、区分精细的亲属关系网络，并伴随着相应的权利和义务，也就是基于血缘的礼俗规范。规范外化为秩序，调节着成员关系。村民自幼受到这些礼俗的熏染，并逐渐内化。礼俗在世代继替中变成传统。而变化的缓慢意味着年轻人的将来可能就是老人的现在，使得传统能够成为农民应付各种困惑的支撑。

全面、永久的社会关系。村落中的社会关系是血缘、地缘和业缘的结合，人际关系占到村民社会关系的绝大部分，形成低头不见抬头见的熟人关系。人际交往是在同一空间内与同一个人群的多方面、持久性交往，建立在互惠的基础上，超越了仅凭经济合理性的工具性交往，交往的频率、广度和深度都远非现代城市居民交往的单一性和短期性可比。这形成了村落社会"温情脉脉"的一面，也会造成另一种状况：村人之间一旦发生对立，影响就不限于单一的生产或生活层面，而是涵盖几乎所有的领域，波及村内的亲戚、同族和友人，甚至演变为家庭、家族之间的长期纷争。

所有、劳动关系与阶级分化。在复合型社会关系中，村落的阶级关系不同于城市。在商品化和流动性较低的条件下，小规模农业缺少资本聚集能力，生产资料的所有和经营与劳动的分化不如现代工业或城市中那么明显，地主与佃农之间的距离不像资本家与无产者之间那样大，两者的关系并非单纯的剥削与被剥削，而是有着血缘、地缘和共同生活、共同面对国家或外部世界的多重联系。因此，不能纯然用阶级冲突的观点去理解传统农村的阶级关系。

组织的重叠与权威集中。由于人口较少、职业相同，组织的分化程度较低，村民不可能像城市居民那样同时属于多个彼此无关的组织。少数组织限于村内并常相重叠，跨越村庄的区域性组织极为少见。重叠的组织具有更大的约束力，成员的连带意识或共同体意识也更强，但也会造成权力向少数人集中和领导者的重叠，形成权威主义统治，如明清时期的保长、里正可能同时也是地主和族长。在这样的结构中，村内的上下关系容易表现为世代相袭的身份性关系，处于底层的成员可能感到压抑：当一个佃农要面对身兼族长和村长的地主，他不可能有太大的自由伸展的空间。

第三节 农民与农民学理论

一、"农民"在中国的多义性

在国际农民学界，农民一般是指独立的农业生产者，包括传统的小农（peasant）和现代的农业经营者或农场主（farmer）。前者以维持家庭的生计和再生产为主要目的，通常是自给自足，生产与生活处于未分离状态。后者主要从事面向市场的商品生产，倾向于在低风险的基础上进行获利更多的经营，置身于广泛的竞争性社会网络之中。

而在当代中国，受到制度和社会观念的影响，"农民"的意涵更为丰富，实际上包括四类人群。①

一是阶级意义上的农民，也即与地主阶级相应的农民阶级。他们在1949年之前包括租佃关系中的佃农、劳动关系中的雇农，以及就经济状况衡量的贫农；后来则是指土地改革运动中划定的作为"阶级成分"的"贫下中农"。一般认为，在土改之前，地主和富农占农村人口的10%左右，贫农和雇农占60%，同属农民阶级的中农占到30%。土改之后，由于地主和富农的大部分土地被分给了无地少地的贫雇农，全体农民的土地占有形成均等化，进而在合作化运动中变成集体所有，"贫下中农"这一政治标签就主要代表着政治忠诚。改革开放之后，阶级意义上的农民不再是分析农村社会结构的重要概念。

二是职业意义上的农民，也即从事农业活动并以其为收入和生活来源的农业（包括牧业、林业和渔业）劳动者。他们在政府统计中被列为农业劳动力或第一产业就业人员，20世纪90年代以来数量不断减少，占就业人口的比例已降到27%，但绝对数量仍然超过2亿，相当于西欧、北美和日本"农民"数量的10倍左右。他们耕作着大约20亿亩耕地（其中16亿亩是以家庭为单位承包经营），为全体中国人提供食物。

三是居住地意义上的农民，也即政府统计中的乡村人口。他们长期占到中国总人口的80%以上，1995年曾高达8.6亿。在后来的城镇化浪潮中，他们中的一部分随着城镇和各种园区的扩张而就地转变为城镇居民，一部分则离开家乡外出务工。到2011年，以常住人口计算的乡村人口开始少于全国总人口的一半，2018年已降低到40.4%（见表3-1）。这也就意味着，延续了两千多年的庞大的"农民中国"，居住地意义上的农民已经开始成为少数。

表3-1 不同意义上的农民

年份	1978	1988	1998	2008	2018
农业就业人口/万人	28318	32249	35177	29923	19515
占就业人口比/（%）	70.5	59.3	49.8	39.6	25.7
乡村人口/万人	79014	82365	83153	70399	56401
占总人口比/（%）	82.1	74.2	66.7	53.0	40.4
农业户籍人口/万人	81029	86427	91033	88159	79020
占总人口比/（%）	84.2	79.5	74.9	66.7	56.6

数据来源：《中国统计年鉴2019》，《中国人口（和就业）统计年鉴》各相关年度版，2018年的农业户籍人口数根据《2018年国民经济和社会发展统计公报》中的相关数据推算得出。

四是社会身份意义上的农民，也就是在户口登记中被标定为"农业户口"的人们。20世纪60年代到80年代前期，由于居民的流动和迁徙受到严格限制，户口语境中的

---

① 张玉林：《転換期中国の国家と農民（1978—1998）》，日本农林统计协会，2001年，第11-12页。

农民与居住地意义上的农民数量相当，但随后的户籍制度松动和经济市场化改革，使越来越多的人在保持农业户口的情况下进入城镇工作和生活。到 2018 年，户口意义上的农民超出乡村人口 2 亿多人——这部分人群常年生活在城镇，成为统计中的"城镇人口"（占城镇常住人口的 27.6%），尽管大多从事着非农产业，但仍然属于社会身份意义上的农民。

关于社会身份意义上的农民在当代中国的社会处境，将在本节的第三部分专门分析。这里需要提醒的是，在从事相关研究时要特别留意具体指向的是哪一个群体。

二、农民认识的多重视角

关于传统农民和农民社会的研究异常丰富，形成了多种不同的理论、范式或分析视角。让我们首先概述几种主要的理论。[①]

马克思主义经典作家主要从社会阶级的角度论述农民的特性，分析农民在革命中的角色和地位。与小农经济被视为封建经济的基础相应，农民是受到地主和国家双重压榨与剥削的耕作者，但没有形成自己的政治组织——犹如口袋中的马铃薯——彼此没有多种多样的联系，不能维护自己的阶级利益，一定要别人来代表他们。此外，农民还具有保守、狭隘的特性，必将随着资本主义的发展而产生分化——多数成为工业或农业无产阶级，少数成为农业资本家，因而是没有前途的阶级。这种判断在列宁的论述中有所变化：农民既可以成为革命或工人阶级的同盟者，也是滋生资本主义的温床。而毛泽东则在不同时期分别强调中国农民的革命性和落后性：在土地革命时期认为他们是革命的主力军，在建国前夕提醒"严重的问题是教育农民"，在后来的"文化大革命"中又要求"知识青年到农村去，接受贫下中农的再教育"。这种看似矛盾的论述实际上受到现实政治需要的影响。

与革命-阶级话语中的农民认识不同，学术话语中的农民形象有"理性的小农"和"道义的小农"之说。在农业经济学家舒尔茨看来，作为经济主体的农民并非通常认为的那样保守，而是与资本主义企业家一样具有进取精神，能够在传统农业的范畴内对资源做出最适度的运用，一旦有经济利益的刺激，这样的"经济人"便会为追求利润而创新，从而改造传统农业。在吸收了这种认识的基础上，波普金在关于越南农村社会的研究中强调，小农的农场最适合用资本主义的公司来比拟和描述，作为政治行动者的小农则如政治市场上的投资者，是在权衡长期和短期利益之后为追求最大利益做出合理选择的人，因此命名为"理性的小农"。

与之相对，农学家蔡亚诺夫认为，农民经济有其独特的目的动机和行为逻辑，他们依靠家庭劳动为满足家庭的生计组织生产，而不是追求最大利润，其生产劳动过程具有"自我剥削"的特征，因此在市场经济条件下仍可持续。经济史学家波拉尼主张，小农经济是在人与环境的互动中满足家庭的物质需求的过程，经济行为植根于丰富的社会关系（比如互惠）之中，而非取决于市场和追求最高利润；将资本主义经济学应用于尚无此类市场的经济体系，等于把所有人都看作追求经济合理化的"功利的原子"。人类学家斯科特进而

[①] 此处的概括参照黄宗智：《华北的小农经济与社会变迁》，中华书局，2000 年版，第 1-7 页。

提炼出"道义的小农"范式：认同小共同体，集体利益高于个人权利，社区习惯法常常通过重新分配富人的财产来维护集体生存。这种在慢性饥馑中形成的社会制度包括三条道德原则：一是有来有往的互惠性规范；二是强调生存的权利或生存伦理，地主对农民表现出"有限剥削"，农民为地主从事不要报酬的劳动；三是安全第一、回避风险，追求最低限的生存保障而不是利益最大化。[①]

针对上述不同的观点，黄宗智主张以综合视角看待革命前的中国农民：他们既是维持生计的生产者、追求利润的经济人，也是受剥削的耕作者。作为主要满足自家消费的生产者，其生产选择主要取决于家庭而非市场的需求；他们也像追求利润的企业，具备资本主义农场主的某些特征，一定程度上为市场而生产，根据价格、供求和成本收益做出选择；他们同时也是阶级社会和政权体系下的一员，其社会性剩余被汲取供应于统治阶级和非农业部门。这些特性的混合成分和侧重点在不同阶层的小农身上有所区别：一个经济地位处于上升阶段、雇用长工而且生产有较多剩余的富农更符合"理性选择"的农民形象；在饥饿边缘挣扎、付出高额地租的佃农或领取底线报酬的雇农更符合马克思主义的分析模式；主要为自家消费而生产的自耕农，则接近于波拉尼主张的"实体经济学"描绘的小农。

在农民的政治、经济和社会行为之外，其文化价值观和精神气质也广受关注。费孝通曾以中国上层社会和近代西洋社会为参照，将基层（乡土）社会中农民的特征归纳为知足常乐、乡土性、低流动性、差序格局，其中的乡土性表现为忠守向土里讨生活的传统，世代定居、"像植物一般在一个地方生根"。不过，这类特征似乎并非为中国农民所独有，许多国家的传统农民实际上都具有消极悲观、安分守己和宿命论的性格，生活态度则是传统取向、重视习惯、服从权威、顺应体制。[②] 在雷德菲尔德看来，不管人类学家如何看待差异性，全世界的农民都是差不多的。根据他的旁征博引，无论公元前6世纪古希腊鲍沃夏地区的农民、19世纪英格兰萨雷地区的农民，还是20世纪前期尤卡坦半岛的玛雅农民，以及波兰农民、中国农民、从世界各地移民北美务农的人们，其文化价值观和社会性格都具有共性：都苦恋着自己的土地；打心底离不开自己似乎样样俱全的村庄；家是他的宇宙的中心；喜欢多子多孙。他还强调，在价值观方面，住在地球两端的农民之间的差异，要远远低于同一个国家内农民与市民之间的差异。[③]

三、城乡二元结构中的中国农民

在现代世界，由于工业化、城市化和市场化浪潮的冲击，传统的小农和现代农业经营者普遍处于弱势地位并不断分化，发展中国家的农民更是深受城市偏向（urban bias）的

---

① 与此相似，日本农业经济学家神谷庆治认为，农民行为的两个基本特征是"小利大安"和"等待观望"，也就是以安全为大、追求小的利益，缺少首创精神。转引自祖田修：《农学原论》，张玉林译，中国人民大学出版社，2003年版。
② 参见福武直：《日本の農村社会》，东京大学出版会，1964年版。
③ 参见雷蒙德·芮德菲尔德：《农民社会与文化：人类学对文明的一种诠释》，王莹译，中国社会科学出版社，2013年版。

影响。① 在这种全球性格局中，中国的城乡二元社会结构所造成的农民的境遇尤其值得关注。

不同于落后的农业与较发达的工业这种单纯的二元经济结构，二元社会结构表现为政治、经济、社会、教育和文化领域的制度性的城乡分治。它的出发点是为了实现工业化所需要的原始积累和确保城市稳定；制度框架是以计划经济体制为基础的农产品统购统销制度、户籍制度和人民公社制度，以及形成互构的就业和劳动保障、物资供应、教育和医疗保障制度；表现形式是对农业和农村实行高强度的资源汲取，资金和利益分配向着重工业部门和城市倾斜；最终结果则是既建立起了比较完整的工业体系，也损害了农民的权益、加剧了农民的贫困和城乡之间的不平等。②

在这种结构中，国家首先通过统购统销制度及相应的价格政策低价收购农产品、高价销售工业品，形成工业部门与农业部门的不平等交换，也即价格剪刀差，其数额在1954—1978年间高达5100亿元。③ 进而通过户籍制度限制农民的流动和迁徙，以确保他们留在公社，为工业和城市提供生产生活原料。而在公社内部，作为社员的农民是单纯的劳动力，在生产队的统一安排下从事"以粮为纲"的农业。加上被称为"大锅饭"的平均主义分配机制，农民的积极性和创造性受到抑制，阻碍了农村经济的发展和农民生活的改善。按照1978年的标准衡量，当年有2.5亿农民处于绝对贫困状态，占农村人口的30.7%④，农民家庭恩格尔系数高达67.7%，城乡居民收入差距扩大到2.6倍。

实行家庭联产承包责任制之后，农村土地实行集体所有、家庭经营，农民获得了较高程度的经营自主权和从事非农职业的可能性，进而被允许进入城镇务工经商，由此出现了职业、收入和阶层分化。到20世纪90年代初期，已经有1.3亿农村劳动力成为乡镇企业工人，其中的管理者成为农民企业家，进而通过后来的企业改制等途径成为企业主；而外出务工经商的农民工在2000年突破了8000万，此后的数年间更是迅猛增加。到2018年，全国农民工总量达到28836万人，其中外出务工经商者17266万人。⑤ 就收入的分化来看，以五等份分组的农民家庭人均收入差距从2000年的6.5倍扩大到9.5倍，省区之间的最大收入差距则始终维持在4倍左右。

另一方面，尽管高度扭曲的工农关系得到了一定矫正，但政府汲取农业和农村资金以支持城市的总体格局没有根本改变，一度缩小的城乡居民收入差距再度扩大，进入21世纪之后更是长期高居3倍以上（见图3-1）。农村地区的基础设施建设和教育等公共物品投入则主要依靠对农民征收税费，从而加重了农民负担，也引起了农民与地方政府的冲突，成为世纪之交中国的主要社会问题之一。与此同时，外出农民工往往难以获得与城镇居民

---

① Michael Lipton, *Why Poor People Stay Poor: A Study of Urban Bias in World Development*, Harvard University Press, 1977.
② 参见郭书田、刘纯彬：《失衡的中国——农村城市化的过去、现在与未来》，河北人民出版社，1990年版。
③ 国务院发展研究中心、中共中央政策研究室农业投入总课题组：《中国农业的支持与保护》，中国农业出版社，1997年版，第134页。
④ 按2010年的标准衡量则多达7.7亿人，贫困发生率为97.5%。参见《中国统计年鉴2018》。
⑤ 参见《2018年国民经济和社会发展统计公报》。

同样的就业机会和待遇，时常遭遇工资拖欠和社会性排斥问题。造成这些问题的根源在于，庞大的农民（工）群体仍然是一个没有组织的群体，无法有效地表达自己的诉求，权利和利益容易受到忽视。

图 3-1　中国城乡居民人均收入差距（倍数）

数据来源：《中国统计年鉴 2019》。

值得强调的是，在这种二元社会结构中，受到现代化意识形态影响的学术话语也常将农民视为落后性存在和需要改造的对象。一种典型的论断是："我国的问题实质上就是农民问题……我国的现代化进程归根结蒂是个农民社会改造过程，这一过程不仅是变农业人口为城市人口，更重要的是改造农民文化、农民心态与农民人格。"而针对农民"违反计划生育"的行为，竟然有社会学的论文断言："中国农民的强烈生育动力与鲑鱼的生育动力极为相似——响应生命周期的召唤，到了产卵季节，就不辞千辛万苦游过大江大河，跳过激流瀑布，直到江河源头。……若想改变这种行为方式及观念，最快捷有效的方法只能是不符合这一文化逻辑的行政手段。"[①] 类似的过于武断的简化论和带有偏见的歧视性言说，与歧视性的制度和政策一道，实质上具有明显的"贱农主义"倾向。

第四节
传统农村和农民的当代变迁

一、传统农村的变迁及其动力

近代以来，中国农村与中国社会整体一道始终处于变动不居的状态，其中出现了两次重要的社会转型。两次转型都源于国家主导的农业经营制度变革。第一次是 20 世纪 50 年

---

① 秦晖：《农民、农民学与农民社会的现代化》，《中国经济史研究》，1994 年第 1 期。李银河、陈俊杰：《个人本位、家本位与生育观念》，《社会学研究》，1993 年第 2 期。有关"贱农主义"的考察参见张玉林：《流动与瓦解——中国农村的演变及其动力》，中国社会科学出版社，2012 年版，第 103-125 页。

代实施的农业社会主义改造,第二次是20世纪80年代初全面推行的农村改革,以及延续至今的市场化、工业化和城市化浪潮。

农业社会主义改造也即农业合作化运动(以及随后的人民公社运动),它被列为当年的"三大改造"之首,不仅重塑了农村的经济组织和经济形态,也重塑了农村的社会组织和社会形态。当土地私有制转变为集体所有制并且由集体经营,延续了两千多年的以农民家庭为基本单位、以血缘关系为主要纽带的综合性村落共同体,就变成了以高级合作社(随后是生产大队-生产队)为基本单位、由执政党的基层组织统领的行政化生产型社区或者说政经合一组织,农村社会从分散型社会转变为集中型社会。生产队成为囊括所有小家庭的"大家庭",不仅家庭的生产功能在很大程度上被生产队取代,社员的生产时间和空间由生产队统一安排,农民在生活上的自主性也受到限制,结果是以普遍贫困为归结的物质生活的均等化。与之相伴,在政治上制造了"地、富、反、坏、右"群体,频繁的政治运动和"阶级斗争"既摧毁了旧时代乡村精英的合法性,削弱了传统伦理规范的正向功能,也销蚀了乡土社会的温情。

第二次转型开始于家庭联产承包责任制的推行。在农村土地属于村庄集体所有的前提下实行农户承包经营,承包地或"责任田"的面积按照行政村或村民小组的人口平均分配,实质上具有均田制的性质。以户均0.5公顷左右的耕地面积来衡量,复归后的中国小农经济成为当今世界上规模最小的小农经济之一。当家庭重新成为独立的农业生产和经营主体,人民公社-生产大队-生产队体制也就丧失了其经济和组织基础,很快由乡镇政府-村民委员会-村民小组取代。

复归后的小规模家庭经营唤醒了农民的生产积极性,带来了主要农产品产量的大幅度提高,解决了长期困扰农村和整个国家的食物短缺问题。早先的限制性政策的缓和则激发了农民的创造力,使得农村产业多元化,农村经济出现勃勃生机。但与此同时,新的村级行政组织并没有如预期那样承担起统合、协调村落的功能,法律上的村民自治受到诸多因素的掣肘以致在许多地区流于形式,村庄的公共生活受到影响,甚至呈现出"原子化"状态。另一方面,农民所说的不合理的政策加剧了他们与基层政府的矛盾,农村社会的稳定一度成为不容忽视的社会问题。

在第二次转型的过程中,工业化、城市化、市场化浪潮对具体的村落和整体的农村都产生了巨大的形塑作用。乡镇企业的崛起提供了大量就业机会、增加了农民收入,但是也造成了乡村环境的迅速恶化,水源和土地受到严重污染。市场化导向的改革,尤其是教育和医疗的市场化,使得农民依靠小块土地获得的有限收入不足以应付日益增大的社会经济支出压力,而被迫外出务工经商,转化成缺少保障的雇佣劳动力或非正规经营者。由于农民流出的规模巨大且速度迅猛,进入21世纪之后,造成许多村庄的活力弱化甚至"空心化",形成了多达数千万人的留守儿童、留守老人和留守妇女。另一方面,地方政府往往运用行政手段推动园区建设、城市化及村庄合并,使得100多万个自然村在20多年间快速消失或被消灭。[①] 这种政策导向也促使青年农民对自己村庄的认同感降低,而普遍将人生的归宿转向城里。

---

① 张玉林:《大清场:中国的圈地运动及其与英国的比较》,《中国农业大学学报》,2015年第1期。

如果说农村社会的第一次转型是众多的村庄向着同质性和无差异化转变,那么第二次转型则形成了巨大差异。与作为人口流出地的农业区和山区的大量村庄活力弱化甚至消亡的趋势相对,在人口流入地区的工业村和"城中村"则形成了流动性较高的人口聚集,许多地方的外来人口甚至超过本地居民的数量,从而造成熟人社会的陌生化。

二、家庭和家庭关系的变化

作为社会的首属群体或初级社会组织,家庭被视为"社会秩序的战略重心",甚至于"农业民族的社会生活就是家庭生活。……你可以没有职业,然而不可以没有家庭"。① 在当代中国,社会经济制度变革和观念的变化,以及市场化、工业化、城市化浪潮的洗礼,也带动了农村家庭和家庭关系的剧烈变化。

家庭的变化首先表现为规模、功能的缩小。20世纪前期的中国农村家庭延续着历史上五口之家的惯常现象:全国农村家庭平均规模为5.3人,其中华南为5人,华北为5.6人。举例来说,河北定县65个村5525个家庭中,6人及以上的家庭有2354户,占44.8%。② 这种状况在20世纪后期发生了连续变化,家庭的规模和功能逐渐缩小,核心家庭增加,动力在于土地改革引发了联合家庭和直系家庭分裂,集体农业制度造成家庭的生产功能弱化,进而是计划生育政策和分家的提前加剧了核心家庭化,人口流动促进了家庭小型化。第六次全国人口普查数据显示,2010年乡村(不包括镇)家庭的人口平均规模已经降低到3.3人,其中由祖孙三代及以上构成的家庭比例仅占22.7%。与2000年相比,1~2人构成的微型家庭占比由21.7%增加到34.5%(其中单人户占12.4%,与5人户占比相当),3~4人户由51.4%降至43.3%,5人及以上家庭从26.9%下降到22.1%。③ 微型家庭的快速增长也导致单身家庭、空巢家庭和留守家庭的增加,也可能意味着乡村家庭的"残缺化"。

在家庭内部的关系中,代际关系和夫妻关系同样发生了深刻变化。出自黑龙江省下岬村农民的比喻形象地概括了这两种关系的变化:一是"爷爷变孙子",二是"妇女上了天"。而家庭内部关系与性别角色的重新定位也许是1949年以来私人生活领域中最重要的变化。④

代际关系的变化表现在父系家长的地位下降、权威受到挑战,其背景是父系家长对家庭经济的控制力降低,经验技术的重要性在现代社会有一定程度的弱化,而接受了更多的

---

① 参见刘创楚、杨庆堃:《中国社会:从不变到巨变》,香港中文大学出版社,2001年版。卢作孚:《建设中国的困难及其必循的道路》,载《卢作孚文集》(增订本),北京大学出版社,2012年版。
② 乔启明:《乔启明文选》,社会科学文献出版社,2012年版,第90页。李景汉:《定县社会概况调查》,上海人民出版社,2005年版,第148-149页。
③ 王跃生:《中国城乡家庭结构变动分析——基于2010年人口普查数据》,《中国社会科学》,2013年第12期。
④ 参见阎云翔:《私人生活的变革:一个中国村庄里的爱情、家庭与亲密关系(1949—1999)》,龚小夏译,上海书店出版社,2006年版。

学校教育和现代知识、从事非农产业且通常收入较高的子代同时拥有了文化优势和经济优势，从而提高了地位，也更有底气向父辈挑战。值得注意的是，在这一转变的过程中，传统的双向哺育模式（接力与反馈）被打破，年轻人只从父母那里接受支持或"投资"、放弃反哺义务或者不还"本利"的现象较为普遍，部分地区孝道式微，进而有子代对父母的"代际剥削"现象。①

在夫妻关系层面，传统的男尊女卑意识到20世纪80年代已经明显弱化，夫妻关系开始成为家庭关系的轴心。到90年代，丈夫主导的权力模式开始向夫妻协商型模式过渡，夫权向夫妻平权方向转变，其动力是女性在教育和就业上的社会参与机会的增加，以及观念的变化。与之相应，婚姻本身开始从家族婚向个体自主婚转变，择偶的自主性增强，婚姻完全由长辈做主，当事人婚前不了解、不满意的现象大大减少。尽管违背当事人意愿的包办婚姻并未绝迹，但婚姻模式已由父母包办转化为以当事人的意志为主、兼得父母同意的模式。②

然而，婚姻的自主和夫妻平权也伴随着婚姻关系的脆弱性，进而是家庭的脆弱性增强。与20世纪80年代以来全国离婚率的急剧上升③相伴，农村地区的离婚率也一直保持上升势头。离婚浪潮被部分人看作是女方摆脱"不道德的婚姻"和社会进步的表现，但是也不应该忽视其中暗含的"无责任的个人主义"的因素，至于由此造成的家庭解体和离异家庭子女的社会化过程遭到干扰，则成为一种社会问题。

因此可以认为，20世纪后期以来的农村和农民家庭的变迁，到21世纪已经主要表现为乡村的衰弱、空洞化和农民家庭的萎缩甚至解体。

三、挑战：乡村凋敝和"农民的终结"

农业人口的减少和乡村凋敝是英国工业革命之后的突出现象，在20世纪中期之后逐渐成为全球性的普遍问题。④法国社会学家孟德拉斯曾经将其概括为"农民的终结"，意指随着农业生产方式的机械化，农业就业人口将大幅度减少，传统的农民及其生产方式将

---

① 一项对31个省份72个村的调查显示，"53%的儿女对父母感情麻木"，"吃得最差、穿得最破、住得最小的是老人"。对山东某镇43个村庄1186位老人调查显示，与儿女分居者占72.2%，三餐不饱者占5.6%，衣着破旧者占85%。（见《北京青年报》2006年3月1日、2009年6月22日的相关报道。）关于"代际剥削"的论述见贺雪峰：《谨防城镇化进程中的代际剥削》，《学习时报》，2010年4月12日。

② 参见徐安琪：《世纪之交中国人的爱情和婚姻》，中国社会科学出版社，1997年版。

③ 全国离婚对数从1980年的34万对增加到2000年的121万对、2017年的437万对，离婚率已经达到3.2‰。详见《中国统计年鉴》各相关年度版。

④ Farshad Araghi, "Global Depeasantization, 1945—1990", *in The Sociological Quarterly*, 1995, 36, pp. 337-368. Yansui Liu, Yuheng Li, "Revitalize the World's Countryside", *in Nature*, 2017, 548, pp. 275-276. 生活在世界城市地区的人口比例从1960年的33%上升到2016年的54%，巴西在1960—2015年间减少了73%的农村人口。而在当代的日本、韩国和我国台湾地区，人口流出产生连锁效应，65岁以上老人占村庄人口一半以上的"极限村落"大量出现。参见张玉林：《"现代化"之后的东亚农业与农村社会》，《南京农业大学学报（社会科学版）》，2011年第3期。

会消失。① 而与之相随的是大量村庄的凋敝和消亡。

这种现象可能会被视为"不可阻挡的历史规律",甚至是社会进步的象征而予以赞美,乡村和农民也因此被认为没有前途,应该放任其消亡甚至人为地加速其消亡。但是,姑且不论这一进程并非主要是自然历史进程,而是资本或市场过度追求农业的规模效应而排斥小农,以及政府干预的结果,仅就农民"终结"的本意而言,它是指大量的传统小农向少量的现代农业经营者转变,并不代表作为职业的农民将彻底消失。而在人口数量众多、就业压力依然沉重的中国,在未来的很长时期内,即便实现了"农业现代化",农业就业人口降低到就业人口的十分之一以内,依然会有数千万人从事农业。在这样的格局下,过度追求农业的产业化或规模效应,无疑将减少就业机会,夺走原本有业者的"饭碗",甚至增加社会隐患。

有鉴于此,如何确保职业农民享有与其他职业群体同等的收入、地位和尊严,进而重现乡村活力,使必将继续存在的乡村居民——即便中国的城镇化率达到80%,其规模也仍将接近3亿人——享有与城镇居民均等的公共服务和社会福祉,不仅是这部分社会成员的内在要求和应然的权利,对于避免城市的更加拥挤、化解严重的"城市病"也具有重要意义。

正是基于这种必要性,中国政府进入21世纪之后号召"统筹城乡社会经济发展",并从2006年开始推行"社会主义新农村建设",进而于2017年提出了"乡村振兴战略",目标是"让农业成为有奔头的产业,让农民成为有吸引力的职业,让农村成为安居乐业的美丽家园"。这一国家战略的政治定位是"决胜全面建成小康社会、全面建设社会主义现代化国家的重大历史任务",覆盖的历史时间将延续到2050年。它不仅写进了新修订的党章、纳入了立法议程(2021年《乡村振兴促进法》),还被期许"为全球解决乡村问题贡献中国智慧和中国方案"。

这一战略无疑符合现实的迫切要求,但实施结果有赖于许多因素。而从十多年的新农村建设实践留下的经验和教训来看,有两个前提条件将决定着这一战略的实践效果。一是能否彻底打破城市剥夺和挤压乡村的制度惯性,让"农业农村优先发展"的政治宣示付诸实际,避免"新型城镇化"浪潮像既往的城市化运动那样造成对乡村诸多要素的大规模虹吸效应;二是能否确保农民的主体性,真正按照农民的利益和意愿,而不是政府的偏好和资本的逻辑来制定方案并付诸实施,防止单纯依据城市的思维和模式去改造乡村,甚至演变为对旧农村的破坏。② 这两个前提条件并非实现乡村"全面振兴"的充分必要条件,但是它们的确保将有助于避免农村社会的进一步萧条和城乡整体社会结构的进一步失衡。

---

① 参见孟德拉斯:《农民的终结》,李培林译,中国社会科学出版社,2005年版。
② 例如,河南省在2012年曾规划近万个"新型农村社区",到2016年底已建成和在建3250个,因普遍规模较大而被称"万人村",但其中有1366个成为"烂尾社区",直接损失600多亿元(见新华社2016年12月29日的相关报道)。

思考题

1. 了解农村社会学的学科特征和学术传统。
2. 理解村庄类型及其相对于现代城市社区的特征，思考其可能的演变方向。
3. 把握"农民"认识的多重视角及其在当代中国的多义性，思考社会身份的农民向职业农民转变所需要的社会条件。

推荐阅读

1. 费孝通：《乡土中国》，上海人民出版社，2013年版。
2. 雷蒙德·芮德菲尔德：《农民社会与文化：人类学对文明的一种诠释》，中国社会科学出版社，2013年版。
3. 黄宗智：《华北的小农经济与社会变迁》，中华书局，2000年版。
4. 陈吉元等主编：《中国农村社会经济变迁（1949—1989）》，山西经济出版社，1993年版。
5. 王颉等：《多维视角下的农民问题》，江苏人民出版社，2007年版。
6. 张玉林：《流动与瓦解：中国农村的演变及其动力》，中国社会科学出版社，2012年版。
7. 阎云祥：《私人生活的变革：一个中国村庄里的爱情、家庭与亲密关系（1949—1999）》．龚小夏译，上海书店出版社，2006年版。

第四章

城市社会学

我们早已生活在一个城市的世界。人类社会进入 21 世纪之后，便逐渐进入了一个前所未有的城市世纪。据国家统计局数据显示，2003 年中国城镇人口已经占总人口的 40.5%。2007 年是城市世界的元年，人类历史上第一次居住在城市的人口超过了住在农村的人口。2011 年则是城市中国的元年，中国历史上第一次出现了城市人口多于农村人口的格局。根据第七次全国人口普查结果，2020 年我国城镇常住人口超过了 9 亿，城镇化水平达到 63.89%。到 2030 年，全世界将有超过 50 亿人口居住于城市。而联合国开发计划署发布的《2013 中国人类发展报告》预测，到 2030 年，中国将新增 3.1 亿城市居民，城镇化水平将达到 70%。届时，中国城市人口总数将超过 10 亿。全世界都将面临一个更加复杂而多元的城市世纪，人类将比以前任何时期更加需要关注居住在城市、郊区和都市区中的人口的生活、就业、住房、环境、消费、健康、休闲、社会交往、心理乃至婚姻和家庭的状况，因为这一切都与人们所处的城市密切相关。那么，人类的城市如何生长、发展、维持和变迁，城市如何影响了其居民的一切社会生活和社会关系、个人生活及个人心理，这都是城市社会学需要关注的重要问题，也是城市社会学兴起的重要历史逻辑。因此，城市社会学作为一门应用社会学的子学科，主要研究城市社会结构变迁中的各种现象、过程、问题和规律。

第一节
城市社会学概述

一、城市社会学的基本概念

城市社会学（Urban Sociology），是社会学的最早分支之一，又称都市社会学，是用社会学的理论、方法研究城市的城市起源、发展变迁、结构功能、社会组织、生活方式、社会心理以及城市问题与城乡关系等对象的一门学科。[①] 它以社会学的理论和方法为基础，在变动的城市社会中，研究城市社会结构变迁中的各种现象、过程、问题和规律，是社会学分支学科中历史最悠久的一门学科。城市社会学研究的主要任务是研究导致城市社区平衡状态发生变化的影响因素，以及当旧的平衡被破坏以后如何在新的基础上构建新的平衡等一系列的社会过程。[②] 城市社会学通过各种合理有效的研究方法，研究现代城市发展的各种规律，准确判断城市社会结构变迁的趋势，推动城市健康与可持续发展。

二、城市社会学的研究对象

如果将城市社会学称之为一门独立的学科，那么其一定有着与其他学科相区别的独特的研究对象。社会学界关于城市社会学的研究对象有着诸多不同的看法，从20世纪二三十年代美国芝加哥学派创立开始，学者们对这个问题就一直各执己见，他们有着不同的学术背景，分别从不同的角度进行论述，如帕克将城市组织、空间、社区等作为研究对象，沃斯关注城市异质个体的社会行为与社会组织形式，芒福德认为城市是各种密切相关并相互影响的各种功能的复合体。当代学者也十分关注城市社会学研究对象的独特性，蔡禾在其《城市社会学讲义》一书中提出"存在一个为城市社会学独占的研究对象吗"，他更倾向于向德平将"城市整体"作为研究对象的观点；伊夫·格拉夫梅耶尔在《城市社会学》中将城市社会学定义为以城市的区位、社会结构、社会组织、生活方式、社会心理、社会问题和社会发展规律等为主要研究对象的一门学科；唐忠新在《城市社会学的研究对象和内容框架刍议》一文中提出"城市社会学是从变动着的城市社会整体出发，以城市社会的构成与发展规律为研究对象的一个社会学的分支学科"[③]。总体而言，关于城市社会学的研究对象的代表性观点可概括如下。

1. 城市社会学的研究对象是城市生活方式

芝加哥学派的诸多学者中，第一次将前人关于城市社会学的理论和实践进行归纳总结，提出一个相对系统的城市社会学理论的社会学家沃斯认为，"城市主义是与城市发展相联系的一种独特的生活方式"[④]，也就是说，应该将生活方式作为城市社会学独特的研究对象。因此，城市社会学的研究重点在于对城市生活方式的起源、形成与变迁，城市生活方式的特征与环境影响，城市生活方式中的政治组织、文化传播，以及居民的价值观、生活态度、风俗习惯的变迁进行研究。

[①] 胡小武：《中国城市社会学研究的发展轨迹与地域格局》，《中国名城：城市经济与社会》，2017年第11期。

[②] 帕克等：《城市社会学：芝加哥学派城市研究文集》，宋俊岭等译，华夏出版社，1987年版，第67-68页。

[③] 唐忠新：《城市社会学的研究对象和内容框架刍议》，《天津社会科学》，2002年第5期。

[④] Wirth Louis, "Urbanism as a Way of Lives", in *American Journal of Sociology*, 1938, 44, pp. 1-22.

2. 城市社会学的研究对象是城市化

城市化包括产业结构的转变、土地及地域空间的变化，人口学、地理学、经济学均从不同的角度对之有不同的解释。城市化可以表述为"社会解构与结构"双重进化过程，乡村社会被解构后转化为城市社会。① 城市化作为"人口的空间重组"的社会过程②，深刻表现了城市生活方式的地域性结构扩张与普及，其外在形式是在人口城市化的同时使产业向一定空间集聚，内在形式是非农业生产方式的价值创造和城市作为个人价值实现领地的意义③。毫无疑问，当前城市化已经成为一种不可避免的趋势，它改变了社会生活模式以及城市的社会结构和社会组织，成为城市社会学的核心研究对象。当代中国现代化的主要内容基本上是在城市化发展的特定时间段落上展开的，城市作为市民社会的舞台，成为社会现代化发展的平台，城市化表明了整个社会结构与社会关系的深刻变化。④

3. 城市社会学的研究对象是城市社会问题

城市最早被社会学家们关注是在工业革命时期。大量移民的涌入引发了许多问题，这些问题需要被解决与研究以使社会稳定，社会学家们试图从城市问题研究中看到整个社会的发展。因此，城市社会问题从一开始就被视为城市社会学的研究对象，社会学家们对城市社会问题大都保持悲观的看法，认为社会问题会严重影响社会正常的秩序甚至会造成严重的社会危机。常见的社会问题有环境问题、交通问题、住宅问题、贫困问题、就业问题、社会保障问题、犯罪率上升等。早期社会学者涂尔干《自杀论》开创了城市社会问题研究的先河，他认为当个体同社会团体或整个社会之间的联系发生障碍或产生离异时，便会发生自杀现象。以城市社会问题为研究对象的城市社会学重点研究各种城市问题产生的原因、特征、规律、解决方法以及如何预防城市问题的产生、对社会秩序的影响、如何发挥积极面等。

4. 城市社会学的研究对象是城市社会整体

当代学者也倾向于把城市社会学看成是以城市社会整体为研究对象，研究城市社会的构成与发展规律及其良性运行与和谐发展机制的一门社会学分支学科，把城市作为一种人类生活共同体的存在和发展进行研究。当代学者们并没有否定以往城市社会学家们分别将城市生态系统、城市社会问题、城市化、城市社会关系、城市生活方式等作为研究对象的努力，也肯定以往的城市社会学对某一个方面或者某一个领域进行切入，并都有大量的材料数据理论等支持他们的观点。但是，持"城市社会整体"观点的当代学者认为，这些从某个方面进行研究的对象过于片面和狭隘，城市社会学应当是以城市社会整体作为研究对象，并在前人们提出的观点的基础上进行整合与发展。

---

① 参见沃纳·赫希：《城市经济学》，刘世庆等译，中国社会科学出版社，1990年版。
② Tisdale E H, "The Process of Urbanization", in Spengler J (ed.), *Demographic Analysis*, The Free Press, 1952, p.338.
③ 参见张鸿雁：《侵入与接替——城市社会结构变迁新论》，东南大学出版社，2000年版。
④ 张鸿雁：《论城市现代化的动力与标志》，《江海学刊》，2002年第3期。

三、城市社会学与相关学科的关系

城市社会学的发展与诸多相关学科有着密切的联系，广泛认识与了解不同学科的理论与方法，促进各学科间的沟通与借鉴，是拓展与完善城市社会学研究的必经之路。目前将城市作为研究对象之一的较有影响力的几个学科有社会学、城市规划学、城市地理学、城市经济学与城市生态学。

1. 城市社会学与社会学

社会学是将社会作为一个整体，研究人和社会各个组成部分及其相互关系，探索社会的发生、发展及其规律以及人在社会中的行为规律的社会科学。城市社会学与社会学可以看作是分支与主流的关系。城市社会学的理论框架与研究视角很多都是在社会学的理论基础上演绎发展而来。城市社会学与社会学也是相互影响、相互促进的关系。社会学的理论发展指导着城市社会学的理论与实践方向，城市社会学的发展则完善了社会学的理论系统。

2. 城市社会学与城市规划学

城市规划学是最早从实用角度研究城市的一门科学，它诞生于建筑学，现已发展成一门综合性很强的技术科学。[①] 城市规划学关注城市各构成要素在空间层次上的作用与关联，城市社会学是城市规划学的基本课程之一，二者都十分关注城市的空间，双方的理论在发展过程中相互交叉与渗透，因此城市社会学不仅能够提供相关研究的支撑理论与方法，而且其对社会与社会问题等的理解能够深刻影响城市规划属性、课题、组织的学习。城市社会学不仅研究城市空间，还关注空间位置对人类社会行为的影响。

3. 城市社会学与城市地理学

城市地理学是研究城市（镇）的形成、发展、空间结构和分布规律的学科。它着重从空间观点研究个别城市或区域城镇体系的功能结构、层次结构和地域结构。城市地理学主要从城市体系和城市结构两个方面对城市进行分析，其内容核心是从区域的空间组织和城市内部的空间组织两种地域系统考察城镇的空间组织。而城市社会学更加关注城市和社区的社会结构及不同社会集团间的关系，强调对社会问题的解决以促进政策与城市社会的发展与进步。

4. 城市社会学与城市经济学

城市经济学起源于早期对城市土地利用和房地产的研究，20世纪70年代以来，它逐渐成为综合研究城市特有的经济关系，即城市固有经济问题及其发展规律的学科。城市经济学用经济分析方法来分析、描述和预测城市现象与问题。其研究重点为探讨城市重要经济活动的状况、彼此间的互动关系，以及城市与其他地区和国家的经济关系等。城市经济

---

① 向德平主编：《城市社会学》，高等教育出版社，2005年版，第7页。

学的研究中心完全围绕城市经济问题而展开，相比之下，城市社会学的研究范围更加广，它不仅仅研究城市经济现象，还着眼于城市中的非经济现象。

5. 城市社会学与城市生态学

城市生态学是根据生态学研究城市居民与城市环境之间相互关系的学科。它将城市视为一个生态系统，研究其形态结构且更侧重于各组成部分之间的关系，以及组成部分之间的能量流动、物质代谢、信息流通、人为活动形成的格局及其过程。城市生态学采用系统的思维方式，并试图用整体、综合有机体等观点去研究和解决城市生态环境问题，其研究重点是城市与生态环境的关系，而城市社会学则把城市的一切关系、一切过程都纳入社会学的研究框架之中。[1]

第二节 城市社会学的历史、流派与人物

一、城市社会学的历史与流派

1. 欧洲传统时期（1840—1920年）：关于城市社会学的早期研究

社会学起源于欧洲，由法国著名哲学家孔德创立。大多数早期美国城市社会学家都曾在欧洲著名学者门下学习[2]，所以说产生于美国芝加哥学派的城市社会学与欧洲传统时期的学术思想有着密切的联系。同时，工业革命的发起使得城市与农村差异明显，道德、文化、价值观冲突不断，部分社会学家们也开始将农村与城市的比较作为切入视角，发展出了许多有价值的与参考意义的理论。

2. 城市社会学的创立时期（1920—1960年）：芝加哥学派的兴起与发展

20世纪早期北美逐渐开始了城市化进程，工业经济迅速发展，大量移民涌入美国。美国城市急速增长，同时各种社会问题相继出现，迫切需要应对方法。此时，以帕克为代表的社会学家在芝加哥大学社会学系建立了第一所城市研究中心，他们采取特有的研究方法与研究理论，以城市社区为研究对象，针对当时美国尤其是芝加哥的城市问题开展了一系列城市研究，城市社会学作为一门独立的学科自此诞生。

芝加哥学派是以美国芝加哥大学社会学系为代表的几位学者以及他们关于城市社会研究学术思想的统称，它也包括英国的查尔斯·布什等对城市社会进行开创性研究的社会学者。芝加哥学派主要是以芝加哥为研究城市，因为在当时的美国，芝加哥市是增长速度最快的城市之一，而且爆发出了大量的具有代表性的问题，"芝加哥市是世界上最完整的社

---

[1] 向德平主编：《城市社会学》，高等教育出版社，2005年版，第7页。
[2] 王颖：《城市社会学》，上海三联书店，2005年版，第61页。

会实验室之一,世界上没有任何一个城市比芝加哥呈现出更多的典型社会问题"。芝加哥学派的主要代表人物有帕克、伯吉斯和麦肯齐。其最重要的影响之一是提出了三种城市空间基本模型:伯吉斯的同心圆模型、霍伊特的扇形模型、哈里斯和乌尔曼的多核心模型。

芝加哥社会学派的另一位重要代表人物、美国艺术和科学研究院士怀特曾经写下了著名的《街角社会》,从参与社会观察的角度,以"零距离"接触研究对象的方式观察、思考和研究,奠定了城市社会学研究的一个重要方法论的基础。① 托马斯和兹纳尼茨基合著的《波兰农民在欧洲和美国(1918—1920)》是该学派最有影响的代表作。芝加哥学派对人文区位、邻里关系、人口、种族、犯罪、贫民窟等问题的研究,是都市社会学研究的范例。这一时期芝加哥学派的主要学术成果有:帕克的《城市——对都市环境研究的提议》(合著,1925年)、《都市社区》(1926年),伯吉斯的《家庭——相互影响的个性之统一体》(1926年),沃思的《作为一种生活方式的城市性》(1938年),佐巴夫的《黄金海岸和贫民窟》(1929年),思雷舍的《团伙》(1927年)等。②

3. 城市社会学的欧洲繁荣时期(1970—2000年):新马克思主义学派与新韦伯主义学派

20世纪70年代初以来,对城市问题的争论就集中在对城市研究的空间概念化上,而在资本主义的生产方式下,一切生产都以利益为中心,城市充斥着不平等与矛盾冲突,人们以不同的方式将城市公共空间与物质空间、政治空间联系起来,试图保证他们的社会再生产、物质收益和财富积累,政治和经济制度被给予了高度重视。此时的社会学家们对城市社会学的研究广泛使用与借鉴马克思主义的理论与思想,所以也被称为新马克思主义学派。列斐伏尔、哈维和卡斯特等人是新马克思主义学派主要的代表人物。列斐伏尔以城市空间批判主义为代表,哈维以空间正义论为代表,卡斯特的空间集体消费论最为广泛流传。

新韦伯主义学派与新马克思主义学派一同诞生于20世纪70年代,都属于新城市社会学的一支理论流派。新韦伯主义学派继承了韦伯的思想,将社会结构与城市空间结合相关联,对个人行动的价值给予关注并以市场价值来进行阶级的划分。他们非常关注城市资源分配不平等、社会冲突与权力分配等问题,强调科层制度或官僚体系以及个人自主行为在分析城市问题中的重要性。新韦伯主义学派的主要代表人物有雷克斯、墨尔和帕尔等,"住房阶级"和"城市经理人"是该学派最有影响力的两个理论。雷克斯和墨尔关注人们对城市有限资源如优质住房资源的获取情况,他们认为获取有限资源的方式有两种,一是通过市场竞争即根据个人的收入水平给予购买资格,二是通过科层制的分配机制即申请政府兴建的公共住房资格的认定。③ 这两种方式都隐含了某种不平等,这种不平等对待的出现势必导致更加激化的矛盾。帕尔提出了城市经理人理论,认为在分析城市问题的过程中应该关注个体的能动性与自主性,个体并非完全受制于社会结构,尤其是在国家对消费领

---

① 张鸿雁、胡小武:《城市角落与记忆Ⅰ:社会生态视角》,东南大学出版社,2008年版,第2页。

② 胡小武:《中国城市社会学研究的发展轨迹与地域格局》,《中国名城:城市经济与社会》,2017年第11期。

③ 蔡禾主编:《城市社会学:理论与视野》,中山大学出版社,2003年版,第193-194页。

域介入范围越来越广的情况下,科层体制中的高权利者与握有实权者的价值取向与行为可以对城市空间结构造成一定程度的影响。

4. 城市社会学的美国新发展时期(1960—2000年):洛杉矶学派的兴起

随着芝加哥学派的学者逐渐向其他大学与研究机构迁移,20世纪80年代初,加利福尼亚大学洛杉矶分校和南加州大学的城市研究人员开展了洛杉矶地区的理论化研究,逐渐兴起了城市社会学研究的洛杉矶学派。洛杉矶学派的主要代表人物有爱德华·索亚、迈克尔·迪尔、迈克·戴维斯、艾伦·斯科特等。他们陆续出版了一系列城市社会学研究著作,如索亚的《第三空间:去往洛杉矶和其他真实和想象地方的旅程》(1996年)和《后大都市:城市和区域的批判性研究》(1998年),迪尔的《从芝加哥到洛杉矶:理解城市理论》(1995年)和《后现代都市状况》(2000年),戴维斯的《石英城市》(1990年)和《布满贫民窟的星球》(2006年),斯科特的《城市:洛杉矶与20世纪末的城市理论》(1998年)和《全球城市区域:趋势、理论、政策》(1999年)等。这些研究深化了洛杉矶学派最具特色的后工业全球化大都市的城市研究。①

索亚认为,洛杉矶是一个分散的大都市,各种团体的出现使得政治去中心化、权利结构片段化。伴随着这种转变的是一种后现代意识、一种文化和意识形态的重构,它改变了城市原有的生活方式。城市中心的功能是城市全景监视,这是国家行使社会控制的战略监视点。从城市中心出来,延伸出一个"楔形"和"城堡"的混合体,穿插在林荫大道形成的走廊之间。他将洛杉矶视为"各种巨大主题公园的聚集"。② 迪尔在《从芝加哥到洛杉矶:理解城市理论》一文中详细分析了城市地方生产实践中的多重转变,从人口、经济、政治、社会、文化等方面记录了洛杉矶城市的变化。他将洛杉矶作为后现代城市的典型代表,在这种后现代城市政治中,人们、社区和企业通过与芝加哥方法特有的同心圆区域不同的分裂和分离来产生和维持,这种分裂和后现代观念表明了城市化的总体趋势,了解洛杉矶是了解全球城市化的基础。

洛杉矶学派认定城市崛起为全球资本主义化的一个早期预警系统。③ 他们发现了不符合芝加哥学校长期模式的城市形式和过程,洛杉矶没有找到一个符合的同心圆模式的城市,它是一个多核心城市地区,其中心太弱,无法在所有不同的地方施加任何秩序。

二、城市社会学的代表人物

许多学者都在城市社会学方面有过突出贡献,如马克思、恩格斯、滕尼斯、涂尔干、齐美尔、韦伯、帕克、伯吉斯和沃思。其中,滕尼斯、涂尔干、帕克、伯吉斯、沃思等为城市社会学的主要代表人物。

---

① 胡小武:《中国城市社会学研究的发展轨迹与地域格局》,《中国名城:城市经济与社会》,2017年第11期。

② Soja E, *Postmodern Geographies*: *The Reassertion of Space in Critical Social Theory*, Verso,1989,p.246.

③ 王旭:《从芝加哥模式到洛杉矶模式:美国城市化新论》,《经济地理》,2001年第12期。

1. 滕尼斯

德国社会学家滕尼斯是最早研究城市化对欧洲社会影响的学者之一。他将城市与乡村作为一组对立概念进行分析,在其发表于 1887 年的文章《共同体与社会》(*Gemeinschaft und Gesellschaft*)中,滕尼斯对以乡村社会为特征的"共同体"和以城市社会为特征的"社会"之间的差别进行了对比,并对二者的社会生活方式与社会关系进行了描述。[①] 滕尼斯认为,在"共同体"中,人们相处和谐、亲密无间,他们关心彼此,遵守共同的传统与习俗,有着一致的价值观。而以城市社会为特征的"社会"却是另一种截然不同的生活方式,城市生活的特点是"唯我独尊,分崩离析,肆无忌惮的个人主义和自私自利,甚至互相敌对",在这里人们的生存法是以个人为中心。滕尼斯是最早认识到城市生活独特性并肯定其研究意义的学者之一,其采用理想类型的方法将社会生活划分为两种形态进行对比的分析方法也对后来城市社会学的发展产生了深刻的影响。

2. 涂尔干

法国社会学家涂尔干和滕尼斯一样,都经历了 19 世纪的城市革命,他亲眼见证了工业革命时期乡村和城市的变化。涂尔干借鉴了滕尼斯建立理想模型分析社会生活形式的方法,提出了一对与滕尼斯不同的概念:机械团结与"有机团结"。"机械团结"是指通过强烈的集体意识将有着共同信仰、习惯、价值观、目标与利益等的人们联结在一起的社会联结纽带。有机团结是社会高度分工的结果,它是建立在个人异质性基础上的一种社会联系。

3. 帕克

美国社会学家帕克是城市人文生态学的开创者,他于 1915 年指出,"大城市有助于以大规模、普遍观察的方式,开展揭示人类各种特性和品质的研究"[②]。帕克最具影响的贡献之一是强调现场观察的重要性,他敦促学生走出书本,进入社区实地考察,而不能局限于抽象理论研究。帕克致力于研究人类群体对环境的调整过程。他认为城市空间是一个容器,城市的社会组织是生存斗争的结果,由于资源的有限性,人们试图做他们最擅长的事情以便进行竞争,进而产生了独特和高度复杂的分工。[③] 城市生活分为两个不同的层次:生物和文化。生物层面是指物种对稀缺环境资源的竞争所产生的组织形式,文化层面是指象征性和心理调整过程以及根据共同的情感组织城市生活。生物层面强调生物因素对理解社会组织和经济竞争的城市影响的重要性。文化层面强调社会文化及其心态对理解社会结构、社会组织、居民行动和经济活动的城市影响的重要性。

---

① Toennies Ferdinand, *Community and Society*, Michigan State University Press, 1957.
② Park R E, *The City: Suggestion for the Investigation of Human Behavior in an Urban Environment*, University of Chicago Press, 1916.
③ Park R E, "Human Ecology", in Allen M W (ed.), *The Urban Community*, Pearson Education, 2004, p.14.

4. 伯吉斯

伯吉斯是帕克的学生，他以帕克对城市社会学的研究作为基础，在借鉴帕克理论与研究方法的基础上更加关注城市发展与空间组织，并且提出了颇具影响力的同心圆结构理论，这是伯吉斯对城市社会学的最大贡献之一。同心圆结构理论认为，像芝加哥这样的新城市会表现出不同于通常的"乡镇和移民殖民地聚集"的特征，这个城市最终将形成一个高度集中的中央商务区，这个商业区将主导该地区并成为最具竞争力的土地价格的地点，而周边地区将包括四个不同的同心圆环。伯吉斯分别将这五片区域称为中央商务区、过渡性区域、工人居住区、住宅区以及通勤区。从动态的过程来说，同心圆也表现出了一种从城市中心不断向外围扩展的趋势。

5. 沃思

沃思的城市理论与齐美尔的城市思想可以说是一脉相承的。沃思的理论灵感来自齐美尔一篇城市文化的经典性论文《大都市与精神生活》，齐美尔主要想确立的是城市文化是现代性的文化这一思想。齐美尔提到的城市作为孤独、隔裂的个人的居住场所，缺乏强有力的社会联系的纽带等观点深刻影响了沃思的城市研究思想。沃思于1938年发表了他的著名论文《作为一种生活方式的城市性》（Urbanism as a Way of Life）。沃思认为，城市通过迫使人们以另一种特殊的方式交际而发挥其魔力：在城市之中，大量异质的人们走到一起，在人口密集的环境中互相接触，产生一种新的行为和意识——一种城市生活方式。[①] 沃思继承了韦伯所描述的城市人的理性化思想，明确提出正是因为城市生活的独特性，生活于城市中的"居民变得理性、自利、专门化，对他人在某种程度上保守而冷淡，并有高度的包容性"[②]。沃思最大的贡献在于高度概论了城市的基本特征：城市是人口规模大而密集的，在社会与文化上具有异质性的永久定居点。概况而言即人口规模、人口密度、异质性。

第三节
城市社会学的研究内容

城市社会学因其研究对象的多样性，研究内容涉及多个方面，主要包括城市发展与管理研究、城市空间结构与规划研究、城市社会结构研究、城市化研究、城市文化研究、城市社会问题研究和城市生活方式研究、城市社会心理研究等领域。

---

① Wirth Louis, "Urbanism as a Way of Life", in *American Journal of Sociology*，1938，44，pp. 1-22.

② 约翰·J. 马休尼斯、文森特·N. 帕里罗：《城市社会学：城市与城市生活》（第6版），姚伟等译，中国人民大学出版社，2016年版，第121页。

一、城市发展与管理研究

城市发展与管理研究包括城市发展史和城市管理制度体系研究。早期的城市社会学家，大多从城市发展历史和管理制度中理解城市社会结构变迁。城市发展与管理研究强调对城市历史、当下、未来进程进行归纳总结、运用发展以及预测与预防，协调城市各要素之间的关系，保障城市生活的正常运行及发展。每个城市的发展都有其自身的特点与方向，城市社会学通过研究不同历史时期的国家、地区城市的发展特点与轨迹，提炼与总结发展规律，同时，研究城市社会发展指标以对不同城市的发展水平与模式做出比较，从而得以预测未来城市的发展趋势。无论从哪个角度对城市进行研究，都必须建立在了解城市发展的基础之上。

现代城市管理主要是以城市的长期稳定协调发展和良性运行为目标，以人、财、物、信息等各种资源为对象，[①] 其中，人是最重要的因素，作为城市社会各类组织与活动的主体，人有足够的主观性与能动性推动城市管理的完善。传统的城市管理的主体一般为政府，通过政府的控制，对城市的公共事业、设施等方面进行规划和建设。现代城市管理的主体朝向多元化发展，一切参与城市管理活动的非政府组织、非营利组织、社会团体和市民等都能够作为城市管理者。随着城市管理主体的多元化，城市管理的对象也在不断地发展变化，不仅包括对城市各类系统进行的经济、文化等社会活动的静态管理，也涉及对组织活动等进行的动态管理。当前的城市管理主要包括政府自身、城市产业与经济、城市土地资源、城市建设、城市人口与保障、城市社区、安全与环境等的管理。

二、城市空间结构与规划研究

城市空间结构与规划研究主要包括对城市社会空间结构影响因素、演化趋势、转型与比较研究，以及协调城市各要素之间的关系，统筹安排城市建设，保障城市有序协调发展。城市空间由居民、政府、各种社会组织以及物质实体空间组成，它是人类的主要聚居场所，也是社会、经济与文化发展到一定阶段的产物和反映。[②] 城市空间结构关注对城市空间结构模式及其比较、影响空间结构的因素、空间结构转型以及趋势等的研究。关于城市空间结构的研究目前存在多种学派，影响力比较大的有关注建筑与外部空间结构的景观学派、以芝加哥学派为代表的社会生态学派，以及关注区位、阶层、人类行为的区位学派、结构主义学派与行为学派。常用的研究方法有景观分析法、社会区研究方法以及因子生态分析方法。城市空间结构的经典模型有同心圆模型、扇形模型和多核心模型等。二战后，城市空间结构重构，城市地域结构被划分为城区、边缘区、影响区三个部分。在经典模型的基础上，城市社会学家们陆续提出更为精准的现代城市空间结构模型，有迪肯森的三地带模式、麦吉的殖民化模式、洛斯乌姆的区域城市结构模式、穆勒的大都市结构模式等。

---

① 荣玥芳、高春凤主编：《城市社会学》，华中科技大学出版社，2012年版，第5页。
② 顾朝林等：《城市社会学》，清华大学出版社，2013年版，第251页。

城市规划作为城市发展与管理研究的一部分，扮演着至关重要的角色。城市规划是对一定时期内城市的经济和社会发展、土地利用、空间布局以及各项建设的综合部署、具体安排和实施管理，规划目标是协调城市各要素之间的关系，统筹安排城市建设，保障城市有序协调发展。城市规划是决定城市建设的总纲，不仅决定城市的现在，还主导着城市发展的未来方向。城市规划也是一项政府职能，大致分为发展、布局与工程规划三个部分，发展规划主要对城市的性质、规模、环境、发展方向做出规划；布局规划的内容主要包括城市用地功能分区、干道系统、空间布局规划；工程规划则是关于城市各项工程建设问题的规划。随着信息时代的来临，以可持续发展观指导全球信息化城市规划建设是城市发展与管理的目标。新中国成立以来，中国的城市规划迅速发展，当前的城市规划必须符合中国国情与经济发展的需要，朝向法制化、科学化、系统化发展，同时城市规划是个动态的过程，需要根据实际情况不断进行调整。

三、城市社会结构研究

城市社会结构研究主要是对城市居民、城市社会组织、城市社区、城市社会分层与社会流动等方面进行研究。社会结构式社会学研究社会的基本结构，也是城市社会学的重要研究领域。社会结构的载体是个人、群体、组织、阶级、阶层与社区。城市社会结构主要指城市的人口结构、家庭结构、组织结构、经济结构以及阶层结构等，相应地，对城市社会结构的研究也主要表现在对城市居民、社会组织、社区和社会分层与流动等方面的研究。

人口是城市发展中最活跃的因素，城市的人口结构是指一定时期内城市人口性别、年龄、家庭、职业、文化、民族等方面的构成情况。[①] 作为城市社会生活的主体，对城市人口结构的考察能够深化对城市社会系统的认识，沃斯在《作为一种生活方式的城市性》中指出，人口的数量、密度以及异质性是区分城市和乡村的重要依据。而作为社会基本构成单位的家庭是现在城市中最小也是最普遍的社会生活组织，家庭结构指的是家庭组成方式，即家庭是由哪一种及哪几种家庭关系组成。社会经济的变革对家庭带来了多方面的影响，家庭结构的变化又会反过来影响社会结构的再造。城市的发展与经济的发展密切相关，因此城市经济结构的考察也是社会结构的重要组成部分。

社会组织是指人们为了合理有效地实现特定的目标而有计划地建立的共同活动的群体。[②] 社会组织的互动对社会结构具有巨大的创造力与破坏力。与农村社会组织相比，城市社会组织更为复杂，涉及经济、文化、政治、社区、家庭等多种类型。

社会分层是社会学研究的核心问题之一，指的是社会中人们区分高低有序的不同等级和层次的现象。每个人社会地位与社会资源的不同导致社会上出现高低有序的等级现象，这种不平等与差异的存在造成了不同城市社会结构的差异，其中比较有影响力的社会分层分析有马克思的阶级理论和韦伯的"三位一体"社会分层理论。

---

① 向德平主编：《城市社会学》，高等教育出版社，2005年版，第5页。
② 向德平主编：《城市社会学》，高等教育出版社，2005年版，第118-119页。

社会流动作为社会结构自我调节的机制之一，指的是社会成员从一个阶级、职业、地区向另一个阶级、职业、地区的位置移动的现象。这种变动不仅对社会个体有着重要的意义，也对城市的社会结构产生了重大的影响。城市社会流动研究主要聚焦于城市社会阶层结构的变化和群体流动的研究。将社会不同阶层和群体流动的机制、渠道、路径、场所置入于城市空间载体，城市社会流动的研究具化为居住空间、交通形式、人口分化、城市政策、教育设施、文化选择等多种主题。社会流动能够引起社会性资源的再分配并缓解社会差别的消极影响，打破社会阶层之间的壁垒。但是也必须认识到，社会流动的增加也会给城市带来一定程度的负担，如交通、人口、城市管理等方面的压力。因此，城市社会流动往往会导致形成新的阶层和群体，新的阶层和群体需要占据新的资源和社会地位，从而会引发整体城市社会结构和机制的变化。

四、城市化研究

城市化研究探索的是影响城市化进程的因素与解决方法、城市化的动力以及不同国家如何选择合适的城市化道路。人口学认为城市化是农村人口向城市集中的空间过程，经济学认为城市化是农村经济转化为城市大生产的过程，社会学认为城市化是一个国家或地区的人口由农村向城市转移、农村地区逐渐演变成城市地区并引入城市文化和价值观的过程。城市化和工业化、现代化一样，是社会发展的主导趋势，城市化的发展大致要经历发生、发展和成熟三个阶段，发生阶段速度缓慢，发展阶段加快，成熟阶段又逐渐变慢。根据不同的标准，城市化可分为集中型与扩散型、外延型与飞地型、自立型与他力型、景观型与职能型、积极型与消极型等类型。① 合理的城市化能够改善环境，促进经济发展并改善生产、生活方式与价值观等，但是随着城市规模的日益扩大，人口的过度集聚且超过了工业化和经济社会发展水平，就会引发人口膨胀、交通拥堵、环境污染、资源短缺等问题，城市化的发展须把握好"度"，结合城市的发展不断进行分析与调整。当前，整个社会都处于城市化的进程之中，城市化毫无疑问成为城市社会学的主要研究内容，通过对不同国家与城市的城市化类型、城市化动力、城市化影响因素进行探究，结合城市的实际情况，能够帮助选择出适合城市发展的城市化道路。

五、城市文化研究

城市文化研究的内容是城市文化的内涵与特征、结构与功能，以及文化传播、变迁轨迹和规律，建设机制和发展模式及其与城市发展关系。城市文化是人类社会文化发展到一定阶段的产物，是城市居民在改造自然、社会和自我的对象化活动中，所共同创造的具有城市特点的物质、精神以及政治文明的总和。物质文化包括城市公益文化与城市环境、商业文化，精神文化体现在城市的文化产业以及社会成员的素质中，政治文化指的是制度文化，包括地方法规与制度以及城市习俗、管理等非正式制度。相较于乡村文化，城市文化更具有集聚性、多元化与多样性。城市文化拥有各种文化资源、文化设施以及浓重的文化

---

① 参见于洪俊、于越敏：《城市地理概论》，安徽科学技术出版社，1983年版，第36-40页。

氛围，并开放地面对多样的外来文化。好的城市文化能够规范和制约城市居民的行为，维护城市的社会秩序，协调与整合不同群体的利益，引导居民的行为方式与价值观念，满足城市居民的精神生活需要并使其逐渐接受城市文化。城市文化的建设是城市发展的重要内容，是城市发展的重要动力。城市文化建设能够在方向上保证城市经济发展的合理性与正确性，促进经济与社会的协调发展，在经济上通过推动科学技术的发展，提高生产效率，加快经济增长。最重要的是，城市文化能够培养出高素质的城市社会成员，为城市发展提供有质量的主体，推动城市发展的进程。因此，推动城市的发展就必须对城市文化的内涵与特征、结构与功能，以及文化传播、变迁轨迹和规律，建设机制和发展模式及其与城市发展关系等进行研究，加强城市文化建设，大力发展文化产业与城市特色文化，通过精神财富推动物质财富的创造。

六、城市社会问题研究

城市社会学的发展与城市社会问题的研究有着密切的关系，芝加哥学派的产生就是基于对当时芝加哥复杂社会问题的解决。城市社会由于存在复杂的人口结构和社会关系，在发展过程中必然会爆发出各种社会问题，城市社会学重在探究如何发挥城市社会问题的"正功能"，消解其"负功能"，以及如何有效解决城市社会问题。由于城市社会问题的复杂性，对其定义也存在诸多界定。向德平认为，城市社会问题指的是人与人、人与社会、人与自然之间产生某种结构与环境的失调或冲突而引起的全体或部分城市居民正常生活以及城市协调发展的社会现象，具有普遍性与变异性、破坏性与集群性、交叉性与连锁性、突发性与起伏性等特点。城市社会问题是普遍存在的，通常由相当数量的人引发并对城市大多数人产生不良影响，每个城市的社会问题都有其特殊性。伴随着社会经济、科学、价值观的变化，城市社会问题一直处于动态发展之中。城市问题产生的原因是多方面的，一般来说，生产力的发展、城市要素的变迁（POET）、城市的管理水平是导致产生城市问题的主要原因，当前，全球性的城市问题主要有人口问题、贫困问题、犯罪问题、公共安全问题、城市生态问题、就业问题、教育问题、交通问题、住房问题等。随着城市社会问题的日益突出，城市社会学家对城市社会问题的现状、成因、特点以及解决方法的探索从未放慢脚步，城市社会问题研究的目标，就是研究城市社会的发展历史与现状，分析城市社会的发展趋势与规律，探索如何发挥城市社会问题的正功能，消解其负功能，探索科学的解决方法，并预测城市发展过程中可能出现的问题。

七、城市生活方式研究

城市生活方式的研究，经典的城市社会学家都有所关涉。韦伯的都市理性主义，强调城市各种各样的文化因素决定了在什么规模下会形成都市人的冷漠。齐美尔用劳动分工和货币经济来解释城市中的社会关系的"去人格化"和功利性质，特别提到了乡村与都市生活的二元结构，只有都市才形成了典型的冷漠、功利型的生活方式。到了沃思那里，便直接提出了作为生活方式的都市主义这种论述。沃思认为，城市中人与人的联系可能确实是面对面的，但他们仍然是冷漠的、表面的、短暂的和部分的。因此，城市居民在他们的关系中表现出来的深藏不露、冷酷无情和漠不关心,可以被看作是对他人的要求和期许的一种免疫手段。① 凡勃仑则通过对"有闲阶级"的细致分析,讨论了富裕阶层群体通过炫耀性消费生活的方式以彰显其阶层地位和品位。美国社会学家米尔斯在《白领:美国的中产阶级》中则描述了美国中产阶层在消费和闲暇中找到自己生活的价值,特别关注提升自己生活的舒适度与格调,十分在意自己是否体面和有教养。即通过生活方式确立阶层的存在感、归属感和炫耀性的消费主义生活方式。保罗·福塞尔在其《格调》中更加生动而全面地描绘了不同阶层的群体,经常可以通过容貌、衣着、职业、住房、餐桌举止、休闲方式、谈吐等生活方式层面,来界定自己所处的阶层。城市社会学对于生活方式的研究,从关注阶层的心理,转移到了阶层本身。因此,城市社会学视角中的生活方式研究,是社会阶层研究的一种工具或手段。或者也可以说,通过社会阶层的透视,折射出生活方式的差异性、分化性、冲突性或矛盾性。

八、城市社会心理研究

城市社会心理研究主要聚焦于人们对于城市的物理空间环境、社会关系的体验和感知,以及以这种体验和感知所形成的描绘与反应机制。城市是人的城市,人对于城市的各种心理反应和体验认知,最终形成了城市独特的社会心理结构与状态。帕克曾说,城市远非只是个人的集合,也非只是各种设施如街道、建筑、电灯、轨道电车和电话等的混合,更非只是各种制度与行政管理设施如法庭、医院、警察和各种市政职能部门的集合,城市还是一种心智和心理状态。② 齐美尔较早地归纳了城市社会心理现象,即"大都市与精神生活",他将城市人的孤独、冷漠描绘成资本主义城市的典型心理现象。沃思也认可齐美尔的观点,并将城市人的孤独和冷漠,归结为城市因空间规模、人口数量而形成的异质性、多元化和韦伯提出的科层制、理性化所产生的"陌生人心理"特征。在城市社会学研究体系中,无论是滕尼斯的社区与社会,还是涂尔干的有机团结与机械团结,都离不开乡村与城市的二元化理论前提。沃思以二分法方式,提出了城市社会心理的一般性特征。事实上,在当代城市社会心理研究中,出现了更加多元化的研究谱系,比如林奇所提出的"城市意象"(the image of the city),把城市肖像归纳为城市区域、道路、边界、节点和地标,并以此作为对城市的心理印记,这是一种空间心理研究范畴。中国的城乡二元社会分化尤为明显,学者们对城市社会心理的研究更为广谱化,大量关于城市亚文化群体的研究都涉及了城市社会心理研究,比如啃老族、月光族、丁克族、闪婚闪离族、佛系族、养生族、丁宠族等,这些研究都是将生活方式融入亚文化群体与心理研究之中。因此,城市社会学的社会心理研究,随着城市化进程的持续深入,将会呈现出更加多元化和广谱化的特征。

---

① Wirth Louis,"Urbanism as a Way of Life",*in American Journal of Sociology*,1938,44,pp. 1-22.
② Park R E, Burgess E W, *The City:Suggestions for the Investigation of Human Behavior in the Urban Environment in the CITY*, University of Chicago Press,1984,p. 1.

第四节
城市社会学研究实例

一、Sudhir Venkatesh 关于芝加哥黑帮和纽约地下毒品交易的研究

1989 年,芝加哥大学社会学系在读博士生 Sudhir Venkatesh 为了研究美国黑人街区的贫困问题,拿着问卷走入了被校方和政府警告为"极度危险"的芝加哥黑人贫困社区。通过深入社区的调查,他认识了那里的黑帮老大,并与之成了莫逆之交。通过黑帮头子的带领和在对方的保护之下,Sudhir Venkatesh 得以进出芝加哥最恶名昭著的贫民窟,结识了当地毒贩、皮条客、娼妓、社会福利机构人员、警察、官员等人员。通过近 10 年的深入生活,他发现了一个真实的黑帮生活和生存法则,包括黑帮如何与官方达成妥协,黑帮头目如何控制手下、如何经营自己的贩毒事业,怎样才能跟黑帮中人相处而平安无事,以及黑帮社区居民五花八门的谋生技巧等。并且发现了贫困如何和黑帮似孪生兄弟般脱不开干系,以及生活在贫民区的"无辜"居民如何辛苦营生,又为何难以离开这种炼狱般的悲惨生活。最终他写成了《黑帮老大的一天》(*Gang Leader for a Day*),后来整理成博士论文,并出版为《城中城:社会学家的街头发现》和《暗箱操作:城市贫民的地下经济》两部重要著作。后来,Sudhir Venkatesh 来到纽约,入职哥伦比亚大学社会学系,他又开始深入纽约街头,混入纽约地下毒品交易的调查。通过对纽约上东区、中城、德立贝卡、地狱厨房、布鲁克林等街区毒品交易地下经济的深入调查,访谈了娼妓、名流、警察、毒品头子等大量群体,发现了纽约毒品的购买者、兜售者、贩卖者等群体的交易方式、交易地点和交易关系,从而获取了纽约上层人士与毒品兜售者之间的交易关系,警察与毒贩、警察与购买毒品者等各种关系,提出了美国纽约城市"地下经济"的形成过程与规律,并揭示了美国社会转型和地下经济繁荣的深层逻辑。最后,Sudhir Venkatesh 根据多年的纽约街头毒品调查,完成了《漂浮之城:流氓社会学家的纽约地下经济观察记》(*Floating City: A Rogue Sociologist Lost and Found in New York's Underground Economy*) 这部重磅之作。

Sudhir Venkatesh 以典型的芝加哥学派的研究风格,兼有城市社区调查、人类学田野调查的特色,聚焦城市社会问题的研究。一是通过芝加哥黑帮群体的生活日常,来理解黑人贫困和犯罪问题;二是通过纽约毒品交易过程的研究,来理解纽约这座全球城市的地下经济形态。可以说,Sudhir Venkatesh 的城市社会学研究,代表了美国现代城市研究的重要范式,通过嵌入型、长周期的城市社区田野调查,深入剖析、理解和发现美国城市社会的"灰色空间",帮助人们更好地理解美国社会的现状。

二、中国的城市社会结构变迁研究

目前,中国城市化已进入后半程。伴随着工业化进程的加速、经济结构的明显变化以

及社会的全方位深刻变革，中国城市的物质空间和人文空间都在发生重大变动和重新建构。因此，中国的城市更新不仅面临着过去大量存在的物质性老化问题，还交织着结构性和功能性衰退，以及伴随而来的传统人文环境和历史文化的继承和保护问题。这其中，从空间层面，包括了城市老旧社区和城市环境研究；从文化层面，包括了城市原住民文化、街区文化、建筑文化等内容；从城市社会治理层面，包括了政府、社区、居民、企业主体等相互之间的关系和博弈；从社会空间肌理层面，包括了空间功能的侵入与接替、人口的迁移和重置、文化的断裂与更新、城市现代化等内容；从社会结构层面，包括了绅士化、社会隔离、阶层冲突等议题；从城市经济层面看，主要聚焦在城市化、城市现代化模式下城市空间与经济增长的关联型、城市经济活力的建构等议题。总体上看，在新的历史条件下，中国城市化发展已经由高速发展逐渐进入中速发展阶段。城市发展逐渐从增量模式转为存量模式，城市社会结构的变迁正成为城市发展主题形态。

在城市社会结构变迁中，城市更新成了城市社会学研究的焦点议题。城市更新所牵涉的问题多，解释维度也多。中国快速发展的城市化和城市现代化进程，给予了城市社会学十分广阔的研究土壤。中国的城市社会学研究在最近的10多年历程中，重点聚焦了城市老旧城区的更新议题。清华大学、北京大学、上海大学、南京大学、上海交通大学、华东师范大学、复旦大学、中山大学等一批高等院校的城市社会学研究团队，都涉及了城市更新的相关研究。议题包括了城中村、棚户区、城市文化、原住民权利、社区治理、社区规划、老旧小区更新、老旧街区复兴、空间生产等议题。这些丰富的研究内容和研究实践，推动了中国本土城市社会学研究的勃兴与繁荣。城市社会学者纷纷以老旧社区调查为中心，借助人类学、统计学、文化学、历史学、规划学、政治学等不同学科的方法和理论，深入开展城市社会结构变迁的专业研究，并提出了关于社区更新的不同方式、路径、后果等研究成果。不同城市的城市社会学者的案例研究、学术归纳和对策建议，最终推动今天城市更新的模式放弃了原来的大拆大建的模式，而逐渐转向以"绣花型"与"针灸型"的精细化、微更新为主。城市更新的政策角度，也从关注重大产业项目转到关注老旧小区改造等民生问题，更加注重提升市民的获得感、幸福感。正是中国当代市社会学及相关学科在案例研究的基础上，推动了中国城市社会结构变迁的转型和进化。也恰恰因为城市社会学研究的案例化、实践化导向，使其拥有了较为鲜明的应用研究属性，并推动了城市社会学研究的繁荣与勃兴。

思考题

1. 什么是城市社会学？
2. 简述城市社会学的主要研究内容。
3. 简述城市社会学的主要流派。
4. 简述城市社会结构变迁的主要内容。
5. 简述芝加哥学派的主要贡献。

 **推荐阅读**

1. 向德平主编:《城市社会学》,高等教育出版社,2005年版。
2. 郑也夫:《城市社会学》,中国城市出版社,2002年版。
3. 康少邦、张宁等编译:《城市社会学》,浙江人民出版社,1986年版。
4. 帕克等:《城市社会学:芝加哥学派城市研究文集》,宋俊岭等译,华夏出版社,1987年版。
5. 约翰·J. 马休尼斯、文特森·N. 帕里罗:《城市社会学:城市与城市生活》(第6版),姚伟等译,中国人民大学出版社,2016年版。

第五章

人口社会学

第一节 人口社会学概述

一、人口社会学的概念

人口社会学是用社会学的理论和方法认识和分析人口结构、人口过程和人口变迁，以及它们与经济、政治、文化要素等多种社会力量之间的互动关系。首先，人口社会学中的"人口"指的是生活在特定社会制度、特定地域，具有一定数量和质量的人的总称，是一个社会各种经济、政治、文化活动的基础。其次，人口社会学是通过对人口现象和人口问题的社会学分析来认识和理解人类行为和社会。因此，人口社会学应结合"人口现象的社会性质——人口的双重属性"和"社会学分析——社会学的想象力"两个部分来进行解释。一方面，人口的双重属性是指生物属性和社会属性，在人类进化的历程中，构成生物属性的生物学因素没有本质变化，但人口数量、质量、生活水平等发生了巨变，这种变化体现了人口的社会属性，并且人口的生物属性深受社会属性的影响和制约。另一方面，"社会学的想象力就是掌握我们个人生活的更大的、作用于我们日常生活的社会力量之间关系的能力"。人口社会学研究需要社会学的想象力来认识和分析问题。最后，人口社会学的研究内容主要就是用社会学的理论和方法认识和分析人口结构、人口过程和人口变迁，具体涵盖了一系列的人口行为，如生育行为、死亡行为、迁移行为和社会行为。[①]

---

① 参见佟新：《人口社会学》，北京大学出版社，2010年版。

二、人口社会学的学科地位

人口社会学是第二次世界大战后发展起来的二级学科。它是社会学的分支学科，也是人口学的分支学科。对人口自身变化规律的研究形成了人口学和人口统计学等，对人口与经济、政治和文化等因素相互作用的研究形成了人口社会学。①

关于人口社会学与其他学科的关系，主要有以下两个观点。

第一，人口社会学以社会学和人口学为基础。人口学分为形式人口学和实体人口学：形式人口学是用实验的、统计的、数学的方法研究人口模型、结构和迁移；实体人口学研究人口过程与围绕着它的外部过程如社会、经济、文化、自然环境等之间的相互关系。社会学则更多地强调人口行为的文化和社会结构背景。因此，人口社会学与社会学、人口学之间没有明显界限，在许多研究内容上有重合，只是使用的研究方法和关注点各有不同。从科学研究的目标角度来看，形式人口学和人口统计学的目标是描述和分析人口现象；人口社会学的目标是解释和理解人口现象，并在此基础上进行各种对策性和趋势性研究，解释人口和社会发展变化的内在规律。

第二，经济人口学、人口地理学、历史人口学和文化人类学共同启迪人口社会学。经济人口学主要研究人口变化对经济水平和经济增长的影响、经济条件对人口变化的影响、人口变化对社会福利的影响等问题；人口地理学研究人口与地理之间的关系和变化规律，如研究城市化、人口迁移和民族分布在社会地理方面的状况，揭示社会再生产过程中人口-地理关系的互动机制；历史人口学是以历史上的人口现象、人口思想和人口政策为主要研究对象，揭示人口史实，重视人口变迁与社会变迁的内在联系；文化人类学的资料多用于解释人口模式和发展趋势，多种概念和解释模式被用于分析生育观念、婚姻制度和代际关系等，其结构功能主义理论在建构人口社会学的分析框架时多受青睐。人口社会学具有多学科交叉特有的研究优势，它与以上学科在研究内容上有相似的地方，这些学科的知识成果能被人口社会学所用。

从人口社会学在人口学体系中的地位来看，人口社会学是人口学的一个重要分支，在研究角度和特点上与广义人口学较相似。如果把人口学中研究人口与社会发展的本质联系及其规律性称作第一层次理论的话，那么，人口社会学中研究人口与社会发展的本质联系及其数量关系就只能归结为第二层次的理论。

从人口社会学在社会学体系中的地位来看，人口社会学也是社会学的一个重要分支，但是由于社会学分支学科较多，人口社会学在社会学体系中的地位远远不及在人口学体系中的地位。人口社会学既然冠上"社会学"的字样，就不能是人口学与社会学的简单拼凑，而必须具有社会学的眼光和特色。

综上所述，人口社会学是在人口学和社会学相互渗透和结合基础上所产生的一门边缘性学科。尽管从人口学和社会学两个不同的角度研究人口社会学可以形成不同的研究方向和特点，比如，侧重于人口学角度主要研究各种社会因素对人口过程的影响，侧重于社会学角度主要研究人口因素对各种社会现象和社会发展的影响和制约，但不能认为有两个人

---

① 参见佟新：《人口社会学》，北京大学出版社，2010年版。

口社会学(或把侧重于人口学角度的称之为"社会人口学")。作为分支科学,人口社会学更多地被纳入人口学体系。但是它必须具有社会学的眼光和特色,综合地分析人口过程和社会过程的相互关系。①

三、人口社会学的研究意义

第一,人口问题在当今社会中越来越重要,成为必须用专门的概念、理论和方法认识和分析的问题。

第二,人口问题并非是简单地对人口规模的统计和对未来生育率的预测,而是关系到社会生活的方方面面。学习人口社会学可以更好地掌握从生活经验出发构建理解宏观社会结构、制度和文化的方法,更深入地理解社会和社会行动者的行为。

第三,人口社会学兼具批评的任务,学以致用是人口社会学研究的真谛。②

如果人口社会学在人口行为的社会分析和人口与社会进步的关系方面做出深入研究,拿出越来越独到的优秀成果,那么,人口社会学就能参与社会学的发展,自身不断巩固地向前发展,使人口社会学的意义在人口发展和社会进步两大方面都体现出来。③

四、人口社会学的形成与发展

1. 早期社会学派的人口理论

斯宾塞的人口社会学思想带有社会生物学色彩。他认为生物的繁衍能力包括两方面,一是个体自身的生存能力,二是生育新的个体的能力,这两种力量成反比。

阿森·杜蒙特是人口社会学思想的主要奠基人。杜蒙特提出"社会毛细效应"这一概念,用来指人们在社会阶梯上向上爬升的欲望,即提升他们及其个人的财富。④ 杜蒙特认为,在以个人主义为基础的现代文明社会,养育较多的子女将阻碍人们的社会发展,其结果是人们减少生育,以减轻养育子女及子女数目过多而造成的沉重负担,达到轻装上阵、向上发展的目的。⑤

涂尔干则关注人口增长的后果,他认为,"劳动分工的程度与社会的规模和多样性正相关,这是因为社会变得更加稠密并且体积越来越大"。人口的增长增加了社会的专门化程度,因为在人越来越多的时候,就会造成对社会资源的竞争,而为了在竞争中占据优

---

① 方向新:《人口社会学的学科地位和理论体系初探》,《人口与经济》,1989年第4期。
② 参见佟新:《人口社会学》,北京大学出版社,2010年版。
③ 参见胡伟略:《人口社会学》,中国社会科学出版社,2002年版。
④ 参见约翰·R. 魏克斯:《人口学概论》(第11版),侯苗苗译,中国社会科学出版社,2016年版。
⑤ 参见佟新:《人口社会学》,北京大学出版社,2010年版。

势,人们变得越来越专门化。①

2. 人口社会学的形成与发展

人口社会学的形成可以分为三个阶段。第一个阶段,社会学家明确把人口变量放入社会学研究,美国社会学家吉丁斯是最早明确把人口变量放入社会学研究框架中的学者。第二个阶段,学者们开始系统地用社会学的视角论述人口问题,20世纪三四十年代,美国人口学家汤普逊开创了社会学研究的人口学派。第三个阶段,第二次世界大战后,人口社会学开始走上正轨,成为相对独立的学科,欧美各国的人口社会学专题研究蓬勃发展。在第三个阶段中,有三位主要的代表人物。1964年,金斯利·戴维斯提出了"社会人口学"一词。美国社会学家摩尔明确提出人口的功能主义理论,他认为人口学是社会学的分支,决定人口增减的生育和死亡现象主要是社会现象。摩尔指出了人口分析的两个命题,首先,生育行为总是处于社会制度的控制之中。其次,人类生育行为受制于三方面的因素:必须符合"结构适应性"原则;必须适应特定社会结构和社会类型;人口的各种行动模式与各种社会分层体系、社会功能相关。美国社会学家卡尔文·戈兹切德使用"社会学的人口学"一词,他认为关键是能够对人口现象提出社会学的问题,并通过对人口过程的分析增强对人类社会的理解。②

五、中国人口社会学的发展

中国人口社会学的发展大致经历了以下三阶段。

第一阶段是20世纪初至20世纪30年代。当时中国"人满为患",第一代社会学家为研究中国人口的实践做出了开创性尝试。陈长蘅的《中国人口论》是最早的一部研究中国人口问题的专著。他继承了马尔萨斯的人口思想,明确提出了"适度人口"思想,并且认为解决的人口问题的关键是节育。陈达的《人口问题》则提出了生存竞争、控制人口、优生优育、重视环境等思想。

第二阶段是20世纪50年代初至1957年。这次人口研究的兴起源于第一次全国人口普查之后,中国人口问题受到各界广泛关注。费孝通、孙本文、袁方等学者开始对我国人口问题进行反思。1957年10月,《人民日报》发表《不许右派利用人口问题进行政治阴谋》。陈达等一批老一辈的社会学家几乎都被打成"右派",人口研究由此成为学术禁区,沉寂了20年。

第三阶段是20世纪70年代后期至20世纪末。这是人口社会学研究重新起步的阶段。随着计划生育工作提上议事日程,人口理论研究的禁区被打破。这一阶段的研究特点是:① 明确了社会学研究的人口问题是指由人口数量和质量造成的社会问题;② 对生育率进行了社会学的研究,从社会调查入手,分析社会制度、社会行为、家庭、社会心理等方面

---

① 参见约翰·R. 魏克斯:《人口学概论》(第11版),侯苗苗译,中国社会科学出版社,2016年版。

② Goldscheider C,"Population, Modernization, and Social Structure", *in Social Forces*,1971,51,p. 217.

对生育率变化的影响；③ 展开了一系列人口问题和社会可持续发展的研究；④ 专题研究；⑤ 较为全面地介绍了西方人口社会学的基本理论和研究。

21世纪以来，中国人口社会学研究进入新阶段，表现为：团队研究成果显著；定量研究方法有了长足进展；研究与现实相结合，直接指导社会实践。

第二节 人口社会学的研究内容

一、人口出生

1. 生育测量

生育测量的主要指标是生育率的计算，其目的是描述一个地区或者一个国家的整体生育水平。生育测量的两个前提是：① 视生育行为只与妇女有关。育龄妇女是指15—49岁的处于生育年龄的妇女。② 以活产数为生育的基数，而不是分娩数。

1）粗出生率

粗出生率也叫一般出生率，是最基本的出生指标。一般以30‰为分界线，高于30‰为高出生率，低于30‰为低出生率。

$$粗出生率 = \frac{某地某年活产数}{同期该地区年平均人口数} \times 1000‰$$

粗出生率的优点是资料容易得到，计算简单，是国际上通用的最简单、最直接的计算出生状况的指标。但是粗出生率的高低受到人口年龄构成和性别构成的影响，不能准确地反映生育水平，难以进行比较研究。

2）一般生育率

一般生育率也称总生育率。一般生育率的优点是考虑到了育龄妇女在总人口中的比例。

$$一般生育率 = \frac{一年内出生人数}{同期育龄妇女人数} \times 1000‰$$

3）年龄别生育率

一般是以5岁为一组进行计算，即分为15—19岁、20—24岁、25—29岁、30—34岁、35—39岁、40—44岁、45—49岁，计算得出年龄组的生育率。

$$年龄别生育率 = \frac{一年内某年龄组妇女生育的活产数}{同年该年龄组妇女数} \times 1000‰$$

不同年龄组的妇女的生育率有明显差异，一般规律是低年龄组和高年龄组的生育率低，而中间年龄组的生育率高，峰值年龄集中在某几个年龄组上，一般情况下，25—29岁为生育旺盛年龄，30—34岁的生育也比较旺盛。年龄别生育率的优点是可进行生育高峰年龄的比较研究。

4）总和生育率

总和生育率是一个假定的指标。它能够准确反映现有的生育水平，避免了育龄妇女年龄构成的影响，并可直接用于比较研究，是最方便的测量生育率的指标。

$$总和生育率 = 年龄别生育率之和$$

总和生育率在 2.1~2.2 左右，称为生育率的更替水平，表明人口数量会维持现状。总和生育率的优点是数据最具有代表性，具有直观、易理解的特点。在社会相对稳定的情况下，总和生育率可以反映妇女生育率变化的趋势。

2. 生育模式

1）农业社会生育模式：死亡率导向的多育模式

（1）人与自然关系密切，生育行为直接受到生物因素影响。死亡水平控制生育水平，妇女能否活到和活过生育期直接影响到生育率的高低。

（2）低下的农业生产力水平使物质资料的生产仅维持着人类的生存，每次生产力水平的增加都会带来人口增长，而人口增长一旦超过了农业生产力水平可能维持的人口数量时，自然的和人为的死亡率就会增加，生育率再次受到死亡率控制。

（3）以家庭为单位的、自给自足的小农经济和生产组织方式深入地影响着人们的生育观念，男性偏好成为农业社会普遍的生育观念。因此在人类没有办法选择子代性别和资源有限的情况下，策略性的生育行为就是早婚、早育和多生（生育间隔短）。以孕龄妇女高频率的生育来替代人口高死亡率。另一方面，为了保障男性劳动力的生存，许多社会存在着遗弃女婴和不善待女婴的状况。

（4）具有封建专制特征的政治制度下，阶级之间的生存境遇差别巨大，极度不平等。平民的生育模式更多地受到死亡率的控制，更多地以高出生率来替代高死亡率。

2）工业社会的生育模式

工业社会中，死亡率导向的多育模式消失，在低死亡率状况下，生育率明显下降。发达国家生育率下降有三种模式。① 欧美型。这些国家在 20 世纪初出生率继续下降时起点较低，出生率一般在 30‰ 以下。但经历了两次人口增长波动：一是 20 世纪 30 年代全球性的经济危机时，出生育率陡然下跌，形成了明显的低谷；二是二战后至 20 世纪 60 年代中期前，人口生育率明显上升，形成了一个较长的生育高峰期，被称为"婴儿潮"时期。② 瑞典型。一些较小的欧洲发达国家在 20 世纪初出生率继续下降时的起点很低，一般在 20‰ 左右。此后虽然在大萧条时期和战后有过一些生育水平的波动，但生育率并没有出现较长的下降或回升，而是持续下降。③ 日本型。以新加坡、日本等经济发展较快的国家为代表。20 世纪的日本，出生率继续下降时起点较高，在 35‰ 以上。此后出生率持续下降，虽然二战后有过短暂的"婴儿潮"，但人均生育率保持下降趋势。

工业社会以及其替代人力的工业化生产方式改变了人与人之间、人与自然之间的关系，人类的生育从自然型走向了人为的控制型，一个明显的表现就是控制生育的手段——避孕药具的生产得以产业化。

3）发展中国家的生育模式

发展中国家的生育模式突出表现为死亡率与出生率之间非同步变化。发展中国家"后发外生型"的经济发展类型决定了影响死亡率下降的诸多因素不能同时作用于生育率的下降,所以当死亡率下降时,生育率却保持原有水平。

20世纪60年代后,发展中国家的生育率稳定下来,一些国家开始出现下降的趋势。但这种下降难以抵消死亡率下降的幅度,人口依然保持增长态势。

与传统高生育率相关的文化、经济和政治因素依然存在,成为发展中国家生育率居高不下的主要原因。经济上,较低下的劳动生产率依旧表现在男人是家庭的主要劳动力和未来生活保障,难以改变农业社会的多育模式和男性偏好的文化传统。政治上,社会不平等依然存在,医疗卫生和经济进步的好处不能平等地传递给每个公民,以高生育率来替代高死亡率的心理难以在短期内消除。对高生育率的控制主要依赖于政府行政力量的作用。

3. 生育制度

生育观念、生育规范和生育条件相互联系和相互影响,它们共同构成社会的生育制度。生物因素和生育制度是影响生育率的最重要的因素。生物因素是影响生育率的最直接变量,包括性交、怀孕与分娩,但这三方面的实现都要在生育制度下完成。决定生育率的不仅有生物因素,还有社会因素。社会文化特征影响和制约人的生物特征。

1) 生育意愿研究

生育意愿包括三方面,即人们的生育目的、关于生育数量的看法(理想子女数)、关于子女性别的看法(希望生育什么性别的子女)。人们的生育意愿为两类:一是与传统农业社会相关的"多子多孙多福"的观念;二是与现代工业社会相关的"注重自我发展"的观念。[1] 梳理中国知网中以"生育意愿"为主题的论文,可以大致将学术界对生育意愿的研究分为三种主要类型:一是对不同人群的生育意愿的研究;二是对生育意愿与生育行为差异的研究;三是对影响生育意愿的各种因素的研究。

(1) 对不同人群的生育意愿的研究。廖庆忠等对流动人口的生育意愿做了研究,认为流动人口的生育意愿具有显著的双重性特征:与城市人口相比,流动人口在生育数量偏好上不存在明显差距,但在性别观念上仍较偏好男性;与农村人口相比,流动人口生育数量偏好明显要小,男孩偏好也较弱。[2] 风笑天对相隔28年的两代人(父母代和子女代)的生育意愿进行调查,发现父母代的生育意愿倾向于生两个孩子,而子女代在生育意愿上更倾向于只生育一个孩子。[3] 此外,风笑天还对"双非一孩"育龄女性和"单独一孩""双独一孩"育龄女性这两类育龄群体进行了二孩生育意愿研究,结果发现生活在中心大城市、夫妻收入水平较低的"双非一孩"育龄人群,比生活在普通大中小城市、夫妻收入水平比较高的"双非一孩"育龄人群更不愿意生育二孩;而对于"单独一孩""双独一孩"

---

[1] 参见佟新:《人口社会学》,北京大学出版社,2010年版。
[2] 廖庆忠等:《流动人口生育意愿、性别偏好及其决定因素——来自全国四个主要城市化地区12城市大样本调查的证据》,《人口与发展》,2012年第1期。
[3] 风笑天:《从两个到一个:城市两代父母生育意愿的变迁》,《南京大学学报(哲学·人文科学·社会科学)》,2017年第4期。

育龄夫妇来说,生活的城市类型和夫妻收入水平的高低与他们的二孩生育意愿无关。① 田立法等以天津市为例,对农村居民二胎生育意愿进行研究后发现,兄弟姐妹数较多、收入水平较高和一胎为女孩的农村居民的二胎生育意愿较强;受教育程度越高的农村居民越不愿意生育二胎;随着孩子年龄变大,农村居民的二胎生育意愿会逐渐下降。②

(2) 对生育意愿与生育行为差异的研究。研究者们普遍提出,把理想子女数和有偏差的二孩生育意愿作为实际的生育水平来进行判断是有误的,对生育意愿测量指标的讨论与辨析需要更加严谨。③ 对于生育意愿和生育行为差异的变迁研究最好使用长期追踪数据。④ 陈卫等认为,性别偏好是导致生育行为大于生育意愿的主要因素,有性别偏好的家庭实际生育孩子数大于理想孩子数的可能性更大。⑤ 卿石松等注重从家庭联合的视角分析生育决策和生育行为,因为生育决策和生育行为必须由夫妻双方共同决定,任意一方对生育行为都具有否决权,在夫妻生育意愿存在差异的情况下,如果使用夫妻一方(或女性)的生育意愿作为家庭生育意愿的衡量指标,往往会高估夫妻生育意愿和生育行为。⑥ 靳永爱等从以下三个方面对这一主题进行了研究。第一,从区域因素看,生育计划与生育偏好的偏离存在着巨大的区域差异。与浙江相比,其他几个省份(除广东外)更可能出现生育计划大于生育偏好;其他几个省份比浙江的生育二孩偏好可能性低,但计划生育二孩的可能性更高,所以偏好和计划偏离的可能性也就更高。第二,如果父母有强烈二孩偏好,意愿子女数为1的女性更容易出现生育计划大于生育偏好的情况,意愿子女数为2或以上的女性更可能实现生育计划与生育偏好相一致。第三,夫妻对生育数量偏好的差异更可能造成生育计划偏离生育偏好。⑦

(3) 对影响生育意愿的各种因素的研究。社会保障制度、居民收入、父亲是否参与子女抚养、教育支出和房价是影响生育主要原因。⑧

我国居民生育意愿的改变,是改革开放以来整个中国社会的结构、文化所发生的巨大

---

① 风笑天:《城市两类育龄人群二孩生育意愿的影响因素研究》,《东南大学学报(哲学社会科学版)》,2017年第3期。

② 田立法等:《"全面二孩"政策下农村居民二胎生育意愿影响因素研究——以天津为例》,《人口与发展》,2017年第4期。

③ 张丽萍、王广州:《中国育龄人群二孩生育意愿与生育计划研究》,《人口与经济》,2015年第6期。

④ 王军、王广州:《中国低生育水平下的生育意愿与生育行为差异研究》,《人口学刊》,2016年第2期。

⑤ 陈卫、靳永爱:《中国妇女生育意愿与生育行为的差异及其影响因素》,《人口学刊》,2011年第2期。

⑥ 卿石松、丁金宏:《生育意愿中的独生属性与夫妻差异——基于上海市夫妻匹配数据的分析》,《中国人口科学》,2015年第5期。

⑦ 靳永爱等:《全面二孩政策背景下中国城市女性的生育偏好与生育计划》,《人口研究》,2016年第6期。

⑧ 刘一伟:《社会养老保险、养老期望与生育意愿》,《人口与发展》,2017年第4期。马良等:《独生子女性别会影响父母的二胎生育意愿吗?——基于中国综合社会调查(CGSS)数据的研究》,《人口学刊》,2016年第6期。

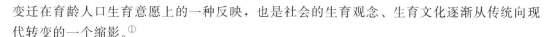

变迁在育龄人口生育意愿上的一种反映,也是社会的生育观念、生育文化逐渐从传统向现代转变的一个缩影。①

2)影响生育率的政治力量

影响生育率的外部条件性因素是政治力量,它主要表现在三个方面:一是有关资源或社会平等状况、食物和医疗的供给、受教育的机会和妇女地位都是其影响因素;二是政府的作用;三是意识形态的作用,即男女平等享有生育权。②

4. 我国生育政策的转变

我国在1955年《中共中央对卫生部党组关于节制生育问题的报告的批示》和1956年《关于发展国民经济的第二个五年计划的建议的报告》中提出支持适当地节制生育。1962年,中共中央、国务院联合发出《关于认真提倡计划生育的指示》,我国开始在城市和部分农村地区推行计划生育。1966年开始的"文化大革命"导致刚刚开始的计划生育工作中断。

从20世纪70年代开始,中国政府提出全面实行计划生育、严格控制人口过快增长的人口政策。在计划生育初期,国家提出"一个不少、两个正好、三个多了"的口号。1980年,国家提出"一对夫妇只生育一个孩子"的政策。1984年4月13日,中共中央转发了《关于计划生育情况的汇报》的七号文件,文件要求进一步完善当前计划生育工作的具体政策,主要内容是在农村继续有控制地把口子开得稍大一些。根据这一政策,绝大多数农村地区出台了第一个孩子是女孩的夫妇允许再生育一个孩子的规定。2013年11月15日,我国正式宣布在全国实施"单独二孩"政策。2015年10月29日,十八届五中全会正式宣布"全面二孩"政策。2021年5月31日,中共中央政治局召开会议,审议《关于优化生育政策促进人口长期均衡发展的决定》,指出为进一步优化生育政策,实施一对夫妻可以生育三个子女政策及配套支持措施。

二、人口死亡

1. 死亡原因

人口社会学的死因分析关心在不同的历史阶段、不同的经济政治和文化条件下的死因差别。

1)死因分类

社会角度的死因分类强调死因分布的社会内涵和由此反映的社会卫生、健康、预防疾病的状况。人口社会学多采用以下五种方法对死因进行分类。

(1)传染性疾病引起的死亡,也叫外源性死因,是指由各种病毒和细菌的感染引起的死亡,是单因单果的疾病,包括各种传染病、寄生虫病、呼吸系统疾病、消化系统疾病。

---

① 风笑天:《从两个到一个:城市两代父母生育意愿的变迁》,《南京大学学报(哲学·人文科学·社会科学)》,2017年第4期。

② 参见佟新:《人口社会学》,北京大学出版社,2010年版。

传染性疾病引发的死亡如果在社会中占有较高的比重，则说明社会卫生状况较差。传染性疾病是发展中国家引发人口死亡的主要原因。

（2）退行性疾病引发的死亡，也叫内源性死亡，是指人体的某种生理退化，如心脏病、癌症、糖尿病、脑血管等，一般是由一组致病因素导致死亡。退行性疾病引发的死亡比例较高，说明一个社会向着人类正常死亡的方向发展。

（3）妇婴疾病引发的死亡，是指由于妊娠、分娩和新生儿病等引发的死亡。它从生殖健康的角度说明社会的卫生状况。

（4）外因死亡，也叫非正常死亡，是指因意外事故而引起的死亡，如交通事故、自杀、他杀等。当前，非正常死亡日益增加，并正在成为现代主要的社会问题之一。

（5）其他，如自然灾害引发的死亡。

2）死因分布

对死因分布的研究主要从时间和空间两个方面来考察，一是分析不同历史时期的死因变化，二是分析不同发展类型的国家的死因分布状况。

从时间来看，20世纪初是一个重要转折点，在此之前婴儿面临的死亡风险比现在大得多。1974年，普林斯顿和纳尔逊的研究表明，约有60%的死亡率下降归功于对各种传染性疾病的控制，约有25%的下降归功于对心血管疾病的成功控制。随着人们对传染性疾病认识能力和控制能力的提高，特定的传染性疾病，如肺结核、霍乱、天花等对死亡率的影响会越来越小。但腹泻对死亡率变化的影响日渐突出，成为最持久的地区性死因差异的关键所在，这种地区性死因差异表现为营养状况、食品和淡水污染以及气候差异等。[1]

从不同发展类型的国家的死因分布状况来看，发达国家的主要死因中，79%是退行性疾病引发的死亡。其中，居于首位的是心脏病，占全部死亡人数的三分之一；第二位是恶性肿瘤，占19%；第三位是影响中枢神经系统的血管损害，占13%。而发展中国家中，前五位死因分别是肠胃炎（10%）、心脏病（8%）、流行性感冒及肺炎（7%）、恶性肿瘤（7%）、事故损害（5%）。发展中国家的传染性疾病致死率较高，死因分布具有分散性，说明发展中国家的卫生水平和预防疾病能力相对较低。

3）实际死因

1993年，美国医生迈克·杰恩斯和佛杰提出"实际死因"概念，例如强调有些人虽然是死于肺癌，但实际死因应是吸烟。他们认为，所有死因都包含着行为选择。这种行为选择本质上与人们日常的生活方式相关，某些死因可能是要个人负一定的责任，有些死因可能是要某些社会环境负责。[2] 在这种意义上，死因常常伴有价值判断的问题，死于工伤、死于癌症或死于艾滋病的人会遇到不同的社会待遇。以美国为例，2000年美国排名前三的真实死因分别是吸烟、饮食和运动习惯、酗酒。[3]

---

[1] Preston S H, Nelson V E, "Structure and Change in Causes of Death: An International Summary", in *Population Studies*, 1974, 28, pp. 19-51.

[2] 参见佟新：《人口社会学》，北京大学出版社，2010年版。

[3] 参见约翰·R. 魏克斯：《人口学概论》（第11版），侯苗苗译，中国社会科学出版社，2016年版。

4）现代性与死亡风险参量

各种新的威胁人类安全的风险伴随着现代性而出现，如交通事故、麻醉剂、吸烟、饮酒和环境污染等风险变量，有些产品会给生命带来什么至今还是未知数。对未来而言，制度化的结构性风险环境用许多方式把个体和集体的风险联结起来，最典型的例子是核事故、核战争，这种风险可以被称为具有"高后果"的风险。吉登斯提出了"风险参量"的概念，指出威胁人类生命的各种风险变量在不同的历史时代存在差异，现代出现了源于全球化的高后果性风险。

第一，嵌入人类日常生活中的各种与现代经济活动相关的风险因素影响每个人，这种影响是通过现代化生活方式而实现的。

第二，发达国家和发展中国家的二元结构难以改变，全球经济的一体化预示着二元结构的加剧分化，发达国家可能会想进一步控制发展中国家，而一些发展中国家急功近利的发展方式以及发展过程中可能引发的环境破坏会导致各种环境灾难，引发自然灾害。

第三，现代社会并不太平，从国家间的利益冲突到各种族、宗教引起的各种争端和恐怖活动都威胁着人类的生命，其威胁程度因武器杀伤能力的成倍增加而更加严重。

第四，社会治安引发的死亡。

第五，艾滋病。

第六，选择的多样性和剧烈的社会变动影响人类的生存状况。

第七，新的挑战：自杀问题和安乐死问题，这两个问题都带有强烈的人为因素。此外，新出现的疾病对人类来说都是要面临的新情况。

2. 死亡模式

死亡模式是指不同社会经济、政治、文化条件下具有明显差异的死亡类型。从人类的发展历史看，人类的死亡模式发生了很大改变，死亡率从集中于低龄人口向高龄人口转变，从传染性疾病所致的高死亡率向退行性疾病所致的低死亡率转变。

人类社会的死亡模式可分为两种。

一是工业革命之前（传统农业社会）的死亡模式，它呈现出由自然力控制的高婴儿死亡率、低预期寿命和死亡率的大幅波动的特征。主要表现在三个方面：① 新生儿和婴儿死亡率非常高。② 过高的婴幼儿死亡率导致极低的预期寿命。③ 死亡率变化很大。国泰民安、风调雨顺时期，人口死亡率较低；遇到饥荒、战争或瘟疫等天灾人祸，死亡率会迅速上升。

二是现代工业社会的死亡模式，它以低死亡率和较高的预期寿命为特点。随着工业革命成果的普及，欧美资本主义国家基本形成了死亡率多集中于高龄人口的死亡模式，完成了死亡率由高向低的转变。20 世纪 50 年代，发展中国家死亡率显著降低，其下降速度远远快于发达国家早期死亡率的下降速度。50 年代后，全球的死亡模式趋于基本一致，虽然发达国家与发展中国家的死亡率存在差异，但差异的幅度正在不断缩小。

3. 我国老年人自杀情况

王武林根据不同国家人口老龄化程度以及老年人口自杀率变动特征，将自杀率概括为三种"老年人口自杀率模型"，即 J 型、U 型和 L 型。我国老年人自杀率属于 J 型，此类人口老龄化程度较高，随着年龄的增加，老年人口自杀率持续快速上升；U 型类国家人口老龄化程度较高，随着年龄的增加，老年人口自杀率先降后升；L 型类国家人口老龄化程度较高，随着年龄的增加，老年人口自杀率持续下降。①

刘燕舞的相关研究也表明，我国农村老年人年均自杀率较高，并且近十年来呈快速上升态势。② 调查数据表明，养老支持不足导致的代际纠纷并由此而引起老年人自杀的约占全部自杀死亡案例的 35%，而因疾病治疗不足导致老年人痛苦难忍并引发代际冲突以致进一步导致老年人自杀的比例超过了 40%。全部自杀死亡的老年人中，超过 70% 的自杀死亡者生前均处于病痛、失能或半失能状态，其中，病痛者约为 31%，而失能或半失能者接近 40%。③ 摆脱疾病痛苦而形成的利己型自杀与因生存困境等而致的绝望型自杀越来越成为农村老年人自杀的主要类型。④ 颜廷健则更关注于老年人自杀的心理因素，并称之为"心理危机"。他认为老年人的生活以及对自我价值的确认离不开特定的社会关系网络，社会关系的互动越是紧密与和谐，老年人得到的关心就越多，求死的负性心理就越可能得到缓解和释放，自杀的动机就越弱。⑤

三、人口迁移

（一）人口迁移的原因与模式

1. 迁移者角度下的迁移理论

1）迁移者选择理论

迁移具有选择性，它与迁移者的年龄、性别、受教育程度有关，只有某些特定的人可能成为迁移者。关于这一理论，有三种更进一步的解释。① 生命周期理论。强调处于生命周期的不同阶段的人具有迁移倾向的差异。研究表明。对个人而言，23 岁左右和退休之后的人口是迁移的高峰期；对家庭而言，在第一个孩子出生之前和最后一个孩子成人离家之后，人们迁移的可能性加大。② 职业生涯理论。强调迁移（如海外工作经历）是一些职业人口通向事业发展的策略选择。人们受教育程度越高，就越有可能通过迁移寻找发展机会。③ 迁移的成本和收益理论。强调迁移是有成本的，包括货币成本和非货币成本。当迁移的预期收益大于迁移成本时，人们就倾向于迁移。

2）迁移者网络理论

这一理论强调迁移原因有可能是与迁入地人口有某些联系的人。迁移者与迁入地已有移民的联系所构成的网络成为一种社会资本，起着降低迁移成本、增加收益和减少风险的作用。

---

① 王武林：《中国老年人口自杀问题研究》，《人口与发展》，2013 年第 1 期。
② 刘燕舞：《农村老年人自杀及其危机干预（1980—2009）》，《南方人口》，2013 年第 2 期。
③ 刘燕舞、王晓慧：《农村老年人风险管理调查与分析——基于全国八省十一村的实地调研》，《老龄科学研究》，2014 年第 1 期。
④ 刘燕舞：《农村老年人自杀及其危机干预（1980—2009）》，《南方人口》，2013 年第 2 期。
⑤ 颜廷健：《社会转型期老年人自杀现象研究》，《人口研究》，2003 年第 5 期。

3) 迁移者整合理论

此理论是将选择理论和网络理论结合起来分析迁移者的特征。强调迁移行为是迁移者理性选择并且充分了解迁入地信息后的结果。因此，那些具有迁移优势的年轻人和高素质人口、家中有迁入地关系或有迁入地生活经验的人口更具有迁移的可能性。

2. 迁移规律研究

1) 推拉理论

这一理论认为人口迁移存在两种动因：一是居住地存在着推动人口迁移的力量；二是迁入地存在吸引人口迁移的力量。后有研究者提出了介于目的地和原居住地之间一系列的"中间障碍"来补充这一理论，这些中间障碍分为与原居住地有关的因素、与目的住地有关的因素、介于出发地和目的地之间的障碍因素、迁移者个人因素。

2) 迁移过程理论

这一理论强调人们从渴望迁移到采取实际迁移行动是一个漫长和复杂的过程，不是所有渴望迁移的人最终都会采取迁移行动。首先，任何个人和家庭的迁移都发生在特定的文化和社会环境中，有关迁移时间和地点的决定可以被视为家庭改善生活质量的一种策略。其次，社会和文化规范是影响迁移的重要因素，尤其是涉及人们对于迁移的看法。最后，个性是影响迁移过程的一个重要因素，喜欢冒险生活的人具有迁移偏好。同时，现代社会机会的多元化、信息的快速传递以及较容易的返迁都是对迁移过程具有影响力的因素。

3. 国际人口迁移

1) 国际人口迁移类型理论

这一理论认为，国际人口迁移可以分为生存型和发展型两种。人类发展的早期，人们普遍为了生存进行迁移活动。工业革命之后，资本主义的发展改变了世界经济的运行方式，国际人口迁移的动机转变为发展型。

2) 国际人口迁移的结构性特征

第一，国际人口迁移具有地区性结构特征。发展中国家促进让人口迁出的力量和发达国家吸引人口迁入的力量共同作用于全球人口迁移的总体结果。第二，发达国家和发展中国家的二元经济格局决定了国际人口迁移的原因具有明显的经济性结构特征，最典型的就是"国际合同工"现象。第三，当代国际人口迁移具有政治性结构特征。第四，难民和非法移民人口增加。第五，女性移民人口增多。第六，高素质移民增加。

3) 人口迁移的世界体系理论

这一理论强调世界经济是如何用结构性链条将发达国家和发展中国家联结起来。第一，国际人口迁移是市场全球化的衍生物。第二，国际人口迁移并不取决于某国发展的不足，而正是发展本身导致了国际人口迁移。第三，市场经济的扩散过程是由某些国际性城市进行控制和协调的，国际经济结构变动的内在要求使移民进入这些国际性城市。

(二) 我国乡城流动人口

原新以京、津、沪为例对我国乡城流动人口对大城市人口年龄结构影响进行了分析，他的研究展现了我国乡城流动人口的重要性。中国三大城市的人口转变超前于农村和全国平均状况,在20世纪90年代已经处在绝对的超低生育水平。他提出,作为劳动力的乡城流动人口是城市发展不可缺少的要素,促使城市业已存在的流动人口真正转变为城市人口,既有利于解决城市低生育水平综合征,也有利于减少农村剩余劳动力的数量。①

关于我国乡城流动人口的生育问题,徐晓红使用人口经济学的原理对这一问题进行了研究。她认为,随着乡城流动人口收入的增加,以及养育成本的上升、效用的下降,乡城流动人口对孩子的需求下降,并终将使乡城流动人口的生育率下降。这是乡城流动人口经济发展的必然。②

关于我国城乡流动人口教育的问题,马岩等学者分析了我国城乡流动人口教育回报率。研究显示,我国城乡流动人口的教育回报率与其他投资的回报率(如银行存款的名义利率)相差不大,并且城乡流动人口的职业培训回报率高于教育回报率,表明职业培训在城乡流动人口的人力资本塑造中起着非常关键的作用。③

四、人口结构

(一)年龄结构

1. 人口年龄结构的类型

国际上通常将人口年龄结构划分为年轻型人口、成年型人口和年老型人口三种,如表5-1所示。

表5-1 人口年龄结构的类型

年龄结构类型	老年人口系数	儿童少年人口系数	老少比	年龄中位数
年轻型人口	5%以下	40%以上	15%以下	20岁以下
成年型人口	5%~10%	30%~40%	15%~30%	20—30岁
年老型人口	10%以上	30%以下	30%以上	30岁以上

老年系数、少年儿童系数、老少比计算如下:

$$\text{老年系数} = \frac{65\text{岁及以上人口数}}{\text{总人口数}} \times 100\%$$

$$\text{少年儿童系数} = \frac{0—14\text{岁人口数}}{\text{总人口数}} \times 100\%$$

$$\text{老少比} = \frac{65\text{岁及以上人口数}}{0—14\text{岁人口数}} \times 100\%$$

---

① 原新:《乡城流动人口对大城市人口年龄结构影响分析——以京、津、沪为例》,《人口学刊》,2005年第2期。
② 徐晓红:《乡城流动人口生育行为的经济分析》,《人口学刊》,2004年第3期。
③ 马岩等:《我国城乡流动人口教育回报率研究》,《人口学刊》,2012年第2期。

2. 人口年龄结构类型与社会经济发展

人口年龄结构类型与社会经济发展的关系主要通过抚养系数表现出来。

抚养系数表示为非劳动适龄人口（消费人口数）与劳动适龄人口数之比。

$$抚养系数 = \frac{0—14\ 岁人口数 + 65\ 岁及以上人口数}{15—64\ 岁人口数} \times 100\%$$

抚养系数较低时，人口年龄结构有利于经济发展和积累，相对于其他人口年龄结构，此时的人口年龄结构构成了一个国家经济发展的"黄金时代"。

（二）人口红利

人口变化与经济过程中的一个基本特征是生产和消费随生命周期阶段而变化，并相互作用。人在生命之初以及在现代社会的晚年都有很长一段经济依赖期。经济依赖期的年龄可称为"赤字年份"，人们的平均消费多于产出。而人口在工作年限的年龄可称之为"盈余年份"，产出多于消费。[1]

人口红利，又称人口机会窗口，是指一个国家的劳动年龄人口占总人口比重较大、抚养系数比较低时，劳动力供应较为充足，有较多的劳动力与有效的物质资本结合，产生出较多的经济效益。[2]

人口红利有数量型和质量型之分，前者以人力资源优势为基础，后者以人力资本为基础，二者的周期必有重叠，收获质量型人口红利的潜力更大且更具可持续性。[3] 杨成钢等在质量、数量双重视角下对中国人口红利经济效应变化趋势进行了研究。研究显示，人口数量红利对我国经济增长贡献最大的年份是 1990—2001 年，平均贡献率在 20% 左右，2010 年之后其贡献率开始明显下降。人口质量红利的贡献率在 2010 年前后开始明显上升并超越人口数量红利的贡献率，人口质量红利开始逐步替代人口数量红利成为中国经济增长新的动力源。[4]

从时间段来看，自 20 世纪 80 年代普及计划生育政策以来，我国的人口结构发生了巨大的变化，人口总抚养比持续下降，出现了人口红利。[5] 随着我国人口老龄化的加速，有学者认为，老年人口抚养比的上升，一定程度上意味着人们将拥有更长的预期寿命，这会增加成年人的储蓄动机，进而有利于经济增长，出现了第二次人口红利。[6] 贺大兴对我国两次人口红利的研究表明，两次人口红利效应同时存在，但同等条件下，后者的贡献不

---

[1] 参见佟新：《人口社会学》，北京大学出版社，2010 年版。
[2] 彭松建：《现代西方人口经济学教程》，北京大学出版社，2014 年版。
[3] 原新等：《人口红利概念及对中国人口红利的再认识——聚焦于人口机会的分析》，《中国人口科学》，2017 年第 6 期。
[4] 杨成钢、闫东东：《质量、数量双重视角下的中国人口红利经济效应变化趋势分析》，《人口学刊》，2017 年第 5 期。
[5] 王德文等：《人口转变的储蓄效应和增长效应——论中国增长可持续性的人口因素》，《人口研究》，2004 年第 5 期。
[6] 蔡昉：《人口转变、人口红利与刘易斯转折点》，《经济研究》，2010 年第 4 期。

到前者的 40%。① 关于我国人口红利的现状，有研究表明，目前中国第一次人口红利正由聚集转向减少，未来收获人口红利的难度加大。②

从空间区域来看，王婷等学者的研究显示，我国东部地区的人口红利实现总效率明显高于中西部地区；东、西部地区的技术效率略高于中部地区，但都处于较高水平，地区间的差距不大；各地区的规模效率值偏低且均处于递增状态。③

（三）我国人口红利与老龄化问题

1. 成功老龄化

成功老龄化（successful ageing）是指在老龄化过程中，外在因素只起中性甚至抵消内在老龄化进程的作用，从而使老年人的各方面功能没有下降或下降很少。④ 穆光宗对"成功老龄化"战略进行了分析。他认为，成功老龄化即要顺应个体老化和群体老化的不同规律，采取总体战略和差别战略结合的做法。总体战略包括有准备的老龄化、有保障的老龄化、适度老龄化、和谐老龄化四个战略。分期战略包括：在活跃期，要采取健康老龄化、积极老龄化、生产性老龄化的组合战略；在失能期，要采取零歧视、零瘫痪、零自杀的老龄化战略；在告别期，要采取有尊严的老龄化战略。⑤

2. 老龄活跃期（老年发展）与延长人口红利

穆光宗认为，老年活跃期是第三年龄阶段最宝贵的年华，这一时期的老年人身体基本健康，生活能够自理，并且有大量的空闲时间，他们需要重建人生目标、培养兴趣爱好、多参与社会活动、扮演社会角色，使自己老有所为。⑥ 可以说，这一时期就是老年人发展的时期。"老年发展"是指通过积极老龄化的各种途径和方式来增强老年资本的存量，进而降低老龄化的各种风险和冲击。⑦ 在此基础上，穆光宗聚焦老年人的再就业问题，他认为，老年人再就业关系着老年人的生命生活质量和老龄化社会的可持续发展，并进一步将老年人再就业的动机和方式分为有四种类型：继续贡献型、乐中有为型、顺其自然型和谋求补贴型。⑧

一般认为，老年人口比重较大，则社会负担较重，人口生产性低下，形成人口负债，

---

① 贺大兴：《中国经济增长中的两次人口红利研究》，《人口与经济》，2013 年第 4 期。
② 原新、刘厚莲：《中国人口红利真的结束了吗？》，《人口与经济》，2014 年第 6 期。
③ 王婷、吕昭河：《中国区域间人口红利差异分解及解释——基于数据包络分析模型》，《中国人口科学》，2012 年第 4 期。
④ 杜鹏、加里·安德鲁斯：《成功老龄化研究——以北京老年人为例》，《人口研究》，2003 年第 3 期。
⑤ 穆光宗：《成功老龄化：中国老龄治理的战略构想》，《国家行政学院学报》，2015 年第 3 期。
⑥ 穆光宗：《成功老龄化：中国老龄治理的战略构想》，《国家行政学院学报》，2015 年第 3 期。
⑦ 穆光宗：《老年发展论——21 世纪成功老龄化战略的基本框架》，《人口研究》，2002 年第 6 期。
⑧ 穆光宗：《成功老龄化：中国老龄治理的战略构想》，《国家行政学院学报》，2015 年第 3 期。

这种人口结构难以形成人口红利。整合我国人口红利的论文可以发现，对于我国人口红利是否已经消失这一问题，学术界有多种观点并出现分歧。但是可以确定的是，老年需要成长，社会需要红利。①

"老年发展"则在某种意义上可以从根本上遏止或者至少是缓解了老龄化的潜在风险。基于此意义，可以说在老龄活跃期充分实现"老年发展"、释放老年人口红利，是我国成功老龄化战略实现的重要一步。

对中国来说，人口红利趋于消失是一个较长的过程，其中蕴藏着发展机遇：① 可以推动经济结构调整，推动产业升级转型，提高生产率；② 可以推动教育事业实现城乡教育一体化，向经济社会提供全面发展的高素质劳动力；③ 可以推动发展以为老龄人口服务为重点的第三产业。②

五、人口分布

（一）人口分布

1. 人口分布的基本概念

人口分布是一定时间内人口在地理空间上的结构。人口分布的分类方法一般分为两种：一是依照人口的行政区划进行分类，分为国家、省、市等；二是按照人口居住地类型并考虑各地的社会、经济和自然条件的差异进行分类，如山区和平原、城市和乡村等。

人口分布是一个不间断的过程，通过人口再分布实现。人口再分布的方式有两种。一是扩散型人口再分布，是指随着人口的增加，人类通过人口迁移不断拓展居住空间的过程。二是内聚型人口再分布，是指随着人口的增加，人类发展出一种人口不断聚集的形式，经由人口密度的不断增强形成一种人口生存的新战略。城市化过程就是一个人口分布不断内聚的过程。人口分布状况可以分为城—镇—乡三种基本社区形式。

人口集中系数反映人口相对于土地的分布均匀程度的指标。计算公式为：

$$C = \frac{1}{2} \sum |P_i - S_i|$$

式中，P_i 表示各地区人口在总人口中的比例；S_i 表示该地区土地面积在总面积中的比例。

2. 城市化

1) 城市化的基本概念

城市化具有三方面的含义：一是从动态角度看，城市化是人口从农村向城市的转移过程；二是从静态角度看，城市化是指一个国家或地区生活在城市的人口比例；三是从结构角度看，城市化是不同规模和类型的城市人口的分布。

---

① 穆光宗：《成功老龄化：中国老龄治理的战略构想》，《国家行政学院学报》，2015 年第 3 期。
② 彭松建：《现代西方人口经济学教程》，北京大学出版社，2014 年版。

对城市化研究有不同的角度。一是人口分布的角度，视城市化过程为人口再分布过程，是人口地理位置构成的变化，以经济人口分布的改变为主要内容。二是聚落类型的分析角度，视城市和乡村为两种聚落类型。三是社会变迁和社会发展的角度，视城市化为"城市革命"，是人类聚落类型的本质变化。

2）城市化的基本理论

城市化理论力求寻找人口从农业居住类型向城市居住类型变化的内在动力，描述城市中的人口以及城市人口的居住类型和交往类型。[①]

（1）城市化的动力学理论。

聚焦于城市化发展的动力。人口增长压力带来的社会分工的发展和社会生产力的提高是推动城市化的本质力量，城市的高效运作方式可以养活更多人口。农业发展是城市化的前提，农业剩余产品为城市化做了物质准备。工业化与城市化互为因果，工业化的发展促进了城市的成长，城市化又加速了工业化的聚集。科学技术是城市化得以延续的内在力量。教育在城市化发展中起着重要作用。

（2）城市化发展规律理论。

聚焦于城市化发展的一般性规律。城市化是一个过程，分为三个阶段：第一阶段，农村人口大量向城市集中，城市规模和数量迅速扩大，并成为国家经济发展主体；第二阶段，城市郊区化和城市群区的形成，进一步扩大城市规模；第三阶段是"逆城市化"阶段。城乡差别具有普遍性，城市作为经济中心，对社会变迁具有主导性影响。随着全球化的发展，人们关注在地力量与全球化力量的关系，城市发展的轨迹主要有赖于该地区特有的历史背景、生态、人口状态及制度沿革，具体可分为扩张型城市化和全球化城市化两种发展路径。

（3）农村劳动力转移模式理论。

刘易斯认为，农业存在的大量零值劳动人口[②]是城市化的动力。他认为，传统农业经济体系中，零值劳动人口的存在是发展中国家经济长期陷于低水平徘徊的根本原因，并称这种发展模式为劳动力无限过剩发展的模式。然而，现代工业经济部门中使用的是可再生性的生产资料，加之科学技术的发展，使得就业人口的边际效益递增。也正是传统农业部门和现代工业部门之间的差距，使得只有现代工业的发展才能吸纳农村隐性失业的过剩劳动力，使劳动力收益递减变为递增，国民经济发展由停滞变为稳定增长。

拉尼斯-费模式是基于刘易斯模式的补充，这一理论认为刘易斯模式忽视了农业劳动生产率的提高和农业剩余产品的增加，同时进一步提出从农业到工业发展的三个阶段：第一阶段，传统农业部分出现大量的显性失业人口，由于这些失业人口的迁出形成了剩余农产品，这些农产品成为流入工业部门就业人口的粮食供应；第二阶段，农业部门劳动边际生产率升高；第三阶段，随着农业部门劳动力向城市工业部门的迁移，农业部门不存在剩

---

① 参见佟新：《人口社会学》，北京大学出版社，2010年版。
② "零值劳动力"是指由于传统农业部门人口过剩，而耕地数量是有限的，加之生产技术很难有突破性进展，生产产量在达到一定的数量之后，基本是无法再增加的，所以每增加一个人所增加的产量几乎为零，即农业生产中的边际生产率趋于零，有时甚至是负增长。那部分过剩的劳动力被称为"零值劳动人口"。

余劳动力,农业边际劳动生产率逐渐高于制度工资水平。第二阶段向第三阶段的转变是一种质变,它将完成对二元结构的改造,由此走上高度城市化的道路。

(4) 托达罗农业人口向城市的迁移模式理论。

这一模式提出了有关城乡劳动力迁移的假设:第一,城市就业机会越多,来自农村的劳动力移民规模就越大;第二,农村劳动力依据自己对城市就业机会的了解而做出迁移的决策,带有很大的盲目性;第三,没有技术的农村劳动力迁入城市后,经历了就业于城市传统部门和现代工业部门两个阶段;第四,农村劳动力决定迁入城市存在预期收入、就业可能性、城市人口自然增长三个因素。

(二) 我国人口城市化

1. 我国人口城市化的发展模式

费孝通将中小城市的城市化道路分为三种发展模式。一是苏南模式,以大城市为依托,以社队企业①为基础,实行社区所有制的小城市发展模式。二是温州模式,它是自发型城镇化模式,以家庭作坊为基础逐渐发展为联合企业,实现城市规模不断扩大的发展模式。三是珠江模式,是以香港为中心形成了若干层次的同心环形地带,第一环是深圳和珠海经济特区,第二环是广州附近的东莞、中山、顺德、南海等县,在香港把许多劳动密集型的工厂或车间向珠江三角洲转移过程中,实现了珠江三角洲地区的人口城市化。②

2. 我国人口城市化的发展历史

按照付晓东等人的划分,新中国成立后我国城市化发展可以划分为以下4个阶段(见表5-2)。

表5-2 新中国成立后我国城市化发展阶段　　　　　单位:%

时期	恢复发展阶段 (1949—1957)	动荡阶段 (1957—1978)	稳定发展阶段 (1978—1996)	快速发展阶段 (1996—2002)
城市化率	10.6~15.9	15.9~17.9	17.9~29.4	19.4~39.1
城市化 总增长率	5.3	2.5	11.5	9.7
平均增长率	0.66	0.12	0.64	1.62

资料来源:付晓东,《中国城市化与可持续发展》,新华出版社,2005年版,第84页。

---

① 社队企业是我国农村中公社和生产大队、生产队经营的社会主义集体所有制企业。现称乡镇企业。

② 费孝通:《从沿海到边区的考察》,上海人民出版社,1990年版。

第三节
人口社会学研究实例

人口的出生、死亡和迁移是人口学的三个主要研究领域，也是人口社会学关心的三个核心问题。本节结合这三个主题并联系中国社会的具体情况，选取了三个人口社会学研究实例，着重介绍其研究思路、方法与分析结果。

一、独生子女青少年的社会化研究

1. 独生子女的产生和社会担忧

独生子女是指一对夫妇生育的唯一孩子。独生子女现象自古就有，但直到1980年以后，独生子女才作为一个突出的社会问题逐渐进入公众的视野。1980年，中共中央发表了《关于控制我国人口增长问题致全体共产党员共青团员的公开信》，提倡一对夫妇只生育一个孩子。虽然这一政策在执行过程中困难重重而经过多次修改，但全国绝大多数城市依然严格执行了该政策，而且北京、上海、江苏等7个省和直辖市都执行严格的独生子女政策。[①] 这一政策直到2013年实施"单独二孩"政策才逐渐松动，并在2015年"普遍二孩"政策实施以后宣告结束。从1980年到2015年，30余年间严格的生育控制产生了大量的独生子女，据王广州估计，其总量在1.1亿～1.3亿之间。[②]

这数以亿计的独生子女自其产生之日起就受到了全社会的广泛关注，但遗憾的是，这些关注似乎都是负面的。媒体舆论无情地为独生子女贴上"问题儿童"的标签，认为独生子女更加自私、缺乏生活自理能力、被溺爱、是家庭中的"小皇帝"等等。独生子女青少年是否真的存在这些问题呢？他们的社会化发展是否真的面临较大的困境呢？

2. 研究实例

风笑天教授在《中国社会科学》上发表的《独生子女青少年的社会化过程及其结果》一文对独生子女青少年的社会化问题进行了比较全面的研究。[③] 这项研究使用1988年、1996年和1998年同一主题的纵贯调查资料，系统比较了独生子女青少年和非独生子女青少年在性格与行为特征、生活技能、社会交往、生活目标、社会规范、角色认同、自我认知七个方面的差异。

研究发现，独生子女青少年与非独生子女青少年在性格与行为特征方面的相似性多于差异性。研究者将"性格与行为特征"操作化为11项测量指标，包括：胆小、任性、粗心、呆板、娇气、懒惰、不合群、不能干、无主见、没礼貌、不团结友爱。研究发现，除

---

① 彭珮云：《中国计划生育全书》，中国人口出版社，1997年版。
② 王广州：《中国独生子女总量结构及未来发展趋势估计》，《人口研究》，2009年第1期。
③ 风笑天：《独生子女青少年的社会化过程及其结果》，《中国社会科学》，2000年第6期。

了在"懒惰"这一性格特征上，独生子女青少年相对于非独生子女青少年表现显著较差，在其他方面，独生子女青少年与非独生子女青少年的差异很小。而且，在"呆板""不能干""无主见""没礼貌"等测量指标上，非独生子女青少年甚至要差于独生子女青少年。由此可见，我们不能简单认为，非独生子女青少年在性格与行为特征的表现上优于独生子女青少年。

在生活技能方面，该研究通过独自理发、煮方便面、独自看病、独自买菜、骑车上街、独自乘车、自己去邮局、自己洗头、自己洗澡、自己穿衣、自己整床和收拾书包等12项指标进行测量。在对上述指标进行对比研究以后发现，独生子女青少年与非独生子女青少年在年龄较小时确实在生活技能方面存在明显差异，但随着年龄的增大，这种差异会逐渐缩小，且到了年龄较大的时候，即便二者存在差异，也是独生子女青少年要强于非独生子女青少年。

在社会交往方面，研究通过与同学关系好、有孤独感、很快结识新朋友、交往能力强和好朋友数目等5项指标进行测量。研究发现，独生子女青少年在上述5项指标上的表现都明显优于非独生子女青少年。所以，社会中广为流行的为独生子女"孤僻""不合群""处处个人中心""难与人交往"的观点并不正确。

在生活目标方面，该研究主要从教育期望和职业期望两个方面进行测量。在教育期望上，读初中的独生子女青少年希望读研究生的比例更高，但是其家长在教育期望上的差异并不明显。高中生的情况与初中生有所不同：一方面，两类青少年之间在自我期望上不存在明显差异；但另一方面，高中独生子女家长希望孩子读到研究生程度的比例明显比非独生子女家长多。在职业期望上，两者差异十分明显。独生子女青少年更希望自己从事知识类和经济类职务，而不倾向于军人、警察等带有危险色彩的职务，并且随着年龄增长，独生子女青少年选择经济类职务的比例也逐渐提高。

在社会规范方面，研究从遵守纪律和讲究文明礼貌两个维度共20个指标进行测量。研究发现，不同年龄段的两类青少年在学习和遵守社会规范方面的表现相差无几。

在角色认同方面，研究通过自我感觉像成人、希望被看作成人、喜欢与成人交往等3项指标进行测量，发现两类青少年在这3个指标上的情况基本相同，但在不同年龄段中略有差异。

在自我认识方面，研究通过对学习成绩满意、对性格习惯满意、对身体健康满意、对行为规范满意、独立性强、上进心强、责任心强、自尊心强、动手能力强、在老师眼里印象好、在父母眼里印象好、在同学眼里印象好等12项指标进行测量，总体来看，仍然是独生子女青少年与非独生子女青少年相同之处远多于不同之处。

二、中国老年人的健康不平等研究

1. 健康老龄化与健康不平等

第七次全国人口普查数据显示，2020年我国65岁及以上老年人口总量为1.91亿，占总人口的比重为13.50%，与2010年第六次全国人口普查相比，老年人口数量和比重均有所上升，人口老龄化问题正在加剧。由于身体机能会随年龄增长不断退化，健康成为老年人最突出的问题。随着社会经济发展水平和医疗卫生水平的快速提高，我国老年人的健康问题已经得到很大改善，但由于社会经济地位等原因，不同群体的健康和平均预期寿命依然存在较大的差异，这就是所谓的健康不平等问题。

虽然健康不平等作为一个突出的社会问题已经得到了学术界的广泛关注，但如何测量健康却依然是一个问题。一方面，很多社会学家采用自评健康作为健康测量的主要指标，但这一指标由于主观性太强而一直存在很大争议。另一方面，人口学家往往更加关注死亡率和预期寿命，但这两个指标只关注了生命的长度，而没有关注生命的质量，所以也很难全面反映一个人口的健康问题。为了应对人口学和社会学在健康测量方面的缺陷，世界卫生组织、各国卫生部门和相关学者在20世纪70年代提出了健康预期寿命（health expectancy）的概念。所谓健康预期寿命，是指人口处于健康状态下的预期寿命。这一概念同时包括了生命长度与生命质量两个方面，所以是一个综合性更强的健康测量指标。

2. 研究实例

焦开山在《社会学研究》上发表的《中国老年人健康预期寿命的不平等问题研究》一文在回顾国内外相关研究的基础上，利用"中国老人健康长寿影响因素研究"（CLHLS）在1998年、2000年、2002年、2005年、2008年和2011年共6期数据，对中国老年人的健康预期寿命及其不平等进行了较为全面和系统的研究。[①] 在变量测量方面，该研究使用日常生活自理能力（ADL）作为健康测量的指标，利用教育和居住地来衡量老年人的社会经济地位。在健康预期寿命的计算上，该研究采用了连续时间的多状态模型（Multi-state model in continuous time）。该模型共有三个状态，分别为完全自理、残障和死亡。其中从完全自理状态向残障状态转变的时间即为健康预期寿命，从残障状态向死亡状态转变的时间即为不健康预期寿命。

该研究的主要发现包括：

首先，关于健康预期寿命和不健康预期寿命的影响因素。研究发现，随着年龄增长，老年人从健康转向残障、从健康转向死亡的可能性都在显著增加，但从残障转向健康的可能性却在显著下降。此外，出生队列也对健康与残障之间的转变有显著影响，较晚出生的老年人从健康向残障转变以及从残障向健康转变的可能性都相对较低，并且较晚出生的老年人从健康向死亡的转变可能性也相对较低。但是，不同出生队列的老年人在从残障向死亡的转变上不存在显著差异。从性别的角度看，在从健康向残障转变的可能性上，女性老年人显著高于男性老年人，但是从健康向死亡以及从残障向死亡转变的可能性上，女性老年人显著低于男性老年人。也就是说，女性在预期寿命上更有优势，但她们的不健康预期寿命更长。从城乡的角度来看，虽然农村老年人和城镇老年人在从健康向残障转变的可能性上不存在显著差异，但农村老年人从健康向死亡转变的可能性相对较高，且农村老年人从残障转向健康以及从残障向死亡的可能性也显著高于城镇老年人。从受教育程度的角度看，教育对老年人从健康向残障转变的可能性无显著影响，但随着受教育年限的增长，老年人从健康转向死亡和从残障向死亡转变的可能性都显著下降。

---

① 焦开山：《中国老年人健康预期寿命的不平等问题研究》，《社会学研究》，2018年第1期。

其次，关于不同居住地的老年人的预期寿命和健康预期寿命。研究发现，随着年龄增长，预期寿命和健康预期寿命都在下降，且无论男性还是女性，城镇老年人的预期寿命都高于农村老年人。不过，随着年龄增长，男性城镇老年人与男性农村老年人在预期寿命上的差距在不断缩小，而在女性老年人中，两者之间的差距则呈现出先缩小后扩大的趋势。此外，城乡老年人的预期寿命在不同的出生队列上也存在显著差异。从1920年以来，较晚出生队列的老年人与较早出生队列的老年人在预期寿命上的城乡差距在扩大。虽然，城镇老年人在预期寿命上存在优势，但是在健康预期寿命上，农村老年人却高于城镇老年人。研究发现，随着年龄增长，城乡老年人在健康预期寿命上的差距呈现出先扩大再缩小的趋势。从出生队列来看，城乡老年人在健康预期寿命上也存在显著差异，在年龄相同的情况下，较晚出生队列的老年人中健康预期寿命的城乡差距相对较小。

最后，关于不同受教育程度下老年人的预期寿命和健康预期寿命。研究发现，随着受教育程度的提高，老年人的预期寿命也在增加，但这一差异随着年龄的增长而逐渐下降。除此之外，在相同的年龄上，不同受教育程度的老年人在预期寿命上的差距也会因出生队列的不同而不同。在较晚出生的队列中，预期寿命上的教育差距相对较大。此外，受教育程度较高的老年人在健康预期寿命上也具有明显优势。不过，随着年龄的增长，这一优势在不断缩小。在控制年龄以后，出生队列也会影响教育与健康预期寿命之间的关系。较晚出生队列中的老年人，健康预期寿命上的教育差距相对较大。研究也发现，受教育程度较低的老年人的健康预期寿命所占百分比比受教育程度较高的老年人高2～6个百分点。随着年龄的增长，不同教育背景的老年人在健康预期寿命所占百分比上的差距还在不断扩大。与此同时，在不同出生队列的老年人中，较低教育背景与较高教育背景老年人的健康预期寿命所占百分比的差距有所不同，在较晚出生的老年人中，不同教育背景的老年人的健康预期寿命所占百分比的差距相对较小。

三、留守儿童和流动儿童研究

1. 流动儿童与留守儿童

改革开放以后，中国严格的户籍管理制度被打破，大规模的人口流动（特别是农村向城市的人口流动）开始出现。第七次全国人口普查数据显示，我国2020年的流动人口总量已达3.76亿，其中又以外出务工经商的青壮年劳动力居多。由于这些青壮年劳动力中很多已经结婚生子，所以他们的流动就不可避免地涉及为数众多的孩子。这些孩子，依据其与父母共处的不同状态，可以分为流动儿童和留守儿童两个不同的群体。那些跟随父母离开户籍登记地到其他地方流动的儿童，我们称其为流动儿童；那些父母双方或者一方外出流动，自身却继续生活在户籍登记地因而不能与父母双方共同生活的儿童，则称为留守儿童。段成荣基于第六次全国人口普查数据估计，2010年全国流动儿童和留守儿童的总量合计已达1亿人左右。[①] 社会各界普遍认为，父母的流动会对儿童的生存与发展带来显

---

① 段成荣：《我国流动和留守儿童的几个基本问题》，《中国农业大学学报（社会科学版）》，2015年第1期。

著的负面影响,这导致在很长一段时期内,这1亿留守儿童和流动儿童都以"问题儿童"的面目出现在公众面前。但实际情况究竟如何,只有通过系统的比较研究才能得到。

2. 研究实例

徐宏伟和谢宇 2015 年在《欧洲社会学评论》(*European Sociological Review*)上发表了一篇题为《中国的城乡流动与儿童福祉的因果关系》(*The Causal Effects of Rural-to-Urban Migration on Children's Well-being in China*)的文章。[①] 这项研究使用倾向值匹配(PSM)技术比较了流动和留守对农村儿童发展的影响,下面,我们将简要介绍该文的研究思路和主要发现,并展望未来相关的研究方向。

在研究设计方面,该研究根据农村儿童及其父母是否处于流动状态将其分为四类:一是父母和自身都未流动的没有受到城乡流动影响的儿童;二是父母流动但自身依然住在农村老家的留守儿童;三是随父母进入城市的流动儿童;四是本人流动而父母依然在老家的流动儿童。考虑到样本中第四类儿童仅有 15 人,所以分析时仅考虑了前三种类型。

基于上述分类法,研究者构建了两个比较模型。第一个模型为类别二和类别一之间的比较,即留守儿童和没有受城乡流动影响的儿童之间的比较。由于这两类儿童都居住在农村,二者的差异仅体现在父母是否发生流动上,所以通过这一比较,可以验证父母流动对农村儿童福祉的影响。第二个模型为类别三和类别一之间的比较,即流动儿童和没有受城乡流动影响的儿童之间的比较。由于这两类儿童都与父母共同生活在一起,二者的差异仅体现在自身是否流动,所以通过这一比较,可以验证自身的流动经历对农村儿童福祉的影响。除了这两组比较之外,研究者也将留守儿童与流动儿童、流动儿童与城市儿童进行了比较。

最后,在比较的因变量方面,该研究也对以往的研究进行了拓展。与以往研究仅关注一个或少数几个因变量不同,该研究同时考虑了儿童在学业表现、政治知识、心理状态、人际关系、时间分配、营养和健康、访问员评价等 7 个维度上的表现。在每个具体的维度上,研究者还同时囊括了多个二级指标,7 个维度合计有 20 个二级指标。通过对这 7 个维度、20 个测量指标的系统比较,研究者可以更加全面地评估流动和留守经历对农村儿童发展的影响。

在研究方法方面,该研究采用了倾向值匹配法。具体来说,研究者首先基于儿童自身、家庭及其所处社区的诸多变量构建 logistic 回归模型,计算每个儿童处于流动和留守状态的概率,即倾向值。然后,研究者以倾向值为基础对儿童进行匹配,并计算匹配后的各组儿童在各因变量上的差异。通过倾向值匹配法,研究者可以更好地平衡三类儿童之间的系统差异,从而提高其可比性。

基于倾向值匹配法,研究者得到了以下几个研究结论:

首先,留守儿童与没有受流动影响的儿童相比并无明显劣势。研究显示,无论是学业表现还是心理状态,无论是营养、健康、时间分配等客观方面还是访问员对儿童的主观评价,这两类儿童都没有明显差异。所以,留守儿童并不是人们口中所说的"问题儿童",至少与那些父母都在身边的农村儿童比,他们在各方面的表现并不差。

[①] Xu H,Xie Y,"The Causal Effects of Rural-to-Urban Migration on Children's Well-being in China",in *European Sociological Review*,2015,31,pp. 502-519.

其次，流动可以改善农村儿童在很多方面的表现。尽管研究显示，与其他住在农村的儿童相比，流动儿童在政治知识、心理状态和人际关系方面并无显著差异，但是他们的数学能力显著更高，营养和健康状况也明显更好。除此之外，流动儿童用在家务和学习上的时间也显著多于其他农村儿童，而且，访问员也倾向于给流动儿童更高的评价。所以，综合上述结果，可以认为，流动对农村儿童各方面的发展是有利的，至少不会变得比留在农村的儿童更差。

最后，该研究也将流动儿童与城市儿童进行了比较，但是与以往研究的结论不同的是，该研究发现，流动儿童与城市儿童的相似性多于差异性。甚至在某些方面，流动儿童的表现比城市儿童反而更好（例如，访问员认为流动儿童比城市儿童有更好的语言能力）。研究者认为，对这一结果的解释需要非常谨慎。因为这有可能是因为流动儿童本身的选择性所致。所以，在没有更多信息的情况下，将流动儿童与城市儿童进行比较要特别小心。

思考题

1. 什么是人口社会学？
2. 常用生育率测量指标有哪些？它们各有什么优势和缺陷？
3. 什么是人口红利？简述我国的人口红利与老龄化的形成原因。
4. 简述我国人口城市化的发展过程。
5. 简述预期寿命和健康预期寿命之间的关系。

推荐阅读

1. 佟新：《人口社会学》，北京大学出版社，2010年版。
2. 马尔萨斯：《人口原理》，杨菊华、杜声红译，中国人民大学出版社，2018年版。
3. 约翰·R. 魏克斯：《人口学概论》（第11版），侯苗苗译，中国社会科学出版社，2016年版。
4. 曾毅等：《人口分析方法与应用》，北京大学出版社，2011年版。

第六章

环境社会学

第一节 环境社会学：建构中的科学

一、环境社会学的产生

环境社会学作为社会学的一个分支学科，是环境科学与社会学交叉渗透的产物。20世纪以来，环境问题日益严重，人们逐渐转变环境意识，并积极进行环境保护运动。在此背景下，人文社会科学也开始转向环境问题，研究环境与社会的关系。

20世纪30—60年代发生了震惊世界的"八大公害事件"，70—80年代，世界范围内的环境公害事件仍旧频繁发生，环境问题对人类的健康和整个社会的生存发展造成严重威胁，成为全球性的社会问题。资源危机、空气与水污染、生物多样性消失、气候变暖等环境话题不断涌现在媒体、政府会议以及人们的谈论之中，人们的环境意识逐渐转变。1962年，蕾切尔·卡逊《寂静的春天》出版，书中提出农药的过度使用严重危害生态环境，人们必须对"控制自然"保持警惕。这引起人们对环境问题的极大关注，引发了整个现代化环境运动。除了《寂静的春天》，20世纪60—70年代涌现了一批与环境问题相关的著作，包括《增长的极限》《人口炸弹》《封闭的循环——自然、人和技术》《生存的蓝图》等，这些著作积极推动着环境意识的启蒙和环境运动的开展。

随着环境问题的加剧和环境意识的转变，西方环境运动风起云涌，规模不断扩大。从20世纪60年代末开始，公众参与环境运动的热情不断高涨，经常举行游行、示威、抗议等活动，要求政府采取有力措施控制和治理环境污染。1989年的《全球环境运动》中记载：美国有17万人声称参加了环境运动，英国有3万多人是环保组织成员。与此同时，环保组织的出现和快速发展，也促进着环境运动的组织化程度。例如联邦德国1972年成立"环境保护——全国自发组织联合会"时,就已拥有 1000 多个自发组织,大约 30 万会员。到 1985 年,它的追随者已经超过 150 万。此外,环境运动还促成了"绿党"的出现,"绿党"就是以环境保护为主要宗旨的政党。1972 年,第一个绿党在新西兰成立,到 1988 年,西方已有 14 个国家建立绿党,有的绿党甚至参与政事,进入议会。1972 年 6 月,联合国在瑞典首都斯德哥尔摩召开第一次人类环境会议,发表《人类环境宣言》,并将每年的 6 月 5 日定为"世界环境日"。环境运动和环保组织的发展引起社会学者们的关注,一些学者也开始围绕人类社会与自然环境的相互影响展开研究,环境社会学在此背景下产生,并发展成为社会学的一个重要的分支领域。

二、环境社会学的研究对象、内容及方法

1. 环境社会学的研究对象

如何理解环境社会学的学科定位?这是环境社会学自诞生起就无法逃避的问题,"对环境社会学学科定位的讨论,尤其是对其研究对象领域的讨论,将直接涉及环境社会学实证研究的分析框架建构问题"。1978 年,卡顿和邓拉普在题为"环境社会学:一个新范式"的文章中,批判了传统社会学范式中对自然环境的忽视,提出了一个"新环境研究范式",同时他们认为"环境社会学是研究环境与社会的相互作用",这一观点在当时得到了学界的普遍认同。但是随着环境社会学的进一步发展,越来越多的学者认为将环境社会学的研究对象定位为"环境与社会相互关系",本体论和方法论都过度抽象,而且也无法体现环境社会学的社会学倾向,因为社会学被视作研究社会问题的学科。于是一些学者开始采取问题导向视角,认为环境社会学的研究对象应该是更实际、更具体的环境问题,卡顿和邓拉普将这些研究归为"环境问题社会学研究"。

而哈姆菲力和巴特尔认为,"环境社会学不仅要研究一般意义上的环境与社会的关系,还要通过研究环境与社会相互影响、相互作用的机制,来探讨人类在利用环境时对人的行为起决定作用的文化价值、信念和态度"。阿瑟·摩尔表示要从多学科的视角理解"环境-社会关系",思考的问题包括环境与社会是如何互动的,互动的结果是什么,时间和空间上的互动有什么不同,哪一种互动导致退化或环境改善等。日本社会学家饭岛伸子在其《环境社会学》一书中认为,"所谓环境社会学是研究有关包围人类的自然的、物理的、化学的环境与人类群体、人类社会之间的相互关系的学科领域"。受其研究的影响,中国许多环境社会学家也接受相似观点,认为环境社会学可以具体界定为是研究如何运用社会学和环境科学的原理和方法,分析环境问题产生、发展和解决的社会因素和社会过程,社会对环境状况及其变化的适应和反应,社会结构和运行、社会文化和体制、社会变迁等社会要素的作用,以及环境对社会各要素的影响,从而找出妥善解决环境与人类关系问题的方案。

2. 环境社会学的研究内容

环境社会学的研究内容一直是动态变化。20 世纪 70 年代,卡顿和邓拉普认为环境社会学研究领域包括建筑环境,环保团体、工业界及政府对环境问题的反应,自然灾害和灾

难,社会对环境的评价及影响,能源资源紧缺影响,资源配置与环境容量。之后,学者巴特尔拓展了环境社会学新的研究方向,包括环境社会学的理论核心,环境的价值、态度和行为,环保运动,技术危险及其评价,环境的政治经济和环境整治。20世纪末,饭岛伸子认为在全球环境问题的时代,环境社会学的研究课题众多,包括围绕环境问题的不平等现象、土著民族与开发文明"对立"、环境问题的国际比较研究等。总之,随着时代的变迁和环境社会学自身的发展,其研究内容不断改变,也愈加广泛,它既存在理论方面的研究,也存在应用方面的研究,既有宏观层面的研究,也有微观层次的研究。但是,作为一门学科,环境社会学有其需要回答的基本问题——环境与社会的相互关系及其影响。为回应这一基本问题,环境社会学的基本研究任务包括:重新认识环境与社会的关系;将环境问题与社会变迁的研究联系在一起;厘清环境产生的社会根源与社会影响;探讨环境问题解决的社会手段和途径。

根据这一系列的基本问题和任务,环境社会学的研究内容至少包括理论研究、环境社会系统研究以及环境行为与环境问题应对研究。第一,环境社会学的理论研究。环境社会学的理论研究对于环境社会学的学科建立和发展以及环境社会学应用型研究具有重要作用。对环境社会学的理论基础、理论建构以及理论体系等的探讨都属于理论研究的范畴。此外,关于环境社会学的学科定位、研究方法以及其他学科理论对环境社会学的启示等也是环境社会学理论研究的内容。第二,环境社会系统研究。环境社会学关注环境社会系统的进化、演变等规律和机制,致力于研究环境问题的社会影响,包括:社会结构、社会制度、社会运行、社会变迁、现代化等;人类行为与环境的相互作用,比如环境破坏和保护行为的社会机制分析、环境意识与环境运动研究、环境问题中的社会关系、人口资源与环境等。第三,环境问题应对研究。常见的研究包括具体环境问题的社会学研究,组织、群体、个人的环境行为与环境问题,环境教育与环境文化传播,环境保护研究、环境政策与环境评估研究等。

3. 环境社会学的研究方法

环境社会学研究的方法论,是指环境社会学研究过程的逻辑和研究的哲学,规范着环境社会学研究原理、原则和方法。环境社会学要求学者在研究方法上,既要坚持实证主义和人文主义方法论相结合,又要坚持系统分析和个案研究相结合。在方法论指导下,环境社会学研究的基本方法,即研究所采用的分析模式有结构分析、角色分析、制度分析、比较分析等。环境社会学研究中的结构分析包括对社会整体结构分析和对组织结构的分析。前者强调把握人与环境、人与人之间的互动模式,说明特定社会关系对于环境问题解决的作用,后者侧重于说明环境问题本身也是一个综合性的自然—社会运动系统。

环境社会学的技术方法是指在环境社会学研究过程中所使用的各种资料收集、分析的方法以及各种特定操作程序和技术,包括调查研究、实地研究、文献研究和统计分析方法。调查研究是指一种采用问卷或者结构式访问的方法,系统、直接地从某种社会群体的样本那里收集资料,并通过统计分析来认识社会现象及其规律的社会研究方法,在技术层面上可以分为问卷法和访问法。我国关于公众环境保护意识的大型调查经常采用调查研究这一方法。实地研究是一种深入研究对象的生活背景中,以参与观察和非结构访谈的方式收集资料,并通过对这些资料的定性分析来理解和解释现象的社会研究方法。环境社会学的统计方法是指应用统计学原理和技术，汇集、整理和分析各种数据资料，包括量表制作、变量测量、计算机应用等技术。

第二节
环境社会学的理论视角

传统社会科学研究一直排斥环境决定论，环境因素一直处于边缘化状态。在解释和解决环境问题的过程中，社会科学的传统理论暴露出缺陷和不足。在这样的情况下，社会科学界再次开始关注环境因素，提出改造包括环境因素的学科，社会学领域有关环境问题的社会学理论不断涌现。

因为学者们的知识背景、环境态度以及研究视角和研究方法的差异，环境社会学的理论也存在较多分歧。其中一个分歧点是，对传统社会学理论是批判还是继承。有的学者认为要从宏观角度对传统社会学理论的基础进行批判，并试图创造新的包含环境因素的分析和解释框架，例如卡顿和邓拉普提出建立新生态范式，格拉姆林和弗罗伊登伯格认为应当在社会学的所有课程中加入环境变量。但是有些学者提出传统社会学理论中并不缺乏对环境问题的解释，只是这些解释被人们忽略了，例如马克思的代谢断层理论就可以成为环境社会学的基础之一，韦伯在一篇关于社会能量的文章中就体现了对自然资源可持续利用的关注。另一个分歧点在于如何研究环境社会学的理论，有些学者认为要在实践中对社会学的传统理论进行进一步挖掘，或者积累新的理论。不过这其中也存在是从宏观角度研究理论框架还是研究环境社会学的中层理论问题。而环境社会学理论研究中的建构主义者则将环境问题限制在"问题"社会学的研究范畴，他们更感兴趣的是"环境问题"究竟是如何被建构的，而无意研究环境的真实状况。于是，在环境社会学的研究过程中，出现了新生态范式、代谢断层、"生产永动机"、环境建构主义等具有代表性的理论。

一、卡顿和邓拉普的新生态范式

卡顿和邓拉普提出的新生态范式是一个挑战传统社会学的典型理论。卡顿和邓拉普等人认为，传统社会学研究都具有人类中心主义这一共同特点，他们将其定义为"人类豁免主义"的解释范式。这个范式认为：人类因为文化的特性，可以逃避自然的法则，免除生物性的限制。所以自然环境和生物因素不能成为解释社会现象的主要因素。涂尔干主义在社会学发展的过程中担任重要的引导角色，提出"社会事实只能必须被其他社会事实所解释"，使得社会学愈加忽视自然环境因素。卡顿和邓拉普等人认为，要对当前的环境问题做出社会学解释，必须完全改造这种传统的社会学理论基础。他们首先提出了"新生态范式"的概念，由以下几种假设组成：第一，虽然人类有突出的特征（文化、技术），他们依然是互相依赖地包含在全球生态系统中的众多物种之一；第二，人类事务不仅仅受社会文化因素的影响，也受自然网络中原因、结果和反馈的错综复杂联系的影响，因而有目的的人类行为会产生许多意外的后果；第三，人类生存于一个有限的生物物理环境，它给人类活动加上了限制；第四，尽管人类的发明创造和来自某个地方的能力可能在一段时期内会扩展承载力的限度，但生态法则是无法消除的。新生态范式区别于传统社会学的一个地方，是它认为人的社会行为和自然环境因素是相互影响的，自然环境因素也是一个对"社会事实"的可能解释。其次，他们对传统的POET模型进行改造进而提出新的环境-社会相互作用的分析框架。传统POET模型虽然认为人口、组织、环境和技术四个要素彼此之间相互关联，但其中的"环境"更多的是被看作"社会的""人工的"环境，而不是物理环境，而且生态人类学家在实际应用中也更关注社会组织，而不是环境。卡顿和邓拉普则突出了"环境"要素，并将"环境"的内涵固定为自然环境或者物理环境，又将"组织"细分为文化体系、社会体系和人文体系，于是形成了有关环境-社会关系的新分析框架。在这一分析框架的基础上，邓拉普和卡顿提出了"环境的三维竞争功能"理论。这一理论从功能主义角度分析了环境对社会的功能，认为环境对人类来说具有三种功能：居住地、供应站和废物库。居住地是指环境可以为人类和其他生物提供生活空间，如果过度使用环境，则会导致拥挤和对其他物种栖息地的破坏；供应站是指环境可以为人类和其他生物提供生存资源；废物库是指环境会为废物和污染提供储存所。环境的三种功能彼此竞争空间，相互碰撞。如果环境的某一功能过度使用，会导致其他功能无法正常发挥作用。例如，环境被人类当作废物库使用时，可能会影响到周围居民的正常生活，还可能污染地下水源。卡顿和邓拉普等人对社会学传统范式的挑战，为环境社会学的理论探索起到了重要的促进作用，但是相对于卡顿和邓拉普等人的宏观理论框架研究，更多的学者更愿意在传统社会学领域内解释现实的环境问题，要么从经典社会学理论中挖掘生态思想，要么实践总结新的理论分析工具。

二、马克思的代谢断层理论

尽管经典社会学排斥环境和生态的思想，但是有些学者认为经典社会学理论中还是有很多被忽略的生态思想。马克思和恩格斯对社会结构和变化的分析对当代一些社会学理论的影响巨大，虽然关于环境的解释不多，但这些被现代学者挖掘出来的环境解读仍旧得到了广泛的呼应。马克思和恩格斯认为，是资本主义的大工业和大农业制度造成了广泛的社会问题，如人口过剩、资源枯竭、人从自然界中异化出来。他们提出的解决办法是颠覆资本主义这一占主导的生产方式，取而代之建立一个理性、人性、环境非异化的社会秩序。

福特斯认为，马克思对当时的生态危机——资本主义农业里的土壤肥力问题做出了强有力的分析，他也对当时的其他重要生态危机，包括森林流失、城市污染、人口过剩等进行过表述。与此同时，马克思提出了城乡对立和生态可持续性利用等基本问题，这些问题也成为人类与自然之间的"代谢"关系的根本议题。"新陈代谢"是19世纪50年代流行的化学词汇，马克思用这一概念来表述社会与自然的复杂互动，认为代谢构成生命持续、生长繁殖的根本基础。然而19世纪60年代后，资本主义社会通过食物与棉布的远程贸易使土壤的构成要素相分离，使得人与自然的代谢出现断层，并为更大规模的剥削土地提供了手段。比如当时的地主拒绝回收利用秸秆等农作物剩余，或者只为获得商业利润而大面积单一种植。资本主义制度是代谢断层的根本原因，在这种制度下，不仅存在土壤肥力下降的问题，还会引起城市污染、森林消失、煤矿枯竭等环境退化问题以及人口问题。按照马克思的看法，人的自然代谢所产生的排泄物，与工业生产和消费所生产的废弃物，需要重新循环到生产之中,才能完成完整的代谢周期。他受德国农业化学家李比格的影响,建议在农田里布洒粪肥、回收城市的人类排泄物以用于农肥而不是排入江河湖海造成污染,这与当下呼吁的有机农场很相似。马克思的代谢断层理论成功地将社会学思维运用在生态范畴里,为环境社会学提供了一个分析方法,即审视社会与自然之间的复杂互动。福特斯将其称为"古典社会学分析中的一个伟大的胜利",之后关于社会—生态的代谢文章不断增多。

马克思关于资本主义农业和土地养分循环必要性的分析,又形成了另一个广泛的概念——生态可持续性。但是资本主义社会是无法实现生态可持续性的,马克思认为资本主义的逐利目的与农业可持续性的本质是对立的,在资本主义生产中,种植某种特定农作物依赖于市场价格的波动,并随着市场价格的变化不断调整。相反,农业可持续性认为农业必须关注全部的持久的生活条件,这是生命的世代延续所必需的。马克思寄希望于未来的新社会,认为在未来,社会化的人、工农生产者以合理方式驾驭人与自然的代谢,以最小的能量消耗和最有价值、最合理的方式来完成代谢。可以看出,这一表述在某种程度上仍旧是人类中心论,这是经典社会学一直存在的共性问题。但是经典社会学家们关于生态可持续性促进社会进步的一些观点,对正在发展的环境社会学而言,仍旧具有重要的借鉴价值。

三、施奈伯格的"生产永动机"理论

"生产永动机"理论是阿兰·施奈伯格提出的一种人类与环境互动的冲突理论。施奈伯格认为,大多数关于环境问题的研究都过分强调消费因素,大量消费造成能源和资源的过度消耗,加剧环境问题,却忽视了造成大量消费的社会制度和生产动力。施奈伯格提出,在工业社会中,正是其政治经济制度的"生产永动机"特性,使得环境问题越来越严重,出现了所谓的环境危机。他对于"生产永动机"做出了详细的解释:持续的经济扩张和更多的利润是工业社会市场中企业生存的关键,也是国家生存的必要。企业需要在竞争中持续获得高额利润,就要尽可能地从有限的投资中榨取更多的产出,而为了避免积压和库存,会不断创造新的消费需求,刺激生产持续增长。大量生产—大量消费—大量废弃,成为资本主义市场经济的循环圈。尽管社会认为经济扩张合乎众意,但是这种经济增长超过了生态系统的承载能力,必然会对生态产生愈加严重的破坏,比如资源不可再生、环境自愈能力降低等。而且,生态的破坏也会反过来限制经济扩张。人们意识到这一点后,也想通过技术手段解决环境问题对经济的限制。施奈伯格则认为,技术虽然可能带来更高的效率,减少对环境的影响,但是这种积极作用会被整体消费的持续增长抵消。只要工业社会中不断要求经济扩张的政治经济制度不改变,"生产永动机"就不可能停下来,环境危机也不能根除。

既要追求经济的不断增长,又要抑制对环境的过度利用,这使得政府陷入矛盾的角色之中。但是政府的主要目标是追求经济的发展,所以常常会卷入环境管理主义过程。在这个过程中,政府会试图通过立法促进有限的环境保护,以转移公众的批评,但是不会做出更多的环保努力,从而避免经济增长的引擎突然停顿。此外,施奈伯格对于环境和社会关系的未来,提出三种假设:一是经济综合系统,指的是社会只追求经济无限扩张,忽视生态破坏；二是管理综合系统，指的是社会尝试以管理手段去控制那些威胁到健康和生产扩大的最有害的环境问题；三是生态综合系统，即通过对"生产永动机"和消费机构实行特定的控制手段，减少对环境的破坏，并通过对可再生资源的利用使得生产和消费变得可持续。施奈伯格认为只有第三种结构性的变革才能从根本上解决环境问题。

四、汉尼根的环境建构论

建构主义在20世纪七八十年代进入环境社会学，当时巴特尔等人通过社会建构的视角，分析全球环境变迁的出现。他们认为，那些被广泛关注的环境问题，并不见得比其他环境问题更具风险性和潜在破坏性，而是因为它们被建构和推动得更为成功，所以"解构"在环境问题的解释中很重要。

汉尼根是环境建构主义的代表性学者。他在《环境社会学》一书中指出，公众对于环境现状的关心并不直接与环境的客观状况相关，而且公众对于环境的关心程度在不同时期并不一定一致。实际上，环境问题和社会问题是一样的，它们必须经由个人或者组织的建构，被认为是令人担心且必须采取行动加以应对时才构成问题。因此，从社会建构视角来看，环境问题研究的关键是解释为什么某些特定的状况被认为是成问题的，那些呼吁者是如何唤起大众和政治注意以求采取积极行动的。汉尼根提出，现代社会中的两个重要社会设置——科学与大众媒体，在建构环境风险、环境知识、环境危机以及解决环境问题的办法方面，发挥着极其重要的作用。汉尼根提出成功建构环境问题的六个关键因素：一是科学权威，某种环境问题在科学权威的支持和证实下更有可信度；二是科学普及者，他们对一些复杂难懂的环境问题进行通俗普及；三是媒体的关注与呼吁，大众受媒体影响，会认为该环境问题变得真实而重要；四是符号或者词汇修饰，一些潜在环境问题需要通过非常醒目的符号和形象词汇加以修饰，引起注意；五是可见的经济刺激，用以鼓励与特定环境问题相关的行动；六是制度化的赞助者，这有助于保证环境问题建构的合法性和连续性，使得特定环境问题成功参与各种倡导。汉尼根还倡导将文化的概念引入环境理论前沿，提出"流动运动"。区别于线性运动，流动运动集中关注某一特定环境问题，比如全球变暖、臭氧空洞，组成一组讨论，来定义和重新定义大众化讨论的新领域。此外，汉尼根呼吁利用环境社会运动和宗教社会学的近期研究成果来进一步发展环境社会学的中层理论。在大众传媒影响广泛的今日社会，汉尼根关于建构环境问题的路径具有重要的现实意义。

环境建构主义视角更关注环境问题是如何被人们认识、如何被建构以及如何由问题转化为环境政策的，这与环境现实主义有很大的不同。环境现实主义认为生态破坏的重心、构成和肇因是显而易见的，而传统社会学早期对环境因素的忽视使其必须吸收其他学科知识，来加强社会学对环境问题的解释力度。可是环境建构主义认为科学知识是被社会和人建构的，环境现实主义假定这些科学知识的准确性、真实性和客观性值得质疑。环境建构主义在社会学传统领域中对环境问题做出解释，补充了主流社会学者对环境-社会关系复杂性认识的缺陷，展现了自然环境和社会之间的关系是一个如何复杂、充满竞争的社会建构过程。但是环境建构主义对于环境问题的解释，可能会陷入环境问题是主观问题的危机中，比如否认环境问题的真实有害性，认为自然环境的存在依赖于人们赋予的意义。总之，环境建构主义是社会学对环境问题的又一解释，是可以与环境现实主义相互补充的。

第三节
环境问题与社会

一、环境问题的社会因素

1. 人口与环境问题

人口是从事生产和自我生产的人们的总和，它是社会存在和发展的必要条件，对社会发展起重要作用。社会的物质生活资料生产和人口生产是互为条件、互相制约的。地理环境、人口和生产方式是构成社会运动的基本的物质要素，这些要素的总和构成了人类社会的物质生活条件。环境问题指的是，因为人类生活的原因而发生的环境破坏、环境恶化，以及作为其后果，对人类生活产生不良影响的状态。

伴随着人口向城市的大量集中，工业化、城市化的进程越来越快。如果说，工业化导致环境问题，那么伴随工业化的城市化也会首先导致城市问题，然后很快又是环境问题。可以说，假如世界能源仍然没有改变以煤炭为中心的状况，那么英国的烟雾污染状况很可能不会得到改善。[1] 12 世纪以来，不论是工厂，还是一般市民，都把河流当作抛弃废弃物的场所，这正是政府、工业和市民对治理河流污染反应迟缓的一个重要原因。据有关社会学研究结果显示[2]，在日本，居民身旁的河流和湖泊，对他们来说，既是日常生活场所，也是生产的场所。这种水环境，随着工业化和城市化而被污染，或者因居民的生活方式的变化而与生活和生产相脱离，由此居民迅速丧失了对水环境污染的关心。

马克思在《资本论》中区分了生产排泄物和消费排泄物，他认为，对生产排泄物和消费排泄物的利用，随着资本主义生产方式的发展而扩大。生产排泄物指工业和农业的废料，消费排泄物部分指人的自然的新陈代谢所产生的排泄物，部分指消费品消费以后残留下来的东西。比如，化学工业在小规模生产时损失掉的副产品、制造机器时废弃的但又作为原料进入铁的生产的铁屑等，是生产排泄物。人的自然排泄物和破衣碎布等，是消费排泄物。消费排泄物对农业来说最为重要，在利用这种排泄物方面，资本主义经济浪费很大。

城镇化进程的加速，使得我国很多地区（特别是中东部）居住人口和辖区面积增加，紧跟其后的则是生活污水和生活垃圾激增。生活污水方面，很多地方的污水处理能力相对于污水排放量而言严重不足。一些乡村地区除了少数行政村建有小型生活污水处理厂之外，大多数村户无法接入生活污水处理厂，生活污水随意排放从而影响了水质。生活垃圾方面，很多人环保意识不强，农村地区随手扔垃圾的习惯并没能彻底改变，城市中垃圾分类回收也推进缓慢。

---

[1] 饭岛伸子：《环境社会学》，包智明译，社会科学文献出版社，1999 年版，第 46 页。
[2] 饭岛伸子：《环境社会学》，包智明译，社会科学文献出版社，1999 年版，第 51 页。

2. 技术与环境问题

科学技术与环境问题发生之间的关系是间接的，但正因为是间接的，它们之间的关系才不容易被人们所察觉。但是，我们可以看到，如果没有科学技术的进步，几乎不会发生今天所面临的环境问题。从这一点上，我们不能不说两者之间具有密切的关系。但在另一方面，科学技术在解决各种各样的环境问题时也发挥着积极的作用。

企业如果对自己造成的环境问题勇于承担责任，能够对明显减轻环境问题做出贡献，同时也会使企业获得发展。我们应把承担社会责任作为企业的一项方针，并使企业技术人员最大限度进行相应的研究和技术开发，只有这样科学技术才能对社会做出应有的贡献。[①]

科学技术与环境问题的关系中，给人的印象似乎是科学技术被人类应用于环境问题对策的频率很高。[②] 但是，问题并不在于频率的高低。对受害者来说，比起频率的高低，针对所面临的问题是否能够采取有效的科学技术措施，才是与他们紧密相关的。而且，因为发挥和应用科学技术成果的是学者和技术人员，所以对受害者来说，什么样的个人作为专家来参与处理受害事件是非常重要的。理所当然，这些学者和技术人员所属的组织和群体，对问题采取什么样的态度和方针也是同样重要的。

依靠科学技术进步，发展环保产业，是改善环境质量、实现可持续发展的重要技术保证。环保产业属高新技术产业，它包括提高能源效率技术、防止和控制污染技术、环境监测技术、污染物处理和资源回收技术等。在国内，环保设备、环保技术、环保产品等具有十分广阔的市场，在国外，国际社会普遍对与中国合作开展环境保护和防治持积极态度。我们应抓住这一有利时机，积极引进一流的高新技术，开展合资合作项目，使环保产业逐渐成为我国经济发展的新增长点，成为经济转型的促进点。

3. 制度与环境问题

环境问题作为全世界共同面临的一大难题，既是人类社会经济活动与生态环境之间矛盾发展的必然结果，又存在着深刻的制度根源。

在产权制度理论看来，环境问题是"公地悲剧"的结果。经济发展的大指挥棒下，在完全竞争和"公地"有限的条件下，虽然私有产权的交易秉承自由平等原则，不会常规性地出现不对等的定价权、不等价交换关系和弱势群体的悖德行为，但是，没有归属权的土地（即"公地"）则会因为缺乏所有者的有效监护而默许任何行为主体"搭便车"式滥用，即出现非排他性和非竞争性地过度使用甚至造成严重损毁。一些地区面对抓紧发展经济的重任，工厂的排污监管可能没有到位，而作为排污主体，企业追求的是经济利益最大化，对"公地"的责任意识尚未建立，因此公共环境污染似乎也无可避免。

从信息稀缺论来看，产权交易主体最大化私利的动机和投机行为，使信息成为一种能够影响经济主体决策、行为及市场效率的稀缺性资源，并将使信息分布状况与交易主体间的收入分配存在紧密的相关性。从表象上看，正是由于污染行为的隐蔽性（即信息不完全、不对称），受害者无法掌握厂商排污和环境污染这些具有不对称和不确定的关键信息，

[①] 饭岛伸子：《环境社会学》，包智明译，社会科学文献出版社，1999年版，第77-78页。
[②] 饭岛伸子：《环境社会学》，包智明译，社会科学文献出版社，1999年版，第78-79页。

或者即使掌握这些信息，由于交易成本高于外部性所带来的显性成本而放弃抗争，最终诱发作为机会主义者的厂商选择诸如偷偷排污、破坏环境等"悖德"行为，从而导致一系列环境问题。

综合这两种理论的观点，我们发现，经济发展带来的内在激励强于外在约束，而这将会使环境问题持续累积，甚至具有内生性。

长期以来，在城乡分割的二元经济结构这一制度背景下，我国公共资源配置主要向工业和城市倾斜，而环境治理作为一种公共物品，实施的是重城市轻农村的二元化政策，环保工作的重点是大城市、大工业。一方面，作为原材料和自然资源输出地的农村消耗了环境资源，作为受益者的城市并未按"谁受益，谁付费"的原则向农村支付受益费；另一方面，由于城乡产业结构的差异，城市排放的废物远远大于农村，并且不断向农村扩散和转移，导致农村环境不断恶化，而由此造成的损失，城市并未按"谁污染，谁治理"的原则向农村支付环境治理补偿费。这种二元化的环境治理政策导致农村环境的进一步恶化。

要对自然环境进行有效的保护，一个重要的条件是形成相应的社会保护机制。多年来，我们一直将环境保护寄希望于地方政府官员的环保意识、企业家的环保意识，等等。其实，这是很不够的。从社会博弈的角度说，有两个制度机制是至关重要的：一个是民间环保组织的发展，另一个就是法律的力量。

二、环境问题与组织、群体和个人

1. 环境问题与组织

1）环境问题与企业组织

可以说，很多污染环境的企业作为一个组织，欠缺靠自身的努力解决由它自己造成的环境问题的企业道德。[①] 近年来，环境问题日益引起人们的重视，我国和其他一些国家正投入精力对那些至今仍破坏着自然环境和居民生活的企业组织进行友好对待地球的宣传。不过，虽然通过宣传，一些污染环境的企业似乎已经意识到了自己的责任和企业道德，但却很少看到让人满意的实际行动。如果说，为了解决环境问题，应该承担大部分责任的污染企业的协助是不可缺少的话，那么由被韦伯称为具备"天职义务"气质的经营者和职工组成的企业组织也是难免其责。

从政治经济学对环境问题的解释来理解，企业组织最大限度地追求经济增长和资本扩张会造成资源的消耗和环境污染。企业是社会经济活动的重要主体，其经营和生产目标的本质就是积累财富和增加资本，在很多环境问题的产生中实际起着污染源和助推器的作用。事实上，目前环境问题的根源很大程度上就是企业组织过度的经济生产活动，企业有责任、有义务在环境保护的集体行动中勇于承担和发挥积极主动的作用。但是，在我国的经济建设与社会发展中，一些企业没有承担起应有的社会责任，缺乏环境保护意识和企业道德，在巨大的利益驱动下，用资源与生态换取生产收益与经济效益，甚至违反法律规定，破坏生态环境，危害居民健康，其后果是不断发生的污染事故与群体性事件。

---

① 饭岛伸子：《环境社会学》，包智明译，社会科学文献出版社，1999年版，第73页。

奥尔森的集体行动理论认为，不同于以往的假设"一个具有共同利益的群体，一定会为实现这个共同利益采取集体行动"，个人自发的自利行为往往导致对集体不利甚至极其有害的结果。集体行动的成果具有公共性，所有集体的成员都能从中受益，包括那些没有分担集体行动成本的成员。由此产生出"搭便车"的投机心理与行为，即不付成本而坐享他人之利。其根本原因在于团体利益同分，责任与成本却由团体的每个成员承担。一些企业组织中同样存在着"搭便车"心理现象，比如有的企业会认为自己一个企业环保生产与注重可持续发展并不能带来整个环境的改善，因此不会自觉采取行动，或者认为有其他企业自觉保护环境，自己可以减少或完全不必付出。正如奥尔森所分析的那样，在一个潜在的大集团里，没有成员会自愿为集体物品做出贡献，因为他们认为他们个人的贡献不会对集团整体产生很大的影响。在现实中，许多重污染型企业，它们在给社会带来经济效益的同时不注重环境友好与资源节约生产发展，逃避企业社会责任，或观望等待不履行应尽的环保义务，甚至越过法律红线。但由于环保制度和法律的不完善，法律的"软弱"与利益的驱动使这些企业"宁愿挨罚也不愿治污"。

为鼓励企业组织由被动转向主动进行环境保护，参与环境治理，可以从以下几个方面考虑：第一，企业的环保行为贡献值可以为企业带来新的市场竞争力；第二，环保需求和绿色商品吸引新的消费者和财富机遇；第三，环境友好企业可以获得更广泛的社会认可度与荣誉度；第四，积极参与污染源头治理利于有效控制治污成本，简化污染防治流程。

2）环境问题与政府组织

在环境治理过程中，政府组织作为维护公民权益、履行管理职能的主体，也经历着重新认识生态环境问题并采取具体环境治理与保护行动的转变。面对着发展经济和GDP指标的硬性压力，政府组织需要把握好经济发展与环境生态的平衡木，既要迎头赶上产业发展与经济升级的前进浪潮，又要缓解经济利益与生态环境之间的剧烈冲突，减少或者防止社会矛盾的进一步激化，这是一场没有硝烟但是存在多种角逐的战争。但现实中，一些地方政府在面对此类困局时更倾向于维持现状，采用一个"拖"字诀，拖到关注问题的公众情绪冷却，拖到政府与企业达成代表经济效益的GDP目标。民众会逐渐丧失对于政府的信任感和依赖感，政府公信力下降，民众也会采取其他手段或求助其他力量介入相关职能部门不作为、冷处理的局面，甚至会引起严重的民众激化冲突事件，一些地方的环境抗争事件就是很好的说明。

基层政府组织处于经济效益与政策压力等多重利益的纠葛之中，其能否协调各方利益和确定好自身的角色定位，直接决定着环境治理效度和力度能否落到实处、取得成效。在我国现行地方环保管理体制下，地方环保部门在地方政府的领导和上级环保部门的指导下履行环境管理的职能时，不可避免地受到一定程度的约束，当地方政府过于看重经济效益和地方政绩的时候，环保部门是难以有效地进行监督和提醒改正的，企业缴纳的排污费和不定期的罚款所得也制约着财政紧张的环保部门更好地发挥能力和多做实事。无法挣脱又难以独立的尴尬境况，一定程度上也促使了不作为或少作为情况的出现，令人扼腕。

地方政府组织应是解决我国环境问题最强有力的主体，它们是国家环保政策、法律的具体执行者与落实者，是最广泛地可以运用国家强制力来保护环境的主体。随着社会民众对于环境问题的关注度不断增强，政府部门的环境管制力度和强度也在逐渐提升。

2. 环境问题与群体

在中等规模的组织中，小群体一般可以起到积极的作用。没有专业知识的民众之所以有时候能够提出解决或有效缓解某项环境问题的合理替代方案，很重要的一点是因为在污染检测等方面得到了相关专家们的协助和指导。民众在这些专家的指导下，甚至可以完成使他们大吃一惊的调查。①

20 世纪 60 年代，"生态复兴"运动在西方发达国家方兴未艾，许多发达国家的民间环境保护群体，广泛运用大众媒体，旷日持久地开展有关合理利用资源和保护环境的宣传教育。在环境由污染向治理转变的曲折历程中，环境保护教育始终是一项关键性的措施之一，它启迪并提高人们的环境保护意识，对促进人口、资源和环境的协调发展和可持续发展具有长远的积极作用。

面对一些严重的环境污染，光靠少数职能部门和有关单位的保护和防治是远远不够的，那样做的结果只能是冷冷清清，事倍功半。我们迫切需要普及环境保护教育，提高全体人口的环境保护意识，提高人口素质，要让民众尤其是各级领导干部以高度的责任感和主人翁精神来保护环境和防治环境污染。除广泛开展形式多样、生动活泼的环境保护教育外，下述措施将有助于提高和促进人们的环境保护意识。

第一，公布环境质量公报。目前，人们普遍将环境质量视为生活质量的重要组成部分，关注优化环境与健康素质之间的相互联系。因此，通过大众媒体，定期发布人们关注的大气环境质量、水环境质量及饮用水源水质等环境质量报告，在起到警示作用的同时，能有效提高全体人口的环境保护意识。

第二，建立公众环境投诉制度，发挥群众监督作用。充分发挥广大群众在环境保护工作中的积极性和主动精神，一方面使环境保护和污染防治有了坚实的群众基础，另一方面，人们通过参与和监督，又能进一步提高自身的环境保护意识。

第三，设立环境保护奖项，颁发环境保护的荣誉证书。鉴于一些地方环境污染的严重性和环境保护与防治的艰巨性，宜设立有关环境保护奖项，颁发荣誉证书，以鼓励献身于环境保护事业的先进个人和集体，在推动环境保护的同时，进一步提高民众的环境保护意识。

3. 环境问题与个人

饭岛伸子认为，个人所属的各种群体的方针，对其所属的个人的态度和行为起到重要的支配作用。也就是说，在多数情况下，每个技术人员和学者的行为与其所属组织和团体的方针保持一致。②

在支付污染费等污染企业承担经济责任的案例中，在制定对策时，所属组织或群体的方针往往会影响学者或技术人员的判断。由于那种认为专家是万能的普遍错觉，人们甚至把超出专家业务范围的工作也依赖性地转给专家去做。同样，专家也被这种错觉所迷惑，接受了那些超出自己研究范畴的工作。环境问题的进一步扩大同这种偏差不无关系。

---

① 饭岛伸子：《环境社会学》，包智明译，社会科学文献出版社，1999 年版，第 66 页。
② 饭岛伸子：《环境社会学》，包智明译，社会科学文献出版社，1999 年版，第 81 页。

处理环境问题时，政府更容易采取符合居民要求的对策。在巨大的组织中，个人所能发挥的作用是有限的，在推行环境问题对策的过程中，地方政府组织具有重要作用。在地方政府管辖范围之内，个人和小群体的努力比较容易达成目标。如果个人的行为对他人造成了危害，法律将严肃追究其责任、责令其做出赔偿等。然而，一些污染企业却将经济方面所做出的贡献当作"免罪券"，尚未主动承担起对环境问题的社会责任。

从社会学角度看，人们在社会中的角色是人们在社会系统中与一定社会位置相关联的符合社会要求的一套个人行为模式，也可以理解为个体在社会群体中被赋予的身份及该身份应发挥的功能。换言之，每个角色都代表着一系列有关行为的社会标准，这些标准决定了个体在社会中应有的责任与行为。研究环境问题的形成和治理，主要不是解决污染物的问题，而是要解决与污染相关的人的行为问题。事实上，环境问题就是人们行为不当的后果。因此，在分析环境污染问题中个人的行动之前，必须先分析他在其中的角色。下面将基于民众的环境污染认知的一些调查，分析他们在环境污染形成和治理过程中的社会角色。

一是环境污染的受害者。作为经济理性人的企业组织，其目标是利润最大化。为了追求利润，企业不断扩大再生产。在当前的经济制度下，企业生产无疑未将环境成本纳入进去，而不断地扩大再生产也必然会对环境产生危害。一些企业造成的环境污染影响当地居民的生产生活，导致生活环境发生改变。很多污染企业对当地环境的影响是显著的，大多数居民都会感知到并深受其害。企业在发展过程中获得了充分的经济效益，民众从中能获得多少利益我们暂且不谈，但是可以确定的是，每一个个体都是企业牟利过程中的受害者，他们的生命健康受到了环境污染的影响，而企业要为环境污染负主要责任。

二是环境污染的制造者。在我国一些地区，特别是农村地区，环境恶化的一大原因是落后的生产生活方式。比如，传统农业把日常生活排放物用土办法制成有机肥料灌溉农作物，但是目前这种做法已经不能满足"粮食高产"的需求，因此，传统的生产方式被摒弃，取而代之的是"高产高效"的化学肥料和农药的使用。现在农业生产面积越来越少，为追求"高产"，化肥农药的使用量越来越大，现代化的生产方式直接加重了农业面源污染。农药越用越多，病虫害却越来越重。由于农业经济效益不高，大部分农民为了提高短期经济效益而使用农药，而对于环境保护则缺乏足够认知，认为环境保护不是自己的事，导致环保技术使用率极低。农药的过量使用造成了严重的危害，这必然会造成对粮食、蔬菜以及大气、水体、土壤等环境要素的污染。

落后的生产生活方式还表现为生活垃圾的处理方面。我们可以在很多地方看到河沟里、道路边和民居周围都乱扔着各种生活垃圾。现代化的生活方式产生了过多的生活垃圾，垃圾处理方式也非常落后，通常都是填埋或是倾倒在附近的沟渠，不仅缺少合理的垃圾分类，也没有做必要的防渗、排气、渗滤液处理等，而这些垃圾会对周边的地下水源产生严重的危害。所以，一些地方的环境问题并非都源于企业和政府，当地民众也要承担相当一部分责任。

思考题

1. 环境社会学的研究对象是什么？主要研究内容包含哪些？
2. 施奈伯格的"生产永动机"理论核心思想是什么？
3. 如何成功建构环境问题？
4. 环境问题的社会影响因素有哪些？
5. 简述环境问题与组织、群体和个人的关系。

推荐阅读

1. 饭岛伸子：《环境社会学》，包智明译，社会科学文献出版社，1999年版。
2. 洪大用：《中国环境社会学：一门建构中的学科》，社会科学文献出版社，2007年版。
3. 张玉林主编：《环境与社会》，清华大学出版社，2013年版。
4. 约翰·汉尼根：《环境社会学》，洪大用等译，中国人民大学出版社，2009年版。

第七章

公共社会学

第一节
公共社会学的起源及发展

一、保卫公共社会学

什么是公共社会学？与诸如环境社会学、家庭社会学、宗教社会学、经济社会学等以研究对象、领域、范围命名的各社会学分支不同，公共社会学因其公共性而得名，且是社会学必不可少的一部分，是社会学各分支共同的公共性延展。何谓公共性？在西方语境中，公共（public）一直带有"人民"的意味。在近代欧洲，国家之外，"公"又与社会发生紧密结合。[1] 顺而推之，从广义上讲，所谓公共社会学，即带着公共关怀走入社会，与公众展开互动对话。公共社会学提倡社会学学者对社会的参与性。公共社会学旨在将社会学带入学术界之外的公众，促进有关影响社会命运议题的对话。[2]

毋庸置疑，公共社会学得以推广，在全球社会学界获得关注，与布洛维的倡议和努力密不可分。作为美国社会学会2003—2004年度的主席，布洛维于2004年在其主席演讲上以"保卫公共社会学"（For Public Sociology）为主题进行演讲[3]，此后又一直致力于推动公共社会学的发展。但回溯公共社会学的起源，其不缺乏经验和历史。在布氏之前，社会

---

[1] 参见许纪霖：《公共性与公民观》，江苏人民出版社，2006年版。
[2] Burawoy M, et al, "Public Sociologies: A Symposium form Boston College", *in Social Problems*, 2004, 51, pp. 103-130.
[3] Burawoy M, "Presidential Address: For Public Sociology", *in American Sociological Review*, 2005, 70, pp. 4-28.

学界就涌现出了不具"公共社会学"之名的公共社会学实践，如波伊斯①的《黑人的灵魂》(*The Souls of Black Folk*)、里斯曼的《孤独的人群》(*The Lonely Crowd*)、甘斯的《都市村民》(*The Urban Villagers*)、罗伯特·贝拉等的《心灵的习性》(*Habits of the Heart*)、缪达尔的《美国的困境》(*An American Dilemma*)等。就"公共社会学"这一术语的使用和阐释而言，甘斯、塞德曼、布莱克和阿格等都在不同程度上提出过各自主张。一般认为，"公共社会学"因甘斯而得名，甘斯在其1988年的美国社会学协会年会主席演讲中第一次使用了"公共社会学"。② 在这次演讲中，甘斯提出与公众保持联系是社会学的责任，要通过"通俗社会学"(lay sociology)、向更广泛的大众普及学科的"公共社会学家们"(public sociologists)、恢复社会批判的"公共社会学"(public sociology)传统等来提升社会学对大众(lay public)的影响。塞德曼为"公共社会学"这一术语注入了规范性目标。③ 同样，阿格对"公共社会学"抱有宏大"企图"，认为其孕育着社会学从注重社会事实(social facts)到文学行为(literary acts)重新定向的可能，从而达致米尔斯的社会学承诺，将私人困境转化为公共问题。④

不过以上学者对公共社会学的阐释和倡议并未引起学界波澜，直至布洛维以公共社会学为主题的主席演讲。在吸收塞德曼和阿格等观点的基础上⑤，布洛维以11个议题重新阐释了公共社会学，并配以重塑整个学科的目标。作为公共社会学运动"号角"的《保卫公共社会学》，最为清楚地交代了布洛维关于公共社会学的整体构想。⑥ 简而言之，布洛维借用社会学家李的"社会学为了谁"(sociology for whom)⑦和林德的"社会学是为了什么"(sociology for what)⑧，将社会学听众分为学术和非学术，社会学知识可分为工具性和反思性。在此基础上交叉组合，布洛维把社会学分成为四个象限，它们分别是专业社会学、政策社会学、批判社会学和公共社会学。

---

① 西北大学莫里斯在其著作 *The Scholar Denied* 中认为，波伊斯在公共社会学作为术语被纳入主流学科词汇之前就开始在社区实践布洛维提出的有机公共社会学，只是当时学科种族主义阻止了波伊斯的贡献被该学科认可。

② Gans H J, "Sociology in America: The Discipline and the Public American Sociological Association 1988 Presidential Address", in *American Sociological Review*, 1989, 54, pp. 1-16.

③ Seidman S, *Contested Knowledge: Social Theory in the Postmodern Era*, Blackwell, 1998.

④ Agger B, *Public Sociology*, Rowman and Littlefield, 2000.

⑤ Fatsis L, *Making Sociology Public: A Critical Analysis of an Old Idea and a Recent Debate*, University of Sussex Press, 2014.

⑥ 闻翔：《社会学的公共关怀和道德担当——评介麦克·布洛维的〈公共社会学〉》，《社会学研究》，2008年第1期。

⑦ Lee A, "Presidential Address: Sociology for Whom?", in *American Sociological Review*, 1976, 41, pp. 925-936.

⑧ Robert L S, *Knowledge for What: The Place of Social Science in American Culture*, Princeton University Press, 1939.

其中，专业社会学是一切社会学的根本，政策社会学根据政府或客户的要求生产工具性知识，批判社会学反思专业社会学的前提预设和价值立场，而公共社会学则强调社会学要回到社会之中，与公众展开沟通性的对话。① 在布洛维看来，四类社会学之间存在的潜在的对立既是一种基础性的相互依存，也是它们"劳动分工"相互依存的基础。② 比如公共社会学的发展离不开专业社会学所提供的合法性和专业基础，失去专业社会学的支持，公共社会学即使得以发展，也会面临后继无力之困境；另外，公共社会学也要依靠批判社会学提供价值激励才能稳定前行。同时，在实践中，任何社会学的片段都可以横跨这些理想类型或者随着时间推移在它们之间穿越③，相互之间可以转化。每个类型的知识都存在各自的病理学，一个繁荣的社会学需要这四种类型的知识④，但是目前社会学劳动的制度化分工以及相应的权力场域都制约着公共社会学的壮大，所以我们要捍卫公共社会学⑤。

可见，布洛维的公共社会学既是一种学科定向，试图让社会学重塑公共导向特质，又是一种名为公共社会学的实践社会学（doing sociology）⑥，同时布洛维公共社会学的道德立场和政治立场也是明显的。此后，围绕"第三波社会学和纯科学的终结"（Third-Wave Sociology and the End of Pure Science）、"公共社会学的批判转向"（The Critical Turn to Public Sociology）、"全球公共社会学"（Global Public Sociology）等主题，通过在全球范围内的讲座、研讨会、期刊、论坛、报纸等方式⑦，布洛维长期致力于推广和发展公共社会学，其所在的加州大学伯克利分校社会学系也成为研究和推广公共社会学的重镇。

可以认为，布洛维彻底激活了"公共社会学"，或曰"公共社会学之战"⑧，多个知名

---

① 闻翔：《社会学的公共关怀和道德担当——评介麦克·布洛维的〈公共社会学〉》，《社会学研究》，2008年第1期。
② 布洛维：《奥巴马时代的公共社会学》，谢洪波译，《华中师范大学研究生学报》，2013年第2期。
③ 参见布洛维：《公共社会学》，沈原等译，社会科学文献出版社，2007年版。
④ 布洛维：《奥巴马时代的公共社会学》，谢洪波译，《华中师范大学研究生学报》，2013年第2期。
⑤ 参见布洛维：《公共社会学》，沈原等译，社会科学文献出版社，2007年版。
⑥ Fatsis L. *Making Sociology Public: A Critical Analysis of an Old Idea and a Recent Debate*，University of Sussex Press，2014.
⑦ 参见布洛维的个人主页（http://burawoy.berkeley.edu/PS.htm）。上面列出了其关于公共社会学的文章和演讲及与相关学者的讨论。
⑧ Burawoy M. *The Public Sociology Wars. Handbook of Public Sociology*，Rowman and Littlefield，2009.

杂志组织专题讨论和发表一系列文章，几部相关著作问世[①]，多位著名学者（如 Aronowitz[②]、Etzioni[③]、Turner[④] 和 Beck[⑤]）对公共社会学展开争辩。有关学界对布洛维公共社会学主张的纷争，Gábor Scheiring 的分析较有概括性。[⑥] 根据辩论参与者们的立场，他划分了三个类型：以纯科学名义发起的批判（Criticism in the Name of Pure Science）、为批判社会学辩护的批评（Criticism in Defense of Critical Sociology），以及支持者。其中，第一类以 Tittle[⑦]、Deflem[⑧]、Turner[⑨]、Brint[⑩] 以及 Boyns 和 Fletcher[⑪] 等为代表，他们坚持

[①] 期刊包括：《美国社会学家》（*American Sociologist*，2005&2006&2007）、《英国社会学杂志》（*British Journal of Sociology*，2005&2006）、《社会问题》（*Social Problems*，2004）、《社会力量》（*Social Force*，2004）、《批判社会学》（*Critical Sociology*，2005）、《当代社会学》（*Current Sociology*，2008）、《加拿大社会学杂志》（*Canadian Journal of Sociology*，2009）等十几家期刊组织讨论。著作包括：Blau et al.（2006）的 *Public Sociologies Reader*，Clawson（2007）主编的 *Public Sociology: Fifteen Eminent Sociologists Debate Politics and the Profession in the Twenty-first Century*，Nichols（2007）主编的 *Public sociology: The Contemporary Debate*，Jeffries（2009）主编的 *Handbook of Public Sociology* 等。在中国，2006 年的《国外理论动态》刊发了《公共社会学的批判转向（上）》《公共社会学的批判转向（下）》《评〈公共社会学的批判转向〉》三篇文章，它们分别由单提平摘译自《批判社会学》2005 年第 3 期上的两篇文章——布洛维的《公共社会学的批判转向》和阿罗诺维茨对此的评论性文章。次年，社会科学文献出版社以《公共社会学》为题，出版了布洛维的论文精选集。自 2007 年开始，布洛维多次来到中国，先后在清华大学、上海大学、南京大学、浙江大学、华中师范大学等高校演讲。公共社会学在国内学界获得一定关注，陆续有学者以公共社会学为主题发表论文，但远未成气候。

[②] Aronowitz S, "Comments on Michael Burawoy's 'The Critical Turn to Public Sociology'", *in Critical Sociology*, 2005, 31, pp. 333-338.

[③] Etzioni A, "Bookmarks for Public Sociologists", *in The British Journal of Sociology*, 2005, 56, pp. 373-378.

[④] Turner J H, "Is Public Sociology Such a Good Idea?", *in The American Sociologist*, 2005, 56, pp. 27-45.

[⑤] Beck U, "How Not to Become a Museum Piece", *in British Journal of Sociology*, 2005, 56, pp. 335-343.

[⑥] Gábor Scheiring, "Barbarians at the Open Gates Public Sociology and the Late Modern Turn", *in The American Sociologist*, 2007, 38, pp. 294-308.

[⑦] Tittle Charles R, "The Arrogance of Public Sociology", *in Social Forces*, 2004, 82, pp. 1639-1643.

[⑧] Mathieu Deflem 甚至还推出了一个"拯救社会学"的网页，网页在 2004—2006 年期间保持活跃，目前已停止更新。

[⑨] Turner J H, "Is Public Sociology Such a Good Idea?", *in The American Sociologist*, 2005, 56, pp. 27-45.

[⑩] Brint S, "Guide for the Perplexed: On Michael Burawoy's Public Sociology", *in The American Sociologist*, 2005, 36, pp. 46-65.

[⑪] Boyns D, Fletcher J, "Reflections on Public Sociology: Public Relations, Disciplinary Identity, and the Strong Program in Professional Sociology", *in The American Sociologist*, 2005, 36, pp. 5-26.

科学的社会学，批评公共社会学会破坏社会学的合法性。对此，布洛维以"第三波社会学和纯科学的终结"进行回应，并批判专业社会学的强纲领（Strong Programme in Professional Sociology）。① 第三类支持者是大多数学者的态度，包括 Beck、Etzioni、Lengyel②、McLaughlin③ 以及 Némedi④ 等，他们在认同的基础上做部分批判，并做进一步阐释。对于公共社会学的这些讨论，其实有助于公共社会学这个概念更加清晰，毕竟布洛维的阐释确实存在不少模糊之处。

二、从社会学到社会

公共社会学将社会学带入公众的对话中，彰显社会学的"公共性"。虽然公共社会学在 20 世纪 80 年代才被命名，进入 21 世纪在布洛维等学者的倡议推动下才彰显其影响力，但学科的公共性及对公众负责的要求，根植于学科历史。这种对社会学公共性的信念是长久以来对社会学价值的一种认知。

当代社会学学者们有关公共社会学的不同意见，在很大程度上反映的是他们对社会学这门学科在学术界和公共领域中的身份、地位和功能的差异性观点。⑤ 如以布洛维等为代表的倡导者（虽然他们之间对于公共社会学的理解也存在分歧）认为社会学应该放弃"纯科学"⑥，重回公众，承担公共责任；而一些质疑者（如 Tittle、Turner、Brint、Deflem 等）则忧心其危及本就分化的学科，削弱其专业性和合法性，认为社会学的当务之急应该强化专业性，强化共识。在某种程度上，这种观点分歧可归入哈尼对美国社会学家之间争论的化约，即社会学人在追求科学地位和学术水平（scientific status and academic standing）与社会关怀和公共参与（social relevance and public engagement）之间的张力。⑦ 更进一步，在布洛维看来，究竟是将社会学视为对克服和纠正社会不公正的知识实践的承诺，还是将社会学看作由精英们来完成的正统的知识训练，这样两种关于社会学目的的截然相反的基本见解之间一直存在着一种紧张关系。⑧

---

① 这个概念由 Boyns 和 Fletcher 提出，用以取代布洛维的公共社会学。

② Lengyel G, "A Szociológia Integritásáért: Hozzászólás Michael Burawoy írásához [For the Integrity of Sociology: A Reply to Michael Burawoy]", in Replika, 2006, pp. 105-111.

③ McLaughlin N, Kowalchuk L, Turcotte K, "Why Sociology Does Not Need to Be Saved: Analytic Reflections on Public Sociologies", in The American Sociologist, 2005, 36, pp. 133-151.

④ Némedi D, "A Civil táRsadalom és a társadalomtudományok: Megjegyzések Burawoy Közszociológiai Programjához [A Civil Society and the Social Sciences: Comments on Burawoy's Public Sociology Program]", in Replika, 2006, pp. 97-103.

⑤ Fatsis L, Making Sociology Public: A Critical Analysis of an Old Idea and a Recent Debate, University of Sussex Press, 2014.

⑥ 参见布洛维：《公共社会学》，沈原等译，社会科学文献出版社，2007 年版。

⑦ 陈心想：《社会学美国化的历程及其对构建中国特色社会学的启示》，《社会学研究》，2019 年第 1 期。

⑧ Burawoy M, The Public Sociology Wars. Handbook of Public Sociology, Rowman and Littlefield, 2009.

这种张力在美国社会学和美国社会科学中有着悠久的历史。在美国社会学伊始，就存在奥格本和帕克之间科学理性与干预之间的张力①，以及之后兰德伯格和林德之间的论争。前者提倡量化和科学，后者批判社会科学正在放弃它直面当代的、紧迫的文化和制度问题的责任，而着迷于技术与专业化。②两次世界大战后，西方社会学重镇转移到美国，为了获取学科的合法性地位，以美国为代表的社会学越来越强调客观性和科学性。在合法化和稳固社会学地位的过程中，科学地位和统计分析逐渐在社会科学家职业权威和合法性上占据核心地位。同时，对科学化的强调也让社会学失却社会关怀和公共参与，社会学家们越来越关注精确量化的小研究。③为此，强调社会学关怀和社会学参与的社会学家对此进行了批判。如米尔斯指控 20 世纪 50 年代专业社会学转向深奥的"宏大理论"或者毫无意义的"抽象经验主义"，后者使得资料与时代背景分离。④伯格批判唯科学主义的研究方法、唯方法论的经验主义、唯技术论的统计分析，认为社会学是方法论意义上的"科学"，也是人文关怀意义上的人文学科，其首先需要关心的是人的生存境遇。⑤

除了追求科学化让社会学越来越远离公众之外，阿罗诺维茨指出这种转变受到了冷战的深刻影响，它使知识分子陷入两难选择，要么倒向西方，要么冒着该学科被灭亡的风险。⑥到 20 世纪 70 年代，由于保守派的联合阵营重新恢复力量，很多批判社会学家在政治与文化方面的潜意识转向了教学和其他各种研究上，这种教学和研究仅能在他们自己的学术圈子内被接受，而这又是与人类以及人文学科日益增长的专业化相一致的。

伴随着失却社会关怀而来的是"社会学危机"的显现。从 20 世纪 70 年代开始，"社会学危机"的声音在美国学界出现，并一直不绝如缕。⑦ 1970 年，古尔德纳出版著名的《西方社会学面临的危机》(*The Coming Crisis of Western Sociology*)，指出以帕森斯为代表的结构功能主义关于秩序和进步的假设与 20 世纪 60 年代以来不断升级的冲突背道而驰。社会学危机是以社会本身的历史和文化变迁为基础的，这至少表明了社会学的价值无涉（value-free）理想的可疑性，因此古德纳倡导建立一种"反身社会学"（Reflexive Sociology）来取代传统社会学。1994 年，《社会学论坛》(*Sociological Forum*)专门以这一问题为主题展开讨论，主编科尔发表《社会学出了什么问题？》(*What's Wrong with Sociology?*)的文章，指出无论从制度（institutional）方面还是从智识（intellectual）方面看，社会学都没有做出我们所期望的那种进步。⑧对 19 世纪 60 年代之后的美国社会学发

---

① 陈心想：《社会学美国化的历程及其对构建中国特色社会学的启示》，《社会学研究》，2019 年第 1 期。

② 参见布洛维：《公共社会学》，沈原等译，社会科学文献出版社，2007 年版。

③ 陈心想：《社会学美国化的历程及其对构建中国特色社会学的启示》，《社会学研究》，2019 年第 1 期。

④ 参见布洛维：《公共社会学》，沈原等译，社会科学文献出版社，2007 年版。

⑤ 参见伯格：《与社会学同游》，何道宽译，北京大学出版社，2014 年版。

⑥ Aronowitz S, "Comments on Michael Burawoy's 'The Critical Turn to Public Sociology'", in *Critical Sociology*, 2005, 31, pp. 333-338.

⑦ 肖瑛、曾炜：《中国社会学理论与方法研究——挑战、危机和超越的寻求》，《社会》，2007 年第 2 期。

⑧ 吴小英：《社会学危机的涵义》，《社会学研究》，1999 年第 1 期。

展,塞德曼做了相当精准的描绘,即社会学成功的制度化激励了专业化发展,包括研究领域标准化(如组织、犯罪、人口统计学、城市、政治),技术语言巩固,推崇理论传统,研究数学化以及只有科学才能生产社会知识的信念。[1]

正是在这样的背景下,公共社会学重新获得关注。不过在其重要的倡导者布洛维看来,社会学并未如众多学者(如 Horowitz[2]、Cole[3] 等)所认为的面临危机,相反,其持一种乐观的态度,认为社会学正进入"前所未有的好时光"。[4] 因此社会学并不需要拯救,而只需要重新定向,向公众回归。布洛维认为,社会学气质(向左)和现实世界(向右)之间的鸿沟推动社会学进入公共舞台。并且专业社会学如今已经足够成熟和自信到从一个优势地位上来推动公共社会学。

梳理公共社会学的缘起和论争,我们知道,公共社会学并非始自布洛维,也不会终结于布洛维。"参与"和"公共"一直是社会学的追求。回顾本土社会学,20 世纪上半叶,把"社会"和"社会学"引入中国时,中国社会学的先辈们同样心怀社会。认识国情、改造社会学,一直是社会学"中国学派"的主旨追求。[5]

三、公共社会学的多元发展

公共社会学以公众为阅听人,积极面向公众写作、行动。公共社会学实际上是一门强调直接公共参与的社会学。通过社会学家们的毕力躬行,以践行社会学的道德担当和公共关怀,保卫或建构起(公民)社会。但不得不承认,公共社会学此行任重而道远。如今公共社会学面对的是一个高度分化、"时空压缩"的世界,一个现代与后现代、物质主义与后物质主义、工业化与后工业化相互交织的(全球)社会(高速发展的中国社会更是如此)。在这个多元脉络的、价值领域"诸神并存""信息爆炸"的时代,公共社会学唯有多元方能发展。

如果说公共社会学的使命是保卫社会,那么其实践性目标是为社会学家和公众之间建构起一种对话关系。公共社会学首先要"找到"其沟通对象——公众。需要注意的是,此处所讲的是公众,而不是消费者,一个重要区别为前者具有道德性。在消费社会中消费者常萦绕周围,但公众却不是,更有一些学者发出公众正在消失的告诫(如罗伯特·帕特南、阿兰·沃夫等)。但是,20 世纪 70 年代以来,逐渐走强的社会运动提醒我们公众并非消失。只是公共社会学确实面对多样的公众类型。他们中有些目前已经是活跃的、可见的,如性少数群体、有色人种;相反,另一些可能还是潜在的、不可见的、需要被"定义"的。公共社会学家需要保有开放、流动的公众观念,积极参与到他们的生产和转变

---

[1] Seidman S,*Contested Knowledge:Social Theory in the Postmodern Era*,Blackwell,1998.

[2] Horowitz I L,*The Decomposition of Sociology*,Oxford University Press,1993.

[3] Stephen Cole,*What's Wrong with Sociology*,Transaction Publishers,2001.

[4] 参见布洛维:《公共社会学》,沈原等译,社会科学文献出版社,2007 年版。

[5] 李培林:《20 世纪上半叶社会学的"中国学派"》,《社会科学战线》,2008 年第 12 期。

中，推动他们的参与。公共社会学需要发展出一个公众的社会学。① 公共社会学须承担起生产公众的责任，让被主流社会/价值观边缘化、排斥、压抑、遗忘甚至漠视的公众来为自己发声，决定自己的生活方式，捍卫自己的生活权利。

不同公众仅是公共社会学多样性的其中一维，"寻找"到公众，还要与他们建立联系。同样，接近公众的方式也有多种。从"对话"方式的直接程度、参与涉入的强弱程度，布洛维将公共社会学划分为传统公共社会学和有机公共社会学两类。传统公共社会学家（traditional public sociologists）通过报纸、电视、书本等媒介发表有关公共重要事务的观点和看法。其实不管借助什么渠道媒介，但凡社会学家有关公共议题的分析和评论被社会学专业之外的公众所阅读，就可称之为公共社会学。相较于传统公共社会学的弱介入，有机公共社会学算是一种强介入。如果真是公共领域已经消失，那么公共社会学就要主动走出去，即进行有机的公共社会学。所谓有机公共社会学（organic public sociology）就是社会学家与不同类型的公众组织，如劳工组织、邻里协会、信仰团体、移民权利团体等共同工作，建立紧密联系。在这种关系中，社会学家与组织起来的公众直接对话，且社会学家与组织团体很大可能并不共享价值或目标（其实团体内部的价值或目标也不一定明确）。因此，这是一个相互调试、相互教育的过程。传统和有机的区别在于，前者的公众是潜在的、弥散的、不指定的，后者的公众则要求一定程度的可见，且很大程度是明确的；前者的公众还处在被动状态，力量微弱，后者的公众已经行动起来，组建联结，力量更为强大；前者社会学家通过发起议题或提供相关议题观点激发讨论，后者社会学家直接介入活动。两者类型的公共社会学都需要发展，它们不是对立的而是互补的，一种可以启发另一种。在最佳的情况下，传统公共社会学构建了有机公共社会学的框架，而后者规诫、界定和引导前者。② 而且，两种类型的公共社会学是在连续统的两端，其间可能存在多种不同的状态，在同一个社会学家身上可能不同比例地有所体现。

不管是传统公共社会学还是有机公共社会学，面对目前高度竞争的公共领域，实行起来困难重重，但困难中也涌现着机会（如技术赋能）。对传统公共社会学而言，困难之一在于其重要发声渠道——传统媒体被殖民化，社会学家很难发声，且在互联网时代，传统媒体本身面临着衰落的危机，听众日益萎缩。涌现的一个机遇是信息技术发展带来的"自媒体"崛起，社会学家可以不依赖于传统媒体而相对自由地发表自身所见，让更多的受众看到，激发起的讨论也可能更为激烈。但同样挑战并存，因为这是个更为碎片化、更为"七嘴八舌"的领域，置身其中的社会学家（包括其他领域的学者）即使拥有"权威"或者"专家"头衔，也未必会为观点获得关注加分，且风险增大，社会学家要投入更多精力。另一面，对有机公共社会学而言，困难在于"寻找"到可以或已经组织起来的公众，且要获得公众的信任，让公众愿意与社会学家合作，并能对活动施加到有益的影响。这中间一系列的过程，考验的不仅是社会学家的专业性，更是沟通、合作和引导的技艺。

同时，社会现象越来越复杂，而知识却日益专业化。知识被分化为不同学科，学科内又分化为不同领域，领域又演化出一个个更细分的领域，导致学者们的知识深度有余但广

---

① 参见布洛维：《公共社会学》，沈原等译，社会科学文献出版社，2007年版。
② 参见布洛维：《公共社会学》，沈原等译，社会科学文献出版社，2007年版。

度不足。这是一个不出"大师"的时代，相反19世纪的公共社会学家，如马克思、韦伯，均是涉猎广泛，在众多领域均有建树。这就使得社会学学者在提供观点分析或者行动参与上的引导可能存在视角上的局限。

综上，从公众类型的多样、对话方式的多种、学科本身的分化到社会学家的理论取向差异，均对公共社会学的多元发展提出要求。公共社会学要容纳多样参与方式、多元价值观、多维视角。甚至，社会学都可以联合诸如人类学、政治学、经济学等学科，以深入探讨公共议题，深化公众理解。美国社会科学研究理事会主席卡尔霍恩甚至提出了"公共社会科学"的概念。

此外，公共社会学的多元也体现在不同国家、地区的学者加入。公共社会学虽是欧美学者提出，但不管是北半球还是南半球，如中国、法国、丹麦、德国、英国、葡萄牙、意大利、匈牙利、加拿大、俄罗斯、新西兰、澳大利亚、南非、伊朗、巴西），都开始了公共社会学的研讨和实践。公共社会学的实现或许困难重重，也引发不少争议，但显然已形成了一个重要的学术转向。

第二节
公共社会学的研究主题

一、公共社会学的研究范畴与视角

公共社会学直面公共领域，一个好的公共领域应让多元声音得以出现，多元价值得以并存。公共社会学的研究议题从本质上而言，可谓极为广泛多样，且没有固定的领域范畴，没有永恒的研究议题。美国社会学协会公共社会制度化工作组2005年对160多名美国社会学协会（ASA）成员的网络调查结果显示，研究主题分布于教育、社区发展、儿童和青年、健康、社会政策、种族和族群关系等。

但是，多元包容并不代表没有立场原则，是否纳入公共社会学研究范畴以是否具有公共性为衡量标准。因而，这内在要求社会学研究者关注社会，且具有敏锐的问题意识。公共社会学的研究议题必定是直面社会、对当下社会具有重要公共意义的真问题，而不是学术精英小圈内自得其乐的论争，或是仅为权力机构所需的议题。故而，好的研究问题有赖于每位社会学家对自身所处社会的经验和体验，并通过社会学的想象力进行提炼转化，为时代诊脉。这些问题有的可能已经获得关注，有的可能才隐约浮现，有的甚至仍潜在，后两者尤其需要社会学家去发现、去挖掘。

从空间上看，每个国家的公共社会学研究议题具有共性，也因各自国情、社情不同而呈现差异。比如欧美社会学家比较关注社会不平等、种族歧视、恐怖主义、社会运动、性别平等，南非社会学家则比较关注反种族隔离、劳工权利、后殖民主义等。回到中国本土，阶层分化、城乡区隔、乡村衰落、贫富差距、各类维权运动、公民意识培育、社区治理等无一不具重要性。公共社会学家应立足本地，放眼全球。公共社会学的研究既要嵌入到地方，也要面向全球，大气污染、贸易摩擦、种族隔离、跨国犯罪、难民贫民、全球冲突及战争危机等更多地被提上了议程。

从时间维度看,已有学者提出公共社会学要进行对未来的研究(如 Bell[①] 和 Adam[②])。人类生活中,时间是一个不可或缺的重要维度。正如 Bell 所分析,公共社会学家进入公共领域,不可避免地要就行动、事件和过程的未来结果,以及如何定义一个美好社会和什么价值应该被服务等问题进行回答。[③] 一个关注未来的公共社会学将会发现社会变革的机会,探索知识、行动和伦理之间的联系,并参与关于什么是正确和正义的对话。[④]

公共社会学涉及的议题多且多较复杂,如何于隐而未发处发掘公共议题、如何辨别各议题的重要性以及厘清议题内部各种复杂逻辑,讲述发人深省的故事,均有赖于专业社会学提供的理论框架。也正是有专业社会学的助力,公共社会学才有足够的底气和自信走到公众中间。

公共社会学就自身而言,并无任何固定范式规定。因为公共社会学本身研究的议题丰富多彩,很难固定用一种理论框架去分析,且每一种理论框架均有自身难以克服的盲点。如果反思性可称之为一种视角的话,那么公共社会学所拥抱的就是反思科学。正如布洛维所言,这是一种十分不同于 19 世纪思辨科学的科学,它不再植根于价值共识和稳定性,而是要去发展一套替代性价值。我们不再去追求单一的范式性科学(Paradigmatic Science),取而代之的是这样一门科学:它由多种相互交叉的研究项目构成,建基于不同公众的价值观之上;而且,通过介入外部的异常事务以及内部的矛盾冲突,发展出不同的理论框架。我们将其称为反思性科学。这种科学既不会惧怕对其价值基础的反思,也不会惧怕对其进行公开的阐述。[⑤]

二、谁是公共社会学的研究者

谁是公共社会学的研究者?理论上,公共社会学向所有社会学研究者开放。凡是秉持公共关怀和道德承诺的社会学家均可以通过不同形式投入到公共社会学中,他既可以面向公众进行写作,在学术外获得关注,也可以直接与公众接触,发掘和培育公众,投身到他们的运动之中。

在甘斯看来,公共社会学家的研究更应该以主题驱动(topic-driven),而非理论驱动(theory-driven)。按狐狸和刺猬的比喻,公共社会学家更应该是敏锐的狐狸。[⑥] 但这并非

---

① Bell W, "Public Sociology and the Future: The Possible, the Probable, and the Preferable", *in Handbook of Public Sociology*, Rowman & Littlefield, 2009.

② Adam B, "Future in the Making: Sociological Practice and Challenge", *in Handbook of Public Sociology*, Rowman & Littlefield, 2009.

③ Bell W, "Public Sociology and the Future: The Possible, the Probable, and the Preferable", *in Handbook of Public Sociology*, Rowman & Littlefield, 2009.

④ Jeffries V, "Redefining the Nature and Future of Sociology: Toward a Holistic Sociology", *in Handbook of Public Sociology*, Rowman and Littlefield, 2009.

⑤ 参见布洛维:《公共社会学》,沈原等译,社会科学文献出版社,2007 年版。

⑥ Fatsis L, *Making Sociology Public: A Critical Analysis of an Old Idea and a Recent Debate*, University of Sussex Press, 2014.

要从事公共社会学就必须成为"狐狸",按照布洛维的四种社会学类型分析,每个社会学家其实都有可能、也都可以涉足专业的、政策的、批判的和公共的四个面向。以布洛维以例,他在不同的时期和阶段中在四个类型之间穿梭,在研究批判社会学时也大力提倡公共社会学。通过布洛维的研究轨迹,我们可以看到在社会学家的生命周期中,随着其在社会学场域内外位置的变化,随着他自身社会经验的积累或角色的变化,他的研究旨趣和目标会发生转移。研究转向可能被动也可能主动,但在很大程度上是由某种不匹配性推进的。如果为每个社会学家描绘一幅人物画像,可能他既有专业气质也有批判气质,既有政策属性也有公共面向,只不过成分多少而已。且在某一时刻,一种气质会陡然上升。如布洛维在《保卫公共社会学》的演讲中所列举的,当科尔曼、保罗·罗达和威尔逊等政策提案失败时,他们在那时就从政策社会学转向了公共社会学。确实,许多著名的社会学家占据了十分重要的位置,比如吉登斯、布尔迪厄、科尔曼等。但是需要注意的是,对大多数社会学研究者,特别是年轻学者,四种角色之间的游走在现实中并非可以那么游刃有余。对于大部分人而言,只能在一个时间段占据相应的某一个位置。

首先是专业和公共的张力。公共社会学并非一腔热血投入即可成功。公共社会学需要专业社会学的深厚底蕴支撑,才能保持它的可持续性。对单个社会学家而言,如果自身没有一定程度的理论奠基,那么其在介入时可能乏力。而且面对快速变化的现实,理论可能失效。当然,公共社会学可以推动理论研究的进程,如布洛维所认为的,专业社会学的活力取决于以公共社会学为媒介的不断的公共事务的挑战。正是公民权利运动改变了社会学家对政治的理解,也正是女权主义运动给社会学如此多的领域指出了新的方向。[1]

但专业社会学研究的深入和公共社会学的投入都需要足够的时间和精力,这样就会遇到社会学职业生涯和公共理想的张力。今天对社会学的职业生涯的规定是严苛的,从研究生阶段开始,社会学的学习者需要完成多门课程,掌握深奥的文本或抽象的技术,然后为达到毕业要求,进行论文写作,论文发表。等到毕业,幸运者可以获得一个临时教员职位,但这仅是一个开始,他要为可以永久留下而奋斗,既要完成教学工作,又要完成既定的科研指标,以及其他事务。可以说,留给青年社会学研究者从事公共社会学的时间非常少。Sprague 和 Laube 两位学者对 50 位学术界的女性主义进行访谈发现,专业社会学文化和学术评估标准是两项最重要的影响公共社会学开展的制度性因素,[2] 同时,跟公众对话,特别是与成熟度不高的公众沟通,需要投入时间和精力。特别是在当下,大多数社会运动的对立方形象模糊,目标不定。此外,社会学家同时保持的社会学学习性和理论专业度要同步发展。

其次是独立性和普及性的张力。当社会学家走向公众时,必然希望自己的声音能被更多的公众听到、接受,获得影响力,推进社会对公共问题的理解和解决。公共社会学家在追求普及性时,存在失去独立性的危险,因为可能会为了迎合和取悦公众而牺牲专业的和批判的承诺。特别是在"娱乐至死"的年代,公众可能只想把问题简单化而不是复杂化,

---

[1] 参见布洛维:《公共社会学》,沈原等译,社会科学文献出版社,2007年版。

[2] Fatsis L, *Making Sociology Public: A Critical Analysis of an Old Idea and a Recent Debate*, University of Sussex Press, 2014.

或者纯粹满足自己的情绪体验。当然,面对不够成熟的公众,公共社会学家可能会走向另一个极端,即以居高临下的口吻对公众说话,一些知识分子先驱可能就曾如此,如从米尔斯对"大众社会"的轻视中可以发现这一点。①

从事公共社会学是一件复杂且需要勇气的志业,他们是默默无闻的。② 但不管如何,公共性是社会学自诞生之初起就具有的气质,因而,无论社会学家目前所处哪个领域,都可以保持其公共面向,比如专业社会学者可以将其研究成果以一种可接近的方式展现在公众面前。

三、公共社会学的研究方法

如何开展公共社会学?倡导者布洛维认为,不止有一种研究框架、理论、方法和研究对象,对于公共社会学来说,首先要意识到有一个公众的存在。③ 面对公共社会学多元丰富的研究议题,仅靠一种方法根本难以解码。一般而言,社会学传统的研究进路是以调查研究(survey research)为代表的实证模式。实证的研究方法强调研究者要与研究对象保持距离,尽可能避免因卷入其所研究的世界而对研究的环境产生影响。在这种实证的模式中,研究者相对于其研究的世界是价值无涉的外部观察者,收集到的数据以可靠、可重复和有代表性为衡量标准。但其实长久以来,学界对社会思想的参与问题一直有所争论,讨论基本围绕着两对主要的张力或矛盾展开。第一对矛盾是最基础的,即一类人拒绝所有的参与想法,他们认为关于社会问题,只有脱离了所有的斗争或政治活动才算是科学行为;相反,另一类人认为,不可能将分析和行动与知识或者至少是想法的生产及其传播截然分开。④ 公共社会学的倡导者布洛维则是后一种想法的支持者。相对于实证科学,布洛维提出了科学的反思模式。布洛维认为在反思性科学中,以研究者的参与为前提,通过将理论带入研究现场并进行多重对话来达成对经验现象的解释。在实证模式中,社会科学站在它所研究的世界背后观察它;但是在反思模式中,社会理论干预它试图去理解的世界,破坏它自己分析的稳定。他认为卡尔·波兰尼提倡的"栖居"理论是这种科学的反思模式(reflexive mode of science)的基础,这种反思模式将"参与"(engagement)而不是"超然"(detachment)看作是获取知识的途径。⑤ 反思性科学遵循干预、过程、结构化和重建原则。在布氏的理解中,社会现象并不是固定在某一个地方,等待研究者去精确描摹,更多时候是在对压力的反应方式中显露出现。社会关系只是在受到挤压时才会显露出来,而研究者在开展田野

---

① 参见布洛维:《公共社会学》,沈原等译,社会科学文献出版社,2007年版。
② 参见布洛维:《奥巴马时代的公共社会学》,谢洪波译,《华中师范大学研究生学报》,2013年第2期。
③ 参见布洛维:《公共社会学》,沈原等译,社会科学文献出版社,2007年版。
④ 参见维沃尔卡:《社会学前沿九讲》,王鲲等译,中国大百科全书出版社,2017年版。
⑤ 参见布洛维:《公共社会学》,沈原等译,社会科学文献出版社,2007年版。

工作时，他进入、在场甚至退出都已经是一种"干预"。① 布洛维将反思性科学应用到了民族志研究当中，形成了拓展个案法（the Extended Case Method）。

所谓拓展个案法，就是一种通过参与观察，将日常生活置于超地方和历史性情境中加以考察的研究方法。它由英国社会人类学的曼彻斯特学派首创，布洛维将之发展。扩展主要体现在四个层面：从观察者拓展到参与者；对于时空观察上的拓展；从对社会过程的分析拓展到对外部社会力量的分析；理论的拓展。每一拓展都包括了一种对话：参与者与观察者的对话；田野中绵延不断的事件之间的对话；微观与宏观的对话；理论之间的对话。② 由此达到应用反思性科学之目的，从"特殊"中抽取出"一般"，从"微观"移动到"宏观"，并将"现在"和"过去"建立连接以预测"未来"——所有这一切都依赖于事先存在的理。③ 在布洛维的研究生涯中，他利用拓展个案法在赞比亚、匈牙利、俄罗斯、美国等国家进行了一系列的参与式研究，完成了著名的劳工三部曲——《制造同意》《生产的政治》《辉煌的过去》。

拓展个案法可以归入"社会学干预"的一种方法。在当代社会学中，讨论"社会学干预"或者说"社会学参与"的不止布洛维一人。图海纳及其学派就系统阐释过"行动社会学"及"社会学干预"方法。20世纪70年代，法国学者图海纳构建了"行动社会学"，并发展出"社会学干预"方法，以弥合存在于结构与行动、理论与实践之间的鸿沟，重新发现研究过程中的行动力量。图海纳为社会学干预设定了四个基本原则：① 与社会运动本身建立面对面的直接接触；② 超越意识形态话语；③ 将运动置于一个情景中，通过与运动双方对话，突显所争夺的社会和文化目标（social and cultural stakes）；④ 研究者的两种功能：激励者和秘书，他们将对行动者的观察和理解转化为社会行动理论范畴，以增强行动者的能力。④ 这一套社会学干预的方法其实是对质性研究的本质、研究者与研究参与者之间的关系、社会学的学科本质等重要议题的反思。⑤ 本土社会学者沈原在对图海纳的"社会学干预"方法进行修正的基础上，针对中国转型社会的实际状况，提出了社会学的"弱干预"和"强干预"。⑥

虽然选择何种方法进行研究应以正在研究的问题为导向，但布洛维提醒到，这种工具性观点忽视了选择方法其实就是在选择以什么样的姿态来研究世界：是站在一边还是干预，是试图不偏不倚还是进入对话。⑦ 对于有机公共社会学而言，显然干预的研究方式更

---

① 沈原：《"强干预"与"弱干预"：社会学干预方法的两条途径》，《社会学研究》，2006年第5期。

② 闻翔：《以扩展个案法书写"公共民族志"》，《中国社会科学报》，2013年8月30日，第B02版。

③ 参见布洛维：《公共社会学》，沈原等译，社会科学文献出版社，2007年版。

④ 沈原：《"强干预"与"弱干预"：社会学干预方法的两条途径》，《社会学研究》，2006年第5期。

⑤ 秘舒：《流动儿童社会融入的社会学干预策略——基于天津市J社区的个案研究》，《青年研究》，2016年第5期。

⑥ 沈原：《"强干预"与"弱干预"：社会学干预方法的两条途径》，《社会学研究》，2006年第5期。

⑦ 参见布洛维：《公共社会学》，沈原等译，社会科学文献出版社，2007年版。

具有亲和性，但研究者在以参与的方式进入所研究的世界时，要注意可能存在的支配、沉默、对象化和规范化的威胁。

最后，在具体实践有机公共社会学方面，美国学者格伦提出了一套公共社会学的评估标准，包括：社会学家无法评估终极价值，但可根据实现终极价值方面的有效性来设计和评估手段，以及评估衍生价值；避免取悦他人；反对毫无根据的主张；交流社会学的潜在贡献及其知识的局限性；为世界更美好而努力；参与有效的交流；捍卫社会学的可信性和地位。① 公共社会学也涉及面向学院外的公众写作，因此一些学者也对如何进行公共社会学的写作发表了观点。如甘斯认为公共社会学主要以书面的形式写作以帮助普通公众了解他们所生活的社会，因此建议可以与新闻等人文学科合作，以多样化的方式呈现他们的研究报告，如杂志文章、纪录片等②；Damon Mayrl 和 Laurel Westbrook 两位学者提出公共社会学成功的基础是问责（accountability），即向公众负责，其需要通过以相互尊重的态度同所面向的公众进行真诚的接触而实现，且由对话（dialogue）、相关性（relevance）和可及性（accessibility）这三部分构成③。总体而言，关于具体如何有效、更好地实践公共社会学仍在探索中，要实现有用的公共社会学，需要社会学家们重新唤起强大的社会学想象力。

四、公共社会学的交叉与协作

在复杂的现代社会中，公共社会学真正得以实践，协作必不可少。所谓交叉和协作，既来自不同价值观/研究视角的社会学研究者之间的内部协作，也是社会学与其"交叉学科"合作，就同一个公共议题展开协同研究。同时，在学术圈外，公共社会学也需与大众媒体和与其对话的公众进行合作。

公共社会学呼吁社会学走出学院围墙，重回公众，重担道德承诺。社会学要面向社会的多样化公众，参与到各类社会组织和社会运动中。针对公共社会学的这一倡议，一些社会学家评判以"自大的公共社会学"④。因为在当下社会，何为道德、何为正义已非那么清晰可辨。从20世纪60年代开始，越来越多的国家不得不面对文化差异性问题。这种差异问题随着人口流动超越地域性转向全球，并且以错综复杂的方式关联到社会的其他层面，如文化差异与社会不平等之间的关系。在公共空间的论争中，社群主义、自由主义等都有自己的价值判断基础，从各自的角度考量政治方案的公正性、政策的好坏等。其次，有机公共社会学试图提供一种有关社会问题的解决方案，但是现代社会问题起因复杂难

---

① Glenn N D, "Some Suggested Standards for Distinguishing Between Good and Bad Public Sociology", *in Handbook of Public Sociology*, Rowman and Littlefield, 2009.

② Gans H J, "A Sociology for Public Sociology: Some Needed Disciplinary Changes for Creating Public Sociology", *in Handbook of Public Sociology*, Rowman and Littlefield, 2009.

③ Mayrl D, Westbrook L, "On Writing Public Sociology: Accountability Through Accessibility, Dialogue, and Relevance", *in Handbook of Public Sociology*, Rowman and Littlefield, 2009.

④ Charles Tittle R, "The Arrogance of Public Sociology", *in Social Forces*, 2004, 82, pp. 1639-1643.

辨，目前大多数的社会学研究只是站在某一角度给出一种解释，而一种研究成果的解释力毕竟有限。

正如上所述，在对公共社会学的质疑声中，主题之一就是公共社会学要重返公众，如何构筑起知识的可靠性，以实现其承诺，途径之一就是进行跨学科的联合。正如美国纽约城市大学社会学教授斯坦利·阿罗诺维茨就布洛维的《公共社会学的批判转向》一文发表的评论指出，布洛维所呼吁的公共社会学关键在于重建公共知识分子群体，并进行跨学科研究。① 其实布洛维在《保卫公共社会学》的演讲中也已经提到，社会学与其相邻的学科发展出交换和合作关系，其所称的四种社会学在各自的知识界面上，存在跨学科的借鉴或者输入。公共知识的进展则通常来自多学科的合作，比如"共享行为研究"将各个学科的学术社群联合起来。每个学术社群确定一个研究议题——公共住房、环境污染、疾病、最低生活工资、教育等，然后再通过一个跨学科的团队来框构和最终形成研究路径。②

20世纪下半叶，面对19世纪以降社会科学越来越分化、专业化的图景，沃勒斯坦等人在纲领性著作《开放社会科学》中发起了"重建一种开放的社会科学"的口号。在《开放社会科学》中，沃勒斯坦及其合作者提醒到，学科分化一开始只是欧美世界的历史产物。随后几百年时间中逐渐在全球范围内取得支配地位的过程，是将这一制度化的形式与其背后的理论预设在更广的空间内不断强化和再生产的过程，也是一个外部的经济社会因素及依附于其上的意识形态经由社会科学家自身的接受而逐渐获得合法性的过程。其后果不仅遮蔽了社会科学家的视野和思维，还导致社会科学家研究成果的解释力下降。更重要的是，封闭的逻辑一旦生成，它就不会自动停止，反而会继续扮演着"复制"的角色：它在每一个人的头脑中装上相同的系统，从而摧毁掉本应存在的社会科学的自主性与多样性。③ 不过，面向这种统一社会科学迈进的号召，布洛维认为，新的统一的社会科学太容易消解掉自反性，而这恰恰是社会科学的批判和公共的品质。在一个充满宰制的世界中，统一很容易就变成有权势者的统一。进一步，布氏认为社会科学不是一个学科的大熔炉，因为各门学科代表了不同的和相反的利益——首先的也是最重要的利益就是维护这些学科的知识所赖以立足的基础。如果说经济学的立场是市场及其扩展，政治科学的立场是国家和维护政治稳定，那么社会学的立场就是保卫社会性（the social）。④ 从各门学科存在自身立场及其代表利益的角度出发，在公共议题上展开的学科间的协作中，社会学在保留其立场的基础上发挥作用。

除了跨学科的协同外，为了解决"谁来听"的问题，公共社会学需与大众媒体发展合作关系，包括地方性报纸、电台、网络论坛等。对公共社会学而言，保持或者培育公众是其关键的任务。能在各种媒介上通过发表来自社会学的观点，引发公众对此问题的有理性的讨论（公共社会学家亦可参与讨论）是发展公众的重要途径之一。同样，媒体的报道还能普及和宣传公共社会学，获得公众对公共社会学的认知和认可。公共社会学的倡导者们

---

① Aronowitz S, "Comments on Michael Burawoy's 'The Critical Turn to Public Sociology'", in *Critical Sociology*, 2005, 31, pp. 333-338.
② 参见布洛维：《公共社会学》，沈原等译，社会科学文献出版社，2007年版。
③ 吕鹏：《"开放社会科学"的八年之痒》，《国际社会科学杂志》，2009年第1期。
④ 参见布洛维：《公共社会学》，沈原等译，社会科学文献出版社，2007年版。

认为，社会学需要同新闻业发展合作关系。① 此外，公共社会学也要与不同类型的公众展开对话和合作。美国社会学协会公共社会制度化工作组 2005 年对 160 多名美国社会学协会成员网络调查的结果表明，许多公共社会学项目都是研究团队的一部分，涉及来自多个学科的学术研究人员和社区领导者，他们对所研究的社区有深入的了解。

第三节 公共社会学研究实例

一、公共社会学的两个案例

公共社会学的重要性不仅依赖其传给专业社会学的活力，也依赖其与公众的对话。② 公众是多样的，可以是潜在和可见、主动和被动、弥散和稠密，社区、地方、国家乃至全球。③ 社会学需要促进积极公众的形成，即有能力做出影响自己生活的重要决策的公众。④ 对于中国社会而言，社会学需要发掘和培育公众，建构社会学与公众对话的空间，引导并推动公众介入公众议题讨论，创建一个具有自主性的"社会"。如何参与建构积极的公众？笔者将摘取国内外两个有机公共社会学的案例以做启发。第一个案例是波士顿学院的媒体研究和行动计划（Media Research and Action Project，简称 MRAP），MRAP 从 20 世纪 80 年代启动，历时较长。第二个案例来自国内清华大学社会学系在河北省白沟镇的实践，这个案例已收录在 Rowman & Littlefield 出版社出版的《公共社会学手册》（*Handbook of Public Sociology*）中。就公众而言，一个是现存的，一个是发掘而来的；一个是已组织起来的，一个是弥散的。两个案例均展现了社会学家和公众主体合作解决社会问题的过程，让公众通过参与而获得赋权。

首先，波士顿学院的媒体研究和行动计划（MRAP）致力于帮助非营利组织、社区、劳工和其他社会运动团体在媒介上更好地表现社会议题，特别是边缘群体。MRAP 始于 20 世纪 80 年代中期，至今共经历了三个阶段。起初，MRAP 是每周开设一次研讨会，作为关注大众媒体和社会运动的公共社会学孵化器而存在。学院研究生们和来自不同学校、不同学科的教员们都参与到研讨中；同时，地方社区的组织者们也参加培训，和 MRAP 的学者们合作制定媒体战略规划。20 世纪 90 年代中期，MRAP 进入

---

① Gans H J, "A Sociology for Public Sociology: Some Needed Disciplinary Changes for Creating Public Sociology", *in Handbook of Public Sociology*, Rowman and Littlefield, 2009.

② 布洛维：《奥巴马时代的公共社会学》，谢洪波译，《华中师范大学研究生学报》，2013 年第 2 期。

③ Burawoy M, et al, "Public Sociologies: A Symposium form Boston College", *in Social Problems*, 2004, 51, pp. 103-130.

④ Aronowitz S, "Comments on Michael Burawoy's 'The Critical Turn to Public Sociology'", *in Critical Sociology*, 2005, 31, pp. 333-338.

了第二阶段——社区外展阶段，主要涉及积极寻求外部资金支持并与社区组织建立长期关系。这一阶段最重要的两个项目是与罗德岛反家庭暴力联盟（Rhode Island Coalition Against Domestic Violence）的合作以及媒体研究员计划。媒体研究员是由社区组织提名的社区活动家，他们在一年或两年的时间内每月花几天时间与 MRAP 工作人员合作，以加强他们所代表组织的媒体能力。虽然与地方组织合作原则上很好，但实际合作过程并不顺利。尽管大家具有共同的目标，社区-大学合作伙伴关系通常涉及社区组织、大学、资助者以及政府机构之间的三方或四方谈判。2003 年夏天，MRAP 关闭了外展计划，再次成为研讨会和公共社会学的孵化器。虽然波士顿学院为 MRAP 以及公共和批判社会学提供了一个支持性的环境，MRAP 具有制度合法性，但在为地方社区赋权的过程中也面临着许多困难的挑战和挫折，其中最重要的一点是经济条件限制。为了获得基金支持，MRAP 工作人员需要花大量的时间培养与基金会官员的关系以及写拨款申请，以至于挤占了实践公共社会学的时间。

这个项目主要以威廉·盖森的媒介框架理论为专业基础。在项目中，盖森的主要身份是专业社会学学者，但同时也以自身的专业知识支持 MRAP 的公共社会学实践。盖森认为公共社会学有助于保持其专业社会学的现实基础。在过去公共社会学的经历中，他证实了媒介框架理论的实用性，也发现不少专业社会理论中的多重模糊性、限制性和想当然的假设。[1] 另一位管理者夏洛特·莱恩提出，MRAP 与地方社区的全面合作通常需 5~7 年才能见效。然而，游牧式的学术市场使社会学家难以做出长期承诺。如果合作停滞不前或调查结果有分歧，则意味着失去发文机会，而不是获得深化理论的绝佳机会。公共社会学的实践与专业社会学的职业生涯充满了张力。[2] 整体而言，从这个案例中可以看到，公共社会学与他们的公众之间的对话是由专业、批判、政策面向支撑的。

其次，国内的有机公共社会学实践案例是清华大学的"白沟项目"（Baigou Project）。"白沟项目"同样为我们展示了一个从专业社会学启动，通过政策社会学扩展相关性，经历批判社会学重塑方向，最后达致有机公共社会学，培育工人公民意识和阶级意识的故事。"白沟项目"始于对中国北方袋子工业的起源和性质的调查。结果发现，人际网络化劳动力市场、劳动生活空间重叠等五个工厂的组织特征，将农民工置于不合格和危险的工作环境中。在此基础上，一个工厂的悲剧性事件促成项目采取了政策社会学的举措——"送医送法下乡入户"，通过告知劳动者劳动法的规定，改善劳动者的生活条件。有限的结果表明，有机公共社会学需要一个更广泛的项目。为了提高工人的阶级觉悟和自信心，该项目建立了一所设有图书馆和英语、计算机技能、劳动法课程的夜校。夜校引起媒体的关注并获得报道，同时也吸引一些劳工非政府组织加入，与研究团队展开合作。最后，随着项目的演进，更多元的公众参与项目，如医生、律师、来自不同学科的学生和教师、志愿者、政府官员、非政府组织、当地居民等。批判社会学在整个项目中发挥了重要作用。它强化了研究者的道德立场，提供了设计和评价项目的指导原则和标准，并激发了该项目从专业到政策再到公共社会学的演变。通过两年的项目运行，胡丽娜总结，在一个公共社会

---

[1] Gamson William, "Life on the Interface", *in Social Problems*, 2004, 51, pp. 106-110.
[2] Burawoy M, et al, "Public Sociologies: A Symposium form Boston College", *in Social Problems*, 2004, 51, pp. 103-130.

学项目中赋权底层群体有四大原则：实践与认知的统一；赋权与服务的统一；灌输式教育与启发式教育的统一；向外服务与向内反思的统一。[①]

实践公共社会学复杂且富有挑战，有时也充满偶然性。但是如果一时间无法参与到一个更广泛的项目中时，我们也可以从小事做起，聚沙成塔，如借助自媒体就一些热点公共议题撰写评论或文章，如孙立平老师的"孙立平社会观察"；也可以创建讨论小组和会议，如加拿大 Ariane Hanemaaye 和 Christopher Schneider 发起"周日社会学家"活动，在咖啡厅中把社会学带给公众，以及把公众带到开放的教室，社会学人与公众相互合作讨论，互相激发社会学想象力[②]；也可以在数字空间中创建社交媒体课堂，如国际社会学协会（ISA）的"Public Sociology, Live!"。

二、公共社会学与中国基层社会

纵观国外的公共社会学实践，基层社会已经成为重要场域，如公共社会学实践案例集《公共社会学：研究、行动和变革》（*Public Sociology: Research, Action, and Change*）的主编所总结，公共社会学的目标是在社区背景下促进社会变革，协助非营利组织或社会服务机构开展活动，影响地方、区域乃至国家政策，通过媒介向大众宣传关键性政策，以及建立研究中心以开发和实施研究员和参与者之间的合作性研究。[③]

正如前所述，公共社会学这项实践并非始于布洛维，早在公共社会学正式被提出之前，就存在面向公众的社会学实践。同样，把目光转向本土社会学，自社会学引入到当下，仔细梳理，实际上本土社会学不乏公共面向的实践，只是缺少识别，没有冠以"公共社会学"之名。

20世纪二三十年代的中国社会学开创者们已经在实践意义上践行着公共社会学，试图通过社会学的公共面向"开启明智"。其中具有标杆意义的当属 1926 年起晏阳初、李景汉等扎根十年的定县实验，1928 年起由吴文藻所在的燕京大学社会学系引领的清河实验，以及 1931 年起梁漱溟在邹平推动的乡村建设。[④] 虽然由于各种社会政治原因，这些实验均未达到预期目的，但都坚持面向公共，将平民教育与乡村改造紧密结合，以期整体推进社会变迁。

回到当下的中国社会基层，社区建设、社区实验、社区变革比以往任何时候都来得活跃。这个与普通公众联系最紧密的场域，正需要社会学学者参与，介入变革，以推动社区自治和提升居民福祉。下面将通过介绍社区协商和社区营造两个方面的实践案例抛砖引玉，以期启发更多的社会学人进行公共性的社会学实践。

---

① Lina Hu, "Integrating the Four Sociologies: The 'Baigou Project' in China", *in Handbook of Public Sociology*, Rowman and Littlefield, 2009.

② Hanemaayer A, Schneider J C, "Practicing Public Sociology", *in Global Dialogue*, 2015 (5.1).

③ Nyden P, et al, *Public Sociology: Research, Action, and Change*, Sage Publications, 2011.

④ 闵学勤：《社区协商：让基层治理运转起来》，《南京社会科学》，2015 年第 6 期。

首先在社区协商方面。正如布洛维所呼吁的，我们需要促进、改善和保护参与式民主的各种条件。[①] 如果说参与式民主过于激进而无法实践，那么继承发展参与式民主而来的协商民主则更具实践性。当然目前在国内甚至世界范围内，有关协商民主的技术运用还不成熟，对它的质疑也从未停止。但是相比其他治理方式，协商模式最大范围地激起了公众参与，对社会治理的公开性、参与性和回馈性特征也做了最大程度的响应，目前最需要是规模化、常态化的试验。[②] 在这场潜在的协商变革中，笔者也有幸作为社会学人参与其中。笔者于2015—2018年主导并全程参与了鼓楼区的社区协商实验，这个实验初期主要面向基层政府、社居委及社区社工，实验过程中纳入社区民间精英，最后逐渐扩散到社区普通居民。在实验过程中，笔记与团队调研、培训和导入社区协商的理念和行动法则同步进行，协助搭建能让普通居民参与的协商平台、选择协商模式、建构社区自身的协商文化等。这样的社会学实践，其实是把社会科学知识赋权给了普通民众，让他们有意识、有能力参与到公共生活中。不可否认，在当下中国，公共意识、社群精神的培育仍需长期的努力。

另一公共社会学嵌入的中国基层实践是在社区营造实践方面。社区营造最早缘起于20世纪二三十年代的英美等工业化的早发国家。近几年社区营造之风刮向中国，一反欧美和东亚先发地区自上而下的更新模式，在我国，更多的是来自民间的力量，包括社会组织率先引入社区营造理念、设计师走进社区参与社区设计、社会学学者在社区进行社区营造实验等。社区营造实践在北京、上海、成都、广州和成都等地蓬勃而起，相关基层政府也随之而动开展各类微更新大赛。例如2016年，上海城市空间艺术季发起了"行走上海——社区空间微更新计划"，十多个社区被挑选成为改造基地进行了微更新。越来越多的建筑师和设计师突破传统的职业定位，更加主动地加入社区营造中，在优化空间组成、激活生活方式和更新社区公共生活品质的议题上发挥了新的作用。[③] 2018年，由南京市社建工委牵头，首次在南京开展"公共空间'微更新，微幸福'"活动，全市12个区近50个社区参与角逐，从社区微更新主题设计到落地建成，再到接受专家最终评估的全部过程，活动持续了整整一年。个体为什么要参与社区营造？人人都是社会人，都需要公共生活，美好生活不仅停留在个体领域，还需要嵌入公共领域。阿伦特、哈贝马斯和桑内特等三位著名学者都曾在各自不同的历史和社会背景下描述过"政治意义上的公共领域""平民性的公共领域""公共生活的可能衰减"，几乎涵盖了人类公共生活演进的全部。而除了单位之外，社区是人们最低成本参与公共生活的场所，且社区营造本质上是以创造社区公共美好生活为出发点。像在南京栖霞，大部分社区营造对社区空间做了微更新。事实上从一开始的方案拟定到最终落地实施和长时间维护，在许多成熟的掌上社区里都会全程播报，甚至还会不定期直播，居民只要拥有智能手机，熟悉互联网在线平台，就能时时分享在线社区营造信息，与自己每天亲历的场所有关，又被轮番的视频、图片和文字信息刺激，有些邻里已纷纷加入，居民们想不发声、不参与也是有难度的。[④]

---

① Burawoy M，"2004 Presidential Address: For Public Sociology"，*in American Sociological Review*，2005，70，pp.4-28.
② 闵学勤：《社区协商：让基层治理运转起来》，《南京社会科学》，2015年第6期。
③ 倪旻卿、朱明洁：《开放营造：为弹性城市而设计》，同济大学出版社，2017年版。
④ 闵学勤：《城市更新视野下的社区营造与美好生活》，《求索》，2019年第3期。

三、全球化下的公共社会学

对当下社会生活而言，全球化已是一股绕不开的作用力。这股无形的力量不但作用在国家、组织层面，也影响着世界各个角落的人们的日常生活。虽然并不是每个人都有机会游走在全球化的空间内，但仅是通过各类媒介，也感知到了很多有关世界的信息。全球化对我们今天的生活而言，并不是"附属物"，而是"我们生活环境的转变"，是"我们现在的生活方式"。① 因此，不管是拥抱、欢呼全球化，还是反全球化、视全球化为罪恶的渊薮，不管是"幸福全球化"还是"非正义全球化"，全球化已深入世界各个领域和个体的日常生活中。借由通信技术和物流体系，资本、信息、技术、人员、商品等各种事物冲破疆域，以前所未有的速度在全球范围内流通。正是在这样的背景下，公共社会学需要对这种变化了的社会实际进行回应。正如公共社会学倡导者布洛维所提醒的，相较于第一波市场化时期，当前的公共社会学需有全球向度。

首先，作为时髦词汇，"全球化"概念各家莫衷一是，但可以肯定的是，全球化之于公共社会学而言，既是一种正在进行的涉及经济、文化、政治等多个层面的现象，也是对这种现象进行研究的工具，同时也是一种研究思维。所以全球化既是研究的对象，也是研究的工具，更是研究的思维。

那么，"全球化"描述了怎样一种现象？毋庸置疑，全球化发端于经济领域，但如若仅限于经济层面认识全球化，未免太过单一和肤浅。去地域化的文化动力需引起关注，其不仅适用于跨国公司和金融市场，也适用于民族群体、教派运动和政治派别，因为它们的行动模式越来越超越特定地理界限和身份。② 20世纪90年代以来，"文明的冲突""草根全球化""全球本地化""全球想象共同体""全球网络"等诸多对全球化的诊断相继而来，且不管其把脉是否精准，已足够揭示全球化的多维结果性。相应地，全球化概念不能唯经济，需纳入制度、话语实践、符号和想象。

其次，正是全球化这种现实基础需要改变我们的研究工具。当下对于社会运动、社会不平等、消费文化等的描述和理解均需借助此方法。在全球化背景下，社会学需要反思长久以来被认为不证自明的假设：第一是民族国家作为社会过程地理容器的假设；第二是国家领土与国家之间的隐含对应关系。③

"社会"是社会学得以安身立命之地。传统主流社会学关于社会的想象均是在民族国家的框架之内，社会事实、社会关系或者社会行动的发生范围均在国境线内。也正是在国家框架内，社会整合得以展开。而如今，社会学面对的社会行动或社会关系的空间和形态侵入了"国际关系"的传统空间，结束了国家近乎垄断的角色。④ 行动者在扩大，新的行动者出现了，行动即使发生在国家领土内，其性质也可能超越国家性质。因此，对当代许多问题的研究，难以在单个国家、民族社会的层次上进行充分研究，

---

① 吉登斯：《失控的世界》，周红云译，江西人民出版社，2001年版。
② 维沃尔卡：《社会学前沿九讲》，王鲲等译，中国大百科全书出版社，2017年版。
③ Sassen S, *A Sociology of Globalization*, Análisis Politico, 2007.
④ 维沃尔卡：《社会学前沿九讲》，王鲲等译，中国大百科全书出版社，2017年版。

需从全球（跨国）过程的角度去加以思考。全球化打破了现代社会置于现代国家之内的不言而喻，将社会囿于国境线内显然不合时宜。社会学需要扩展其研究空间和想象空间，不仅关注如国际社会组织这类显性的全球进程，也要敏锐地洞察到隐藏在地方性表面下的全球属性。当然这并不是说国家概念不重要，当代虽然民族国家遭遇到挑战，但其影响力仍旧很强大。

最后，公共社会学无论是在参与上还是在研究上，均需要全球思维。公共社会学所倡导的议题、所参与的主题、对面向公众的界定、进行调研的范围、所使用的分析框架、对参与或者研究所要达成目标的设定，均需突破原有的"国家-社会"思维定式，接受混合着多种逻辑、多种维度的全球思维。如葡萄牙社会学家和法学家桑托斯以全球视野分析2015年在法国发生的查理周刊事件。[①]

区别于上文聚焦公共介入的实践案例，本小节主要以人物的形式简介社会学家如何在世界维度上践行公共的社会学。他们中一些人不仅研究全球化，也在全球范围内行动，包括布尔迪厄、贝克、吉登斯、卡斯特、图海纳、维沃尔卡等，他们的思想进入全球公共领域，被广泛讨论，在世界范围内产生巨大影响。以卡斯特和维沃尔卡为例，卡斯特在国内以信息时代三部曲而为大众所知，在2000—2009年社会科学引文索引调查中，其在全球引用最多的社会科学学者中列第五。除了杰出的研究外，他同时也是联合国有关咨询委员会和咨询小组的成员。维沃尔卡是法国当代著名社会学家、当代社会学行动学派的代表人物，以在暴力、恐怖主义、种族主义、社会运动和社会变革理论方面的工作而闻名，曾任国际社会学协会主席、法国社会科学高等研究院社会运动与社会干预研究中心主任。2017年国内译介了维沃尔卡的著作《社会学前沿九讲》。在该书中，维沃尔卡在全球化背景下集中探讨了社会科学如何研究主体性，全球化，知识生产者的参与，社会运动，文化差异，历史、民族与国家关系，身份认同，暴力，恐怖主义，种族主义等问题，对社会科学研究视角与方法提出了深刻见解。此外，维沃尔卡还在全球公共领域发声，与网友在线交流。还有一些社会学家，以全球视野研究在地化问题，如中国香港学者潘毅关注全球资本下本土劳工，长期跟踪研究富士康；印度社会学家Nandini Sundar则对印度社会的环境抗争、下层政治运动予以关注。

思考题

1. 什么是公共社会学？
2. 公共社会学的研究方法有哪些？什么样的主题适合公共社会学研究？
3. 思考公共社会学在社会学学科中的定位，及其与专业社会学、批判社会学和政策社会学的关系。
4. 简述公共社会学的类型。
5. 如何在数字化时代实践公共社会学？

---

① Santos S，"Charlie Hebdo：Some Tough Quandaries"，*in Global Dialogue*，2015 (5.1).

 **推荐阅读**

1. 麦克·布洛维:《公共社会学》,沈原等译,社会科学文献出版社,2007年版。
2. C. 赖特·米尔斯:《社会学的想象力》,生活·读书·新知三联书店,2016年版。
3. 阿兰·图海纳:《行动社会学:论工业社会》,卞晓平、狄玉明译,社会科学文献出版社,2012年版。
4. 迈克尔·布若威:《制造同意——垄断资本主义劳动过程的变迁》,李荣荣译,商务印书馆,2008年版。
5. 马修·德斯蒙德:《扫地出门:美国城市的贫穷与暴利》,胡䜣谆、郑焕升译,广西师范大学出版社,2018年版。
6. 理查德·A. 波斯纳:《公共知识分子:衰落之研究》,徐昕译,中国政法大学出版社,2002年版。

第八章

传播社会学

第一节
传播与传播社会学

一、传播的定义、要素、类型与社会功能

（一）传播的定义

传播在汉语中的近义词有"传布""传达""传送""传递"等，在英语中与之相对应的是"communication"，其含义包括通信、传达、交流、交往、传染、交通等。作为传播学的最基本概念，传播的主要含义是精神内容的传布。① 传播可以区分为人类传播和非人类传播，人类传播又可以分为社会传播和非社会传播。传播社会学研究的是社会传播而不是人类传播。

（二）传播的要素

美国社会学家、心理学家以及传播学四大奠基人之一的哈罗德·拉斯韦尔提出5W理论，对传播社会学的研究启发很大。5W具体包括"谁"（Who）、"说了什么"（Says What）、"通过什么渠道"（In Which Channel）、"对谁"（To Whom）、"效果如何"（With What Effects）。因此，传播的五大要素指的是构成传播结构/过程的五个基本要素，分别是传者、传播内容、传播渠道（载体）、受者和传播效果，分别对应着传播学研究的控制

---

① 张国良主编：《传播学原理》，复旦大学出版社，2009年版，第3页。

分析、内容分析、媒介分析、受者分析与效果分析。传播的五大要素同时也是传播社会学研究的重要主题之一。5W 理论适用于任何一种传播形式，但实践中则更多地运用于大众传播分析。

传者是指传播信息的生产与发布者。传者作为个人或集团，对信息进行收集、加工与发布。媒体从业人员是典型的传者，如传媒机构的管理层、编辑、记者、主持人等。在当下传者泛化的新媒体时代，网民也成为信息的传播者。

传播内容是指传者生产和传布的信息。社会政治、经济与文化的情境，以及传者、受众、传播渠道、传播制度等要素都会对传播内容产生较大的影响。传播内容是传媒产业的产品。传播社会学对传播内容的研究主要集中于社会与传播内容的互动关系及相互影响。

传播渠道（载体）是指信息传播的工具，如声音、文字、图像、事物的形态等都是信息的承载工具。再如报刊、书籍、广播、电影、电视及网络等都是人们熟悉的大众传播渠道。传播渠道可以分为主流传播渠道与非主流传播渠道。前者如央视、《人民日报》、新华社等，它们直接隶属于政治上层建筑；后者如各种都市类媒体等。麦克卢汉曾将传播渠道区分为两种基本类型：热媒介与冷媒介。

受者是传播信息的解码者，他们借助传播媒介接收传播信息。受众包括读者、观众、听众、网民等。受众是信息传播的目的地，也是信息传播的反馈者，还是传播效果研究的对象。

传播效果是指传者通过传播媒介发布的传播信息对受众产生的影响。如传播媒介的传播活动对社会舆论、受众心理、受众态度以及受众行为的影响等。传播效果可以是直接的或间接的、有意的或无意的，也可以是显性的或潜在的。

（三）传播的类型

1. 自我传播

自我传播（intrapersonal communication），又被称为内向传播或自身传播，是指个体自己与自己进行的内部信息交流。自我传播是个人接受外部信息之后，转而在自己内部进行信息处理的过程。只有自我传播是一种向内的即面向自己的传播活动，它是一种最基本的人类传播活动。社会学家米德将自我区分为主我（I）与客我（Me），主我是行为主体，客我代表社会评价与期待。自我传播便是个体主我与客我之间的信息传播。感知、思考、记忆、想象、情感、谋划、写日记和做梦等都是自我传播的类型。自我传播通过信息的自我传受，能够起到清晰思路、调节与平衡心理、做出谋划与决策等作用。自我传播还能起到自我管理的作用，是人际传播、群体传播、组织传播乃至大众传播的前提和基础。自我传播虽属于自己与自己的内部信息交流，但语言符号是社会性的，信息本身也来自社会，因此自我传播同样具有社会性，并非完全属于私人性的。自我传播以社会实践为基础，是现实生活的一种内在化呈现，具有突出的能动性和创造性，其运作遵循着一定的心理学规律。

2. 人际传播

人际传播（interpersonal communication）是指两个或两个以上个体之间的信息交流。

人际传播依据是否面对面交流可以区分为人际直接传播和人际间接传播。人际直接传播是指两个或两个以上个人之间直接的面对面的信息交流，这种信息交流除了运用语言沟通信息之外，还采用类语言、体态语如面部表情、身体姿势等加强表达的强度和丰富性。面对面的人际直接传播具有其他传播形式所不具备的信息丰富性和现场感，交流双方得以获得更生动、综合、具体的信息，信息反馈也更及时有效。人际间接传播是指个体之间借助其他传媒中介进行非面对面的信息交流，如写信、打电话、聊微信、发邮件、交互电视和网络互动等属于人际间接传播。一定形式的传播技术是人际间接传播得以实现的前提，人们通过各种传播技术以克服时间、空间的限制从而进行交流活动。人际传播是一种社会性活动，具有社会性特征。交流中的每个人都同时具有传者和受者两种角色，即既是信息的发出者也是接受者。个体之间通过人际传播交流知识、观念和情感，形成人际间的社会交往，通过相互影响最终达成某种社会共识。

3. 组织传播

组织传播（organization communication）是指在组织内部或外部开展的信息交流活动。组织内部的信息交流即组织内传播，是指成员与成员、部门与部门、部门与成员之间进行的信息交流活动。组织内传播包括文件、报告、信件、会议、电话、闭路电视、内部报纸杂志、内部网络系统等形式。组织内传播可以进一步划分为纵向传播与横向传播，其中纵向传播又可以分为下行传播和上行传播。下行传播是指信息在组织中自上而下的传播活动，上行传播是信息在组织中自下而上的传播活动。横向传播是组织内同级部门与成员之间的信息交流活动。下行传播、上行传播以及横向传播作为组织内部的正式传播都需要一定的组织制度加以规范。另外，组织内部还存在着非正式传播，包括组织内的非正式人际传播和非正式的小群体传播。组织外部的信息交流即组织外传播，是指组织与外部环境之间的信息交流活动。组织外传播包括组织公关、广告宣传、组织形象宣传等形式。组织传播能够起到内部协调、组织管理、达成共识、形成决策等作用。组织传播的目的在于消除组织内部与外部所面临的各种不确定、不稳定，整合组织成员形成合力确保组织目标的顺利达成。

4. 群体传播

社会个体大多以正式或非正式群体成员的形式存在。正式群体的传播是一种组织传播，非正式群体的传播被称为群体传播。群体传播（group communication）是指组织以外的非正式群体的传播活动，是群体与成员、成员与成员之间进行的信息交流活动。个体往往是群体中的个体，群体传播能够帮助个体获取各种信息以减少生活的不确定性和不可预测性。群体传播中形成的一致意见会导致群体压力的产生。而群体压力有助于个体形成群体意识与从众行为，这使得群体传播、群体意识和行为成为社会结构与社会秩序再生产的有机组成部分。群体传播中包含面对面的直接传播，群体中的意见领袖对其他群体成员的信息接收起着十分重要的影响作用，从而使信息传播呈现二级传递的特征。

5. 大众传播

大众传播（mass communication）是指传媒机构通过报纸、杂志、书籍、广播、电影、电视和网络等大众传播工具面向大规模社会人群进行信息传达的现代专业化传播活动。相对而言，大众传播是各种传播类型中传播面最广、影响力最大的。美国传播学家梅尔文·德弗勒认为，"大众传播是一个过程。在这个过程中，职业传播者利用机械媒介广泛、迅速、持续不断地发出讯息，目的是使人数众多、成分复杂的受众分享传播者要表达的含义"①。大众传播有其优缺点。"其主要优点为：快——传播的速度快；广——传播的范围广；多——传播的信息数量多；好——传播的信息质量（清晰度、保真度）好。主要缺点则是：反馈不及时、不直接、不充分"。②

（四）传播的社会功能

功能是指作用，社会功能即指社会作用，传播的社会功能是指传播所起到的社会作用。传播的功能在于传受信息，而对信息的传受则会派生出其他一些更为具体的社会功能。例如传播学家哈罗德·拉斯韦尔提出了传播的"三种社会功能说"，即监视环境的功能、社会协调与整合的功能和文化传承（或传承社会遗产）的功能。美国社会学家查尔斯·赖特在此基础上又增加了一个功能——娱乐功能，将拉斯韦尔的"三功能说"扩展为"四功能说"。

1. 监视环境的功能

美国传播学家哈罗德·拉斯韦尔在《传播的社会结构与功能》一文中指出，传播具有监视社会环境的功能。无独有偶，威尔伯·施拉姆在其《传播学概论》一书中，也认为传播具有雷达功能。拉斯韦尔认为，由于自然与社会环境都处在不断变化当中，个体必须感知并适应这种变化才能确保自身与社会的良性发展。现代社会充满了风险，出于及时调整以适应变化的迫切需要，人们通过传播活动以及时把握社会环境中的发展与变化。信息传播活动有助于人们准确把握社会变迁并做出相应的决策。一方面，传播提供的各种信息能够帮助社会成员了解社会实际状况。另一方面，传播还能提供各种预警性信息，帮助人们提早规避可能到来的风险。

2. 社会协调与整合的功能

哈罗德·拉斯韦尔在《传播的社会结构与功能》一文中还指出，传播具有协调社会关系并促进社会整合的功能。社会建立在分工合作基础上，各社会子系统之间相互作用，有时会产生激烈的竞争与冲突，而传播活动能起到协调社会各子系统的关系，使社会和谐发展的作用。威尔伯·施拉姆在其《传播学概论》一书中认为，传播具有教育和控制的功能。而传播的教育与社会控制能促进社会的协调与整合。因此，有些传播社会学学者认为，传播犹如"社会胶水"，能将社会中各个离散的部分粘合起来。

3. 传承社会遗产的功能

哈罗德·拉斯韦尔认为，传播还具有文化传承的功能。传播能够"使社会规范和知识

---

① 程曼丽、乔云霞主编：《新闻传播学词典》，新华出版社，2012年版，第2页。
② 张国良主编：《传播学原理》，复旦大学出版社，2009年版，第15页。

等精神遗产代代相传"①。社会遗产的传承需要借助代际间的传播活动才能实现。传播的社会遗产传承功能十分重要,因为社会的发展总要以过去的积累为基础。前人的知识、经验、智慧通过传播得以被下一代所接受、保存并不断延续下去。

4. 娱乐的功能

1959年,查尔斯·赖特在哈罗德·拉斯韦尔的"三功能说"基础上增加了一个传播的娱乐功能。威尔伯·施拉姆也在其《传播学概论》一书中明确指出,传播具有娱乐功能。娱乐能使人们放松、休息以重新获得继续工作的活力。就当下这一消费社会而言,传播的娱乐功能被放置在越来越重要的地位。美国传播学家尼尔·波兹曼的《娱乐至死》一书集中分析并批判了现代传播中这一愈演愈烈的娱乐化现象及其趋势。

除了上述关于传播的社会功能之分析外,学术界还有一些其他观点。如英国传播学家沃森和希尔在他们的《传播学和媒介研究词典》一书中归纳了传播更为具体的功能,包括传播帮助人们认识事物的报道功能、帮助人们表达自我的表达功能、作为实现目标的工具功能、规范人们行为的控制功能、促进人们社会交往的社会联系功能、对感兴趣的事物做出反应的刺激功能、减轻忧虑的功能和明确角色的功能等。美国社会学家拉扎斯菲尔德和默顿在《大众传播、大众趣味和有组织的社会行动》一文中较为新颖地提出了大众传播的负功能。拉扎斯菲尔德和默顿认为大众传播具有正功能,但如果不加以控制,大众传播也会带来很多负面影响。大众传播的负功能包括为:"大众传媒持续不懈的宣传会使人们完全丧失辨别力,从而不假思索地顺从现状;媒介是使大众的审美鉴赏力退化和文化水平下降的重要原因;媒介常以低廉的代价占用或剥夺了人们的自由时间;麻醉精神,一是让人沉醉在虚幻的满足之中,二是由此剥夺人的行动能力。"②可见,传播的社会功能多种多样,有其最基本的四种社会功能,也具有很多更为具体的社会功能。社会的不断变迁以及传播技术的发展,也会给传播的社会功能带来一些变化。

二、传播社会学的定义、特点与理论

(一) 传播社会学的定义

传播社会学是一门传播学与社会学的交叉学科,也是社会学的一门分支学科。传播社会学以人类的"传播与社会"为研究对象,是一门将社会学理论和方法运用于传播与社会研究,分析传播的过程及其相关要素,考察传播与社会相互作用、相互影响的规律的学科。因此,传播社会学关注的主题十分广泛,包括传者、传播内容、传播渠道(载体)、受者和传播效果几大要素,也包括传播与人的社会化、传播与人际关系、传播与生活方式、传播与文化、传播与政治、传播与经济、传播与社会控制、传播与社会问题、传播与社会发展以及传播与全球化等。

---

① 张国良主编:《传播学原理》,复旦大学出版社,2009年版,第53页。
② 戴元光、金冠军主编:《传播学通论》,上海交通大学出版社,2000年版,第48页。

(二) 传播社会学的特点

"传媒社会学对传媒的研究具有自己独有的特点：整体性、系统性、联系性、科学性。这些特点和社会学的学科特色、理论诉求是紧密相关的"[①]。传媒社会学与传播社会学虽然称谓有异，"但因为传播和传媒密不可分、水乳交融——传播侧重传播行动，传媒侧重传播工具"[②]，所以对传播社会学特点的分析可以借用传媒社会学的相关分析。

第一，传播社会学具有整体性、系统性特点。社会学主张整体性、系统性地研究社会结构、社会关系与社会行为，传播社会学研究也延续了这一特点。传播社会学的这两个特点体现为，其研究视野同时包括了内外两个系统。传播社会学研究的内部系统包括传者研究、传播内容研究、传播渠道研究、受者研究和传播效果研究。传播社会学对外部系统的研究，涉及传播与人的社会化、传播与人际关系、传播与生活方式、传播与文化、传播与政治、传播与经济、传播与社会控制、传播与社会问题、传播与社会发展、传播与全球化等更广泛的领域。因此，从传播社会学的研究范围看，它是一门整体性、系统性研究传播与社会关系的社会学分支学科。

第二，传播社会学具有联系性特点。社会学主张用联系的观点看待社会中的各种事物，因此有关社会关系、社会互动、社会结构与社会行为、政治经济文化等社会各子系统间的互赖关系等主题成为社会学研究的重点领域。传播社会学秉承社会学的这一特点，在研究中关注传播与社会的各种具体关联，包括传播与社会之间的相互影响、传播与个体行为、传播与社会互动、传播与社会变迁、传播与全球化、传播与文化等，目的在于研究传播与社会之间的各种因果关系和规律。

第三，传播社会学具有科学性特点。社会学特别强调研究方法的科学性，它与其他当下学科一样推崇科学精神，主张应该实事求是地研究社会现象，深刻揭示社会现实的真相。传播社会学在继承社会学系统的研究方法的基础上，发展了属于自身的科学研究方法。它强调研究伦理，采用定量和定性的方法，注重抽样和统计的科学性，其研究方法体系也包含了质性研究、内容分析、调查研究、实验研究和纵向研究等。[③]

(三) 传播社会学的理论

传播社会学具有三个理论流派，分别为传统学派、批判学派和发展学派。

1. 传播社会学的传统学派

传播社会学的传统学派因其发源地在美国，又被称为"美国学派"，又因其研究方法偏重于实证主义，故也被称为"实证学派"。传统学派注重传播社会学的微观研究，社会学的结构功能主义、社会冲突论、符号互动论和社会学习理论等为传统学派提供了丰富的理论资源。

[①] 冯波主编：《传媒社会学》，北京师范大学出版社，2009年版，第8页。
[②] 冯波主编：《传媒社会学》，北京师范大学出版社，2009年版，第4页。
[③] 参见罗杰·D.维曼、约瑟夫·R.多米尼克：《大众媒介研究导论》（第10版），金兼斌等译，清华大学出版社，2019年版。

（1）媒介系统依赖论。美国社会学家和传播学家桑德拉·鲍尔-洛基奇、梅尔文·德弗勒于1976年出版的《大众传播媒介效果的依赖模式》中提出个体、群体与社会机构依赖传媒提供的信息资源以达成自身的目标，而传媒也依赖个体、群体与社会机构提供的资源达到自身目标。当前社会的个体、群体与社会机构需要传媒提供的信息资源以确保自身不断适应外界的变化，确保自身的生存和发展，因此提供大量信息的传媒系统也就成为人们依赖的一个对象。

（2）传媒整合论。英国传播社会学家丹尼斯·麦奎尔于20世纪80年代提出传媒整合理论。该理论认为，传媒生产和传递各种信息，这使它在社会结构中得以关联社会与公众，促进各社会子系统之间的联系与沟通。传媒不仅在个体层面增加人们的互动交往，也在社会各子系统等宏观层面增进理解与合作。可见，传媒是社会中各子系统的联结者，是将社会整合起来的一个基本力量。

（3）情境论。20世纪80年代，美国传播学者梅罗维茨在《空间感的失落》一书中提出，情境应被视为一个信息系统，提醒人们对情境的理解要将信息传播这一重要因素考虑进去。传播技术的不断发展导致传统意义上公共情境与私人情境的界限变得模糊不清，物理空间对信息传播的限制减弱，新信息传播技术的跨空间传播特点，使得人们必须改变传统对情境（环境）的定义。信息得以传播的范围才是情境，也即信息的可获取性、可得性应该成为当前人们理解情境的关键因素。新传播技术的广泛运用，极有可能将戈夫曼意义上的"后台"变成"前台"。房间中一旦安装摄像头、窃听器等，房间内人们交往的情境便会发生了变化。而情境的改变必然会导致人们行为的改变。

（4）观念培养论。观念培养论也被称为形塑论，于20世纪60年代由美国传媒学家乔治·格伯纳提出。该理论发现了"使主流化"现象，即人们受电视等大众传媒所传递的信息及价值观念的长期影响，其价值观念和行为会逐渐和主流文化趋于一致。换言之，持续地传播可以改变人们对现实的认知进而引起行为的改变，即传播能够使人们的观念和行为趋同化。

（5）模式化理论。20世纪70年代，美国心理学家班杜拉在《社会学习理论》中指出，人们大部分社会行为是通过模仿他人形成的，人们通过观察和学习传媒提供的信息从而习得新的行为模式。传播创造了一个媒介环境，个体受到这个环境的长期影响逐渐形成模式化的观念与行为。模式化理论认为，受众模仿与习得传媒中呈现的观念与行为的过程包括四个阶段，即注意、认同、模仿与强化。

2. 传播社会学的批判学派

20世纪60年代，批判学派在欧洲兴起，它与传统学派形成鲜明对比。传统学派侧重实证研究，批判学派则更多地采用定性、批判的方法，"将传播者、传媒和受众等因素，以及传播过程中的各个大小环节，均置于一定的社会、政治、经济制度下加以综合考察"[①]。

（1）大众文化批判理论。法兰克福学派认为资产阶级掌控下的大众传播体系制造了具有腐蚀性的大众文化，导致公众失去了反抗的意志和变革的动力。大众传播体系制造了大

---

① 胡申生、李远行、章友德等：《传播社会学导论》，上海大学出版社，2002年版，第31页。

量"虚假需求",公众在这种"文化工业"的背景下追求满足这些"虚假需求",在此过程中公众丧失了对现实的批判意识和批判能力。资本主义制度下,福利国家、大众传播与现代科技一起控制着公众。大众文化批判理论主张破除由资本主义大众传播参与促成的意识形态霸权,通过批判性思考摆脱思想受奴役的状态,实现民众的真正自由。

(2)政治经济学的传媒理论。提出这一理论的是英国政治经济学者彼得·戈尔汀、安东尼·史密斯、格拉姆·默道特和詹姆斯·克伦等。政治经济学的传媒理论信奉经济基础决定意识形态的观点,侧重研究传媒所有制、市场、政治权力等对传媒的影响。该理论指出,传媒所有者获取经济利益的过程、传播体系所处的政治经济结构、全球化过程中的媒介帝国主义等都是值得研究的议题。

(3)社会文化理论。提出这一理论的是英国伯明翰学派,代表人物包括斯图亚特·霍尔、雷伊蒙德·威廉姆斯等。该理论着眼于传播的社会文化基础,探讨大众传播与大众文化的关系,关注大众传播制造大众文化的过程与机制,分析大众文化之于民众的作用及影响。社会文化理论主张不应只对传播的内容做文本分析,而要将传媒文本与社会文化、社会结构、社会制度结合起来理解。

(4)社会科学学派的理论。美国社会学家默顿是社会科学学派的代表人物。默顿采用结构功能主义的视角研究传媒在社会中的功能定位、信息生产与传播。他认为,大众传播的功能和目的在于维护社会现存秩序,它是整合社会、协调社会关系的工具。大众传播应该回应民众的需求,其对公众产生的影响可以作为衡量其适应社会需求程度的重要标准。

(5)"文化霸权"理论。"文化霸权"理论又被称为"思想统治权"理论,受到马克思主义影响的意大利共产党领导人葛兰西是这一理论的代表人物。"文化霸权"理论认为,在任何时代中,统治阶级的思想总是占据统治地位的思想,即统治阶级拥有思想统治权。而大众传播是资产阶级拥有思想统治权的关键条件,大众传播通过其制造的大众文化为资产阶级确立其统治地位、维护其统治利益做出了巨大贡献。该理论指出,资本主义社会的大众传播通过制造认同的方式让公众认可当前的统治秩序,避免对上层阶层的统治合法性产生怀疑。在制造文化认同的同时,资产阶级通过协商、利益均沾等方法换取被统治阶级的顺从。

3. 传播社会学的发展学派

信息社会中传播技术的发展运用与社会发展之间的关联越来越大,传播如何推动社会发展已成为人们越来越关注的一个问题,在传播社会学建制中也逐渐形成了传播社会学的一个分支——发展学派。发展学派的基本观点包括:第一,大众传播的发达程度是社会发展水平的重要标志之一。第二,传媒是社会经济发展的基础设施之一。第三,大众传播可以对国家的政治和社会心理的发展起积极的促进作用。第四,必须注意避免外来传播技术和传播内容对本国政治、经济、文化发展的消极影响。[①]

(1)勒纳的基本理论模式。美国社会学家丹尼尔·勒纳在1958年出版的《传统社会的消逝——中东的现代化》一书中指出,社会发展有其规律可循,一般都是由传统社会向现代社会迈进,在此过程中传统社会的口头人际传播逐渐让位给现代社会的文字传播与电

---

① 胡申生、李远行、章友德等:《传播社会学导论》,上海大学出版社,2002年版,第38页。

子传播。勒纳认为，城市化、全民教育、普及化的大众传播和公众参与是现代化进程中十分关键的四个要素。大众传播的普及程度可以反映一个社会的现代化程度，而大众传播的普及能推动全民教育、城市化及公众参与。另外，大众传播的发达也将极大地推动个体的现代化。大众传播能够极大地促进民众现代化个性的形成，也能像教育那样提升人们的读写能力与社会见识，激发公众的现代化精神，从而更易于接受新的知识、价值观念、思维和生活方式。

（2）施拉姆的传播发展战略。美国传播学家施拉姆在《大众传播媒介与国家发展——信息对发展中国家的作用》中提出了其传播发展战略。他认为传播对社会发展的作用至关重要。这些作用表现在多个方面，包括对公众现代化素质的提升、对经济发展的促进、对社会变革的助推、对社会震荡的减弱和对农业发展的扶助等。他还指出，目前国与国之间、一个国家内部的不同地区之间都存在着传播不均衡现象，这导致了社会发展的迟滞和国家之间、地区之间社会发展的不平衡。这些信息传播上的不平衡，将进一步加剧原有的各种不平衡，最终给社会发展带来巨大挑战。

第二节 传播社会学的研究主题

一、传播与人的社会化

社会化（socialization）指的是个体与社会相互作用，个体由最初的自然人逐步向社会人转变的过程。个体出生之后接受社会熏陶、形塑而逐步成长，在此过程中，个体从家庭、邻里、社区、学校以及更大范围的社会场域中习得知识、技能、语言、规范、价值观念和行为规范，懂得恰当地处理各种社会关系和扮演各种社会角色。传播与社会化都伴随个体的一生，即便个体到了成年、老年阶段，仍需不断地通过社会化以适应持续变化的传播环境与社会环境。

传播与个体的社会化关系密切，也是个体社会化的关键因素。因为，个体的社会化总是在传播环境与传播过程中实现的。随着传播技术的迅速发展和广泛运用，传播的社会影响力越来越大，社会和传媒之间相互渗透的范围越来越广，这导致当前社会中传播与个体的社会化之间相互影响的程度也越来越深。

传播是个体的社会化必要条件，传播为个体提供了丰富的生活知识与技能、逼真的角色扮演示例、核心的价值观念和多彩的休闲方式，形成一个仿真的媒介现实。信息社会中个体的社会化越来越多地受传媒建构的媒介现实影响，而越来越少地受真正客观现实的影响。因此，在个体的现代化以及政治社会化、性别角色社会化、道德社会化等当中，传播扮演着关键角色。

政治社会化是指个体通过政治学习和实践，掌握政治知识、政治准则、政治规范、政治技能等，形成政治价值观、政治态度、政治信念以及政治人格的过程。通过家庭、同辈群体、学校、社区、机关企业和大众传播等对政治文化的传播，个体接受并内化各种形式的政治教育和政治宣传，逐渐形成稳定的政治意识和政治态度，进而通过政治模仿、政治实践形成较稳定的政治行为。因此，传播对个体政治社会化的助力主要体现在：传递政治文化，塑造个体的政治心理、政治情感与政治倾向，提升其政治意识；有助于个体对政治价值观、政治准则和规范的认知水平，提升其政治认知和政治观念；有助于个体形成有效的政治技能，提升其政治实践能力；塑造个体的政治人格，成为"政治人"。

性别角色是指个体基于天然的生理性别差异而形成的一套社会行为模式。传播对性别文化的传递，有助于个体的性别角色扮演与特定的社会期待趋于一致。大众传播是个体性别社会化的重要影响因素之一。一般而言，大众传播会更多地传递社会主流的性别文化，但也存在例外。比如大众传播对"伪娘"的传播，有可能造成个体社会化过程中的性别角色混淆。另外，大众传播在形成个体与社会的性别刻板印象方面也产生了一些消极作用。

道德社会化是指个体受道德文化的影响，形成特定的道德行为的过程。个体的道德社会化与传播密切相关，大众传播是个体除家庭、同辈群体、学校等之外道德社会化的重要影响因素。大众传播传播着道德知识、道德规范、道德价值观念和道德行为等信息，可以帮助个体形成特定的道德认知、道德意识与道德行为。另外，大众传播也通过谴责、批评社会上不道德观念、行为的方式，增强人们的道德判断，将个体引导到道德正轨之上。

此外，语言社会化、经济社会化等都需要大众传播为人们建构一个参照体系。可见，社会化的过程离不开一个持续的传播过程，个体将在传播中接收到的外在社会规范加以吸收与内化，外化为合乎社会期待的行为。传播影响下的社会化为个体奠定了社会交往的基础，传播活动是建构个体社会交往基础的必要条件之一。

人们的生活越来越依赖互联网，网络对人们社会化与现代化的影响也将越来越大。家庭教育中传播技术的涉入也在不断增多，作为个体社会化最初的也最为重要的家庭势必将重塑个体的家庭社会化经验。同理，在数字化、信息化工作快速推进的社区、学校、政府及其他各种社会组织中，建立在新兴技术之上的传播也正在改变着个体学校教育、社会教育、组织教育等的内涵和体验。传播通过改变人们的态度来改变其行为，极大地影响了人们的社会化。传播对个体社会化的影响不全是正面的，也应警惕其负面影响。

二、传播与人际关系、生活方式

人际关系在人际互动中产生，而人际互动、人际交往都需要借助一定的媒介才得以实现，因此人际关系形成于各种传播过程中。美国传播学者威尔伯·施拉姆指出，"研究传播学就是研究人；研究人与人，人与他们的团体、组织和社会的关系"[①]。

宏观而言，人类社会中人际关系由亲缘关系为主转向地缘关系为主，最后转向以业缘关系为主的现代社会，这些转向与传播形态的变迁之间存在着密切的对应关系。口语传播向文字传播再向电子传播的历史性变化，导致人际关系也发生相应的变化。在不同传播形态影响下，主导的人际关系类型也不同：在口语传播为主的历史时期，社会中的人际关系

[①] 威尔伯·施拉姆：《传学概论——传媒·信息与人》，余也鲁译，中国展望出版社，1985年版。

以亲缘关系为主；在印刷文字传播为主的历史时期，人际关系以地缘关系为主；在电子传播为主的历史时期，社会中的人际关系又以业缘关系为主。需要指出的是，亲缘、地缘与业缘关系在任何一个历史时期都共同存在，只是传播形态的变迁与社会主导型人际关系的变化之间的确存在着某种总体性对应。口语传播的时空局限性，限制了人们的日常交往范围，使得当时的人际关系以亲缘关系为主。文字传播极大地拓展了人们的交往范围，使得地缘关系的重要性逐渐凸显。电子传播是当前社会传播的主要形态，业缘关系逐渐成为人际关系中的主导类型，甚至新型的人际关系如网络虚拟人际关系也在逐渐形成过程中。事实上，传播作用下的人际关系与生活方式之间也存在着某种对应关系。

  传播与人们的生活方式也关联密切。当前的大众传播通常为人们树立了一个与消费相关的"理想生活方式"，它能影响人们对生活方式的期待并导致相应的变化。首先，信息传播的数量与范围、人们获取信息的难易程度与使用信息的程度，对其生活方式的影响巨大。其次，传播既可推动也可阻碍健康生活方式的形成。一方面，传播传统生活方式及其价值理念能够起到维持既有生活方式的作用。对新兴生活方式的否定性宣传，能抑制新的生活方式及其价值观对人们产生影响的程度。另一方面，对新兴生活方式及其价值观的传播，则会激发社会中某些群体对新事物的广泛关注与迅速接受。传播对生活方式变迁起阻碍还是推动作用，关键在于传播权由哪个群体掌握。保守势力会想尽办法使传播为传统的生活方式服务，反之改革的势力也通过传播为新事物呐喊。可见，传播能够起到调节生活方式变迁的作用，它能够延缓或加速生活方式的变迁。

  目前传播技术中网络技术的迅猛发展，催生了大量智能手机用户和网民，社会上出现了"低头一族"和"宅文化一族"，大众传播催生的社会时尚与潮流在各个社会阶层中广泛传播，影响深远。人们在电视、网络、智能手机上花费的时间越来越多，在生活方式上受其影响也越来越大，这终将引起社会的整体性变化，人们的生活方式随之发生巨大的改变。电视一代、网络一代、智能手机一代等的出现，反映出新兴传播技术对人们生活方式的改变起到越来越重要的作用。人们的生活方式几乎无法真正逃离现代传播潜移默化的影响。当前的政治环境、经济环境与社会环境都无法逃脱传媒文化对它们的重构，传播的逻辑深深嵌入人们的生活方式中，通过传媒化的个体及其体验，形成传媒化的生活方式。

  另外，当前社会中人们每天的传媒使用时间越来越长，使用次数也越来越多，甚至很多人沉溺其中无法自拔，可见电视、网络、智能手机等本身也已成为人们生活方式中的有机组成部分。远离传媒可能给人带来的伤害，成为一个越来越值得关注的议题。

三、传播与文化

  文化是传播的文化，传播是文化的传播。一方面，文化会受到传播的影响。文化形成于传播过程中，因为文化作为一种群体共享的事物需要一个传播分享的过程，即在传播中文化才能够为某一区域或某一群体所习得。社会交往的实质是建立在传播基础上的一种文化互动。传播中的文化具有自身拓展力，而停止传播的文化则会逐渐丧失其活力。传播既能使文化传统得以延续，也赋予新文化崛起的可能，它还推动着文化间的相互竞争与融合。传播还能带来文化增殖现象，传播的放大效应能使一种文化的价值和意义在其传播过程中获得新增的内容。对文化的广泛传播，能使人们统一看法、达成共识，使人们的行为相互协调，也为新文化的产生创造条件。意义的传播，价值观的传播，规范的传播，政治、经济、军事、道德、风俗、法律等的传播，使得人们更大范围、更深层次的社会交往得以可能，这些交往目前已展现为一种全球化趋势。

另一方面，传播也会受到文化的影响。文化观念、文化习俗、文化制度等都会对传播产生反向作用。文化在传播过程中会出现吸纳与拒斥的现象，面对有利于己的外来文化时，传播会加速推进，而面对与己不利的外来文化时，传播则会受到某种程度的抑制。具体的文化制度也影响着传播的进行，开放、宽容的文化制度有利于文化的传播，而狭隘、严苛的文化制度会阻碍人们的传播活动。强势文化区域容易向弱势文化区域传播其文化和意识形态，而弱势文化区域的人们则较难向强势文化区域反向传播其文化，固守、转型或逐渐消亡是弱势文化面对强势文化挑战的三种不同归宿。

传播技术的发明与运用助推社会文化的不断变迁，"在学会语言后，人类便以农业取代了渔猎采集，由洞穴与游牧进入农村生活，为了满足群居的需要，政府及其他制度便应运而生；学会阅读后，人类具备了有效运用过去经验的能力，他们记录各项事件，创造市场、学校、城市以及科学与哲学的概念；印刷发明后，人类在探险中发现了更大的世界，在充分掌握资讯的基础上，以工业、商业为手段，向外征服开拓"[①]。当前人类已从文字时代进入电子时代，电视、电影、互联网、智能手机等的大量使用，又将导致社会文化的巨大变迁。

传播也会挑战、腐蚀文化。文化帝国主义中西方发达国家对发展中国家的文化殖民与文化侵蚀，大众传播中庸俗、低俗、媚俗的内容，甚至黄赌毒等内容，对文化的腐蚀很大。传播中统治阶级的文化总被塑造成主流文化，居于主导的地位，而被统治阶级的底层文化被降低为边缘文化受到歧视，这一结果固化了不平等的文化结构与权力结构。传播中阶层之间出现的"知识沟"现象，使阶层文化间的差异变大、差距增大，导致更多的阶层文化间的不和谐。另外，在大众传播与大众文化盛行的当下，大众传播正在消减原本属于个体的文化空间及其私人性。大众传播形成的大众文化成为一种单向度的生活典范与标准，导致个体失去其文化意义上的完整性和特殊性。许多个体纷纷模仿大众文化所建构的生活方式，金钱至上、权力至上的功利主义文化也占据了一定市场。针对上述问题，应加强本土文化建设及其在国内外的传播，形成文化自信，以抵御文化帝国主义的侵蚀；坚决抵制各种不良文化进入传播渠道；通过均衡化传播缩小阶层间信息差距，赋权底层民众以改善不合理的阶层文化结构。采取种种措施，加强主流文化及其价值观念的传播，削弱功利主义文化带来的消极影响。

四、传播与社会控制

广义的社会控制是指社会利用包括奖惩在内的各种方法和手段，引导、规范社会成员的思想和行为，以达到协调社会关系、促进社会和谐的目的。狭义的社会控制是指对越轨、犯罪行为的预防与惩处。传播是一种极具影响力的社会控制手段，通过传播可以对人

[①] 转引自冯波主编：《传媒社会学》，北京师范大学出版社，2009年版，第189页。

们的思想和行为进行潜移默化的引导与规范。传播作为一种社会控制手段属于广义的社会控制。威尔伯·施拉姆提出，"传播媒介作为一种社会控制工具，能以有效沟通、扩散、宣传、教育、组织、协调等社会功能对社会的政治、经济和文化发展产生巨大影响，对人们的思想行为规范实施控制"[①]。

传播权如何分配是讨论传播与社会控制的关键议题。施拉姆等在1956年出版的《传媒的四种理论》一书中，归纳了有史以来传播与社会控制的几种情形。四种理论中，第一种理论主张传播应为统治阶级服务，统治阶级运用传播对舆论进行控制，从而控制民众。"这一理论强调，真理是统治阶级智慧的产物，是依附于权力而存在的，传播媒介的作用就是辅助统治阶级自上而下地控制百姓、控制社会舆论，媒介必须以权力的意志为转移，一切为统治者服务。"[②] 因此，统治者只需让民众知晓他想让他们知晓的信息，对威胁自身统治的传播加以镇压，传播成为统治阶级实现其持久统治的手段。

第二种理论对第一种理论反其道而行之，主张"言论自由"。弥尔顿在《论出版自由》一书中指出，言论自由是一切自由中最重要的自由。发生在欧洲14—17世纪的文艺复兴运动和17—18世纪的启蒙运动，提出"自然权利说""社会契约论""天赋人权""主权在民"等思想观念。在这些观念的广泛传播与影响下，传媒自由主义取代传媒极权主义被写入欧美各国的宪法。这样一来，传播从统治阶级的工具转而成为民众手中的利器。民众从此可以借助传播对政府的宣传展开制衡。

第三种理论是对第二种自由主义传播理论的修正。第三种理论主张传播应该有所限制，承担起更多的社会责任。由于自由主义传播观逐渐受到诸如媒介趋于垄断、战时威胁本国军事行动、不同传播技术之间信号干扰等诟病，社会责任观开始形成。社会责任理论认为：不存在绝对的自由，大众自由与大众传播自由并非等同，传播要为社会负责，必要时政府有权管束民间传播。这些观点付诸实施，限制了民间对传播的无序使用，加大了政府对传播的控制，进而加大了统治阶层的社会控制能力。

第四种理论是苏联共产主义传播理论，认为党及其领导下的政府掌控传播，传播的目的在于统一思想、促进社会发展。

四种理论的本质是统治者（政府）与被统治者（民众）之间传播权如何达到均衡的问题，而传播权就是一种社会控制权。可见，传播权的分配是传播与社会控制的一个核心议题。传播权是社会控制的一个关键。统治阶层的社会控制对传播的内容加以限制，对不恰当的传播内容和传播行为进行处罚，以确保传播能够促进统治阶层的社会控制而非阻碍其社会控制。作为一种社会控制手段的传播，其作用是双重的。关键在于谁掌握传播权，抛开统治者与被统治者这一区分，我们认为社会积极力量掌握传播权，传播会成为一种正向的社会控制，推动社会进步。反之，社会消极力量主导下的传播，会使民众陷于一种强制性的服从之中。

相对于法律法规控制、组织纪律控制等，传播控制属于一种软控制。社会通过传播来协调个体与个体、群体与个体、群体与群体的行为和关系。微观而言，传播控制要发挥作用，与传者的特性密切相关。其一，传者的公信力越强、权威性越高，传播作为一种社会

---

① 程世寿、胡继明：《新闻社会学概论》，新华出版社，1997年版，第291页。
② 张国良主编：《传播学原理》，复旦大学出版社，2009年版，第100页。

控制的效果就越好。其二，传者越了解受众的特点、需求与喜好，传播内容越具有针对性，传播的控制功能会发挥得越好。其三，传者的传播形象越好，例如电视主持人容貌端庄秀丽、举止大方得体，传播的效果会更好。其四，传者所采取的传播手段越具有受众接近的特征，传播的社会控制效果越好。例如近年来由于受众的信息获取习惯发生了改变，越来越多地通过互联网、智能手机等获取所需信息，因此传统纸质媒体纷纷打造自身的电子版传媒，借助线上传播接近受众，继续保持自身的社会影响力。

五、传播与社会发展

直到20世纪中叶，传播与社会发展之间的关系才得到学者们的广泛重视。在此之前，人们并未清楚地意识到一部社会发展史就是一部文明传播史。实际上，传播伴随着社会改革、变迁的每一个进程，社会的发展以传播为条件和前提。"各种传媒技术是人类文明创造的产物，它的发明用于文明传播又加速了人类社会的发展。"[①] 第一，传播与社会发展关系密切。相对于人类早期的口语传播，文字与电子传播对社会发展的影响更大、更全面，也更为深远。第二，人类的发明创造推动了社会发展，但是这种推动作用是建立在对发明创造的广泛传播基础上的。例如文字在发明之初对社会发展的推动作用尚小，只有当文字通过传播为人们广泛接受、习得并广泛使用时，它的社会推动作用才逐步显现出来。因此，对发明创造的传播于社会发展而言，其效果可能并不亚于发明创造本身。第三，传播不仅推动了社会发展，实际上还推动了社会的形成。一个社会之所以能够成为一个社会并得以保持，是以传播为基础的。传播犹如"社会胶水"将各个分散的部分"粘合"成一个完整的社会。传播关联着社会中的各个子系统，并促进子系统之间的彼此耦合。第四，对传播与社会发展的研究被称为传播社会学的发展学派。发展学派关注传播在社会发展过程中扮演怎样的角色。以美国社会学家丹尼尔·勒纳为例，他在《传统社会的消逝——中东的现代化》一书中指出，社会变迁导致传播的变迁，而传播的变迁也反过来导致社会变迁，两者之间存在互为因果关系。他在此基础上区分了三种社会形态：传统社会、过渡社会和近代社会（见表8-1）。[②]

表8-1 传播体系与社会体系的演进

	识字率	都市化率	传播体系
近代社会	60%以上	25%以上	媒介
过渡社会	20%～60%	10%～25%	媒介—口头
传统社会	20%以下	10%以下	口头

勒纳认为，在现代化的社会发展过程中，城市化、大众传播、教育和公众参与是四个核心要素，它们相互作用，推动传统社会经由过渡社会向现代社会发展。具体而言，城市化促进了教育和大众传播的普及，教育的普及又促进了大众传播和城市化的发展。

[①] 贾雷德·戴蒙德：《枪炮、病菌与钢铁：人类社会的命运》，谢延光译，上海译文出版社，2000年版，第67页。

[②] 竹内郁郎：《大众传播社会学》，张国良译，复旦大学出版社，1989年版，第29页。

教育和大众传播的发展进一步推动了城市化的进程。而这三者又为公众的政治参与创造了条件。

六、传播要素的传播社会学研究

传播社会学对传播本身的五大要素展开研究，包括传者、传播内容、传播渠道（载体）、受众和传播效果。

传者，也即传播者，是传播信息的人或机构，是"在传播活动中运用特定手段向传播对象发出信息的行为主体"[①]。狭义而言，传者是指大众传播中的传媒从业人员，包括编辑、记者、媒体管理层等。传者是传播活动的行为主体。通常被人们称为"无冕之王""第四等级""瞭望者"等。传者是信息传播的"把关人"，是信源与受众之间的信息桥梁。因此，他们在信息的选择上应当尽量恪守真实、客观、公正、中立等原则。在信息泛滥的今天，传者为受众过滤冗余信息，将有价值的内容传递给受众。人类历史上最初的传者大多属于兼职传者，在自身的职业之外附带性地传递各种信息。随后，当社会对信息的需求量越来越大时，在社会分工中出现了职业传者，这标志着专业化、职业化传播的出现。例如在16世纪的港口城市威尼斯，已经出现了专门从事商业信息采集与传播的机构及从业人员。传者、受者和信息形成了传播的基本机构。在当下的网络时代，又出现了传者泛化的现象，受者即是传者。传统意义上的受者借助网络的双向互动功能，可以较为自由地将自己想要发布的信息上传网络，使自己也变成传者。

传播内容是指传播的信息内容，它由传者收集、处理并进行传播。塞伦·麦克莱在《传媒社会学》一书中分析了决定传播内容的五个因素，包括传媒信息源的权力和影响力、新闻机构人员的政见、所有权和控制权之间的关系、受众的影响、组织对待传媒输出问题的习惯性做法。[②]

传播渠道（载体）是指传者传播信息、受众接收信息的途径与方法，如大众传播中的报纸、杂志、书籍、音像制品、电影、电视和网络等都属于传播渠道。麦克卢汉在《理解媒介：论人的延伸》一书中提出"传媒即讯息"，传播载体不仅仅是信息传播的工具，传播渠道（载体）或传播技术本身也会影响传播的内容。

受者，又称为受众、受传者。受者是各种不同类型的传播活动中的信息接受者，是一般意义上的读者、听众、观众、网民等的统称。[③]信息的传播对象是受者，因此受者是传播的前提和基础。受者并非信息的被动接受者，而是积极主动的信息寻觅者和需求提出者，他们还是传播中的信息反馈者。受者之间是有差异的，导致传播效果存在差异。受众具有阶层性，因此针对不同阶层的传播内容、形式等也存在差异。受众中包含"意见领袖"，形成了"二级传播"现象。

传播效果是指传播行为在受众身上产生的影响和后果。传播活动会使受众在认知、态度、情感和行为上发生改变。传播活动能够引起受众在价值观念、态度、情绪与情感方面

[①] 段京肃：《大众传播学：媒介与人和社会的关系》，北京大学出版社，2011年版，第293页。
[②] 塞伦·麦克莱：《传媒社会学》，曾静平译，北京广播学院出版社，2005年版，第43页。
[③] 段京肃：《大众传播学：媒介与人和社会的关系》，北京大学出版社，2011年版，第269页。

的变化，进而引起个体或群体行为的变化。现代社会中，人们对外部世界的认知主要依赖传播。传播起到了"视野制约效果"，人们的所思所想、所关注的问题与传播活动对信息的事先选择有关。被传播所忽略的话题或社会问题，也会受到民众的忽略，因为不通过传播，人们根本无法意识到某些社会问题的现实存在。对于传播的效果，学术界有传媒的强效果论、有限效果论、弱效果论等不同主张。

第三节 传播社会学研究实例

一、大众传播传媒与独生子女研究[①]

研究者指出，大众传播媒介是现代社会生活中不可缺少的一部分，也是现代社会的主要标志之一。随着大众传播媒介的快速发展，它们对社会生活的渗透力、影响力越来越强，对人们认识和观念形成的影响也越来越大。随着人们对从大众传播媒介中获取信息的依赖性增加，其所建构的各种"社会现实"，即"媒介现实"，往往会在不知不觉中演变成受众头脑中的社会现实。"媒介现实"成为人们感知现实、做出决策的依据。

在这项研究中，研究者想要解决的问题是：在当前的中国社会中，以大众传播媒介为代表的社会舆论会不会同样存在西方社会那种对独生子女的偏见？大众传播媒介所建构的独生子女形象是什么？这种形象是否反映了客观现实？

研究者首先采用内容分析的方法，对大众传播媒介中有关独生子女的新闻报道进行系统的、定量的分析，从总体上描述大众传播媒介的新闻报道对独生子女所持有的评价倾向；其次，针对大众传播媒介的普遍认识和看法，通过收集现有统计数据，并开展实地调查，说明媒介的认识评价与社会现实之间是否存在差距；最后，在定量分析的基础上，选取具有典型意义的新闻报道，对其报道独生子女的方式、材料和推断的逻辑做定性分析，以考察媒介新闻得出某种评价倾向的特定机制，揭示媒介新闻报道方式与独生子女形象建构之间的关系。

在媒介新闻的内容分析上，该研究首先进行了媒介新闻的抽样，最终获得符合要求的新闻586条作为内容分析的样本。其次，进行媒介新闻的编码，共设立了7个变量：新闻的标题所体现的对独生子女的评价；新闻的来源；新闻来源媒体的性质；新闻来源媒体的级别；新闻内容所反映的对独生子女的评价；新闻出现的次数；新闻报道中采用的分析方式或手段。

研究发现，大众传播媒介新闻报道中的独生子女，三分之二左右是负面的形象。这些负面形象主要方面包括：婚姻不稳定；离婚比例高；不能吃苦，就业不受欢迎；不做家务不做饭，总是到父母家蹭饭；不会养育子女，对孩子只生不养；性格上缺陷多。研究还发现媒介建构的独生子女形象与现实状况之间的差距很大。大众传播媒介关于独生子女的离

[①] 风笑天：《独生子女：媒介负面形象的建构与实证》，《社会学研究》，2010年第3期。

婚比例高、性格上缺陷多、常去父母家蹭饭、对孩子只生不养等方面的评价和描述，与独生子女在社会中的实际表现之间存在明显差异。实地调查和统计分析的结果并不支持大众传播媒介的新闻报道对独生子女在这些方面表现所给出的负面评价。

在上述发现之外，研究者在对新闻报道的内容进行定性分析等基础上，进一步分析了大众传播媒介建构独生子女负面形象的方式和逻辑。研究者发现，这些独生子女新闻存在三个问题。其一是所采用的事实太特殊。其二是所采用的分析方式不科学。其三是所采用的推理逻辑不正确。由此，研究者认为在此类新闻所报道的特定事实与他们所得出的普遍性结论之间，往往不能建立起合乎逻辑的联系。

在研究总结中，研究者指出国内大众传播媒介对独生子女的总体认识和评价是负面的。大众传播媒介所建构的独生子女形象与独生子女在社会中的实际表现之间，存在着明显的差距。媒介新闻常常以错误的方式和逻辑得出对独生子女的认识、观点、评价和结论，这说明一些大众传播媒介的新闻报道在对独生子女的形象建构中的确存在着某种"妖魔化"倾向。

另外，研究者还探讨了其他几个较为关键的问题，包括独生子女负面刻板印象的来源问题、媒介新闻的生产及大众传播媒介的社会责任问题、社会科学研究成果的转化问题，以及对包含第一代独生子女在内的"80后"一代人的认识问题。关于独生子女负面刻板印象的来源问题。研究者认为，少数不科学的调查结果以及类似"中国的小皇帝"那样的文学作品对独生子女的负面评价可能会对人们的认识产生一定影响，但影响更大的，当推大众传播媒介对独生子女的"妖魔化"倾向。

关于媒介新闻的生产及大众传播媒介的社会责任问题。研究者认为，大众传播媒介在现代社会中所具有的重要功能，使人们有理由特别关注和研究媒介新闻的生产方式及其社会后果，以及大众传播媒介所承载的社会责任。大众传播媒介的组织形式和媒介新闻的生产方式决定了媒介新闻的生产与大量从事该工作的从业者有关。从新闻主题的选取、新闻素材的收集，到对客观事实的取舍，直至新闻标题的确定，都与这些从业者的新闻理念、价值取向、认知方式、知识素养、专业技能有关。这些从业者既包括一线的记者、编辑，也包括相关部门的领导和机构负责人。大众传播媒介的目标不能只是吸引受众的眼球，同时也要对应该如何建构社会现实、如何正确影响人们对社会现象的认知有清醒的、正确的和充分的认识。另外，研究者呼吁，学术界的社会研究不仅需要针对大众传播媒介和社会舆论的各种误解进行质疑和展开探讨，同时也需要更加积极主动地用研究成果去影响大众传播媒介。

二、青年的网络接触研究[①]

研究者利用2004年对全国12个城市1786名在职青年的抽样调查数据，对当代城市在职青年的网络接触状况进行了定量的比较和分析。这项研究的目标包括：描述城市在职青年这一特定群体在网络接触频率和网络利用方面的基本状况，并对不同类别的青年在网

---

① 风笑天：《城市在职青年的网络接触——全国12城市1786名在职青年的调查分析》，《中国青年研究》，2007年第12期。

络媒介接触方面所存在的差别进行比较分析，以增进社会对这部分青年与网络之间关系的了解和认识。

这项调查涉及的城市包括北京、上海、重庆、长春、南京、兰州、新乡、厦门、桂林、鄂州、金华、安顺。每个城市中按照相同的职业类别随机抽取15个单位，每个单位中近似随机地抽取约10名年龄在18—28岁的青年职工。调查采用自填方式进行，总共发放调查问卷1860份，收回有效问卷1786份。研究者主要从三个方面来考察在职青年网络接触的状况。首先，研究者把在职青年与网络媒介的接触频率同他们与报刊以及电视媒介的接触频率进行比较；其次，研究者将在职青年的网络媒介接触频率与在校中学生以及大学生进行比较；最后，研究者将在职青年的上网活动内容与大中学生的上网活动内容进行比较。

研究结果表明，总体上在职青年与网络媒介的接触频率要略低于另外两类媒介。但研究者同时指出，网络媒介的接触频率与电视的接触频率相接近，表明网络使用将成为一个趋势。

上网活动的内容是反映青年网络接触状况的一个重要方面，研究者在数据对比中发现，相对而言，中学生上网的活动非常集中、突出地表现在游戏、聊天、娱乐和收发邮件上，其他方面的活动几乎没有。这或许主要是由于中学生受到年龄较小的影响，对网络利用的重心落在娱乐性和交往性上的缘故。大学生的网络活动最为广泛，对于网络的利用表现得最为充分。既有娱乐性的在线视听、消遣性的信息浏览，也有专业性的资料查找，既有互动性的网络聊天、工具性的软件下载，也有参与性的BBS。在职青年最主要的上网活动可以说是浏览各类信息。除此之外，还包括收发电子邮件、网上聊天、网络游戏等几个相对基本、相对传统的内容。体现出在职青年在上网活动中以了解信息为主，同时这种以浏览网络信息为特征的网络活动内容也从一个侧面反映出在职青年网上活动的消遣性、被动性特征。这一结果可以给人们这一启示：大学生在网络利用上的丰富性、全面性特征，在一定程度上体现出他们在生活中对网络具有了较高程度的依赖性，而相比之下在职青年对网络的依赖性程度可能也相对较低。

研究者进一步分析了在职青年内部存在的网络接触差异。研究者主要分析不同性别、不同文化程度、不同职业、不同年龄段的在职青年在网络接触频率和内容上的差别。研究发现，文化程度越高，接触网络越频繁。在不同性别的在职青年之间网络接触频率的差别上，研究者发现男青年经常上网的比例超过50%，而相比之下女青年的这一比例只有三分之一强，这一结果说明在职青年中男青年网络接触的频率明显高于女青年。研究者还对不同婚姻状况的在职青年上网频率进行了比较，发现未婚在职青年网络接触频率高于已婚青年，而年龄因素对在职青年上网频率并不存在影响。

关于个人背景因素与在职青年上网活动内容的关系，研究者发现男女两类在职青年在上网活动内容方面表现出较大的差异。其主要特征是：男青年在上网玩游戏、浏览时事新闻以及浏览娱乐体育新闻方面明显高于女青年；而女青年则在上网收发电子邮件、聊天以及了解生活常识方面明显高于男青年。这一结果在一定程度上反映出在职男青年更为注重网络的娱乐游戏功能和信息功能，而在职女青年则相对较多地运用网络的交往功能。研究还发现，不同文化程度的在职青年上网活动方面的差异更为明显。其特征是，文化程度的高低与利用网络聊天以及玩游戏的比例负相关，而与利用网络浏览时事新闻以及收发电子邮件正相关。研究进一步发现，未婚者更多地利用网络来聊天和玩游戏，而已婚者则主要利用网络来浏览时事新闻和了解生活常识。

该项研究最后总结：虽然网络媒介的出现和发展的历史远比传统的报刊、电视等媒介要短，并且网络接触还存在着一定的客观限制，但当代城市在职青年对网络媒介的接触程度却与其他媒介的接触程度相当。从网络接触的频率看，接近半数的城市在职青年经常上网，他们与网络接触的频率可能相对高于中学生群体，接近或者与大学生群体相当。从网络利用的角度看，在职青年上网的最主要活动除了浏览各类信息之外，还包括收发电子邮件、网上聊天、网络游戏等相对基本、相对传统的内容。相比中学生网络活动内容上的娱乐性和交往性特征，以及大学生在网络利用上的丰富性、全面性特征，在职青年网上活动的内容则显得更具有消遣性和被动性特征。

思考题

1. 如何理解传播与社会的关系？
2. 传播社会学的社会功能有哪些？
3. 传播社会学的五个要素是什么？
4. 传播社会学的理论流派有哪些？
5. 传播社会学的研究主题有哪些？
6. 独生子女的传媒负面形象是如何造成的？
7. 在职青年的网络接触有哪些特点？

推荐阅读

1. 丹尼斯·麦奎尔：《麦奎尔大众传播理论》（第6版），徐佳、董璐译，清华大学出版社，2019年版。
2. 胡申生、李远行、章友德等：《传播社会学导论》，上海大学出版社，2002年版。
3. 张国良主编：《新闻媒介与社会》，上海人民出版社，2001年版。
4. 冯波主编：《传媒社会学》，北京师范大学出版社，2009年版。
5. 塞伦·麦克莱：《传媒社会学》，曾静平译，北京广播学院出版社，2005年版。
6. 张咏华：《大众传播社会学》，上海外语教育出版社，1998年版。

第九章

艺术社会学

第一节
艺术与艺术社会学

在普通大众看来，艺术是一个具有克里斯马魅力的名词。在日常生活中，艺术往往与"天才""灵感""浪漫"等词汇联系在一起。然而，作为人类精神活动的艺术是社会性文化事实。艺术与社会之间始终是互动的关系。艺术活动乃至产品的每个环节都离不开社会，同时艺术对社会也具有反作用力。

一、艺术与社会

艺术产生于社会。艺术的产生、传播、欣赏、消费等一系列实践都和社会有着紧密的联系。首先，艺术是人类的精神产品，无论创作者、传播者、接受者，均是生活在现实世界中的社会化个体。其次，艺术的生产或者创作激情往往源于社会生活对创作主体形成了某种刺激，这种刺激通过主体的心灵加工再外化为艺术产品。如果没有社会外因，再丰富敏感的天赋、心灵也会成为无本之源。再次，艺术的传播、解读、批评、消费等环节中，社会外在环境以及条件更是重要变量：不同阶级、性别、政治、经济等要素决定了艺术接受者的期待视野。

应该看到，社会对艺术的影响不仅仅是单向度的，反过来，艺术也影响社会。豪泽尔在《艺术社会学》一书中强调："当我们谈论艺术社会学的时候，我们考虑更多是艺术对社会的影响，而不是相反。艺术既影响社会，又被社会所影响。艺术与社会的关系可以互为主体与客体……我们必须看到社会与艺术影响的同时性和相互性。"① 首先，艺术服务

---

① 阿诺德·豪泽尔：《艺术社会学》，居延安译编，学林出版社，1987年版，第35页。

于社会，对社会的服务功能体现在每个社会成员的社会化过程中，艺术起到了重要的教育功能。人们在社会化过程中总要接触艺术，艺术通过"文以载道"的方法，潜移默化地传达审美、道德、政治等理念。其次，艺术也承担对社会进行改造或者批判的功能。纵观人类历史发展，文化艺术往往是社会变革的先声，如法国 18 世纪的启蒙运动、中国的新文化运动等。德国法兰克福学派发展了马克思的批判范式，坚持认为"艺术生产力在本质上与社会生产力并无差别……差别在于它从根本上厌恶现实社会"[①]。艺术的内在本质就是批判，就是否定。

二、艺术社会学产生的现代语境

早在古代就有了艺术社会学的萌芽。古希腊时期哲学家探讨了艺术的社会功能。柏拉图在《理想国》中认为诗歌培育了人性中卑劣的部分，因此应该将诗人逐出理想国，同时却也肯定了艺术是贵族治国的一种必要统治术。亚里士多德的"陶冶说"肯定了艺术，特别是悲剧能促进社会成员形成健康的社会心理。中国孔子"兴观群怨"的文艺观、荀况的"乐与政通"论，都强调了艺术维护政治的工具意义。现代学科意义上的艺术社会学发端于 19 世纪。1800 年，受孟德斯鸠的环境决定论影响，法国作家斯达尔夫人重要的文艺理论著作《从文学与社会制度的关系论文学》表明了她对艺术与社会广阔联系的关注。1847 年，比利时的米查尔斯在《弗兰德尔派绘画史》一书中首次提到了"艺术社会学"。

现代社会的出现是艺术社会学诞生的直接前提。与传统的社会形态比较，现代社会是一种特殊断裂，从断代史、社会生活以及组织模式的角度看，现代具有与以前一切历史阶段不同的质的断裂，即"现代性"。米查尔斯提出"艺术社会学"虽然要比孔德的《实证哲学教程》（首次提出"社会学"一词）晚了近 10 年，但是早在 1800 年斯达尔夫人就自觉地将文学现象与社会要素加以融合研究。因此，可以说现代艺术社会学的研究甚至先行于现代社会学的出现。"艺术史与社会学都是从十八世纪晚期至十九世纪初期的法国或者德国诞生的文化话语体系，巨大的社会变迁标志了现代性在西方的发展，这些新的文化实践正是对此进行回应……社会学、美学、艺术史著作随着市民社会的出现而出现。"[②] 现代社会的出现导致现代的艺术现象相较传统艺术现象有了截然不同的特征裂变。

第一，现代社会带来的剧烈转变使得艺术领域自身的有序性表现发生了普遍变化，艺术与美天然的合法联系断裂了。1906 年，马克斯·德索在《美学与一般艺术学》中反对艺术和美密不可分的传统看法，认为艺术除了表现美以外，还表现悲、喜、崇高、卑下甚至丑。[③] 如杜尚在《喷泉》中以小便池这个"现成物"挑战"创造性"，以形而下的日常物反对精英审美，挑战传统艺术的审美边界。

第二，全新现代生活方式导致"日常生活审美化"。这是社会学家费瑟斯通在 20 世纪 90 年代提出的术语。进入现代社会后，艺术越来越泛生活化。在某种意义上，工业美术、

[①] 阿多尔诺：《美学理论》，王柯平译，四川人民出版社，1998 年版，第 404 页。

[②] Jeremy Tanner，"Introduction：Sociology and Art History"，in *The Sociology of Art：A Reader*，Routledge Press，2003，p. 1.

[③] 马克斯·德索：《美学与一般艺术学》，朱雯霏译，中国文联出版社，2016 年版，第 36 页。

美学设计渗透到日常生活的方方面面。如花园庭院、室内设计、服饰搭配、从汽车到杯子的各类生活用品甚至我们的日常行程都离不开艺术的介入。日常生活审美化消解了艺术与生活的界限，它的出现与现代社会里里产阶级的兴起、工业化生产、商品拜物有关。

第三，近代科学技术促进了艺术从量到质的变化与发展。科学技术的飞跃发展为艺术提供了新的物质技术，提供了前所未有的创造动力、传播手段，影响了艺术的创作、欣赏、传播等诸环节，促使新的艺术形式与门类的产生。科技不仅使得艺术门类的专业化、分类更加精细多元，对审美实践和艺术创作也产生了难以估量的影响。例如，如果没有科技，就不能想象有摄影、电影等艺术门类的出现，同时，摄影、电影等对现实无限接近的再现能力，也间接导致了绘画追求"表现"而非"再现"真实的审美理念。随着网络科技的来临与兴起，艺术界出现了更为庞杂的现代面貌。自媒体、文化艺术的跨媒介、新型文化产业等日新月异，也彻底改变了现代艺术的整体面貌。

现代社会使得艺术研究范畴得到了扩容以及交叉。进入20世纪，传统艺术研究的对象出现了转型。随着市民阶层、城市文化、大众文化、流行文化的兴起，通俗艺术进入研究者的视野；殖民史与全球化使得传统西方艺术研究视野不再局限于欧洲艺术，转而外延至世界艺术（其中，人类学有很大的促进作用）。民族国家、女权主义、生态主义等种种社会实践、文化思潮以及认同共同体的分化等都在艺术范畴内引起反应。此上种种艺术领域的突生异质都是现代社会在艺术领域的特有表现，这些表现是传统美学研究、艺术学理论无法全部覆盖加以分析的，因此，需要交叉学科对现代艺术进行全新范式的研究，在这个意义上，艺术社会学在现代社会的诞生是必然的。

三、艺术社会学的概念

艺术社会学，即把艺术视为整体性社会事实，运用社会学的基本理论和研究方法，探讨艺术现象与社会之间关系的学科。

这一学科定义可以从三个维度来看。首先，强调了艺术是社会学意义上的整体性文化事实，把艺术活动当作多元要素的复合体，即反对仅仅就艺术谈艺术，反对孤立封闭地看待艺术现象，注重将艺术现象的发生、传播、消费乃至批评等与历史社会背景加以有机联系并理解。其次，社会学的理论与方法是艺术社会学的两翼，缺一不可。社会学理论可以成为艺术创作、研究、批评的重要思想来源，尤其是欧陆社会学人文传统理论给艺术活动提供了有力的形而上的思辨依据。社会学经验研究的方法，如访谈、观察、民族志、问卷、文献、社会生活史等也可以成为艺术活动的视角与手段，这样可以使艺术创作更加接近文化事实，为艺术研究注入新的活力。最后，艺术社会学视域中的艺术活动范围很宽泛，艺术社会学关注的内容是艺术与社会包括宏观、中观、微观在内的多层次的相互关系。从宏观层面看，艺术在社会有机体中被视为一种制度或者结构，艺术社会学研究的是艺术在社会结构中的位置和功能问题。从中观层面看，艺术社会学关注创作者、批评者、受众、传播媒介等与具体社会生活中的经济、政治、宗教、道德、科学、文化、种族、性别等要素发生的共时性关联。在纵向性上，一定时空中的艺术活动或者共同体惯例与特定思想精神有显性或者隐形的源流关系，艺术社会学钩沉其上下历史语境的内在影响问题。从微观层面看，艺术社会学也关注传统艺术"内部研究"路径中的研究对象，即艺术技巧、艺术形式、艺术内容、艺术风格、艺术母题等，但是艺术社会学仍然会通过资料将研究重心落在艺术和社会历史或现实之间的张力上。

艺术社会学的学科特点是"价值中立"与"价值判断"兼重。艺术社会学深受社会学"价值中立"与人文学科"价值判断"两大传统的影响。"价值中立"是社会学的学科特色，强调在实际研究中对研究对象持超然的科学态度，这种研究态度要求研究者在复杂的文化认同体系中保持中立，以免为先验或者预设判断绑架，从而影响研究的客观性。价值中立的研究往往聚焦艺术领域与社会宏观结构的关系，倾向于艺术研究的制度范式，关注艺术机制结构对社会整体的维持整合功能。然而，艺术毕竟是人类掌握世界的一种精神方式，同时，社会学欧陆人文传统尤其是批评理论、现象学、后现代主义等对艺术社会学的影响很大。一般来说，艺术社会学微观层面研究大多趋向批判取向。持"价值判断"尤其是批判范式的艺术社会学研究者大多专注于解释具体艺术环节、要素与泛社会机制、意识形态等之间的隐形关联，偏重艺术世界中诸要素与社会诸要素的关系范式。总之，艺术社会学在艺术研究的宏观层面与整体性上有着很强的社会学特征，在社会学方法上的借鉴也使得艺术创作和研究更具有经验色彩。在探讨艺术在社会生活中的地位和功能，揭示艺术机制与社会诸要素的复杂关系，分析艺术作品隐含的历史社会内涵等方面，艺术社会学具有相当大的深度与广度。

四、艺术社会学研究的理论框架

艺术社会学主要运用社会学基本理论来研究艺术诸要素、现象与社会的关系。如前所述，社会学既有自然科学倾向的"价值中立"基础，又有人文主义"价值判断"的欧陆传统，因此，社会学理论非常庞杂。有学者采用宏观-微观研究角度为横坐标，以自然主义-人文主义倾向为纵坐标，将社会学理论分成四种范式，它们分别是兼具宏观-科学特征的社会事实范式、宏观-人文特征的社会批判范式、微观-科学特征的社会行为范式、微观-人文特征的社会释义范式。[①] 艺术社会学的理论框架基本上涉及了上述所有的社会学理论范式。此外，艺术社会学还汲取了相关人文学科的理论，这些学科有哲学、政治经济学、文化人类学、历史学、传播学等。

一是社会事实范式。艺术社会学涉及的理论框架有集体意识-集体记忆理论、结构功能主义、冲突论、文化圈理论、社会文化变迁论、文化生态理论、"艺术界"理论等。如涂尔干提出的集体意识是非物质性社会事实，其表象是整个社会或具体群体共同遵守的规范和价值观。这个理论在哈布瓦赫那里发展成集体记忆理论，该理论框架常常用于非物质文化遗产、口头文学的研究。结构功能主义和冲突论都从制度化角度揭示了艺术是一种社会存在，前者大多倾向认为艺术作为一种"表达式象征体系"满足了社会与人群的某些需要，后者认为艺术的社会功能是安全阀，即以象征性方式排遣出社会压力，从而起到缓解对立社会情绪的作用。文化圈理论、社会文化变迁论、文化生态理论关注人类文化的动态特点，在一定意义上是对强调静态构成的结构功能主义的补充。如索罗金在阐释社会文化变迁论时认为文化变迁的特点是周期循环的，辨别每种社会文化系统的方式是认识其中的

---

① 周晓虹：《西方社会学历史与体系》，上海人民出版社，2002年版，第32页。

意义、价值、规范和象征（艺术）。美国社会学家贝克尔从社会组织角度分析艺术。他将艺术视为一种集体活动，是艺术家、其他各行各业的人员、媒材、出版、传播、批评等所有与艺术行为相关的、不同背景的人共同行动的产物。"艺术界"理论无涉价值批判，但是其对艺术界的协作、分工、惯例等分析对艺术社会学的影响很深远。

二是社会批判范式。艺术社会学运用的理论框架有"异化"理论、法兰克福学派之批判理论、结构主义的马克思主义、女性主义、后殖民主义、公共领域理论、文化资本理论等。马克思的理论是社会学批判范式的先驱。在《1844年经济学哲学手稿》中，他用"异化"理论揭示了早期资本主义社会背景下工人阶级的生存境遇。"异化"理论指出劳动者与劳动产品相异化，劳动者与劳动活动相异化，劳动者与人的类本质相异化，人与人关系相异化。20世纪80年代，"异化"问题从政治经济扩展到道德、心理、文艺等整个思想文化领域。代表者有卢卡奇、葛兰西等。法兰克福学派之批判理论对马克思的批判理论进行了补充，提出否定美学和文化工业理论，对资本主义文化领域展开全面的否定与批判。哈贝马斯从社会历史角度回溯提出了文化公共领域概念，认为在狭义的政治公域之前，就存在着文学界公共领域，它是政治公共领域的先导。在17、18世纪的英格兰和法国出现松散但开放的文化交往网络，这些向资产阶级公众开放的文化艺术产品激发了人们对政治的批判性讨论，对文学艺术的批评相应地转到了政治。基于批判范式的女性主义致力于厘清历史社会层面下的男性霸权中心话语，后殖民主义则专注于揭示西方文化霸权。布尔迪厄将马克思的"资本"概念从政治经济领域延展至文化研究领域，提出文化资本理论。布尔迪厄指出，任何一个人在社会场域中所占据的位置不仅与政治、经济地位有关，还与其文化因素有着密切关系。他将文化资本分为身体形态、客观形态、制度形态三类。文化资本理论揭示出貌似平等的家庭和学校教育也是不平等的社会资源分配体系，人们通过文化资本将社会不平等的等级秩序以合法的方式沿袭下去。

三是社会行为范式。艺术社会学涉及的理论包括精神分析理论、交换理论、戏剧表演理论等。荣格将弗洛伊德的精神分析法从个人层面向集体文化层面加以发展，提出了"集体无意识"与"原型"理论。荣格指出，集体无意识来自人类的原始经验，早期人类的生活经验成为一种遗传要素伴随人类的发展逐渐成为人类族群共享的无意识部分。荣格认为在不同民族的神话、宗教、艺术等文化领域中反复出现的共同形象就是原型，其文化根源就是集体无意识。荣格提出的代表性原型有阴影、人格面具、阿尼玛和阿尼姆斯、智慧老人、母亲、英雄、儿童等。他的理论体系对后世的心理学、社会科学乃至文艺理论等领域都有着巨大而深远的影响。如兴起于20世纪七八十年代的文学人类学，弗莱的《批评的解剖》是其代表作，弗莱明确表明原型理论在文学批评中的重要作用。对艺术社会学有影响的交换理论是文化人类学家的交换思想，代表者有弗雷泽、马林诺夫斯基、莫斯。他们对非西方社会中交换行为的研究影响了后来的研究者霍曼斯，他坚信交换是所有社会普遍存在的文化现象，人类学早期研究还使得霍曼斯的研究突破了交换理论单一的理性原则，扩展到非物质层面。社会交换不仅能揭示社会结构，还是社会整合乃至社会变迁的重要动力。交换理论常常用于文化人类学的民俗研究。戏剧表演理论的主要代表人物是戈夫曼。该理论把社会比作舞台，把全体社会成员比作在这一舞台上扮演不同角色的演员，强调日常生活中人与人之间的互动是一种"表演"。戈夫曼还提出"印象管理"理论，揭示人们在社会互动中注意把握自己给他人造成的印象，使自身的形象能最好地为自己要达到的目的服务。该理论揭示了戏剧和社会的亲密关系,影响了很多后来的戏剧艺术工作者,如20世纪的下半叶维克多·特纳提出的"社会戏剧"概念,戏剧表演理论就是其理论来源之一。

四是社会释义范式。艺术社会学较多运用的是理性化研究、审美救赎说、神话学、解释学、文化记忆理论等。马克斯·韦伯是社会释义范式的代表人物。他对艺术的相关理论有理性化研究和审美救赎说。他认为现代社会是个不断理性化的进程,政治、宗教、艺术都逃脱不了知识化与理性化的命运。但是,现代性进程也催化了价值领域的分化,艺术因此摆脱宗教、世俗权力的束缚,获得了独具批判力量的审美现代性,审美现代性是将人们从庸常的理性牢笼中救赎出来的路径。罗兰·巴特的神话学从日常文化产品,特别是流行文化、大众文化产品为出发点,通过解读来理解日常文化符号中隐含的意识形态。解释学与社会学理论的融合为艺术社会学拓宽了理论框架。解释学的代表人物伽达默尔接受了现象学的影响,认为对艺术作品的解释是观众与作品两方面视界的融合,是历史与当下意识的调和。沃尔夫的解释学具有社会历史倾向,她认为在理解艺术时,应该考虑艺术家的个人意识、艺术家的社会历史处境以及艺术品自身的特征。文化记忆理论的代表者是阿斯曼,该理论承接涂尔干、哈布瓦赫、康纳顿,新的理论内容认为集体记忆还存在于各种文化载体中,如博物馆、歌曲以及各种节日仪式,通过对这些"记忆场"的符码解读可以揭示出历史真实与现实利益的关系。

第二节 艺术社会学的研究主题

艺术社会学主要研究艺术与社会诸要素间的互动关系。艺术社会学所考察的艺术与世界的关系有内外两个角度:艺术中的社会;艺术和社会。前一个研究主题考察艺术作品或者艺术现象的内容反映、再现抑或表达的社会内容或者社会心理;后一个主题将艺术视为社会的一个有机部分,考察其诸运作环节与社会诸要素的关系。

一、艺术起源的社会原因

关于艺术的起源有很多观点,比较著名的有模仿说、表现说、巫术说、宗教说、游戏说、劳动说等。其中模仿说与表现说较注重人的主体要素,后四者更偏重艺术起源的社会结构性,与社会学的相关度更高。

1. 艺术与游戏

游戏是个体社会化重要的环节。人们在初始群体中通过游戏习得竞争和合作的知识,形成社会情感和交际方法。可以说游戏是缩小的成人社会的模拟结构。游戏的特征是具有情境的模拟性、能激发真实的社会情绪。游戏还重过程轻结局,具有非功利化特点。艺术起源之游戏说认为艺术起源于游戏,它是艺术发生理论中较有影响的一种理论,代表人物是德国著名美学家席勒和英国学者斯宾塞,人们也因此把艺术游戏起源说称为"席勒-斯宾塞理论"。游戏说认为，艺术是一种以创造形式外观为目的的审美自由的游戏。可以看出，艺术与游戏的相同点是都追求美、自由与快乐。"快乐"是艺术活动与游戏的精髓，艺术和游戏都不受任何功利目的的限制，人们只有在这种精神游戏中才能彻底摆脱实用和功利的束缚，从而获得真正的自由。斯宾塞认为，人的审美活动和游戏一样，是一种过剩精力的使用，人进化为高等动物后，不需要用全部精力去从事维持和延续生命的物质活动，因此有过剩的精力，人们用剩余精力进行艺术这种精神游戏。斯宾塞还是生物还原论者，认为艺术活动虽然没有什么直接的实用价值，却有助于游戏者的器官练习，因而它具有生物学意义，有益于个体和整个民族的生存。游戏说对现代多元艺术提供了一个合法理由，即为了心理和生理上的愉悦而创造艺术，为艺术而艺术的唯美主义作品或者追求艺术形式独立价值的作品因此具有合法性。

2. 艺术与劳动

艺术的劳动起源说认为艺术起源应归结为人类的劳动实践活动，代表人物有普列汉洛夫、恩格斯、格罗塞等。艺术的起源与发展和生产力发展有着因果关系，艺术的性质、内容、形态、发展和变化从根本上建立在具体社会的经济基础之上。

首先，劳动为艺术的产生创造了生理基础和前提。手、脑与感官在劳动中得到了进化。其次，劳动丰富了艺术表现形式。如劳动的节奏影响了艺术创作。再次，随着生产力的发展，艺术工具与类型越来越多样化。科技也是生产力，科技的发展使得电影、摄影得以出现，计算机的出现更使得艺术发生了巨大的变化。最后，劳动是艺术重要的主题内容。不同的生产方式就有不同的艺术表现内容。考察人类社会的发展史，狩猎（渔牧）、农耕、手工业、大工业生产、后工业生产，每个时期都有不同的艺术内容。

3. 艺术与巫术、宗教

艺术的巫术说、宗教说是在研究原始艺术作品与原始巫术以及宗教活动之间的关系的基础上提出来的。巫术说的代表者有英国著名人类学家泰勒、英国人类文化学家弗雷泽。他们用巫术观点来解释艺术活动的发生，认为艺术活动最早起源于人类社会早期的巫术仪式。泰勒认为，在原始社会，最初的艺术有着极大的实用功利性。如许多旧石器时代的洞穴壁画往往处在洞穴最黑暗和难以接近的地方，它的功能显然不是为了给人欣赏，而是原始人类企图以巫术为手段来保证狩猎的成功。原始人认为事物的形象与实际的该事物之间存在一种魔力，即形象与实际事物之间存在一种结构性联系，如果对该事物的形象施加影响，就能对实际事物具有效果。因此，在动物身上画上伤痕也就意味着原始人在实际的狩猎中可以顺利地打到猎物。弗雷泽在《金枝》一书中以大量的例证说明了原始巫术的原理、特征以及对原始艺术的影响。他指出原始巫术赖以建立的两个原则：相似律——模拟巫术；接触律——接触巫术。

宗教说从宗教学的角度解释艺术活动的发生，认为艺术活动起源于人们的宗教活动。代表人物有德国的批评家赫尔德尔。宗教为艺术提供了内容、主题和创作动力；宗教对艺术审美风格的形成也有影响，如佛教、道家思想对物哀文化的影响；宗教信仰会影响艺术家的创作风格。艺术与宗教同属上层建筑，都具有形象性与情感性，都可作为人的生存方式和灵魂的栖息方式。不同的是，宗教要表现人性对权威的服从，而艺术往往表现人性的力量和人的主体性。同时，艺术与宗教还存在着内在逻辑的矛盾，韦伯认为，宗教的博爱伦理与审美领域以及世俗生活之间存在着张力。宗教对现代艺术也有影响。如美国作曲家约翰·凯奇的音乐作品《4分33秒》，让乐手和乐器自由组合，于规定时间在台上静坐，这个音乐就是从禅宗处获得的灵感。

二、艺术创作-生产研究

艺术的创作与生产是一对既有关系又有区别的概念。一般而言，"生产"与"创作"均指在一定社会条件下，艺术主体进行艺术活动，产生出具体艺术结果的过程。二者的主要区别体现在生产者与消费者的主客体关系上。"艺术创作"概念强调创作主体的能动性，"艺术生产"概念是马克思在《1844年经济学哲学手稿》中首先提出的概念，强调现代社会背景中艺术产生的活动。但是，二者一样都受到社会因素、艺术实践主体以及其他诸种社会变量的制约与影响。

1. 艺术创作-生产主体

艺术创作-生产主体涵盖范围较广，既包括无名的手工艺群体，也包括艺术获得独立地位后声名显赫的艺术家。他们无疑是艺术活动中的核心人员。长久以来，艺术创作-生产主体的灵感说、天才说一直是重要的论断。艺术史家丹纳在其著作《艺术哲学》中将艺术家的"种族"要素视为第一要素，放在了"环境"和"时代"两个社会外因之上。所谓"种族"要素是指一定民族天生的或者遗传的那些倾向，这些倾向因民族的不同而不同。他认为，艺术家的种族犹如植物的种子，是原始模型，是艺术家实践活动的永恒的内在主源。比如，拉丁民族注重形式美，日耳曼民族长于理性思维。这些种族的艺术家在创作时，就会带着天生的艺术倾向与气质。可以看出，丹纳的论点具有典型的生物决定论倾向。艺术家的生理-心灵特征，如天赋、个性、性格、年龄、健康、种族归属等确实和艺术活动的冲动、倾向有一定的关系，但是其社会性格的形成也与具体的家庭或家族，政治、经济或阶层地位，时代、环境、社会历史文化背景等有很大的影响。当然，艺术创作-生产主体的社会性格虽然与所处社会外在要素有莫大的关系，但是，这些要素必然要通过心理机制的中介才能最终形成，这也能解释为什么同等社会条件下艺术创作-生产者会出现迥异的区别。因此，艺术社会学在进行艺术主体研究时，也会涉足传记研究、分析心理学、个人生活史研究。

2. 艺术创作-生产的社会条件

艺术创作-生产过程离不开社会外部条件的影响。艺术作品对外界社会影响的反应大致分为两种。艺术家要么受特别的时代、政治、经济、文化、道德、宗教、历史环境或者性别、民族（种族）、阶层等的影响，在作品中显性或隐形地宣传、维护相关社会内容或者价值观，要么对上述社会内容或社会理念提出革命性、批判性的论断。

艺术与时代。丹纳提出时代是艺术创作的后天动力之一。在他看来，时代可以解释为什么同种族的艺术家却创造出内容、风格迥异的艺术作品来。他认为同一个民族虽然好比是相同的植物，但是不同的时代就是他们生长的不同阶段，可以导致这些同种植物长出不同形状的花蕾、花朵、果实与种子。所谓的时代包括具体时空中的精神文化、风俗习惯以及物质生活等，这种精神气质对艺术家群体具有一定的影响。这种影响首先表现在艺术题材的选择上，一般来说，敏感的艺术家群体会记录重大的时代事件。其次，时代的精神气质会影响艺术家创作的气质倾向。如初唐、盛唐积极昂扬的边塞诗与当时的盛世气质有很大的关系，而晚唐的颓败格局也影响了晚唐诗歌"夕阳无限好"风格的形成。

艺术与政治、经济。马克思认为艺术是上层建筑的一部分，同其他形式的社会意识形态一样，是建立在一定社会经济基础上，其发生和发展归根结底由经济基础所决定。因此，艺术大多为经济基础服务。艺术是一种特殊的社会意识形态，同政治一样为经济基础服务，同时，国家也会通过项目赞助、褒奖等方式鼓励艺术为社会秩序管理、政治形象建构等服务。因此，一定时期内，艺术与具体的政治目标间会存在一致性，即艺术为特定的政治目标服务。但是作为上层建筑的艺术，有其能动性与超前性能。法兰克福学派的否定美学甚至提出艺术就是对现实社会的否定。因此，在批判的意义上，艺术作品常常对政治具有反思功能。

艺术与道德。道德与艺术同属上层建筑。道德是具体时空中的人们生活和行为的准则与规范。道德一旦形成，就具有传承性、普适性、阶层性、缓变性等特征。人们通过舆论、区隔、排斥等方法对逾矩者进行约束与惩戒。大多数艺术作品是维护主流伦理道德观念的，艺术作品越具有道德安全感，越能够得到大众的认同。另一方面，艺术也常常质疑道德的合理性，按照福柯的理解，道德是资产阶级对私人领域的驯服工具，因此，这类作品常常着眼于身体层面进行反思，如性领域、疾病史等。

艺术与性别。除了生理属性以外，性别还具有社会属性，表现为心理性别和社会性别。社会学框架中的性别研究主要探讨妇女在政治、经济、文化、教育和家庭生活等领域中的问题。艺术社会学经常在女性主义视角中关注艺术作品中的女性形象、艺术创作者与其性别政治地位的关系、艺术作品呈现出的常规性别文化心理以及艺术批评等方面隐含的性别不平等倾向。

艺术与民族（种族）的关系。民族是在具体社会历史条件下形成的具有高度稳定性的共同体，这种共同体可能源于种族血缘关系，但是更多的是具有超越血族之上的语言、区域、文化等社会属性的共享性。不同的民族（种族）具有不同的文化象征体系，从而形成艺术的民族特性。在西方殖民历史影响下，艺术创作-生产往往有意或者无意地显示出西方文化中心主义倾向，即认为西方文化和种族（民族）优越于其他文化和民族（种族），并依照西方的刻板印象来塑造外来民族。后殖民主义与东方主义理论揭示出，非西方民族艺术家群体也可能受这种本质主义思维方式的影响，在艺术创造中自觉或者不自觉地自我文化矮化。

艺术与阶层。艺术社会学认为艺术具有阶层属性。社会学家韦伯的文化分层理论认为，社会的阶层结构是个多层体系，除了经济地位之外，还可以从社会声誉和政治权力两种维度去衡量具体社会成员的阶层属性，由此，韦伯主张从经济、声誉、权力三个角度判断某一地位群体的阶级性。布尔迪厄的文化运资本理论借用了经济学术语和概念，通过社会资本、经济资本与文化资本等经济学隐喻来揭示现实社会中不同阶层间的不平等关系。具体的艺术创作者总隶属于特定的阶级或者阶层，不同的阶级或阶层地位具有固定的价值立场，因此，艺术创造者的创作主题总与自身阶层的生活内容相关，作品一般会认同固定阶层的特有观点，同时，艺术作品的审美倾向也能显示出不同阶层的文化趣味。

三、艺术功能研究

艺术具有多重功能，包括审美功能、娱乐功能、认知功能、教育功能、交流功能、疗愈功能等。我们下面介绍几个主要的功能。

第一，艺术的审美功能与娱乐功能。审美功能是艺术的首要功能，艺术的其他社会功能都是建立在审美功能之上的。艺术只有具备了审美价值、审美特性，它的其他社会功能才有可能得以实现。艺术作品特有的审美特质，能够给人带来特定的美感和享受，提升人的审美能力。娱乐功能也是艺术的基本功能，它是人们创作艺术、接受作品的直接动因。艺术作品可以自由地表达和释放创作者的情绪，欣赏艺术作品能使人获得情感共鸣，从而得到愉悦。贺拉斯的"寓教于乐"论就是指艺术的教育功能以艺术的娱乐功能作为中介得以实现。

第二，艺术的认知功能。艺术是人认知世界与获得知识的途径之一，通过艺术形象求善达真。艺术作品能帮助我们准确地理解认识社会、探索历史。艺术通过生动的艺术形象反映了具体特定的社会生活内容，回顾一定历史时期的政治、经济生活与社会风尚，或者虚构未来的社会图景。如巴尔扎克的《人间喜剧》描写了19世纪法国各个阶级、阶层的生活和精神面貌，几乎是当时法国的百科全书。通过优秀的艺术作品，人们可以获得丰富的社会历史知识，提高对历史规律的认识，达到对社会的深层思辨。艺术还常常通过各种艺术形象的塑造启发人们思考自身在社会中的处境。如蒙克的《嚎叫》让人们得以反省现代社会中普罗大众的焦虑常态。艺术作品还常常启发人们去理解人与生命、自然甚至宇宙的关系。许多现代主义艺术作品从哲学、宗教维度帮助我们扩大内在视野，认识人生的有限从而强调生命共同体意识，在全球生态问题凸显的当下，这类作品具有特别的认识意义。

第三，教育功能。贺拉斯的著名论点"寓教于乐"指出艺术往往承担着教化作用，我国文学家韩愈提出的"文以载道"也是类似的论点。艺术作品能成为人们的教科书，通过正面或反面的艺术形象，或者审美情绪的感染，指导人们在世界观、人生观、政治观念、道德伦理观等方面朝特定的方向发展。当然，艺术的指导教化方式总是潜移默化的。艺术以其强大的感染力将一定的教化内容传递给受众，因此，艺术的审美价值常与其教育功能成正比。反之，如果只强调艺术的教育功能，忽略了艺术的审美价值，那么它的教育功能也会大大减弱。

第四，疗愈功能。艺术有疏导（宣泄）功能、个性塑造功能和促进身心健康的功能等。早在古希腊，亚里士多德就提出悲剧的"净化论"，指出悲剧对塑造健康的社会心理具有很大的作用。从人类的进化史来看，文字出现之前，人类已经用绘画、音乐、舞蹈等象征地表达世界和自身。格罗塞认为，"就是最粗野的和最穷困的部落也把他们的许多的时间和精力用在艺术上"[1]。这说明从文明的起源上看，表达性艺术就是性命攸关的事。特别在现代社会，表达性艺术能打破文明的束缚与理性的防御，使心灵得到舒缓。绘画、音乐、舞动、戏剧等艺术实践通过创造性的、非口语的表达及艺术创作的经验，不仅能疏

---

[1] 格罗塞：《艺术的起源》，蔡慕晖译，商务出版社，1984年版，第238页。

导个人情绪，发现个人潜能，进行内心力量建设，同时，还能通过团体方式，提高社交技能。在现代社会，社会心理健康已经成为严峻的社会问题，艺术的疗愈功能具有重要的实际价值。

四、艺术传播研究

艺术要发挥社会功能，必须得以广泛的传播才能为大众所接受，艺术生产的社会价值才能随之递增。因此，艺术传播是艺术家—艺术品—公众沟通过程中重要的中介环节。艺术传播指的是借助于一定的物质媒介和传播方式，使艺术信息得以在社会系统中传递和交流。通过艺术传播，艺术信息传递给艺术接受者，使其社会价值与功能得以实现。艺术社会学对艺术传播的研究主要关注艺术传播的传播主体、受众、信息、过程、媒介等问题。

艺术传播的方式有口头（身体）传播、文字-图案传播、大众媒介传播等传播形式。三者往往在一个社会并存。在传统社会，前两者是艺术的主要传播方式。在现代社会中，大众传播媒介的传播主体首先包括国家宣传机构或者教育机构以及各级宣传部门和机构。如国家资金支持的博物馆、公立学校等，报纸、杂志等各种文化商业机构或者企业。信息化社会的当下，网络自媒体是重要的传播媒介，且与上述传播主体的交互影响日渐多元化，因此，当下的艺术传播呈现公共化与个人化相互交融的特点。上述传播方式与个人终端的互动性程度也会影响艺术传播的信息对称性状况。

艺术传播过程会受外在社会条件的影响。如社会心理、性别、阶级、种族、意识形态、经济等都可能是艺术传播过程中的变量，上述变量具有信息过滤功能，具有放大、扭曲或者疏忽艺术内容的功能，并导致艺术内容在传播过程中发生特定的嬗变，影响艺术趣味变化的方向。其中，现代传播媒介的多样发展以及跨媒介趋势对当下艺术产生很大影响。传统上，音乐、舞蹈通过身体的现场呈现方式得以传播，绘画、文学等通过文字和图案传播。然而，现代社会中，随着科技的发展，艺术传播媒介日新月异，它们的功能、运作原则和表现方式，影响了具体时代人们的感知模式和心理方式。即新的媒介技术本身而非媒介信息的内容引发艺术变革。传播学技术主义代表人物麦克卢汉认为"媒介即信息"，媒介本身就是有价值的信息。本雅明在《摄影小史》和《机械复制时代的艺术作品》中描述摄影技术媒介、电影工业媒介怎样作用于人们的艺术感知和艺术欣赏的方式。艺术传播媒介的数字化在艺术的储存、传播方面具有革命性的变化，网络信息流动的迅速、便捷使得艺术作品的获得越来越容易，欣赏与消费的路径越来越多元，这使得艺术创作的冲动越来越突破雅俗、阶层的限制，不同层次的艺术受众得到最大限度的满足。

五、艺术消费研究

艺术消费与艺术欣赏是一对有内在联系又有本质区别的关键词。艺术欣赏是传统艺术学重要的研究对象，偏重个体的审美主观体验。艺术消费则指现代社会独有的文化变迁现象。一般来说，艺术消费研究涉及艺术商品、艺术价值、艺术消费、艺术市场等现象。下面重点阐述艺术商品和艺术消费现象。

1. 艺术商品

大众社会和消费社会是艺术从个性化的性灵产物向文化商品转换的社会背景。市场经济条件下，艺术创作者成为受到市场需求影响的"生产劳动者"，艺术作品进入市场流通，并换取了相应的经济报酬，艺术产品便成为艺术商品。艺术商品与一般商品具有共同的属性。首先，艺术商品与一般商品一样具有两个因素：使用价值与价值。使用价值是商品的自然属性，是交换价值的基础，只在消费中实现。商品作为人类劳动的结晶，还具有使用价值以外的交换价值。艺术商品也是劳动产品，因此也是交换物。其次，艺术商品和其他商品一样，只有实现了交换价值才能实现其使用价值。在市场经济条件下，艺术商品和一般商品一样也会受到市场的调控。

但是，艺术商品与一般商品有明显的区别。艺术作为商品，有其独特的价值构成。首先，艺术商品的占有不是以损耗商品物质本体为形式，而是以占有、收藏、享受为主要形式。而且，有些艺术商品具有不可再生性和形成的偶然性，艺术商品不会像物质商品一样随着物质损耗而淘汰，而可能具有价值增值的可能。另外，文化艺术消费往往具有物质消费和精神消费的双重属性。确切地说，艺术消费是一种包括了物质商品消费活动的精神消费活动。其次，在市场中介中，艺术消费的货币交换会有两种情况：第一种是货币价值小于商品劳动价值，即忽略艺术生产者的创造性劳动。艺术消费者用货币购买的往往是生产资料成本以及艺术商品物化过程中凝结的劳动，艺术作品形成过程中的创造性脑力劳动则没有用货币加以衡量。这类艺术商品往往是在技术社会中可复制的艺术商品，如书籍、照片、音像制品等。第二种是商品价值大于艺术商品劳动价值。这种交换一般涉及的是不可复制与再生的艺术品，其货币价值往往超过艺术商品本身的生产成本以及生产者体力与脑力劳动之和。这个现象往往是因为艺术商品具有不可复制与不可再生属性而形成的历史价值或者艺术价值，比如不可估价的文物、古董或者名家之作。

2. 艺术消费

首先，现代社会的艺术消费群体是现代意义上的大众。20世纪50年代以后，现代意义上的大众诞生了，伴随中产阶级迅速崛起、工业复制技术与光电传媒手段结合，传播升级速度加快，艺术阅听群体以压倒性的数量比重颠倒了艺术生产者与消费者的主客体关系。现代社会中数量庞大的中产大众是文化艺术的最大消费群体。其次，现代社会的艺术消费很大程度上是一种符号消费。出于身份符号的追求，大众的文化艺术消费很多时候是无穷追逐曾经只属于上层阶级的高雅符号。当下社会中，物品消费呈异化趋势，消费已经不仅仅指向物的使用功能，而是转向物所承载的身份、地位等符号意义。此外，艺术消费还有很多关注内容。如影响艺术消费能力的因素，艺术消费服务和艺术消费的趣味、方式、心理、行为，艺术消费所产生的社会效益，艺术消费的限制条件和因素等。

艺术社会学研究的范围还有很多，如艺术接受、艺术批评、艺术变迁、艺术市场、艺术管理、艺术政策等方向。随着学科交融与新文科框架的确定，我们相信会有更多的跨专业人才加入艺术社会学的研究中来，未来无论在理论还是应用研究上，都会发掘出更具有价值的研究主题与研究方法。

第三节
艺术社会学研究实例

艺术社会学研究社会中的艺术，包括艺术在社会中的位置、艺术的社会功能、艺术在现代社会中的变迁、艺术起源、艺术创作-生产、艺术传播、艺术消费与艺术欣赏等研究主题。这里仅列举两个具体的研究实例进行说明。

一、古琴实践群体研究[①]

古琴是我国世界级非物质文化遗产代表项目。研究者的研究主题是20世纪国粹式微的新文化运动背景下古琴艺术实践群体的群体文化特征。该研究采用内容分析法的定性研究，以新文化运动历史期间的古琴民间团体实践为个案，用细读的方法对民间琴社的历史文献进行分析。文章试图论证，古琴是传统社会中"士"阶层的文化遗民——"士绅"阶层的文化身份符号。民国时期的古琴实践者通过古琴艺术及其相关品位的坚持，形成特定的群体符号边界，这种文化符号对一个阶层在社会等级结构中的定位具有重要的标志作用。正是对身份符号的"文化自觉"，古琴艺术才得以在新文化情境中得到整体性存留。

该研究分成三部分。研究的第一部分描述了新文化运动中古琴文化的处境。古琴真正衰落是20世纪初以来的事。研究论证了古琴衰落的两个重要因素。首先是自清末以降，实践者阶层（士大夫）、阅听人、庇护人（封建统治精英）一并消亡了。古琴失去了赖以生存的环境而走向衰落。其次，20世纪初的新文化运动思潮，直接冲击了古琴艺术。鸦片战争后，民族危亡的格局使得知识阶层对传统文化产生怀疑，作为中国传统社会政治制度和文化价值观模塑者的儒学首当其冲成为批判对象。在这样的时代背景下，古琴的艺术声望渐渐衰落，实践群体明显缩小，导致很多人根本不知古琴为何物。作为中国古代士大夫阶级的传统文化，古琴与旧诗赋、文言文等都成为"山林主义""贵族主义"封建艺术的代表，受到负面性的评价和无情的批判。

研究的第二部分分析了1936年成立的今虞琴社的艺术实践活动，揭示了古琴实践群体作为士大夫文化遗民的集体记忆。琴社的活动实践有：传统的尊师拜谒仪式（去常熟为古琴大师严天池扫墓，这个象征仪式表明了传统文化的实践者对系谱和师承的重视）、进入今虞琴社的"滚雪球""强关系"方法、琴社的活动场所分析、琴社社启的文言文风格与精英主义内容分析、"琴人问讯录"内容分析、琴社的日常雅集与《今虞琴刊》的创办、琴人成员"士绅"社会阶层分析。研究认为，琴人对自己"士大夫"文化遗民身份的坚持，主要体现在艺术品位上。

研究的最后一部分主要论证品位如何成为琴人的文化身份符号。研究认为，"士绅"阶层作为古代"士"阶层的"文化遗民"，在古琴实践上之所以恪守封闭的"强关系"群

[①] 王咏：《文化遗民的区隔符号——对新文化运动中古琴艺术的社会学研究》，《中国地质大学学报（社会科学版）》，2012年第1期。

体特征，和该阶层对"士"阶层的追摹、认同，并有意识地强化群体符号边界的自我意识有关。这种身份边界主要体现在古典文学修养、士大夫式生活方式等文化品位方面，它们构成了琴人的文化资本，并成为相互认同的身份符号。在今虞琴社的小群体中，这些大多为世儒出身或多少和文化事业沾点边的琴社成员努力认同的是其文化祖先——"士"阶层。在国势飘摇的大环境下，琴人们还是力图挽留"士"阶层的一些象征碎片。他们参照"士"阶层风雅的活动，使自己和普罗大众可以区别开来。正是通过对古代文人生活方式的模仿，琴社形成一个想象的文化共同体。艺术和文化就其本身而言没有任何高低之分，但在象征资本的等级框架中，艺术门类却有雅俗的文化排序，其深层意义就是出身、生活方式、气质等阶层体认，如此，艺术品位成了界定社会等级空间的一个重要手段。每个群体特定的符号边界也是群际间的区隔边界，它对一个阶层在社会等级结构中的定位具有重要作用。阶层的整体品位和生活风格，关系到族群或阶层的内外部认同。在20世纪30年代"国粹"与"欧化"之争中，古琴没有争取到在民族国家正式教育体制中的合法传承权力，但是最后一批传统士绅通过坚守各种语言、生活方式等外部文化标记，保存了较为纯粹的阶层艺术——古琴，也为今天多元化的文化生态环境留下一个活化石。

二、对非物质文化遗产研究的反思批判[①]

该研究是艺术社会学的理论研究，主要运用社会学理论对当下非物质文化遗产研究现状进行了理论反思。研究从知识社会学的角度对非物质文化遗产研究进行了反思。研究运用比较研究方法，比较了作为生活世界中的前非物质文化和作为现代知识形态的非物质文化遗产的不同点，从认识论的角度分析非物质文化遗产知识形态的变化，并在比较过程中反思现代认知范式对学术研究本身的影响。

研究的第一部分将前非物质文化定义为生活世界中的身体化实践，并将其与非物质文化遗产进行比较。非物质文化更多体现为一种观念知识。德国哲学家马克斯·舍勒将知识按照目标分为"统治知识""教养知识""拯救知识"三种类型。他认为通过"教养知识"，"我们把自己的精神位格的存在和所在扩展和发展成一个小宇宙，并由此至少按其结构性的本质特征，以我们一次性的个体性方式，试图分有世界的总体性"。[②] 可见，教养知识是宇宙知识和自我知识的精神来源。有学者将舍勒提及的第二种知识解释为一种教育知识，即非物质文化的知识。[③] 值得注意的是，非物质文化是一个随着现代性出现的学术名词，在学术语境中具有相对的学科定义与边界。前非物质文化是指没有课题化、客体化之前的身体化实践。与非物质文化遗产相较，前非物质文化最大的特征是没有被科学课题化，范围更为宽泛，是生活世界中的以身体实践方式呈现的"隐性知识"。首先，前非物质文化是先于人文科学课题的生活世界。其次，前非物质文化是不需要言明的身体化实践。学术课题外的前非物质文化是田野中的身体实践。这种实践呈现为一种意会知识与身

---

① 王咏：《从生活世界到现代知识形态：非物质文化遗产研究的现代性批判》，《文艺理论研究》，2011年第4期。
② 马克斯·舍勒：《舍勒选集》（下），刘小枫译，上海三联书店，1999年版，第1398-1399页。
③ 秦宝庭、吴景曾：《知识与经济增长》，科学技术文献出版社，1999年版，第4页。

体行为的交融互生状态，即非课题化的前非物质文化是以超越主客观二元对立的实践着的身体得以体现的。最后，前非物质文化是不可通约的复数名词。生活世界是一个丰满的文化-历史世界，我们可以称不同生活世界重叠的部分为它们的共同结构，但这也消除不了它们的不同。因此，以生产具有通约性质的逻辑理论为主要工作的相关人文学科知识对生活文化的归纳和涵盖意义只具有理论上的可能性。

研究的第二部分是分析作为现代知识形态的非物质文化遗产。现代知识型的形成是前非物质文化从实践知识演变为非物质文化遗产学科知识的前提。"知识型"（épistémè）是法国社会学家福柯提出的概念，指一种具体的话语实践和综合范式，不同的经验秩序型构为不同的知识型，不同的知识型规定了不同的认识对象、不同的表述方式。现代知识型对非物质文化遗产的课题化建构意义重大。学科概念的形成首先必须运用具有普遍性的本质主义总体假设，将某种想象中的抽象概念从身体实践中抽离出来。现代知识型还规定了非物质文化遗产的研究对象。不是所有非物质文化遗产定义涵盖的对象都能进入非物质文化遗产学的视域。如何从非物质文化中拣选出"迷信"呢？知识型仍不失为一个思索路径。

在现代知识型中看非物质文化遗产的对象，我们可以模仿维特根斯坦这样说：研究可以研究的。在以理性逻辑和追求整体性为主要特征的知识型中，政府、公众、学术视野中的非物质文化遗产不是天然合法的自在之物，而是依照某种常规认知范式，对想象中的全部对象加以验证、拣选、注视、研究，最后才形成一个合法的名单。也就是说通过现代知识型检验的身体文化实践才能进入非物质文化遗产的学科知识序列。

首先，按照现代学科范式，一个待进入学科视野的经验对象必须是可理性描述和可整理的。

其次，待研究对象往往要通过常规范式中的先行理论才能进入非物质文化遗产的科学空间。如此，我们更能理解李亦园先生对崇奉信仰与迷信的区分。比如具有实际伤害力量的"巫术"之所以是"迷信"，在前非物质文化世界中或许能得到解释，但是在现代知识型中，这种超验的身体实践不能被理性描述，即使我们以"宇宙观"这个术语来肤浅地提及它们，也仿佛已经触到了科学之境的壁端。所有的现代知识型的知识组合都不能覆盖它，这个对象使全部社会科学理论都陷入沉默。如此，作为现代社会中具有优先权的首席知识，科学会对它进行缺席审判："迷信"这个黑洞术语埋葬了所有被科学摒弃的异质事相。

最后，非物质文化遗产研究在知识型视域中反思了非物质文化遗产的本真性问题。当下的非物质文化遗产更多的是作为一种现代知识型的知识而非实践存在，这就意味着学界在定位何种文化为非物质文化遗产的第一步时，就已经很难逃避先在的因果、进化等现代认知框架。何况，学科积累到现在已经成为一个自律性很强的固化范式，很多时候，观察文化事实的目的在于验证某种优势性理论模型，因而将丰富的文化事相仅限于"理论"层面，不自觉地忽视了与理论不符的动态细节。

研究认为非物质文化遗产的应用研究也应该有这样的反省意识。很多非物质文化遗产的研究结果作为理论假设，如果倾泻回生活世界，其假设结论对文化实践群体本身可能没有维护意义，反而可能是一种"去魅"的破坏力量。作为研究者，要关注的不仅是研究对象，更要时刻警惕学术万能主义，不能用科学逻辑过滤过的理论世界来取代繁复鲜活的生活世界本身。学术界在研究客观对象时，也需要对学术研究本身进行反思。

思考题

1. 如何理解艺术与社会的关系?
2. 比较传统社会与现代社会中艺术的地位与角色有何不同。
3. 艺术创作与艺术生产有什么不同?
4. 艺术欣赏与艺术消费有什么不同?
5. 通俗艺术与精英艺术的区别是什么?两者转变的社会条件是什么?
6. 网络信息媒介对艺术的影响是什么?表现在哪些方面?

推荐阅读

1. 丹尼尔·贝尔:《资本主义文化矛盾》,赵一凡等译,生活·读书·新知三联书店,1989年版。
2. 瓦尔特·本雅明:《艺术社会学三论》,王涌译,南京大学出版社,2017年版。
3. 马克斯·韦伯:《音乐社会学:音乐的理性基础与社会学基础》,李彦频译,西南师范大学出版社,2014年版。
4. 特奥多尔·W. 阿多诺:《音乐社会学导论》,梁艳平等译,中央编译出版社,2018年版。
5. 阿诺德·豪泽尔:《艺术社会学》,居延安编译,学林出版社,1987年版。
6. 维多利亚·D. 亚历山大:《艺术社会学》,章浩、沈扬译,江苏美术出版社,2013年版。
7. 周宪:《审美现代性批判》,商务印书馆,2005年版。

第十章

性别社会学

第一节
性别与性别社会学

一、性别与社会性别

人们在婴儿出生的时候，首先会问的一个问题是"男孩还是女孩"，因为性别是人的身份认同中最基础的概念。出生时对性别的鉴定一般都是依据人的生殖器官、染色体或者是睾酮含量，这是生理性别（sex）。一般而言，生理性别被二元区分为男性和女性，绝大多数个体在生理性别上可以迅速地、毫无异议地被归类为男性或者女性，但也有极少数个体兼具男性和女性的一些生理特征，在性别的二元体制之内无法确认归属而被称为双性人。

在人类历史的很长时间内，性别都被认为是人的一个自然赋予的特质，而且是终生固定不变的。但是，随着人类对性别问题的认识和性别实践的丰富，人类社会对于生理性别的认识发生了很大的变化，对跨性别现象的认定就是这种变化的一个突出的表现。简单来说，跨性别是指一个人在心理上无法认同自己与生俱来的生理性别而采取措施对身体进行改造以形成不同的生理性别，意愿强烈者会通过手术来进行改变，但也有些跨性别者不主张或者不采用手术变性。不过，根据中国的法律规定，易性的完成必须包括通过手术对生殖器官的改造。

人类对于性别问题的认识发展不仅仅体现为对于生理性别复杂性的逐渐理解和接受，还表现在对生理性别和社会性别（gender）的区分上。所谓社会性别，就是一个人综合性地体现出来的男性气质或者女性气质的特征，男性气质就是勇猛好斗、独立果断、理性冷静等，而女性气质则是温柔顺从、情感丰富、擅长家务等。在人类对于性别的认知上，生理性别和社会性别在很长时期内都是被混为一谈的，人们普遍认为一定的生理结构导致一定的性别气质。这一认识带来的问题是，它将两性社会地位和性别角色的差异阐释为是人类社会与生俱来的，因而是合理的。但是，随着社会科学的发展，这种自然天生说逐渐引起了人们的质疑和挑战。早期影响巨大的是美国人类学家玛格丽特·米德对新几内亚岛上的三个原始部族的研究。米德的研究显示，这三个部族在地理位置上相近，因而在基因上也相近，但它们的男女成员在性别气质上呈现出的差异甚大，而且没有一个部族的男女性别气质与西方社会认定的规范相对应。这一发现极大地挑战了性别气质是天生形成的既有观念。[①]

正式提出性别气质是社会建构产物的是法国的波伏娃。她在 1949 年出版了日后成为经典的《第二性》，其中最广为人知的观点就是性别的建构说，即女人之为女人是后天形成的。[②] 波伏娃还指出，在社会建构之下，男性成为主体，女性则沦为非主体，以"他者"的姿态而存在。社会性别观念的流行得益于 20 世纪 60 年代在欧美等国兴起的第二次女权运动。女性主义反对性别问题上的本质主义和生理决定论，认为性别的差异和特征是由社会建构起来的，而且，社会性别不仅因时间而异，还因民族、地域、文化等而异，是一个特定社会的构成。社会性别理论颠覆了性别气质不可改变的"自然说"，否定了传统的性别观念，也为消除男女不平等提供了有力的理论依据。例如，根据社会性别理论，如果女孩子不喜欢、不擅长数学，那不是因为她们先天基因中缺少学好数学的因素，而是后天社会教化中慢慢生成的现象。但是，这种根据社会性别视角对男女差异的理解对于有着几千年历史的人类社会而言还是新生事物，它的被接受是一个长期而曲折的过程。2006 年，时任哈佛大学校长的拉里·萨默斯在公开的讲话中提出，女性在数理化方面成就不如男性是因为天生资质的不足，这一论断引起了轩然大波，萨摩斯最终因为性别歧视而辞职。

20 世纪 90 年代前后，西方社会性别理论逐渐为中国学界所了解和接纳。闵冬潮认为，社会性别这一概念进入中国，是从上面（联合国）、下面（非政府组织）、西方（北美、西欧）、东方（韩国、日本、印度）等四面八方旅行而来的。[③] 1995 年在北京召开的联合国第四次世界妇女代表大会发表了《北京宣言》和《行动纲领》，提出为促进性别平等而进行社会性别主流化（gender mainstreaming）的策略。

二、女性主义与女性研究

学术界对于性别研究的关注首先是对女性问题的关注，而这一研究缘起于女权运动，而与社会运动的紧密联系也对女性研究产生了深刻的影响。

第一次女权运动兴盛于 19 世纪末 20 世纪初，目标是为女性主张受教育权、选举权、工作权等。第二次女权运动始于 20 世纪 60 年代，它为女性主张更为全面深入的两性平

---

① 参见玛格丽特·米德：《三个原始部落的性别与气质》，宋践等译，浙江人民出版社，1988年版。
② 参见波伏娃：《第二性》，陶铁柱译，中国书籍出版社，1998 年版。
③ 闵冬潮：《Gender（社会性别）在中国的旅行片段》，《妇女研究论丛》，2003 年第 5 期。

等。越来越深入人心的女性主义启发了人们对于已有知识的重新检视,人们逐渐认识到,过去在父权制主导下的知识生产普遍存在着性别盲点,它忽视了女性的处境和需求,所以学界需要以女性为客体的研究,研究的最重要的目的是提高女性的社会地位。在早期的研究中,发表于1963年的贝蒂·弗里丹的《女性的奥秘》(*The Feminine Mystique*)被认为是拉开了美国第二次女权运动的帷幕,具有里程碑式的意义。[①] 弗里丹以二战之后日渐增多的居住在郊区的美国白人中产阶级的全职家庭主妇为研究对象,揭示她们中的很多人有着光鲜表象,而在人看不到的背后却被禁锢于孤立家庭生活的苦闷和消沉。弗里丹号召这些受过良好高等教育的妇女要勇敢挑战传统性别角色,谋求事业成就以实现自我。弗里丹所探讨的问题在当时的美国社会非常普遍,但在强大的父权制思潮之下,鲜有对于妇女回归家庭这一社会现象的质疑。弗里丹的专著在这些女性中间引起了巨大的共鸣,很多人开始重新思考女性角色。

当然,在第二次女权运动之前,不少学术研究也涉及性别因素,但在女性主义看来,父权制下的认识论中,从事研究的主体和被研究的客体都是男性,因此造成人类社会长期以来所记录的历史(history)实际上是"他的故事"(his story),以至于所有人类的知识构建都是男性研究。[②] 这背后的性别意识形态是用男性来替代普遍的人性,以略过男女差异,忽视或者掩盖两性之间的不平等。而女性研究就是要讲述"她的故事"(her story),将女性作为历史主体表现出来,尤其是要探究她们作为一个群体所面临的困境。在对女性生活经验的关注中,女性主义提出了"个人的就是政治的"这一重要口号,目的是要揭示"她的故事"背后的社会结构,呼吁不能将女性所面临的问题以孤立的个人小事而予以屏蔽和搁置,要鼓励探究其背后的深层原因,从政治上寻求根本的解决之道。

随着女权运动和女性研究的深入,性别问题的交叉性(intersectionality)逐渐受到关注[③],这对于加深理解女性的处境大有裨益。首先是性别和种族的交叉。黑人女性主义认为,在白人社会里,黑人男子的权利往往低于白人女性,女性往往是与本种族的男性站在一起,而不是团结起来建立跨种族的女性联盟。其次是性别和民族国家的交叉。对这一问题关注的多是第三世界女性主义者,他们看到西方女性主义理论常常会表现出对于第三世界女性利益和兴趣的特殊性的否认和拒绝,因此第三世界女性主义需要一种属于自己的话语。另外还有性别和阶级的交叉。西方流行的女性主义理论往往采用的是中产阶级视角,所关注的问题难以引起底层女性的共鸣,这使得女性的联盟难以建立。有必要指出的是,在强调交叉性对于理解性别问题的重要性的同时,女性研究依然以性别作为首要研究对象,将争取两性平等作为首要目标。

三、男性研究与性别社会学

女权运动刺激了女性意识的觉醒,也刺激了男性意识。女性研究的目的是要改善性别

[①] 参见贝蒂·弗里丹:《女性的奥秘》,程锡麟等译,四川人民出版社,1988年版。
[②] 王雅各:《新世纪的男性研究》,《女学学志:妇女与性别研究》,2007年第24期。
[③] 苏熠慧:《"交叉性"流派的观点、方法及其对中国性别社会学的启发》,《社会学研究》,2016年第4期。

不平等关系中女性的从属、弱势地位，但随着对社会性别的理解加深，性别的社会建构理论也逐渐帮助人们认识到男性为了实现理想的男性气质而不断进行自我规训，这种社会规范范围内进行的自我规训严重损害了个人的自由发展和社会在性别气质上的多样性。[1] 因此，在女权运动的影响之下，男性解放运动悄然兴起，将男性也视为受害者，倡导男性的自我解放。[2] 1984 年，美国心理学家乔瑟夫·普莱克发表了《男性气质神话》（*The Myth of Masculinity*）一书，回顾和分析了 20 世纪 30 年代以来心理学中广泛采用的"男性角色范式"，揭示了该范式所包含的大量实验性和事实性错误。普莱克创造性地提出"性别角色紧张范式"，对性别角色刻板印象重新进行解释，并对提出男性攻击源于生物学基础的社会生物学家提出了批评。[3] 1994 年出版的康奈尔的《男性气质》[4] 对男性这一社会性别的认知又推进了一大步，它指出，在男女不平等的社会结构下，男性或多或少地享受到了"父权制红利"，但是就性别气质而言，男性内部也是有层级和地位差异的。他在澳大利亚的经验研究中发现了四种类型的男性气质（支配性、从属性、共谋性、边缘性），而支配性男性气质作为性别主流意识形态最为推崇的模式对其他类型的男性气质都构成了压迫，不同社会群体的男性因此有着不同的性别实践和社会关系。

经过几十年的发展，男性研究的议题不断增加，目前主要包括男性从事女性工作、男性气质的形塑、父职和家庭、男性的暴力、男性中的女性主义者等。总的来说，男性研究学者大多也是女权运动的支持者或参与者，其目的是通过考察父权制社会背景下的男性特质，从内部瓦解父权制，重新塑造出更加接受两性平等的男性和男性特质。

近年来，针对华人社会的男性研究也在逐渐兴起。在台湾地区，涂懿文、唐文慧采用个案研究的方法，分析了"乡村型男子气概"如何在一个男性的不同生命阶段动态发展，阐释了它背后的社会脉络和意义，也揭示了男性难以逃脱父权文化结构掌控的无力感。[5] 蔡玉萍等对在中国南方打工的男性农民工的研究检视了流动过程对于家庭与性别关系的影响。她们发现，从乡村到城市的流动迫使男性农民工在婚姻权利、家务劳动分工、孝道与父职等方面不断进行协商，并对此进行重新解释以维护自己在家庭中的象征性的统治地位。[6] 罗牧原、陈婉婷对在城市空间中被极度挤压的男性"蚁族"的研究，目的在于揭示男性在社会压力之下塑造性别气质的策略和困境。[7]

随着男性研究的确立，结合已有的女性研究，性别社会学研究逐渐成为社会学领域的一个重要的分支研究领域。

---

[1] Messner M A, "The Limits of 'The Male Sex Role': An Analysis of the Men's Liberation and Men's Rights Movements' Discourse", *in Gender & Society*, 1998, 12, pp.255-276.

[2] 李桂芝：《男性研究的史学实践》，《中国社会科学报》，2018 年 4 月 23 日。

[3] Pleck J, *The Myth of Masculinity*, The MIT Press, 1984.

[4] 参见康奈尔：《男性气质》，柳莉等译，社会科学文献出版社，2003 年版。

[5] 涂懿文、唐文慧：《家庭关系与男子气概的建构：一个渔村男性的迁移传记》，《人文及社会科学集刊》，2006 年第 2 期。

[6] Choi S Y P, Peng Y, *Masculine Compromise: Migration, Family, and Gender in China*, University of California Press, 2016.

[7] 罗牧原、陈婉婷：《性别与空间："蚁族"男性气质的建构》，《中国青年研究》，2017 年第 9 期。

第二节
性别社会学的研究主题

一、性别社会化

性别社会学研究首要关注的就是人是如何获知社会认可的有关性别规范的知识并在自己的日常生活实践中体现出来的,这也就是性别社会化的过程。

概况来说,对于性别社会化的研究,主要有以下三种理论框架。[①] 一是社会学习理论。这一理论认为性别角色是通过观察和模仿而获得的,尤其是在儿童成长的初期,他们的一些行为因受到家长或者其他人的鼓励而强化,而批评和否定则会使得儿童逐渐放弃这些行为。二是性别认知理论。这一理论强调的是儿童如何积极主动地寻求有关性别的知识来理解世界、指导自己。在这一成长过程中,儿童逐渐在头脑中形成"性别图景",这一图景可以帮助他们对于外部世界的认知进行组织和归类,以便更为高效有序地处理所接收到的信息,并为自己的行为提供范式。三是性别认同理论。性别认同指人们对于自己社会性别的感知,一般而言就是在社会性别上将自己视为是男性还是女性。这种性别认同,往往和生理性别是一致的,但也可能是不一致的,而如果这种不一致在心理上导致了难以调和的冲突,则被认为是性别认同紊乱。性别认同被认为是教养和模仿的结果。

研究已经充分揭示,性别社会化从孩童一出生就开始了,人在婴儿时期就被引导进入男女二元对立的性别秩序中进行不断的熏陶和训练。例如,霍得对美国人的名字进行了系统研究。他发现一方面1916年至1989年间出生的孩子中,中性化名字的比重一直保持在1%~2%,并没有如预想的那样随着性别平权运动而增加;另一方面,中性化的名字本身也是一个社会建构的产物。这一研究发现,一个名字被认为是中性化,是因为在一段时期内它的性别指向并不明显,男孩和女孩采用的情况比较均衡,但是,如果女孩使用这个名字的比例增长到一定程度,男孩采用的比例就会显著降低,最终导致这个名字不再是中性化的了。霍得采用"地位受损"这个理论来阐释,认为女孩采用增多会使这些名字女性化,而男孩采用这些名字会被视为可能危及他们应该具备的具有社会主导性质的男性气质。[②]

在对性别社会化的研究中,分析和批判性别意识形态保守的经典童话是一个重要领域。不少研究通过内容分析都指出,童话在性别书写上存在着严重的角色定型现象,所讲述的大多是英俊潇洒的王子如何拯救美丽温柔的公主,使得女性成为一个被男性凝视和眷顾的客体。女性主义学者认为这种对性别的不恰当呈现会极大地影响儿童社会性别角色的

[①] Wharton A S, *The Sociology of Gender: An Introduction to Theory and Research*, Blackwell Publishing, 2006.

[②] Hodder H F, "What's in a Name?", *in Harvard Magazine*, 2006, July-August.

建构。① 一些女性主义者，例如安吉拉·卡特②，对不少童话故事以女性主义的原则进行了改写，通过这种改写的实践既凸显出原来故事中陈腐的性别观念，又使得女性主义的理念得到彰显。

玩具是另一个性别社会化研究关注的重点。研究表明，长期以来，玩具世界都是一个泾渭分明的性别二元对立的世界，它在固化性别的刻板成见方面极大地影响了儿童。在这个方面，芭比娃娃受到的学术批判最多，因为无论职业形象如何更新，芭比的身体意象一直与有关女性的刻板印象高度一致，她都是长发飘飘、妆容精致、身材苗条，总是踩着高跟鞋。除了对于芭比这样有着典型性别指向的玩具的研究之外，研究还发现，即使是看上去性别中立的玩具一般也都体现着传统的束缚性的性别规范。例如，由一贯注重性别平等的丹麦生产出来的乐高积木也被发现是一个性别隔离鲜明的世界。在乐高建构的边缘化的女孩世界中，女性空间偏向于私人消费领域，女性的身体意象呈现出刻板的性别气质，女性也更多地被赋予传统性别角色。③

二、性别与教育

1. 性别对教育获得的影响

近年来，性别间的教育获得差异以及历史变迁情况受到了大量的学术关注。一个整体性的趋势是，男女之间在教育获得上的差距逐渐缩小，在有些方面，女性超过了男性。例如，20世纪90年代中后期开始，美国25岁至29岁的群体中获得学士及以上学位的女性比例就超越了男性，英国、法国、澳大利亚、加拿大等国都出现了类似的情况，中国也是如此。2009年，中国在校本科女性的比例超过了50%，并且这一比例在之后几年持续升高。近年来女性相对男性在教育水平上的提高更多的是受到经济发展和教育扩展的影响。然而，经济发展与性别不平等的关系并不是线性的，即经济发展或者现代化并不必然带来性别间的教育平等化。在经济起飞前及起飞初期，性别间的教育不平等扩大，原因是经济收入的限制以及重男轻女的倾向使得家庭更倾向投资于男孩而非女孩的教育；随着经济的发展，教育上的性别不平等开始缩小，因为家庭在此时资源增多，在投资男孩的教育之余也有实力增加对女孩教育的投资。在中国尤其明显的是实行多年的独生子女政策使得很多家长在教育投入上面没有选择，客观促成了女性教育获得的大幅度提升。例如，研究显示，在给定的家庭经济条件下，夫妇的子女数量越少，他们在子女教育投资上则越宽裕，性别间的教育差距在年轻的出生世代中越小。这一差距的缩小可能有两个原因，一是家庭里孩子数量变少了，投资教育不必重男轻女了，二是女孩辍学而提早工作来帮补家庭和支

---

① 刘丽群、曲茜：《童话中的性别书写与儿童社会性别的建构》，《学前教育研究》，2014年第2期。
② 王腊宝、黄洁：《安吉拉·卡特的女性主义新童话》，《外国文学研究》，2009年第5期。
③ 周培勤：《探析玩具世界的社会性别隔离——以丹麦乐高积木为例的研究》，《妇女研究论丛》，2014年第4期。

持其他兄弟姐妹读书的必要性降低了。①

不过，仅仅以高等教育的获得人数在性别上的均衡就得出教育已经实现了性别平等还为时尚早，中国女性获得的教育机会在质量上还显著低于男性。其中一个突出的现象是重点院校中还是男生占比更高，而女生更多集中在普通本科院校和专科院校，高校专业的性别隔离还非常鲜明。研究发现，农村女生相对集中于专科院校和普通本科院校的师范类专业；城镇生源就读热门专业的比例高于农村生源，而差距主要体现在城乡女生之间。②

2. 性别对学业成绩的影响

学校教育中一个普遍的现象是女生的学业成绩显著优于男生，这是一个全球性的现象，不仅仅局限于中国。米克尔森通过研究提出，女性群体"反常"的学业优势与劳动力市场的教育回报无关。他先后提出性别化的参考群体、盲目乐观、社会无权、性别角色社会化以及流动的公私领域等五个理论假设说明为何在劳动力市场不利于女性的情况下，她们的学业表现依然优于男性。③

引发国内大量研究关注性别和学业之间关系的，很大程度上是出于对"男孩危机"争议的思考。21世纪以来，女生不仅在教育机会的获得上显著提高，而且她们在学业的表现上从小学到大学都超过了她们的男同学。李文道、孙云晓提出，学校教育因素、社会因素和男生自身因素是导致男生学业落后的主要原因，而学校教育中的"应试教育"倾向对男生学业落后起到最为重要的作用。针对男生学业落后问题，他们提出要重视性别差异的客观存在及其影响，改革教学方式，增加有助于培养动手操作能力的教学内容，改革教育教学评价体系。④ 黄超、吴愈晓基于教育期望的研究提出，男女生在教育期望上的差异最终导致了学业成绩的差异。他的研究发现，女生的教育期望总体高于男生；在家庭内部，男生得到更多的家长监督，但在学校，女生在上进同辈群体和教师的鼓励方面更有优势。因此他建议要从扭转学校环境中对男生不利的因素入手来解决男生的学业落后问题。⑤ 不过，在针对"男孩危机"的学术争论中，也有不少女性主义者认为这是一个"伪命题"，认为女孩的学业成绩优秀是女生付出了更多的努力，而且指出高考的测试题目是灵活的，依靠死记硬背是不行的，女生的高分并不代表她们的低能，并驳斥有关学校教育女性化和父职的缺失导致男性气质危机的种种说法。⑥

---

① 叶华、吴晓刚：《生育率下降与中国男女教育的平等化趋势》，《社会学研究》，2011年第5期。
② 王伟宜、谢玉娇：《城乡高等教育机会获得的性别不平等及其演变——基于1982—2015年福建省的实证调查》，《东南学术》，2018年第5期。
③ Mickelson R A, "Gender, Bourdieu, and the Anomaly of Women's Achievement Redux", in *Journal of Pediatrics*, 2003, 76, pp. 373-375.
④ 李文道、孙云晓：《我国男生"学业落后"的现状、成因与思考》，《教育研究》，2012年第9期。
⑤ 黄超、吴愈晓：《中学生教育期望的性别差异：表现与成因》，《江苏社会科学》，2016年第4期。
⑥ 徐安琪：《男孩危机：一个危言耸听的伪命题》，《青年研究》，2010年第1期。

三、性别与职业

1. 职业的性别隔离

20世纪60年代，美国社会学家奥本海默就提出了非常具有解释力的"工作性别标识化"一词及相关见解。奥本海默指出，劳动力市场中存在所谓女性标识的工作及男性标识的工作。女性标识的工作被定义为具有女性的、阴柔的特质，男性标识的工作则被定义为具有男性的、阳刚的特质。而女性集中的行业也恰恰是在社会上职业声望较低的行业，其中很多是被视为门槛很低的"半专业"工作，如护士、社会工作与图书管理员等。社会中常常出现的现象是，当一个男性职业在社会分层中快速下滑时，往往很快就向女性开放其职业通道，或者说，当一个职业中女性开始占据多数的时候，这个职业的地位就开始下降，教师职业的性别化变迁就基本契合这一发展路径。

不少研究揭示，劳动和职业的性别隔离是一个社会建构的过程。高小贤对陕西关中地区在20世纪50年代对农村妇女进行种棉的社会动员进行了研究。她指出，传统上种棉一直是男性主导的农活，女性很少到棉田劳动。为了配合新中国建设的需要，调动妇女种棉的积极性，政府从同工同酬入手，树立了一批种棉女模范，并在宣传话语中将棉花种植建构为适合心细、手快和有耐性的女性的劳动。与此同时，大量男性劳动力被抽调去大炼钢铁和兴修水利，这最终使得种棉完全成为女性的农活。① 金一虹对于"铁姑娘"的研究揭示了国家在20世纪50年代至80年代的动员和行政干预如何影响了女性形成新的劳动角色。金一虹批判性地指出，这一社会运动所倡导的男女平等存在着很大的局限性，例如，它忽视男女的生理差别而一味推崇女性参与高强度的体力劳动，在鼓励女性多做贡献的同时并没有赋予女性相应的同工同酬等平等权利，平权运动局限于社会生产领域而并没有鼓励男性在私人领域分担家务劳动，造成了女性实际上的家务和工作的双重负担。② 在改革开放之后，大量农村劳动力向城市迁移的过程中，中国的农业生产开始出现女性化现象。这种现象不仅局限于中国，它是大多数发达国家农业转型过程中已经经历的一个阶段，也是发展中国家普遍正在经历的社会变迁过程。③

一些研究开始将目光转向跨越职业的性别隔离的现象，而这种不被社会规范鼓励的跨越行为为理解性别问题提供了一个特殊又敏锐的视角。高修娟、何圣红对于大学中的护理

---

① 高小贤：《"银花赛"：20世纪50年代农村妇女的性别分工》，《社会学研究》，2005年第4期。
② 金一虹：《"铁姑娘"再思考——中国"文化大革命"期间的社会性别与劳动》，《社会学研究》，2006年第1期。
③ 梁栋、吴惠芳：《农业女性化的动力机制及其对农村性别关系的影响研究——基于江苏、四川及山西三省的村庄实地调研》，《妇女研究论丛》，2017年第6期。

专业的男生进行了研究①，探讨他们在身份认同中面临的困境。这一研究采用卢普顿的理论②指出，社会地位较低的男性更容易进入女性职业，被研究的男护生大多来自农村经济条件不好的家庭，家庭经济上的劣势迫使他们对现实进行妥协。另外，在身份建构上，女性在男性职业中为了提高被接纳的程度，往往尽力弱化自身的性别特质，而男性在进入女性职业之后倾向于联合起来突出他们和女性的不同，因为这是一种积极的而非消极的不同。③

2. 职场上的男女不平等

在中国，性别差异在教育和职业上的不一致正在引起越来越多的关注。研究指出，女性在教育领域的优势越明显，在劳动力市场中就会因性别比例失衡而面临更多就业困难。④ 具体而言，在越来越多的女性接受了高于男性的教育之后，男性依然在职业领域占有明显的优势，表现为三个方面：第一，女性劳动者的收入总体上低于男性并且收入差距显著扩大，大学女毕业生的平均初值月薪明显低于男生。第二，求职和职业晋升过程存在性别歧视和性别不平等。第三，城镇女性的就业出现"非正规化"趋向，越来越多的女性从事收入较低、福利和保障不足且工作强度较大的非正规工作。

女性劳动力的就业质量明显低于男性，究其原因，人力资本存量的差异、法律制度的不完善和传统的社会性别观念等都起着负面的影响作用。⑤ 余秀兰在基于访谈的基础上研究发现，只有少数女大学生反映在求职的过程中遭遇过性别歧视，大多数受访者认为自己没有在就业市场上遭遇歧视。但她深入分析访谈内容后发现，歧视是存在的，但女大学生对传统社会性别角色的认同导致她们对歧视的视而不见、认同与容忍，这种态度再生与强化了性别歧视现象。⑥ 另外，研究也反映出，性别结构对女性大学生的挤压不能一概而论，它受到高校层级结构的影响。⑦ 具体而言，高层次学校的声望优势显著，这会消解"性别标签"对女生的挤压作用，减小就业质量的性别差异，但是这种来自学校声望的保护不惠及低层次学校的女生，她们受到性别结构和高校层级结构的双重压制，就业质量的性别不平等程度较高。

---

① 高修娟、何圣红：《青年男护生身份认同困境解读》，《青年研究》，2016年第2期。

② Lupton B, "Maintaining Masculinity: Men Who Do 'Women's Work' ", *in British Journal of Management*, 2000, 11, pp.33-48.

③ Williams C, "The Glass Escalator: Hidden Advantages for Men in the Female Profession", *in Social Problems*, 1992, 39, pp.253-267.

④ 李春玲：《"男孩危机""剩女现象"与"女大学生就业难"——教育领域性别比例逆转带来的社会性挑战》，《妇女研究论丛》，2016年第2期。

⑤ 李军峰：《就业质量的性别比较分析》，《市场与人口分析》，2003年第6期。

⑥ 余秀兰：《认同与容忍：女大学生就业歧视的再生与强化》，《高等教育研究》，2011年第9期。

⑦ 王占国：《性别、高等教育分流与大学生就业质量——基于全国17所高校1354名毕业生的实证分析》，《高教探索》，2015年第12期。

3. 关于"女性回家"的讨论

二战中，因为大量男性被派往前线，而军工产品的生产需要大量工人，在这个时期，美国国内进行了广泛的社会动员，很多工作被建构成为适合女性的职业，宣传女性完全可以承担传统上是男性的工作，动员女性走出家庭参加社会生产。"铆工露斯"（Rosie the Riveter）通过海报成为这个时期美国大众文化中广为人知的女性形象。在这个时期，从事有偿劳动的妇女比例从25%上升到了36%。但是，二战之后，回国的士兵给就业市场带来了很大的压力，美国女性又被动员回家去，成为住在郊区的独栋家宅中的中产阶级的家庭主妇，重新回到"男主外，女主内"的家庭体系之中。

20世纪60年代发表的《女性的神话》对"妇女回家"进行了猛烈的抨击。弗里丹批判了女性在事业和婚姻上二者不可兼得的观点，指出全职家庭主妇对于女性自己和家庭都是值得质疑的做法。弗里丹认为，生活在郊区的中产阶级的家庭主妇所塑造的快乐、满足、幸福的主妇形象只是一种迷思，这种迷思使得妇女把自己的一生寄托于家庭与婚姻关系，但是缺乏社会的结构性支持，再加上琐碎而重复性的家务劳动，导致受过教育的女性在成为家庭主妇之后容易出现自我的迷失。弗里丹呼吁女性应将家庭与事业都纳入发展计划中，认为女性可以同时兼顾家庭与事业，并以事业为主。

关于"女性回家"的争议，改革开放以来在中国也出现过多次，尤其是在就业市场出现劳动力过剩的时候，这一呼声就会出现并高涨。对此，女性主义者一直持反对态度。2000年10月，《中共中央关于制定国民经济和社会发展第十个五年计划的建议》在"积极扩大就业，完善社会保障制度"一节中出现了"建立阶段性就业制度"的提法，这引起了妇女界、理论界的强烈震动，导致世纪之交关于"阶段就业"和"妇女回家"的又一轮大讨论，且这次讨论已不仅限于理论层面，而是上升到了公共政策层面。女性主义者认为，阶段性就业制度主要就是针对妇女的，生育者的阶段就业是向下的职业流动，其结果势必加大性别的不平等。经过激辩，阶段性就业这一策略最终没有成为公共政策。①

四、性别与婚姻家庭

1. "剩男""剩女"的婚姻挤压

伴随现代化出现的一个现象是初婚年龄的推迟和单身人口的增加，这也是一个全球性的现象。例如，中国女性的平均初婚年龄在1991年是22.2岁，2001年则上升为24.15岁。② 较为普遍的观念认为，现代化社会中的人推迟初婚年龄的一个重要原因在于学校教育时间的大大延长，另外一个原因可能在于社会从熟人社会转向了陌生人社会，要形成婚

---

① 蒋永萍：《世纪之交关于"阶段就业"、"妇女回家"的大讨论》，《妇女研究论丛》，2001年第2期。

② 张翼：《单身未婚："剩女"和"剩男"问题分析报告——基于第六次人口普查数据的分析》，《甘肃社会科学》，2013年第4期。

配关系的难度加大。美国社会学家霍克海姆则提出,女性就业是初婚年龄推迟的一个重要因素,因为家庭妇女的人生在很早就明确了,而职业女性在进入职场的初期,她的未来也是不确定的,这对于要实现婚姻匹配很困难。[1]

在中国社会,大众文化在 2000 年左右开始提出和关注"剩女"问题,也就是达到一定年纪而没有结婚的女性。不少女性研究学者指出这是一个带有歧视的概念。大量的研究基本都认为,"剩女"是一个社会建构的概念。分析中国人口构成的性别比例可以看到,在男多女少的整体结构之下,女性人口在各个年龄段都是短缺的,不存在女性过剩的现象。[2] 更深入细致的研究揭示出,大龄未婚男女的确存在,而且他们的数量在增加,但他们作为整体存在着社会空间的维度。具体而言,"剩男"主要居住与生活在农村,平均文化程度较低,而"剩女"主要居住与生活在城镇,文化程度比较高。鉴于传统婚姻一般都是女性的"上迁婚",因此形成了中国社会中"剩男"与"剩女"难以形成婚姻匹配的困境。

关于城市中高学历"剩女"的出现,家庭功能论提供了一个比较有说服力的阐释框架。结构功能主义大家帕森斯从性别分工视角来分析家庭,他认为,一个家庭中,男性负责与赚钱有关的工具性任务,而女性负责照顾孩子和提供情感支持等表现性任务,这种分工对家庭稳定和整个社会都很有用。但是,女性劳动参与率的上升和经济地位的提高打破了"男主外,女主内"的家庭结构,尤其是高学历女性对于家庭功能的依附性大为降低,她们中的很多人不需要依赖婚姻带来的经济上的保障。

同时,边远乡村里来自贫困家庭的"剩男"在婚姻市场的挤压之下也在增多。改革开放前,虽然户籍政策和地理空间限制了农民的生活空间,但也形塑了地方婚姻市场,为一些成婚困难男性带来了成婚机会;改革开放后,女性可以通过劳动迁移流入到更为富裕的地区,这却引发或加剧了空间上婚配机会的不平等。再加上生育政策产生的性别比失衡这一结构性因素,女性通过婚姻迁移从内陆省份迁移到沿海省份,从山区迁移到平原,这都使得贫困地区的婚姻挤压现象加剧。[3]

2. 生育问题上的性别视角

近年来中国的社会学研究对于人口问题非常关注,主要是因为中国自 20 世纪 90 年代以来生育率一直低于人口更替水平,近年来越来越多的迹象表明,中国也开始面临很多现代化国家在几十年前就开始遭遇的低生育率的困扰。2016 年 1 月,全面二孩政策开始生效,目的就是提高人口出生率。但是,人口新政出台之后的效果并没有达到预期,有超过一半的育龄人口不愿意再生育第二个孩子,这显示中国的生育率显著受到非政策性因素的影响。如何通过研究帮助政府制定有助于鼓励生育的政策成为学界面临的一个新的挑战,而在这个方面,了解女性对于生育的看法有着重要的价值。

大量研究基本一致的结论是,女性的社会地位与生育率存在显著的负向联系。石智雷

---

[1] Oppenheimer V K, "A Theory of Marriage Timing", in *American Journal of Sociology*, 1988, 94, pp. 563-591.

[2] 陈友华、吕程:《剩女:一个建构失实的伪命题》,《学海》,2011 年第 2 期。

[3] 李卫东:《时间、空间与中国农村男性的婚姻机会》,《青年研究》,2016 年第 3 期。

和杨雨萱在对近几十年来国外人口学领域有关女性权益和社会地位对生育选择影响的研究进行系统的梳理后得出结论,生育选择是个人偏好和社会结构性影响共同作用的结果。[①] 女性社会地位越高,在生育决策方面越具有话语权,生育意愿越低;女性社会地位越高,生育子女数量越少;女性社会地位越低,越偏向于生育男孩。而在有关社会地位较高的女性为什么不愿意多生育这个问题上,大量研究都将焦点集中于女性在家庭和工作之间的平衡困境上。2010年第三次中国妇女社会地位调查显示,40岁以下城市已婚妇女中有近17%的人因"家里有孩子需要照顾"而未从事有收入的工作;与没有子女的已婚妇女相比,有子女的妇女家务劳动时间更长,明显挤占工作、休闲和休息时间。[②] 一些研究认为,改革开放以来的经济转型造成了女性地位在有些方面的下降,包括原先由单位分担的一部分子女抚养、家庭照料等社会再生产的职能逐渐转移到个体家庭,并且主要由女性来承担,这使得中国女性家庭和工作的冲突日益尖锐,抑制了女性的生育动机和行为。[③] 有关女性"生育代价"的研究也揭示出目前生育给工作母亲可能带来的风险。於嘉、谢宇对中国健康与营养调查追踪数据进行的分析揭示了中国的工作母亲正在付出"生育代价",她们每生育一个子女会造成工资率下降约7%,且这一负面影响随着生育子女数量的增加而变大。这一研究还发现,生育对工资率的负面影响在高教育程度、从事管理与职业技术工作和在国有部门工作这三类女性群体中更为显著,但研究者提出,这也可能是因为低收入行业的女性在生育之后已经退出了劳动力市场。"生育代价"可能是因为女性自身的工作表现与工作选择,也可能是来自雇主的歧视。[④] 研究社会政策的学者也指出,仅有家庭友好政策还不足以激发育龄妇女多生育,而能够有效改变男女在家庭中的角色分工的公共政策才真正能够激发女性的生育意愿和行为。在这方面北欧国家有很多值得借鉴的做法,相比较一般的现代化国家,这个地区的总和生育率要高出很多,接近人口更替水平。

3. 家务劳动的性别分工

家务劳动的分配是婚姻家庭研究中的一个重要议题。尽管两性在很多方面的差距已经逐渐缩小,但是在家务分工这一领域,男女两性的差距仍然很大,即便在男女平等水平很高的福利国家,男性的家务劳动时间也普遍低于女性。2000年以来的多次调查大体都显示,在中国家庭中,妻子承担大约70%的家务,丈夫承担30%,这与发达国家所报告的夫妻家务分担的比例相当。对于家务劳动主要由女性承担这一传统现象,时间可用性理论、性别观念理论和相对资源理论是被用来进行阐释的三种主要理论,它们对于理解家务劳动中的性别差异很有帮助,但不少研究发现还不一致,还期待更多研究。

时间可用性理论认为,夫妻双方会在劳动力市场和家务劳动的投入上达成分配协议,以确保整个家庭的利益最大化。一般而言,女性在结婚和成为母亲之后为了投入更多时间

---

① 石智雷、杨雨萱:《女性权益、社会地位与生育选择:相关文献评述》,《人口学刊》,2019年第1期。
② 郑真真:《从家庭和妇女的视角看生育和计划生育》,《中国人口科学》,2015年第2期。
③ 计迎春、郑真真:《社会性别和发展视角下的中国低生育率》,《中国社会科学》,2018年第8期。
④ 於嘉、谢宇:《生育对我国女性工资率的影响》,《人口研究》,2014年第1期。

从事家务劳动而减少工作时间，或者是选择在时间上要求不高或者灵活的较低收入的工作，而男性则必须将更多时间投入劳动力市场。这样一来，以家庭为单位的理性计算就促成了"男主外，女主内"的劳动分工。

性别观念理论则强调，家务劳动的分配实质上是家庭中性别意识形态的一种表现。基于这一理论，夫妻双方在劳动力市场和家庭中所花费的时间不是简单的理性算计所能完全阐释的，性别意识是一个重要因素，夫妻双方通过家务劳动来实践性别。例如，贺光烨、简敏仪和吴晓刚的一个研究发现，对于家务劳动，妻子收入高于丈夫在一定程度内会促成丈夫更多参与家务劳动，但是当妻子收入远远高于丈夫收入的时候，妻子参与家务劳动的时间反而会增加，这一研究采用"性别展示"来对此进行阐释。[①]

相对资源理论是基于交换理论产生的，它假设夫妻是根据双方所占有的资源而在婚姻中进行议价，强调家务劳动的分配在一定程度上反映了丈夫与妻子间的权力关系。这一理论提出，拥有高收入的配偶就可以少做家务，无论高收入的一方在劳动力市场上花费多少时间。但也有一些研究发现，妻子的绝对收入才能更有效地帮助她们减少家务劳动时间，因为有了更多可支配收入后她们可以决定是否购买市场上的家务劳动服务，从而减少自己的家务劳动时间。

第三节 性别社会学研究实例

一、《中国女工——新兴打工者主体的形成》[②]

《中国女工——新兴打工者主体的形成》（以下简称《中国女工》）采用民族志的方法，对20世纪90年代中期当时新兴的打工妹群体的身份认同问题进行了深入细致的研究。潘毅的这一民族志研究是在深圳的一家港资工厂中开展的，1995年11月至1996年6月，她深入生产一线，以与打工妹同吃同住同工作的方式开展田野调查。研究关注的主要问题是：在中国实现现代性和全球化的时候，个体的社会地位与阶级地位发生了怎样的变化？国家社会主义与跨国资本的结合到底对个体命运产生了什么样的影响？在这个新时代中，个体正在形成什么样的主体身份认同？这一研究最有影响的观点是指出国家、跨国资本和父权制这三重压迫塑形了打工妹这一新兴主体。

就国家而言，户籍制度将中国社会区分为二元对立的城市和乡村，在国家政策几十年的主导之下，城乡之间形成了巨大的人为的差异。改革开放使得农村劳动力进入城市越来越容易，也因而形成了规模庞大的农民工群体，而潘毅研究的则是整个群体中不可忽视的一个部分——打工妹。虽然人口流动的障碍减少，但是在很长一段时间之内户籍制度建构

[①] 贺光烨、简敏仪、吴晓刚：《城市地区家务劳动和家人照料时间性别差异研究》，《人口研究》，2018年第3期。

[②] 参见潘毅：《中国女工——新兴打工者主体的形成》，任焰译，九州出版社，2011年版。

的障碍并没有因此松动，农民工无论是在制度层面还是在文化层面都缺少畅通的渠道为城市所接纳，因此他们成为身份模糊的打工者。这一研究也指出，打工妹非常渴望融入现代化城市，她们试图通过消费来建构新型身份中的这一维度。

就跨境资本而言，它的大量涌入使得不少沿海城市对于农村劳动力的需求大增，深圳尤其如此。在资本扩张的过程中，廉价的农村年轻女性受到劳动密集型工厂的青睐，因为她们更容易被现代工厂所驯服。在被调查的工厂里，她们的身体被要求与传输带保持一致，像机器一样机械劳动；宿舍制度使得她们的时空完全被资本所控制，她们必须遵守严格的作息时间，她们的空间使用也都是在工厂制度的操控下变得可以预期；而资本为了确保日常生活的制度化，女工的言行举止都受到规训，而这些规训又是通过各种惩罚来强制执行的。所有这些严格规训的最终目的是要在这些年轻女工们有限的工作年限中贪婪地榨取最大的利润。

就父权制而言，潘毅指出，女工们并不是不知道工厂生活的艰苦和压抑，但是为了躲避农村没有前景的压抑的生活，她们还是竞相走出农村，她们的这种欲望正好迎合了资本对于廉价劳动力的大量需求。但是，女工们结婚后还是会最终回到农村，打工生活可能会为她们增加一些经济资本，为自己以后的生活提供一定的保障，但短短几年的打工妹生活不会帮助她们彻底摆脱父权制的控制。不过，此后的一些研究较为一致地反映出，随着时代的发展，农村劳动力的流出情况也发生了很大的变化，越来越多的来自农村的女性在结婚之后会选择和丈夫一起或单独外出继续打工，打工已经不仅仅是她们婚前短暂时期的行为了。甚至有不少人在生育之后也会选择外出打工，其中一个原因就是为了摆脱乡村社会根深蒂固的父权制的控制。

《中国女工》的研究没有止于揭示国家、跨境资本和父权制对于女性生活的控制，它还非常关注女工们面对压迫时进行的抗争。潘毅的田野调查所发现的反抗形式主要是一些日常生活策略和身体的病痛。但不难看到的是，一方面，由于身处弱势，打工妹缺乏有效的组织动员，也无法承受抗争的高昂成本而不能进行公开的对抗；另一方面，生产线上偶尔表现出来的不配合、自身身体承受和表现出来的痛楚作为抗争形式对于权力机制的影响非常有限。

总体而言，《中国女工》对打工妹这样一个底层女性群体的身份形成和她们的抗争进行了研究，这一直面社会问题的研究有着丰富的经验资料和有力的理论阐释，对之后的研究产生了深远的影响。

二、《厨房之舞：身体与空间的日常生活地理学考察》[①]

台湾地区学者吴郑重于2010年出版的专著《厨房之舞：身体与空间的日常生活地理学考察》（以下简称《厨房之舞》），将研究聚焦于当代都市公寓住宅中的狭小厨房，探讨女性的厨房生活是如何被各种社会关系形塑的。读者可以发现，司空见惯的日常生活原来可以成为深刻的性别研究读本。

---

① 吴郑重：《厨房之舞：身体与空间的日常生活地理学考察》，联经出版事业股份有限公司，2010年版。

《厨房之舞》采用了"日常生活批判"作为其最重要的理论视角,资料搜集是在台北市区的一个小区进行的,主要是采用问卷和访谈的方法,同时,作者也搜集了大量文献资料来厘清台湾地区公寓住宅的发展脉络和家庭烹煮的历史演进情况。

研究首先是让无声的女性生活体验获得了话语权。在父权思想的主导下,学术研究传统上将焦点集中于公共的、官方的、显性的和戏剧性的对象上,而对于非官方的、支持性的、私人的、较少戏剧性的和隐性的社会生活和组织领域关注很少。虽然"柴米油盐酱醋茶"是每个家庭的开门七件事,无数的家庭主妇每天花费着大量的时间在厨房中从事着各种与烹煮相关的家务,但是,"看不见、做不完"的厨房家务活在社会科学研究中所受到的关注非常少。《厨房之舞》是第一个对华人世界的厨房生活进行缜密、翔实研究的著作。

其次,这一研究实践了"个人的就是政治的"女性主义主张。研究始于作者的家庭悲剧。在该书的开篇,吴郑重首先陈述了他之所以对发生在狭小、封闭的厨房中的家务活感兴趣是源于家庭的不幸——母亲因为肺癌而去世。因为母亲的早逝,吴郑重开始注意到肺癌是台湾地区女性的第一大死因。为什么会存在这一现象呢?吴郑重搜集了大量资料并在思考后提出,狭小的公寓厨房就是一个可以致命的"家庭毒气室",母亲长期在其中烧烤煎煮食物,被迫暴露在一个充斥油烟的恶劣环境当中,这应该是导致肺癌的一个重要原因,这也是他将厨房空间作为一个社会问题来进行研究的出发点。

另外,这一研究从千篇一律的厨房生活中解读出了深刻的性别政治。一方面《厨房之舞》揭示现有的公寓厨房是一个典型的"男造"社会空间。通过搜集历史文献和访谈台湾地区住宅设计师,《厨房之舞》指出,公寓住宅设计主要是考虑核心家庭中一家之主的男性的需求,其中厨房的设计背后的一个预设是,厨房中只需要一个劳动者,而这个劳动者一般都是女性。因此,公寓住宅中的厨房设计都遵循够用、便利和效率的原则,尽可能地配置较小的面积,使得厨房往往是公寓中最拥挤的空间。同时,厨房往往处在整套公寓中最差的位置,要么是在角落里,要么是在背光处,要么是畸零的空间,从来不会占据住宅的中心。另外,因为中餐喜欢大火爆炒或者炖煮高汤,油烟大又气味重,因此中式的厨房一般采取封闭的方式,与欧美开放式的厨房不同。经过这样的规划设计,过于狭小的厨房很难容纳第二人,因而煮食工作自然地继续成为妇女单独面对的家务负担,而孤立封闭的空间使得家务劳动不仅为公共领域所忽视,即使是在私人家庭领域之中也鲜少受到家庭其他成员的关注。另一方面,《厨房之舞》揭示出例行化厨房家务分工中的性别不平等。在作者的调查中,84%的受访家庭是由女性为主在厨房中劳作。同样值得注意的是,厨房劳动的代际交换很普遍,并且这种代际的协商与合作基本上是在女性之间完成的,最常见的是退休了的妈妈为儿子或者女儿的小家庭操持家务,这些上了年纪的妇女在年轻的时候赶上了台湾的经济起飞,很多人是"家庭代工"的主力军,而在退休之后她们中的很多人却并不能安享晚年,还要为子女继续提供家务服务,以弥补社会服务的不足,她们自身受到的照料严重不够。

《厨房之舞》也记录了不少女性应对厨房生活的策略和战术,以此来彰显女性的主体性。不过,在不触及性别意识形态的前提下,这些微观、个体层面的"消费者生产"看来并没有从根本上改变厨房生活中的性别不平等的关系。

《厨房之舞》是一部女性主义研究佳作,它对看似平庸的日常生活进行了系统研究,富有启迪性地展现和批判了其中的性别政治,同时也体现了作者对于女性生活的强烈的人文关怀。

三、《男性气质》

1995 年,澳大利亚学者康奈尔的《男性气质》(*Massulinities*)出版,这是男性研究早期最重要的作品,是康奈尔在她 1987 年出版的《性别和权力》(*Gender and Power*)基础上的一部理论、史料和经验资料都很丰厚的研究。

这本书的第一部分详细介绍了该领域和当时已有的男性气概理论。接下来,康奈尔阐述了她对澳大利亚四个男性群体研究的发现。她对约 30 位男子进行了开放式访谈,然后对他们在访谈中讲述的生活史进行了非常细致的分析和阐释。

在这部著作中,康奈尔认为男性作为一个整体都享受着"男权红利"(patriarchal dividend),但是在男性内部也存在着性别气质的分层和相应的性别结构关系。另外,她认为男子气概的形成过程是持续性的,是一定情境中生活经验的产物,是由文化、特定阶级的环境、政治实践等构成的。《男性气质》最大的学术贡献在于揭示了男性气质中的等级制度,反映出男性中的很多人也承受着性别气质的压力,这成为之后很多研究的理论基础。

康奈尔研究的第一个群体是没有固定工作的工人阶级青年男性,体现了抗争性男性气质。康奈尔认为,无法养家糊口的男性,他们的男性气质一定面临压力。他们也失去了大部分父权制带来的利益。康奈尔提出,这些青年男子在成长过程中往往与男性和女性都有过性行为的探索,而成为异性恋是社会规训的结果。康内尔分析认为,这些男子在孩童时期的无权经验导致了他们成年之后对性别权力的过分要求,以及压力之下传统男性气质的过分张扬。但康奈尔又提出,这种对权力的过分要求来自集体性实践而非出自个人的内心,而这种集体性实践往往是一种表演,是有目击证人在场才会发生的表演。

第二个群体是生态女性主义运动中的男性。康奈尔觉得他们的男子气概因为所投身的生态女性主义而受到了威胁,他们的变革尝试是个性化的,没有得到结构性的支持。研究揭示了他们在情感和关系上的挣扎。康奈尔指出,绿色政治在多个层次上参与了他们的生活并迎合了他们的多种需求,包括与他人的团结、精神上的确定性和个人价值意识。但是,康奈尔深刻地指出,如果一个人本来就具备支配性男性气质,他与女性主义的遭遇必定是紧张的。这些接受了女性主义思想的男性在消除主导男性气质时会导致个性结构的消失,因而可能会产生"性别眩晕症"这样很糟糕的后果。

第三个群体是与悉尼的同性恋社区有关系的 8 位男同性恋者,他们被认为体现了从属性男性气质。之所以选择与同性恋社区有关系的人进行研究,是因为康奈尔认为社区在性取向的认同上发挥着作用。康奈尔指出,父权制文化将男同性恋者视为是缺乏男性气质的,而且在异性相吸的机械论指引下,为阳刚之气所吸引的势必就是女性化的人。因此,男同性恋难以摆脱有关男性气质的困扰。康奈尔的研究发现,他们中的大多数人保持了主导男性气质,但是同性恋身份使得他们在社会中的权力等级较低。康奈尔还通过对这一人群的研究提出,性行为的能动性很强,其中充满复杂性和矛盾。同性恋是经过特定的实践所形成的选择,而不是事先预定的。

第四个被研究的群体是技术精英,他们体现的是霸权性男性气质。这些男性一开始除了拥有专门技术之外,并没有财富、旧有的专业地位和社会权威地位,但是在工作场所中，他们的专业技能帮助他们建构了一个强调工具理性的男权世界。为了维护理性形象，这些男性还设法在性行为这一被认为是不理性的行为上进行控制和寻找平衡。另外，康奈尔也指出，纯粹的经济理性与男性对女性的绝对权威是冲突的，它是要追求男女在职场上的机会平等的。

在书的第三部分，康奈尔深入理论领域，对男性气质所涉及的一些问题进行了反思，包括男性气质治疗、控枪运动、同性恋解放运动，等等。

这本著作在刚刚出版的时候就有学者预测，康奈尔在这一著作中所提出的很多学术概念将成为未来研究性别的基本语汇。30多年过去之后，这本著作的确已经被公认为是男性研究的一部奠基之作。

四、《就是个男人而已？跨性别男性和性别不平等的持续》

美国社会学家克里斯汀·希尔特2011年出版的这本专著《就是个男人而已？跨性别男性和性别不平等的持续》（*Just One of the Guys? Transgender Men and the Persistence of Gender Inequality*）将女性主义和象征互动两个理论框架结合起来，研究从女到男的跨性别者在工作场所的际遇，为的是揭示男女性别不平等是一种社会的建构。

希尔特为了这一研究，花费了几年时间采用多种研究方法搜集了相当丰富的经验资料，包括对54名女跨男的易性者的深入访谈，在较为自由的加利福尼亚州和较为保守的得克萨斯州进行了将近5年的民族志观察，对14名跨性别者的同事进行了访谈，参加了10次有关变性的会议，并对过去50年的美国报纸上有关跨性别的新闻进行了分析。

希尔特敏锐地发现，跨性别者为研究社会性别提供了非常难得的机会，因为他们是"在内的局外人"（outsider-within），在性别二元机制中，他们在男女两性领域都生活过。希尔顿研究指出，女变男的跨性别者作为"性别学徒"，在性别顺应（cisgender）的同事的接纳和指导之下习得工作场所的性别仪式，成为男性的一员。易性者在工作场所被接纳是一个互动过程，而在这个互动过程中再生产了一直存在于工作场所的性别不平等，因此男女两性之间的差异是因为天生差异而导致的是站不住的论断。受访的不少易性者反映，即使在变性前后，他们个人拥有相同的教育、技能和个性，但他们往往都会获得更多的尊重、更高的权威，甚至还可能在经济获得上有所上升。希尔特认为，这显示在易性者加入"男性俱乐部"之后获得了"父权红利"。女变男跨性别者的经历揭示了男性和女性在工作中是如何被区别对待的，显示社会性别不是天生的，它是在互动中完成的。

使得这一研究的价值进一步提升的是，希尔特没有止于女变男的跨性别者在工作场所的经历，她也研究了男变女的跨性别者，尽管这并不是她研究的重点，但在比较中社会性别机制中的一些特征更为鲜明地呈现出来，让我们更加清晰地看到性别不平等的普遍性。她发现，跨性别的方向影响社会对易性者的接受情况。具体而言，男变女会遭遇较多阻力，而女变男则更可能得到支持。希尔特对这一令人困惑的现象运用缜密的理论进行了解读，指出这一方面是因为女变男者往往本来就是男性化的女性，按照男性的标准对身体进行重塑又是比较容易的，而且女变男者在易性之前可能就穿着男性化的服装，这是一种很为常见的现象；但是，生理男性者要获得女性化的身体和女性化的声音是比较困难的，需要的时间也很长，最终能够顺利"通关"的人很少，而在工作场所中很重要的着装方面，男变女者在穿女性化的服装，包括裙子、高跟鞋等，会引起很高的关注和震动。另一方面，方向不同的易性者的不同经历是因为既有的男优女劣的性别制度决定的，女变男往往被视为是向上的社会流动，是向被认为在性别上更有价值的一方靠拢，因此受到肯定和支持。相反，男变女的跨性别现象则被解读为是向下的社会流动，从占据主导地位的男性变成为二等阶级，它因此会引发他人更多的困惑、恐惧和敌意。这一比较深刻揭示，性别不平等是一种社会的建构，它生产了权力关系，而这些权力关系又进一步巩固着它的存在。

因此，这一研究不仅让我们对所知甚少的跨性别群体有了难得的了解的机会，而且，它更揭示了不平等的性别关系是如何被生产进而影响人际互动的。从这个层面上而言，这一研究具有广泛而深远的学术价值。

思考题

1. 什么是生理性别，什么是社会性别？女性主义是如何认识这两者之间的关系的？
2. 儿童通过社会化的过程形塑自己的社会性别，对这一过程目前主要有哪些理论阐释？这些理论各有什么侧重点？
3. 为什么男生在学业表现上普遍不如女生？从社会性别视角应该如何看待这个问题？
4. 目前用来阐释家务劳动性别分工的主要理论有哪些？你觉得哪一种理论最具备说服力，为什么？
5. 从婚姻匹配的视角来看，当代中国社会为什么会出现"剩男""剩女"现象？

推荐阅读

1. 孙沛东：《谁来娶我的女儿：上海相亲角与"白发相亲"》，社会科学文献出版社，2012年版。
2. 贝蒂·弗里丹：《女性的奥秘》，程锡麟等译，四川人民出版社，1988年版。
3. Lamont M, *The Dignity of Working Men：Morality and the Boundaries of Race，Class，and Immigration*, Harvard University Press, 2000.
4. Mendick H, *Masculinities in Mathematics*, Open University Press, 2006.

第十一章

宗教社会学

第一节
宗教与宗教社会学

一、什么是宗教

定义分为包容性定义和排他性定义。前者外延广,没有确定的界线,把一些非宗教的现象也包括进来,如民族主义等。后者有严格的参照框架,对宗教范围有明确的界线,但也会把一些宗教现象排除在外,例如巫术、迷信等本土信仰。罗伯茨将宗教定义分为实质性定义、功能性定义和象征性定义。我们就从这三个角度来看看宗教的相关定义。

实质性定义通过对象或体验来判断。前者如爱德华·泰勒将对灵性存在(spiritual beings)的信仰定义为宗教,灵性存在是超自然实体,诸如神灵、天使、魔鬼、幽灵等。① 后者如马雷特认为宗教是一个理性化的进程,是心理人格的完善与发展。在功能主义视角下,宗教被看作是解决人生根本问题的一种工具或手段。② 约翰斯通说,人们依据这个体系来解释神圣和超自然的东西,并对之做出反应。③ 斯特伦则认为,宗教是实现根本转变的一种手段,根本转变是指在最深刻的层次上处理这些困扰的生活境界。④ 格尔茨的象征主义定义认为,作为一种象征体系,宗教需要克服三个方面的问题,即分析能力的局限

---

① 爱德华·泰勒:《原始文化》,连树声译,上海文艺出版社,1992年版。
② 马雷特:《心理学与民俗学》,张颖凡等译,山东人民出版社,1988年版。
③ 约翰斯通:《社会中的宗教——一种宗教社会学》,袁亚愚、钟玉英译,四川人民出版社,2012年版。
④ 斯特伦:《人与神:宗教生活的理解》,金泽等译,上海人民出版社,1991年版。

(挫折)、忍受能力的局限(痛苦)、道德见解的局限(罪恶、道德悖论),然后通过实践获得某种实在性。①格尔茨的象征定义包含了功能主义视角,关注人们如何根据历史变化和文化差异把外部对象、情境、性情和事件解释成宗教。功能主义定义将宗教化约为满足现实需要的工具,将社会具有类似功能的现象纳入宗教范畴,从而出现将宗教泛化的倾向,强调宗教的不可或缺性。实质性定义是一种排他性表述,在具体研究中适用性相对欠缺。

在一些科普读物里,罗马教会扮演了阻挠科学进步的角色,哥白尼因畏惧教会,生前迟迟不敢发表日心说,伽利略被软禁在家中,布鲁诺则被教会烧死。宗教与科学是两种思维和实践方式,在所有的争论中都以科学的胜利而告终。②现在宗教不再与科学在具体问题上争夺话语权,它更关注在形而上、伦理和道德层面上的影响力;除非宗教对科学研究说三道四,科学也不理睬宗教论述。就两者的关系史而言,学术界一方面承认历史上宗教曾经迫害过科学,但作为一种文化要素,更多学者关注西方宗教对科学发展的促进作用,强调(著名)科学家的宗教信仰对其科学研究的促进作用、某些宗教教义对科学理论的提示作用、宗教改革对思想解放的作用。③

近年随着西方世界经济发展放缓,移民增加了社会福利负担,白人主流社会兴起了民粹主义,敌视移民和非基督教信仰。当一个社会遭遇经济危机,既有的种族和文化受到结构性挑战时,都会出现类似的社会反应,即便有多元宗教信仰传统的中国,在经济、国家安全遭受严重危机时也出现了意识形态纯粹化和排外的举动,这在20世纪表现得较为突出。

社会和文化发生结构性调整时,通常会对宗教做出比较激烈的社会反应。在中国历史上,从南北朝到五代十国这段时期,儒、释、道三家之间的辩论十分激烈,其间发生了四次针对佛教的灭佛行动。1949年后意识形态发生了更深刻的结构性调整,产生的压力不断累积直至"文革"期间出现了清除宗教的行动。一旦新的文化、意识形态结构确立后,宗教领域的互动会趋于开放和包容,如宋代以后的三教合一、改革开放以来中国大陆宗教的新发展。西欧资本主义和民族国家的兴起肢解了教会的权威。但是,西方对世界的殖民活动,将内部矛盾转移到外部世界,教会在殖民势力保护下,通过世界范围的传教活动消解了西方世界内部的世俗化冲击。在伊斯兰帝国瓦解之后,其内部的文化社会结构经过长期调整也未形成稳定结构,于是出现了各种伊斯兰革命探索,乃至于极端势力也有了登场的机会。

几乎每一个定义都与其他定义交锋,这已是行业内的共识。弗雷泽感叹说,没有比宗教性质更意见纷纭的话题,不可能有人人满意的宗教定义。④伯杰(又作贝格尔)则表示即使下定义,我们仍可以对宗教涉及超验的东西存而不论,他认为这是科学研究所必需的。这是一种典型的现象学的处理方式,将真伪问题搁置起来。伯杰认为在定义的问题

---

① 格尔茨:《文化的解释》,韩莉译,译林出版社,2008年版。
② 罗素:《宗教与科学》,徐奕春等译,商务印书馆,1982年版。
③ 巴伯:《科学与宗教》,阮炜等译,四川人民出版社,1993年版。霍伊卡:《宗教与现代科学的兴起》,钱福庭等译,四川人民出版社,1991年版。
④ 弗雷泽:《金枝》(上),徐育新等译,中国民间文艺出版社,1987年版,第77页。

上，应该持轻松宽容的态度，定义只是个趣味问题。① 弗雷泽认为研究者能做的是：讲清楚自己所说的宗教是什么，然后在研究中前后一致地使用这一含义的术语。

有两个问题挑战既有宗教定义的概括力，一是巫术，二是新兴宗教。涂尔干认为，相对于巫术，宗教有教会，是一个道德共同体，而巫术是低级且追求功利目的的。② 韦伯认为在理性化的过程中，宗教和巫术逐渐分离，职业祭司以理性原则反对那些具有克里斯玛禀赋的巫师，最终一神论的宗教占据了统治的地位。③ 基督教反巫术的传统对西方学术界执着于巫术和宗教的二元对立有很大影响，萨林斯指出西方人类学里浸透着基督教-犹太教的基本思想，摆脱它就等于要废除人类学本身，这种情况扩大到整个社会科学范围似乎也是适用的。④ 西方学者研究宗教的一切重要理论与术语都与基督教文化有关系。这样的宗教观念先天植入了价值判断，即一神论宗教高于其他宗教信仰形态，在应用研究层面很容易产生选择偏好。

20世纪八九十年代开始，西方出现了大量的新兴宗教，这些宗教相对于传统宗教更加强调个人的宗教体验，有强烈的心理学色彩，强调在日常生活层面实现价值、行为的统一，异文化和科学（科幻）都成为建构神秘主义体验的重要来源。传统宗教定义的视角面向历史，关注精英的体验和制度化宗教的表现。新兴宗教表现出许多巫术的特征，如果坚持巫术和宗教的区分，则难以将新兴宗教纳入研究范围。西方学者认为新兴宗教正在取代传统宗教，但目前处于过渡状态，一时难以形成一个概括性的概念，只好采取了"宗教＋新兴宗教"这种打补丁的方式。⑤

在研究中，究竟是先下定义还是先做研究，韦伯和涂尔干的看法不同。韦伯认为宗教定义不能出现在研究开始之前，尽管回避了定义问题，韦伯还是依托当时学术界对宗教的共识展开讨论，由于没有清晰的宗教概念，韦伯的相关讨论含混性较大。与韦伯相反，涂尔干十分重视定义的作用，先下定义后做研究，且意思明确、线路清晰，堪称典范。

我们建议对定义采取一种工具主义的态度，社会学是经验实证的学科，研究目的是在描述事实的基础上做出解释，所有研究活动都离不开经验事实。本质性定义会导致研究牵涉到哲学层面的讨论，而功能性定义是工具性和实用性的，更具有操作性，有助于实证研究。伯杰强调定义是一个趣味问题，这暗示在定义问题上不必过于纠缠，面对既有的各种宗教定义，研究者自身知识结构形成的偏好以及具体研究的实际需求，才是最大影响因素，尤其是经验研究者。

二、宗教社会学观察视角

社会学关注的宗教构成要素包括教义、仪式、神秘经验、祷告、集会等。社会学研究

---

① 贝格尔：《神圣的帷幕：宗教社会学理论之要素》，高师宁译，上海人民出版社，1991年版，第205页。
② 涂尔干：《宗教生活的基本形式》，渠东等译，商务印书馆，2011年版。
③ 韦伯：《经济与社会》（上卷），林荣远译，商务印书馆，1999年版。
④ 萨林斯：《甜蜜的悲哀》，王铭铭等译，生活·读书·新知三联书店，2000年版。
⑤ 亨特：《宗教与日常生活》，王修晓等译，中央编译出版社，2010年版。

关注宗教的社会面向，诸如社会群体、社会交往、社会制度、社会模式、社会历史脉络因素、社会环境因素（宗教提供了价值观和规范），对社会学而言宗教是一种社会建构。需要强调的是，宗教社会学关注的是宗教的社会表现，是可以观察的部分，是开放的（即同样条件下，其他学者也可以进行研究）。宗教社会学要突破关于宗教的社会常识，常识里裹挟了许多社会偏见，而宗教的真理性断言不能成为宗教社会学研究的依据。

宗教社会学的研究内容有以下几个方面。第一，宗教存在的时间和地点，即历史脉络。这对于判定个体和群体的特定宗教身份有重大意义。第二，观察社会习得对宗教的影响。个体层面的宗教皈依，通常沿着社会网络、关系纽带、个人情感的方向做出宗教选择，其中家庭（父母）的影响最大。第三，社会如何影响宗教。例如，摩门教教义里提到黑人是该隐和含的后代，这种种族主义教条是和当时美国社会流行的种族主义契合的，但到了20世纪七十年代以后，摩门教不再强调和坚持这一教义，这是美国民权运动颠覆了种族主义合法性的结果。印度佛教强调修行要摆脱世俗的羁縻，脱离家庭是一个重要的手段，这与注重孝道的中国文化有着原则性的冲突。中国戏曲《目连救母》可以视为佛教向中国文化妥协的策略。第四，宗教如何影响社会。20世纪60年代，美国黑人教会为民权运动提供价值观、组织、资金等方面的支持，是民权运动最有力的后盾，基督教成为当时民权运动与主流社会沟通的主要渠道。第五，新兴宗教的研究。既往研究主要关注制度化宗教的研究，这些宗教大多是合法宗教，且历史悠久。新兴宗教常被视为邪教，因而多放在犯罪学和社会问题里讨论。随着社会包容性的拓展，新兴宗教获得合法性。新兴宗教的合法性与存在时间长久、信众规模成正相关。新兴宗教的研究有助于我们了解宗教的原生态和现实的面向，避免被少数制度化的宗教一叶障目。[①]

熟悉社会学的基本术语和理论，能够保证宗教研究的社会学方向。奈斯比特认为，在19世纪和20世纪巨大的社会变迁过程中，社会学形成了五对基本的对立概念，这五对概念是传统社会向现代社会变迁在社会学观念上的反映。第一对是社区/共同体—社会（community—society）。传统社会是紧密联系的人群共同体，而现代社会的流动性则打破了这一紧密关系。第二对是权威—权力（authority—power）。权威出现在传统社会，与角色、地位以及一定的社会网络有关系，在现代国家和新兴工业里，权力则表现为非个性、制度化、更具强迫性、科层化、官僚化。第三对是地位—阶级（status—class）。在传统社会中，地位是等级体制的反映，这种等级体制相对稳定而且矛盾被遮盖；在现代社会里，等级体制被摧垮，新的阶级关系产生，矛盾表面化。第四对是神圣性—世俗性（sacred—secular）。一般而言，传统社会偏向神圣性，禁忌和压抑性较强，而在现代社会里世俗性占据主导，社会变得开放包容，禁忌领域不断被消融。第五对是成员—外来者（membership—alienation）。在传统社会里，每个人都是某个共同体的成员，主要和熟悉的人或共同体来往；而在现代社会里，每个人都要以外来者身份闯荡社会，难以再局限于原属的共同体。

以上五对矛盾概念既是社会学的基本议题，也构成了宗教社会学的基本议题，由此又形成若干基本概念作为分析工具，分别是社会互动（social interaction）、社会聚集（social aggreates）、社会权威（social authority）、社会角色（social roles）、越轨与变迁（deviance and change）。宗教行为的研究对理解互动行为的仪式性以及深层原因有着积极

---

① 朱克曼：《宗教社会学的邀请》，曹义昆译，北京大学出版社，2012年版。

的意义。社会聚集则体现在我们惯常见到的丰富的社会组织形式，特洛尔奇和齐美尔强调宗教组织的规模与信奉教义的类型有密切关系，小的团体更容易坚持纯粹的教义。社会权威方面，韦伯提出三种权威模式，即克里斯玛式的、传统的、理性-官僚式的，权威结构贯穿于宗教史。社会角色也是一种行为方式，我们可以依据角色推断其可能的行为，也可以依其行为判断其角色。19世纪的社会学开始关注社会偏差与变迁现象。涂尔干对社会偏差的研究开创了社会学定量研究的典范，他分析了宗教因素对自杀行为的影响，宗教本身的变化也导致信徒行为相对于传统出现偏差。

三、宗教社会学发展

宗教社会学从其研究的指导思想和方法来看可以分为四个阶段。第一个阶段社会分析和伦理分析纠缠在一起，"是"和"应是"的分析没有区别开来。代表思想有柏拉图的理想主义、亚里士多德派的目的论、斯多葛的自然法则、奥古斯丁的社会理想主义以及各种中世纪学者的理论。第二个阶段研究集中在宗教信仰的起源或心理学研究，关注宗教对社会的控制作用，宗教常常被还原为气候、恐惧、忽视、教会的戏法等原因。著名的有孟德斯鸠对宗教和法律关系的探讨。第三个阶段，欧洲社会正受到工业革命和法国大革命的深刻影响。浪漫主义者谴责这两个革命给个人和社区带来的非人后果，声称宗教不能被随意唾弃。保守主义者则认为个人由社会决定，社会决定于神。圣西门和涂尔干关注宗教在制度形成和个体生活中的作用，刺激了后来的学者强调宗教的整合或稳定功能。从涂尔干到伯杰，宗教被定义为国家与个人之间的社团，反复讨论其作为媒介性组织和结构的意义。第四个阶段要求在实地研究中，研究者要在移情（empathy）和超然（detachment）之间保持平衡。这个时期理论丛生，包括唯物主义、还原论、行为主义、实证主义、进化论、宗教象征的解经学等。

社会学经典的三大家马克思、涂尔干和韦伯关于宗教的论述尤其值得重视。[①] 马克思的论述包括描述性和价值判断两个方面，在其描述性的论述里，宗教的性质和形式依赖于社会关系，主要是经济关系，其中劳资关系为核心；在价值判断的论述里，宗教是异化的一种形式，掩盖了剥削关系，去除宗教才能揭露社会不公正。马克思的宗教研究偏重理论抽象，继承了黑格尔-费尔巴哈的进化论视角，在论及非西方宗教和部落社会信仰时，带有强烈的道德和理性优越感，而这恰恰是19世纪西方中心主义常见的形式。

涂尔干认为宗教是社会本质的集中体现，社会自身就蕴含了宗教属性。之前的宗教研究大多是百科全书式的，偏重信仰内容，容易导向空泛的哲学讨论。涂尔干所有的分析和理论建构都建立在对单一对象（澳洲土著人）进行细节研究，将他的社会理论与来自澳洲的宗教民族志报告紧密联系起来，这对英美人类学田野调查有着极大的启发。涂尔干关注仪式的功能及其对社会建构的作用，促使实证研究与抽象的观念研究分离。道德主义和利他主义导致涂尔干过分关注宗教的象征含义和功能，忽视其负面功能和弊病。在涂尔干看来，宗教只是内在的社会事实释放出来的表层气泡而已，宗教的本质是社会。

---

① 包尔丹：《宗教的七种理论》，陶飞亚等译，上海古籍出版社，2005年版。刘殿利编译：《宗教社会学的演变——主题与变奏》，《世界宗教文化》，2010年第1期。

韦伯提出了著名的新教伦理与资本主义关系的命题。他认为加尔文宗在新教徒中制造的救赎焦虑是引发资本主义精神的来源。其研究有三个方面值得注意：宗教与社会的关系因具体情况而变化，在不同时间、地点差异巨大；在具体的历史文化中考察宗教；世俗化使得宗教与社会的距离消失，世界得以祛魅。

涂尔干和韦伯两人的宗教研究形成了鲜明的对照，涂尔干关心宗教在社会团结方面的作用和启示，韦伯关注社会变迁中宗教的作用；涂尔干认为宗教观念和权力的来源是集体意识，韦伯则以为是来自个体创建者和预言家的克里斯玛禀赋。

除了经典三大家的理论观点外，还有其他一些重要人物的代表观点也是应该了解的。

泰勒和弗雷泽的万物有灵论。泰勒和弗雷泽运用科学理性观点来解释宗教，排斥神启论，通过具体的案例来证明其理论的普遍适用性。他们关注宗教的史前状况，将各种宗教依照理性化程度排序，论证进化论和理性化的有效性；侧重观察宗教的信仰部分，强调宗教的起源和信仰需求有关系。但是，他们运用进化论这一先验的理论框架，强行将一神论置于理性发展的高端，无视当下各种信仰形态并存的事实。其研究强调个人的作用，文学化色彩过强。

弗洛伊德将宗教化约为心理疾病的副产品，它不是人的行为与思想的实在动机。他的观点与马克思经济唯物论、涂尔干的社会本原论构成了研究宗教的三大化约理论。他和马克思从不同角度都得出宗教是一种虚幻的建构的结论，研究也都局限于一神教范围内。弗洛伊德的学说依赖于类比推理，将个体心理发展过程类比于群体的历史发展。他的依据可能来自拉马克的进化论，即个体的某次经历可能在生理上被后代所继承。《摩西与一神教》几乎就是一部历史侦探小说，其科学性受到同时代学者的质疑和嘲笑，但其想象力和说服力依然对许多人产生巨大影响和启示。

伊利亚德反对化约论将宗教归为社会、经济或心理的副产品，强调宗教思想和行为的独立性。主张应该从信仰者的角度来理解宗教，在古代民族那里是神圣事物决定世俗社会。与马克思、弗洛伊德的反宗教立场相对立，伊利亚德持鲜明的基督教立场，但这不妨碍其理论的影响力。伊利亚德的历史分析没有体现历史情境的动态差异，他的分析不断再现超越时空差异的恒定基本样态。诸如神圣事物原型、脱离历史的符号体系等等。对实证研究而言，伊利亚德提出的概念缺乏操作性和指导性。

与伊利亚德相似，埃文斯-普理查德反对当时的主流思潮——化约论和进化论；同样，他也有深厚的宗教情感，皈依了天主教。他认为有效的理论能够解释普通人的宗教经验而不是神学家和教授的体验，因此在方法上要脱离图书馆的神学文本，建构宗教理论的微观层面，即在具体的时间和文化中解释宗教怎样对个体形成作用。他的研究缺乏更加宏观和完整的理论论述，这是经验研究的通病。

格尔茨在理论上接近伊利亚德和埃文斯-普理查德，反对化约论，同时也反对普遍理论。格尔茨宣称存在一种区别于自然科学的系统知识的建构方法，他的研究结论总是和普遍性形成对立，强调研究对象的特殊性，而这种特殊性就是被人们忽略的"地方性知识"。格尔茨过于强调由宗教构成的民族精神气质对行为的影响，忽略现实的政治、军事、经济力量对人的行为影响。

第二节
宗教社会学的研究主题

一、宗教的起源

达尔文的学说直接与《圣经·创世记》所做的解释冲突，围绕进化论展开的讨论和宗教起源也有交织。大卫·休谟的《宗教的自然史》指出，在一神教出现之前就存在其他宗教信仰，多神论先于一神论。意大利学者维柯认为人类历史要经历众神、英雄、人三个时期。斯宾塞认为宗教是由低级的原始宗教向高级的不可知论进化的，他假设同时代的异国野蛮人的宗教即便不能等同于历史上的原始宗教，也可以为我们复原原始宗教面貌提供线索。斯宾塞遵循着启蒙思想家将野蛮人比为成熟文明幼儿时期的做法，认为野蛮人具备儿童思维特征。他提出宗教应该是起源于祖先崇拜，即有关鬼魂观念和对死人的畏惧。泰勒认为宗教起源于较低级的思维，人类为两组生物学疑难所困扰，首先是生死问题，其次是梦境和幻觉。野蛮人认为存在独立于躯体的灵魂，这种观念被称为万物有灵论。泰勒的思路和斯宾塞相近，认为存在着一条由多神论到一神论的进化路线。

缪勒认为语言和思想（合理性）是不可分的，他不承认预先存在一种半理性、半发展的人，在他看来古文字是追溯历史的极限。作为一个有节制的进化论者，他反对依据同时代"野蛮人"的行为来对遥远过去的事情进行推测，为此他强烈抨击将野蛮人类比儿童。缪勒认为宗教存在单一主神教、多神教、一神教三个阶段，而在单一主神教之前还有个史前阶段。缪勒认为在第二个阶段，世界人口向各地扩散（文化传播论的色彩），由此产生了各种信仰体系。一般进化论所说的原始宗教（即现存于各地的原始宗教信仰）就是这种思维退化的产物。缪勒认为《吠陀》是最早的文献记录，因此具有起始点意义。持不同意见的学者认为存在比吠陀更古老的文献，且强调吠陀也可能是一种雅利安主义在作祟。威廉·施密特持近似观点，认为在史前时代就存在一神论，后随着历史的发展，一部分人堕落为多神信仰，另一部分向更高的一神信仰发展。这种观点遭到大多数进化论者批判，称之为"退化论"。

以上对起源的探讨集中于精灵信仰方面，而这类信仰大多产生于史前社会，它只能解释部分宗教的产生和起源现象。当代人类学采取了和早期人类学家不同的策略，例如格尔茨将宗教分成传统和理性来讨论，前者基本属于原始宗教的范畴，而理性宗教则是制度化和现代社会宗教形态。

唯物论派学者马克思对宗教有着许多零散而精辟的评语。在《德意志意识形态》里，他与恩格斯提出宗教起源于自然的不可控制与原始人的技术之间的巨大差距。马克思对历史的认识局限于有文字可考的欧洲古代历史，摩尔根的书使得马克思对史前社会的认识有了一个飞跃性的发展。在此基础上，恩格斯根据摩尔根和巴霍芬的史前史框架，重新构建了社会发展史，综合考察了私有制、两性关系如何彼此影响，直至阶级斗争产生、国家出现。恩格斯力图排除有关启示或神秘的理解，他认为宗教的产生与人们的生存斗争有关，包括随着技术进步而存在的两性之间、社会集团之间的斗争。弗雷泽也很重视技术发展因素，他提出人类历史发展经历了三个阶段：巫术、宗教、科学。巫术乃是宗教之起点，是一种前科学或伪科学，反映出人类试图控制自然环境的努力。与马恩不同的是，弗雷泽更加重视个人的作用，在他看来是少数优秀人士将巫术提升到宗教的层面，同时也奠定了国家权力的基础。

涂尔干在《社会分工论》中提出两种类型的社会团结，一种是机械的，另一种是有机的。机械团结的社会从逻辑与历史上看都是先于以有机团结为特征的社会。他相信存在一种作为社会基础的道德价值观，它在简单社会（原始社会）里可以看得更清楚。在《宗教生活的基本形式》中，涂尔干用澳洲土著人的资料来说明图腾本身是社会的人格化，图腾的力量来自其所象征的社会群体的力量。在宗教仪式中，人们将宗教体验的形式通过社会的集体意识强化并灌输到个人。在简单社会里宗教更直接地暴露在外面，便于我们考察其本来面目。基于这一思路，涂尔干不可避免地要借助进化论的框架来构建宗教起源理论。涂尔干还特别提出上帝即社会的观点。齐美尔也持类似观点，认为社会互动模式本身是非宗教的，但它给宗教以首要的影响。社会先于宗教，宗教的许多要素起初存在于一般社会中，存在于社会互动模式中。

心理学集中关注宗教帮助人们克服挫折感的功能，人们借助宗教这一框架，来消除紧张恐惧，进行心理修复、协调认知，以便重新投入生活。古迪纳夫认为，宗教就是对危害人类自身安全和生存威胁做出的反应。托马斯提出人有四种基本愿望——安全、回应、承认、新经验。克拉克认为这四种需求是理解人们宗教诉求的框架。

奥托认为宗教的原因不能到宗教外面寻找，只有局内人才有资格做出判断，非宗教信徒无法体会并表述出来。对奥托而言，宗教产生于神圣体验，而这种体验乃是一种非理性的东西。神灵崇拜之所以发生，乃是一些先知式的人物或有特异禀赋的人独自遇见了神灵或神力。上帝确实把自己显示给了某些特别的人，由这些特别的人向其他人传达神的存在和意志。持此类观点的学者通常在经验研究层面上接受社会和文化环境论，在理论讨论中则滑向先验的神学立场。

列维-布吕尔认为和现代的理性逻辑思维不同，原始人拥有前逻辑思维。前逻辑思维遵循互渗律，当一个人佩戴某种精灵面具就会暂时变成那种精灵。在原始人那里，不存在自然物与超自然物的明确分界线，两者之间互通。宗教则是这种互渗律思维的产物，这显然是进化论的分析方式。荣格持类似的观点，他认为理性是十分晚近的事情，在此之前是无意识，无意识又分个体无意识和集体无意识。现代文明理性压抑了无意识，而无意识会在某种情况下浮到上面来，例如做梦。荣格发现一些病人复制的梦境图像类似，很像藏传佛教的宇宙图。他推测有一种基本的结构作为梦和艺术象征的基础，而这些结构是"远古的残余"，是"原始意象"或"原型"。[①]

简而言之，宗教起源的讨论达成的共识是，宗教起源于低级的或简单的理性状态和社会结构，能够满足人类的某种需求，它具有某种神圣性，这种神圣性或是来自现实社会，或是与某种神秘主义关联。宗教社会学当下关注的往往是某一具体宗教组织的来龙去脉，

---

① 特朗普：《宗教起源探索》，孙善玲等译，四川人民出版社，1995年版。约翰斯通：《社会中的宗教——一种宗教社会学》，袁亚愚、钟玉英译，四川人民出版社，2012年版。

这一研究可能与宗教起源问题关联起来，但宗教起源问题现在通常是思想史、宗教史的话题。

二、教会-教派类型学

这部分要了解宗教类型学基本概念的建构和类型转换的机制。韦伯开创了对宗教群体特征的类型研究，韦伯提出了教会（church）和教派（sect）两个概念。前者是包容性团体，后者是排他性团体。韦伯以这两个概念作为理想类型，来分析具体的宗教群体的特点，他的研究思路发展成教会-教派类型学（church-sect typology）。特洛尔奇进一步明确了教会和教派的含义，指出教派倾向于拒绝社会秩序，按特定的标准吸纳成员，具有排他性；教会则具有开放性，内部秩序是正式的，具有包容性。他还提出了神秘主义者（mystics），相当于后来的膜拜团体（cult）。

尼布尔把教派和教会看成宗教团体发展的不同阶段，他指出团体内部的结构变化导致该团体类型转化。基督教教会始终处于不断分裂的状态，分裂的根源在社会，社会不平等导致相同信仰的人在组织和神学上的分裂。当人们彼此妥协，承认世俗价值和不平等，教会型的宗教团体就出现了，反之则出现教派型宗教团体。教派团体成员的热情很少能超过一代人，教派在向教会转型期间有一个中间阶段，尼布尔称之为教宗（denomination）。教派强调信仰基于个人自主的选择，到了教会阶段，激情化的个人体验被模式化、批量化的外在灌输取代，因此教派向教会转型的关键在于宗教教育。尼布尔的成就在于将教会-教派类型放在动态过程中进行观察，教宗概念的提出为后来的研究增加了分析工具。他注意到社会状况差异导致出现不同类型的宗教团体。

教会、教派的基本社会学特征可以归纳如下：教会的成员资格出生即获得，社会或地区成员的信仰是包容的，依靠科层化、官僚化组织与现存的世俗权力、社会妥协，承认现存秩序的合理性。教派的成员资格建立在个人自主决定基础上，团体人数少，参与度高且具有排他性，组织结构非正式，核心人物具有克里斯玛禀赋，对世俗社会和国家持批判态度，成员多为下层民众。教派的基本特点是抗议。抗议的对象有两个：一是传统的宗教形式，认为它背离了原初的、真正的宗教目的；二是世俗社会，认为它是各种罪恶的体现。

查尔斯·Y.格洛克提出五种短缺，即经济短缺、社会短缺（特权、权力、地位）、机体短缺（肉体、精神健康、生物机能）、伦理短缺（主流价值与规范不能满足需求）、心理短缺。教派产生来自短缺以及由此产生的抗议活动，教会和教宗通过允许在群体内形成特殊的次属群体来约束越轨，最大限度地维持团结，天主教、路德宗、长老会、圣公会等都这么做了。克里斯玛在教派形成中起关键作用，领导人所具有的克里斯玛气质是将信众从常规和平凡中剥离出来的能力和必要条件。参与新教派形成的人主要来自下层阶级，他们通过参与教派活动获得群体内地位，以此来补偿其低下的社会地位，"以宗教地位代替社会地位"。

只要能维持发展，教派就不可避免地要发展成为教宗。因为群体规模扩大导致成员背景和动机复杂化，最终动摇了中心目标和价值。规模增加会分化出亚群体，人员越多对越轨的容忍度也就越大，原来的协调一致也就瓦解了。为了协调分化的价值观和亚群体，权力向少数精英集中，精英和普通信众的距离拉远，集权化趋势不可避免。群体维持需要合法性，宗教合法性与三个要素成正相关，宗教群体存在时间长短、成员数量、官方评价。合法性的建构分内外两方面。从内部看，教派形成后要确立条文化规范，将争议最小化。继任者无法复制开创者的克里斯玛禀赋，转而依赖继承程序的合法性，继任者角色向官僚转变，处理事务方式常规化，更加依赖科层化的办事机构。持续存在的教派必然要关注世俗事务，包括物质层面的细节，这将削弱原有的精神化取向。与主流社会交往也导致教派向主流价值观妥协，由激进趋于保守。新教教派卫斯理宗、浸礼宗、路德宗、长老会等都是从教派发展为教宗。

教会、教宗、教派这些都是理想型概念，在现实社会中通常不存在，最贴近教会形式的宗教组织是中世纪的罗马教会，在世俗化推动下罗马教会蜕变为教宗。早期的新教教派贴近教派类型，随着合法性的取得也转化为教宗。教派自产生之日起就努力获得合法性，解决合法性之后，其自身组织形态与教义等向主流社会靠拢，由此转化为教宗。制度化教派（the established sect）介于教派和教宗之间，它以某种制度化的形式遏制了向教宗过渡的趋势。英格尔认为强调个人拯救问题的教派（卫斯理宗）倾向于进化为教宗，而关心社会罪恶的教派（贵格派）则倾向于制度化教派。这里隐含了一个假设，在现代社会（世俗化、多元化、全球化）条件下，长期存在的宗教组织最终都将以教宗或准教宗（制度化教派）的形态存在。

膜拜团体（cult）和教派的不同之处在于，它企图建立一个新的宗教，而教派则试图在既有的宗教体系内进行革新。膜拜团体吸引力有限，倾向于吸收幻想破灭的人，现代城市为膜拜团体提供了更多的传教机会。膜拜团体比教派更缺乏稳定性和持续性，一般与克里斯玛领袖共始终。少数膜拜团体也会发展成教宗型组织。现实里膜拜团体和教派不容易区分，两者在一定的条件下可以互相转化。膜拜团体的演化路径与教派类似，都是在获得合法性的努力过程中向教宗形态转化。在遭到主流宗教极度压制的情况下，教派会向膜拜团体转化。[①]

三、世俗化与新兴宗教

韦伯通过研究发现欧洲的企业家、高级技工多为新教徒，他从路德的天职观去考察新教教派之间的异同，认为加尔文宗为清教徒禁欲主义的理性生活方式提供了系统的理论支持，而这种禁欲主义伦理又为资本主义企业家提供了精神支柱。通过对世界各大宗教的比较学研究，韦伯进一步肯定这一资本主义理性化乃是西方独有的宗教文化产物。伯杰把韦伯的理性化上溯到旧约，旧约对上帝彻底的超验化以及宏大的历史神学构成了伦理理性化的前提，犹太教的祭司集团清除了仪式中的巫术成分，为日常生活提供了律法，先知们则提供了超验的合法性论证。

20世纪五六十年代西方进入消费社会，19世纪的贫困问题通过社会福利得以控制，功能主义理论体现了此时的乐观精神。奥戴从功能理论来说明世俗化产生的功能替代导致

---

① Roberts Keith A, *Religion in Sociological Perspective*, Wadsworth, Inc., 1990. 约翰斯通：《社会中的宗教——一种宗教社会学》，袁亚愚、钟玉英译，四川人民出版社，2012年版。朱克曼：《宗教社会学的邀请》，曹义昆译，北京大学出版社，2012年版。

宗教的衰落，宗教帮助人们适应现实的偶然性、软弱性、缺乏性。世俗化由两个方面构成，一是对人和对事态度的"非神圣化"，二是"思想的理性化"。有五种人类行为提供了持续的世俗化动力：由工作而积累起来的技术体系减少了偶然性、软弱性、缺乏性对人类经验的影响程度；战争刺激社会组织化提高，推动技术创新；经济活动也是理性化的重要来源，货币、契约、商业规则等都扩大和深化了人们的思维；立法和行政的协调保证了社会的理性化、秩序化；古希腊的科学思想萌芽与基督教思想体系结合，催生了现代的知识和科学体系，为理性化提供了强劲的保障。①

帕森斯和贝拉认为，世俗化是现代化工业社会复杂性和多样性的一部分，但这不意味着宗教的衰落，宗教在现代社会变成了私人化的问题，西方社会仍将受基督教伦理和世界观的影响。帕森斯指出，美国的世俗化起点与欧洲不同，美国早期移民教派繁杂，信仰互相制衡，导致国家采取宗教多元化政策，推动精英分子接受了法国启蒙运动的自由论观点。教派多元主义制度化必须有三个条件：宗教教派成为合法教派的规定；合法教派彼此竞争的规则；划分宗教团体与世俗机构范围的界线。这些条件都由美国宪法确立，美国的社会结构也为世俗化提供了良好的保障。

贝拉进一步从历史演化过程观察世俗化的进程。原始宗教阶段，宗教与社会没有区分，宗教对整合社会文化、稳固社会结构起了很大作用。古代宗教阶段，分化出宗教角色和组织，宗教和王权结合紧密，宗教的象征系统没有脱离世俗社会。历史宗教阶段，神圣和世俗世界二元论建立，尊崇一神，独立的制度化的宗教组织出现。早期现代宗教阶段，宗教改革改变了对世俗的看法，强调救赎是此世的个人责任和伦理行为。对神的忠诚与献身表现在日常生活的行为、宗教的个人领域。现代宗教阶段，宗教组织的控制日益衰落，宗教的世俗性日益增强。宗教的新形式正在出现，个人在信仰选择方面拥有更多的选择，更具主动性。

以上的世俗化讨论基本认为在现代化过程中，（传统）宗教处于一个不可逆的衰落过程。20世纪80年代开始，美国社会学家斯达克和本博瑞兹从交换论和心理功能主义角度引入新古典经济学，提出宗教经济模式（religious economies model）或称"宗教市场理论"。该解释模式将个体宗教行为看成是基于理性选择的消费行为，宗教机构或团体是提供宗教产品的企业，宗教兴衰取决于市场内部供求关系和自由竞争的程度，与现代化进程剥离开来。按照这一理论，欧洲处于高度管制和缺乏宗教竞争的体制，其宗教参与度和活力自然降低，而开放的美国社会，宗教则处于方兴未艾的状况。该模式以个体层面的虔信来否定世俗化理论，在解释特定宗教团体或宗教市场的兴衰方面具有一定说服力。该理论的理性人和契约市场假设都是美国式经验，是文化特殊主义，将宗教衰落归因于宗教管制，委婉地宣扬美国式宗教自由，透露出美国优越感。

新世俗化理论代表道博莱尔把世俗化看作是宗教在社会、制度和个体三个维度上的演变过程，世俗化在这三个层面上不存在必然的一致趋势。卡萨诺瓦认为世俗化是由几个相互独立的运动构成，包括世俗生活与宗教规范的脱离、信仰人数的减少与仪式参与程度的减弱，以及宗教退出私人生活的领域。世俗化的这些方面有重叠之处，但原则上是相互分离的，它们变化的方向和强度并非总是一致的。实证研究表明，个体宗教活跃与宏观层面

---

① 奥戴：《宗教社会学》，胡荣等译，宁夏人民出版社，1989年版。

的宗教影响力衰落可以同时存在，宗教团体主导的集体活动参与度降低并不必然影响个人虔信度，现当代信仰状态是"信而不群"（believing without belonging）。传统世俗化理论关注世界的祛魅（disenchantment），新世俗化理论将世界祛魅后的个体境遇纳入考察范围。世俗化表现为个体自主性的增强瓦解了传统宗教的制度权威，这种增强的自主性也产生出对建构信仰的新社会化方式的需要。从这个角度看，新世俗化理论延续拓展了世俗化理论。该理论基于基督宗教教会（包括天主教、新教、东正教）曾经垄断欧洲宗教场域的特定历史和个体主义盛行的社会现实，放弃了传统世俗化理论的普遍主义。

马丁指出，只有在具有垄断宗教以及明确的世俗-宗教二元区分的社会（即欧洲）才有世俗化。艾森斯塔德的多元现代性（multiple modernities）理论认为现代性依据各自社会不同的政治、经济和文化脉络实现，欧洲只是现代性的起源地。爱尔维优-雷杰借用该理论提出了"多元宗教现代性"，如托克维尔所述美国的自由精神是和宗教精神紧密联系，而法国的启蒙则是通过反对宗教完成。在法国这个高度世俗化的国家，其学校制度和政治仪式都继承了宗教共同体的模式。而瑞典的民主社会主义则来自新教路德宗的福音伦理学。该理论成为研究非西方国家宗教变迁的重要工具，它将世俗化理论的观察视角做了翻转，不再是理性化或个体主义对宗教的影响，而是宗教在历史上对现代性的建构。[①]

第三节
宗教社会学研究实例

一、中国宗教信徒的数量

宗教信徒数量是国家、社会、族群信仰状况最直观的信息。我国官方公布的中国信教人数措辞模糊性较大，通常用"据不完全统计"作为公布数字的前缀，公布的数据常年维持在"一亿多"。我们看到即便是一亿多也是一个弹性极大的数字，一亿零一人到两亿差一个人，都可以放在这个词汇含义内。自改革开放以来，官方公布的数据很长时间都是"一亿多"。官方在一亿数字后加了一个"多"，也蕴含了一个数字上限，即不到两亿人。我国历年公布的宗教信众数据如表11-1所示。

表11-1 中国历年公布的宗教信众数据　　　　　　　单位：人

时间	佛教	道教	伊斯兰教[②]	天主教	基督教	合计
1997[③]	—	—	1800万	400万	1000万	1亿多
2018[④]	—	—	2000多万	600万	3800多万	近2亿

---

① 汲喆：《如何超越经典世俗化理论？——评宗教社会学的三种后世俗化论述》，《社会学研究》，2008年第4期。
② 回、维吾尔族等十个少数民族人口数即为信教人数。
③ 《中国的宗教信仰自由状况》，1997年，中华人民共和国国务院新闻办公室。
④ 《中国保障宗教信仰自由的政策和实践》，2018年，中华人民共和国国务院新闻办公室。

仔细研读官方公布的数据，有若干值得注意的细节。首先，从法律和意识形态角度看，中国当下的宗教形态分为五大宗教、民间信仰、新兴宗教等，官方公布的信教人数只涵盖五大宗教。其次，只有一神教（天主教、基督教、伊斯兰教）能提供具体数值，而佛、道两教均不能提供具体的信众人数。①

21 世纪初，我国进行了三次大规模的学术意义上的宗教人口数量调查，但背景不同。

第一个调查是教育部哲学社会科学重大课题"当代中国人精神生活调查研究"。2003—2006 年，华东师范大学"当代中国人的精神生活"课题组在 30 座城市展开调整，做了 4569 个样本。根据 2005 年暑期的调查，信仰宗教的有 3 亿多人，其中制度化宗教（可能指官方的五大宗教）信徒约 2.2 亿人，并推算基督徒为 4000 万人以上。②

第二个调查是美国贝勒大学宗教研究所和普渡大学社会学系教授杨凤岗主持的"中国人精神生活调查"（CSLS），由中国零点研究咨询公司协助，在 2007 年进行了抽样调查。调查结果显示，85％的人持有某种超自然信仰或从事某种宗教活动，明确承认具有某种宗教认同的人占 23.2％。佛教是认同人数最多的宗教，有 18％的人宣称自己信仰佛教，大约 1.87 亿人，而信基督宗教的人只占 3.2％，约 3350 万人，其中基督新教信徒约 3000 万人，天主教徒约 350 万人。

第三个调查是中科院世界宗教研究所的基督教调查，于 2008—2009 年发放、回收问卷 63680 份。调查估算出中国基督徒占全国人口的 1.8％，有 2305 万人。③ 这个数据得到官方的认可并引用。

对于华东师范大学的调查数据，卓新平认为按照五大宗教的概念来看，人数高估了，但如果包括民间信仰，人数又低估了，按照海外对民间宗教信仰人数的估计就已经达到 3 亿多。④ 如果依照官方公布的五大宗教近 2 亿的人数，再加上民间宗教信仰人数 3 亿多，则信众人数为 5 亿~6 亿。由于卓新平本人是有官方身份的学者⑤，意味这一信息官方也是掌握的。但卓新平提供的数据只是一种宏观的估计，郭慧玲依据"当代中国人精神生活调查"做出了更为严谨的定量分析，认为中国信众人数超过 11.3 亿，其中佛教 3.7 亿多人，基督教 1.58 亿人。⑥

---

① 官方数据只能提供一神教信众人数在中国相对确切的信息，其中伊斯兰教信众人数通常以我们认为的信奉伊斯兰教的若干少数民族人数来估计，但现在也有声音质疑这种估算方法的可靠性和合理性。由于官方并没有说明具体数据来源，我们这里只能引用参考。

② 童世骏等：《当代中国人精神生活研究》，经济科学出版社，2009 年版，第 235 页。

③ 《中国基督教入户问卷查报告》，载金泽、邱永辉主编：《中国宗教报告（2010）》，社会科学文献出版社，2010 年版，第 190-193 页。

④ 卓新平：《当代中国宗教研究：问题与思路》，载金泽、邱永辉主编：《中国宗教报告（2008）》，社会科学文献出版社，2008 年版。

⑤ 一方面，他是官方学术机构的负责人，即中国社会科学院世界宗教研究所所长、中国宗教学会会长；另一方面，他是国家机构的成员，即第十一届和第十二届全国人大常委会委员、民族委员会委员、代表资格审查委员会委员。

⑥ 郭慧玲：《中国是"无神"国度吗？——对中国宗教信仰状况的定量分析》，载金泽、李华伟主编：《宗教社会学》（第二辑），社会科学文献出版社，2014 年版，第 186-213 页。

根据以上数据，我们提供几个理解思路供参考。第一，所有关于中国信教人数的统计、估值的争论和偏差，都源自不同学者统计方法以及统计对象定义的差异。在这里纠结具体数值的准确意义不大，尤其是对中国这样一个人口基数庞大的国家，无论是官方还是学术界，在没有巨大资源投入的前提下，是不可能得到一个准确数值的。因此我们把这些数值当作具有坐标意义的参考值即可，其价值不在于准确到百万、十万还是万位数，而是提供一个比较性。第二，从这些数值我们得到一个明确的信息，那就是自改革开放以来，中国宗教信众人数是在持续上涨的。这符合我们从社会获得的信息体验，诸如宗教活动场所数量增加，专职神职人员增加，信众和宗教活动日益活跃，相关的宗教活动场所扩建暗示着社会资金的流入。第三，目前我们所获得宗教信众人数有两个极限值，一是最低值，即官方公布的信众人数是五大宗教的人数，也就是说中国信教人数不会少于官方公布的信众人数。另一个是学术界提供的数值，通常是远远高于官方提供的数值，导致这一差异的主要原因是两者关于宗教定义的差异。第四，决定中国宗教信众人数及其内部比例结构的是中国社会发展阶段和社会政治结构，这方面的研究目前仍处于起步阶段，大多数是微观的研究，还没有宏观的研究涉入。

二、中国宗教是什么[①]

中国宗教是什么？杨庆堃先生较早提出了系统的看法。他用"diffused religion"和"institutional religion"作为分析中国宗教的工具，这是一对韦伯意义上的理想类型概念，但关于这对概念，国内外学者产生了相当的分歧。首先是翻译的分歧，"diffused religion"被翻译成"弥散性宗教""弥漫性宗教""散开性宗教""分散性宗教""寄生型宗教""渗透型宗教""普化宗教""扩散宗教"等；而"institutional religion"分歧不大，都认可为"制度性宗教"。杨庆堃本人在香港中文大学讲学时明确提出这对概念的中文名称，即混合宗教（diffused religion）和独立宗教（institutional religion）。依照杨庆堃的定义，独立宗教的要件是教义、组织、成员是独立的，如原始宗教遗留（巫筮）、基督教、回教、佛教、受官方压制的民间教派等；而混合宗教则依附于世俗的社会结构，是世俗社会结构的一部分，如祭祖（家庭）、鲁班（工匠）、华佗（医疗）等崇拜，都是依附世俗的社会组织。两者的本质差别在于是否独立于世俗社会，而不是制度与非制度、有组织与无组织、精英与民间的差别。

在这一问题上引起分歧的，主要还是在于西方中心视角。在西方社会，其制度的合法性来自基督教，该教在西方社会既是独立的正式组织，又占据重要的结构性地位。中国的制度合法性来自混合宗教，混合宗教坚持传统，维护现存秩序，例如家族制度来自祖先崇拜，帝国秩序来自天命论。拥有正式组织的独立宗教（佛道及民间教派）则试图打破传统，创立新的生活方式，比如佛、道的出家修行，以及民间教派"均贫富、等贵贱"的乌托邦诉求。因此相对于西方的基督教，中国的混合宗教占据了重要的结构性地位，承担了宗教的功能，却没有独立的组织，甚至被当作迷信。

[①] 在此特别感谢北京大学社会系卢云峰教授允许笔者引用他的未刊稿，关于杨庆堃部分的内容主要来自卢教授的研究。

中国宗教的独特性在于难于用制度和组织清晰地厘清。例如：原始宗教遗留（巫筮）之流是独立的却没有组织；佛、道有独立的组织和专职的神职人员，但平信徒缺乏组织性；混合宗教缺少独立的神职人员，但有组织起来的信众和祭祀团体。从信众的组织化程度看，独立宗教比混合宗教还弱。混合宗教的信众组织性遭到忽视，同时因为巫筮没有独立组织而将其与混合宗教等同，又因为佛、道信众缺乏组织性，独立宗教由于涣散而接近于混合宗教。最终在西方视角观察下，中国只存在一种没有理性、没有禁欲主义、没有原则和高阶诉求的信仰形态，从而最终得出中国没有宗教，中国人沉迷于实用主义的迷信的看法。这是一种典型的西方中心主义的暗含鄙视链条的心态，我们需要特别注意。

我们甚至可以推论，西周建立的宗法制度即是一种政教合一的体制，周王的身份是政治首脑与最高祭司的合一。秦汉帝国建立，郡县制和举贤良颠覆了此前的分封制和公卿士大夫治国模式，基于血缘关系的宗法制度难以提供充分的合法性。汉末以来本土的道教和外来的佛教提供了超血缘关系的公共价值和解释，但它们在中国无法获得基督教在欧洲取得的地位，因为宗法制度仍然在中国的政治和社会体制中扮演核心的不可或缺的作用。杨庆堃认为宗法制度的某个面向就是一种混合宗教，而作为独立宗教的佛、道与宗法制度共同为秦汉以后的帝国体制提供合法性。儒家是关于宗法制度的主要学说，由此在帝国时代形成了三教合一、三教鼎立的格局。

我们甚至可以推论，西周建立的宗法制度即是一种政教合一的体制，但由于秦汉帝国的建立，郡县制和举贤良制颠覆了此前的分封制和公卿士大夫治国模式，基于血缘关系的宗法制度难以提供充分的合法性。汉末以来本土的道教和外来的佛教提供了超越血缘关系的架构和解释，但它们在中国无法获得基督教在欧洲取得的地位，因为宗法制度仍然在中国的政治和社会体制中发挥着核心的不可或缺的作用。从杨庆堃的视角看，宗法制度的某个面向就是一种混合宗教，而佛、道作为独立宗教与宗法制度共同为秦汉以后的帝国体制提供合法性。儒家是关于宗法制度的主要学说，由此在帝国时代形成了三教合一、三教鼎立的格局。

理解中国的政教关系，其关键是把握儒的地位和作用。儒在中国有三个面向的存在，分别是儒学、儒家和儒教。儒学是一种理想主义化的哲学和伦理体系；儒家是信奉儒学的学者群体，但他们日常生活中的信仰与大多数中国民众没有区别，现实中我们看到儒生们也可以拜神佛；儒教则是依托国家形成的以孔子为核心的贤人祭祀体系，它在民众中没有太大影响。自从汉武帝接纳了董仲舒提出的"废黜百家，独尊儒术"，儒学在帝国体制中取得垄断性地位，形成了国家-儒学-官方信仰结构。儒学通过神道设教与混合宗教结盟，独立宗教（佛、道）在这一结盟面前处于弱势地位。国家通过儒学提供的伦理标准来判断民间信仰是否合法，当民间信仰向独立宗教过渡形成民间宗教时，国家的态度往往变得异常严厉。在帝国体制时代，独立宗教大发展的时期也是国家处于弱势和混乱的时期，如中国的佛教和道教就是在南北朝时期获得了极大的发展机遇。

尽管杨庆堃提出较为系统和超越性的概念来分析中国宗教，但西方学术界仍然倾向于从社会分层、制度化程度来观察中国宗教的特点。以西方社会人类学与汉学为例，他们对中国宗教研究有以下几个取向：反对把民间宗教与巫术、迷信等同起来，认可民间宗教的"宗教"地位；民间传统和大传统的关系；民间宗教内在体系、社会功能、意识形态等；文本传统和实地调查结合；民间宗教和现代化。中国民间宗教和仪式具有社会性、区域性和历史性的特征。王铭铭认为中国民间宗教是复杂社会的宗教，区别于制度化宗教，与文本传统、官方文化和社会精英有相当微妙的关系，是少见的宗教类型。①

雷德菲尔德的大传统-小传统成为西方学者理解中国宗教的重要分析框架：作为中国文化的一部分，民间宗教处于小传统的地位，民间宗教的许多形态都是对官方大传统的模仿，但民间宗教又没有丧失其独特性而成为大传统的依附或衍生品。20世纪70年代，武雅士在《中国社会中的宗教与仪式》集中表达了西方学者的看法，在该论文集里，学者提出存在一种与众不同的宗教类型，即中国宗教。从经验事实上看，主要指流行于民众尤其是农民中间的神、祖先、鬼的信仰；庙祭、年度祭祀和生命周期仪式；血缘性的家族和地域性庙宇的仪式组织；相应的世界观和宇宙观的象征体系。

武雅士指出，中国民间宗教信仰体系中普遍存在的三个崇拜对象是神、祖先、鬼，它们来源于中国农民共同的生活体验，对应于农民生活中的三类人，分别是作为收税和管理者的官员、家庭或宗族成员、村落外部的"外人"或陌生人。王斯福则从功能的角度提出了不同的看法，他认为神、祖先、鬼的差别不在于它们对应于不同的社会阶级，而在于它们形成了一种结构关系，神和祖先象征着社会的包容力和内化力，而鬼则象征着社会的排斥力和外化力。民间宗教体现了中国社会分化和凝聚的状态。② 史密斯则认为，中国社会分化严重，需要有一种统一的文化来促成社会的凝聚力，而民间宗教内在的一体性提供了载体。③ 在《帝国的隐喻：中国民间宗教》，王斯福认为汉人民间宗教隐含着历史上帝王统治的影子，民间仪式和中华帝国的政治空间模式有关。弗里德曼认为中国宗教的开放性和多样性是和中国社会复杂、分层多样的情况相符合，不同地区和不同的社会阶层能在中国宗教体系中找到适合自己的部分。④

王铭铭指出，中国民间宗教包括观念和社会行为两个层面。观念层面的内容包括通过神谱表达的社会意识和世界观，阴阳所表达的时空观念，命理、病、死的解释；基于上述观念所表达的政治-意识形态观念、道德伦理和善恶观念等。社会行为（仪式）层面主要包括祭祀神灵的行为，人生礼仪，算命抽签卜卦行为，择时日、地点、方向行为等。观念和仪式层面的分裂和不对称关系使得民间宗教现象显得更加扑朔迷离。⑤

早期西方学者否认中国存在宗教，或者认为中国人宗教信仰层次低，更热衷迷信。随后又强调中国宗教的核心恰恰存在于这些"迷信"，"中国宗教"的民间视角和20世纪60年代世界范围内的民主化浪潮多少有些关联。这个概念大体符合杨庆堃所说的混合宗教，但有所区别的是将独立宗教里的原始宗教遗留形态诸如算命抽签等纳入进来。需要指出的是，这里的中国宗教针对的是汉人宗教信仰。此外，还有研究中国秘密教门、民间教派的，在传统社会，这些宗教大多是依托于佛、道教，而在现代社会，基督教也成为中国民间教派的重要依托对象。它们和制度化宗教的关系类似于新教与天主教的关系，不同之处在于它们在中国大多没有获得合法化。中国宗教社会学研究目前落后于西方，基本方法、

---

① 王铭铭：《社会人类学与中国研究》，生活•读书•新知三联书店，1997年版，第181页。
② 武雅士：《中国社会中的宗教与仪式》，彭泽安等译，江苏人民出版社，2014年版。
③ 武雅士：《中国社会中的宗教与仪式》，彭泽安等译，江苏人民出版社，2014年版，后记。
④ 王斯福：《帝国的隐喻：中国民间宗教》，赵旭东译，江苏人民出版社，2009年版。
⑤ 王铭铭：《社会人类学与中国研究》，生活•读书•新知三联书店，1997年版，第168页。

理论和概念都来自欧美学者，这意味着我们一方面承认学术本身具有通用性，这是对话和研究的基础，另一方面学术总是被某一方牵引，又会造成研究的被动和误区，这是中国宗教社会学当下的困境。同时中国社会处于急速转型阶段，学者们能否在这个历史转折中提出具有独立的中国性的话语，目前仍然处于一个大变局的时期，很多议题正在进行，但没有一个公认的结果，因此难以呈现。

思考题

1. 你去过哪些宗教活动场所？能否用社会学的视角描述它们的特点？
2. 试从社会学的角度预测中国宗教活动未来的发展趋势。

推荐阅读

1. 卢曼：《宗教教义与社会演化》，刘锋、李秋零译，中国人民大学出版社，2003年版。
2. 杨庆堃：《中国社会中的宗教：宗教的现代社会功能及其历史因素之研究》，范丽珠等译，上海人民出版社，2007年版。

第十二章

医学社会学

医学社会学是 20 世纪以来社会学和医学相互渗透而形成的一门重要的社会学分支学科。它的产生和发展,一方面极大地丰富了社会学学科的内容,为社会学大家族增加了新活力,另一方面,又为医学发展提供了社会科学的方法、手段和视野,对医疗卫生事业的实践和应用产生重要影响。

第一节 健康、医疗与医学社会学

健康和医疗是我们每个人都关心的话题,但当我们不是从个人而是从社会的角度去关注和探讨这些问题时,我们会发现它们被赋予了新的内涵和意义。比如,在医疗资源不足、医患关系紧张的时代,如何认识医疗在整个社会中的作用,如何保障医疗资源分配中的公平和公正?又如,2020 年新冠肺炎疫情席卷全球,在疫情常态化的背景下,社会大众的健康行为和患病行为将会发生什么变化?这些话题十分有趣,对这些问题的思考就需要把健康和医疗放在社会这个更加广阔的视域里面加以考察。

一、健康、医疗与社会行为

(一)什么是健康

一般而言,大家都认为"健康就是没有患病"。然而,随着社会的进步和发展,人们对健康状态的认知维度拓展了,大家越来越认识到健康不只是没有疾病症状,个人的心理状况和社会行为也同样需要纳入健康评估的标准。世界卫生组织给健康下了一个定义:健康不仅是没有疾病或不虚弱,而且还是生理、心理和社会幸福的完好状态。这一定义表明社会对健康状况的关注从生理层面拓展到了心理和社会层面。许多研究表明,越来越多的人倾向于认为健康就是有能力完成个人的日常活动。[①] 他们把健康视作个人功能调适的状态，认为健康是任何个体或社会充分发挥其功能的必要前提。当我们健康状况良好时，我们能够参与各种类型的活动；但当我们生病、痛苦或受伤时，正常的日常生活就要受到限制。更进一步，勒内·杜博斯认为，"健康可以理解为发挥功能的能力"[②]，健康人并非没有健康的问题，但健康人能够做他们想做的事情。托马斯·麦基翁也观察到，健康状态不局限于没有疾病或残疾，社会因素、宗教信仰、经济发展、个体特征和医学水平等因素都在影响健康状态。[③] 医学在健康促进中的作用是预防疾病、避免死亡和照顾病人及残疾人。因此，麦基翁认为医学的任务不是创造幸福，而是将疾病和失能等这些造成人们生活不幸福的主要根源从人们的生活中排除掉，以提升人们的健康状况和幸福水平。

（二）健康与社会行为

对于健康和社会行为之间关系的理解，是具有历史渊源的。杜博斯认为，早期人类与动物相似，靠自身本能来保持健康，不过早期人类已开始意识到做某些事与减轻疾病症状或改善伤口状况之间有着因果关系。[④] 由于原始社会的人还不能完全了解人体的功能，因此他们认为疾病的发生和治愈都是某种神秘力量操纵的结果。所以，在有关健康问题的原因和治疗的信仰中，巫术就成为其有机组成部分。实际上，对巫术不加批判的全盘接受和超自然观念主导了原始生活的所有方面。因此，早期人类认为疾病是由恶魔引起的，这一点都不足为奇。用植物或者动物制作而成的原始药物，毫无例外地和一些仪式同时应用，而这些仪式旨在驱逐病人体内害人的恶魔。

在西方社会，最早否定超自然现象、试图靠理性思考来建立健康服务原则的尝试，可以追溯到希腊医生希波克拉底的著作。希波克拉底生活在公元前400年前后，我们对于他的情况所知甚少，甚至不知道他是否真的写了一系列签署着他的名字的那些书。然而，他的著作中的许多原则建构了现代医学实践的基础。其中最著名的当属"希波克拉底誓言"，它是当代医学伦理学的基础，要求医生发誓要帮助病人，戒除故意犯错和伤害行为，尊重个人隐私，严格保守秘密，维护病人权益等。

希波克拉底强调，医学知识的获取应来自对自然科学以及逻辑因果关系的理解。他在经典文集《论空气、水和空间》中指出，人的健康受总体环境因素的影响，包括生活习惯或生活方式、气候、地理地形、空气、水以及食物质量。直到今天，水、空气和空间的质量依然与我们的健康有着密切关系。

---

① Calnan Michael, *Health and Illness: The Lay Perspective*, Tavistock, 1987. D'Houtaud A, Mark Field G, "The Image of Health: Variations in Perception by Social Class in a French Population", in *Sociology of Health and Illness*, 1984, 6, pp. 30-60. Evans Robert G, Gregory Stoddart L, "Producing Health, Consuming Health Care", in *Social Science and Medicine*, 1990, 31, pp. 1347-1363.

② Dubos René, "Health and Creative Adaptation", in Lee P, Brown N, Red I (eds.), *The Nation's Health*, Routledge, 1981, pp. 6-13.

③ Mckeown Thomas, *The Role of Medicine*, Blackwell, 1979.

④ Dubos René, *Man, Medicine, and Environment*, Mentor, 1969.

在对疾病的理性认识过程中，希波克拉底和古希腊人所持的观点，比中世纪和文艺复兴时期的观点更接近当代对健康的认识。古代的医学知识，大多在罗马帝国衰落后席卷欧洲的黑暗时代丢失了，西方的医学知识由天主教会所仅存。教会承担起应对精神痛苦、改善不良社会环境（如贫困）的职责，而医生则仅仅关注生理疾病的治疗。只有少数医生表现出了对人体生理功能以外的东西的研究兴趣，如16世纪初期，瑞士医生帕拉塞尔萨斯发现矿工特有的一些疾病与他们的工作环境有关。[①] 不过帕拉塞尔萨斯是一个例外，直到19世纪初期，都很少有人用经验研究方法来调查或者采取措施来应对不利于健康的社会环境。

（三）现代医学与健康调节

现代医学起源于18世纪末的欧洲，社会理论家米歇尔·福柯在对法国医学的分析中指出，医疗实践中有两种不同的趋势，他称之为"物种医学"（medicine of the species）和"社会空间医学"（medicine of social spaces）。[②] 其中，物种医学的研究重点是疾病分类、疾病诊断、治疗病人和发现药物。而社会空间医学的重点是关注疾病预防，与治疗疾病无关。这意味着政府应该更多地介入对日常生活的管理，特别是公共卫生。作为顾问，医生们为法律和规则的实施献计献策，对食品、饮用水和废物的排放标准做出规定。当健康行为的社会标准被广泛建立起来的时候，个体健康也就成为医生和政府当局的管理对象。福柯发现，在社会空间医学中，对疾病的科学认识替代了形而上学（如宗教、魔法、迷信）的思想观念，疾病不再被看成存在于现有知识可解释范围之外的实体，而是能够被研究、被科学地面对和控制的对象。由于注意到了生活方式与健康的关系，18世纪末19世纪初，公共卫生措施已经大规模地有组织地加以实施。

19世纪，欧洲的一些医生认为有必要改善贫困人群的生活条件。他们呼吁政府认可这种观点，即为促进健康而采取的措施既具有社会属性，也具有医学属性。因在临床医学领域研究细胞病理学而闻名的德国医生鲁道夫·魏尔啸认为医学就是一种社会科学，他强调穷人不仅应该得到高质量的医疗保健，还应该有自由选择医生的权利。只有在改善医疗保健服务的同时，改善人们的社会条件，才能使人们生活得更好。[③] 然而，赞同魏尔啸观点的人仅限于他的同事小圈子中，当时许多的欧洲统治者和政客们把魏尔啸的观点简单地看作一种过于自由的思想，他们害怕这种社会变革会有损于他们的权威，担心因此而引起革命。

今天，我们清楚地知道，社会行为和社会条件对疾病的形成有着十分重要的作用。消极的生活方式诸如糟糕的饮食、缺乏锻炼、吸烟、酗酒和药物滥用等，很可能导致患病、残疾或死亡。而积极的生活方式，则可以较好地预防疾病或者有效控制慢性健康问题。当然，有害的社会条件如贫穷，同样会引发健康问题，并缩短预期寿命。穷人在日常生活中会更多地面对暴力，更多地生活在充满压力、饮食和居住条件不良、

---

① 科克汉姆：《医学社会学》（第7版），杨辉等译，华夏出版社，2000年版。
② Foucault Michel, *The Birth of the Clinic*, Tavistock, 1973.
③ Rosen George, "The Evolution of Social Medicine", *in* Freeman H, Levine S, Reeder L (eds.), *Handbook of Medical Sociology*, 2nd ed, Prentice Hall, 1979, pp. 23-50.

卫生资源缺乏的环境中。在所有的社会经济群体中，穷人罹患心脏病、传染病、肿瘤等的比率更高。为了预防疾病和应对现代健康问题，需要理解生活方式和社会环境对健康的影响，这种情况使得医学和行为科学——如社会学、人类学和心理学——之间的联系更加密切。

二、医学社会学及其相关学科

（一）什么是医学社会学

医学社会学是一门年轻的学科，不同学者对其有着不同的界定。1894年，美国医学家麦克英泰尔最早提出"医学社会学"这一概念，他认为医学社会学是把医师本身作为特定群类的社会现象来加以研究的科学，也是总体上研究医疗职业和人类社会关系的科学。[1] 这一界定尽管不够完善，但从本质上抓住了医学社会学的社会学性质。

随着医学社会学在二战之后的快速发展，有更多的学者对它做出了界定。美国宾夕法尼亚大学医学院教授帕迪谢尔在医学社会学的国际会议上提出：医学社会学是行为科学的一个分支，它是一种基础性科学，是对医学所有领域都有基础意义的一门学科。[2] 德国《医学辞典》（1977年版）中关于医学社会学的定义是：医学社会学是社会学的分支，它研究社会条件与人们的健康和疾病的关系。医学社会学有两个主要研究方向：① 医学社会学研究人与健康状况的一般的关系以及对病因、病程、治疗、预防和康复效果的影响；② 保健事业的社会学（组织机构）研究社会结构的保健体制以及人群之间（病人、医生、护士等）的社会相互关系的形成、发展和协调的规律性。[3]

美国学者斯特劳斯在《医学社会学的性质和状态》一文中提出医学社会学包括两个方面：一是研究疾病的生态学、病因学、健康和疾病的行为模式等，即用社会学的方法和理论解决一些医学课题；二是研究医疗保健职业、机构及医护人员等。[4]

科克汉姆在《医学社会学》中借用了斯特劳斯的观点，将医学社会学分为"医学中的社会学"（sociology in medicine）和"医学的社会学"（sociology of medicine）。科克汉姆认为，医学中的社会学主要是解决医学问题，而不是社会学问题；而医学的社会学则主要关心诸如医学实践中的组织、角色关系、规范、价值观念以及信念等人类行为的因素，它着重研究医学领域中的社会过程及医学与社会生活的相互作用。[5]

以上种种观点可以划分为两大类：一类是按照麦克英泰尔的定义，把医学社会学的研究对象确定为着重从行为科学的角度研究病人、医生及其相互关系，以及研究医疗组织、医学与人类社会的关系；另一类则按照斯特劳斯的说法，除上述内容外，还包括社会病理学的内容。目前在美国，基本上是按照后者来确定医学社会学的研究对象的，对医学社会

---

[1] 胡继春等主编：《医学社会学》，华中科技大学出版社，2015年版。
[2] 胡继春等主编：《医学社会学》，华中科技大学出版社，2015年版。
[3] 胡继春等主编：《医学社会学》，华中科技大学出版社，2015年版。
[4] 胡继春等主编：《医学社会学》，华中科技大学出版社，2015年版。
[5] 科克汉姆：《医学社会学》（第7版），杨辉等译，华夏出版社，2000年版。

学和社会医学未做严格的区分。与美国学者不同，中国学者一般认为，医学社会学应是社会学的分支学科，并且主张将其与社会医学区分开来，但在具体研究活动中仍然没有明确的界限。

(二) 医学社会学与社会医学

医学社会学与社会医学虽说是两门独立的学科，但关系十分紧密，在许多方面表现出共性：二者都是医学与社会学相互结合而产生的交叉学科；二者都使用社会学的研究方法和基本理论；二者都研究医学与社会的互动，并都从社会层面上关注健康问题；二者都体现了生物心理社会医学模式，并共同成为在这一模式下的医学研究和实践活动的重要组成部分。

二者的区别也是明显的。① 二者产生的时间、地点和奠基人不同。社会医学（social medicine）一词最早是法国医学家儒勒·盖林在 1848 年提出的。他还把社会医学分为社会生理学、社会病理学、社会卫生、社会治疗四部分。1932 年，德国医学家艾克尔特和威克赛尔进一步把社会医学分为社会生理和病理、社会诊断、社会治疗、社会预防四部分。人们历来是把社会医学与公共卫生学、预防医学等词作为同义语来使用的。"医学社会学"一词则是 1894 年美国医学家麦克英泰尔在他发表的《医学社会学研究的重要意义》的论文中首先使用的。② 二者所属学科不同。社会医学由医学发展起来，是医学的一个分支；医学社会学由社会学发展起来，是社会学的一个分支。③ 二者研究的内容不同。医学社会学的研究内容如前面所述。社会医学研究的主要内容有：从社会系统出发，研究社会政治、经济、法律、文化、行为习惯、社会福利、环境保护政策、卫生组织制度等对人群健康的作用和影响；从社会健康状况出发，研究一定范围的健康水平及卫生服务资源的利用情况；从卫生管理方面出发，以社会医学理论为指南，根据社会经济条件研究适用的管理制度、技术和方法；从疾病防治工作的实践出发研究社会医学问题。④ 二者研究的主体组成结构不尽相同。医学社会学是以社会学学者为主体，同时需要医学工作者的积极参与和配合；社会医学则是以医师为主干队伍，但也需要接受社会学学者的指导并与之配合。

(三) 医学社会学与其他相关学科

医学社会学还与其他一些相关学科关系密切，有必要对它们之间的区别和联系做简要阐述。

(1) 医学伦理学，是医学与伦理学相结合的交叉学科。它研究的主要内容包括医学伦理学的基本理论、医学道德的规范体系和医学道德实践三个部分。从发展阶段上看，医德可分为古代医德、近代医德、现代医德以及我国社会主义时期的医德。从具体的不同医学领域来看，又有临床医学中的道德、预防医学中的道德、药剂道德、医药科研道德、护理道德、医药卫生事业管理中的道德以及计划生育道德等。从这里可以看出，医学社会学与医学伦理学既有不同的学科归属，又有不同的研究内容。然而，在具体研究过程中，二者的研究课题经常是交叉甚至重合的。在医学伦理学的研究中，常常随现代医学的发展，提出许多带有极其深刻的社会性而迫切需要解答的新问题。很多医学伦理学中的难题，都需要二者协同研究。因此，它们之间是相互影响和相互补充的。

（2）医学人类学，是医学与人类学相结合的交叉学科。它主要研究原始部落和不同民族的医疗行为、医疗观念、生活方式以及它们对疾病的发生和发展的影响等。从具体内容上讲，这些也是医学社会学所研究的，但医学社会学的重点研究对象是现代人类社会。当然，对现代人类医疗行为的研究，不能离开对人类行为演变过程的了解和比较，因此人类学的知识可以成为医学社会学的基础之一。

（3）卫生管理学，是与医学社会学关系紧密的学科。二者在研究方法上都重视行为科学、社会调查和系统方法。同时，医学社会学是卫生管理学的重要理论依据，比如，医学社会学关于医学发展的社会条件和社会控制的宏观研究、关于卫生机构和社会人群的微观研究等，都是卫生管理的基本知识。二者的区别主要有以下两方面。一是产生的基础和历史背景不同。在劳动生产活动中由于分工及生产规模的扩大，促使管理逐渐形成一门科学——卫生管理学；而医学社会学是医学与社会学相互渗透的结果，是社会学家进入医疗卫生领域后与医学工作者共同研究发展起来的。二是研究的内容不同。医学社会学的研究内容如前所述，而卫生管理学则是从宏观上研究卫生事业的计划、组织、控制的管理过程，研究其预测、决策、领导、调整等管理活动。这与医学社会学的研究内容是有区别的。

（4）医学心理学，是医学与心理学相互渗透、结合而形成的交叉学科。它主要研究疾病和康复过程中的心理因素，如人格、气质、情绪、情感等的作用，包括致病和治病两方面。医学心理学一般不包括对医护人员行为的研究，医学社会学则不但研究病人行为，而且还研究医护人员行为。不过，医学社会学在进行这些研究时，不能离开心理学的基础。总之，医疗卫生事业的发展既需要医学心理学，也需要医学社会学，而二者的发展，又必将促进医疗卫生事业的进一步发展。

此外，医学社会学还与医学教育学、医学哲学、卫生法学、卫生经济学等学科存在着较密切的联系。医学社会学一方面从这众多的相关学科中吸取丰富的养料，另一方面也为这些学科的发展起到促进作用。

三、医学社会学的形成与发展

（一）医学社会学的形成

医学社会学是社会学的一个重要分支学科，它的产生和发展取决于两方面因素。一方面，社会学理论和实践的发展与成熟，奠定了在医学领域里开展社会学研究的理论前提；另一方面，医学领域里理论和实践的变革，提出了关于医学的社会层面的思考，为医学社会学的产生和发展准备了实践基础。

社会学的理论发端于19世纪30年代，从早期的法国社会学家孔德、英国社会学家斯宾塞开始，经法国的涂尔干、德国的韦伯、美国的萨姆纳和沃德等众多社会学家的研究和探索，到20世纪二三十年代，社会学的研究领域和方法基本定型和成熟。这标志着社会学的真正形成。此后，社会学一方面在世界范围内蓬勃发展起来，另一方面广泛地渗透到了各个专门学科之中。由于社会学的这种渗透，到现在已经形成了数十门分支社会学，如军事社会学、艺术社会学、农村社会学、城市社会学、民族社会学、生物社会学、科学社会学、语言社会学、医学社会学等。其中，医学社会学是发展得最为迅速、最为完整的社会学分支学科之一。

社会学之所以很迅速地渗透到了医学领域，并在这块土壤中生根开花，孕育出医学社会学这一新兴学科，关键还是现代医学发展的内在要求。20世纪以来，医学领域中开始了由生物医学模式向生物—心理—社会医学模式的转变。从16世纪开始形成和发展起来的生物医学模式，在数百年的发展中取得了巨大的成就，成功地战胜了许多生物性的疾病，极大地提高了人类的健康水平。但是，随着现代人类生活的发展，影响人类健康的因素有很大的改变，例如，急、慢性传染病和寄生虫病已不再是威胁人类健康的主要疾病，心脏病、恶性肿瘤和脑血管疾病上升为影响人类健康的主要疾病。这就意味着疾病与环境污染、心理紧张、吸烟、酗酒等社会、心理、行为因素密切相关。为了满足现代人类健康的需要，现代医学逐渐突破了生物医学模式中只重视疾病、不重视健康，只重视治疗、不重视预防，只重视个体、不重视群体，只重视生物性病因、不重视社会心理病因等的局限，开始了生物—心理—社会医学模式的理论探索和实践。新的医学模式在承认并重视生物科学作为现代医学的基本内核的同时，强调从生物、心理和社会三个方面综合进行医疗保健活动。在这种医学模式的指导下，医学的眼光已从单纯重视医疗对象的生物学层面，逐渐转移到也重视其社会、心理的层面。这样，在医学模式的转换过程中，医学自身也就产生了进行社会层面研究的要求，为医学社会学的产生和发展创造了基本条件。

社会学和医学这两个似乎截然不同的研究领域，就在自己的理论和实践发展中，逐渐地汇合、交融在一起，形成了一个崭新的研究领域，即医学社会学。

(二) 医学社会学的发展

二战之后，随着社会学的迅速发展，人类的保健行为以及医疗组织等与社会学关系密切的研究内容引起了众多社会学家的兴趣，促使他们进入医学领域开展社会学研究。从此，医学社会学得到了较快的发展，其主要表现是：各种医学社会学的著作和论文大量问世；从事医学社会学研究的学者越来越多；大学纷纷开设医学社会学课程；医学社会学的从业人员迅速增加；而且，医学社会学传播和实践的地区也越来越广，从早期发展的美国、英国逐步扩大到东欧各国、日本乃至全世界。目前，医学社会学已是在世界范围内得以确立和发展的交叉学科，许多国家都大力开展这方面的教学、研究与实践活动。

目前，美国和英国仍然是医学社会学学科最为发达的国家。美国的大学，如加利福尼亚大学、哥伦比亚大学、约翰·霍普金斯大学、密歇根大学等学校的公共卫生系都开设了医学社会学课程。据统计，1976年美国就已有86所大学开设医学社会学硕士学位课程。在美国，有许多社会学家和医学家积极参与和发展医学社会学，还有些医学教育专家也积极开展医学社会学的研究。1960年，美国社会学学会成立了医学社会学部，现在医学社会学已经成为美国社会学学会最大的分支。同年，医学社会学的刊物《健康和人类行为》创刊，1965年改名为《健康和社会行为》并被确定为美国社会学学会的正式刊物。美国医学社会学的从业人员比社会学其他分支的从业人员增长的百分数都要大。在英国，从事医学社会学研究的人也很多，《医学社会学在英国：研究和教学名录》一书中，就收录了1970年以来英国260位医学社会学家的情况，介绍了约500个正在进行中的研究计划，还描述了在综合性大学和医学院中所开设的约100种医学社会学的课程，这说明英国大学中开设医学社会学课程十分踊跃。而且，英国1979年还创办了《健康和病患的社会学：医学社会学》杂志。

20世纪60年代以来，东欧和苏联也都开展了医学社会学的教学与研究。苏联已出版的医学社会学专著有几十种，其中包括查列戈罗德采夫的《医疗的社会问题》、伊祖特金等的《医学的社会学》。保加利亚、波兰、匈牙利等国也开展了医学社会学的教学与研究。

在战后的日本，医学社会学一直是社会学活跃的分支。1977年建立了保健·医疗社会学研究会，每年出版一册论文集。

1949年，由联合国教科文组织发起，在挪威奥斯陆成立了国际社会学协会，最初每三年举行一次世界社会学大会，后来每四年举行一次。医学社会学是历届世界社会学大会的重要议题。医学社会学研究委员会现在已是国际社会学协会设立的37个研究委员会之一。在当今的一些世界会议上，也常把医学社会学作为研讨的课题之一。由于国际间的交流与合作，医学社会学的研究越来越深入，越来越广泛。

（三）医学社会学在中国

医学社会学在中国兴起于20世纪70年代末80年代初，它先后分别在中国台湾和中国大陆出现。

20世纪70年代，部分从国外获得高级学位的年轻社会学家回到中国台湾，大大促进了台湾地区社会学的发展，医学社会学在此基础上开始萌芽。目前，台湾大多数院校的社会学系都开设有医学社会学课程，有的医学院校开设了医学社会学的选修课。有关医疗、保健社会文化方面的学术论文数量迅速增加，有关的专著和教材不断出现，如《医学社会学的领域》《医疗社会学》等，台湾地区目前还没有专门的医学社会学刊物，有关研究文章散见于一些医学杂志及社会学杂志中。

中国大陆于20世纪80年代初开始医学社会学的研究。1981年12月，在南京由中国自然辩证法研究会主持召开的第一届全国医学辩证法学术讨论会上，成立了医学社会学研究组。1982年5月在武汉召开的中国社会学研究会的年会上，中国社会学研究会正式易名为中国社会学会，医学社会学研究组为中国社会学会所接纳。同年8月，医学社会学研究组召开了近期工作规划会议。1983年，国家卫生部委托黑龙江省卫生厅举办全国首届医学社会学讲习班，应邀讲课的有著名社会学家费孝通教授、王康教授等。1984年，在北戴河召开了第一次中国医学社会学学术讨论会。近年来，全国一些省份相继筹建了地区的医学社会学研究组或医学社会学专业委员会。2001年开始，华中科技大学社会学系和同济医学院开始招收医学社会学方向的硕士研究生。此外，医学社会学的教材、师资队伍等方面的建设都在积极进行中，先后出版了多本"医学社会学"教材，也有了学术期刊专门刊登相关论文，如《医学与哲学》《医学与社会》《中国医学伦理学》《中医药管理》等，这使得医学社会学在中国大陆得到进一步传播和推广。

第二节
医学社会学的研究主题

现代社会中的卫生保健服务分布广泛，发展迅速，这就使得医学社会学的研究内容和研究领域充满了生机和活力。在这个领域中值得医学社会学者关注的研究主题主要有四类：社会环境与健康关系、健康和病态行为、卫生保健工作者与病人关系、卫生保健制度等。①

一、社会环境与健康关系

社会环境是指人类生存及活动范围内的社会物质、精神条件的总和。广义上包括整个社会经济文化体系，狭义仅指人类生活的直接环境。人是环境的产物，人类健康与其所生存的社会环境息息相关。

郑晓瑛等学者从环境自然灾害、重大灾难性事件、重大公共卫生事件等方面，梳理了社会环境与人口健康的相关研究。②

（一）环境自然灾害和人口健康

地震、飓风、洪水、海啸等环境自然灾害，不仅造成直接的经济损失、人员死亡和身体伤害，还会导致受灾者长期的不良心理后果，如创伤后应激障碍（PTSD）和其他心理健康问题。③ 研究发现，在地震灾害频发的日本，人们心理健康问题的发生率更高。2004年12月，印尼苏门答腊岛西北海岸发生巨大海啸。在泰国南部的海啸幸存者中，灾难发生8周后，出现PTSD、焦虑和抑郁症状的比率有所上升，其中焦虑和抑郁的比率高于PTSD症状。1998年，中国长江发生特大洪水，洪水不仅使幸存者无家可归，还使他们遭受身体和心理健康问题的困扰。④ 研究表明，洪灾区人群1998年急性传染病发病率为

---

① 连祥卿：《医学社会学的主要研究议题》，《医学与社会》，2010年第4期。
② 郑晓瑛等：《重大社会环境事件与人口健康的实证分析和思考："事件人口学"在我国的创建和完善发展》，《人口与发展》，2021年第1期。
③ Basoglu M K C, Salcioglu E, Livanou M, "Prevalence of Posttraumatic Stress Disorder and Comorbid Depression in Earthquake Survivors in Turkey: An Epidemiological Study", in *Journal of Traumatic Stress*, 2004, 17, pp. 133-141. Van Griensven F, et al, "Mental Health Problems Among Adults in Tsunami-affected Areas in Southern Thailand", in *Jama*, 2006, 296, pp. 537-548.
④ Huang P, Tan H, Liu A, Feng S, Chen M, "Prediction of Posttraumatic Stress Disorder Among Adults in Flood District", in *BMC Public Health*, 2010, 10, pp. 207-214. Liu A, et al, "An Epidemiologic Study of Posttraumatic Stress Disorder in Flood Victims in Hunan China", in *The Canadian Journal of Psychiatry*, 2006, 51, pp. 350-354.

736.591/10 万，慢性非传染病的患病率也显著高于非灾区。① 1998 年洞庭湖洪水 17 年后，创伤后应激障碍和焦虑在幸存者中仍普遍存在，分别为 9.5％和 9.2％。②

（二）重大灾难性事件和人口健康

战争、饥荒等持续时间较长的灾难性事件对人口健康有着持久的负面影响。研究表明，灾难性事件造成的死亡和残疾比任何重大疾病都多。③ 战争破坏了社会和家庭的结构，造成对人们长期的身心伤害，以及物质和人力资本的减少。对战争难民的研究表明，战争使得抑郁症、焦虑症和精神障碍的发病率和患病率明显增加。④ 饥荒对人们的总体健康水平也有深远的影响。以 20 世纪 40 年代的荷兰大饥荒为例，在阿姆斯特丹，1945 年的人口死亡率比 1939 年增加了一倍多，死亡率的增加很可能是由于营养不良所致。⑤ 早年生活的营养不良以及与饥荒有关的疾病对幸存者的健康有不利的作用，特别会在母亲妊娠期影响胎儿的中枢神经系统发育⑥，并对孩子后期生活的认知功能产生长期的负面影响⑦。恐怖袭击事件、核泄漏、经济安全事件和涉外突发事件等重大社会安全事件虽然时间较短，但也可能对人口健康造成长期深远的影响。在恐怖袭击事件发生后的前几天，人口死亡率非常高，恐怖袭击的幸存者表现出更多的功能障碍与心理问题。⑧ 2011 年 3 月福岛第一核电站的核泄漏导致人群中癌症相关死亡率和癌症相关发病率增加。⑨ 对于经济安全事件，现有证据表明，在经济快速变化时期，无论是繁荣时期还是萧条时期，健康都面临风险。1929—1933 年资本主义经济危机、20 世纪 90 年代末的亚洲金融危机都增加了人口死亡率。⑩

---

① 李硕颀等：《洪灾对人群疾病影响的研究》，《中华流行病学杂志》，2004 年第 1 期。

② Dai W, et al, "Long-term Psychological Outcomes of Flood Survivors of Hard-hit Areas of the 1998 Dongting Lake Flood in China: Prevalence and Risk Factors", in *PLOS One*, 2017, 12.

③ Murthy R S, Lakshminarayana R. "Mental Health Consequences of War: A Brief Review of Research Rindings", in *World Psychiatry*, 2006, 5, pp. 25-30.

④ Bogic M, Njoku A, Priebe S, "Long-term Mental Health of War-refugees: A Systematic Literature Review", in *BMC International Health and Human Rights*, 2015, 15.

⑤ Roseboom T, de Rooij S, Painter R, "The Dutch Famine and Its Long-term Consequences for Adult Health", in *Early Human Development*, 2006, 82, pp. 485-491.

⑥ Gillette-Guyonnet S, Vellas B, "Caloric Restriction and Brain Function", in *Current Opinion in Clinical Nutrition and Metabolic Care*, 2008, 11, pp. 686-692.

⑦ Harding J E, "The Nutritional Basis of the Fetal Origins of Adult Disease", in *International Journal of Epidemiology*, 2001, 30, pp. 15-23.

⑧ Whalley M G, Brewin C R, "Mental Health Following Terrorist Attacks", in *The British Journal of Psychiatry*, 2007, 190, pp. 94-96.

⑨ Ten Hoeve J E, Jacobson M Z, "Worldwide Health Effects of the Fukushima Daiichi Nuclear Accident", in *Energy and Environmental Science*, 2012, 5, pp. 8743-8757.

⑩ Stuckler D, Basu S, Suhrcke M, McKee M, "The Health Implications of Financial Crisis: A Review of the Evidence", in *The Ulster Medical Journal*, 2009, 78, pp. 142-145.

(三) 重大公共卫生事件和人口健康

传染病疫情在全世界都是一个严重的公共卫生问题，直接影响到人口健康。传染病疫情造成的死亡人数比饥荒、战争、事故和犯罪加起来还要多。① 在食品安全方面，不少供应商的掺假欺诈行为对人口健康产生了极大危害。动物疫情与人口健康关系的研究也不鲜见。例如，在欧洲和亚洲由 H7N7 和 H5N1 高致病性、H9N2 低致病性禽流感病毒引起的流感构成了人际传播和感染的风险，人口死亡人数急剧增加。②

二、健康和病态行为

人们常常把健康和患病当作一对具有相反含义的概念来讨论。健康的概念，我们在前文已经进行了阐释，这里我们重点讨论患病和病态行为。

(一) 患病的文化意涵

任何社会对患病的界定都是在其特定的文化模式下形成的，因此衡量社会发展程度的方法之一，就是观察患病的文化意义。原始社会的人们，将患病看成一种独立的力量或"存在"（如罪恶魂灵）攻击并侵入了人体中，造成人的痛苦和死亡。在中世纪，患病被定义为对罪孽的惩罚，对疾病的治疗被视为具有宗教意义的关爱。现代社会把患病定义为某种疾病或病态的状态，这个定义依据的是现代科学的观点，即认为患病是由特定病因所导致的、具有一系列症状特征的，并且有治疗方法的生物学异常变化或精神紊乱。

(二) 患病是一种偏离行为

患病是一种偏离行为，它可以从生物学和社会学两个角度进行讨论。

1. 生物学角度的偏离

医学认为患病是对生物学健康标准和完好状态感受的偏离，这种观点包含着在机体内存在着可以被客观验证的病因机制的意思。传统上，我们确认疾病的标准是：① 病人在主观上有患病的感觉体验；② 医生发现了病人躯体的功能异常；③ 病人症状与某种已经被认识到的疾病的临床表现相符。由此，当某人的症状、主诉、物理检查和/或化验检查提示异常时，就可以认定他是病人。医务工作者一方面要完善疾病诊断标准来确定生物学偏离，另一方面要发挥权威优势强化这些规则，来治疗那些被认定患有疾病的人。

---

① Fonkwo P N, "Pricing Infectious Disease: The Economic and Health Implications of Infectious Diseases", in *EMBO Reports*, 2008, 9, pp. S13-S17.

② Perdue M L, Swayne D E, "Public Health Risk from Avian Influenza Viruses", in *Avian Diseases*, 2005, 49, pp. 317-327.

2. 社会学角度的偏离

医学社会学认为，疾病（disease）是一种负面的躯体状态，是存在于个体的生理学功能异常；患病（illness）则是一种主观状态，个体在心理上感觉自己有病，并因此修正自己的行为。而病态（sickness）是一种社会状态，主要表现为因疾病从而削弱了患病者的社会角色。虽然医学社会学主要关注患病行为（illness behavior），但也特别关注病态的概念，因为它包含着明显的社会学因素分析——在许多社会都存在的对病人的期望和规范的行为问题。1951年，社会学家帕森斯在其"病人角色"这一概念中，最先提出"病态是一种社会偏离行为的表现"。[①] 帕森斯把生病视为人类正常生理和社会状况的失调。病人角色指病人为适应其情境的规范性要求而形成的一些特征性的行为。

社会学认为，在一个特定的社会系统中，违反社会规范的任何行动或行为都是偏离行为。因此偏离行为不能够简单地被看成一种统计学平均的变异程度。取而代之的是，确定偏离行为需要根据社会规范对什么是正确的和适宜的行为进行社会判断。规范反映了特定社会环境中的人们所认同的适宜行为期望，或它们可能就是各社会环境中的人们所共同认同的更为一般的行为期望。遵循普遍的规范一般会得到群体接受和行为赞许的报偿。然而，偏离规范的行为，将使违规者遭到行为反对、惩罚或其他形式的社会制裁。规范容许行为在允许的范围内变化，但偏离行为常常超出了允许行为的范围，而且诱发出他人的反应来控制这种行为。社会学当中有关偏离行为的许多理论关涉犯罪者、行为不良者、精神失常者、酗酒者和毒品成瘾者的行为，这些行为往往对他人和社会带来危害。

三、卫生保健工作者与病人关系

卫生保健工作者与病人关系，可以简单理解为医患关系。在医疗活动中，"医"和"患"是两个内涵丰富的概念。"医"包括医务人员（医生、护士、医技科室人员、行政管理人员、后勤人员）和医疗组织；"患"包括病人及其家属或监护人、照顾人等。医患关系就是指医务人员和医疗组织与病人及有关人群在医疗活动中结成的特定的人际关系，主要表现为医患之间的非技术性关系和技术性关系两个方面。

（一）医患之间的非技术性关系

医患之间的非技术性关系是指在医疗过程中，医患之间受社会政治、经济、文化（信仰、道德、风俗）、心理、伦理、法律等诸多非技术性因素影响而形成的人际关系。

（1）道德关系。在医疗活动中，由于医患之间的信息不对称，双方所处的地位、利益、文化教养、思想道德修养不同，对待医疗活动及其行为的方式、效果的理解也不同，从而有可能导致医患双方发生矛盾。协调医患双方的关系需要道德原则和规范的约束，医患双方特别是医务人员的道德素养有时对医疗结果和医患关系的和谐起决定性作用。从这个意义上讲，医患之间的关系是道德关系。

---

① Parsons Talcott, *The Social System*, The Free Press, 1951.

(2) 价值关系。在医疗活动中，医患双方相互作用、相互影响，都在实现着各自价值。对医生而言，他们运用自己的医学知识和技能给病人提供高质量的医疗服务，解除病痛，以期病人恢复健康，实现医生对病人的责任和对社会的贡献，即体现了医生的价值；而病人病痛解除或恢复健康重返社会工作，价值也得到实现。所以，医患关系建立的同时也奠基了医患之间的价值关系。

(3) 利益关系。医疗活动本身为医患双方满足各自的物质利益和精神利益需要提供了可能。对医生而言，通过医疗行为为病人提供医疗服务，消耗了脑力和体力劳动，也从病人处获得报酬和得到自身价值实现的满足，实现了利益需要；对病人来说，支付医疗费用后得以解除病痛、恢复健康就是实现了病人的利益需要。

(4) 文化关系。在医疗活动中，医疗行为总是在一定的社会文化条件下发生的。医患双方是一定文化中的个体，存在信仰、宗教、风俗、生活习惯、文化背景等方面的差异，彼此之间都有一个相互作用和相互影响的过程。当医患关系建立时，必然形成一种文化关系，并影响着医患关系的进一步展开和医疗行为活动的结果。

(5) 法律关系。现代的医患关系不仅依靠道德调节，更要受法律的规范。医生行医和病人就医都在法律的约束和保护下进行，医患双方在法律框架允许的范围内行使各自的权利、履行自己的义务，形成了法律关系。这一点是现代医学与传统医学不同的方面，虽然在传统医学中也存在着以法律形式制约医疗活动的情况，但是这种现象并不普遍，而在现代医疗实践中医患关系法制化已是普遍现象。

(二) 医患之间的技术性关系

医患之间的技术性关系是指医疗过程中，医务人员提供医疗技术、病人接受医疗诊治的互为纽带的医患之间的交往关系。1956年，美国学者萨斯和荷伦德在《医患关系的基本模式》一文中，根据医患双方在诊疗中的主动性不同，提出医患关系的三种基本模式，即主动被动型、指导合作型和共同参与型。这三种模式分别适用于不同的病人、不同的疾病、不同的病情发展阶段。

(1) 主动被动型。这是传统而又普遍的医患关系模式。在这种模式中，医生是主动的，病人是被动的，病人完全听从医生的安排。目前，这种模式的医患关系仍然相当普遍。古今中外，大多数医生都用这种观点来认识和对待医患关系，尤其是在对待危重病人、某些精神分裂症病人、呆痴病人及婴儿时更明显。这种模式的优点是工作高效，但也可能存在因缺乏沟通而引发的医患矛盾和医疗纠纷。当然，在特定的范围内，这种模式也是必须而有效的。例如，对一个昏迷的病人，不可能让其参与什么意见，只能采取这种模式。

(2) 指导合作型。在这种模式中，医生是主动的，有一定的权威性。同时，病人也有一定的主动性，他们求医心切，愿意主动与医务人员交往，提供病情，主动接受和配合医生诊治，提出一些与自己病情相关的问题，并希望得到耐心、满意的解释。这种指导合作型医患关系，有利于提高治疗效果，有利于避免医疗中的某些差错与事故的发生，有利于建立正常、友好、融洽、和谐的医患关系。但就其实质来说，这种模式与前者没有根本区别。因为医生在这种关系中还是起决定作用，病人的合作是以执行医生的意志为前提的。

(3) 共同参与型。在这种模式的医患关系中，医生和病人共同参与医疗活动，医生和病人都具有大体同等的主动性和权利，相互依存。医生尊重病人的意见，病人在治疗过程中，不只是合作，更不是被动地接受医生的安排，而是主动参与。这种模式的医患关系可以调动医患双方的主动性和积极性，特别能调动慢性病、反复住院病人和有一定文化水平并对医学知识较熟悉的病人的主动性和积极性。这种模式的医患关系比较融洽、友好，有利于提高诊断的准确性和治疗效果，是一种理想的模式。

四、卫生保健制度

卫生保健制度是国家筹集、分配和使用卫生保健基金为个人和集体提供防病治病等卫生服务的综合性措施和制度。包括卫生费用筹集、分配与支付方式以及卫生服务提供途径。卫生保健制度是一个国家的文化、经济和政治特征的总体反映，也是政府及其政党对国家卫生事业的政策导向的体现。[1]

随着社会的发展进步，社会对其子系统——社会医疗保健系统的功能提出了更高的要求，其服务的目标不再只是治疗病人和延长病人生存时间，而是要提高全体社会成员的健康水平，使人人享受健康的生活质量。2005年，世界卫生组织所有成员国做出承诺要实现全民健康覆盖，即所有人都能获得所需的卫生服务，且无遭受经济灾难或陷入贫困的风险。2010年世界卫生报告《卫生系统筹资：实施全民覆盖的道路》从三个方面描述了全民健康覆盖概念需要的卫生服务、需要卫生服务的人数和需要支付的费用。全面健康覆盖（UHC）这一目标的提出，是政府改善公民福祉的标志，是卫生系统绩效评价的理想结果，对人口健康有直接影响。它包括两大相互关联的部分：按需提供全面优质的基本卫生服务和防止陷入财务困境。其中，"基本"一词用于描述一个国家决定所有人能够立即按需获得的服务，这因国情而异；"卫生服务"包括旨在更好地促进健康的相关倡议（如反烟草政策）、疾病预防（如疫苗接种）、疾病治疗以及病后康复和姑息治疗（如临终关怀）等高质量且有效的生活护理服务。而"财务困境"是指患者因支付卫生服务费用而可能陷入贫穷的困境。

"人人健康"反映出当今世界卫生保健事业的一种发展趋势，而卫生保健制度的设计安排和研究实践是医学社会学的一个重要议题。基于此，每一个国家都必须有明确的政策来回应卫生保健服务中所关涉的如下问题。[2] 第一，确定其卫生保健费用应占国家的比例是多少。随着费用昂贵的医疗技术和药品研发投入，以及人口老龄化和流行性疾病的挑战，一个国家必须不断增加其对卫生资源的投入，同时也必须引进一种有效的费用控制方法来控制卫生费用中的不合理部分。第二，确定怎样和通过什么途径来合理分配有限的卫生资源。卫生资源可以通过市场机制，也可以通过计划来分配。不管其方式与途径如何，这些资源将最终被全体居民所使用。此外，每个国家还需要根据其价格、消费者的支付能力和支付愿望，或根据其他方式来决定是否提供卫生服务和卫生服务中的免费程度。第三，在卫生服务的生产过程中必须致力于获得最大的效益。卫生设施、组织和激励方式

---

[1] 陆雄文主编：《管理学大辞典》，上海辞书出版社，2013年版。
[2] 王小万、刘丽杭：《国际卫生保健制度发展趋势与基本理论模式的评述》，《国外医学·社会医学分册》，1995年第2期。

影响着卫生服务的生产方式和供给类型,同时也影响着从业者的数量及其意愿;而消费水平则决定着病人和医务人员之间财富的转移数量。因此,每一个国家必须确定在这一劳动交换过程中应有多少财富可以用来交换,而且还必须有政策来保证卫生部门尽可能地提高其效益。

当前西方发达国家中,利用市场力量和法律来控制卫生费用和分配卫生资源的国家,主要有美国、英国、加拿大、德国和日本。例如,20世纪70年代后期开始,美国增加双重保险率和提高保险费,使卫生保健费用朝消费者个人转移,从而施行支持市场竞争的战略。1977年,Enthoven提出过一种管理性竞争战略的改革方案,基本思路是消费者根据价格、利益和保健服务质量来选择一种保险计划或一种健康维护组织(HMO)。根据这一方案,美国联邦政府将根据消费者的需求来提供财政资助。

英国、加拿大、德国和日本则采用供给模式来控制总体的卫生费用。在英国,中央政府通过预算来控制总体卫生费用,迫使卫生部门参与国家国民生产总值分配的竞争。加拿大也同样是采用一种供给理论模式来控制卫生费用,但是,它不是通过中央政府,而是在联邦政府所制定的一系列政策与法规下,由各省政府自行做出财政资助方面的决策。德国是以供给模式为基础,采用一种预算方式来控制卫生保健费用。其预算由联邦政府所组建的各卫生部门参与的国家委员会制定。该委员会的主要任务是制定政策与法规,然后交付各州政府执行与实施。在每一个州,则由提供者和支付者双方代表所协商的结果来决定总体的卫生保健预算。日本采用供给理论模式来控制卫生费用,但是,它不是依靠明确的总体预算,而是根据其价格构成来控制卫生服务的成本。同时,依靠严格的管理措施和同行评审的压力,对不合理的检查项目和处方药物的数量加以限制。

第三节
医学社会学研究实例:凯博文的学术关怀[①]

在医学社会学研究领域,哈佛大学医学人类学教授凯博文可谓贡献卓著。他对多元医疗体系的兴趣、对病痛和苦难的详细民族志呈现、对医学人文的呼吁、对照护的关注,以及对社会的热情,都使得他本人及其学术观点为人类学及相关学科所熟知和推崇。

一、病痛/疾病与躯体化

1973年,凯博文发表了四篇论文:《迈向医学体系的比较研究》《中国公共卫生的背景与发展:一项探索性的研究》《医疗比较研究的若干问题》《医学的象征现实——医学哲学中的一个核心问题》。这四篇论文开启了凯博文学术思考的方向,成为其学术生涯的起点。他在文中强调,医学不仅仅是一门科学,更是一种文化与社会建构。

---

① 参见吴飞:《从躯体化到照护——凯博文医学人类学的理论关怀》,《国际社会科学杂志(中文版)》,2001年第2期。

1969年,凯博文被美国国立卫生研究院派到台湾地区,在美国海军医学研究中心二部担任美国公共服务临床研究员,他在台湾经历了巨大的文化震荡,私下做了深入的田野研究,1980年,他将自己在台湾的所见与波士顿的医学状况做了比较研究,最后形成他的第一部专著《文化语境下的病人与医生:一项跨越人类学、医学与精神医学的研究》(以下简称《文化语境下的病人与医生》)。这部书对台湾的西医、中医、巫医都做了全面的研究,首次系统阐发了凯博文的一些基本理论关切。他说,"我们既然将宗教、语言、亲属制度等当作文化体系来谈论,也要以同样的方式将医学当作文化体系,一个具有象征含义的体系,深深铆在社会制度的特定安排和人际互动模式之中"。

为了展开对医学的文化研究,凯博文区分了"病痛"(disease)与"疾病"(illness)两个概念:"医学人类学的一个关键原则是对病(sickness)的两个方面的区分:病痛与疾病。病痛,指的是生物学和(或)心理机能的紊乱,而疾病指的是病痛的社会心理体验与意义。"对病痛、疾病的概念区分,不仅贯穿于凯博文以后的研究中,而且成了医学人类学研究的重要出发点。

在《文化语境下的病人与医生》一书中,凯博文大量使用了躯体化(somatization)概念,这是一个更深刻的理论突破。他指出,"躯体化,表明文化治疗体系中病与治之间活生生的语义学关联"。在该书的第四章,凯博文以对一个个案的讨论引入了对躯体化的系统阐释。书中提到一位22岁的台湾男子,他有失眠、胃溃疡、虚弱、紧张、脖颈僵硬等症状,经常手淫,西医说他是神经衰弱,中医说他肾亏,而童乩则认为一个未婚女鬼缠上了他。作为精神科医生,凯博文认为,这就是这位青年的"病痛",而其"疾病"则是他多年来与这种病痛相处的方式。这不仅包含他和各种医生对其身心之病的理解,而且还影响它的发展。最开始,这个青年应该是有一些抑郁症,胃溃疡是它的外在表现,但后来集中体现在胃溃疡、神经衰弱等疾病上,这些身体性症状也越来越严重,这便是其心理紊乱的躯体化。凯博文还特别关注到了这一案例中的手淫,这尤其涉及被文化观念建构的性心理问题。过度手淫应该与羞耻心、对性行为的不当理解以及中医不断强调的"肾亏"问题都有关。凯博文将此称为"性焦虑"(sexual neurosis)。这并非国际医学界普遍使用的一个概念,而是中国性文化之下形成的一种特定的躯体化病症。

由这个非常典型的案例出发,凯博文对躯体化做了更广泛的讨论。躯体化所涉及的,不仅仅是在中国语境下遭到污名化的精神疾病被理解为躯体疾病的问题,而且关系到对躯体疾病的各种理解方式。它涉及人们在社会环境中对自己躯体之正常与不正常,以及各种复杂细微之身体经验的理解,而且"躯体化"不仅是对普遍病痛的文化描述,还会对病痛的发展具有潜在影响。比如对心理问题的躯体性描述,在中国人的观念中往往被体验为"心痛""胸闷"等。他临床面对的不少中国病人都以"心"的紊乱来描述其烦躁、抑郁,而西方患者很少会有这样的躯体体验。

二、躯体化与道德主体

1986年出版的《苦痛与疾病的社会根源:现代中国的抑郁、神经衰弱和病痛》一书,延续了凯博文在《文化语境下的病人与医生》中涉及的许多基本问题;该书从文化比较推进到了社会分析,不仅厘清了神经衰弱与抑郁症之争,更重要之处在于其对躯体化理论的推进,以及对中国社会的细致观察。这一具有里程碑意义的著作,是当代医学人类学当之无愧的经典之作,标志着凯博文思想的真正成熟。

第三章关于"躯体化"的讨论,虽然是之前思考的延续,却并不只是复述,而是在新的研究中进行了很大程度的深化。凯博文对"躯体化"的定义是"缺乏确定的有机病理情况下的生理不适表现(比如,转换症状和疑病症)以及由确定的生理病理导致的症状的扩大化(比如,慢性病)"。躯体化之所以普遍存在,是因为"个体和个体间的苦痛通过一种生理疾病的习惯用语表达出来,包括在此基础上进行的一种求医模式"。这一立意早已脱离了简单的文化比较,而是进入到对社会苦难与身体意义的深度追问:"个体经历了严重的个人和社会问题,却通过身体这一媒介来解释、表达、体验和应对这些问题。个体的损失,所遭受的不公正、经历的失败、冲突,都被转化成关于痛苦和身体障碍的话语,这事实上是一种关于自我以及社会世界的话语和行动的隐喻。"

凯博文还花了三章的篇幅深入介绍了13个典型案例。这些案例被逐层分为三组。第一组中的3个案例相对比较简单。在中国医生看来,这些病人都是神经衰弱患者,但在凯博文看来,患者的身心不适都来自抑郁问题,而且伴随严重的社会问题(家庭和学校压力、工作困难、工作隔离等)。随后的4个案例构成了第二组,该组已经从简单的症状分析上升到社会环境研究。4个案例涉及单位制管理、人际关系、家庭问题、工作问题等,这些问题对疾病行为的开始和延续都有很大影响,但患者精神的脆弱具有更决定性的作用。最后一组由6个案例组成,患者的身心问题都与曾经经历过的"文革"有关,历史因素由此被引入研究当中。凯博文在深度观察这一时期中国人精神状态的深层肌理之后,做出了相当中肯的评价:这种苦难从结构上来说都是相似的(威胁、伤害、罪责、去道德化),从性质上看可能不是那么严重,它们还告诉我们一些有关中国精神病的社会根源的情况。我们将把这些案例介绍给读者,因为这些案例显示了社会危机是如何强有力地强化个体本身(和个体的社会网络)潜在的问题,或者导致那些个体(及其社会网络)在别的情况下无法体验到的新的痛苦。

由于西方医学背后根深蒂固的二元论架构,医生(包括中国的西医)将疾病区分为精神疾病与躯体性疾病,这种区分和相应的文化意义会影响到病人对自己身体状况的理解与体验,但"个体只会表达那些与抑郁、焦虑或者愤怒情感关联的具体化的身体症状"。换言之,个体不会以自己的灵魂来对象化自己的身体,敏感、脆弱、苦痛、抑郁的灵魂与有着各种苦痛的身体是完全一体的。这样,通过疾病和躯体化的概念,凯博文重构了对主体的理解,他称之为"道德主体"。道德主体既非笛卡儿二元论模式下的思考主体,也非20世纪生命哲学中的欲望或意志主体,而是一个疾病缠身的灵魂,他背负着社会和文化在其身上的所有复杂烙印,并以此与周围的人和社会发生关系。"作为道德主体的病人也许意识到了这种具体化的病痛含义,尽管他们很多时候都没能意识到这一点"。

三、社会苦难与道德经验

《苦痛与疾病的社会根源》出版之后的30多年中,凯博文先后出版了《谈病说痛:人类的受苦经验与痊愈之道》《重思精神医学:从文化范畴到个体经验》《边缘写作:人类学与医学之间的话语》《道德的重量:在无常和危机前》《照护》等五部专著。另有合著和编著若干本,可谓著作等身,涉猎广泛。但就其理论主线而言,这些著述最频繁出现的是两个核心概念:社会苦难(social suffering)和道德经验(moral experience)。

从《苦痛与疾病的社会根源》中讨论道德主体开始,道德经验、道德生活等概念就成为凯博文经常使用的词汇。1999年,他发表了"坦纳演讲"(Tanner Lectures on Human Values),题目是"经验及其道德编码:文化、人类处境与紊乱",系统阐释了其关于道德经验的理论。凯博文所关注的疾病、苦痛等问题,都可以看作社会苦难。从1993年开始,他与达斯等学者筹划从人类学角度研究暴力、苦难等问题的一系列研讨会,此后形成了《社会苦难》和《暴力与主体性》两本论文集。在此期间,凯博文逐渐形成了其对社会苦难的系统理解。他的思考已超越了一般性的医学研究,进入更普遍层面对社会苦难的理论思考。对结构性社会苦难的研究,与社会批判理论相呼应,包含了对医学技术化、官僚化、国家权力、全球资本等的批判,但对社会苦难和暴力的研究并没有停留在简单的社会批判之上,而是深入到主体的身体经验与道德责任,形成其独特的道德生活理论。

在2006年出版的《道德的重量》一书中,凯博文形成了其对道德生活更成熟的理论。他如此理解生活世界:"我们倾向于认为,危险和不稳定是生活之流中的非常态,或是在大致上可预测的世界中,不可预测的力量偶然入侵。但我认为是相反的:危险和不确定是生活中不可逃避的维度。事实上,我们将会理解,正是它们使生活变得重要。它们定义了人的意义"。危机与不稳定已经成为自我的一部分,这是对其"道德主体"概念的一个发展。至于"道德生活",凯博文并不用这个概念来指广义的价值,而是指:"我们对对错的感觉。当我们说我们想过道德的生活,我们指的是体现了我们自己的道德承诺的生活。我们可以想象一种看上去对的生活方式;我们可以感到自己对他人的责任,并基于这种感觉来生活;我们可以对困难或处在困难中的人做出回应,使我们感觉自己在这个世界上做好事。……我们如果所做的违背了做正确之事的这种核心冲动,那我们就会感到羞耻。"

《道德的重量》的主体是七个故事,凯博文对这些故事的生动叙述,具有鲜明的人类学色彩,但超越了通常的人类学做法。故事既非由专业的田野研究得来,理论分析中也带入了很强的道德评价,但这恰恰是"道德经验"一词的题中之义。书中提到的每个人的生活都充满了危机与不确定性,但都在努力坚持某种道德性的行为,这种道德性体现在这些普通人的日常生活当中,体现在他们对疾病和生活小事的经验与选择当中,然而却构成了历史。书中所写的人士都在经受某种程度的社会苦难,都在以自己的方式诠释、应对甚至制造苦难。这些普通人或过于敏感,或自己跟自己过不去,或以自己的道德力量创造奇迹,都在以凯博文所说的"道德经验"改变着自己和周围的世界。在此书的"结语"中,凯博文提出了理解道德经验的一个理论模型:文化意义、社会经验、主体性(内在情感与自我感)三者之间相互作用,最终重塑人们的道德生活。

四、照护

照护(care or caregiving),是凯博文近年来谈得越来越多的话题。一方面,这是社会苦难和道德经验的研究推动他思考的问题。另一方面,在他的夫人凯博艺患上阿尔茨海默病并于2011年去世之后,对照护的思考越来越频繁地出现在他的笔端。

2014年，在凯博文的论文《追寻智慧：为什么威廉·詹姆斯仍然重要？》中，谈到自己经历过的两次精神危机。第一次是1969年，他作为军医被派到台湾地区，私下却在做研究，人生找不到方向；第二次是在凯博艺去世后，心中的悲痛与苦闷无法排解。在这两个关键时刻，他都阅读了大量哲学著作，同时也反思自己的这一状况："我无法成功，是因为我的探询方向错了。我试图理解作为象征的疾病，作为生活的感知，作为文化的医学，但是在危机时刻，对这些问题的回答都不是真正重要的。……我需要做的，是理解我自己的主体性——我的感性、自我、意志、承诺。……我曾经将经验当作一个哲学问题看待，一个相关的但并不恰当的模式，但此时，我真正追求的，是将经验当作实践来理解。"

这些思考不啻是凯博文学术转向的一份宣言。他已经不再满意于仅仅纸上谈兵的理论和思考，而要为自己的生活提供指导，化解自己的精神危机。而他所面对的，正是他的诸多病人和研究对象曾经面对的问题。他正是由此注意到照护的重要意义："如果危机特别是健康和失去亲人的危机是我们认识到世界上的失败、死亡、不稳定的核心方式，那么，照护就是对紊乱的一种切实回应。它是爱、恢复和服务的实践仪式，当地方性道德世界发生断裂时，帮它恢复秩序"。

在随后的若干篇论文和著作中，凯博文发展了这种实践哲学。尤其是2019年出版的《照护》，可以看作是凯博文对上述思考的亲身实践。《照护》这本自传性的著作，是由《道德的重量》自传性的第七章和《追寻智慧》那篇文章发展而成，书中生动回顾了自己一生的经历，详细描述了自己在世界各地遇到的各种危机和凯博艺对他的照顾。当然，最主要的部分还是凯博艺得病之后自己对她的照护，以及由这些经历引起的理论反思。作为亲历照护妻子的丈夫，凯博文更深入地思考了照护实践的内在困难："在照护过程中，则经常有两种感觉在进行拉锯式的竞争。一方面你会感觉照护是一种负担，这种感觉相对苦涩；而另一方面，你又会相信，这种负担不管多么沉重，最终都将有所报偿，这种感觉则更加让人振奋"。

作为一个职业医生，凯博文虽然深刻地批判现代技术和专业化，但他不会将自己的理想寄托于社会运动当中，而是在像照护妻子这样的日常生活中实践其所提倡的新社会科学。他在学术生涯的晚年转向对照护的关注，既是对社会苦难和道德经验的长期关注所致，也与他从中国文化中学到的知行合一论不无关系。这种满怀悲悯但又极度艰难的伟大事业，对我们具有极大的启发性。

思考题

1. 什么是健康？如何理解健康和社会行为之间的关系？
2. 什么是医学社会学？如何理解"医学中的社会学"和"医学的社会学"？
3. 请谈谈患病的文化意涵，以及如何理解患病是一种偏离行为。
4. 卫生保健工作者与病人关系包含哪些内容？
5. 卫生保健制度是什么？一个国家或地区在卫生保健服务政策的设计与安排中，需要考虑哪些问题？

 **推荐阅读**

1. 威廉·考克汉姆:《医疗与社会:我们时代的病与痛》,高永平、杨渤彦译,中国人民大学出版社,2014年版。
2. 凯博文:《痛苦和疾病的社会根源:现代中国的抑郁、神经衰弱和病痛》,郭金华译,上海三联书店,2008年版。
3. 胡继春等主编:《医学社会学》,华中科技大学出版社,2015年版。
4. 徐丛剑、严非主编:《医学社会学》,复旦大学出版社,2020年版。

第十三章

青年社会学

第一节 青年与青年社会学

一、社会中的青年

人是社会的基本构成要素。无论是作为生物的个体还是作为社会的个体，人都被年龄这一基本属性区分成不同的群体。其中，被社会学家广泛关注和大量研究的年龄群体主要有三类——儿童、青年、老年。作为应用社会学中一个重要分支的青年社会学，其所关注和研究的正是青年这一特定群体。

在详细介绍和探讨青年社会学之前，需要对一些基本的概念和问题有所了解。比如，谁是青年，青年在哪里，青年具有什么样的特征，等等。特别是谁是青年的问题。虽然青年在我们的日常生活中并不陌生，但对于将青年作为研究对象的青年社会学来说，弄清楚社会中哪些人是青年并明确地界定，依旧是一个最为基础的问题。

从历史上看，青年的出现经历了一个漫长的过程，可以说青年是工业化社会的产物。在传统落后的农耕社会，生产力水平十分低下，人们在儿童时期的末期可能就会参与并习得若干简单的生产技能。当他们达到今天的青少年的年龄时，他们的身份和角色就直接从儿童变成了成人。在那种社会中，不存在青年期，也没有青年的概念。青年概念的产生以及青年与社会中其他年龄群体的明确区分，实际上是从近代工业社会才开始的。正是随着社会的工业化、现代化发展，特别是随着人们学习社会规范、掌握生活技能、了解社会角色等任务的加重，人们的受教育年限在不断增加，不仅接受基本社会化的时间在加长，他们进入社会、参与社会生产的时间也在不断推迟。这样，在儿童转变为成人之前出现了一个新的阶段，即青年时期。因此，在一定意义上，我们可以说，青年是随着社会的工业化、现代化发展而逐渐被"发现的"。青年期也经历了一个从无到有、从短到长的逐步发展过程。当然,也有一些学者从社会建构论的观点出发,进一步认为青年的概念实际上是被社会建构的。但无论如何,在现代社会中,青年这一特定人群的存在,始终是一种客观的现实。

二、青年的概念与界定标准

虽然人们在日常社会生活中经常会提及青年,但究竟哪些人是青年呢?这里涉及青年的定义,特别是涉及青年的划分标准问题。尽管学术界关于青年的概念和定义存在一些争议,但有一点却是共同的,这就是将青年界定为社会中处在特定年龄段的人。既然将年龄作为界定青年的基本标准,那么,青年在年龄上是如何与儿童和成人相区分的呢?换句话说,社会中哪些年龄的人才是我们所探讨的青年呢?

或许,20岁的人是青年,那30岁的人呢?35岁的人呢?事实上,就是仅从年龄上来界定青年,答案也并不是简单的和唯一的。现有的各种正式的标准也是各式各样、互不相同。比如从世界范围来看,联合国在2010—2011年"国际青年年"背景介绍中,将青年的年龄界定为15—24岁之间;在中国,共青团组织在其章程中将青年的年龄界定为14—28岁,而中共中央、国务院2017年4月发布的《中长期青年发展规划(2016—2025年)》中,又将青年的年龄范围界定在14—35岁之间。

显然,不同社会、不同时期对青年现象的关注焦点不同,导致青年概念的内涵不同,所划定的年龄标准自然也有所不同。为便于讨论,并结合中国当前的现实,这里我们暂且采用中国共青团的界定标准,即将青年的年龄范围定在14—28岁。

关于青年的概念,还有几点需要稍做说明。第一,青年并不是一个纯粹的年龄概念,更全面地说,青年是一个基于年龄的社会概念。在不同时代、不同地域、不同社会、不同领域中,人们对青年的年龄界定是有着一定差别的。换句话说,青年的概念实际上是一个随历史时期的不同、社会文化背景的不同而有所变化和存在差别的概念。不仅在相对传统的社会与相对现代的社会中,青年所指称的具体对象有所不同,就是在同一时期的不同社会中,青年的具体含义和界定标准也会存在一定差别。第二,虽然年龄是界定青年的最基本标准,但这种标准实际上也并不是绝对的和准确的。相对科学的描述或许是采用模糊数学中隶属度的概念,即20岁的人属于青年的程度是100%,15岁的人或者28岁的人属于青年的程度可能是80%,35岁的人属于青年的程度可能只有30%,而40岁的人属于青年的可能就只有5%了。第三,虽然同样是以年龄作为衡量青年的基本标准,但在不同学科中,对年龄背后的内涵却有着不同的理解,比如:生物学和医学看到的主要是青年的生理发育状况,并主要以此作为判定青年的标准;心理学则主要看到的是青年所具有的特定人格、情绪、认知、态度等特征;而社会学看到的则是青年特有的社会化过程、所扮演的社会角色、所承担的社会职责、所具有的独立生活能力等。

三、青年的特征

青年的特征也是我们认识青年的基本途径。概括地说,青年的特征可以由三个大的方面所构成。

一是青年的生理特征。青年期是人成长和生理发育的一个特殊时期。可以说，一旦进入青春期，人的生理发育和成长就开始了突飞猛进的发展。青年具有的生理特征最突出地体现在其作为生物个体的各种"发展的、成长的"特点。无论是体格（比如身高、骨骼、肌肉等）的发育，还是身体器官（比如心肌、肺活量、脑神经等）的成熟，或是性的成熟（比如变声、长胡须、第二性征出现等），都是青年区别于少年儿童的明显特点。

二是青年的心理特征。上述青春期所带来的巨大生理变化，不可避免地给青年的心理带来冲击和忐忑。身高的迅速增长，在扩大青年的视野的同时，极大地萌发和增强了他们心中"我已经是大人了"的主观意识；性征的出现也让青年内心充满了不安。青年具有的心理特征最集中地体现在其作为人格个体的各种"矛盾的、危机的、双重的"方面。从心理学家描述青年心理特征时所用的"心理断乳""第二次诞生"等语言中，可以看出这一时期人们心理特征所具有的重要意义。现实生活中我们常常可以见到的青年反叛成人社会、寻求同龄伙伴、看重友谊、热衷交往等现象，都可以在一定程度上反映出青年人心理上所存在的孤独感和渴望理解的特点，体现出青年既充满幻想、充满激情，又有些脱离现实、充满矛盾的特有状态。

三是青年的社会特征。青年的社会特征则集中体现在他们作为社会的新成员，作为社会中物质生产和精神生产的新生力量，特别是作为一个社会的文化的继承者、传递者所具有的新的社会角色上。与其他学科看待青年的方式有所不同的是，社会学除了肯定青年的年龄特征外，更将青年看作是社会中的一个特定群体、一种特殊的社会存在。社会学认为，青年作为社会成员，既具有自然属性，同时也具有社会属性。其自然属性主要体现在前述的生理特征和心理特征上。而其社会属性则主要体现在其所具有的社会特征上。在社会学看来，青年是家庭、学校与社会经济、政治机构之间发生联系的桥梁。青年身上具有社会文化的继承者、新的社会成员、社会物质生产和精神生产的后备军等多重角色。特别是在与社会结构、社会制度、社会文化之间发生紧密联系、频繁互动乃至矛盾冲突的过程中，他们既可能成为传统文化和规范的叛逆者，同时也可能成为新文化和潮流的创导者。对于青年社会特征的认识，我们还可以从"青年在哪里"的问题中得到一些启示：虽然具有相同的年龄，但家庭中却只有子女，学校中也只有学生，只有在社会中才会有青年。从这里我们也可以理解，青年这一概念背后所蕴含的社会身份特征，以及所体现的社会角色内涵。

在认识和看待青年时，需要特别注意将个体的青年与群体的青年进行区分。从社会学的视野出发，我们更应关注作为群体的青年。这种作为群体的青年的本质是什么？笔者认为，或许"社会过渡群体"是对这一问题较好的回答。从青年个体的角度来看，"过渡性"的含义是发展的、暂时的，是走向成熟的。青年的任务从受教育过渡到工作，青年的生命历程从出生家庭过渡到定位家庭，而青年的人格也从对父母的身心依赖过渡到自我独立。从社会的角度来看，"过渡性"的含义则是继承的、传递的。青年不仅要成为维持社会存在与发展所必需的物质文明与精神文明的生产者和主力军，同时也要在这种生产的过程中完成社会文化承接与传递的历史使命。

四、什么是青年社会学

青年社会学,即运用社会学的基本原理、特定视角和研究方法,探讨青年这一特定人口群体的社会特征及其青年与社会之间关系的学科。这一定义一方面强调了社会学基本理论、特定视角和研究方法的基础地位与指导作用,另一方面强调了其关注的焦点既包括青年群体自身,又包括青年与社会之间的关系。可以说,青年社会学是在社会学想象力的启示下,广泛运用社会学中多种理论框架,从青年的社会化、青年的工作与职业、青年的婚姻与家庭、青年亚文化、青年群体与组织、青年社会参与等多个方面对青年及其相关现象展开研究。在这种研究中,青年社会学特别注重各种社会因素,如人口结构、社会制度、社会变迁、科学技术、大众传媒等对青年的影响。

青年社会学的上述特点,也体现出青年社会学与其他青年学科的区别。首先,与青年心理学、青年教育学相对强调青年的生理、心理特征以及具体的教育方法有所不同的是,青年社会学在充分肯定和认同青年的生理特征、心理特征的基础上,更强调青年的社会特征,特别是强调青年的"过渡性"。许多研究青年社会学的学者更是将青年期的本质特征界定为"向成年过渡",即从受教育过渡到工作,从出生家庭过渡到定位家庭,从心理依赖过渡到心理独立。此外,这种"过渡性"还意味着青年是一种"可能性的存在",即各方面都是在变化着的,未来可以向不同方向发展,成为不同的人物;而与之相对应的成年人则是一种"现实性的存在",即成人的许多方面是不会变的;同时,"过渡性""可能性"又意味着一种"不确定性",即青年是处在一种变化过程中、发展过程中、成熟过程中。

其次,与青年生理学、青年心理学等学科相对更加关注作为个体的青年,更加关注青年自身的、内在的现象有所不同的是,青年社会学一方面更加关注作为群体的青年,另一方面则更加关注青年与社会之间的关系。青年的社会特征是认识青年社会属性的重要指标。青年社会学将青年看作是特定社会角色的承担者,看作是社会物质生产和人口生产的重要参与者,也看作是社会文化的实际传承者。正是对青年社会特征的分析,可以帮助我们更好地认识青年在社会中的角色和地位,也可以更好地认识和理解各种青年行为和青年现象。除了青年的社会特征以外,青年与社会的关系是青年社会学更为关注同时也是更为主要的研究内容。这也是强调青年的社会属性的意义所在。社会的历史变迁与青年的生命历程紧密联系在一起,伴随着社会的政治变化、经济发展、科技进步、文化变迁,一代代青年面临的受教育机会、就业市场、婚姻家庭结构变化以及文化环境各不相同。从而形成各种不同的青年现象和青年问题。正是这些与整个社会结构、社会文化紧密相关,同时也与具有特定生理、心理、社会特征的青年相关的内容,构成了青年社会学研究更为广泛的领域。

五、青年社会学研究的理论框架

作为一门运用社会学基本理论和方法探讨青年现象和青年问题的分支学科,青年社会学在认识和研究青年现象、青年问题中大量采用了社会学的理论框架和研究视角。其中,最为重要的研究视角是社会学想象力的运用。社会学想象力告诉我们,"无论是个人生活还是社会历史,不同时了解这二者,就无法了解其中之一"[①]。而要了解和认识青年现象和青年问题,也必须将青年放到他们所生存的社会历史背景中。米尔斯的观点为我们正确认识和研究目前我国社会中的青年与青年问题提供了一条重要的途径。改革开放 40 多年来,中国社会处于急剧的变迁过程中,而中国改革开放的社会历史既形成了这一代青年特定的人生经历,同时也展现出这一代青年特有的现象和问题。无论是在教育、就业和家庭等社会制度层面,还是在作为文化一部分的价值观、生活方式和社会心理等方面,社会的各种变迁都会在当前青年的行为、态度及其由此所形成的青年现象与青年问题中留下痕迹。因此,要正确认识、深入理解和合理解释当今中国社会中的青年现象和青年问题,就必须高度重视社会结构等宏观因素,高度重视社会变迁的影响。只有将青年放到特定的社会历史背景中,放到特定的社会变迁过程中去分析,我们才能更深刻、更全面地认清各种青年现象和青年问题的本质。

应该看到,在改革开放的社会背景中成长起来的这一代青年,具有以往任何一代中国青年都不曾有过的特殊的成长环境和成长经历。他们产生和成长的这四十年,正是中国社会急剧变革的四十年。一方面,中国社会的经济建设成就显著,科学技术的发展也十分突出;另一方面,中国社会结构的转型、社会制度的变革也异常激烈,人们的思想观念的解放和多元化发展也十分明显。所有这些构成了一种宏观的、无处不在的、每一位青年都置身其中而无法逃避的社会环境。正是这种社会环境,成为我们认识和分析一代青年成长过程及其结果的基本背景和客观前提。因此,只有把发生在这代青年身上的各种现象与他们所生活的这个时代、这个社会联系起来,特别是将他们的各种问题与中国社会的宏观结构变迁、历史文化变迁联系起来,我们才能真正理解他们的所思所想、所作所为,也才能真正理解他们何以成为今天的他们,如同才能理解中国何以成为今天的中国一样。

除了社会学想象力以外,还有一些社会学的理论框架也广泛运用于青年社会学的研究中,运用于理解社会中的青年以及各种与青年相关的现象中。比如,人的社会化理论框架。前面说过,青年期的重要特征是过渡性,这种过渡性集中体现了青年处于一种成长和发展过程中的特点,社会学中关于人的社会化理论为我们更好地认识青年的这种变动性、发展性、过渡性提供了一种系统的理论框架和独特的视角。又比如,社会群体和社会组织理论框架。青年社会学与青年心理学的一个最大区别,就是其关注的是作为群体的青年而非个体的青年。而青年期所独有的心理特征,也使得青年更加容易形成各种正式的或非正式的青年群体。青年在群体中获得自我认同,发生各种形式的社会互动,衍生出多种多样的青年行为和青年现象。正是在社会学的社会群体与社会组织理论框架的帮助下,青年社会学才能够更好地理解青年群体及其相关现象。再比如,社会分层和社会流动理论框架。青年作为社会中的一类特殊人群,不仅在年龄上是一个独立存在的层,在社会的政治、经济等结构中也是一个独立存在的层。另一方面,作为群体的青年,其内部也存在着各种不同的层次结构,最典型的如城乡青年的分层、不同职业青年的分层等。正是这些客观分层的存在,青年的社会流动才成为可能。运用社会分层和社会流动理论框架,也会有助于分析和理解青年的分层和流动现象。

[①] 赖特·米尔斯等:《社会学与社会组织》,何维凌、黄晓京译,浙江人民出版社,1986 年版,第 4 页。

第二节
青年社会学的研究主题

青年社会学的研究内容既涉及与青年群体相关的各种现象和问题，也涉及作为特定群体的青年与社会整体结构、社会主流文化之间的关系。概括地看，以下几个方面是青年社会学研究中最为重要的几个主题。

一、青年社会化

青年时期是人们发展变化最大的时期，而这一时期最为本质的特征就是过渡。从社会学的学科视野来看，这种过渡最集中地体现在青年的社会化过程中。因此，青年的社会化就成为青年社会学中重要的研究主题之一。

从社会学概论中，我们了解到人的社会化的基本理论知识。人的社会化理论是社会学中关于人们如何从一个自然人进化成为一个社会人的学说。它通常依据人们的年龄，将社会化划分为基本社会化阶段（0—18岁）和继续社会化阶段（19岁至去世），即从出生到成年的基本社会化阶段和成年后直到死亡的继续社会化阶段。而对于青年来说，其一小部分处于基本社会化阶段的末期，大部分则处于继续社会化阶段的初期。正是这种横跨两个不同阶段的社会化过程的特征，使得青年的社会化更具特色。一些社会学家正是看到青年的这种特征，因而十分重视从社会化的角度来研究这种"年轻的成年人"或者"正在成年的年轻人"。

1. 基本社会化阶段

青年期的最初几年，即14—18岁，人们处于基本社会化阶段的末期。这一阶段在心理学或青年心理学中，往往称之为青年前期。这一时期与英文文献中的青少年（teenage）概念所指称的年龄段几乎完全相同（英文中13—19岁的青少年被称为teenage，这或许也是因为13—19岁的英文后缀都带有teen的缘故）。在我国社会中，这一阶段基本上对应于初中二年级到高中三年级的时期。这一时期是青少年身体快速发育、快速走向成熟、精力非常旺盛的时期，同时也是他们心理发生变化最大的时期。特别重要的是，他们在心理上正经历着心理学家所描述的"心理断乳""第二次诞生"的重要转折，自我意识越来越强。因此，此时的青年人，一边经历着由自身生理发育所带来的"心理逆反"，表现出对以家长、教师为代表的成人世界的反叛，开始更多地与同龄伙伴交往，向同龄伙伴倾诉心声；另一方面又由于内心的孤独和迷茫，表现出渴望理解、看重友谊的明显特征；同时，这一时期的青年在心理和行为上还有一个十分重要的特点，这就是充满幻想，脱离现实。

正是由于具有上述特征，这一时期的青年虽然主要生活还是在学校学习，接受系统教育，但这一时期青年的社会化在内容上除了要继续学习基本的生活技能，学习基本的社会规范外，还要开始学习各种社会角色，开始关注和思考人生意义，思考生活目标以及理想前途，开始思考诸如"我从哪里来，要到哪里去"这样的问题，并为成年后承担相应的社会角色做好各方面的准备。

与青年生理、心理特征发生显著变化相对应的是，这一时期对青年社会化有重要影响的社会化机构也发生了较大变化。儿童时期，最为重要的社会化机构无疑是家庭。只是到了少年时期，学校的影响才加入进来。但是在青年社会化阶段，虽然家庭依然是对青年社会化具有重要影响的机构，但此时学校、同辈群体以及大众传媒对青少年的影响越来越大，开始成为青年社会化过程中越来越重要的社会化机构，它们对青年的影响在许多方面甚至超过了家庭的影响。

2. 继续社会化阶段

青年期的更大一部分（19—28岁）是处在人的继续社会化阶段。这一阶段实际上也是人们继续社会化的起点。相比于基本社会化阶段只有短短5年时间，生理、心理变化显著是突出特点，社会化内容相对简单和基本等一系列特征，青年在继续社会化阶段的时间更长（10年时间），生理、心理更加成熟稳定，社会化内容也更为复杂多样。这一阶段的青年社会化成为青年研究中更为重要的一部分。

首先，走出校园，是青年社会化过程中的一个重要转折点。在我国，绝大部分青年人一般都是在十八九岁完成中等教育。其中一部分人通过高考进入各类高等院校继续学习，另一部分人则直接进入社会开始自己的职业生涯。在进入大学的那一部分青年中，绝大多数人也会在4年后离开校园，走入社会，进入劳动力市场，开始寻找和从事各种工作。无论是中学还是大学，都存在于现实社会中，都是现实社会的一个组成部分，但青年只有从学校毕业、离开校园，才真正踏入了现实社会。这是因为，学校教育所具有的理想化色彩、校园中所接触与交往对象的相对同质性、校园生活内容的相对简单和同一，以及校园各方面环境与现实社会的相对独立，使得这一时期的青年一直处在一个与现实社会相对脱离的状态中。而当他们从学校毕业，走入社会，特别是在参加工作的最初阶段，他们往往会震惊于现实社会与学校生活的各种不同，震惊于多种多样、差别明显的交往对象，特别是被现实社会中纷繁复杂的人际关系、残酷赤裸的利益冲突所冲击，在心理上、认识上甚至价值观上可能会形成巨大的落差。由此青年可能会迷茫，会彷徨，会消沉。但正是这种从理想到现实的转变、从简单同一到复杂多样的差异，会促使青年进一步思考，促进青年逐步走向成熟。这种巨大的冲击和心理落差，是青年认识真实社会的必由之路，也是他们通过继续社会化过程，逐渐走向成熟的必由之路。只有当青年走出校园，踏上社会，才能逐渐锻炼成为合格的社会成员，才能承担起他们应当担负的社会责任。

其次，成家立业，是青年社会化过程中头等重要的两大基本任务。与基本社会化阶段那种以学习基本社会规范、生活技能为主要内容的社会化明显不同的是，青年在继续社会化阶段有两大核心任务成为其社会化的主要内容。这两大核心任务可以用中国的一句成语来准确概括，这就是"成家立业"。一方面，一旦青年走出校园，进入社会，首先面临的任务就是进入劳动市场，寻求职业，找到一份工作。而一旦找到工作，进入工作岗位，就开始了新的社会化学习。这既包括学习新的工作技能，学习做生产组织或工作岗位的合格成员，同时也包括学习做单位职工，学习与上级领导、单位同事交往与合作，学习做工友、做下级。另一方面，绝大部分青年都会在继续社会化阶段开始自己从单身到择偶、从恋爱到结婚的人生经历，逐步建立起自己的家庭，并开始生儿育女。正是在这样一种社会化的阶段中，青年既要寻求和学习异性间的爱与被爱，更要学习恋人、夫妻、父母等新的角色规范，认识和承担相应的社会职责，并在日常社会生活的人际互动中逐步学会并适应做恋人、做夫妻、做父母。在一定意义上，我们甚至可以说，正是继续社会化阶段这种"成家立业"的两大核心任务，把青年变成了一个合格的社会成员。

再次，影响青年社会化的机构进一步发生变化。与基本社会化阶段青年基本上只受到家庭、学校、同辈群体、大众媒介四种社会化机构的影响有所不同的是，在继续社会化阶段，随着工作单位的加入，以及青年日常生活内容的巨大转变，青年社会生活的范围显著扩大，社会交往的对象和范围也更为广泛。不仅影响青年社会化的同辈群体由原来单一的学校同学，逐步发展成工作单位的同事、工作服务的对象、情趣相投的朋友等，而且与大众媒介的接触也更加频繁和自由，再加上结婚后建立的定位家庭，使得对青年社会化产生影响的机构更加多样化，并且在相当大的程度上开始取代原有的出生家庭的影响、学校的影响，以及学校中同学的影响。

最后，由于这一时期青年社会化的内容和社会化机构的变化，青年社会化的特征也发生了显著的变化。这种变化一方面体现在青年的社会化过程开始由基本社会化阶段那种被动特征逐渐变为主动特征，即开始由以往单纯的接受为主逐步变为自己主动的学习为主。另一方面，这种转变的特征也体现在青年社会化的实质内容上。即在这一时期，青年既要开始完成从单纯受教育向开始工作、启动自身职业生涯的重要转变，同时也要开始完成从原生家庭向定位家庭的重要转变。

二、青年的工作与职业

现代人生活中的大部分时间是在工作中度过的。工作实际上也成为现代社会中与人的生命历程的大部分阶段相伴随的一项重要生活内容。同时，工作在人们参与社会生活的过程中还具有某种不可替代的作用。有学者指出，"就许多个人而言，工作为他们的生活提供了一个重要的参照系。正如弗洛伊德（1930）所说，工作是把一个人与现实世界最紧密联系起来的纽带"。[①]

从前面青年社会化部分中我们不难理解，青年与工作、职业之间的关系特别紧密。人们通常都是在人生的青年阶段进入工作领域，开始其职业生涯的。也正因为如此，青年与工作及职业的关系自然成为青年社会学关注的主要焦点之一。从目前情况看，青年社会学对青年与工作、职业关系的探讨主要集中在以下一些方面。

1. 工作或职业对青年所具有的意义

职业对于社会而言，或许只是反映社会结构、社会分层或社会分工的一种指标。但工作或职业对于青年来说，或许并不仅仅意味着是一种谋生的手段。参加工作、有一份职业，除了可以赚钱赖以生存外，还包含着更为广泛的社会意义。一方面，工作和职业是青年与社会建立实质性联系的重要桥梁。青年只有参与到一项以某一具体工作或职业为标志

[①] 史蒂芬·D. 哈丁、弗兰斯·J. 希克斯普尔斯、刘洁：《新的工作价值观：理论与实践》，《国际社会科学杂志（中文版）》，1996年第3期。

的社会性劳动中，履行该工作或职业的社会责任，他才真正成为一名合格的社会成员，成为现实社会中一种承担某种职责的社会角色。另一方面，工作或职业也是青年实践自身理想、实际参与和融入现实社会生活的重要途径。而青年对工作意义的认识，对个人兴趣、理想与现实工作之间关系的理解，同样也是青年在社会化过程中必须面对和实践的重要内容。

工作的意义一直是社会学家与心理学家关注的问题之一。工作的意义包含众多方面的内容。在最一般的意义上，工作的意义主要指的是人们对工作的看法和认识。它涉及工作意味着什么、工作在生活中有什么样的重要性等问题。工作的意义的重要性在于，对于这些问题的回答会影响到人们的工作态度、行为表现，以及其他一些个人的和组织的后果。[1] 关注青年对工作意义的认识与理解，对于青年的择业和职业生涯的发展，依然具有十分重要的现实意义。我国改革开放所带来的经济体制和社会结构转型是前所未有的。特别是20世纪90年代初期以来我国社会由计划经济向市场经济的转轨，对整个社会中人们的价值观念带来了巨大的冲击。处于这种巨大变革过程中的青年一代对于工作的认识和看法也同样会受到深深的影响。无论是80后还是90后，当他们开始步入工作领域时，特定的社会背景和其特定的生活经历不仅极大地影响和改变了他们对工作意义的认识，同时也使得他们开始形成了不同于上一代人的新的工作价值观。而描述、分析、总结这些从一参加工作就面对的是市场经济体制的年轻一代在看待工作的意义、工作价值取向，以及对工作的认识、感受及实际行为方面的特征，正是青年社会学的一项重要任务。

2. 青年的职业选择及其价值取向

求职、找工作或选择职业，是青年与工作或职业之间建立联系的第一步。也是青年进入社会结构中的劳动力市场的开端。青年的择业问题也是青年社会学最为关注的问题之一。从我国目前的情况看，青年择业问题中最为突出的是大学生择业问题以及农村青年的择业问题。特别是1999年以来高等院校持续扩招，适龄青年上大学的比例越来越大，使得大学生的择业问题成为青年就业问题的最大热点。随着大学毕业生就业问题的凸现，我国学术界对大学生就业问题的研究也在急剧增长。比如，有学者2012年对中国学术期刊网（CNKI）进行检索表明，学术界对大学生就业/择业问题的关注远远超过对一般意义上的青年就业/择业问题的关注。特别是2000年以来的十多年中，对大学生就业/择业问题的研究更是不成比例地高于对青年就业/择业问题的研究，同时也显著高于前二十年的大学生就业研究。比如，标题含有"大学生就业"的论文高达9781篇，是前二十年同类论文总数的87倍之多（详见表12-1）。[2]

---

[1] Wrzesniewski A, *Jobs, Careers, and Callings: Work Orientation and Work Transition*, University of Michigan Press, 1999.

[2] 风笑天：《我国大学生就业研究的现状与问题——以30项重点经验研究为例》，《南京大学学报（哲学·人文科学·社会科学版）》，2014年第1期。

表12-1 中国学术期刊网在不同时期中包含四种不同主题词的论文数量　　单位：篇

发表时期	题目包含的主题词			
	青年择业	青年就业	大学生择业	大学生就业
1979—1999	17	64	136	112
2000—2011	8	170	762	9781

对于大学生择业来说，选择职业的价值倾向是一个重要的问题。因为社会结构、社会文化，特别是社会分层的现实始终会对青年的择业倾向具有重要的影响。韦伯在有关社会分层的讨论中提出了权力、财富、声望的三维标准。在青年择业的价值取向中，也可以在一定程度上体现出这三种标准的影响。比如，一段时期大学毕业生热衷于报考国家公务员、热衷于到各级政府部门工作的现象，除了受到公务员工作稳定、待遇较好等因素的影响外，公务员作为政府部门工作人员、作为社会管理者、体现了较高的权力等因素也是重要的影响因素。又比如20世纪70年代末80年代初，随着高考制度的恢复、改革开放的兴起，科学春天的到来，国家重视知识、重视人才的氛围和社会大环境，当时的大学生和青年择业时相对更多地倾向于教育、科研部门的现象，则在一定程度上反映出职业声望因素的影响。而随着90年代初下海经商热潮的兴起，青年择业中出现的热衷于到经济效益好的大公司、三资企业、金融行业等现象，则折射出财富因素对青年择业倾向所具有的巨大影响力。

3. 青年的职业适应和职业流动

改革开放对中国社会的重大影响之一，就是计划经济向市场经济的转型。这种转型不仅将青年（特别是大学生）的就业方式从国家统包统分逐步过渡到双向选择、自主择业，同时也使青年职业生涯中的流动性变得更加常见，而将其职业的稳定性变得相对较低。例如，有研究指出：1990—2005年，随着大学生毕业时间的向后推移，大学毕业生的就业稳定性呈现下降的态势，在2000年以后，这种下降趋势尤为明显，工作变得更加不稳定，劳动力市场的流动性不断增加。[①] 还有学者的研究结果也表明：劳动者随着年龄增加，职业流动的程度下降，而剧烈的职业流动主要发生在25岁以前。[②]

社会经济体制的转变所带来的青年就业领域中的这种变化，一方面极大地扩大了青年就业的范围，同时也极大地增加了青年转换工作（包括职业流动与跳槽）的机会。无论是对青年职业发展，还是对其职业生涯的长期规划，影响都是巨大的。如果说双向选择、自主择业给青年大学生择业带来的主要是更为灵活、更为广泛、更为有效的就业机制和途径的话，那么，青年在职业生涯中的流动性增加、稳定性降低，则在一定程度上可以看成是青年进行个体就业取向的自我调适、重新定位，以及社会劳动力市场进行劳动力结构和资源的合理配置的一种必然过程。与人口学或者劳动社会学相对关注社会宏观层面的"职业变动"所不同的是，青年社会学更关注这一过程中，作为受制于社会宏观市场结构和政策

[①] 翁杰等：《中国大学毕业生就业稳定性的变迁——基于浙江省的实证研究》，《中国人口科学》，2008年第2期。

[②] 李若建：《广东职业流动分析》，《社会学研究》，1997年第3期。

环境的行为主体——青年及其反应。特别是关注处于职业生涯初期的在职青年是如何应对这种宏观经济结构和制度的变革，有哪些因素与当代在职青年转换工作的行为相关，以及对在职青年转换工作的现象及其原因我们又可以做出什么样的理论解释等问题。

比如有学者通过对全国12个城市在职青年进行抽样调查，描述了城市在职青年的工作转换状况，结果表明：大约一半的城市在职青年曾经有过工作转换，平均转换过2次工作。从总体上看，城市在职青年的工作转换是与青年本身所占有的资源、青年的流动欲望、青年所处的环境以及相关社会背景等多种因素联系在一起的。具体而言，第一，在职青年自身的资源的积累，有助于降低青年进行工作转换的可能性与工作转换的次数。第二，青年自身的（工作）发展阶段，即青年的工作年限（工龄）与青年的工作转换之间存在倒U型的曲线关系，青年在自身的不同发展阶段有着不同的转换工作的需要。当然，也可以理解，逐渐走向家庭婚姻稳定的已婚青年，其无论在工作转换概率还是在工作转换次数上都会降低。第三，青年所处的社会背景与社会文化，比如青年所处的行业、城市以及其间社会文化都对青年的工作转换有重要的影响。研究发现，处于服务性行业或是在直辖市的青年，其工作转换概率和次数都会增加。因此从总体上看，研究认为，城市在职青年的工作转换正是青年在一定社会结构和文化条件下，利用自身资源与职业规划不断调适和适用的社会过程。在这样的过程之中，社会结构和文化背景所发生的社会转型和变动值得关注，青年本身的不断变异和分化同样需要引起足够的重视。

4. 社会结构和社会变迁对青年就业和职业发展的影响

改革开放以来我国社会就业制度变迁与社会劳动力结构、人口结构的变迁一起，构成和决定了社会中就业市场的变化趋势和方向。对于这一代青年来说，一方面，国有企业改革带来的大批职工下岗、农村经济体制改革带来的大量剩余劳动力转移，共同影响并形成了他们所面临的严峻的就业形势；另一方面，当他们在高校扩招的背景下获得了更多的接受高等教育机会的同时，客观上也就预示着他们将来站在就业市场的面前时，将面临更大的就业压力和更激烈的就业竞争。因此，当前社会背景中的青年择业和就业问题，不只是涉及青年和大学生自身的择业意愿、择业观念和择业能力，它同时还会涉及一系列的社会结构因素的影响。比如，现实社会中存在的"蚁族"问题，除了要研究这些大学毕业生自身的状况、条件、意愿等个人因素之外，还应该充分注意到这一现象的出现与整个社会的分层机制、人口流动政策、社会价值观念以及高等院校扩招等一系列背景因素之间的关系，应该高度关注这些社会背景因素对"蚁族"的形成所具有的决定性影响。此外，诸如青年职业生涯发展规划问题、"奔向北上广"还是"逃离北上广"的问题、在职青年频繁"跳槽"问题、新生代农民工职业发展前途和路径问题等，或许都与市场经济冲击下青年对工作的意义与价值的认识有关，或许也都需要从宏观社会结构的相关背景及其变迁中去寻找答案。

三、青年的婚姻与家庭

由于社会中绝大部分人的婚姻和家庭都是在青年时期建立的，因而青年的恋爱、婚姻、家庭问题自然成为青年社会学重点关注的主题之一。从目前情况看，青年社会学对青年与婚姻、家庭问题的探讨主要集中在以下一些方面。

1. 择偶标准及其理论解释

择偶是建立婚姻与家庭的第一步。在青年择偶问题的研究中，择偶标准是最为基本的探讨主题。社会学中存在着一系列用于解释人们择偶行为的相关理论，比如"同类匹配"理论、"资源交换"理论、"择偶梯度"理论，等等。所谓"同类匹配"，指的是人们在择偶过程中，总是倾向于选择与自己所处的社会阶层、所属的社会群体、所具有社会特征以及价值观等相同或相近的人为配偶。比如，人们倾向于选择年龄相仿、居住地相近、受教育程度相同或相似，以及民族相同、宗教相同、社会阶级相同的人为配偶。据美国人口普查局 2014 年的调查结果显示，在美国已婚夫妻中，双方年龄差在 5 岁之内的占 77%，双方具有相同文化程度的占 78%，双方具有相同种族或民族的占 92%。所谓"资源交换"，则是指人们在择偶时，常常以各自所具有的某一特定方面的资源为吸引对方的条件，相互之间形成某种形式的资源交换。如果某人的某一资源不足，可以更多地提供另一方面的优势资源作为补偿。比如，现实社会中常常见到的农村出身的优秀男青年与城市出身的普通女青年的婚姻，家庭经济条件一般、但相貌出众的女青年与身材相貌均一般、但家庭经济条件优越的男青年的婚姻，以及国外一些事业成功的黑人男性与白人女性的婚姻等，都可以用资源交换的理论来进行解释。"择偶梯度"则指的是在择偶中，男性倾向于选择各方面条件和社会地位都不高于自己的女性，而女性则更多地倾向于选择各方面条件和社会地位都不低于自己的男性。比如，男性一般希望自己的配偶在身高、受教育程度、收入等方面都不高于自己，而女性则往往希望自己的另一半在上述这些方面都不低于自己。这就是婚姻配对中的"男高女低"模式。

尽管社会学给出了上述各种理论，但现实社会中青年的择偶标准却是更加多种多样的。从身材、相貌到文化程度、职业，从收入、家庭背景到性格、人品，从兴趣、爱好到"眼缘"、感情……概括起来，既有从传统社会中流传下来的"门当户对""郎才女貌"的标准，也有革命时期的"志同道合"的标准，更有现代社会中十分普遍的"情投意合"甚至"一见钟情"的标准。这些标准中，既有物质的，也有精神的；既有相同、相似的，也有相反、互补的。青年社会学正是不断地通过对不同时期、不同阶层青年的择偶标准和择偶行为进行系统的调查、了解、描述和追踪，来总结其中存在的规律，来分析和验证影响青年择偶标准和择偶行为的各种因素，并努力从理论上做出解释。

2. 青年的婚姻调适与家庭关系

结婚成家是青年生命历程中的一个重要事件。随着新的家庭的建立，青年男女从恋人变成夫妻，首先遇到的一个突出问题是婚姻的调适。无论是一些青年有关"婚姻是爱情的坟墓"的感叹，还是现实生活中出现的"闪婚闪离"现象，或是传统上所说的"七年之痒"现象，都与青年对于婚姻中新角色的学习和扮演相关，都与青年对于婚姻关系的调适紧密相关。实际上，从进入婚姻开始，青年就要开始学习如何做丈夫、如何做妻子；当有了孩子后，还要进一步学习如何做父母。而婚姻的调适正是帮助青年顺利从单身生活进入家庭生活的重要过程。

与此同时，当青年从两个独立的个体组成一个共同生活的家庭，除了个体角色的变化以外，还意味着缔结了新的社会关系。即夫妻关系、亲子关系、代际关系等。在家庭中，最为核心的关系是夫妻关系。青年社会学对于青年家庭中夫妻关系的研究主要集中在夫妻角色、夫妻权力等方面。当青年夫妇有了孩子后，则开始关注亲子关系。当然，还会探讨青年与自己的父母之间的亲子关系以及父母与自己的孩子之间的代际关系等。在这些探讨中，青年社会学往往会用"代沟"的概念来描述青年与自己的父母之间在价值观念等精神方面，以及在生活方式等行为方面的差别、矛盾及冲突，并形成了研究青年家庭问题，特别是青年与父母之间代际关系问题的相对成熟的"代沟"理论。

3. 青年的家庭角色与生育

青年社会学对青年家庭的关注中，有一点十分突出，这就是对青年所面临的"工作-家庭冲突"现象的探讨。"成家立业"是青年期社会化过程中头等重要的两大基本任务。然而，这两大任务在很多情况下恰恰又是互相冲突、互相制约的。青年的职业发展、事业提升需要青年付出相应的时间和精力。而结婚成家后青年所承担的家庭角色同样需要青年为家庭幸福付出相应的时间和精力。特别是对于许多已婚女青年来说，她们因为生理上所承担的生儿育女的重担，往往比男青年更经常地面临这种冲突境遇，在这种"工作-家庭冲突"中所遇到的困难也往往更大。

生育是家庭的一项基本功能。而大部分的生育行为又都是在青年时期开始甚至完成的。因此，不同社会、不同时期、不同阶层的青年所具有的生育观念、生育动机、生育意愿、生育行为等，既是人口社会学重要的研究主题，同时也是青年社会学重要的研究主题。与人口社会学相对更加关注青年生育现象本身，更加关注青年生育的结果（比如生育的数量、性别以及时间等）有所不同的是，青年社会学更加关注发生生育行为的主体，即关注青年本身。并通过对他们的研究，去揭示特定社会、特定时期、特定阶层的青年所具有的特定的婚姻观、家庭观、生育观和子女观。

4. 社会变迁与青年婚姻家庭问题

从社会变迁视角来看待青年婚姻家庭领域中的现象，就是强调要特别注意社会背景因素的作用和影响。因为在这些常常被人们看作是完全由青年个人主观意愿来决定的事务背后，实际上却始终存在着一只由社会结构和文化力量所构成的"看不见的手"。无论是青年的择偶标准、生育意愿，还是青年婚姻家庭现象中的择偶方式变迁，也无论是当前社会中"剩女"问题和"光棍"问题的形成，还是青年家庭中夫妻权力问题、婚姻稳定性问题、家庭代际关系问题等，都在一定程度上与这只"看不见的手"的掌控有关。比如，与改革开放同时发生的我国人口性别结构、年龄结构的变迁，加之社会价值观念和社会生活方式的变迁等，既是20世纪80年代初期我国社会中出现的大龄青年找对象难问题的客观基础，也是新世纪我国社会中出现的"剩女"问题、"光棍"问题等多种青年婚姻家庭问题的客观基础。而改革开放以来整个社会价值观念的巨大变革，社会文化环境的多元化、现代化、全球化发展，也决定和影响着青年婚姻家庭观念的变化，形成了青年独有的婚姻家庭亚文化现象，以及青年婚姻稳定性的问题等等。青年社会学正是希望从改革开放以来我国宏观社会结构、社会文化变迁的轨迹中，去寻找上述各种问题产生和形成的本质原因，提供相应的理论解释和解决建议。

四、青年亚文化

1. 社会中的文化与亚文化

文化是一个内涵丰富的概念。广义的文化指人类创造的一切物质产品和精神产品的总和。狭义的文化则特指精神文化，它是指语言、艺术、价值观念、制度、道德、规范、习俗等一切无形的或抽象的精神产品，我们通常称之为非物质文化。在社会学中，一般将文化定义为一个社会中共同塑造人们生活方式的价值观念、规范、信仰、行为方式和物质产品。也有学者将文化概括为一个社会的全部生活方式。社会学认为文化是构成社会的四大要素之一，认为文化就像空气一样，存在于每个社会中，通过正式的和非正式的途径，时时刻刻对社会成员的观念、行为进行着熏陶和潜移默化的影响。

文化通常可以分为主文化与亚文化。主文化又称"主流文化"，指在社会中居于主导地位，表现在大多数人身上的文化。主文化代表并支配着一个社会的主体价值观念，引导着人们思维方式和行为方式的主体方向。亚文化又称"副文化"或"支流文化"，指的是整体文化的一个分支，是仅为社会上一部分人所接受或为某一特定社会群体所特有的文化。简言之，亚文化是非主流的、表现在一部分人身上的文化；而青年亚文化就是区别于社会主流文化、属于青年群体所持有的一种特定的文化，包括青年特有的价值观念、行为规范、生活方式等。作为社会文化的主要学习者和继承者，青年在不断接受社会主流文化影响的同时，也在不断地创造和形成具有青年特征的亚文化。而在各种社会亚文化中，青年文化往往是最具特色，通常也是最前卫、最能引领潮流的亚文化。在青年社会学的众多研究主题中，青年亚文化是一个内容非常丰富多彩、涉及面非常广泛、与现代社会联系非常紧密、与青年生活密切相关的一个主题。青年亚文化既是最具代表性的青年现象，同时也是最重要的青年社会学研究领域之一。

2. 青年亚文化的特征

作为相对于社会主义文化来说最有特色的亚文化之一，青年亚文化具有一些鲜明的特征。

第一，青年亚文化具有超前性的特征。社会的主文化通常具有很大的稳定性，变化相对较慢。而青年亚文化往往会打破这种稳定性，非常突出地表现出其前卫、新潮、独特、超越和打破传统的特征。无论是在价值观念上，还是在对时尚的追求、对生活方式的选择上，青年往往都会走在时代的前头，走在社会的前头。

第二，青年亚文化具有叛逆性的特征。或许是由于青年群体在社会中相对处于边缘地位，也或许是受到青年期所具有的叛逆心理的影响，青年亚文化在许多方面往往表现出对社会主流文化现象的反叛和抵制。特别是在有关美与丑、时尚与追求等方面，这种特征最为突出。

第三，青年亚文化具有广泛的参与性特征。青年亚文化在表现形式上所具有的反叛、前卫，以及新潮、特立独行等特征，对于处于青春期的青年人具有极大的吸引力，而青年亚文化的易于接受、易于传播等特点，也使得它特别易于参与。从各种各样的流行语到一波一波的时尚潮流，还有包括街舞、志愿者、网红等在内的各种行为元素，都给广大青年提供了参与的舞台。

第四，青年亚文化具有外显性的特征。与中国传统文化中所赞扬的谦虚、含蓄、低调、与大部分人保持一致等品质所不同的是，青年亚文化往往表现得十分张扬、外露甚至是炫耀，以及追求与众不同。特别是在追求时尚、赶潮流方面，这种外显性的特征表现得尤为突出。

需要注意的是，我们在理解和研究青年亚文化的特征时，不能忽视青年的特征与青年亚文化的特征之间的密切关系。与生理的发育和成熟相伴随的是青年自我意识的增强，行为也开始变得更加我行我素。他们开始更多地关注自我，关注同龄伙伴，关注自己在同龄伙伴中的形象，开始对青年群体和青年亚文化产生认同；而与"心理的断乳"相伴随的是青年对成人世界的反叛，是青年亚文化对社会主流文化所代表的权威的轻视；他们既充满幻想又特别注重感情，内心还常常感到孤单，总觉得不被人理解。在这种十分压抑、十分矛盾的生活中，青年亚文化正好为他们提供了可以自由呼吸的空气，正是在以青年亚文化为特征的青年群体和青年社会中，他们可以最大限度地得到放松和发泄。即使是青年所具有的社会特征，比如社会角色、社会责任，也在青年期所特有的个人前途、理想目标等因素的作用下，在继承和发展现存主流文化的同时，不断地提升和创造着青年亚文化。

3. 青年亚文化现象的若干表现

青年亚文化既体现在社会价值观的各个方面，也体现在行为方式、生活方式、审美标准等方面。在价值观方面，无论是对生活目的、目标、意义而言的人生观，以及对为什么工作、如何对待工作而言的事业观，还是对什么是好与坏、美与丑、荣与辱的是非观、审美观、道德观，或是对索取与奉献、苦与乐而言的幸福观，他们都有着自己的看法和评价标准，并且形成了他们独特的行为方式。至于在消费、娱乐等生活方式方面，青年中更是形成了与社会主流文化有明显差别的、独特的亚文化。比如，在青年中十分普遍的追星与偶像崇拜现象就是这方面的一个缩影。虽然每个时代都有偶像，但青年对于偶像的态度和行为则十分独特。各种疯狂追星的行为常常令社会大众无法理解。又比如青年对时尚的追求，从发型、服饰、手机品牌直到各种流行语、流行歌曲、电子游戏，无论是观念时尚、行为时尚还是器物时尚，青年都形成了并追随着特定的趣味、标本、语言、思想和行为模式。

4. 青年亚文化与大众传播媒介

大众传播媒介与青年之间的互动，是青年亚文化显示的最突出的一个方面。无论是流行歌曲的传播和流行，还是各种明星与偶像崇拜的现象，往往总是与大众传播媒介和青年发生着联系。青年在受着大众传播媒介广泛影响的同时，也对大众传播媒介本身的发展产生着影响。或许我们可以把这些现象看作是大众传播媒介在迎合青年的兴趣与追求，也可以说是青年利用大众传播媒介向社会的主流文化挑战。正是青年与大众传播媒介的结合在不断地制造时尚、制造流行。从文化娱乐到经济消费，从价值观念到生活方式，青年在一波又一波地推动青春的热潮,也推动着整个社会文化的转型与变迁。而这种对社会主流文化的改变和影响,正是青年亚文化对社会的最大贡献,也是我们研究青年亚文化的意义所在。

5. 社会文化变迁与当前我国青年亚文化的建构与发展

改革开放四十年来,中国社会的主流文化特别是社会价值观,发生了巨大的改变。这种改变对新一代青年的影响是决定性的。无论是青年的成才观、幸福观、职业观,还是青年的婚姻观、家庭观、苦乐观,都不再与传统相同,青年认可的价值观念也不再唯一。他们无论是对待工作、对待职业、对待金钱,还是在看待成才、看待成功、看待幸福上,都有了他们自己的标准,形成了多种不同的模式,发出了多种不同的声音。与此同时,以计算机、互联网、手机、微博、微信等为代表的新技术、新工具、新媒体的出现和广泛使用,又为这一代青年建造出一个与以往大不相同的"电子世界""网络世界",特别是与现实世界大不相同的"虚拟世界"。在这种世界里生存,是一种前所未有的人生经历。正是这种特殊的经历建构起新的青年亚文化。在诸如青年与传媒、青年与网络、青年与手机、青年与流行歌曲、青年文学现象、青年流行语、青年生活方式等众多方面,青年亚文化与社会主流文化之间进行着博弈和相互影响,展现出丰富多彩的社会图景。

五、青年群体、组织以及青年社会问题

群体是社会学研究的基本单位和主要对象。社会中的青年同样隶属于各种不同的群体。因此,青年社会学也非常重视对各种各样的青年群体、青年组织进行研究。改革开放四十年来的社会变迁过程中,除了有传统的、正式的共青团组织,以及长期以职业为主要标准划分出的青年工人、青年农民、青年军人、青年知识分子等青年群体外,还出现了许多新的青年群体和青年组织,比如"打工仔""打工妹""新生代农民工""青年志愿者""大学生村官"等。对这些新的青年群体、青年组织进行研究,也成为当前青年社会学研究的一个热点。而在对新的青年群体进行研究时,要始终不忘这些群体产生的社会变迁背景。比如,"大学生村官"是社会变迁过程中出现的一个新的青年群体,对于他们的使命、他们的发展、他们面临的困境等问题,都只能从产生和形成问题的社会背景中去找寻合理的解释。又比如对"街头青年"、青年小帮伙的研究,除了要解释他们是谁、他们如何混迹于街头、他们内部的结构如何等问题外,还要从宏观社会变迁的背景中去发掘有关他们何以产生、将何去何从等问题的理论解释。同样地,有学者提出应加强对城镇青年,即那些介乎于城市青年与农村青年之间,既不同于城市青年、也不同于农村青年的特定青年群体的研究,也正是基于社会变迁的大背景。而目前社会中,一方面是社会向现代化方向的快速发展,另一方面则是青年宗教群体的出现和扩大这一看似矛盾的现象,也只有从我国社会变迁的背景中去寻找答案。

在青年社会学研究中,青年社会问题也是一个重要的主题。首先应该注意区分一般意义上的青年问题和特定意义上的青年社会问题。一般意义上的青年问题往往泛指与青年有关的各种现象或主题,而青年社会问题的概念则主要指的是那些涉及青年人群相对较广,负面影响相对较大,危害到大部分青年健康成长、社会秩序的正常运转以及社会发展的顺

利进行，必须动用社会力量加以解决的青年现象和问题。一般来说，当社会变迁速度加快或社会急剧转型时，社会原有的传统价值体系和行为规范常常受到破坏，新的社会行为及其由此形成的新的社会现象不断涌现，其中也会夹杂着一些新的失范行为并可能导致新的社会问题。改革开放四十年来，经济建设的突飞猛进和科学技术的迅猛发展，既带来了物质产品的极大丰富，也带来了经济生活领域中越来越明显的贫富差距的加大。国门打开后西方价值观念和现代文化潮流的大量涌入，也带来了精神领域中价值体系的多元化与传统权威的相对减弱。这些变迁从物质和精神两方面强烈地冲击着、深深地影响着人生观和价值观正处于形成和定型过程中的这一代青年。而社会转型时期出现的一些青年社会问题正是这种冲击和影响的外在表现。因此，无论是对新形势下青年的越轨与犯罪现象的研究，还是对目前引起社会普遍关注的青年吸毒问题、青年自杀现象、青年网瘾现象、青年宗教信仰现象等的分析，都不能不考虑到社会变迁因素的影响。

第三节 青年社会学研究实例

青年社会学对青年群体及其行为的研究可以从青年的社会化、青年的工作与职业、青年的婚姻与家庭、青年亚文化、青年群体与组织、青年社会参与等各个方面开展，这里仅列举两个具体的研究实例进行说明。

一、青年择偶方式研究[①]

择偶、结婚、建立自己的家庭，是青年时期最重要的任务之一。进入 21 世纪以来，我国改革开放后出生的新一代青年已开始陆续进入到人生的成家立业阶段。而随着我国社会改革开放和向现代化方向的快速发展，这一代青年的择偶过程、择偶模式及其相关的婚恋文化也发生了改变，形成了这一代青年所独有的特征。

在择偶方式上，以 80 后为代表的这一代青年早已脱离了"父母之命，媒妁之言"的传统模式。但在目前的社会生活中，他们的择偶方式具有什么样的特点？是以自己在生活中结识对象为主，还是以他人介绍结识对象为主？另外，青年在未婚时的择偶方式与已经走进婚姻的青年的实际结识方式之间有没有什么不同？具有不同社会背景的青年在择偶方式上又是否具有不同的特点？这些不同特点揭示出什么样的内涵？针对这些问题，研究者在回顾国内现有研究的基础上，进行了专门的研究。

该研究采用 2004 年、2007 年两次在全国 12 个相同城市对在职青年的调查以及 2008 年在京、沪、宁、汉、蓉五大城市对已婚青年调查所得数据，对未婚青年与已婚青年的择偶方式进行了比较分析。研究的主要因变量是青年的择偶方式，或称为青年择偶的结识方式。研究中结合当前我国社会的现实情况以及城市在职青年的生活实际，同时考虑到青年

[①] 风笑天：《城市青年的择偶方式：未婚到已婚的变化及相关因素分析》，《江苏行政学院学报》，2012 年第 2 期。

社会交往中的血缘关系、地缘关系、业缘关系以及趣缘关系等多个方面，将"结识方式"具体操作化为九种不同情况，即单位结识、工作关系结识、原来的同学、父母家人介绍结识、同事朋友介绍结识、偶然机会相识、住在一起的邻居、从小就认识、其他方式相识。调查资料汇总后发现"住在一起的邻居""从小就认识"两类情况非常少，因此将它们并入"其他方式相识"一类中。最终统计时的分类主要为七类。

研究结果首先表明，未婚青年的择偶方式与已婚青年的择偶方式之间存在着明显差别。其特征是：未婚青年择偶中，"原来的同学"是最主要的结识方式，但已婚青年中依靠这种方式结识的却不到未婚青年比例的一半。同时，尽管从总体上看，自己结识的方式是青年择偶方式的主流，但由他人介绍结识的方式在已婚青年择偶中也已占到40%，同样具有十分重要的地位。

研究结果其次表明，结婚年龄、文化程度、职业、城乡背景等因素，都与已婚青年的择偶方式有一定关系。第一，不同年龄段的已婚女青年在自己结识对象的各种具体方式上差别都不大，而在通过他人介绍的两种方式上差别明显：高年龄者通过"同事朋友介绍结识"的比例显著高于低年龄者，而通过"父母家人介绍结识"的比例则明显低于低年龄者。第二，不同职业青年的结识方式之间也存在明显差别。其中最突出的是：行政干部中，"单位结识""偶然机会结识"的比例最低，"原来的同学"的比例则显著地高于其他职业者。而个体经营者的情况则正好与此相反。第三，不同文化程度的青年的结识方式也差别明显。其特征是：随着被调查者文化程度的提高，配偶为"原来的同学"的比例也越来越高，而由"父母家人介绍结识"的比例则越来越低。第四，来源于城乡不同生活背景的青年，在择偶方式上虽存在一定差别，但这种差别并没有想象的那么大。

从该研究的结果出发，研究者对以下两个问题做了进一步探讨。

一是社会学中所区分的亲缘关系、地缘关系、业缘关系以及趣缘关系在当代城市青年择偶方式中的作用问题。研究结果中，地缘关系的作用显然就像传统文化中的"父母之命，媒妁之言"一样，在城市青年择偶方式中已基本消失了。这与现代城市社会中陌生、多变、冷漠的邻里关系现状或许有一定的关联。而从未婚青年相对单一的结识途径，到已婚青年相对全面的结识途径，特别是从未婚青年以原有同学关系为主的结识途径，转变为以他人介绍为主的结识途径，这种变化在一定程度上揭示出目前城市青年择偶方式中，业缘关系、趣缘关系具有比亲缘关系更为重要的作用。而从未婚青年基本上完全以自己相识为主，到已婚青年中通过介绍相识的比例接近自己认识比例的转变中，我们也应该认识到，随着社会的发展，青年择偶的自主性更为增强。但客观的社会环境和生活工作条件也在一定程度上淡化和局限了青年通过各种途径直接结识婚姻对象的过程，同时也显示出介绍结识方式所具有的必要性和重要意义。这一结果或许会对当前城市青年择偶方式，特别是大龄青年的择偶方式和择偶过程带来一些新的启示。此外，青年择偶方式的上述变化是否也会对青年婚配对象的构成，对已婚青年的家庭生活、夫妻关系、婚姻质量等产生较大影响，是值得进一步关注和探讨的问题。

二是有关新的"媒介"结识方式的问题。该研究的一个不足是没有将现实社会中业已存在的通过电视征婚、网络交友、大型相亲会等新媒介结识婚恋对象的方式放入问卷中进行调查。因而属于此类方式的被访者只能选择问卷中的"偶然机会相识"或"其他方式相识"作为回答。而调查结果表明，这两类方式的比重相当可观，其比例接近25%，值得引起重视。特别是在各种媒介的覆盖面和影响力越来越大的情况下,通过"媒介"结识的情况究竟如何,会不会成为现代城市青年择偶方式的新的重要途径,也是值得今后关注和探讨的问题。

二、青年就业途径研究[①]

成家立业是青年社会化阶段的首要任务。特别是"立业",它往往伴随着青年从学校尤其是大学毕业时开始,在青年生命历程中比"成家"来得更早、同时也更为迫切的重大事件。

改革开放以来,我国市场经济的建立对社会的重大影响之一,就是青年的就业方式逐渐从国家统包统配过渡到了双向选择,自主择业。因而青年在即将走出校门时,择业和就业自然成为头等大事。而随着1999年我国高等教育的扩招,大学毕业生的就业问题开始逐渐成为整个社会关注的焦点。

在探讨青年或大学生就业问题时,一个重要的方面是要描述和分析他们在择业过程中所采取的或所依靠的具体方式或途径是什么,特别是最终帮助其顺利获得工作、达到就业的具体方式或途径是什么,同时对导致各种方式和途径发挥作用的相关因素进行一定的探讨。而这正是该项研究的目标。

该研究采取大规模抽样调查的方式进行,研究者2007年在全国12个城市进行了城市在职青年状况调查,调查对象是1976年及其以后出生的城市在职青年(年龄在30岁以内)。调查样本采用按比例分层的抽样方法进行抽取。调查最终获得有效样本规模为2357人。研究得到了下列主要结果。

第一,目前城市在职青年实现就业的各种途径中,自己应聘就业的占到一半左右,学校分配就业的约占20%,通过各种社会关系获得就业的约占25%。自己应聘就业是最主要的途径。

第二,青年的城乡背景、文化程度、参加工作时间等因素与其就业方式的分布之间有一定关系:青年为城市背景时,依靠学校直接分配的比例相对较高,自己应聘的比例相对较低。来自镇和乡村背景的对象则正好相反。同时,与一般的看法有所不同的是,在利用各种社会关系获得就业方面,三者的总比例相差无几。

第三,青年的文化程度与采用自己应聘就业途径的比例基本上成正比,而与依靠社会资本途径就业的比例成反比。总的趋势是,低文化程度青年,特别是初中文化程度的青年,在就业时更依赖社会资本的途径,而具有本科和研究生文化程度的青年则主要依靠自己的人力资本自主应聘就业。

第四,青年就业的时间越早,通过学校直接分配就业的比例越大,而自己应聘就业的比例就越小。利用各种社会关系就业的比例则基本上没有变化。这一结果反映出随着社会的发展,依靠自己应聘就业越来越成为青年就业最重要的途径。

---

① 风笑天:《城市在职青年的就业途径及相关因素分析》,《南京师大学报(社会科学版)》,2012年第5期。

第五，进一步的分析还表明，青年的文化程度对于青年就业途径的分布具有相对重要的影响。除本科文化程度者外，在具有相同文化程度、但不同城乡背景的青年中，他们成功就业所依靠的途径基本相同。而本科文化程度者中，农村青年由于相对缺乏在城市中的社会关系，只能更多地依靠自己的人力资本在就业市场上寻找就业机会。同时，对于不同文化程度的青年，参加工作时间的早晚对他们就业途径的影响也是不同的。对于初中、高中或中专等较低文化程度的青年来说，参加工作时间对他们就业途径的分布没有影响。但对于大专以上文化程度的青年来说，随着参加工作时间的不同，学校分配就业的比例急剧下降，自己应聘的比例显著上升，成为最重要的就业途径。

根据研究结果，研究者对以下几个方面的问题做了进一步探讨。

一是现有研究中一些以即将毕业的应届大学生为对象的调查可能存在的局限性问题。尽管从实际研究的可行性来看，这是一条合适的途径，但我们应充分意识到这条途径所存在的不足。研究者常常通过问卷调查，询问大学毕业生是否找到了工作，然后对找到的和未找到的作为两类进行统计分析，以说明哪些人力资本因素、社会资本因素对"找到"工作有作用或有影响。问题是，由于调查往往是在大学生毕业之前进行的（基本上是在4月至7月），而此时那些在统计分析中被作为参照对象的"未找到"工作的对象，实际上还处在"找"的过程中，他们的就业过程尚未结束。所以，许多分析和结果实际上只是对那些"较早找到工作的"大学生的就业影响因素的分析，而不是对全体大学毕业生就业影响因素的分析。而用这种从"较早找到工作的"对象那里得到结果，可能会给青年就业途径和相关因素的解释带来偏误。正是从这种意义上，该研究这种对"已就业青年"的研究结果或许具有更重要的参考价值。实际上，该研究关于青年就业途径的结果与现有的几项关于大学生就业途径的调查结果之间就存在较大差别。比如，该研究结果中，通过他人介绍找到工作的为25%，而现有一些调查结果中这一比例不到15%。这一差别主要是由于现有的调查都是在学生找工作的过程中进行的，所以，有些在研究者调查时"尚未找到工作"的大学生在后期更多地依靠各种社会关系找到了工作。

二是人力资本、社会资本因素在青年就业途径上的作用问题。单独分析青年的城乡背景、青年参加工作时间与其就业途径分布之间的关系时，二者与就业途径之间都表现出明显的相关性。但是，控制住青年的文化程度后进一步分析则表明，青年城乡背景因素以及青年参加工作时间早晚的因素与青年就业途径之间都发生了变化。作为社会资本基础之一的城乡背景的因素对就业途径的影响在大部分文化程度上都消失了，参加工作时间的因素也在低文化程度的对象身上消失了。这些结果似乎都在一定程度上揭示出代表青年人力资本要素的文化程度因素对其就业途径分布的影响更加重要。或者说，表现在青年城乡背景、青年参加工作时间与其就业途径之间关系上的一部分结果，实际上是青年文化程度作用的影响。同时，研究结果还在一定程度上揭示出，只有当青年人力资本相对缺乏（文化程度相对较低）时，他们在就业途径上才会相对较多地依赖社会资本（即通过各种社会关系的途径获得就业的比例相对较大）。这一结果也为更深入地探讨人力资本、社会资本在青年就业中的作用问题提供了新的参考。

三是研究所存在的局限性问题。研究者注意到了青年的文化程度，并将其作为人力资本的主要指标来进行分析。但实际上，人力资本的内涵要比文化程度的内涵更加广泛。同时，除了文化程度外，同样不能忽视学校类型和层次的影响。即对于同样是本科文化程度的青年来说，毕业于名牌大学还是毕业于普通大学，在就业市场上的竞争力是不同的。所以，如果在今后的研究中增加学校类型的变量并进行控制，或许可以更好地分析青年的文化程度、城乡背景以及就业时间等因素对其就业途径的影响，也能更加客观地反映青年人力资本因素所具有的作用和效果。

思考题

1. 如何理解青年与社会的关系？
2. 青年在社会中的地位和角色是什么？
3. 为什么说"成家立业"是青年社会化的主要任务？二者之间是否会有矛盾？
4. 简述改革开放以来大学生择业的变化趋势、特征及其含义。
5. 当前不同层次青年的择偶标准及其影响因素是什么？
6. 青年亚文化对社会及青年的意义是什么？
7. 网络对于青年的意义是什么？对于青年文化有何意义？

推荐阅读

1. 威廉·福特·怀特：《街角社会》，黄育馥译，商务印书馆，2013年版。
2. 埃尔德：《大萧条的孩子们》，田禾译，译林出版社，2002年版。
3. 迈克尔·布雷克：《青年文化比较：青年文化社会学及美国、英国和加拿大的青年亚文化》，孟登迎、宓瑞新译，中国青年出版社，2017年版。
4. 马赫列尔：《青年问题与青年学》，陆象淦译，社会科学文献出版社，1986年版。
5. 陈映芳：《"青年"与中国的社会变迁》，社会科学文献出版社，2007年版。

第十四章

老年社会学

第一节 老年社会学的产生与发展

一、从"老年人"到人口老龄化

从科学的角度而言,老化一般是指材料暴露于自然或人工环境条件下,性能随时间弱化的一种现象或者过程。与上述自然科学的逻辑一致,在生命周期的范畴内,人类的老化是人类的自然进程和必然趋势,老年在人类的生命进程和趋势中处于最终阶段。[①] 每个历史时代对于老年人都有着不一样的理解或定义。总体而言,税役是古代社会在经济维度下定义老年的主要依据,到了近代,老年官方标准的制定已经基本不再考虑税役的需要,而是更为关注社会保障的需求。于此而言,关于老年人较早的定义来自19世纪末期欧洲大陆的德国,其颁布了对老年人给予救济的法令,并在其中以65岁作为获取保障金的起始年龄,随后,几十个欧美国家也沿用了此标准。[②] 20世纪初,瑞典人口学家桑德巴也提出过经典的人口年龄结构类型划分,其中老年的起点定为50岁[③],但这主要是从(女性)是否保有生育能力角度出发,其只是在生理层面存在较为肯定的证据。[④] 20世纪中叶,尤其是六七十年代,世界范围内的发展中国家老年人口问题开始出现,由此而生的人口老龄

[①] 朱荟、陆杰华:《老龄社会新形态:中国老年学学科的定位、重点议题及其展望》,《河北学刊》,2020年第3期。
[②] 翟振武、李龙:《老年标准和定义的再探讨》,《人口研究》,2014年第6期。
[③] 参见郭未:《人口学》,社会科学文献出版社,2018年版。
[④] 邬沧萍、徐勤:《对百岁老年人口实证研究的思考》,《中国人口科学》,1999年第6期。

化议题日益受到重视，社会学对于老龄研究的兴趣也得以开始。[①] 由此迫使学术界开始意识到老年的界定必须超越自然和生理的意识范畴，和属地的社会经济发展的现实需求相匹配，即并非全以年龄来界定，而应将生理、心理和社会三种情况合并考虑，并从生物学、医学、社会学与老年学等角度来界定。1982 年，联合国在奥地利维也纳举行的第一次老龄问题世界大会上提出以 60 岁作为老年的起点设定。截至目前，学界达成一致意见的是，发达国家一般采用 65 岁作为老年的标准，大多数发展中国家仍然采用 60 岁作为老年标准。[②]

处于社会中的老年人，让我们充分认识到不同年龄阶段人群的资源与类别属性。老年人在每一个历史时代和每一个社会中都是一个重要的社会类别。[③] 老年人是具有多样性的一个群体，不同年龄特征的人群具有较大的差异，学术界也根据老年人的健康状况、寿命阶段、适应能力，把老年人口分为不同的年龄群："青老年"（65—74 岁）、"中老年"（75—84 岁）、"老老年"（85 岁及以上）。并且在医疗与照护视角下，学术界认为针对不同阶段的老年人，应提供对应的不同的服务与照护，才能使得医疗与照顾系统不至于负担过重。[④] 而不同年龄段的老年人一生所积累的知识经验、社交网络、积极态度等也成为一种极其丰富的人力资源，可以为世界老年服务做出一定的贡献。中国语境下，随着医疗与社会经济的快速发展，人们的生育水平持续下降，人口平均预期寿命却不断延长，导致人口老龄化日趋加重。[⑤] 从 1949 年到 2019 年，中国人口预期寿命从 35 岁增加到了 77 岁[⑥]，老年人在总人口中的比例不断攀升，为社会发展带来了机遇与挑战。按照 1982 年老龄问题世界大会确定的标准，一般认为所在国家或地区 60 岁及以上老年人口占总人口比例达到 10% 就成为老年型社会。到 1999 年，中国老龄人口占总人口的比例达到 10%，从此跨入老年型社会，并且自那以后，中国也成为除日本以外世界人口大国老龄化速度最快的国家。[⑦] 学理层面，学者根据老年人的日常自理能力、工具性日常生活自理能力等维度对老年人进行重新定义，认为中国老年人口的生活自理能力随着时间的推移呈现出上升趋势，后世代的老年人要比前世代"更健康""更年轻"。[⑧] 进一步地，学者提出健康老龄化（也被称为成功老龄化）的概念，这个概念刻画出在人们的老化过程中，不仅强调个体的身心

---

① Shanas E, "The Sociology of Aging and the Aged", in *The Sociological Quarterly*, 1971, 12, pp. 159-176.

② 顾大男:《老年人年龄界定和重新界定的思考》,《中国人口科学》, 2000 年第 3 期。Thane P, "History and the Sociology of Ageing", in *Social History of Medicine*, 1989, 2, pp. 93-96.

③ 张恺悌、夏传玲:《老年社会学研究综述》,《社会学研究》, 1995 年第 3 期。

④ Hooyman N R, Kiyak H A, *Social Gerontology: A Multidisciplinary Perspective*, 9th ed, Pearson, 2011.

⑤ 郭未:《尊年尚齿：西部农村家庭养老功能弱化问题刍议》,《中国社会报》, 2017 年 8 月 7 日, 第 3 版。

⑥ 李婕:《中国人寿命从 35 岁增长到 77 岁》,《人民日报海外版》, 2019 年 8 月 28 日, 第 11 版。

⑦ 尹奋勤、王杰:《老龄化社会向我们走来》,《经济论坛》, 2002 年第 20 期。

⑧ 卢敏等:《老年人口生活自理能力变迁与老年定义重新思考》,《南方人口》, 2018 年第 1 期。

健康，也强调个体参与社会活动与主观方面的老化态度。① 因此，处于社会情境的老年人在老化的过程中，应该注重自己的个人参与和社会活动。人们对老年人、老化应该有一个新定义，从人力资本的视角出发，注意到老年人退休后的健康老年生活状态——使老年生活更加独立，享有家庭和社区的照顾和保护，能够充实自我，并且获得尊严。②

二、老年社会学：一个简化的学说史考察

老年社会学一般被定义为运用社会学理论和方法对人的老龄化和老年社会群体进行研究的一门科学。③ 因此老年社会学既涉及老年学领域，又作为社会学的一个分支而存在。在老年社会学中，我们不仅要关注老年人在家庭、社区、社会（各类社会机构与组织，比如老年性社会团体、政府架构中民政部的养老服务机构等）间的活动，更需要从政治、经济、文化、教育、医疗与卫生服务等多个层面研究老年人生活。

在谈及老年社会学之前，我们需要对老年学进行概述。老年学的起源可以追溯到1903年，彼时，俄国的免疫学家梅契尼科夫开始尝试研究老化与长寿。后来，学者意识到随着社会的发展，之前学界偏重于研究个体衰老的生理原因与生物学机制的范式已经有所局限，个人发展与老化过程并非一个自我封闭的生物体系运作过程，还包括自然环境和社会环境并与之发生互动作用的社会生态系统运作过程。学者总结老年学学科兴起于人类对生命老化的关注，成长于老年社会活动的活跃与老年事务的政策关照，繁荣于全球范围内老龄社会可持续发展的机遇与挑战。④ 老年学从最开始关注人口出生与死亡到人的平均预期寿命与代际更替，从个体老化、疾病死亡等自然现象变化到人口转变和老年生活的社会现象。老年学越来越关注老年人的社会福祉与社会满足感。

最早从社会科学角度对老龄化进行研究的是古罗马政治学家西塞罗，他在《论老年》中认为人只要得到满足，身心又有训练的机会，人们的智慧能力就能够保持到老年。⑤ 考德礼1939年出版了第一部有关老年的书《老龄问题：生物学与医学维度》（*Problems of Aging: Biological and Medical Aspects*），并因此被认为是老年学的创始者。⑥ 1944年，美国成立老年学学会（The Gerontological Society of America）⑦，并首先使用老年学（Gerontology）这个名词。⑧ 如学者所言，一部老年学发展的历史就是从研究个体老龄化到研究群体老龄化的历史，从单学科研究到跨学科研究的历史，从一门潜科学到显科学发

---

① 何迎朝等：《四种常用人口老化理论的集成研究》，《中国老年学杂志》，2012年第9期。
② 卢敏等：《老年人口生活自理能力变迁与老年定义重新思考》，《南方人口》，2018年第1期。
③ 参见杨善华：《老年社会学》，北京大学出版社，2018年版。
④ 朱荟、陆杰华：《老龄社会新形态：中国老年学学科的定位、重点议题及其展望》，《河北学刊》，2020年第3期。
⑤ 邬沧萍、徐勤：《对百岁老年人口实证研究的思考》，《中国人口科学》，1999年第6期。
⑥ 参见杨善华：《老年社会学》，北京大学出版社，2018年版。
⑦ 官方网址为 www.geron.org。
⑧ 宋珮珮：《论国外老年学的学科体系》，《国外医学·社会医学分册》，2001年第3期。

展的历史。① 而在老化过程中，代际互助对老年人老化过程也有着影响，同样也是老年学的研究议题。

本章所讨论的老年社会学，其学科归属虽然是社会学，但学界认为其是由老年学脱胎而来。② 1948年，美国宾夕法尼亚大学社会学系奥托·波拉克教授出版《老年的社会调适》（Social Adjustment in Old Age）一书，标志着西方老年社会学体系的初步成型。③ 20世纪60年代，美国芝加哥大学社会学系伯吉斯教授对老年社会学进行了系统的整理。"老年社会学"译自Sociology of Aging。华文世界的学者们对其翻译还存在争议，比如中国学者李兵与杜鹏认为应该将其直译为老龄社会学，杨善华则在其著作中将其译为老年社会学，美国华人学者蔡文辉在其2008年出版的著作《老年社会学》中将其翻译为老年社会学，我国台湾地区东海大学巫丽雪则将其译为老人社会学。考虑到本书的社会学属性，我们将其翻译为老年社会学。在这里有一个很重要的区别，那就是与社会老年学的区别，后者学科归属是老年学，前者归宿是社会学。社会老年学是从非生物学角度或说是从社会科学角度研究个体和群体老龄化的。④ 而社会学不能等同于社会科学，它只是众多社会科学的一个组成部分。从社会学角度研究老年，也是不全面的，研究面过窄，老年涵盖在老龄化之内。⑤

总而言之，老年社会学是一门研究老化与老年人群体的学科。中国的老年社会学研究起始于20世纪40年代，经验调查兴起于80年代，1993年北京大学率先成立了北京大学老龄问题研究中心。⑥ 在研究老化的过程中，可将人类老化现象分为个人的老化与社会的老化。对于个人的老化而言，老年社会学不仅关注老年人生理机能的变化，也关注老年人的心理健康、文化教育、娱乐、社会交往等多维度的变化，从静态到动态地关注老年人的社会特征及其特殊问题。对于社会的老化而言，老年社会学研究人口老龄化的社会原因、人口老龄化对于社会发展的影响以及我们能够采取的策略、措施等。⑦

三、老年社会学的一般研究范围与问题

学界一般将老年社会学的研究对象界定为老年期群体的社会生活及其运行和调节机

---

① 杜鹏、邬沧萍：《跨学科交叉研究与21世纪老年学的发展》，《中国人民大学学报》，2001年第3期。
② 参见杨善华：《老年社会学》，北京大学出版社，2018年版。
③ 胡汝泉：《老年社会学的对象、领域和作用》，《社会学研究》，1988年第1期。张恺悌、夏传玲：《老年社会学研究综述》，《社会学研究》，1995年第3期。
④ 古罗马西塞罗的《论老年》是社会老年学研究的里程碑。人口老龄化现象出现并被普遍认识后，从人文社会科学角度来研究老龄化才使老年学研究趋于成熟；另一方面，随着医学的发展，社会老年学从医学、生物学模式演进到医学、生物、心理和社会模式，进一步促进了社会老年学的研究。
⑤ 杜鹏、邬沧萍：《跨学科交叉研究与21世纪老年学的发展》，《中国人民大学学报》，2001年第3期。
⑥ 张恺悌、夏传玲：《老年社会学研究综述》，《社会学研究》，1995年第3期。
⑦ 参见陈涛：《老年社会学》，中国社会出版社，2009年版。

制。但老年期群体的社会生活包含着广泛的内容,既包括社会关系,又包括社会行为;其运行和调节机制又同外部条件和老年期群体其他方面的属性存在着错综复杂的联系。因此,要揭示老年期群体社会生活及其运行和调节机制的客观规律,便需先研究老年群体的社会关系和社会行为,同时还要研究与它所赖以存在的社会条件之间的本质联系,与老年群体自身内部的生理因素和心理因素之间的本质联系。① 而总的来说,老年社会学的研究对象为一个特定的伴随着老化的老年社会群体,以及这一群体对特定社会发展构成影响的社会问题。②

老年社会学关注个人的老龄化与社会的老龄化,老年社会的研究对象便是在老龄化过程中对社会的影响以及老年群体的各种社会特征与活动规律。因此,老年社会学的研究范围和内容大致包括:① 老年人的生理健康、康复与医疗需求问题。伴随着老年人逐步进入高龄,其生理机能产生老化,这个群体对于医疗资源的需求必然日趋明显。② 老年人的心理健康问题。比如,老年的生命质量、生活满意度,以及老年人生活中可能出现的"代际冲突"所带来的焦虑等问题。③ 老年人的再就业与相关的人力资源问题。在预期寿命尤其是健康预期寿命进一步延长的时代背景下,老年人尤其是健康的年轻老年人中的一些人可以从事一些力所能及的工作,为此就会存在老年人的重新就业问题。④ 老年人的精神慰藉或言闲暇时间配置问题。老年人的闲暇时间增多,如何安排老年人的闲暇时光,使得老年人在精神层面达到健康老化的状态成为一个有价值的研究议题。⑤ 老年人的社会交往问题。社会交往的一个主要后果是构建属于老年的社会网络。社会网络一般是指个体所保持的社会关系结构,包括与家人和朋友的亲密关系,以及与其他个人和团体的正式关系。③ 上述的网络可能是支持性的抑或是非支持性的,但是在老年社会学范畴内一般不对社会网络和支持网络做严格区分,社会网络(social network)和支持网络(support network)在老年社会学文献内也都交替使用。④ 中国情景之下,老年人社会参与是一种构建老年资本(健康资本、经济资本、社会资本以及知识资本)的重要途径,有助于老年人继续发挥人才资源的作用,补充人力资源的不足,又可以帮助老年人实现精神寄托、减少孤独感、增进身心健康⑤;帮助老年人在践行"老有所为"的过程中更加客观正确地认识和评价自己,并形成积极的养老观念⑥。因此,在研究老年社会学时,学者们常常研究老年人的社会交往,而社会交往便涉及老年人的社会互动、老年资本、精神健康、养老观念等议题。⑥ 老年人的教育问题。人们越来越认识到教育的终身性,为此在诸多地区,尤其是城市地区都有老年大学等组织的存在,如此不仅利于老年人的自我成长,也利于社

---

① 胡汝泉:《老年社会学的对象、领域和作用》,《社会学研究》,1988 年第 1 期。
② 参见杨善华:《老年社会学》,北京大学出版社,2018 年版。
③ Seeman T E, "Social Ties and Health: The Benefits of Social Integration", in *Annals of Epidemiology*, 1996, 6, pp. 442-451.
④ Wenger G C, "Social Networks and Gerontology", in *Reviews in Clinical Gerontology*, 1996, 6, pp. 285-293.
⑤ 杨宗传:《再论老年人口的社会参与》,《武汉大学学报(人文社会科学版)》,2000 年第 1 期。
⑥ 穆光宗:《老年发展论——21 世纪成功老龄化战略的基本框架》,《人口研究》,2002 年第 6 期。

会的和谐发展。⑦ 老年人的抚养与服务机构设置的问题。老年人的抚养主体以及家庭、社区与机构等主体的抚养责任边界成为一个重要的研究内容。⑧ 人口的老龄化过程。我们的社会处在一个人口老龄化的阶段,探究老龄化的社会原因、背景机制以及老龄化的应对措施是老年社会学需要关注的对象。⑨ 人口老龄化与家庭。在中国的传统文化里,家庭仍然是多数老年人养老的场域,因此在老龄化过程中家庭应该扮演怎样的角色是一个值得研究的议题。⑩ 人口老龄化与经济社会发展。这个宏观的研究议题涉及诸多方面,比如老年人口的结构性变化和所在国家或地区的劳动就业与消费市场等的关系。

四、健康老龄化:老年社会学研究的一个重要目标

在老年社会学的范围与问题当中,我们不难看出贯穿其中的几个概念:老化、人口老龄化、养老及其问题。自1939年美国学者考德礼发表《老龄问题:生物学与医学维度》汇编后,老年社会学的研究对象或说客体就逐步明确了,老龄化是老年学特有的研究对象。①

随着时代发展,老年社会学一个重要的研究内容就是老年健康(个体与群体层面)及健康老龄化(社会层面)。寿命延长不仅能给老年人及其家庭,而且能给整个社会带来机会。寿命年数增加使得老年人有机会从事新的活动,如进一步求学、从事新职业或长期以来被忽视的爱好等。老年人还可以多种方式对其家庭和社区做出贡献。然而这些机会和贡献很大程度上取决于一个因素:健康。目前几乎没有证据表明今天老年人的晚年状况比其父辈更健康。虽然高收入国家的重度残疾率在过去30年中已经下降,但同期内轻度和中度残疾率并没有显著变化。如果人们能够健康地度过这些额外的晚年岁月,并且能够生活在一种支持性环境中,则他们从事自己认为有价值的活动的能力几乎将与年轻人没有差别。但如果增加的这些岁月基本是在身心能力衰退中度过,则对老年人和社会都具有更不利的影响。老年人的社会交往对象主要是家庭成员与朋辈、邻里,在这几个系统中构建和谐的社会支持网络,有利于老人健康老化。人们可通过社会活动参与拓展社会网络、增加信息渠道、实现信息共享、提供相互帮助与支持,从而改善健康状况,减轻收入差距等不确定风险的冲击,改善福利状况。② 因此,健康老龄化成为老年人关注的特点。世界卫生组织将"健康老龄化"定义为发展和维护老年健康生活所需的功能发挥过程,包括内在能力(intrinsic capacity)和功能发挥(functional ability)两个维度。其中,内在能力指个体以基因遗传为基础、受个体特征影响的生理与心理健康功能的整合;功能发挥则是老年人内在能力与环境的互动以实现个体价值的过程,这里的环境既包括家庭环境、居住环境、人际关系等微观环境,也包括社会观念、公共政策等宏观环境。在生命历程中,内在能力和功能发挥都会因个体不同时点的选择、环境的干预措施而发生变化,并最终影响每

---

① 杜鹏、邹沧萍:《跨学科交叉研究与21世纪老年学的发展》,《中国人民大学学报》,2011年第3期。

② 温兴祥等:《社会资本对农村中老年人精神健康的影响——基于CHARLS数据的实证研究》,《中国农村观察》,2017年第4期。周广肃等:《收入差距、社会资本与健康水平——基于中国家庭追踪调查(CFPS)的实证分析》,《管理世界》,2014年第7期。

个个体的健康老龄化轨迹。[①]

虽然老年人健康状况的某些变化是遗传性的，但多数是因为人们所处的社会和自然环境造成的，如家庭、邻里和社区，以及包括性别、民族或社会经济地位等在内的个人特征。上述提及的多元化因素从很早便开始影响老龄化过程。人们儿时或甚至胎儿阶段的生活环境与其个人特点结合在一起，会长远地影响到其今后变老的方式。环境对健康行为的培养和保持也具有重要影响。在生命全程中保持健康行为，特别是健康饮食、规律性的健身活动等，都可有助于降低非传染性疾病风险并提高身心能力。老年时期的行为依然重要——为保持肌肉质量进行力量训练并保证良好营养既可帮助保护认知功能，延缓对护理的依赖，还可扭转虚弱状况。支持性环境使人们在能力受损的情况下也能从事对其重要的活动。提供安全无障碍的公共建筑和交通工具，以及易于行走的环境都是支持性环境的例子。

在社会学层面，老年人由于社会角色的缩减，社会活动与交往相较之前大幅减少，他们可能难以适应这一变化，从而产生抑郁甚至自杀倾向。所以在社会意义层面，老年人需要进行物质方面的交换和精神方面的交流，而这样的交换和交流需要一定的物质载体，即老年人所处的社会关系网络以及与老年人有关的社会支持。在老年人社会交往的研究中，有学者研究到子女外出务工会影响老年人的社会活动参与，基于2013年中国健康与养老追踪调查数据，发现子女外出务工对农村老年人社会活动参与种类与参与频率均有显著的负面作用。[②] 而在老年人孤独与衰弱状况、社会支持相关研究中，可以发现社区社会支持是老年人孤独情绪的重要影响因素，应加强支持体系的构建。[③] 还有人从健康、生活、精神、社会交往四个方面研究南京市老年人的健康状况，发现老年人的社会交往对老年人健康有着显著的影响。[④] 从以上三个研究中我们发现，老年人的社会交往对于其健康状态有着正向作用，老年人的社会交往在其生活中扮演着极其重要的角色。据此，有学者提出代际互助对于健康老龄化的促进性作用，即运用优势视角推进不同世代的互助，利用与活化社区，推动代际互动，实现健康老龄化。老年人生理健康自然发展态势下，老年人社会接触范围会逐步趋于狭窄，从而缺失需要在家庭外部环境里进行的一般性交往和朋友之间的交往。但是随着经济的发展以及人们消费方式的转变，这种缺失和狭窄也在受到逐渐发展起来的"准社会交往行为"的挑战。[⑤] 许多老年人将人际沟通需求转换到了传媒接触上，以电视为主的传媒接触行为已成为大多数老年人生活的重要内容，是其获取信息、休闲娱乐、消磨时间的主要渠道[⑥]，并因此产生了学者所言的某种类似于真实社会交往（如面

[①] 杜鹏、董亭月：《促进健康老龄化：理念变革与政策创新——对世界卫生组织〈关于老龄化与健康的全球报告〉的解读》，《老龄科学研究》，2015年第12期。

[②] 郑晓冬等：《子女外出务工与农村老年人社会活动参与》，《西北人口》，2019年第2期。

[③] 陈长香等：《老年人孤独与衰弱状况、社会支持的相关性研究》，《中华行为医学与脑科学杂志》，2017年第12期。

[④] 李波等：《老年人社会现状对健康观的影响与反思》，《体育科学》，2011年第6期。

[⑤] 王来华：《老年人社会交往的主要特征及变化趋向》，《社会学研究》，1986年第3期。

[⑥] 方建移、葛进平：《老年人的媒介接触与准社会交往研究》，《浙江传媒学院学报》，2009年第3期。

对面的交往）的准社会交往行为①。然而也有学者指出，老年人如果因为社会交往缺失而过度沉迷于媒介接触而不能自拔。价值和行为选择必须从媒介中寻找依据，满足于与媒介中的虚拟人物互动而回避现实的人际交往，就容易出现病理性的准社会交往，②最终造成健康问题。社会交往在一定程度上影响着老年人的精神健康，学者在研究中国西部某城市的老年人社会交往结构中发现，社会交往的频度越高、规模越大，老年人的健康状况越好，社会交往对心理健康的影响大于对身体健康的影响。同时发现，增强社会交往对健康状况的促进作用有较强的间接效应。③ 在独居老人的孤独感研究中，学者发现影响独居老人是否感知孤独的相应机制呈现区域、城市规模、社会交往、家庭以及个人的多维因素共同作用的特征。④ 由此观之，老年人参与社会活动、进行社会交往，在一定程度上是十分重要的。

第二节　老年社会学相关理论的基本观点

一、侧重于宏观层面的理论

宏观视角下的老年学相关理论一般包括结构功能主义、冲突主义、符号相互作用理论、社会交换理论、老年社会现象学理论、社会建构理论、老年亚文化理论、年龄分层理论等。

结构功能主义。在社会体系的运行中，老年人是有其价值、功能的。老年人对社会最主要的功能是对于下一代的社会化，老年人历经沧桑，积累起了长期经验，是文化的传播者，能使文化持续不断地延续下去。功能学派理论应用在老年问题上，是比较乐观的，因为老年问题的存在将只是暂时性的失调，也必将引起其他部门的调整，以达到社会均衡。为此，我们第一个介绍的即是现代西方社会理论的一个重要流派——结构功能主义，其从结构与功能以及二者的相互联系出发，深入分析和广泛探讨了有关社会系统的一系列重要理论问题。从思想渊源上说，结构功能主义至少可以追溯到孔德和斯宾塞，而斯宾塞贡献较大，他在《社会学原理》一书中提出社会有机体学说，详细考察了生命有机体与社会有机体之间的异同。社会有机体学说已经包含了结构功能主义的基本假设，即社会是一

---

① Horton D, Richard W R, "Mass Communication and Para-social Interaction: Observations on Intimacy at a Distance", *in Psychiatry*, 1956, 19, pp.215-229.

② 方建移、葛进平：《老年人的媒介接触与准社会交往研究》，《浙江传媒学院学报》，2009年第3期。

③ 王硕、艾斌：《西藏城市老年人社会交往结构研究》，《云南民族大学学报（哲学社会科学版）》，2012年第4期。

④ 朱安新、高熔：《日本独居老年人的孤独死感知——基于日本内阁府"独居老年人意识调查（2014年）"数据》，《贵州社会科学》，2016年第10期。

个相互依赖的部分组成的系统。同时,斯宾塞第一次提出了后来结构功能主义核心的许多范畴,如结构、功能、分化、同质性和异质性、功能相互依存等。① 斯宾塞以后的结构功能主义,虽然源于有机体理论,也接受了生物学的功能分析法,但却舍弃了生物学的内容。法国社会学家涂尔干对结构功能主义影响最大,帕森斯等后人是在涂尔干的基础上发展和突破的。涂尔干认为,任何社会都有一定的组织结构,每项制度、每种宗教、每条法律、每类家庭组织的作用均是为了维持社会的延续和发展,并使社会结构保持长久稳定,即社会里每一个部门或单位都有其存在价值,也就是有功能(指一种对维持社会均衡有用的适当活动)的。② 从20世纪40年代开始,美国著名社会学家帕森斯为建立结构功能主义的系统性理论付出了巨大的努力,建构起一整套以结构功能分析为特征的社会理论。这使他成为结构功能分析学派的最重要的领袖人物。帕森斯始终认为,社会系统中的四个子系统之所以能够充分发挥功能,关键在于社会拥有将其成员整合在一起的共同价值体系。所谓共同价值体系,主要是指由一系列价值模式组成的、并被社会成员广为认同的规范体系。它作为一种依据、标准和导向,通过规范行动者的行动准则或内化为行动者的人格结构而形成一种社会性的共识,从而约束行动者的行为,引导行动者的价值取向。③

冲突主义。该理论关注社会中的不和谐因素,认为社会总是处于斗争之中的。④ 在马克思看来,经济基础决定上层建筑,不同的社会阶级之间存在着不同的斗争,阶级之间都是对立冲突的。而韦伯认为每个人都有不同的自我利益,自我利益是引起冲突的根源。在社会分层流动中,陆学艺认为阶层也会影响着老年人的生活质量,进而形成一定的冲突。女性主义视角来看,老年女性尤其是丧偶或空巢老年女性在养老服务与方式上受到冲突。⑤ 现代化视角来看,现代化社会与老年人的关系具有两重性:一方面推进了人口老龄化和老年人数量的增加,另一方面又削弱老年人的社会地位。⑥ 由此可知老年人在社会中的冲突与矛盾,是老年人的利益(比如健康生活权利)受到挤压后所发生的冲突。因此,如何既保持现代化社会的水平,又有效保护老年人的利益,是一个重要的研究课题。

符号相互作用理论。该理论以布鲁默和戈夫曼为代表,源于芝加哥学派米德和库利的思想,强调个人在互动过程中社会环境的能动性作用。库利强调"境中我",即他人对老年人的评价会影响老年人的自我感受;托马斯则提出对于情景的定义与分析。⑦ 在老龄化

---

① 王翔林:《结构功能主义的历史追溯》,《四川大学学报(哲学社会科学版)》,1993年第1期。

② 徐超、殷正坤:《试论涂尔干对功能主义和结构主义的影响》,《华中理工大学学报(社会科学版)》,1999年第1期。

③ 刘润忠:《试析结构功能主义及其社会理论》,《天津社会科学》,2005年第5期。

④ 参见陈涛:《老年社会学》,中国社会出版社,2009年版。

⑤ 王晶、朱淑鑫:《丧偶老年妇女养老的家庭与社会支持》,《湘潭大学学报(哲学社会科学版)》,2014年第4期。

⑥ 参见陈涛:《老年社会学》,中国社会出版社,2009年版。

⑦ 参见周玉萍等主编:《老年社会工作》,知识产权出版社,2008年版。

过程中，老年人个体、环境以及个体与环境的结合等因素相互作用是具有意义的。在一个尊老敬老的社会环境中，人们积极的态度构成一定的文化氛围，有利于提高老年人的生活质量，并且在一定程度上延缓机体的老龄化。[1] 而从社会系统出发，随着衰老带来的情绪衰落，老年人与社会环境构建了某种或积极或消极的符号意义。[2] 这种符号意义，无论是来自个人还是社会都对老年人的晚年生活产生极大的影响，所以制定适宜的政策与鼓励老年积极参与是减弱老龄化消极影响的具体措施。[3]

社会交换理论。该理论产生于20世纪50年代末期，70年代趋渐衰落，霍曼斯是该理论的创始人，他认为利己主义、趋利避害是社会交换的基本原则。[4] 人与人之间的交往都是普遍的有偿关系，情感、财富、声望、地位这些都是用以交换的物品。社会交换理论认为，老年人在日常生活中都有着不同的需要，同时也具有他人所需要的资源，所以个人需要与资源之间可以进行不断的转换。为了满足自身的需要，老年人之间交换各自的资源，从而形成一种公平互惠的社会交往过程。在代际交往中，一方面子女赡养老年人、提供经济支持与情感慰藉，而老年人也提供子孙照料与经济扶持等，这一行为是社会交往理论的现实体验。[5] 总体来说，老年人随着社会角色的减少，在交换过程中更多的是基于情感、照护等方面的需求而展开的个人交往行动。

老年社会现象学理论。认为老年社会现象学主要侧重于生活和变老的意义本身。该理论所关注的意义并不是他人对于老年人所赋予的意义的关注，而是关注老年人自身对于其老化过程意义的理解。[6] 我们需要关注不同的情景和状况下，老年人老化过程的敏感性。阿尔弗雷德·舒茨对"老年生活的意义"和"理解老年"两个概念进行了拓展和澄清。而这一理论指导我们在认识与理解老年人作为个体或者群体的人的问题时，还需从作为整体的老龄社会的结构性角度进行深入的认知。

社会建构理论。该理论认为人们根据自己所经历和所处的社会环境对于事物给予一定的评价，并且赋予事物新的意义。[7] 同一事物对于不同的人也会有着不同的意义：一杯水对于一个口渴的人来说，是十分宝贵的；而对于正在喝着饮料的人来说，它微不足道。人们对于建立的事物的意义会随着个人作为个体的人生经历和个人作为社会的一分子的社会经历而有所变化。在社会建构理论看来，老年人的生活状态取决于他们怎么看待自己的生活。[8] 他们对于自己的晚年生活赋予的不同意义决定了他们晚年生活的质量与状态。

---

[1] 参见杨善华：《老年社会学》，北京大学出版社，2018年版。
[2] 邬沧萍、徐勤：《对百岁老年人口实证研究的思考》，《中国人口科学》，1999年第6期。
[3] 蔡文辉：《老年社会学》，台湾五南图书出版服务公司，2003年版。
[4] 参见周玉萍等主编：《老年社会工作》，知识产权出版社，2008年版。
[5] 黄庆波等：《代际支持对老年人健康的影响——基于社会交换理论的视角》，《人口与发展》，2017年第1期。
[6] 参见杨善华：《老年社会学》，北京大学出版社，2018年版。
[7] 参见梅陈玉婵等：《老年社会工作：从理论到实践》，格致出版社，2017年版。
[8] 参见陈涛：《老年社会学》，中国社会出版社，2009年版。

老年亚文化理论。该理论由罗斯在 1965 年提出。所谓亚文化是指社会上一些与主流文化不一样的文化。这种亚文化的形成通常是由于某一团体内成员与成员之间的互动比成员与其他团体互动要频繁。[1] 罗斯认为老年人在人口特征、社会组织、地理分布上皆有相似的地方,因此会发生类似的行为模式或者规范且与社会大多数人的行为规范不一样,也就是老年亚文化,正如青年人有青年亚文化一样。[2] 它的正功能是产生一种团体意识,即在老年人群体中找到认同与归属的感觉。但是,负功能却是一些社会成员对老年人产生怪异感,或者将老年人归于无用甚至排斥老年人,毕竟老年亚文不同于社会主流文化。

年龄分层理论。该理论由美国老年学家赖利提出,其认定社会不仅按照阶级将人们分类,而且也按照年龄把人们分类分等,即按照角色和年龄之间的差异分配社会角色,不同年龄的人在社会上有不同的社会角色、权势、义务,承担不同的社会任务。这些情况与不同阶级者很相似,阶级社会实际上就等于年龄阶层,社会流动亦等于老化。因此,社会阶层理论的观点可用来研究老年人的社会生活圈。年龄分层是人们的年龄从一个阶段变为另一阶段,而人们的角色和责任也相应地发生变化,如我们说的"同期群""60 后"等都是年龄分层下的外化表现。[3]

二、侧重于微观层面的理论

从老年人个体的生理、心理以及社会活动等层面来研究老年人是最直接的研究,当然也需要相关理论的指导,这些理论包括社会角色理论、脱离理论、活动理论、连续性理论、生命历程理论、理性选择理论等。

社会角色理论。该理论由心理学家伊格利提出。社会学对老年社会最早的理论就是从角色论的观点来解释的,研究者重在探讨老年人如何适应新的角色。[4] 研究者认为,角色转变大体表现为抛弃成年人所扮演的典型角色,代之以老年人的新角色。在这种转变过程中,老年人丢弃了很多原来的角色。角色论的另一个要点是指出老年人的角色由退休前的工具角色转变到退休后的情感角色。工具角色是指人们为了某种特殊目的而扮演的角色,例如职业上的角色;情感角色是指为舒畅身心的情感方面的角色,例如父母子女之间的角色。角色论认定老年人在角色的"量"和"质"上都发生变迁,能对角色变迁做出适当调整的晚年生活会比较成功和满足。[5]

脱离理论。该理论由卡明和亨利两人在 1961 年提出。脱离理论认为老年人的退出对社会是有功能的,不然会破坏社会的正常互动。卡明和亨利相信脱离是社会稳定和均衡的一个必要的前提条件。脱离理论认为,老年人由于身体机能衰弱,脱离了原来的社会角色,这种脱离的状态有利于老年人的生活,也有利于社会继承与发展,而这一过程具有普

---

[1] 党俊武:《老龄社会引论》,华龄出版社,2004 年版。
[2] 参见陈涛:《老年社会学》,中国社会出版社,2009 年版。
[3] 参见陈涛:《老年社会学》,中国社会出版社,2009 年版。
[4] 参见梅陈玉婵等:《老年社会工作:从理论到实践》,格致出版社,2017 年版。
[5] 参见杨善华:《老年社会学》,北京大学出版社,2018 年版。

遍性和不可避免性。① 脱离理论最受攻击之处是研究者对脱离的看法和老年人的不一致，在研究者看来是某些脱离的现象，老年人却并不认可。脱离理论也倾向于忽视个性在一个人适应衰老时所起的作用。②

活动理论。该理论由美国学者哈维格斯特提出，其认为，有活动力的老年人比没有活动力的老年人更容易感到满意，更能适应社会。③ 活动理论基本上是与脱离理论相对立的，认为一个人对生活的满意程度与他的活动有关，也就是说，一个人越活跃就越满意。

连续性理论。该理论是基于前述脱离理论与活动理论各自的不足而提出的④，即老年人用新的角色取代失去的角色，并继续保持适应环境的特有方式⑤。这种理论的基本原则是，不论年轻或年老，人们都有不同的个性和生活方式，而个性在适应衰老时起着重要的作用。按照连续性理论，随着年龄的增长，我们变得更像年轻时的样子，这就是老年人对生活感到满意的基础。因此，老年个体为自己良好的衰老制定了标准，而不是让自己去试图适应外在的共同规范。

生命历程理论。该理论的核心观点与方法可以追溯至托马斯与兹纳涅茨基在其著作《身处欧美的波兰农民》（The Polish Peasant in Europe and America）与曼海姆在其论文《代际问题》（The Problem of Generations）中的开创性研究。作为一种跨学科的理论，生命历程理论强调对于老年生命历程的理解。生命历程解释了人一生所扮演的角色及角色变化的多样性，人的发展不是固定在某一个阶段，而是具有多种可能的。该理论基于社会环境、历史事件、文化背景和社会地位等方面来解释老化过程。⑥ 特定的时间、时代、同辈人也会塑造出不同的个人老化过程。回顾老年人的一生积累与知识经验可以帮助老年人健康老化、老有所为，由此产生对社会有贡献的自我感受。⑦

理性选择理论。该理论由科尔曼提出，认为人们的社会交往行为都是处于某种理性选择下的利益权衡的结果。韦伯提出"合理性"一词，并将合理性分为两种，即"工具（合）理性"和"价值（合）理性"。"工具理性"是指个体行为仅从效果最大化的角度考虑，借助理性达到自己需要的预期目的而漠视个体情感和精神价值等因素。"价值理性"是指个体行为超越事实层面的认知，不以功利为最高目的，把人的价值目标蕴含于人性之内，坚持"人是各种努力的终极关怀"。它认为维护和发展人的价值、尊严是更加重要的。⑧ 老年人在做好工具理性的基础上，更多地关注价值理性上的尊严与情感归属等，老年人的价值理性选择也是我们所需关注的重要议题。

---

① 参见杨善华：《老年社会学》，北京大学出版社，2018年版。
② 参见邬沧萍、姜向群：《老年学概论》，中国人民大学出版社，2015年版。
③ 参见周玉萍等主编：《老年社会工作》，知识产权出版社，2008年版。
④ 参见杨善华：《老年社会学》，北京大学出版社，2018年版。
⑤ 参见陈涛：《老年社会学》，中国社会出版社，2009年版。
⑥ 参见梅陈玉婵等：《老年社会工作：从理论到实践》，格致出版社，2017年版。
⑦ Mui A C, Shibusawa T, The Asian American Elders in the 21st Century: Key Indicators of Psychosocial Well-being, Columbia University Press, 2008.
⑧ 李培林：《理性选择理论面临的挑战及其出路》，《社会学研究》，2001年第6期。

第三节
老年社会学研究实例

一、社会性别视角下的中国老年人口不健康预期寿命及代际支持[①]

中国社会经济、医疗水平、养老保险、医疗保障等持续发展与完善,在提高老年人的健康状况中发挥了重要作用,也为老年人健康状况改善提供了良好的保障。但是,男性与女性老年人口的差异仍未消除,这种差异既包括生物属性方面的预期寿命差异,也包括文化水平、收入状况等社会属性方面的差异。中国政府所倡导的现代居家养老的责任主体与支撑单位包括家庭、社会与政府,但是最新的调查却表明长期以来老年人大都依靠家庭为其提供主要的养老资源,主要依靠家庭提供生活照料和精神慰藉,其亲属尤其是子女承担起了照护的主要责任。[②] 因此,这种现代居家养老在本质上承袭传统家庭养老模式,将代际关系作为一项重要内容。这实际与学者早先的研究一致,即中国还缺乏健全的社区服务网络和各种老年性服务机构,进入老年尤其是高龄阶段的老年人在日常生活中所获得的帮助主要来自子女。子女赡养仍旧是人们进入老年以后的首要选择,老年人在养老方面更加依赖家人,尤其是儿子起重要作用[③],儿子在代际支持方面成为最重要的社会支持。所以,在测量代际关系层面,存活子女尤其是存活儿子数量和性别成为影响老年人,尤其是处于不健康状态甚至是失能状态的老年人的生活及养老状况的重要可测量因素。

老年人口健康状况的性别差异如何测量?老年人口的不健康预期寿命有什么变化?不同年龄组老年人口平均存活子女数、平均存活儿子数有什么变化?针对这些问题,该研究首先根据 2005 年 1‰ 人口抽样调查汇总数据及 2010 年第六次全国人口普查公布的汇总数据,综合分析性别视角下中国老年人口的健康状况,利用具有所需数据简单、消除年龄结构影响、便于比较的特点而应用广泛的 Sullivan 法计算分性别的老年人口的不健康预期寿命[④],分析性别差异的变动趋势;接下来,利用历史人口学数据,使用 SOCSIM 模拟软件,确定 2005 年和 2010 年不同年龄组老年人平均存活子女数、平均存活儿子数,据此为未来相关老龄政策的制定等提供一定程度的实证依据。

该研究计量分析发现,中国老年人口预期寿命延长的同时,不健康预期寿命在减少。这对于仍旧以家庭养老为主,并且作为这种养老模式责任主体之外的支撑单位的社会与政

[①] 郭未、安素霞:《社会性别视角下的中国老年人口不健康预期寿命及代际支持》,《南京农业大学学报(社会科学版)》,2013 年第 6 期。

[②] 刘婕、楼玮群:《完善上海居家高龄失能老人亲属照顾者的社会支持系统》,《华东师范大学学报(哲学社会科学版)》,2012 年第 1 期。

[③] 刘晶:《子女数对农村高龄老人养老及生活状况的影响》,《中国人口科学》,2004 年第 S1 期。

[④] Sullivan D F, *A Single Index of Mortality and Morbidity*, Hsmha Health Rep, 1971.

府相关配套设施还不尽充足和完备的现状下的当今中国而言，无疑是一个喜讯——在总体层面，其必大大减轻家人尤其是子女对老年人口的照料付出。计量结果还发现，对于75岁以上老年人口而言，其不健康预期寿命缩减，而同时他们的平均存活子女数、平均存活儿子数却提高了，这无疑进一步减轻了对于高龄老年人口的养老负担，尤其是经济状态不佳的家庭（如落后农村地区的这类家庭）。但计量分析也发现，对于当下中国低龄老年人口而言，2010年不健康预期寿命较2005年有所提高，这可以反映出他们对照料的需求更大。另外，按照本研究SOCSIM模拟的结果，对于低龄老年人口而言，与2005年相比，其2010年平均存活子女数均有较大幅度下降，这些低龄老人随着时间的推移，会进入高龄阶段，这无疑对于未来中国的养老形成一个巨大挑战。考虑到中国已经出现并不断强化的高龄老龄化现状，进入高龄期、不健康状态的老年人口的绝对量会随之扩大，而未来不远的时期内，他们的平均存活子女数，尤其是作为主要养老资源的平均存活儿子数将不断减少，这样一种趋势在未来的交汇，不得不引发我们对中国未来养老负担的思考。而这种思考，可能需要超越对于养老制度本身的范畴。

二、中国健康老龄化水平：省际视角下的差异与政策启示[①]

"健康老龄化"（Healthy Aging）一词最早是在1987年召开的世界卫生大会上被提出的，这次大会将"健康老龄化的决定因素"列为老龄研究的主要研究课题并进行跨国比较。[②] 三年后的1990年，在哥本哈根召开的第40届世界卫生组织欧洲地区委员会会议正式提出将"健康老龄化"作为应对人口老龄化的一项战略目标，并很快受到发达国家的普遍关注。2002年，世界卫生组织在健康老龄化的基础上增加了"参与"和"保障"的理念，并进一步提出更为全面的"积极老龄化"理论。另外，"成功老龄化""生产性老化"等新概念也被一些学者和政策研究者创造性地提出。但无疑，"健康老龄化"是各种老龄化目标的基础与核心。[③] 国家卫生和计划生育委员会（现国家卫生健康委员会）于2017年3月正式出台了《"十三五"健康老龄化规划》，以落实健康老龄化各项相应的战略措施。同年10月，习近平总书记在中国共产党第十九次全国代表大会的报告中明确提出要实施健康中国战略，积极应对人口老龄化。然而，截至目前，学术界和政策实务界对中国健康老龄化水平在区域与省际的总体情况并无系统把握。因此，建立普适、系统、操作性强的中国健康老龄化指标体系以对中国区域和省际的健康老龄化态势进行恰当刻画是当前健康老龄化研究的重要部分，也是当前中国全力推进健康老龄化政策的现实需求。

该研究立足中国语境，基于国内外相关文献对"健康老龄化"的综合理解，尝试构建适合中国国情的健康老龄化评估指标体系，并拟运用宏观层面的可获取的汇总/总体性数据对中国地区/国家的健康老龄化程度做初步测量和刻画。

---

① 郭未等：《中国健康老龄化水平：省际视角下的差异与政策启示》，《中国社会科学（内部文稿）》，2018年第6期。
② 王洵：《"健康老龄化"研究的回顾与展望》，《人口研究》，1996年第3期。
③ 钱军程：《中国老年人口健康老龄化四个社会效果维度的测量研究》，《老龄科学研究》，2013年第1期。

研究来自相关的人口、城市等统计年鉴。采用层次分析法,包括指标赋权(四个步骤:构造比较判断矩阵、指标重要性判断、一致性检验、确定指标权重)和标准化处理与计算两个主要步骤。

整体层面上,健康老龄化的实然情况是全国各省/自治区/直辖市普遍没有达到优秀的标准,只有其中的 6 个达到相对不错的水平。从区域和省际的角度来看,地区发展差异非常大,西北省份和西南省份会面临更为严重的老龄化挑战。当然,如果说人口规模、比重和密度格局的"胡焕庸线"式固化是由于不可破的气候生态等综合自然地理条件,那么我们所关心的社会福利政策领域的老龄化福祉问题,应该可以打破"胡焕庸线"式固化,是"有解"的。"健康老龄化"的建设离不开经济发展和政策支持。从政策远景看来,中国各省份尤其是西北和西南的部分省份必须利用好这种在发展与福祉层面的区域差异创造的政策机会窗口,从政策引导和合理的空间组织方面积极纳入《"十三五"健康老龄化规划》所倡导的适宜的健康老龄化的考量要素,通过一定时间区间的指向性政策实践来实现更高水平的现代化和更好质量的老年人口的福祉。另一方面,在中国语境之下,中国长期以来城乡二元与区域三元(指中国的东部、中部与西部)层面呈现出社会经济的失衡发展并由此导致劳动力人口在空间上的极速流动,造成了西部农村老龄化与家庭小型化、空巢化相伴随,家庭养老资源严重不足。立足该研究的初步研究结果,我们也认为当下最需要学界为之的研究是,纳入中国西部省情,并在家庭养老相关理论的导向下,多视角分析出家庭养老功能弱化的影响机制;并通过对西部农村家庭养老发展趋势的预测,为未来养老服务市场的发展、养老政策的制定等提供可信赖的实证与理论依据。

三、中国老年人的老化态度及其对于老年人生活质量的效应研究[①]

中国是目前世界上人口最多、老龄化速度最快的国家。低生育率和预期寿命延长促使老龄化成为一个突出的公共政策与公共卫生问题,如何让老年人长寿、幸福地生活成为当前中国社会亟待解决的重要问题。[②] 生活质量的测量包括主观和客观维度,通常是指人们对自己的生活做出许多不同的积极和消极的评价。[③] 这些评价通常侧重于主观上的生活满意度,以及客观上是否存在孤独、沮丧、焦虑或自卑等心理状态,后者也是西方社会广泛采纳的健康状况测量指标。[④] 积极向上的态度被认为能够有效提高生活质量,早期研究表

---

① Chen L, Guo W, Perez C, "The Effect of Aging Attitudes on the Quality of Life of Older Adults in China", in *Research on Aging*, 2020, 43, pp. 96-106.

② Chen L, Guo W, Perez C, "Social Support and Life Satisfaction of Ethnic Minority Elderly in China", in *The International Journal of Aging and Human Development*, 2019, 92, pp. 301-321.

③ Diener E, Lucas R E, Scollon C, "Beyond the Hedonic Treadmill: Revising the Adaptation Theory of Well-being", in *American psychologist*, 2013, 61, pp. 305-314.

④ Gana K, et al, "Relationship Between Life Satisfaction and Physical Health in Older Adults: A Longitudinal Test of Cross-lagged and Simultaneous Effects", in *Health Psychology*, 2013, 32, pp. 896-904.

明，对衰老持有积极态度的老年人活得更加长寿和健康，并且有着更高的生活质量。[①] 但由于东西方文化存在差异，中国老年人的老化态度可能较为复杂，也与其他社会情境存在不同。一方面，衰老往往与对死亡、焦虑、刻板印象以及身体残疾等的恐惧相互联系，因而容易产生对老化的消极看法。另一方面，中华传统文化推崇以长者为尊，对经验丰富、知识渊博、睿智的老年人十分敬重，这一文化规范促使老年人在中国社会中拥有较高的地位，这些观念奠定了中国老年人对老化态度的基础，并影响着他们的生活满意度与精神健康。然而，当代中国社会的价值观正在逐渐发生转变，对衰老的积极看法也在不断削弱。Laidlaw等人对住在英国的中国老年移民、住在北京的中国老年人以及住在苏格兰的英国老年移民这三个群体的老化态度进行了横截面数据研究，他们发现，与北京的中国老年人相比，中国老年移民和英国老年移民对衰老的态度都更为积极。因此，无论是对中国老年人还是对政策制定者而言，必须进一步基于老年人所处的健康社会环境来理解老化态度会如何影响他们的生活质量。

该研究采用2014年中国老年社会追踪调查（CLASS 2014）的数据，在中国的社会情境下来分析老年人对自身衰老的看法，并探究他们的老化态度对生活质量的影响。首先，根据性别对所有变量进行描述性分析，并使用方差分析（ANOVA）和卡方检验来分别检验连续变量和分类变量的内部差异。接着，进一步考察老化态度、控制变量和生活质量之间的相关性。在进行方差成分分析模型的初步估计之后，采用多层回归模型来探究老化态度与生活质量之间的关系。同时，在多层回归模型中还加入了老化态度与性别、老化态度与城乡的交互项来验证是否存在调节作用。

研究表明，经历过心理社会丧失的老年人可能会对他们的生活更加不满意，也会有更强的抑郁感和孤独感。有社会心理丧失感的女性老年人比她们的男性配偶更容易对生活感到不满，也更加抑郁和孤独。态度会受社会认知的影响[②]，中国女性老年人整体而言往往受教育程度较低，认知水平偏低，经济资源不足，这些因素会进一步影响她们对衰老的态度。因此，女性老年人如果经历了社会心理丧失，将会对其生活质量产生更大的作用。该研究还发现，社会心理丧失对农村老年人生活满意度的影响效应可能要比城市老年人小。一个基本解释是，农村居民的收入相对较低，社会经济地位较低，因而其获取的信息有限，参照的群体也受限，这可能会使他们反而更容易感到幸福。近年来，农村居民的收入不断增加，并且他们预期在未来会持续增加。农村居民非常重视个人与所在社区的关系，尤其在中国传统农村地区，人们生活在一个高度稳定的社会环境中，这种情况可能会抵消社会和心理丧失感对于农村老年人生活质量的负面作用。此外，中国的农民家庭似乎比其他家庭更为传统，农村地区的人们通常更加尊重老人，这也使得对衰老持积极看法的老年人会获得更多的社会支持和认可，从而提高了他们的生活质量。生活在城市可能会抵消老年人的心理获得对减少抑郁感和孤独感的一些积极效应，使得拥有心理获得的城市老年人境况比农村侪辈群体更为糟糕。这一结果表明城市和农村是重要的社会经济实体，会对其

[①] Kerschner H, Pegues J O A M, "Productive Aging: A Quality of Life Agenda", *in Journal of the American Dietetic Association*, 1998, 98, pp. 1445-1448.

[②] Greenwald A G, Banaji M R, "Implicit Social Cognition: Attitudes, Self-esteem, and Stereotypes", *in Psychological Review*, 1995, 102, pp. 4-27.

中的居民产生共同性影响。另外，该研究也得出了与先前中国研究中类似的结论，即农村的生活水平明显更低，农村地区老年人的经济需求可能更大，而城市地区老年人对丰富的社区基础项目的需求更为迫切。① 综合上述，促进并落实关于老年人友好养老和社区基础医疗建设的社会政策，对保持老年人的身心健康、促进中国健康老龄化发展具有重要的现实与政策含义。

思考题

1. 如何理解"健康老龄化"的概念？
2. 你觉得在中国目前的发展阶段，有哪些异质性的老年人群体值得研究？从哪些维度进行研究？研究哪些有价值的内容？
3. 老年健康研究中较常使用的社会学和人口学量化研究方法有哪些？
4. 你觉得对于"老漂族"这个特定的老年人群体，我们可以从哪些维度开展何样的研究？
5. 假设你要在质性研究的维度之下开展一项有关老年人群健康素养的研究，应该如何设计研究方案？

推荐阅读

1. Chen L，Guo W，Perez C，"The Effect of Aging Attitudes on the Quality of Life of Older Adults in China"，in *Research on Aging*，2020，43，pp. 96-106.
2. Guo W，Chen L，Perez C，"Economic Status, Family Dependence, and Health Outcomes of Older People in Western Rural China"，in *Journal of Gerontological Social Work*，2019，62，pp. 762-775.
3. Lubitz J，Cai L，Kramarow E，Lentzner H，"Health, Life Expectancy, and Health Care Spending Among the Elderly"，in *The New England Journal of Medicine*，2003，349，pp. 1048-1055.
4. National Research Council，*Perspectives on the Future of the Sociology of Aging*，National Academies Press，2012.
5. Settersten R A，Angel J L（eds.），*Handbook of Sociology of Aging*，Springer，2011.

---

① Guo W，Chen L，Perez C，"Economic Status, Family Dependence, and Health Outcomes of Older People in Western Rural China"，in *Journal of Gerontological Social Work*，2019，62，pp. 762-775.

第十五章

犯罪社会学

犯罪社会学，也可以称之以社会学的犯罪学（sociological criminology），即以社会学的视角来看待犯罪以及刑事司法议题。纵观整个犯罪学研究领域可以发现，大多数的犯罪学研究取向都是社会学的，这也是为什么在犯罪学的讨论中，贫困、种族、阶层、性别、社会结构和社会关系等都是经常被提及的话题。[①] 近些年来，在研究犯罪和犯罪者方面，社会学家越来越受到来自心理学、医学和生物学的竞争，逐渐有从个体层面来研究犯罪行为的趋势。这些学科的科学家们往往采用更加"科学"的研究方法，通过各种实验手段来获取对犯罪行为以及犯罪者的解释。当然，这些学科的加入为传统的社会学取向的犯罪学研究带来了新的研究视角，也实现了犯罪学领域的跨学科发展。[②] 不过，它们却始终无法像社会学家那样解答造成犯罪行为的社会性因素。而当我们希望了解为什么某些地区的犯罪率比另一个地区高，为什么犯罪现象会因族群、阶级、性别或年龄的不同而有所差异，以及不同社会的刑事司法体系对于犯罪的反应为何不同等这样的问题时，我们依然需要求助社会学家的解释。

第一节
社会学视野中的犯罪问题

犯罪是最严重的社会问题之一，然而人们对它的认识却相当有限。我们对犯罪的了解可能仅来自新闻对于某一些严重犯罪案件的报道，或刑法对于犯罪行为冷冰冰的定义，这

[①] 斯蒂芬·E. 巴坎:《犯罪学：社会学的理解》，秦晨等译，上海人民出版社，2011年版。

[②] LaFree G, "Expanding Criminology's Domain: The American Society of Criminology 2006 Presidential Address", *in Criminology*, 2006, 25, pp. 1-31. Laub J H, Edwin H, "Sutherland and the Michael-Adler Report: Searching for the Soul of Criminology Seventy Years Later", *in Criminology*, 2006, 44, pp. 235-257.

些都令我们对犯罪的认识相对浅薄、片面以及表象化,至于犯罪的社会根源我们却知之甚少。事实上,从社会学的角度而言,犯罪与其他人类行为并没有很大的区别,它们都是社会现象的一种。虽然实施犯罪的是个体,然而致使其犯罪的原因却大多是社会性的。这种对于犯罪的社会学解读不仅能够使我们充分了解犯罪的社会性根源,更有利于我们的社会采取更加有效的政策性应对以控制或减少犯罪。

一、犯罪:一种社会现象

以社会学的视角去看待犯罪,其最重要的一点在于将犯罪视为一种社会现象。而这又牵涉到我们在研究犯罪问题时需要考虑的几个基本社会学概念。

出于对秩序的维护,每个社会都有既定的社会规范(social norm),用来约束社会行为。那些违背社会规范的行为,则被认为是越轨(deviance)。社会学意义上的越轨含义是很广泛的,可指所有触犯社会规范的行为,强调一种破坏规则(rule breaking)的状态。因此,越轨既可以包括那些对非正式的社会规范——非成文的社会习俗或曰"惯习"(customs)——的破坏行为,也可以包括对正式社会规范的破坏行为,或者说对成文的、被编码的社会规范——法律的破坏。前者可包括在特定场合不合时宜的穿着打扮(例如在葬礼上穿着大红色外套)、学生不完成家庭作业等行为;这将会触及非正式的社会控制(social control),即社会对行为者的非正式惩罚,包括嘲笑、疏远、孤立、标签化(labeling)。而后者则包括杀人、抢劫、纵火或不按章纳税等法律所普遍禁止的行为,也即犯罪(crime),并将导致社会的正式惩罚(punishment)——通常由正式的政府执法机构实施。可见,所有的犯罪都是越轨行为,而并非所有的越轨行为都是犯罪。

对于一个社会而言,犯罪是社会常态,是正常的社会现象。也许有人会幻想一个美妙的、和谐的、没有任何犯罪行为的社会,然而,这也仅仅只能是幻想而已。事实上,每个社会都是存在犯罪的。这是因为,从社会学意义上讲,犯罪是一种社会建构现象,并没有所谓的"实体",因为某一特定的行为是否为犯罪行为纯粹是由人界定的而非发现的。也就是说,在所有的社会中,人们都会选择将一些行为定义为犯罪行为。那么,人们为什么要将一些行为界定为犯罪行为呢?对这一问题的考量涉及社会最基本的两种价值——自由与社会秩序——之间的平衡。作为社会成员的我们,既希望拥有自由的生活,也同时希望生活在一个安全的环境之中。然而,问题在于,这两种价值(自由与社会秩序)是相互对立的,我们永远也不可能生活在一个既完全自由又完全安全的环境之中。事实上,自由与社会秩序是此消彼长的状态,想要实现其中一样就必须以牺牲另一样为代价。那么,我们是否愿意生活在一个完全自由而毫无社会秩序的环境中,或者生活在一个完全安全但毫无自由的环境中?前者意味着我们每天都要担心出门会被抢劫、被殴打,甚至被枪杀,而实施这些行为的人却不需要付出任何代价,因为他们拥有做任何事情完全的自由;而后者的最佳例子便是监狱,360度监控无死角,安全得就像保险箱。我们愿意生活在这两种极端环境中的任何一种吗?我们并不愿意。于是,对于一个正常的社会而言,我们要做的就是在自由与社会秩序之间维持平衡;因为这两种价值对我们的社会而言都很重要,不能顾此失彼,只能寻找一个折中点。而这一折中点的获取就是以法律的形式将某些行为定义为犯罪行为来实现的。我们将一些行为定义为犯罪,就意味着剥夺了社会成员做这些行为的自由，而这样就能够在一定程度上促进社会秩序，保障社会安全。也就是说，我们其实是牺牲做某些行为的自由来换取社会的安定和秩序。这就是为什么我们的社会一定会将一些行为定义为犯罪的原因。

那么，我们究竟会将什么样的行为定义为犯罪呢？是不是所有的社会定义的犯罪行为都是一样的呢？只要大致比较一下，我们就可以发现，不同的社会对于犯罪的定义十分不同。事实上，虽然犯罪是一个正常的社会现象，然而社会大众对于犯罪却知之甚少，就算是学术界也并未有一个关于犯罪的明确而排他性的定义。尽管如此，大多数犯罪学家均赞同，犯罪应该被定义为那些对社会有害的行为。这个定义虽然接受度很广，然而也带来一些疑问[①]，例如：是否被定义为犯罪的行为都是对社会有害的？是否所有对社会有害的行为都被定义为犯罪了？"对社会有害"的标准是什么？可见，对犯罪的定义并非那么简单直接，相反，它是非常复杂的。这与许多社会性因素有关，如社会经济发展水平、文化背景、历史沿革、社会结构与阶层分布、统治阶级的意志等。因此，法律对于犯罪的定义是随时间与文化的变化而变化的，而何种行为构成犯罪可以由特定时间下特定社会中的立法机构所决定。并且，立法机构一直在修改、增加和删除刑事法条，以使得对于犯罪行为的规定更加符合特定文化以及特定时代的要求。

正如前文所提及的，将某些行为定义为犯罪是一个社会建构的结果。可见，对于犯罪的定义是具有相对性的，它和特定的文化与时空背景相关。在某一社会中被视为犯罪的行为在另一个社会中完全可能是合法的；在某一个时代完全日常的行为换到另一个时代也许就是犯罪。例如，杀人在大多数时代和社会文化背景下均被认为是犯罪行为，然而，战争时期的杀戮有的非但不会引起社会的惩罚，也许还将得到嘉奖。从这个角度而言，在犯罪学领域里争议最大的犯罪类别当属与公共秩序相违背的犯罪（public order crime），也即无被害人犯罪（victimless crimes）。它指的是一类不符合社会道德或公共秩序的、但却没有明确受害者的"犯罪"行为，例如卖淫或者吸毒就属于这一类。当然，有一些学者会从道德层面强调，这些行为的受害者是整个社会，或者说，这些行为是对社会规范发起了挑战，与社会习俗不一致。即便如此，我们也不能否认，这些行为并不像杀人、抢劫或强奸行为那样有着明确的受害者。也正因为如此，一些犯罪学家认为这些行为不应被界定为犯罪，说到底它们不过是你情我愿的"买卖"或者心甘情愿的自我摧残罢了。正因为此，世界上不同的国家对于此类行为的认证和处理就表现得非常不同。例如在很多国家，大麻的使用是完全合法的，而在另一些国家中，使用大麻者则会遭到逮捕、审判和监禁。由此可见，对于犯罪的认定并不在于这个行为本身，而在于我们的社会如何评价和看待这个行为。

二、国际视野中的犯罪

从全球范围内来看，犯罪现象以及社会对于犯罪的应对在不同的文化和社会之中也具备一定的共通点。首先，在所有的国家，偷盗都是最普遍的犯罪行为，而暴力犯罪（如谋杀）则是最为少见的。此外，一些犯罪行为超越了国境的范围，成为全球最主要的跨国犯

---

① 斯蒂芬·E. 巴坎：《犯罪学：社会学的理解》，秦晨等译，上海人民出版社，2011年版。

罪（transnational crime）领域，主要包括毒品和有组织犯罪、金融和高科技犯罪、逃亡者追踪、公共安全和反恐怖主义、人口（包括人体器官）贩运、腐败。

其次，从统计学上而言，在不同的国家，犯罪者都具备相似的一些人口学特征。其一，虽然理论上来说，每个个体都有可能犯罪，但事实上，大多数犯罪者都是成年男性，从性别的角度而言，在全球所有的国家和社会之中，女性犯罪者都占极少比例。[1] 当然，很多人认为这是因为女性比较"胆小""软弱"，或者更加"循规蹈矩"，而"不愿意冒险"。但实际上，从女性主义的角度出发，女性在社会中的弱势地位严重影响到她们参与犯罪活动；换句话说，犯罪这个"行当"是男性主导的，女性被排斥了，所以她们并没有那么多的机会去犯罪。有一些研究青少年帮派的犯罪学者发现，女性加入帮派常常是为了得到她们已经是帮派成员男朋友的认可，也有一些女孩子会成立自己独立的帮派，但这些女性帮派又往往是依附于男性帮派的。由此可见，女性在犯罪这个"职业"领域内地位是很低的，这也解释了女性只占整个犯罪者总数极少比例的原因。其二，年龄也是影响犯罪行为的一个很重要的因素。绝大多数国家的统计数据都证实，大多数的犯罪者都是年轻人，而随着年龄的增加，个体犯罪的可能性会显著下降。很多犯罪学家认为，这是缘于年长者比年轻人有更多的"牵挂"。例如他们可能有了家庭、有了孩子、有了不错的工作等等，而这些都会成为他们从事犯罪活动的阻碍。相对而言，年轻人则是"了无牵挂"的，所以他们的犯罪成本更低，便也更加有可能犯罪。其三，种族和社会阶层也对犯罪有很大的影响。西方很多研究数据显示，在被逮捕的人群中，少数族裔/来自低社会阶层者所占的比例与其相应的社会占有比例并不相称。其四，从国际范围内来看，大城市的犯罪率都显著高于其他地区。这在很大程度上与人口密度有关。此外，也有学者认为这是因为大城市更容易形成城市帮派，因为很多城市帮派以居住区域为基础而建立；如果缺少密集居住的环境（即大城市），那么帮派将很难形成，如此便少了很多犯罪行为。

最后，在犯罪的应对方面，绝大多数的社会都拥有相似的刑事司法体系，即包括警察、法庭和监狱。而犯罪所带给社会的损失和代价则主要包括如下几个方面。首先，最直接地，犯罪会造成被害人的生理伤害甚至导致被害人失去生命。其次，犯罪还会造成巨大的经济损失，这包括直接经济损失（如纵火案中被烧毁的建筑）、转移财产中的经济支出、暴力犯罪的经济费用（如治疗受伤者的医疗费）、非法财物和服务的售卖、预防犯罪的费用（如门锁、智能防盗装备等），以及社会控制费用，即刑事司法系统所产生的费用。最后，犯罪还会令社会成员付出巨大的心理代价，其中最重要的便是恐惧。例如，很多犯罪学家会建议，用是否敢一个人走夜路作为一个指标，来观测该地区民众对于社会安全程度的主观评价。

---

[1] Blanchette K，Brown S L，*The Assessment and Treatment of Women Offenders：An Integrative Perspectives*，John Wiley & Sons，2006. Medlicott D，"Women in Prison"，*in* Jewkes Y (ed.)，*Handbook on Prisons*，Willan Publishing，2007. van Wormer K，*Working with Female Offenders：A Gender-Sensitive Approach*，John Wiley & Sons，2010.

三、犯罪学研究领域

对于犯罪学家而言,他们的研究领域就是围绕犯罪展开的。不过,在他们眼中,犯罪是被作为一个科学概念来进行阐释的,而并非法律概念或道德概念。因此,在探究"犯罪学家究竟研究什么"这个问题之前,我们首先应该明确的是,犯罪学并不研究:① 刑事司法议题,即警察程序、法庭程序、检察程序、辩论程序、惩罚与监管程序等;② 法律;③ 道德,即强调什么事情应该做、什么事情不应该做,或者社会应该是什么样子的诸如此类的问题。犯罪学是将犯罪作为一个社会现象来进行研究的科学,主要探究犯罪的原因。具体而言,犯罪学的研究尝试回答的问题可包括(但并不仅限于)如下内容:

(1) 为什么社会中的某一些人会犯罪?
(2) 为何一些人比另一些人更容易实施犯罪行为?
(3) 为何犯罪率依年龄、性别、种族等而不同?
(4) 为什么犯罪会发生在某些特定的时间、地点以及环境之中?
(5) 犯罪的形式是什么?
(6) 社会如何对犯罪做出反应?
(7) 为何犯罪率在不同时间、不同文化中有所不同?
(8) 为何一些对社会有害的行为并未被定义为犯罪?
(9) 我们可以做什么来预防犯罪?

在针对这些问题做出研究时,犯罪学家通常会使用各种科学的手段和方法来获取资料,并依此进行分析和解读,而并非仅仅依靠坐在书桌边进行逻辑思辨。从较广的范围来看,犯罪学家除了研究范围之外,也通常会研究越轨行为;事实上,这两者在犯罪学家的眼中并没有本质的差别。而最受犯罪学家关注的领域则可包括(但不仅限于):犯罪者(criminal offenders)、青少年越轨(juvenile delinquency)、受害人(victims of crime)、犯罪统计(crime statistics)、刑罚(sentencing)、警察系统(police system)、法庭(courts)、监狱(prisons)、犯罪预防(crime prevention)、犯罪者矫治(offender rehabilitation)。

第二节 对犯罪的解释

犯罪学是一门研究犯罪原因的学科。由于依托学科以及发展时代的不同,不同的理论对于犯罪为什么会发生的解读角度各有不同,但大多数犯罪学理论都会尝试解释为何一些人比另一些人更容易犯罪,以及为何一些地方比另一些地方更有可能发生犯罪现象。最早的关于犯罪原因的考量可以追溯至早期西方社会对违反社会规范的宗教解释。① 基于神学

---

① 斯蒂芬·E. 巴坎:《犯罪学:社会学的理解》,秦晨等译,上海人民出版社,2011年版。

的观点,是魔鬼造就了犯罪,或者说,是魔鬼附着在犯罪者身上造成了犯罪行为的发生。① 这一观点在很长一段时间都被人们所接受,甚至直至今日,依然有很多宗教信仰者坚信,人之所以犯罪是因为他们被魔鬼附体。当然,自 18 世纪的启蒙运动开始,神学对于犯罪原因的解释力已经逐渐式微,而被更加"科学"的生物学、经济学、心理学和社会学所取代。

一、生物学解释

在自然科学领域,对犯罪的解释最感兴趣的是生物学。从早期生物学角度来看,对犯罪行为的解释包括颅相学(即用头骨尺寸来判断个体的犯罪倾向)、返祖现象(即认为犯罪人的身体特征更接近于原始人)、生物劣等性(即认为犯罪人相比非犯罪人而言具有生物学上的劣等性)、躯体形态差异(即认为犯罪人的躯体形态趋向于某种特殊的类型)等。这些观点所表现出的共同观点在于,认为犯罪人在生理上或者说生物学上与非犯罪人分属不同的群体,更准确地说,是较为"低等"的群体。

当然,在当前犯罪学领域中,这些早期的观点已被舍弃,然而这并不意味着生物学放弃了对罪犯者以及犯罪行为的研究。在当代,依然有很多犯罪学家支持对于犯罪的生物学解释,而这些解释绝大多数源于对遗传的探讨。事实上,一直以来都有犯罪学家认为,犯罪行为是具有某种"家族遗传性"的[2],即家族中有长辈是罪犯的话,其年轻的后辈也有很大的概率是罪犯。而这种和遗传疾病类似的"代际遗传性"引起了犯罪学家的极大兴趣,并据此展开很多经典性研究。其中,最为著名的便是双胞胎研究(twin method)。同卵双胞胎基因更加相近,因而会比普通的兄弟姐妹或无血缘关系的陌生人具有更加相近的态度与行为。[3] 因此,如果其中一个有违法和犯罪行为的话,另一个做出同样行为的可能性很高。收养研究(adoption method)的实施则期待能够排除环境因素的影响,从而证实犯罪的确具有基因的基础这一观点。[4] 一些收养研究主要针对那些被不同家庭收养的同卵双胞胎进行研究,因为生长于不同的家庭环境,如果其行为(尤其是越轨或犯罪行为)具有一致性的话,那便可以证明是来自基因因素的影响。而另一些研究则将研究对象聚焦于那些亲生父母是犯罪者而被没有犯罪记录的夫妻收养的孩子,如果这些孩子表现出较强

---

① McGaghy C H, Capron T A, Jamieson J D, Carey S H, *Deviant Behavior: Crime, Conflict, and Interest Groups*, 7th ed, Allyn and Bacon, 2006.

② Walsh A, *Biosocial Criminology: Introduction and Integration*, Anderson Publishing, 2002.

③ Guo G, "Twin Studies: What Can They Tell Us About Nature and Nurture?", *in Context*, 2005, 4, pp. 43-47. Moffitt T, Caspi, "Evidence from Behavioral Genetics for Environmental Contributions to Antisocial Conduct", in Wikstrom P O H, Sampson R J (eds.), *The Explanation of Crime: Context, Mechanism, and Development*, Cambridge University Press, 2006, pp. 108-152.

④ Rowe D C, *Biology and Crime*, Oxford University Press, 2002.

的越轨或犯罪取向，便可认为与遗传因素有一定的关系。[1]

尽管始终有犯罪学家相信，在犯罪的影响因素这个问题上，基因的力量是"真实存在的"[2]，然而大多数的学者却强调，在研究基因对于犯罪的影响时，不能忽略其和社会环境的交互性，事实上，人们更愿意相信，个人行为的发展趋势是遗传和环境共同作用的结果。[3] 而同时，也有一些犯罪学家认为，目前关于遗传和犯罪相关的研究设计并不十分完美[4]，这也导致犯罪的基因学解读至今仍然不能为学界所信服。

二、经济学解释

理性选择理论是从经济学角度对犯罪行为的最经典解释，也是目前犯罪学研究领域中应用最广的对犯罪行为的经济学解释。理性选择理论本质上来说是基于经济人的假设，以及经济学中对人的行为的理性的强调和经济学理性决策模型[5]，认为犯罪人之所以选择犯罪是基于他们对犯罪行为后果利弊的理性权衡和计算得失之后的选择[6]。换句话说，犯罪行为都是犯罪人的"理性"而"明智"的选择，至少对于彼时彼地的犯罪人而言，他们采取犯罪行为对他们自己是合理的。

在犯罪学领域中，理性选择理论常常被用于对社会较低阶层，特别是生活在困境中的群体犯罪行为的解释。在此种情境中，犯罪行为被认为是一种在"悲惨生活"境遇中的理性选择。例如，为了养育幼年孩子而涉足色情行业的单身妈妈，或者为了果腹而选择偷盗的无家可归者。而他们的犯罪行为在某种程度上也被认为是可以理解的。

三、心理学解释

在社会科学领域中，除了经济学家之外，心理学家也对犯罪行为表现出了浓厚的兴趣，他们着重于分析为什么社会中的一些人会犯罪而另一些人则不会，也即认为人之所以会犯罪是和其个体的某种心理、智力或人格特征有关。

---

[1] Mednick S A, Gabrielli W F, Hutchings B, "Genetic Factors in the Etiology of Criminal Behavior", in Mednic S A, Moffitt T E, Stack S A (eds.), *The Causes of Crime: New Biological Approaches*, Cambridge University Press, 1987, pp. 74-91.

[2] Jacobson K C, Rowe D C, "Nature, Nurture, and the Development of Criminality", in Sheley J F (ed.), *Criminology: A Contemporary Handbook*, Wadsworth, 2000, pp. 323-347.

[3] Benson M L, *Crime and the Life Course: An Introduction*, Roxbury Publishing Co., 2002. Jacobson K C, Rowe D C, "Nature, Nurture, and the Development of Criminality", in Sheley J F (ed.), *Criminology: A Contemporary Handbook*, Wadsworth, 2000, pp. 323-347.

[4] Bohm R M, *A Primer on Crime and Delinquency Theory*, Wadsworth, 2001. Walters G D, "A Meta-analysis of the Gene-crime Relationship", in *Criminology*, 1992, 30, pp. 595-613.

[5] Collins R, *Four Sociological Traditions*, Oxford University Press, 1994.

[6] Dugan L, LaFree G, Piquero A R, "Testing a Rational Choice Model of Airline Hijackings", in *Criminology*, 2005, 43, pp. 1031-1065. Lilly J R, Gullen F T, Ball R A, *Criminological Theory: Context and Consequences*, Sage, 2007.

心理学家对于犯罪行为的解读可以追溯至弗洛伊德对于精神障碍的研究。[1] 尽管弗洛伊德没有直接分析犯罪行为和它的心理原因，但是其关于人格发展的叙述却对之后心理学家研究犯罪行为提供了逻辑基础。其中最重要的贡献便是，在心理学家看来，人的犯罪行为大多可以追溯至其幼年时代的心理发展问题、人格障碍或者亲子沟通紊乱。不过，这种基于童年时期经历的心理分析并不能完美地解释个体成年后所有的犯罪行为，因此其适用度是有很大局限性的。[2] 当然，即便有其局限性，仍然有很多犯罪学家认为犯罪者在人格特征方面与非犯罪群体是有差异的，因此发展出多种多样的心理学量表来测量和比较犯罪者与非犯罪者的人格特质，[3] 而这也是目前较为常见的从心理学角度去解释犯罪行为的一种方法。

心理学家对于犯罪行为一个最常见的解释便是犯罪者的低智商。20世纪早期的心理学研究便发现，犯罪人的平均智商低于社会平均水平。这一解释在20世纪30年代之后沉寂了一段时间，但在70年代又重新获得心理学研究的证实。[4] 时至今日，人们仍然普遍相信，低智商是犯罪尤其是某些特定犯罪（如性犯罪）的重要原因。甚至有一些学者认为，低智商是影响青少年犯罪的最重要因素，比低社会阶层或少数族裔的影响力更加重要。[5] 当然，正如我们能够想到的那样，低智商导致犯罪这一结论也受到了很多批判。[6] 其中最重要的批判在于，低智商和犯罪行为的关联只是一种虚假联系，而其背后真实的原因是，这些在智力测验中得分普遍较低的犯罪人大多来自低收入家庭、社会阶层或少数族裔社群，他们由于经济限制或社会偏见等原因无法接受良好的教育，在这些所谓的"智商测试"中很难有出色的表现。[7]

四、社会学解释

1. 对社会结构的强调

与经济学和心理学对于犯罪的解释倾向于个体化不同，社会学家通常关注于从社会结

---

[1] 斯蒂芬·E. 巴坎：《犯罪学：社会学的理解》，秦晨等译，上海人民出版社，2011年版。

[2] Laub J H, "The Life Course of Criminology in the United States: The American Society of Criminology Address", *in Criminology*, 2004, 42, pp. 1-26.

[3] Tennenbaum D, "Personality and Criminality: A Summary and Implications of the Literature", *in Journal of Criminal Justice*, 1977, 5, pp. 225-235.

[4] 斯蒂芬·E. 巴坎：《犯罪学：社会学的理解》，秦晨等译，上海人民出版社，2011年版。

[5] Herrnstein R J, Murray C, *The Bell Curve: Intelligence and Class Structure in American Life*, The Free Press, 1994. Hirschi T, Hindelang M J, "Intelligence and Delinquency: A Revisionist Review", *in American Sociological Review*, 1977, 42, pp. 571-587. Lynam D, Moffitt T E, Stouthamer-Loeber M, "Explaining the Relation Between IQ and Delinquency: Class, Race, Test Motivation, School Failure, or Self-control?", *in Journal of Abnormal Psychology*, 1993, 102, pp. 187-196.

[6] Gould S J, *The Mismeasure of Man*, W. W. Norton & Co., 1981. Lewontin R C, Rose S P R, Kamin L J, *Not in Our Genes: Biology, Ideology, and Human Nature*, Pantheon, 1984.

[7] 斯蒂芬·E. 巴坎：《犯罪学：社会学的理解》，秦晨等译，上海人民出版社，2011年版。

构（social structure），或者更通俗地讲，社会环境（social environment）的角度来解释犯罪行为，从而试图说明为什么某些区域的犯罪率更高或者为什么某些群体更有可能犯罪。社会结构包括很多方面，例如政治、经济、社会权力的分配、社会分层和流动的情况、社会资源的配置、个体以及群体间关系、社会成员的受教育程度和机会、失业水平、贫困状况，以及诸如房屋的拥挤程度、社区的物理形态等诸多方面的内容。在社会学家看来，这些内容都是有可能影响个体犯罪行为的因素，也是解释个体为何会实施犯罪行为的有力武器。关注于社会结构令我们能够在分析犯罪这一社会现象时，看到个体因素之外的社会性因素，从而更加有利于解释为何大城市的犯罪率更高，或者贫困地区的犯罪率更高这样的问题。

对犯罪的社会结构性解释最早可追溯至涂尔干关于社会整合（social integration）和社会失范（social anomie）的阐述。正如前文所述，越轨行为存在于所有的社会之中，是一种社会常态，也是健康社会的一部分；不过，这并不意味着社会作为一个整体是无序的，相反，通过社会化（socialization）与社会纽带（social ties）的作用，我们生活的社会在正常状况下应该是稳定而充满秩序感的，也即"整合"的，而越轨行为只是社会行为中的少数存在。促使社会稳定而富有秩序感的便是社会结构性要素，而社会结构性要素的弱化会使社会变得不稳定、丧失秩序，进而进入一种"失范"的状态。在《自杀论》中，涂尔干使用自杀这一典型例子说明了社会结构性要素对于个人越轨行为发生概率的影响，并认为社会的低整合程度和失范状态是导致其拥有更高自杀率的原因。尽管涂尔干并没有花费很多的精力来阐述犯罪问题，然而他的理论却为后世学者对于犯罪行为的研究提供了丰富的理论基础。

学习理论便是在社会化概念的基础上发展出来的一个常用的犯罪学理论。社会学家始终认为社会化对于社会秩序或社会整合有着非常重要的意义，涂尔干也强调，社会化就是社会个体内化社会规范与价值，并学会人际交往模式的一个途径，经历社会化过程之后，社会个体便由一个生物学意义上的人成长为一个"社会人"。社会中的大多数人都是从家庭、学校、社区等场所中实现社会化，并最终成为一个符合社会道德标准的、拥有社会所广泛认可的价值观和行为模式的社会个体。然而，有一小部分社会个体却并不是以这样的过程经历社会化的，相反，他们的社会化过程中充满了对所处社会规范、道德、习俗、价值观或行为模式的反叛，他们从有不良行为的同伴（delinquent peers）或者网络及大众媒体处学到了与社会常态不同的价值观和行为方式，并可能将其付诸实践，因而产生了越轨和犯罪行为。犯罪学中的学习理论便是强调个体的犯罪行为和与社会常态相违背的价值观都是不良的社会化过程的结果，是"习得"的；也即，犯罪是一种错误社会化的结果。换句话说，社会中的个体是在其成长的过程里"学会了"如何犯罪。这一对犯罪的社会结构性解释并不令人意外，实际上，我们能够想象到那些生长在不良环境（如居住在犯罪率较高的社区）中的青少年，更容易卷入犯罪行为。

除了学习理论之外，亚文化理论也从社会化的角度为我们提供了关于犯罪的结构性解释。青少年在社会化的过程中，会接触到各种各样不同的价值观，而选择其中一些价值观（例如不提倡循规蹈矩或提倡越轨以获得成功）的个体会更加倾向于犯罪。1955年，美国社会学家艾伯特·科恩在其著作《少年犯罪者：帮伙文化》一书中采用亚文化的概念来分析青少年犯罪团伙和帮派。一些学者在将亚文化概念应用于犯罪研究时，也会使用"犯罪亚文化"或"越轨亚文化"的概念以突出其指代的是那些和社会主流文化不相容，甚至相违背的亚文化。依据亚文化理论，来自下层阶级的青少年往往无法出色地完成学业，在"正常"的社会竞争中很难获得成功；而学业的失败也令他们更容易被帮派或犯罪亚文化所吸引，并期待采用"非常态"的方式来获得"成功"与赢得他人的尊重。[1] 他们这样做并非完全为了钱或物质生活，而更多的是期待获得成功的体验。

越轨遏制理论也是一个很典型的从社会结构的角度发展出来的犯罪学理论。如果说学习理论着重于探讨社会中的少数个人为什么以及如何学习成为一个罪犯的过程的话，那么越轨遏制理论便反其道而行之，关注社会中的绝大多数人为什么没有成为罪犯。为了回答这一问题，犯罪学家们强调了个人控制（如个人的法治意识或道德约束等）和社会控制（如学校、家庭或宗教等外在的社会制度对人的生活和行为选择的影响）的重要性。该理论认为无论是个人控制还是社会控制都有利于遏制（或曰预防）社会个体的越轨或犯罪行为；相反，这两种控制的弱化（诸如及时行乐的生活态度、缺乏道德约束感的行为取向等，或者缺乏家庭管教或学校教育）会引发越轨和犯罪。

2. 批判性视角

与将犯罪归结为社会结构性要素的弱化的实证主义理论不同，对犯罪行为的批判性视角更加强调社会制度或文化对犯罪者以及犯罪行为的反应。持批判性视角的学者往往对关于犯罪的传统认识持质疑态度，他们认为，基于社会是不平等的这一事实，社会个体被捕和被判有罪的概率与他们实际的犯罪事实的关系并没有想象中那么强，相对而言，更加起决定性作用的反而是他们的种族、肤色、性别或者社会阶级。

标签理论是犯罪学领域中最为常用的用于解释越轨和犯罪行为的批判性视角理论，流行于20世纪七八十年代。[2] 在标签理论看来，越轨或犯罪行为并不完全指代某特定行为本身，而更多说的是社会对这一行为做出了标定（贴标签），将其定义为是越轨或犯罪行为。[3] 这种标定，或者说贴标签，说的便是社会大众或者刑事司法体系对某特定行为做出的负面评价，而这种负面评价又多伴随着社会歧视。事实上，社会中几乎所有的人都有可能发生所谓不符合社会期待的越轨行为，然而这些行为大多数时候都是短暂而转瞬即逝的，行为者们也不会被社会特别标定，因此也不会产生社会歧视与社会排斥。然而，当行为人的某些越轨行为被社会特别标定出来时，便会引发"贴标签"的过程，而越轨或犯罪行为人也会在"被贴标签"的过程中被社会主流所排斥。由此可见，越轨和犯罪行为的产生并不完全取决于行为或行为者本身，而更多地由社会大众对这一行为的态度与评价所决定。[4]

女性主义也是批判性犯罪学理论的一个代表。在女性主义者的眼中，无论是偏社会结构主义理论还是标签理论等传统的冲突论视角，都忽视了性别因素，而缺少了对性别角色

---

[1] Cohen A K, *Delinquent Boys*, The Free Press, 1971.
[2] 黄勇：《标签理论与青少年犯罪团伙的形成》，《理论界》，2009年第10期。
[3] 江山河：《犯罪学理论》，格致出版社，2008年版。李明琪、杨磐：《犯罪学标签理论的应然走向》，《中国人民公安大学学报（社会科学版）》，2012年第3期。
[4] 戴维·波普诺：《社会学》（第11版），李强等译，中国人民大学出版社，2007年版。

的重要性的理解，是无法全面而完整地理解犯罪的。事实上，传统的犯罪学理论和研究都关注男性犯罪，数据基础也是男性犯罪的案例，而这些是否能够适用于女性的犯罪行为是很值得怀疑的。女性主义犯罪学家则强调，应该从一个全新的角度去理解女性犯罪。具体而言，女性主义犯罪学家主要关注犯罪中的性别差异、女性犯罪、女性受害者以及刑事司法体系中的性别歧视等议题。[①] 且大多数学者都认为女性在犯罪这个行当中的行为表现和她们的男性同伴是完全不同的；而性别歧视现象在犯罪领域及刑事司法体系中也是真实存在的，并且影响着社会对于女性犯罪者以及受害者的态度。虽然，从犯罪学发展的历程来看，女性主义犯罪学处于刚起步阶段[②]，但它依然提供给我们很多不一样的东西[③]；并且，从性别平等的角度而言，女性主义犯罪学理论至少可以在一定程度上减少刑事司法体系中以及在更大的社会层面上的性别不平等问题。

第三节 犯罪类别

依据不同的标准，犯罪行为可以被划分为不同的类别。最常见的是按照犯罪的种类划分，可以列举很多种犯罪类型，例如暴力型犯罪、侵财型犯罪、性犯罪、毒品犯罪等。在这里，我们主要介绍两种不同的分类方式：其一是基于犯罪人的社会阶层而进行的分类，即将犯罪划分为街头犯罪和白领犯罪；其二是按照犯罪的组织形式划分的犯罪类型，也即认为犯罪可包括个体犯罪、团伙犯罪、有组织犯罪等。

一、街头犯罪和白领犯罪

简单来说，街头犯罪（street crime）与白领犯罪（white-collar crime）的划分既是基于犯罪人的不同社会阶层，也同时代表着不同的犯罪样态和类型。街头犯罪是对于那些在公共场所中的犯罪行为的一种统称。例如，抢劫、纵火等行为便是街头犯罪的典型例子；此外，扒窃、侵犯他人、在公开场所的毒品交易、在公开场所进行非法性交易的接洽、在公共物品上乱涂乱画等也都可以被视为是街头犯罪。

---

① Miller J, Mullins C W, "The Status of Feminist Theories in Criminology", in Cullen F T, Wright J P, Blevins K R (eds.), *Taking Stock: The Status of Criminological Theory*, Transaction Publishers, 2006, pp. 217-249. Morash M, *Understanding Gender, Crime, and Justice*, Sage, 2006.

② Chesney-Lind M, "Beyond Bad Girls: Feminist Perspectives on Female Offending", in Summer C (ed.), *The Blackwell Companion to Criminology*, Blackwell Publishing, 2004, pp. 255-267.

③ Chesney-Lind M, Faith K, "What About Feminism? Engendering Theory-making in Criminology", in Paternoster R, Bachman R (eds.), *Explaining Criminals and Crime: Essays in Contemporary Criminological Theory*, Roxbury Publishing Co., 2001, pp. 287-302.

正如媒体中所广泛宣传的那样，绝大多数的街头犯罪都是为了"赚快钱"，即迅速地、不花费很大精力的状态下轻易获取一大笔收入。街头犯罪的犯罪者通常来自社会中下阶层。依据犯罪学中的一个重要理论——理性选择理论，对于社会中的个体而言，犯罪是一个理性的选择。来自社会中下阶层的个体相对于来自社会上层的个体更加有可能陷入生活的困境，便更可能采用犯罪的行为来改善自己的生活。此外，犯罪行为对于社会中下阶层而言"性价比"也较高，因为他们可能通过犯罪行为得到的回报显著大于可能失去的代价。因此，从这个角度来说，犯罪学家普遍赞同，来自社会中下阶层的人员更加有可能涉足街头犯罪行为。而街头犯罪行为占整个社会犯罪行为的绝大部分，这便也解释了前文中提及的，在绝大多数国家，犯罪行为都是有阶级差异的。当然，也有一些犯罪学家将这种阶层差异现象解释为"恶性循环"，即警察或司法界主观认为来自低社会阶层者犯罪率较高，因此这些群体更加容易进到执法者的关注范围，因此更加容易被逮捕；而这并不意味着来自其他社会阶层的人群没有或拥有相对较少的犯罪行为，只不过，他们没被警察发现罢了。

与街头犯罪不同，白领犯罪指的是由那些来自较高社会阶层的犯罪者利用其较高的社会地位/身份所犯的罪行。一些犯罪学家也将这种类型的犯罪称为"绅士犯罪"（elite crime）、"斯文犯罪"（respectable crime）或"上流社会犯罪"（upperworld crime）。白领犯罪这一概念最早来自美国犯罪学家萨瑟兰出版的《白领犯罪》一书。在这部作品中，作者是从批判犯罪学界的普遍共识——犯罪行为主要由来自社会下层的成员做出——的角度出发来探讨所谓另一种我们所不常谈及的犯罪行为。

白领犯罪的形式是多样化的，且与企业犯罪、经济犯罪关系密切。典型的白领犯罪包括偷税漏税、贪污、行贿受贿、洗钱、伪造文书、操纵股票市场、假报资产负债表、在广告和推销中弄虚作假、出卖经济情报等。这些行为的共同之处在于，都需要犯罪人利用自己所拥有的社会地位或职务之便进行犯罪。因此，白领犯罪者大多都具备较高的社会和经济地位，他们往往是掌握企业营运的重要角色，或从事与财务、金融有关的工作，甚至"功成名就"，"身居要职"。

在白领犯罪中，有两个最重要的类别很值得关注。首先是腐败（corruption），也即利用自己的职业地位以及源于职业地位的权力所实施的贪污、受贿、渎职等犯罪行为。此类的犯罪行为和街头犯罪有着很明显的差别，即这一犯罪类型需要以拥有一定的社会地位为基础，因此，有着非常明显的"门槛"；犯罪者的平均年龄也较街头犯罪者的平均年龄高十岁以上。然而，从某种程度上而言，腐败犯罪和街头犯罪又是相似的，至少它们都源于犯罪者对于金钱的渴望与追求。除了腐败之外，公司犯罪（corporate crime）也是白领犯罪中很值得关注的类型。此时的犯罪主体不再是单一的个体，而是作为公司的法人；或者说，白领犯罪的实施是为了法人的利益，尽管这些自然人在这一过程中也能够收益，但是其最终目的并非完全为了个体，而是为了公司整体。公司犯罪的内容多种多样，但大体来说可以包括针对消费者的犯罪、涉及健康和安全的犯罪、金融类犯罪等三种类型。针对消费者的公司犯罪包括虚假广告、售卖假冒伪劣产品等；涉及健康和安全的公司犯罪包括不安全的生产环境、销售对消费者身体健康有害的产品、生产性废水或有毒气体未经处理排放并造成环境受损或社会成员健康受到侵害等；公司实施的金融类犯罪包括公司诈骗、金融欺诈、公司贿赂等。

在白领犯罪越来越多地进入犯罪学家的视野之后，人们逐渐认识到，虽然从数量上看，白领犯罪远远少于街头犯罪，然而其造成的经济损失却可能大大超过街头犯罪中的抢劫、盗窃等侵犯财产罪所造成的经济损失。尤其是公司犯罪的案件，其造成的经济损失和健康危害往往是普通街头犯罪的数十倍、数百倍甚至更多。此外，白领犯罪所造成的负面社会影响也可能比街头犯罪更加恶劣，尤其是当人们看到那些身居高位、手中拥有很大权力的人参与犯罪行为时，常常绝对无法接受和容忍。

二、个体犯罪、团伙犯罪和有组织犯罪

顾名思义，个体犯罪指的是犯罪行为是由个体所实施和完成的。个体可以单独完成的犯罪类型很多，"大"至杀人放火，"小"至顺手牵羊，都可以由犯罪人独立实施。个体实施犯罪行为的原因很多，有的纯粹为了钱，也有的是为了寻仇、泄愤，甚至争风吃醋或满足虚荣心等其他更加个人化的原因。从个体犯罪的特征上来看，大多数犯罪人都呈现出投机性或情境性的特点，而经过"深思熟虑""精密策划"的个体犯罪人并不占多数。

当然，也有许多的犯罪行为是一群人共同犯下的，为的就是相互配合并以更加迅速或"完善"的方式来牟取暴利或达到犯罪的目的。不过，大多数犯罪团伙成员的聚集是松散的和原子化的，他们可能只是为了同一个犯罪目标（例如扒窃）而进行短暂、简单的聚合和分工（如一个负责盗窃，另一个负责望风），一旦犯罪行为完成（如钱财得手），可能就意味着整个犯罪团伙合作的结束。与个体犯罪相比，团伙式的犯罪更加有可能是有计划性的，至少团伙成员会在犯罪行为实施前进行简单的部署和沟通，以达到相互配合的目的。

与松散式结合的团伙犯罪不同，有组织犯罪（organized crime）通常指那些有着严密而类似于现代企业式的规范组织而实施的犯罪行为。这听起来和公司犯罪有相似之处，然而细究起来，两者是有着本质性差别的：公司犯罪的犯罪主体并非是为了犯罪而存在的，他们只是在做正当生意的同时其某些行为触犯了法律；而有组织犯罪的组织本身存在的"意义"和"价值"就是为了实施犯罪行为。当然，有的时候，一些有组织犯罪的组织也会运营合法生意，但这些合法营生通常是为其犯罪行为提供庇护或为其服务。例如，一个制毒贩毒的组织很可能同时经营一家药厂或运输公司，来为其制毒和贩毒的"生意"提供掩护（如购买某些制毒原材料）或提供方便（如运输毒品）。因此，我们在判别两者差别时，最简单的依据便是可以观察这一组织的主要营生是什么，或者说，它们是否是为了犯罪而成立的。

有组织犯罪的起源可以追溯至早期意大利西西里岛的家族式犯罪集团，也即我们所熟知的黑手党（Mafia）。自那时起，有组织犯罪的形式便渐渐在世界范围内发展，并与各地的本地文化和社会传统相结合，衍生出目前多种多样的有组织犯罪形态。总体而言，有组织犯罪可以被看作是一个持续性实施犯罪行为的公司（continuing criminal enterprise）以符合经济规律的原则提供给社会那些不合法但又有很大需求的产品和服务，以达到赚取经济收益的目的。可见，有组织犯罪相对于个体犯罪和团伙犯罪而言，具有很强的预谋性特征。此外，所有的有组织犯罪的最终目的都是赚钱，这和经营合法生意的公司并没有什么不同，唯一的差别就在于这些"公司"所卖的东西不合法。综合全球的有组织犯罪来

看，其最常见的售卖产品和服务包括运输和销售毒品、贩卖军火、经营赌场、色情产业、人口或人体器官的交易、高利贷生意、大规模的洗钱等。

与社会中大量存在的各类现代企业一样，有组织犯罪的"公司"也具有十分现代化的架构和管理模式。在这些"公司"中自上而下通常存在着老板（boss）、顾问或参谋（counselor）、二老板（underboss）、指挥官（lieutenant）、士兵（soldier）等多个不同的等级，且在管理上遵循科层制模式，下一层级的人员服从上一层级的管理。当然，在很多时候，这些有组织犯罪的公司会十分强调忠诚以及权力的集中化，因此也常常会采用暴力或威胁等多种手段对其成员实施有效的精神控制。此外，这些具有现代化企业特征的"公司"也拥有超越其成员自然生命周期的成熟运转模式，它们的生命有的长达数十年、上百年甚至几个世纪，历经多名"老板"的更迭依然"屹立不倒"。同时，与全球化在其他经济和社会领域的影响一样，本土化的有组织犯罪组织也逐渐被国际犯罪组织所取代，尤其是大型的跨国犯罪集团，因为这些"大企业"比那些本土的"小公司"更具有竞争力，它们的"货品"来源渠道也更加广泛和"有保障"。

第四节 犯罪控制与犯罪预防

虽然犯罪存在于任何社会之中，但我们却总希望犯罪行为能够尽可能地得到控制，以确保社会的安全。因此，我们的社会建立了一系列的犯罪预防与控制系统。其中最重要的当属刑事司法体系，主要包括警察、法庭和监狱三个组成部分，也即使用国家暴力机器来惩罚和预防犯罪行为。此外，基于社区的青少年服务与社区行动也成为犯罪预防的一个良好途径，且相对于出动国家暴力机器而言，此类的服务更加温和而具有灵活性。

一、刑事司法体系的逻辑和理念

对于任何一个社会而言，刑事司法体系的三个部分（警察、法庭和监狱）是相统一的。当然，所有刑事司法体系的终极目的都是维持我们的社会秩序，不过，在这个终极目标之下，我们可以有不同的选择——惩罚（punish）和改变（reform）。前者对于犯罪者以及犯罪行为是向后看的，而后者则是向前看的，它们背后的理念、逻辑和哲学（ideologies or philosophies）是不一样的。并且，依据这一差异，我们的社会在应对犯罪行为时主要发展出五种理念，分别为报复（retribution）、遏制（deterrence）、使之丧失能力（incapacitation）、改造（rehabilitation）、恢复（restoration）。[①]

1. 报复

报复是最古老的一种惩罚犯罪的标准，为的是一种简单的"公平性"。报复的基本逻

---

① Reichel P L, *Corrections: Philosophies, Practices, and Procedures*, Allyn & Bacon, 2001.

辑在于那些做了错事的人应得到与其所做的事情相当的惩罚。中国古话中所说的"杀人偿命""欠债还钱",或者西方古语中所提及的"an eye for an eye, a tooth for a tooth, a life for a life"(以眼还眼,以牙还牙,血债血偿)说的都是这个道理。在这样的逻辑下,整个刑事司法体系对于犯罪的态度是向后看的,只关注已经发生的犯罪行为,而对于未来犯罪的预防则不感兴趣。并且,这一逻辑并不在意犯罪者,换言之,不论是谁,只要犯罪,便会得到相应的惩罚。

2. 遏制

遏制即通过对已犯罪行为的惩罚以达到预防今后犯罪的目的。因此,遏制理念所遵循的基本逻辑是"快乐-痛苦原则"(pleasure-pain principle),即犯罪人/潜在犯罪人会在犯罪行为可能带来的"收益"和"损失"之间衡量,如果可能的"损失"明显大于可能的"收益"之时,当事人便不会实施犯罪行为。所以社会对于犯罪的惩罚应该是及时且严重的,因其必须达到如下目的:使犯罪人以及所有国民相信,每一项犯罪都会被惩罚,这种惩罚是即刻执行的,并且其痛苦程度一定高于由于犯罪所带来的"快乐"或"收获"。尤其是,基于理性选择理论,犯罪人是否选择犯罪是基于理性的计算得失的考量,那么,如果惩罚足够严重的话,就会对犯罪起到明显的遏制作用。

3. 使之丧失能力

使之丧失能力也是一种预防发生新的犯罪的逻辑,但与遏制逻辑不同,其关注点除了犯罪事实之外还有犯罪者。使之丧失能力的基本逻辑在于,如果犯罪人能够在生理上被限制住(无论是监禁、流放、处死,还是采用其他的技术手段)使其无法继续犯罪,那么社会的稳定就可以得到保证。而从具体的实施手段上来看,基于使之丧失能力的理念,刑事司法体系主要采用两种形式来对待犯罪者:监禁(incapacitation through imprisonment),或者从技术上使之不能(incapacitation through technology)。前者很容易理解,将犯罪人关于特定机构——监狱之中,便不能再在社会上"为非作歹",就能够实现预防其再次犯罪的目的。而后者则是采用一些技术手段,例如佩戴电子监控设备等,使得当事人即使还生活在社会中也无法再继续实施犯罪行为。

4. 改造

改造同使之丧失能力一样,也是为了防止新的犯罪的发生,同时,其主要关注点也是犯罪者。但改造理念的不同之处在于,其对待犯罪者时持有一种积极的态度。持改造理念的刑事司法体系并不是十分强调对罪行的严重惩罚,而是希望通过一系列的矫正手段使得犯罪者能够摒弃以前的错误行为和思想而转变为守法公民。

5. 恢复

恢复性司法是近些年较为流行的一种刑事司法逻辑。和其他四种理念不同,恢复理念在关注犯罪者的同时也关注被害者,其基本逻辑是希望能通过一系列努力(如调解、社会工作介入等)恢复到犯罪发生之前的状态,从而将对被害者的损害降到最低。

二、犯罪预防：青少年服务与社区行动

除了刑事司法体系对于犯罪的应对之外，还可以依靠青少年服务与社区行动来减少犯罪行为的发生，并有效起到预防犯罪的作用。首先，早期干预和预防永远好过犯罪后的惩罚。针对青少年的服务或早期不良行为的干预方案被认为可以有效地预防犯罪的发生。这些服务大多表现为给青少年提供积极健康的活动，以将其吸引进非犯罪活动中，并借此让他们更好地融入社区生活的目标。有时，社会工作者或者警务人员还会在这些针对青少年的服务中充当榜样（role model），以亲身示范教导青少年做一个正义且对社会有用的人。针对那些已经有一些偏差行为的青少年，则可使用各种专业方法对他们的不良行为进行早期干预，防止其在此道路上越走越远甚至堕入犯罪深渊。

其次，社区计划也是一个有效的犯罪预防方法。邻里之间的相互监督可以起到预防犯罪的作用，因此，可通过社区服务项目来促进邻里间的了解和信任，并实现预防犯罪的目标。而从另一角度而言，社区计划也可包括社区整体环境的改善，例如让社区变得更加安全，这既可包括增加相应的安全设施（如安保人员、监控设备等），也可包括对社区成员的安全教育。无论是在青少年服务还是在社区服务领域中，专业的社会工作者都发挥了巨大的作用。

第五节
犯罪社会学研究方法与研究实例

在研究方法上，社会学取向的犯罪学在研究犯罪时承袭了社会学两种最主要的研究类型——定性研究与定量研究。近些年来，混合式研究也越来越受到犯罪学研究者的青睐。此外，亦有少量研究者会采用实验法来进行研究。

一、定性研究

犯罪学的定性研究主要有两类。一是民族志（ethnography）式的研究，着重于对某一社会群体或犯罪行为、组织的长期深入的观察。很多犯罪学的经典研究均属此类。其中最为人所熟知的便是芝加哥学派中非常著名的犯罪学作品《街角社会》[①]。它是基于作者于1936—1940年对美国波士顿市的一个意大利人贫民区的田野调查（field work）所撰写的。作者以被研究群体——"街角帮"一员的身份，置身于研究对象的生活环境和日常活动之中，对闲荡于街头巷尾的意裔青年的生活状况、非正式组织的内部结构及活动方式，以及他们与周围社会（主要是非法团伙成员和政治组织）的关系加以观察，并与这些青年进行交流。通过记录和分析，作者最后从中引出关于该社区社会结构及相互作用方式的重

---

① 威廉·富特·怀特：《街角社会》，黄育馥译，商务印书馆，1994年版。

要结论。而较为晚近的一部作品《城中城：社会学家的街头发现》[①]则以作者深入穷困黑人街区，打入黑帮内部，周旋在由黑帮老大、打手、毒贩、军火贩子、牧师、警察、社会工作者以及其他各色人等交织而成的地下社会交际网络中的十年"街头生活"为蓝本，描述了当地黑人的生活情况，以及他们参与犯罪行为的状态，从而阐明社会政策制定者可以通过改进社会政策有效地促进社会进步，并实现人的发展。

犯罪学定性研究的第二类则大多是针对某些犯罪人的深度访谈。例如，一个 2003 年的研究[②]基于对 27 位男性暴力犯罪人的访谈，研究了他们对于自己的犯罪行为（包括谋杀、抢劫、强奸等）是否存有悔意，以及如何看待他们犯罪行为中的受害者。而在另一项关于女性暴力犯罪的研究[③]中，作者对身在监狱中服刑的 66 位女性犯罪人分别进行了 2～8 小时的深度访谈，并全面了解了她们做出犯罪行为的原因。除了针对被法庭宣判后正在监狱中服刑的犯罪人进行研究之外，犯罪学家也将目光聚焦在仍然"活跃"在社区中的违法者（尚未被逮捕以及宣判）。当然，相比较而言，对这一类对象的研究实施起来要困难许多，因为他们显然有着被暴露的担忧。

二、定量研究

除了定性研究之外，犯罪学家也采用定量研究的方法来研究犯罪。事实上，定量研究才是犯罪学研究领域的主流研究方法。同社会学的其他研究领域一样，犯罪学的定量研究也是主要基于大规模或较大规模的问卷调查（questionnaire survey）。通常，这种调查会基于随机抽样原则选取研究对象中的一部分作为研究样本，并令其填写事先设计依据研究问题设计好的问卷。抽取随机样本的程序是复杂而科学的，因此，针对这些样本的行为和观点所做的问卷调查结果是可以准确反映研究对象整体的行为和观点的。当然，这一类的研究往往规模较大，且耗时耗力，需要研究者花费大量的时间和金钱才能完成。

相对而言，一些小规模的、不完全遵循随机抽样原则的问卷调查更加经常被犯罪学家所采用。例如，我们可以将问卷发给某所大学的二年级学生以研究大学生的酒精依赖问题。这些研究虽然并不满足随机抽样的要求，也不具备推断总体的资格，但却依然是可被接受的研究方法。并且，这些研究因其较为简便易行，从而为增加我们对于犯罪和越轨行为的了解做出了极大的贡献。如同前述举例，虽然我们无法通过这一研究设计推断出整个国家的大学生酒精依赖情况，但是却可以在一定程度上反映出饮酒这件事在大学生群体中是否值得重视。并且，往往大规模的随机抽样研究都是在许多个小规模的、不完全随机抽样式的问卷调查研究发现基础之上完成的。

[①] 素德·文卡特斯：《城中城：社会学家的街头发现》，孙飞宇译，上海人民出版社，2016年版。

[②] Presser L，"Remorse and Neutralization Among Violent Male Offenders"，*in Justice Quarterly*，2003，20，pp. 801-825.

[③] Kruttschnitt C，Carbone-Lopez K，"Moving Beyond the Stereotyes: Women's Subjective Accounts of Their Violent Crime"，*in Criminology*，2006，44，pp. 321-351.

除此之外，犯罪学家还可以依据来自政府部门或其他机构的现有数据进行定量研究。这些数据既可包括警察部门正式立案的档案数据、法院对于案件的判罚卷宗、监狱部门对于收监犯罪人的统计数据，也可包括政府的各种民意调查中所涉及的与犯罪有关的栏目数据。这些数据虽然并非依据研究者的研究问题而收集，但却有着一般问卷调查数据所不可比拟的优势——权威、省事。研究者不仅不必耗费时间和金钱，且数据的质量和覆盖面还远远高于自己采集。并且，研究者还可以结合政府的其他官方数据（如人口、经济等数据）来研究犯罪行为，这也是自己收集数据的问卷调查所无法企及的。

三、混合研究

混合研究，顾名思义，即混合了定性和定量两种研究方法的研究。不过，在具体的研究中，这两种研究方法是有主次之分的，研究者既可以采用定量为主、定性为辅的研究方法，亦可以选择定性为主、定量为辅的研究路径。

当采用定量为主、定性为辅的研究方法时，研究者通常将定性研究作为自己了解研究对象的前期方法，其主要为设计问卷而服务。例如，我们想对年轻人对于同性恋群体的态度做一个调查，但我们对设计问卷没什么把握，不是很清楚问什么问题以及设置什么选项比较合理，我们会首先进行一个小范围的访谈，大致了解年轻人对这一问题的看法。这样，结合前人的相关研究以及犯罪学相关理论，我们便可以设计出一个比较有针对性的问卷，也能够获得一个较为满意的结果。换句话说。在这样的研究设计中，定性研究是作为定量研究的"先导"而出现的，而定量研究则在一定程度上起到了"验证"定性研究发现的作用。

而如果选择采用定性为主、定量为辅的研究路径，则往往意味着定量研究充当着提供"整体信息"的角色，而定性研究所体现出的丰富而细腻的故事细节才是研究的重点。还是用前文提及的例子，如果我们在年轻人对于同性恋群体的态度这一议题中，更想展现的是他们的观点和看法以及产生这些观点和看法的理由或背后故事的话，我们就得采用定性研究方法作为整个研究的主体。当然，也许我们同时亦希望呈现出他们所持观点的整体状况、正负向比例、大致分布，此时，我们便需要借助一些定量研究的方法来加以表达。如此可见，这种设计基本还是一种定性研究的设计，只是采用了一些定量研究的方法来使得数据的呈现更加完整和丰富。

思考题

1. 为什么说犯罪是社会常态和正常的社会现象？
2. 来自较低社会阶层的人更容易犯罪吗？
3. 为何犯罪者大多数都是男性，而女性犯罪者只占很小的比例？
4. 在你看来，卖淫、吸毒应该合法化吗？
5. 从社会学的角度而言，如何减少犯罪？

推荐阅读

1. 斯蒂芬·E. 巴坎:《犯罪学:社会学的理解》,秦晨等译,上海人民出版社,2011年版。
2. 埃米尔·迪尔凯姆:《自杀论》,冯韵文译,商务印书馆,1996年版。
3. 威廉·富特·怀特:《街角社会》,黄育馥译,商务印书馆,1994年版。
4. E. H. 萨瑟兰:《白领犯罪》,赵宝成等译,中国大百科全书出版社,2008年版。
5. 素德·文卡特斯:《城中城:社会学家的街头发现》,孙飞宇译,上海人民出版社,2016年版。

第十六章

社会心理学

第一节
社会心理学概述

人类很多的行为并不是完全由其自己的意志来决定的,在很大程度上,要受到他人或者社会情境的影响,这就是社会心理学所关注的研究领域。

社会心理学(social psychology)是一门探讨人们的思想、情感以及行为如何因他人真实或想象的存在而受到影响的科学研究。[①]

社会心理学应该算是一门相对比较年轻的学科。第一个社会心理学实验的进行,距今不过才100多年,而第一本社会心理学的教科书是在1900年前后才出版发行的。[②]而直到第二次世界大战之后,为了理解和解释社会的巨大变化,并更好地为社会提供必要的服务,社会心理学才真正开始蓬勃地发展起来。

社会心理学可以看成是心理学和社会学的一门交叉学科。与社会学特别注重研究群体,以及要将人镶嵌在社会之中来理解和解释相比,社会心理学更侧重于用实验的方法对个体进行研究。而与心理学特别注重个体之间的差异相比,社会心理学更侧重于研究不同个体之间的相互认知与彼此影响。也因此,社会心理学有两种不同的分支:一种是心理学取向的社会心理学,注重用实验、调查的方法研究个体间的互动;另一种是社会学取向的社会心理学,注重用定性、分析的方法去研究群体与个体、群体与群体之间的影响。

[①] Allport G W, "The Historical Back Ground of Social Psychology", in Lindzey G, Aronson E (eds.), *The Handbook of Social Psychology*, Vol. 1, 3rd ed, McGraw-Hill, 1985, pp. 1-46.

[②] Smith P B, "Is There an Indigenous European Social Psychology?", in *International Journal of Psychology*, 2005, 40, pp. 254-262.

就本质而言，社会心理学其实就是一门研究我们周围情境影响力的科学，尤其关注我们如何看待他人、如何相互影响，以及如何与他人互相关联。这也就是社会心理学对应的三大领域：社会思维、社会影响、社会关系。

第二节
社 会 思 维

曾有一档广播节目抛出了这样一个话题："你是什么时候知道自己长得不好看的？"这真是一个神奇的话题，不仅仅因为它立刻带来火爆的参与度，主持人在两个小时的节目时间里，几乎一直在念听众发来的信息，让听众发现原来人们知道自己长相的渠道真的是千奇百怪。更重要的是它引发了人们无限的遐想，因为我们究竟长得是否好看、什么是好看等等，实在是非常复杂的问题。归根到底，因为这些问题并没有客观、确切的答案，而且很大程度上，与他人对我们态度、我们所处的文化，以及他人所形成的一些共识却有着很大的关系。这就是我们认识自己和他人，包括整个世界的方式，即社会认知（social cognition）。换句话说，社会认知决定了我们会如何选择、解释、记忆和运用我们从所处的社会之中所得到的信息。

一、社会认知

通常来说，我们认识世界有两种思维模式。第一种叫自动化思维（automatic thinking），是一种无意识、没有明显意图、不需要努力的思维方式。例如，我们在与朋友聊天时，看一眼别人脸上的表情，就知道朋友的情绪如何；我们吃饭时，看到有汤就知道要用勺子喝，看到有面条就知道有筷子夹。这些都是我们自动化思维的反应。

第二种社会认知的模式叫控制性思维（controlled thinking），这个思维过程通常需要相对较长的时间，仔细地进行思考加工。例如，我们是否要将社会心理学作为未来学习和研究的主要专业，是否要与某个人开始一段亲密的关系等等，这都需要我们付出很大努力和很多时间进行思考与判断，最终做出决定，而这些都是控制性思维。

1. 认知偏差

在绝大部分时间里，我们社会认知中的自动化思维和控制性思维保持着平衡，共同为我们清晰、准确地认知世界而协调努力。但在某些特定的情况下，我们的自动化思维会更加突出，因为它的反应非常迅速，常常是在一瞬之间就已经做出了判断，甚至采取了相应的行动。然而，也正由于它太快了，并没有进行细致的加工，所以也常常出现一些偏差。

如果我们有一位朋友频繁地更换恋爱对象，我们很容易会认为此人对于爱情的价值观可能会有问题，因而没有表现出应有的忠诚。然而，我们很可能会忽略另一种可能性：这个人在更换恋爱对象的事情中是被动的，是别人不愿意与其交往，所以是被迫结束一段感情，而后才与另一个人开始交往。如果我们在没有调查清楚的情况下，直接就认定是人品的问题，那很可能就是错误的归因（misattribution），但我们又常常这样做。因为我们总是会不断地分析和讨论事情是为什么发生的,这就是归因(attribution),即根据行为来推论、解释其背后可能存在却又无法直接观察的原因。为了了解和适应复杂的社会、控制周围的环境、预见他人的行为,其实我们每个人无时无刻不在观察世间万物的关系。但我们在进行归因的时候,又很喜欢运用自动化思维。

"归因理论之父"海德认为,人们在尝试解释他人行为的原因时,通常会做出两种倾向的归因。[1] 一种是倾向于对行为做内部归因(internal attribution),即行为背后的原因与其个人自身的因素(如人格、价值观、态度等)有关,也被称为个性归因(dispositional attribution)。就好像我们在看到街边的乞丐时,常常会认为是由于其懒惰而咎由自取。

另一种倾向是对行为做外部归因(external attribution),即行为的出现与当时的情境(诸如天气、地理环境、突发的事件等)有关,因此也被称为情境归因(situational attribution)。如果我们知道乞丐因为工厂倒闭或无力支付高额的医疗费用时,那么我们往往倾向于将其行为归因外部的情境性因素。

伴随着归因的类型不同,我们对他人的印象也会有很大的差异。当我们对消极事件做内部归因时,通常会对当事人产生负面的印象,如同我们会对前面提到的频繁更换恋爱对象的友人产生"花心"的负面评价。而当我们做外部归因的时候,似乎就更容易理解当事人,例如不仅不会讨厌总是被恋人"抛弃"的朋友,反而还会心生怜悯。

社会心理学家们发现了一种称作"基本归因错误"(fundamental attribution error)的社会认知现象,即我们在行为进行解释时,常常高估人们内部的、人格方面的因素,而低估情境方面的因素。前面关于更换恋爱对象的问题便是如此,我们大多数时间会认为是这个人的"花心",而很少想到其可能面临的种种困难。这也是一种认知偏差,就是说我们会依据一些不完整甚至是虚假的信息对事物做出判断,而因此产生错误。简单来说,就是由于我们常常不依靠我们的控制性思维,而是习惯性地使用自动化思维,依靠所谓的"直觉",企图借此寻求认知的捷径,从大量信息中更简单、更快捷地获取一个更好的解释,结果反而忽略了重要的信息。

在一场重要的比赛中输给了对手,我们会做何感想?通常我们会感慨"今天运气不好"或者"场地的条件差"等,很少有人会愿意承认"我的能力不如对手"。相反,如果我们赢了,却很少会说"我的运气太好"或者"对手只是状态不好"之类的话,而是会认为自己确实技高一筹。这种认知偏差叫作"自利性归因偏差"(self-serving attribution error)[2],即将成功归功于自身因素,而将失败归因于外部原因。《三国演义》中的周瑜,在临死之前仰天长叹六个字"既生瑜,何生亮",就是这种自利性归因偏差的体现,他在几次交手中都被诸葛亮打败,最后被活活气死。而他将自己的失败归因于造化弄人,是运气不好,既然已经有了一个周瑜,为何还要搞出一个诸葛亮呢?在这里,我们就会发现,自利性偏差产生的原因,不仅仅是因为自动化思维的认知方式,还与我们的动机与需要有

---

[1] Heider F,*The Psychology of Interpersonal Relations*,Wiley,1958.

[2] Miller D T,Ross M,"Self-serving Biases in the Attribution of Causality:Fact or Fiction?",*in Psychological Bulletin*,1975,82,pp. 213-225.

关，自利性偏差有助于保护和提高我们的自尊，或者在他人面前保持良好的形象。①

2. 启发式认知

我们在社会认知时的"偷懒"习惯，不仅出现在我们对他人的印象，以及对其行为背后原因的理解上，还常常出现在我们对这个世界的认识上。在对很多事情进行决策或判断的时候，我们依然喜欢寻找认知的捷径，希望能够在非常有限的时间内加工众多的复杂信息，得到可靠的结论。因而我们往往使用快速而简单的认知方式，形成印象、建立解释、做出决定。这种我们常常依赖的简单、快捷、高效的认知策略，就叫"启发式（heuristics）判断"。

在很多情境下，启发式认知能够让我们在极短的时间做出某种重要的判断，例如对危险的评估、如何躲避灾难等，这对于人类的生活适应性有着非常重要的意义。尽管如此，启发式还是会在很多情境中给我们带为错误的判断、失误的决策。

（1）表征性启发（representativeness heuristic）。这是指我们根据当前的信息或事件，与典型信息或事件的相似程度来进行判断。例如在大多数人印象中，大学教授应该是戴着眼镜、捧着书本、头发花白的老年男性。所以当我们看到一个亭亭玉立、衣着时尚、青春靓丽的年轻女性时，很可能会把她错当成大学生，而不是大学教授。通常来说，某一个群体内的成员会有一些共同的特征和独特的风格，而我们在日常的社会认知中会在此基础上慢慢形成典型化模型，并将其作为判断的依据。一般情况下，这种利用典型化特征进行判断的表征性启发相对是准确的，但过分强调与典型一致，而忽略某个个体的特殊性时，就会产生偏差了。

（2）易得性启发（availability heuristic）。这是指我们根据某种信息从记忆中被提取的难易程度来进行判断。那些容易被回忆起来的信息，被认为比那些不太容易回忆起来的信息更常见、更容易发生，也更可能是真的。例如由于在媒体报道中常常出现"同性恋"的话题，使其在记忆上更容易提取，结果在 2011 年的盖洛普民意调查中，美国普通成年人认为美国同性恋比例高达 25%②，这个比例可能是实际比例的 7 倍左右③。可见，搜索信息的有效性会影响我们的社会认知。当某些信息很容易让人回忆和联想起具体的事例时，我们就倾向于认为其发生的可能性更大一些。

另一种情况是，当某些事件所引发的信息更加生动、更令人印象深刻时，我们就会认为其发生的频率会比较高。例如我们会对极少发生的儿童绑架案件而忧心忡忡，却常常忽略经常发生的儿童日常受伤案例（如坐车不系安全带等）。④ 每次飞机失事或意外的新闻总是会引起我们极大的关注，因此很多人常常对乘坐飞机有很大的恐惧，认为发生意外的

---

① Greenberg J, Pyszczynsiki T, "The Self-serving Attributional Bias: Beyond Self-presentation", in *Journal of Experimental Social Psychology*, 1982, 18, pp.56-67.

② Morales L, *U.S. Adults Estimate That 25% of Americans Are Gay or Lesbian*, www.gallup.com., 2011, May 27.

③ Gates G J, *How Many People Are Lesbian, Gay, Bisexual, and Transgender?* The William Institute, UCLA School of Law, 2011.

④ Von Hippel F N, *It Could Happen Here*, in *Times* (www.nytimes.com), 2011.

比率很高。2001年"9·11"事件之后,更多的美国人放弃飞机而改为开车旅行。[①] 但实际上,美国国家安全委员会2008年发布的报告指出,2003—2005年间,在出行距离相同的情况下,汽车发生事故死亡的概率是飞机失事的230倍。

(3) 锚定性启发(anchoring heuristic)。在处理不确定的事件时,我们常常会用已知的事物作为起始点进行判断。也就是说,我们在进行判断时,会先抓住某个参照点或锚定点,以此来降低模糊性,然后再逐步地调整,最终得出一个结论。如果只给我们5秒的时间,要求我们快速地推测$1×2×3×4×5×6×7×8$和$8×7×6×5×4×3×2×1$两组运算的结果,结果发现前者预测的结果是512,而后者的预测结果是2250。[②] 虽然两者与标准答案40320都有很大的差别,但我们可以发现两组运算数列顺序的不同,就造成了预测结果之间巨大的差异,这是由于两组数列的锚定值不一样的结果。$1×2×3×4×5×6×7×8$数列在5秒之内,可能才算到24,而$8×7×6×5×4×3×2×1$数列在5秒之内可能还在算$56×6$,这个336的数字显然比24要大得多。所以,我们的预测是从两个相差很大的数逐渐向上调整的,也必然带来预测结果的差异。

锚定性启发常常被聪明的商家使用(尽管他们并不会知道这种方法叫"锚定性启发")。比如同样一件衣服,老板开价1000元和开价400元,我们还价的幅度就会完全不同。开价1000元,我们与老板软磨硬泡,终于以800元拿了下来,一定就很高兴了。但如果开价400元,就算还到200元,我们也不一定会开心。这就是为什么有时商家喜欢把商品的价格标得高高的,因为顾客还价时往往"锚定"在标出的价格之上,即使还了价,也不会太低。这样既能保证商家赚到较高的利润,又让顾客觉得得到了便宜,格外开心。

表征性、易得性和锚定性三种启发式判断,在大多数情况下是有效的,可以帮助我们高效、快捷地做出判断,而且节省了大量的加工资源。但如果在决策或判断情境比较模糊、信息比较复杂或不够充分的时候,就可能出现种种认知的偏差了。因此,真正在进行认知加工,特别是非常重要的决策或判断时,我们就需要谨慎地审视自己的认知过程,以尽量减少启发式可能带来的消极作用。

二、态度

正如前面说到的,我们在认识人、认识事物乃至认知世界的过程中,常常喜欢采用简单、快捷和高效的方法。之所以追求这样的认知方式和策略,归根到底,还是我们希望可以迅速形成对人或事物的态度,从而采取相应的行动。态度决定了我们的行为,而社会心理学的目的之一就是要预测人们的行为,因此,社会心理学家奥尔波特认为态度在当代美国社会心理学中,也许是最有特色和不可缺少的概念,而社会学家托马斯和兹纳尼斯刚更为直接,认为社会心理学就是研究态度的科学。

---

① Myers D G, "Do We Fear the Right Things?", *in American Psychological Society Observer*, 2011, 10, pp. 56-57. Gigerenzer G, "Dread Risk, September 11, and Fatal Traffic Accidents", *in Psychological Science*, 2004, 15, pp. 286-287.

② Tversky A, Kahneman D, "Judgment Under Uncertainty: Heuristics and Biases", *in Science*, 1974, 185, pp. 1124-1131.

1. 态度的基本概念

态度（attitude）就是指一个人指向一定对象，在一定观念基础上的评价性、持久性的反应倾向。态度通常包含三个成分。

（1）认知成分，也就是人们对特定的态度对象所持有的知识、观念、意向和概念等。例如，我们知道电是一种什么东西，我们认为电能帮助我们什么，这些都是依据某一对象的客观价值和属性所形成的信念，我们称之为认知性态度。

（2）情感成分，也就是说我们对态度对象的一种体验，如接纳或者拒绝、喜欢或者厌恶等，是依据我们对某一对象的感觉和价值观而形成的。例如，我们喜欢我们的老师，我们尊敬我们的家长，这些都是一种情感成分上的态度。

（3）行为成分，当我们对某一对象有了认知、有了情感，自然就会对其产生一种行为的倾向，如接近它还是回避它。在恰当的条件下，我们会采取相应的行为，这就是外显的行为或态度。当然，也有可能条件不太合适，我们不便采取相应行为，虽然客观上并没有行动，但并不妨碍我们主观上对其已经形成了态度，只是不表现出来而已，这就是内隐的态度。

态度的行为成分还有另外一种情况，就是以行为为基础的态度，我们会依据自己对某一对象所表现出来的行为的观察而形成相应的态度。[①] 在某些情境下，我们只是在了解自己的行为之后才知道自己的态度。例如，我们询问一个人是否喜欢健身，如果其回答是"我应该是喜欢的，因为我常常去健身房锻炼身体"，那这就是一种"以行为为基础的态度"。只有在符合某些条件的情况下，我们才会依据自身的行为来预测我们的态度：其一，我们最初的态度应该是模糊或者比较微弱的。如果我们的态度本来就已经非常明确，喜欢或是不喜欢，同意或是不同意，那么就不需要再通过行为来判断了。其二，只有当行为没有其他合理的解释时，我们才会将行为解释成是自身的态度。假设因为体重严重超标，在医生的要求下去健身房，这个直接原因的存在，就不会让人认为自己是喜欢健身的。

2. 态度的测量

态度是预测行为的重要依据，准确地了解我们对特定对象的态度非常关键。而态度的测量就是用于评定人们对特定对象所持态度水平的手段和方法，也是社会心理学研究中非常重要的手段和方法。

态度的测量通常分为定性和定量两种，定性测量是简单地以是或否、同意或反对来评定态度，例如选举投票；而定量测量则是通过多种形式，将对特定对象的态度分解为不同的维度，分别进行测量，最终获得有关态度的量化指标。

对于态度的定量测量一般分为以下几种。

（1）自我评定法。自我评定法是目前认为最简捷，也是最常用的一种方法。它根据人们对特定对象的反应所进行的自我评定结果来反映其态度。

瑟斯顿量表。瑟斯顿量表是由美国心理学家瑟斯顿首创的，又叫等距间隔量表。其测

[①] 参见阿伦森等：《社会心理学：阿伦森眼中的社会性活动》（第 8 版），侯玉波等译，机械工业出版社，2014 年版。

量方法是用一组对某个问题的简单、直接而混合编排的陈述去询问被测者，每个陈述通常最高为 11 分，最低为 0 分，然后将所有结果加以总和。瑟斯顿量表的绘制过程比较复杂，不仅需要广泛收集人们对特定对象的看法和意见，整理出至少 50 条以上的陈述性语句，而且需要一定数量的评审员，让他们根据自己的判断将已整理出来的语句按顺序分成 11 个等级（也有分为 9 个或 7 个等级），然后再分析整合。

总加量表。总加量表又叫李克特量表，是美国社会心理学家李克特首创的。总加量表由若干个问题组成，被测者根据自己的观点对每个问题进行打分，最后将所有问题所得的分数加在一起，来代表被测者对特定对象所持的态度，分数越高表示态度越积极。

语义分析量表。语义分析量表是美国心理学家奥斯古德等人发展出的一种测量方法，目的在于分析人们对特定对象所赋予的意义，以及此对象在人们内心的形象，从而评定对其的态度，又被称为"双极形容词分析"。在量表中，成对的形容词（如热情、冷淡、聪明、愚昧、苛刻、宽厚等）被写在线段两端，线段是 5 个或 7 个等级，要求被测者根据自己的意愿，在量表的某一个等级上打"√"，表示自己对此对象的态度。将每一对形容词量表上的行分总加起来，就可以反映被测者对此对象总的态度。

(2) 投射法。投射法是采用间接的方法，如分析人们对特定对象所产生的联想等，来推测人们对其所持有的态度。这种方法主要基于精神分析的理论，认为人们会将自己的需要、想法、情感和观念等无意识地通过联想反映出来。

主题统觉测验。主题统觉测验是由心理学家默里创造的一种投射测量方法，它要求被测者根据所看到的图片内容编一个完整的故事。被测者会无意识地将自己的态度、需要等投射在故事中，从而得以进行测量。一般来说，主题统觉测验更能够反映我们对特定对象态度的动态过程，常常被用于人际态度的测量上。

完成句子测验。完成句子测验的评定方法起源于德国，最初用于测查儿童的智力。测评时先向被测者展示一些关于特定对象的不完整的句子，要求被测者根据自己的意愿将句子补充完整。因为我们可以根据研究的目的设计出一系列的不完整句子，通过被测者的补充，可以更有针对性地了解其特定的态度和想法，因此这种方法更加直接。

内隐联想测验。内隐联想测验是由格林沃德等人发展出的一种内隐态度测量技术。这种技术的基本假设是如果在一个人的内隐态度中，某一特定对象与某一特定属性的联系比较紧密（如男人—勇敢），那么其分辨归类的自动化程度就比较高，也就是说在被要求进行分类时反应时间应该比较短。相反，如果在一个人的内隐态度中，某一特定对象与某一特定属性的联系不紧密（如男人—懦弱），那么在分辨归类的过程中就会产生认知上的冲突，其反应时间就会延长。内隐联想测验在测量偏见，尤其是存在社会赞许度的情境下，具有特别良好的效果。

行为反应测量。行为反应测量由霍曼斯提出，最早是通过对人们交往的行为进行观测的方法，即评定人们在真实情境下，对特定对象的实际行为反应，并以此作为反映其态度的客观指标。例如可以通过人与人实际接触时双方距离的远近、目光交流的频率、身体的姿态等来表明双方各自对对方所持的态度。或者通过一些生理指标，如心跳的速度、呼吸的幅度、瞳孔的变化等来反映被测者对特定对象的态度。

3. 行为与态度

在社会心理学研究领域，态度导致行为并不是什么特别的事情，真正具有颠覆性的，是诸多的社会心理学研究发现，行为能够决定我们的态度。这不仅仅是我们前面提到的在某些情境下通过自身的行为来判断我们的态度，而是通过特殊的行为，真正、直接地影响甚至改变我们的态度。

（1）角色扮演。在行为决定态度这个领域最令人震惊的研究之一，应该就是津巴多[①]进行的监狱实验。津巴多通过抛硬币的方式将学生发成了两部分，一部分学生当狱警，一部分学生当囚犯，并将斯坦福大学心理系的地下室改造成了一座模拟的监狱。扮演狱警的学生要穿上制服，佩带警棍和哨子，并按照监狱的规则行事。而扮演囚犯的学生则换上了囚服，被关进单人的牢房里。在仅仅一天的愉快之后，狱警和囚犯，包括研究者本人都纷纷进入了"状态"。狱警开始贬低和辱骂囚犯，有一些人还制定了残酷的控制规则。而囚犯则出现崩溃、反抗等行为，或者变得冷漠。由于实验中，实验对象出现了多种带有病理特征的行为异常，津巴多不得不在第六天放弃了实验，而原本他打算实验要持续两周。这样的研究表明，有时候，即使一个虚拟的情境，也会带来人们态度的真实改变，在某种角色之下，人们好像失去了主动性，成为一个被动的按角色"演出"的机器。

（2）登门槛效应。登门槛效应（foot-in-the-door phenomenon）是指人们在答应他人一个较小的请求后，往往也会答应他们较大的请求。[②] 在研究中，工作人员假扮成宣传安全驾驶的志愿者，请求当地居民在自家院子前面安置一个巨大而难看的"安全驾驶"的标志。结果只有17%的人愿意。然后，研究者改变了方式，请求他们先帮一个小忙：在他们家的窗户玻璃上贴一个只有3英寸大小的"安全驾驶"标志。结果几乎所有人都欣然同意了。两周之后，当研究者再次到来，提出了与最初完全一样的请求，希望居民们能在自家的院子前面竖一块巨大而丑陋的宣传告示牌，此时竟然有76%的人同意了。当我们答应了一个小小请求之后，就有了行动，在这个行动之后，我们答应更大请求的概率就大大提高了，因为我们的态度其实已经发生了转变。

三、认知失调理论

行为改变态度的方式绝不仅仅是角色扮演与登门槛效应两种，但比较行为改变态度的方式，社会心理学的研究者们更加关心行为改变态度背后的原因是什么，而其中最具有轰动性的发现，就是费思廷格提出的认知失调（cognitive dissonance）理论。[③]

[①] Zimbardo P G, *The Psychological Power and Pathology of Imprisonment*, A Statement Prepared for the U.S. House of Representatives Committee on the Judiciary, Subcommittee No. 3: Hearings on Prison Peform, October 25, 1971.

[②] Freedman J L, Fraser S C, "Compliance Without Pressure: The Foot-in-the-door Technique", *in Journal of Personality and Social Psychology*, 1966, pp. 195-202.

[③] Festinger L, *A Theory of Cognitive Dissonance*, Stanford University Press, 1957.

这个理论的"轰动性"除其理论简单、明确之外，更重要是的它解释了很多具有轰动效应的事件。

认知失调理论的内容很简单，它包括三个假设：

第一，人们一般都想维护自己稳定的、积极的自我概念。也就是说，我们总希望自己是好的、聪明的，而不希望自己是不够好的、愚蠢的。

第二，一个人的行为与自己积极的自我概念发生冲突时，就会产生一种不舒适的感觉或者不愉快的情绪，这就是"认知失调"。

第三，人们会想尽办法减少这种不舒服、不愉快的失调感觉。但往往正是由于第一个假设，人们又想维护自己稳定的、积极的自我概念，因此，大多数时候，我们会选择改变态度，既维持我们积极的自我形象，又能减少失调带来的不舒适感。

所以，把这三个假设概括一下，认知失调理论就是指当人们的行为与正向的自我概念相冲突时，人们会产生不舒适的失调感觉，为了消除这种不失调，人们通常会扭曲自己的信念。

认知失调理论在实际生活中也有着广泛的应用价值。例如在决策行为或购买行为中，我们常常会受到认知失调的影响。如限量版的商品，由于数量有限，通常很难买到，当你通过种种方式终于买到的时候，会格外地兴奋和开心。因为你是一个精明、聪慧人，但你却付出了那么多的气力，才得到这件商品，这两者之间会产生了一种失调。为了减少失调，你会认为这件商品真的非常好、非常值得，于是你就更加开心满足了。

在教育领域也有认知失调的应用。当我们用严厉的惩罚禁止儿童某种行为的时候，如果过了一个相对长的时间，或是惩罚不及时，儿童会再次出现这种行为。相反，如果只给予较轻的惩罚，并没有大到让儿童认为自己是害怕惩罚所以不做这种行为，那么他们就可能产生认知失调，并试图改变信念，认为是自己不想做，而与惩罚关系不大。那么儿童未来就会较少出现类似行为，达到更好地矫正效果。

第三节 社 会 影 响

人的行为不但受到其自身认知、思维和行为的影响，还受到他人或周围世界的影响，这就是社会心理学另一个重要的研究领域——社会影响。

一、从众

假如你去看一场演出，在演出结束之后，你觉得演出很一般，也没什么亮点，本想草草地鼓个掌就溜出剧场，可没想到突然有几个激动的观众边鼓掌边站了起来。然后越来越多的人跟着站起来为演员们鼓掌。虽然你觉得这场演出并不值得你起立鼓掌，但当你前后左右的人都站起来的时候，你会如何应对呢？

你很可能会依从于众人的行为，"不得不"站起来跟着他人一起鼓掌。就这是他人对我们的影响——从众（conformity）。从众是指为了符合他人行为的倾向，人们改变自己的信念或行为。谢里夫是从众研究的开创者,他利用人们在黑暗环境中看到亮点而产生的"似动"这种知道错觉进行了一系列实验,证实了在一个信息不确定与模糊的情景中,人们倾向于顺从由稳定的同伴建构起来的规范。[①] 而阿希则想看看在刺激情景非常清晰的情况下,人们还会不会出现从众行为。

在1955年的实验当中,阿希邀请7名志愿者一起完成一个知觉判断实验。实验者向每个人都展示了同样的两张卡片[②](见图16-1)。左边卡片上的是标准线段,而右边卡片上则有三条长短明显不同的比较线段,参加实验的志愿者需要指出,右边卡片上的三条线段当中,哪一条是与左边卡片上的标准线段一样长。实验要求所有人按座位顺序大声地说出各自的答案。每轮结束后,会换新的两张卡片。

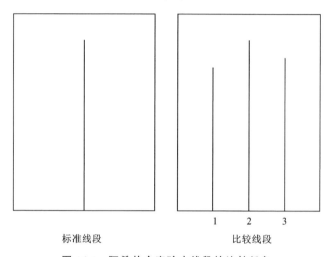

图 16-1 阿希从众实验中线段的比较任务

显然答案应该是2号线段。在前两轮的实验中,大家都一致给出了正确的答案。正当参加实验的志愿者觉得这是一个索然无味的实验时,第三轮实验一开始,第一个参与实验的志愿者在答案显而易见是"2号"线段的时候,居然声称"1号"线段是正确答案。而第二个志愿者也同意认为"1号"线段是正确答案,第三个志愿者给出了同样错误的答案,第四、第五个志愿者也是一样。假如你是第六个人,轮到你回答的时候,你会说几号呢?不管你最终说的是几号,你一定在此时感到非常的不安,心中充满疑惑,也倍感压力(见图16-2)。究竟应该是坚持真理,说"2号",还是附和大家说"1号"呢?

当然,其实只有坐在6号位置上的志愿者是真正的实验参与者,其余的六名志愿者都是假扮的,他们故意给出一致的错误答案,就是为了考察真正的实验对象在这样答案明确却又压力巨大的情况下,究竟会有什么样的反应。结果,有76%的实验对象至少在一次的测试中出现了从众的行为,附和了别人的错误答案;一共12次测试中,平均从众行为大约占到了1/3。而在控制组,也就是实验对象单独一个进行判断时,准确率超过98%。

---

① Sherif M, *The Psychology of Social Norms*, Harper, 1936.

② Asch S E, "Opinions and Social Pressure", *in Scientific American*, 1955, 193, pp. 31-35.

图 16-2　在阿希的从众实验中，6 号实验参与者内心充满矛盾与冲突

为什么在答案如此清晰的情景下，人们还是会出现从众行为，给出错误答案呢？显然前 5 位假扮的实验参与者起了至关重要的作用，他们无形地对真正的实验对象产生了一种规范性的压力，即使这些都是陌生人，但人们还是不愿意成为那个特别的异类，不愿意打破看不见的"规则"。阿希研究中的一名参与者解释说："我们是一个团体，有共同的看法，如果我不同意，这可能会引起他们对我的不满……我知道我是绝对正确的……但我不想让他们觉得我太特殊了，让自己看起来像个大傻瓜。"[①]

这就是规范性从众（normative conformity），我们希望得到社会认同，希望他人接受、喜欢我们，因此当感受到来自群体的压力时，为了不被群体所排斥或拒绝，我们选择了与群体保持一致。而这种群体的压力有时候未必是真实存在的，但哪怕只是我们感知到这种"假想"的压力，依然可能造成我们从众行为的发生。看看那些穿着、外表、言谈等极为相似的青少年，我们就能感受到那种来自群体的压力，即使这种压力很可能是"虚拟"的。

除了群体的压力会导致我们出现从众的行为，我们有时候是希望从他人的行为中得到有用的信息，从而指导我们的行为，因为我们相信他人可能对一个模糊的情境理解得更准确，行为也更加恰当。这就是信息性从众（informational conformity）。例如你第一次去西餐厅，由于没有经验不知道该怎么做，既不知道应该怎么点餐，也不知道吃什么比较合适，甚至都不知道刀究竟是该用左手拿还是右手拿。这时候，我们就会观察周围人的行为，并且模仿他们。我们参加高档聚会、高层论坛，常常都会出现信息性的从众行为。

其实无论是规范性从众还是信息性从众，都反映出我们有一种希望与大多数人保持一致的强烈愿望。我们非常害怕与别人不同，而让自己陷入一个尴尬和窘迫的境地，所以一个群体中大多数人的行为就形成了一种无形之中的标准和规范，当你不知道该如何做的时候，可以模仿或者按这些标准行动，即使你可能存在疑义，但大多数时候，也不得不遵从这样一种群体规范。

---

① Asch S E, "Studies of Independence and Conformity: A Minority of One Against a Unanimous Majority", *in Psychological Monographs*, 1956, 70, pp. 1-70.

二、服从

20世纪除了两次世界大战之外,还有许多民族冲突与种族屠杀。其中,最为可怕、最为泯灭人性的,应该就是纳粹对欧洲犹太人的大屠杀。二战前,大约有900万犹太人居住在欧洲。1933年,希特勒与纳粹党宣称,亚利安种族要远远优于犹太人和吉卜赛人这样的种族,要对欧洲进行种族"清洗",保持纯洁化。于是,整个欧洲的犹太人都被"系统"地围捕并送入集中营。很多犹太人在那里被饿死、枪杀或毒死。到了1945年,至少有600万犹太人在这场浩劫中丧生。哲学家阿伦特认为,绝大多数种族屠杀的参与者都不是喜欢滥杀无辜的虐待狂或精神异常者,而是受到复杂而强大社会压力的普通人。[1] 那么,究竟是本身的邪恶,还仅仅是服从命令,就成为社会心理学重要的研究议题。

米尔格拉姆设计了一系列实验室实验研究社会压力的作用,从而解释人们对于权威服从。[2]

在最初的一个实验中,米尔格拉姆告诉通过登报招募来的实验参与者,研究的目的是探讨惩罚对学习效果的影响。然后,参加实验的人扮演教师对"学生"进行记忆测试,"学生"一旦答错将接受电击惩罚。实验中的电击装置共设有30个按钮,电压从15伏一直到450伏,每15伏为一个单位。测验开始后,"学生"在前面两道题答对之后就连续答错,所以扮演老师的参与者不得不连续对他们进行逐级增加的电击。"学生"痛苦的尖叫声和希望退出实验的请求声,让所有的参与者都饱受煎熬,甚至有不少参与者离开自己的座位,也要求停止实验。然而,实验负责人在一旁坚定、不容置疑地发出指令,要求参加者把实验继续下去(实验中"学生"和实验负责人的具体反应如图16-3所示)。结果,就有参与者最终按照指令,对一个自己并不认识的陌生人按下了450伏电压的惩罚按钮。

在这个实验中,实验负责人和学生都是由研究人员假扮的,电击也并不存在,实验参与者听到的尖叫声都是实验人员事先就录好的。但这个实验却让我们看到,在某些特殊的情景下,即使是一个理智而善良的普通人,也可能做出超越道德底线的行为,这就是所谓的服从(obey)。在米尔格拉姆的实验当中,最终有65%的参与者向权威妥协,对他人"实施"了450伏的电击。

尽管在一系列的服从研究中,米尔格拉姆区分出了增加和减少权威的众多条件,但正如米尔格拉姆所说:"我们的实验基本结论就是,即使那些简单从事着自己的工作、从没有任何特殊敌意的普通人,也可能成为一些恐怖活动的参与者。"[3] 在某些情境下,一般

---

[1] Arendt H, *Eichmann in Jerusalem: A Report on the Banality of Evil*, Viking, 1965.

[2] Milgram S, "Behavioral Study of Obedience", *in Journal of Abmormal and Social Psychology*, 1963, 67, pp. 371-378. Milgram S, "Obedience to Authority: An Experiment View", Harper and Row, 1974. Milgram S, "Obedience to Criminal Orders: The Compulsion to Do Evil", in Blass T (ed.), *Contemporary Social Psychology: Representative Readings*, Peacock, 1976, pp. 175-184.

[3] Milgram S, "Some Conditions of Obedience and Disobedience to Authority", *in Human Relations*, 1965, 18, pp. 57-76.

```
实验同谋的反抗自白                    实验者为达到服从而使用的指令
75伏特: 啊!
90伏特: 啊!                          指令一: 请继续。
105伏特: 啊!(更大声)                  指令二: 实验需要你继续。
120伏特: 啊!嗯, 这真的很疼啊。         指令三: 你绝对需要继续下去。
135伏特: 啊!!                        指令四: 你别无选择, 必须继续。
150伏特: 啊!!!负责人!够了,放我出去。我跟你  这些指令是按顺序排列的: 只有指
        说了我有心脏病的,我的心脏    令一不成功时才能使用指令二。如果四
        开始不太舒服了。请放我出去。我的心脏开始痛了。我拒绝再继续  条指令之后被试仍拒绝服从实验者, 实
        了。让我走吧。              验就中止了。实验者的声音一直都是坚
165伏特: 啊!让我出去!(大叫)           定的, 但并不是没有礼貌。每次被试
180伏特: 啊!我痛得受不了了。放我出去!(大叫)  畏缩不前或者表现出犹豫时, 实验者就
195伏特: 啊!让我出去。让我出去。我的心脏好痛啊。让我出去!你们没有权力  重新按顺序发出指令。
        把我关在这里!让我出去!让我出去!让我出去!让我走!让我出去!我的心脏不了  特殊指令: 如果被试问及学生是否
        了!让我出去!                会受到永久性的生理伤害时, 实验者会
210伏特: 啊!负责人!让我出去!我受够了!我不想继续做实验了!  说: "尽管电击也许会很痛, 但它不会产
225伏特: 啊!                        生永久性的伤害, 所以请继续。"(必
240伏特: 啊!                        要时, 使用指令二、三或四。)
255伏特: 啊!放我出去!                 如果被试说学生不愿意继续了, 实
270伏特: 啊!(痛苦地尖叫)让我出去。让我出去。放我走吧!你听到了吗?放  验者会回复: 不论学生喜不喜欢, 你必
        我出去!                     须要继续, 直到他把所有的词都学会。所
285伏特: 啊!(痛苦地尖叫)              以请继续。(必要时, 使用指令二、三
300伏特: 啊!(痛苦地尖叫)              或四。)
315伏特: 啊!(更强烈而持续地地痛苦尖叫)让我出去!放我出去!我的心脏受不了
        了。让我走, 我跟你说呢!(歇斯底里地)放我出去!你们没有权力把
        我困在这里。让我出去!让我走!
```

图 16-3 米尔格拉姆服从实验中学生反抗的语言和实验负责人员的指令

的个体仅仅将自己视为一个组织的一分子,只是执行权威人物的命令,尽管这样的行为会带来具有很强破坏性的后果。[①]

当然,另一方面来看,当我们服从于权威或某些群体规范时,也很可能会让自己蒙受损失,付出沉重的代价,乃至自己的生命。

三、说服

群体的规范和权威的控制,确实会影响我们做出一些并不是发自内心的行为。但是更多的情况下,我们是在轻松、自然的情境下,受到他人的影响,改变自己的认知和态度,进而产生行为。这就是另外一种更自然的社会影响——说服(persuasion)。说服可以帮助我们树立正确的健康观念,也可能会让我们坠入堕落的深渊;可以是真挚的劝导,也可能是恶意的欺骗;可以积极地倡导和平,也可能疯狂地煽动仇恨。因此,了解说服的过程和原因,才能让我们更好地避免消极的社会影响,更好地推动社会积极的发展。

说服最直接也是最简单的方法就是摆事实、讲道理,跟你说清楚到底这个东西有什么缺点、有什么优点,最终影响你的态度,这个叫中心路径(central route)方法,是当人们积极主动地接收信息,并能全面、系统地思考问题时的一种说服方法。被说服者会充分

---

① Miller A G, *The Obedience Experiments: A Case Study of Controversy in Social Science*, Praeger, 1986.

关注说服者所提供的论点、论据，如果信服可靠，那么就接受，如果并不合理，就会拒绝或提出怀疑。

另外一种说服的方法叫边缘路径（peripheral route）方法，就是当我们有些心不在焉，没有时间仔细、充分地推敲信息时常常使用的一种方法。这个时候，我们通常会关注那些突出的、明显的、不需要太多加工的线索，也不太会关注论点论据是否真实可信。

两种说服的方法在不同的情境下发生，也因此有着不同的说服效果。中心路径方法通常能快速改变人们外显的态度，而边缘路径方法则会比较缓慢地建立内隐的态度。[①] 边缘路径方法通常只能带来简单而短暂的态度改变，而中心路径方法所引起的态度变化更加持久，也更能影响行为。[②]

四、群体影响

1. 社会促进

体育比赛里常常会有主场和客场的区别，很多球队会在主场取得非常好的战绩。所以为了公平起见，要让每支球队经历的主场和客场数相等，保证大家都有同等数量的"主场优势"。但是，也有一些球队，到了主场反而表现得不尽如人意，倒是客场放得更开。为什么会有这样矛盾的结果呢？

人并不是一台运行精准的机器，而是一个主观的、有情感的个体，在有其他人在场的情况下，由于人们的情绪情感的作用，会有不同的表现。若有他人在场比单独一个人的时候表现更好，这种反应被称为"社会促进"（social facilitation），也就是主场表现好。

早在1898年，心理学家特里普利特就发现，自行车手在一起比赛的时候，要比各自单独骑行的成绩好。于是他做了一个实验室研究，要求儿童以最快的速度在渔用卷轴上绕线，结果同样发现，儿童一起绕线的速度要比单独一个人绕快得多。后来的研究者们不仅

[①] Jones C R, Fazio R H, Olson M A, "Implicit Misattribution as a Mechanism Underlying Evaluative Conditioning", *in Journal of Personality and Social Psychology*, 2009, 96, pp. 933-948. Petty R E, Brinol P, "Persuasion: From Single to Multiple to Metacognitive Processes", *in Perspectives on Psychological Science*, 2008, 3, pp. 137-147. Walther E, Weil R, Dusing J, "The Role of Evaluative Conditioning in Attitude Formation", *in Current Directions in Psychological Science*, 2011, 20, pp. 192-196.

[②] Petty R E, Haugtvedt C P, Smith S M, "Elaboration as a Determinant of Attitude Strength: Creating Attitudes That Are Persistent, Resistant, and Predictive of Behavior", *in* Petty R E, Krosnick J A (eds.), *Attitude Strength: Antecedents and Consequence*, Hillsdale, NJ, Erlbaum. Petty R E, Barden J, Wheeler S C, "The Elaboration Likelihood Model of Persuasion: Developing Health Promotions for Sustained Behavioral Change", *in* DiClemente R J, Crosby R A, Kegler M C (eds.), *Emerging Theories in Health Promotions Practice and Research*, 2nd ed, Jossey-Bass, 2009. Verplanken B, "Persuasive Communication of Risk Information: A Test of Cue Versus Message Processing Effects in a Field Experiment", *in Personality and Social Psychology Bulletin*, 1991, 17, pp. 188-193.

在人的身上发现这种社会促进的反应,在动物身上居然也出现了类似的行为,当有同类在场时,蚂蚁在蚁群中所挖出的沙子要比单独挖时多三倍,小鸡会吃更多的谷物,交配中的老鼠会出现更多的性活动。①

2. 社会抑制

然而,另有一些研究发现,他人在场会阻碍人们的表现。例如会降低人们学习无意义音节的效率,走迷宫或演算较为复杂的乘法问题时的效率也都下降了。② 这被称为"社会抑制"(social inhibition),就像前面说到的在主场反而发挥不好。

那么在有其他人在场的情况下,有时候能够提升个体的成绩,有时候却又会让个体的成绩降低,究竟有什么样的区分标准或理论解释呢?直到1965年,这个矛盾才被社会心理学家扎荣茨解开。扎荣茨提出,他人在场的情况下,个体会被唤醒,增强驱力或动机。而这种唤醒状态究竟是促进还是抑制个体的工作表现,则要取决于工作任务的性质。如果工作任务是简单的、熟悉的或先天的,唤醒会促进工作任务的完成,因为这些任务是个体的"优势反应"(dominant response)。相反,如果任务是复杂的、不熟练的,那么他人在场而引起的高唤起则会降低工作绩效。③

这背后可能包含了三种原因:

第一,只要他人在场,个体的动机就是增强,从而提升唤醒水平。

第二,由于我们在乎他人的评价,希望表现得更好,得到他人的认知与赞许,就会产生评价忧虑(evaluation apprehension)。在简单的任务中,评价忧虑会激励我们,使我们更加努力。而在复杂的任务中,评价忧虑反而会阻碍我们的表现。

第三,他人在场会形成一种干扰。因为简单的任务并不需要我们全神贯注,因此就可以分配注意力对抗这种干扰,并通过更加专注与更加努力来弥补干扰,从而提高工作绩效。而复杂的任务需要我们投入更多的认知资源,他人在场的干扰会增加我们的认知负荷,造成认知超载,从而阻碍工作任务的完成。④

3. 社会懈怠

除了社会促进和社会抑制,还有另外一种他人在场对个体行为的影响,被称为"社会

---

① Bayer E,"Beitrage zur Zeikomponenten Theorie des Hungers", *in Zeitschrift fur Psychologie*, 1929, 112, pp. 1-54. Chen S C, "Social Modification of the Activity of Ants in Nest-building", *in Physiological Zoology*, 1937, 10, pp. 420-436. Larsson K, *Conditioning and Sexual Behavior in the Male Albino Rat*, Almqvist & Wiksell, 1956.

② Dashiell J F, "An Experimental Analysis of Some Group Effects", *in Journal of Abnormal and Social Psychology*, 1930, pp. 190-199. Pessin J, "The Comparative Effects of Social and Mechanical Stimulation on Memorizing", *in American Journal of Psychology*, 1933, 25, pp. 263-270. Pessin J, Husband R W, "Effects of Social Stimulation on Human Maze Learning", *in Journal of Abnormal and Social Psychology*, 1933, 28, pp. 148-154.

③ Zajonc R B, "Social Facilitation", *in Science*, 1965, 149, pp. 269-274.

④ Baron R S, "Distraction-conflict Theory: Progress and Problems", *in* Berkowitz L (ed.), *Advances in Experimental Social Psychology*, Academic Press, 1986.

怠"（social loafing），是指当单个个体在群体活动中的行为无法被评估、测量时，人们往往会比单独工作更少出力，就是我们通常说的"滥竽充数"。

100多年前，法国工程师林格曼就发现，志愿者在集体拉绳中所付出的努力要比其单独一个人拉绳时小得多，这与"人多力量大"的常识恰恰相反。[1] 同样，研究者们在大声叫喊和大力鼓掌等情境下都发现，几个人在一起要比单独一个人出力少。[2] 当人们知道自己的行为要与其他人一起接受评价时，个人的投入要比单独接受评价时少，也就是我们常说在群体条件下所出现的"搭便车"（free-ride）现象。

为何会产生社会懈怠呢？通常认为群体任务中个体的努力程度决定于两个因素[3]：① 个体认为其个人的努力对团队绩效的重要性；② 个体有多重视团体绩效。当个体认为自己的工作会与其他人混在一起的时候，就会松懈下来，因为没有人会知道他做得如何，他们不必对自己的行为负什么责任。所以，群体规模越大，社会懈怠就越容易出现。也因此，要想减少社会懈怠，最有效的方式就是让每个人的努力程度（或个体的工作绩效）被突显出来（或被评估）。当人们觉得自己的贡献将会被他人评价时，社会懈怠就有可能减少。所以，当我们与陌生人一起工作时，更容易社会懈怠，而和好朋友一起工作时，由于比较在意好朋友对自己的评价，因而社会懈怠会大幅度减少，甚至消失。

因此，如果你想让一个团体中的每一个人都激发出自己的积极性和主动性，共同努力的时候，你就不能采取模糊的、集体式的奖励，而应该让个人在这个集体当中被突显出来。因为只有这种突显，才能使这个人更愿意付出努力，而不是躲在他人的背后。

4. 去个体化

骚乱或暴乱一直是社会稳定的一个巨大威胁，也是社会心理学研究的重要议题。然而，许多对于骚乱或暴乱的研究发现，很多被捕的骚乱或暴乱参与者事后在法庭上都对自己的行为感到困惑[4]，似乎完全不知道自己为什么会做出那些"失控"的行为。

其实，这些具有强烈破坏性的行为，多半是由群体所引发的。群体似乎有一种强大的力量，刺激着个体做出单独一个人时不可能出现的行为。这就叫作"去个体化"（deindividuation），指的是个人处在群体当中，导致自我约束功能的削弱或者责任感的丧失，产生一些个体单独活动时不会出现的行为。

这个概念最早起源于古斯塔夫·勒庞，在他《乌合之众》那本书中，勒庞认为，在集体中，我们每个人的个性消失了，取而代之的是群体的心理。我们在这个时候失去了自己

---

[1] Kravitz D A, Martin B, "Ringelmann Rediscovered: The Original Article", *in Journal of Personality and Social Psychology*, 1986, 50, pp. 936-941.

[2] Latane B, Williams K, Harkins S, "Many Hands Make Light the Work: The Causes and Consequcnces of Social Loafing", *in Journal of Personality and Social Psychology*, 1979, 37, pp. 822-832. Harkings S G, Latane B, Williams K, "Social Loafing: Allocating Effort or Taking It Easy?", *in Journal of Experimental Social Psychology*, 1980, 16, pp. 457-465.

[3] Karau S J, Williams K D, "Social Loafing: A Meta-analytic Review and Theoretical Integration", *in Journal of Personality and Social Psychology*, 1993, 65, pp. 681-706.

[4] Smith J, "Lack of Empathy Made It Easier to Wreck and Rob", *in The Independent* (www.independent.co.uk), 2011.

的理智，变成了被群体心理操控的机器，和人群一起做出疯狂的举动。

那么为什么会产生去个体化的现象呢？社会心理学的研究认为，通常包括四个方面的因素。

一是群体的规模。群体规模越大，个体突显出来的可能性越低，被评价和监管的概率也随之降低，因此，人们就会更加无所顾忌，做出平时单独一个人时不太可能出现的行为。无论是对暴徒的研究，还是目睹自杀危机的普通人，参与者的规模越大，群体成员越有可能失去自我意识，做出失控的行为。[1]

二是责任的模糊性。围观跳楼的群众，之所以敢于起哄，是因为他们知道，即使自杀者真的跳下来，也和自己没什么关系。现场有那么多人，很难追究具体某个人的责任，或者是"人人都有份"。同样，抱着"法不责众"的心态，骚乱和暴乱往往容易爆发。在这些时候，由于大家都这样做了，群体成员会把个体的行为看作是群体行为，个人的责任就变得模糊了。单独一个人的时候，责任是非常明确的，而群体状态下，责任是模糊的或者说分散的，因此人们就会更加大胆，去做一些一个人不会做的事。

三是身份的隐匿性。群体会有一种遮蔽的作用，在一个人数众多的群体中，我们很难辨别每个人的身份。在一个统一着装甚至戴上面具的群体中，我们就更难以分辨出谁是谁了。同样，随着群体规模的增加，群体成员之间的熟悉程度就会降低，交往频率也会降低，因此个体的身份也就越容易被隐藏起来，减少承担责任的风险。在这种情况下，人们意识到自己不太容易被识辨出具体的身份，就更有可能毫无顾忌地违反规则，甚至是道德和法律。

1969年，津巴多设计了一个电击实验。他召集了一些女大学生，让她们对隔壁一个女大学生进行"电击"，并告诉她们，这样做不需要负任何道义上的责任，因为完全是为了科学实验的需要。通过单向玻璃，所有参与者都可以看到被自己"电击"的另一位女大学生。在实验中，匿名组的参与者都穿上了白大褂，戴上面罩，每个人只露出两只眼睛。主持人请她们实施"电击"时，只叫她们的编号。整个实验在昏暗的光线下进行，彼此间谁也认不出谁。而非匿名组的参与者们穿着平常的衣服，每个人胸前都挂着一张名牌。在实验时，主持人礼貌地叫着她们每个人的名字。房间里的照明很好，每个人能互相看得很清楚。结果发现，匿名组比非匿名组按电钮的次数多一倍，并且每一次按下电钮的持续时间也较长。昏暗的光线、有掩饰作用的服装、模糊的代号，都增加了匿名化的效果，使得这些参与者们做出了更严重的伤害行为。[2]

四是唤起与分心活动。在去个体化出现之前，群体会对个体产生一定程度的唤起，或发出一些分散个体注意力的刺激，从而减弱个体的自我意识。例如大家在演唱会上一起大声唱歌时，原本内向、害羞的人也会感到情绪高涨，浑身充满力量，这个状态就叫作唤

---

[1] Mann L, "The Baiting Crowd in Episodes of Threatened Suicide", in *Journal of Personality and Social Psychology*, 1981, 41, pp. 703-709. Mullen B, "Stuttering, Audience Size, and the Other-total Ratio: A Self-attention Perspective", in *Journal of Applied Social Psychology*, 1986, 16, pp. 139-149.

[2] Zhong C B, Bohns V K, Gino F, "Good Lamps Are the Best Police: Darkness Increases Dishonesty and Self-interested Behavior", in *Psychological Science*, 2010, 21, pp. 311-314.

起。同时，个体对自己的关注也逐渐减弱，忘记了胆怯与紧张，也就是分心。特别是看到他人与自己做出一样的行为时，个体会认为他人与自己的想法一致，因此产生一种自我强化的愉悦感。① 在唤起与分心的状态下，个人与群体一样开始放声歌唱。这些活动既能够使个人充满热情，又能减弱人们的自我意识，大大增加引发群体行为的可能性。

因此，诸多因素会减弱群体中个体的自我意识和责任感，从而使个体更容易依赖情境所提供的线索进行反应。而这种线索不仅仅是消极的（如电击他人等），也有可能是积极的（如放声唱歌、跳舞等）。

第四节
社 会 关 系

一、偏见

翻开人类的历史，几乎隔不久就能看到一个群体对另一个群体的"另眼相看"。即使是在短短的 20 世纪里，就能看到欧洲人对美洲人、白人种族对黑人、纳粹对犹太人曾经的做法，即使在一个国家或民族的内部，也常常会出现不同地区群体的相互排斥和诋毁。这就是偏见。

偏见（prejudice）是对特定群体或群体成员的一种敌对或消极的态度，这种态度是前置性的，是预先就有的。并不是因为你做了什么，仅仅是因为你属于某个群体。例如"黑人比较危险"这样的偏见，只是因为其"黑人"的种族群体身份，就认定其有"危险"。奥尔波特认为偏见就是"基于错误和僵化的概括，所形成的厌恶感"②。

而就种"错误和僵化的概括"就是刻板印象（stereotype），它是偏见中消极信念和态度的主要来源。所谓刻板印象，是对某个群体的一种概括性的态度和看法，不是针对某个个体，而是对一类人的态度和看法，并认为群体内的所有成员都具有这种特征。当然，刻板印象不仅仅是消极的，也有积极的，例如英国人保守、法国人浪漫、德国人严谨、中国人以食为天等等，都是对不同国家人群的刻板印象，就是为了在社会认知的过程能够简化世界，用较少的加工资源，更快捷地获得更多的信息。这样的概括性印象或多或少有符合群体的特点，有些英国人确实保守，有些中国人确实喜欢美食。但即使是刻板印象中真实、正确的成分也不能代表所有的个体，更何况很多的刻板印象是根据早期不太具有代表性的人群概括出来的，例如对于黑人的诸多偏见。而当这些不准确的、带有消极性质的刻板印象影响我们对他人的社会认知的时候，偏见就产生了。

因此，刻板印象既可能是消极的，也可能是积极的，因为它只是把某个群体的特征概

---

① Orive R，Group Similarity，"Public Self-awareness，and Opinion Extremity：A Social Projection Explanation of Deindividuation Effects"，*in Journal of Personality and Social Psychology*，1984，47，pp.727-737.

② Allport G W，*The Nature of Prejudice*，Addison-Wesley，1954，p.91.

括化、标签化了,但标签本身既有好的,也有坏的,甚至还有些不分好坏。而偏见是对某个群体或某个体所持有的一种不合理的、消极否定的态度,很可能是在刻板印象基础上建立起来的,仅仅是消极的态度和认知。

除了刻板印象之外,还有两个非常重要的因素会导致偏见的出现。

1. 偏见的社会根源

偏见常常是在我们与他人互动的社会化过程,自然地接触并接受的。为什么即使有的人从来没有接触过艾滋病毒携带者,但也对他们持有极大的偏见,认为他们是行为不检点的群体呢?因为这部分人在日常生活中,常常会接触到家人、朋友等对艾滋病毒携带者的看法,甚至看新闻时也在接受他人的影响。而且,在一些预防艾滋病的公益广告中,常常教育大家要"洁身自好",这其实也是在强化艾滋病毒携带者可能不"洁身自好"的偏见,而忽略了大量的携带者是输血传染和母婴传染的受害人。因此,偏见便在我们与社会的不断互动过程中,慢慢地传承了下来。

与此同时,我们的社会制度也在不知不觉中维系了偏见的存在。比如曾经长期存在的种族隔离制度,加大了黑人和白人的不平等。另一方面,大多数时候社会制度并非要有意支持某种偏见,它只是反映了当时社会的集体态度,例如对同性恋的偏见。而同性婚姻是否合法的制度,可能就会影响人们对同性恋的态度。

2. 偏见与个体动机

偏见常常能够帮助我们应对挫折。一项在 1996 年的研究就发现,加拿大人对移民的偏见,随着失业率在上下波动。① 每当经济进入低谷,失业率上升时,本地人就会对外来移民带有更大的敌意,他们认为是移民占用了他们的资源,抢走了他们的工作,造成了经济衰退。

同样,偏见也帮助个体满足社会地位和归属的需要。人们普遍更喜欢自己所在的群体,这被叫作"内群体偏好"(ingroup bias)。也就是说,我们会认为自己所在的群体(内群体)很好,而他人所在的群体(外群体)不够好。很多研究发现,即使是将陌生人随机分为两组,人们也会比较喜欢同组的成员,认为他们具备更好的人格特征,并且比另一组的成员表现得要好。人们甚至会分配较多的金钱或其他奖赏给同组人,却以敌意、冷酷的方式对待另一组的成员。② 这些研究的结果似乎在告诉我们,无论什么样的分类标

---

① Palmer D L, "Determinants of Canadian Attitudes Toward Immigration: More Than Just Racism?", in *Canadian Journal of Behavioural Science*, 1996, 28, pp.180-192.

② Tajfel H, Billig M, "Familiarity and Categorization in Intergroup Behavior", in *Journal of Experimental Social Psychology*, 1974, 10, pp.159-170. Brewer M B, "In-group Bias in the Minimal Intergroup Situation: A Cognitive-motivational Analysis", in *Psychological Bulletin*, 1979, 86, pp.307-324. Hogg M A, Abrams D, *Social Identifications*, Routledge, 1988. Mullen B, Brown R, Smith C, "Ingroup Bias as a Function of Salience, Relevance, and Status: An Integration", in *European Journal of Social Psychology*, 1992, 22, pp.103-122. Wilder D A, "Perceiving Persons as a Group: Categorization and Intergroup Relations", in Hamilton D L (ed.), *Cognitive Processes in Stereotyping and Intergroup Behavior*, Erlbaum, 1981.

准,只要身为群体内的一员,我们就想要表现得比外群体成员好,并且为了建立自己的自尊,我们常常会不公平地对待外群体成员。

二、攻击

偏见是一种消极态度,当其上升为一种消极的行为时,就变成了歧视(discrimination)。而歧视很容易演变成攻击(aggression)行为。所谓攻击,就是指意图伤害他人的行为。这里的伤害既包括生理的,如身体上的虐待,也包括心理上的,如忽视、冷漠等心理虐待。同样地,攻击行为也包括身体攻击(如殴打等)和言语攻击(如辱骂等)两种。

另一种关于攻击类型的分类是将攻击分为敌意性攻击(hostile aggression)和工具性攻击(instrumental aggression)。敌意性攻击是一种源自愤怒的攻击行为,目的就是对他人实施伤害。而工具性攻击则是有其他目的的伤害性行为,伤害只是达到其他目的的一种手段。例如在体育比赛当中,为了阻止对方获胜而采取的犯规行为。

那么人们为什么会攻击他人呢?

1. 生理学理论:本能论与进化心理学

最早人们认为攻击是一种人类的本能,一种遗传而来的倾向。本能论最突出的代表就是弗洛伊德,他认为每个人都有一种"死本能",驱使个体自我毁灭。当它指向于外的时候,就变成了对他人的攻击与伤害。

而进化心理学的观点认为,为了能够更好地保障自己的基因得以延续,男性发展出具有重要适应性意义的攻击行为,借助这种行为来提高自己生存和繁衍的可能性。[1]

当然,也有人认为个体自身或某些外界条件(如酒精等)影响了机体内部的激素等生物化学的平衡,从而产生了攻击的倾向。

2. 挫折-攻击理论

多拉德等人提出了挫折-攻击理论(frustration-aggression theory),因为他们发现攻击总是会与某种形式的挫折联系在一起。[2] 这个理论认为当我们在实现目标的过程中遇到阻碍的时候,挫折就会产生。与此同时,一种特别的驱动力也随之被唤起,这种驱动力就会导致个体对其他人或事物产生攻击性的行为。例如,明明向自动饮料售卖机投了币却拿不到饮料的人踢打饮料机,工作不顺的父母对孩子大喊大叫,等等。

然而,众多对此的研究却得出了不一致的结果,有些情况下的挫折增加了个体的攻击行为,但有些却没有。伯科威茨据此提出,挫折并不是直接导致攻击,而首先导致愤怒的

---

[1] Archer J, "Testosterone and Human Aggression: An Evaluation of the Challenge Hypothesis", in *Neuroscience and Biobehavioral Reviews*, 2006, 30, pp. 319-345. McAndrew F T, "The Interacting Roles of Testosterone and Challenges to Status in Human Male Aggression", in *Aggression and Violent Behavior*, 2009, 14, pp. 330-335.

[2] Dollard J, Doob L, Miller N, Mowrer O H, Sears R R, *Frustration and Aggression*, Yale University Press, 1939.

情绪状态，这只是一种情绪的准备状态，但会不会产生攻击行为，还取决于对攻击线索是否存在。① 所谓攻击线索就是指与攻击相联系的，具有提示意义的人、物，或者行为，比如枪就是一个攻击线索，当个体内心极度愤怒的时候，如果恰好看到枪，很可能就会扣动扳机。然而，攻击线索只是增加了攻击发生的可能性，并不是攻击产生的必要条件。有时愤怒的情绪本身，就可以直接引发攻击行为。虽然在没有线索的情况下，攻击行为也可能出现，但与攻击有关的线索会放大攻击行为。②

3. 社会学习理论

著名的社会心理学家班杜拉做过一个关于攻击的经典研究。他让幼儿园的孩子观看了一段录像片，在这段影片当中，一个成人玩了一会儿童玩具之后，站起身，对一个充气玩偶进行了10分钟的攻击。包括把它扔来扔去、踢打它，或者骑在上面大叫："捧它的鼻子……打它……"看完影片之后，孩子被带到另一个房间，房间里有很多漂亮可爱的玩具，孩子开始玩玩具。2分钟后，实验人员突然告诉孩子，要把这些玩具留给其他小朋友玩，并将孩子带离这个房间，到了另一个房间。另一个房间里面也有很多玩具，包括最早那段影片中的充气玩偶。结果发现，那些没有看过成人攻击玩偶影片的孩子，大都能在那里安静地玩，虽然有挫折感，但也很少表现出攻击性的言语和行为。而那些看到了成人攻击行为影片的孩子，则表现出多出几倍的攻击言语和行为。而且，还有很多是重复了先前那个成人示范的语言和动作。③ 通过这个实验，班杜拉认为，仅仅是观看了成年人的攻击行为，儿童就会产生对这种攻击行为的模仿。

班杜拉之后又做了另一个研究，让儿童观看一段录像，录像中，击打充气玩偶的成年人或者受到奖励，或者受到惩罚，或者行为没有带来任何后果。结果发现，看到攻击行为受到惩罚的儿童，攻击行为显著减少；而那些看到攻击行为受到奖励的儿童，模仿攻击的行为会更加严重。④

班杜拉由此提出了社会学习理论（social learning theory），并以此解释了人类的攻击行为。通过亲身经历和观察攻击性的榜样，都可以习得攻击性的行为。但首先要有由挫折、疼痛等让人不愉快的情绪体验，这种情绪上的唤起让我们为攻击做好准备。然而是否真的会出现攻击行为，还与我们攻击后的结果有关。如果攻击看上去是安全，不会有惩罚，甚至带来好处，个体在被唤起之后，攻击的可能性就会大大提高。⑤

---

① Berkowitz L, "Whatever Happened to the Frustration-aggression Hypothesis?", *in American Behavioral Scientists*, 1978, 21, pp. 691-780. Berkowitz, "Frustration-aggression Hypothesis: Examination and Reformulation", *in Psychological Bulletin*, 1989, 106, pp. 59-73.

② Carlson M, Marcus-Newhall A, Miller N, "Effects of Situational Aggression Cues: A Quantitative Review", *in Journal of Personality and Social Psychology*, 1990, 58, pp. 622-633.

③ Bandura A, Ross D, Ross S A, "Transmission of Agression Through Imitation of Aggressive Models", *in Journal of Abnormal and Social Psychology*, 1961, 63, pp. 575-582.

④ Bandura A, "The Social Learning Perspective: Mechanisms of Aggression", *in* Toch H (ed.), *Psychology of Crime and Criminal Justice*, Holt, Rinehart & Winston, 1979.

⑤ Bandura A, "The Social Learning Perspective: Mechanisms of Aggression", *in* Toch H (ed.), *Psychology of Crime and Criminal Justice*, Holt, Rinehart & Winston, 1979.

三、助人行为

当然,在我们的世界上,绝不是只有偏见和攻击,更多的还是对他人的关心与帮助,而且其中很多时候根本无利可图,或者说,给予他人帮助的人根本不期待任何回报,但他们却还要冒巨大的风险,甚至要付出生命的代价。就像在纳粹大屠杀期间,为犹太人提供庇护的人;就像那些在美国"9·11"恐怖袭击当中,试图从世贸大厦解救他人的消防员和警察;就像在2008年中国汶川地震当中第一时间赶往震区的救援人员……

其实,在我们周围有很多亲社会行为(prosocial behavior),就是给他人带来益处的行为。其中,由利他主义(altruism)激发的亲社会行为尤其值得我们关注,就是即使没有回报,甚至需要付出代价,也会帮助他人的行为。有些人帮助他人是为了达到自己的某些需要,得到某种回报,是利己的;而有些人则是纯粹地帮助别人。那么,究竟是什么原因让人们做出利他的行为呢?

1. 社会交换理论

社会交换理论(social exchange theory)以社会经济学为基础,认为人们相互之间不仅仅有物质性的交换,还会有社会性的交换,包括情感、信息等。无论是哪种交换,人们都希望可以让自己付出的成本最小化,而收益最大化。皮利文和他的研究团队通过人们献血行为的研究,确实发现了在献血这个利他行为发生前,人们总是要比较献血的代价(疼痛、身体损伤、花费时间等)与不献血的代价(社会舆论、内疚感等),以及献血的收益(帮助别人的快乐、免费的食品等)与不献血的收益(不担心健康、时间富余等)。[1]

当然对于助人者来说,收益不仅包括外界的奖赏(例如他人的赞扬、社会地位的提升等),还有内部的回报(例如自我的满足感、提高自我价值、积极的情绪情感等)。研究发现,捐款行为会激活人们大脑中与报酬相关的脑区[2],花费金钱来帮助他人能够提高自身的幸福感。[3] 更重要的是,利他行为还有可能减少我们的消极情绪,恢复心理的平衡。在一项研究中,如果一个人在实验的前半段过程中说了谎,那么其愿意付出平均63分钟的时间去无偿地完成问卷评分任务;而一个没有说谎的参与者,愿意付出的时间只有平均2

---

[1] Piliavin J A, "Learning to 'Give to Unnamed Strangers': The Process of Commitment to Regular Blood Donation", in Staub E, Bar-Tal D, Karylowski J, Reykawski J (eds.), *The Development and Maintenance of Prosocial Behavior: International Perspectives*, Plenum, 1982. Piliavin J, "Doing Well by Doing Good: Benefits for the Benefactor", in Keyes C L M, Haidt J (eds.), *Flourishing: Positive Psychology and the Life Well-lived*, American Psychological Association, 2003.

[2] Harbaugh W T, Mayr U, Burghart D R, "Neural Responses to Taxation and Voluntary Giving Reveal Motives for Charitable Donations", in *Science*, 2007, 316, pp. 1622-1625.

[3] Anik L, Aknin L B, Norton M L, Dunn E W, "Freeling Good About Giving: The Benefits (and Costs) of Self-interested Charitable Behavior", in Oppenheimer D M, Olivola C Y (eds.), *The Science of Giving: Experimental Approaches to the Study of Charity*, Psychology Press, 2010.

分钟。① 许多类似的研究似乎一直都在表明，当他人知道我们犯下错误时，我们就更想要用帮助他人的利他行为来挽回我们自己。②

2. 社会规范理论

很多时候我们并不会有意识地去计算得与失，而是出于某些看似非常"理所当然"的原因而给予他人帮助。古尔德纳认为，对于那些曾经帮助过我们的人，我们也应该给予帮助，这就是互惠规范（reciprocity norm）。③ 朋友间相互协助，邻里间相互帮忙，这样就使得社会得以运转，并从长远来看保持一种平衡。因此，古尔德纳认为，互惠规范应该是一种"普遍"的原则，是需要每个人遵守的。有研究发现，人们更愿意把钱捐给曾经给过他们帮助的慈善团体。④ 在另一项游戏实验中，人们在与自己有持久关系的人一起时，表现出更少的自私行为，而与陌生人偶然配对时，自私行为会增多；但即使是在匿名的情况下，人们也会对他人的回应给予一定的回报。⑤

除了互惠规范，对于一些无力回报的弱者，可能还会有另一种规范引导人们的利他行为，这就是社会责任规范（social responsibility norm）。这个理论认为人们应该帮助那些需要帮助的人，而不是考虑他们是否能够回报我们的帮助。⑥ 这一点在重集体主义文化的国家更加明显⑦，社会提倡助人为乐，特别是帮助那些迫切需要帮助的人，更是每个人应尽的责任。当然，这里还有一个前提，就是导致这些人遭遇困境是客观原因，例如自然灾害、不可抗力等。如果困境是由于其本人的懒惰、违反道德和法律、心术不正等，那就是"自找"的，人们并不会给予帮助。看看我们对"乞丐"的各种不同态度，就可以感受到这种社会责任规范的前提条件。

---

① McMillen D L, Austin J B, "Effect of Positive Feedback on Compliance Following Transgression", in *Psychonomic Science*, 1971, 24, pp. 59-61.

② Carlsmith J M, Gross A E, "Some Effects of Guilt on Compliance", in *Journal of Personality and Social Psychology*, 1969, 11, pp. 232-239.

③ Gouldner A W, "The Norm of Reciprocity: A Preliminary Statement", in *American Sociological Review*, 1960, 25, pp. 161-178.

④ Whatley M A, Webster J M, Smith R H, et al, "The Effect of a Favor on Public and Private compliance: How Internalized Is the Norm of Reciprocity?", in *Basic and Applied Social Psychology*, 1999, 21, pp. 251-261.

⑤ Burger J M, Sanchez J, Imberi J E, Grande L R, "The Norm of Reciprocity as an Internalized Social Norm: Returning Favors Even When No One Finds Out", in *Social Influence*, 2009, 4, pp. 11-17.

⑥ Berkowitz L, "Social Norms, Feelings, and Other Factors Affecting Helping and Altruism", in Berkowitz L (ed.), *Advances in Experimental Social Psychology*, Academic Press, 1972, Vol. 6. Schwartz S H, "The Justice of Need and the Activation of Humanitarian Norms", in *Journal of Social Issues*, 1975, 31, pp. 111-136.

⑦ Baron J, Miller J G, "Limiting the Scope of Moral Obligations to Help: A Cross-cultural Investigation", in *Journal of Cross-Cultural Psychology*, 2000, 31, pp. 703-725.

3. 共情理论

无论是社会交换还是社会规范,两种理论似乎都表明,人们利他行为的背后总有某种"利己"的原因。那么,究竟有没有纯粹的"利他"呢?也就是说,有没有人帮助他人完全是为他人着想,而与自己毫无关系。巴特森经过一系列的研究[①],给出了肯定的答案。他相信人们有纯粹的利他主义动机,唯一的目的就是帮助他人,即使为此助人者要付出不小的代价。但是,这种纯粹利他行为的出现,需要一个前提,助人者需要对被帮助者产生共情(empathy),也就是说,我们要将自己置于被帮助者的位置,设身处地体验他人处境,从而能够理解和体验他人内心的情感和感受。我们看见孩子受伤后痛哭,也会情不自禁地伤心难过,就是因为我们能够"感同身受"孩子的痛苦,从而产生相同或相似的体验。

巴特森的另一个研究发现,在较高的共情水平下,即实验参与者被激发出与当事人相同的情绪情感,即使当事人并不在意,参与者看不到需要帮助的人,愿意帮助他的人与当事人在场的情况下是一样多的。[②] 也就是说,无论是否会产生减少内疚等情绪的需要(利己的目的),即无论当事人是否在场,只要产生共情,利他行为就会广泛地产生。然而,在较低的共情情境下,当事人在场,引起内疚情绪情境下的帮助行为(利己的目的)要比当事人不在场时多得多。可见,在比较高的共情作用下,人们会产生纯粹的利他行为;但当共情反应不明显时,利己的帮助行为就会更多地出现了。

巴特森的一系列研究,以及其他学者的一些研究[③]似乎指向了一个令人欣喜的结果:真的存在一种纯粹的、只为了他人的利他行为。同时,也带来了希望——通过提高人们的共情能力,能够有效地促进利他行为的产生。

1964年3月13日凌晨3点,在美国纽约皇后街区,发生了一起骇人听闻的惨案。一名叫作吉诺维斯的酒吧经理,在下班回家的途中惨遭歹徒的杀害。而最可怕的是,在吉诺维斯被歹徒用刀刺杀的半个多小时里,她大声呼喊、恳求帮助的声音在凌晨宁静的街道上无比清晰,先后吵醒了38个"安分守己"的公民(据《纽约时报》报道),他们都目睹了

[①] Batson C D, *The Altruism Question: Toward a Social-psychological Answer*, Erlbaum, 1991. Batson C D, "As You Would Have Them Do unto You: Does Imagining Yourself in the Other's Place Stimulate Moral Action?", *in Personality and Social Psychology Bulletin*, 2003, 29, pp. 1190-1201. Batson C D, Eklund J H, Chermok V L, Hoyt J L, Ortiz B G, "An Additional Antecedent of Empathic Concern: Valuing the Welfare of the Person in Need", *in Journal of Personality and Social Psychology*, 2007, 93, pp. 65-74. Batson C D, *Altruism in Humans*, Oxford University Press, 2011.

[②] Toi M, Batson C D, "More Evidence That Empathy Is a Source of Altruistic Motivation", *in Journal of Personality and Social Psychology*, 1982, pp. 281-292.

[③] Dovidio J F, "The Empathy-altruism Hypothesis: Paradigm and Promise", *in Psychological Inquiry*, 1991, pp. 126-128. Staub E, "Altruistic and Moral Motivations for Helping and Their Translation into Action", *in Psychological Inquiry*, 1991, 2, pp. 150-153. Stocks E L, Lishner D A, Decker S K, "Altruism or Psychological Escape: Why Does Empathy Promote Prosocial Behavior?", *in European Journal of Social Psychology*, 2009, 39, pp. 649-665.

这起谋杀案。这些居民会透过窗户向外张望，他们所发出的惊叫声，以及那些卧室里闪耀的灯光，两次把歹徒吓跑。但是歹徒发现并没有人出来帮助吉诺维斯，也没有警察到来，于是又回来重新对她进行加害。虽然最后终于有人报了警，歹徒匆忙逃离，但吉诺维斯很快还是离开了人世。

38个人目睹了这场暴行，却无动于衷，甚至连拨个电话报警都不肯做。所以当事情在报纸上曝光以后，有无数人打电话或者写信去报社，要求公布这38个所谓的"安分守己"的公民的姓名，让全社会都来谴责这些道德沦丧的人。

在今天，如果发生类似的事件，很多人也会像"愤怒的读者"一样，对这些"冷漠"的旁观者发出谴责与声讨。然而，两位著名的心理学家拉丹和达利就冷静地反思了整个事件，他们提出了一个假设：除了道德之外，会不会恰恰是因为看到这件凶杀事件的人太多，大家都以为别人会去报警，所以反而就没有人去做了呢？

于是，受到这起吉诺维斯惨遭杀害案的影响，拉丹和达利开始潜心研究助人行为的影响因素，进而慢慢地发展出一套成形的社会心理学理论，称之为"责任分散理论"。这个理论认为，在一个需要他人帮助的情景中，旁观者越多，帮助他人的责任就被越多的人分担了，那么在众多的旁观者当中，单一的个体实施帮助的可能性就越来越小。

责任分散理论成为亲社会行为中一个极为重要的理论。但比理论更加重要的是，拉丹和达利教会我们，看问题不能仅看表现的现象，解释问题更不能简单地从常识或某些偏见出发。只有带着辩证的思维，从多个角度去反思问题的本质，才可能让我们避免在复杂的社会关系中，局限于狭窄的社会思维空间，受到消极的社会影响。

思考题

1. 什么是社会心理学？
2. 态度包含哪些成分？通常用什么方法进行测量？又有哪些影响态度的方法？
3. 什么是从众？通常有哪些因素会影响从众行为？
4. 常见的群体影响有哪些？这些群体影响背后的原因是什么？
5. 什么是偏见？偏见产生的根源是什么？
6. 人类为什么会有助人行为？

推荐阅读

1. 周晓虹：《社会学心理学：多维视野中的社会行为研究》，上海人民出版社，1997年版。
2. 戴维·迈尔斯：《社会心理学》（第11版），侯玉波等译，人民邮电出版社，2016年版。
3. 阿伦森等：《社会心理学：阿伦森眼中的社会性动物》（第8版），侯玉波等译，机械工业出版社，2014年版。

第十七章

社会分层与流动

彼得·布劳曾经用两个参数来描述人们在社会结构中所体现出来的差异,即类别参数和等级参数。类别参数可以将人们划分为有着不同界限的亚群体,这些群体之间并没有内在的级序,性别、宗教、种族和职业都是类别参数;而等级参数是根据某种地位级序来区分人们,收入、财富、教育和权力都是等级参数。[①] 根据布劳的理解,对社会差异的描述实际上可以从类别和等级两个角度展开,在狩猎和采集社会中人们最初的能力差异体现的就是一种类别差异,而当一些人在财富、权力和声望上优于另一些人时,人与人之间的等级差异就开始显现。社会分层研究所关注的正是社会成员彼此之间所表现出来的等级差异。

第一节　社 会 分 层

一、社会分层及其功能

1. 社会分层及其产生

分层最初是一个地质学的概念,它指的是地质构造中所表现出来的不同层面。在社会生活中,人与人之间、群体与群体之间也像地质构成那样,表现出高低有序的等级层次。正因如此,社会学家借用分层这一概念来分析人们在社会结构中所表现出来的等级差异。所谓社会分层,就是指按照社会成员所具备的某些社会属性,依据一定的标准将社会成员区分为高低有序的不同等级和层次的过程与现象。

[①] 参见彼特·布劳:《不平等和异质性》,王春光、谢圣赞译,中国社会科学出版社,1991年版,第9-15页。

社会分层所体现的是社会不平等，这种不平等是社会分化的结果。随着人类社会的不断发展，社会结构处在不断分化的过程当中。社会结构的分化包括基于自然属性的分化和基于社会属性的分化。基于自然属性的分化是指社会成员由于某些自然的属性，如性别、年龄、肤色、容貌、体能等而表现出来的差异，因而这种差异也可以称为自然差异；而基于社会属性的分化是指社会成员由于某些社会属性，如职业、收入、权力、信仰等所表现出来的差异，这种差异可以称之为社会差异。当然，自然差异与社会差异的区别不是绝对的，当人类社会出现等级分化之后，社会成员的某些自然属性就被赋予了社会意义，这时社会成员基于自然属性而表现出差异就被赋予了社会差异的意涵，例如性别不平等。从另外一个角度来看，社会结构的分化又可以表现为类别分化和等级分化。在狩猎和采集时代的人类社会，尽管个别社会成员表现得更为灵活、健壮或者在寻找食物的过程中表现出更多的技巧，每个人都有着大体一致的社会地位。在那个时代，人们彼此之间的差异，最初是基于各种自然属性而表现出来的类别差异。随着人类社会的不断发展，在类别分化不断复杂化的同时，等级分化开始出现。所谓的类别分化，也可以称之为水平分化，指的是社会成员之间所产生的在经济、政治和社会地位方面的非等级性的分化。随着社会分工的发展，类别分化所体现的是人们在社会职能上的差异。譬如我们通常所说的社会各界别，如文艺界、科技界等所表现出来的正是一种水平分化，这种分化本身没有高低之分，它所体现的只是社会分工不同而已。随着水平分化的发展，等级分化也开始出现。所谓的等级分化，也称之为垂直分化，它是指社会成员之间所产生的在经济、政治、社会声望等多个方面具有等级意义的分化，这种分化体现的是社会成员之间的等级差异。等级分化的结果意味着社会不平等的出现，即出现了一部分类别的人优于另一些类别的人，一些人相对于另一些人来说拥有更多的财富、权力和声望。需要说明的是，在现代社会，很多类别分化被赋予了等级差异的意涵。

如果说社会分化的结果导致社会不平等的出现，那么社会分化的内在动力是什么？造成社会分化最根本的动力是社会生产力的发展。在原始社会，虽然也存在着由社会成员的自然属性（如性别、年龄等）所导致的差别，但这种差别并没有导致劳动本身的分化，未形成不同个体的固定职能。生产力的发展带来了劳动分工，劳动分工这种出现在经济活动领域的社会分化，是人类社会最根本也是最基础的社会分化，它推动着社会生活其他领域中的分化，并由此产生出大量的、功能专门化的生产、生活单位或社会集团。这些社会集团及其成员在社会体系中的地位和作用开始表现为等级性。

从社会成员个体的角度来看，不平等既可以表现为社会成员对不同类别的有价值的资源的拥有，也可以表现为在社会结构当中所处的高低不等的位置。社会成员基于资源拥有的差异而在社会结构当中所处的位置，以及围绕这些位置所形成的权利义务关系，称为社会地位。社会地位的不同使得一些人与另一些人区分开来，并且，与社会地位相关联的权利、义务规范着人们所参与的社会交往过程。从社会结构的角度来看，不平等表现为社会结构上的层级特征，而社会结构的层级化过程就是所谓的社会分层过程。

2. 阶级与阶层

对于社会结构上所表现出的层级，人们用阶级或阶层的概念加以表述。在西方社会学界，阶级和阶层这两个概念通常都用 class 这一个词来表达，而国内学者经常会用"阶级"

和"阶层"来区分 class 中的不同意涵。之所以在国内学者中会出现"阶级"和"阶层"两个概念的区分，如后文所述，这是由于对马克思主义意义上的 class 和韦伯意义上的 class 有着不同的理解。

先来看马克思主义意义上的阶级。列宁系统地阐述了马克思关于阶级的定义："所谓阶级，就是这样一些大的集团，这些集团在历史上一定社会生产体系中所处的地位不同，对生产资料的关系（这种关系大部分是在法律上明文规定了的）不同，在社会劳动组织中所起的作用不同，因而领得自己所支配的那份社会财富的方式和多寡也不同。所谓阶级，就是这样一些集团，由于它们在一定社会经济结构中所处的地位不同，其中一个集团能够占有另一个集团的劳动。"从这一定义中可以看出，马克思主义阶级划分标准是人们与生产资料的关系。人们与生产资料的关系决定了人们在生产体系中的地位与作用，也决定了人们获取社会财富的方式和多寡。人们与生产资料之间的关系可以表现为两种基本的形式，即占有与不占有生产资料。在马克思主义看来，生产资料的占有者剥削了非占有者的劳动成果，于是依据人们对生产资料的占有状况，可以划分出两个基本的对立的阶级，即剥削阶级和被剥削阶级。

再来看韦伯意义上的阶级。韦伯区分了人类社会中三种类型的不平等，阶级是现代工业社会中最为突出的一种不平等形式。所谓的阶级体现的是经济上的不平等，阶级是由人们的阶级处境（class situation）所决定的。阶级处境是指人们在市场中获得商品等满足其生活所需的外在条件，进而获得主观满足感或挫折感的各种机会与可能性。所谓的阶级就是有着共同阶级处境的人们的集合。阶级处境是由人们在市场交换中的市场能力所决定的。与马克思主义者以生产领域人们对生产资料的占有关系作为阶级划分基础不同的是，韦伯是以市场中人们利用商品或劳动机会上的差异作为阶级划分的基础。阶级划分基础的不同导致两者对阶级的属性有着不同的认识，马克思主义者更加强调阶级的关系性，强调阶级关系中存在的剥削与被剥削、统治与被统治关系。而韦伯则认为阶级甚至都不是一个共同体，因此，从一个相同的阶级处境中产生出社会行动，甚至共同体行动，绝对不是一个普遍的现象。需要说明的是，韦伯强调只有在市场条件下才能形成阶级，那些其命运不是由他们自己在市场上使用产品或劳务的机会所决定的人，比如奴隶，就不能说是一个阶级了。相反，他们构成了一个"身份群体"。除了经济意义的不平等之外，韦伯还区分了由人们在社会中所获得的社会评价决定的社会声望的不平等，以及权力上的不平等。与这两种不平等相对应的分别是"身份群体"和"政党"。

正是由于存在马克思和韦伯意义上的对阶级的两种不同理解，在使用过程中才有了"阶级"和"阶层"的概念区分。当人们偏重于强调阶级的共同体特征，以及阶级关系性（即强调阶级关系中剥削与被剥削、统治与被统治关系）时，人们倾向于使用马克思主义意义上的"阶级"概念。而当人们偏重于阶级的非对抗性，特别是强调阶级的非共同体特征时，人们倾向于使用韦伯意义上的"阶级"概念，中文语境中则通常运用"阶层"这一概念来指涉韦伯意义上的"阶级"。此外，受到韦伯对三种类型的不平等的区分，阶层的这一概念有时也被赋予新的含义，即综合了经济、社会声望以及权力三个维度的不平等所做的等级划分，这时所谓的阶层指的就是那些在经济、社会声望和权力上表现出相似性的人所组织的社会集团。

3. 社会分层的功能

为什么社会分层一直存在？它的存在相对于社会运行来说扮演着什么样的角色呢？对于这些问题的回答存在着两种观点，其中一种观点体现在社会学的功能理论的认识当中，另外一种观点体现在社会学的冲突理论的认识当中。

在功能理论看来，社会不平等在社会运行过程中扮演着一个非常重要的角色，社会分层对于现代社会及其运行有着功能必要性。对社会分层持这种观点的最突出的代表就是金斯利·戴维斯和威尔伯特·摩尔。他们论证说，存在某种形式的分层是一种社会必要。在他们看来，某些社会职位需要由难得的天才或经过长期训练的人来从事，并不是人人都可以成为外科医师、核物理学家或军事战略家。如果一个社会要有效地行使功能，它就必须想方设法吸引那些有天才、有能力的人来从事那些重要的职位上的工作。戴维斯和摩尔接着指出，一个职位的功能越是重要，社会给予这个职位的回报就应该越大。这种策略有利于提高生产效率，因为收入、社会声望、权力和闲暇可以用来鼓励人们从事重要的工作，并且长时间努力地做好这些重要的工作。

尽管戴维斯和摩尔的观点对理解社会分层非常重要，但同时也激起了大量的批评。其中最为突出的是，戴维斯和摩尔对社会分层的积极功能的过分强调，实际上忽视了不平等可能导致社会冲突，甚至彻底的革命。梅尔文·图明在对戴维斯和摩尔命题进行批判的基础上，提出了社会分层的负功能，这些负功能主要表现为：其一，社会分层体系限制了人才的发掘；其二，由于对人才发掘的限制，社会分层对社会生产资源可能的扩展设置了限制；其三，社会分层体系为精英们提供了一种政治权力，这种权力更有助于他们维护自身的利益，进而使得社会表现出更多的保守倾向；其四，社会分层导致了良好的自我形象在全部人口中的不平等分配；其五，社会分层体系鼓励了社会不同部分之间的对抗、猜忌和不信任，进而限制了社会整合的可能性和广度。

与社会分层的功能理论，特别是戴维斯和摩尔的功能分析不同的是，社会冲突理论认为，社会分层并非有利于社会作为一个整体，而是使一部分人受益而使另一部分人受损。

马克思最早阐述社会分层的冲突论思想。马克思认为，人们对生产资料的占有，以及由这种占有方式所决定的人们在生产组织中的地位，影响着社会财富分配形式，从而使社会发生分化，并形成对立的社会阶级。阶级分化与对立是一切社会不平等的根源，而阶级斗争是阶级对立的必然产物。从这个意义上看，阶级分化必然会导致社会冲突，其中最为突出的表现是社会革命。

西方冲突学派的社会学家也反对功能主义的社会观。例如，米尔斯强调经济、政治、军事领域的精英分子占有稀缺资源；达伦多夫则认为权威结构不平等造成社会不平等。如果说社会分层体现出来的是社会不平等的话，那么，冲突理论有关社会分层的观点可以概括如下：其一，社会的不平等是无法避免的，它是利益不一致造成的，是不合理的，而不是如功能理论所认为的那样是社会的功能必需。其二，社会不平等导致剥削。处于优势社会地位的社会集团往往利用自己的特权，剥削处于较低社会地位的社会集团。处于优势地位者占有大量的社会资源，从自己的需要出发制定或影响社会政策，为自己提供较高的社会报酬，保护自己的利益。其三，权力和资源的垄断直接导致社会不平等的产生。处于上层社会地位的社会成员通过对权力和资源的垄断，强占社会财富，排斥无权力的其他社会成员。而生活在社会底层的劳动者处于被支配地位，被迫遵守由上层社会成员制定的社会规范。

总的来说，冲突理论认为，社会分层是由有权势的利益集团依据自身利益而促成的，分层制度体现的是权势集团的利益和价值标准。社会分层实际上包含着社会不平等，它妨碍着社会的功能的实现。

二、分层制度

当社会分层所体现的社会不平等表现出稳定的、持久的特征时，特定类型的分层制度就得以形成了。所谓分层制度是指按照某种标准将社会成员做高低等级划分的规定，这种规定可以是显现的，也可以是潜在的。分层制度主要包括两种大的类型，即等级制和阶级制度。等级制社会被认为是社会结构具有很强封闭性的社会，在这种社会中，不同社会位置间存在着很少的流动；按照西方社会学家的观点，阶级制度则意味着社会结构更多的开放性，在阶级制度下，允许有较高的社会流动。

1. 等级制

等级制是指按照出身和归属等先赋性因素对社会成员进行社会分层。纯粹意义上的等级制意味着社会结构完全封闭，因为一个人的出身就完全决定了这个人将来的全部生活，经由个人努力而实现的社会流动很少或几乎不存在。在这种制度条件下，人们按照严格划分的等级进行生活，向上和向下流动都是不可能的。在这种制度条件下，每个人因其出身与身份归属，只被允许从事特定的职业；并且人们也被规定只能同相同社会等级的人联姻，或者说通婚被限制在每个阶层内部；除此之外，在这种制度条件下，人们的日常生活与社会交往也被限制在特定的阶层内。

在人类社会历史发展的不同阶段，以及在不同的国家与地区，等级制有着不同的表现形式。例如在古罗马，社会成员被划分为贵族、骑士、平民和奴隶等几个等级；中世纪的欧洲出现过封建领主、陪臣、行会师傅、帮工、农奴等社会等级划分。中国封建社会中就曾出现多等级制，如古代贵族被分为五个等级——公、侯、伯、子、男；魏晋时期的"九品中正制"也是一种等级制度，它力图保证统治阶级成员的纯正性，并造成了"上品无寒门，下品无士族"的门阀政治。日本还是等级制社会时，皇帝家族统治着贵族与平民，贵族之下的是武士阶层，社会的最底层则是部落民或流民。即使是在现代社会，等级制度也在一定程度上存在。南非在实行种族隔离时期，整个国家的居民被划分为四个等级，白人与黑人等其他人种被区分开来对待，并且种族隔离制度在1948年被写入法律，它否认黑人的国家公民权，否认黑人的土地拥有权和在政府中的发言权。在这种种族隔离制度下，黑人缺少教育，只能从事当仆人等低收入的工作。

印度历史上的种姓制度是等级制中最突出的典型。种姓制度被认为是印度教教义的一种体现。印度教特别强调社会的等级分化，认为明确的等级分化能更好地维护社会秩序。在印度教教义看来，人们在现世严格遵守自己所隶属的社会等级内的社会规范，在来世才有可能进入到更好的社会等级中。在种姓制度下，社会成员被划分为四个主要的等级（或者叫作瓦尔纳，梵语的意思是颜色或品质），即婆罗门、刹帝利、吠舍、首陀罗，其中每一个等级又包括上百个亚等级的集团（梵语称为迦提）。种姓制是一种封闭性很强的社会分层制度，在这种制度条件下，一个人在社会等级中的地位在其出生时就被决定，并且终生不变，也就是说一个的社会地位完全取决于他的出身。从出生开始，种姓制度就决定了一个人一生的生活方向，他所从事的职业、婚姻缔结的对象、社会交往的对象等都被严格地限制。

2. 阶级制度

阶级制度是针对现代西方社会而概括出来的社会分层制度。等级制度被看作是典型的农业社会的特征，随着工业化的发展，分层制度开始发生变化，社会成员的出身与身份归属不再能够完全决定其社会地位，人们可以通过教育或其他方式的个人努力在一定程度上实现社会地位的升迁，这就是所谓的阶级制度。阶级制度保留传统社会等级制度的某些特征，如允许财富的代际传递，同时，这一分层制度相对于等级制度又表现出很多的开放性。由于对法律面前人人平等的强调，按照人们的肤色、性别和家庭出身等对人们做等级划分的做法被取消，人们可以通过自身的努力改变自身的社会地位。在这种分层制度下，社会结构表变得相对开放，特定的阶层地位不再是某些人或某类人的专属。

阶级制度实际上包含着一对理想类型所体现出来的两种成分，这一对理想类型就是纯粹的等级制和贤能制，也就是说阶级制度中包含着一定成分的等级制度，同时更多地强调贤能制。当代有关社会分层与流动的研究均表明，现代工业社会中，阶层差异在代际的部分延续是一个不可回避的事实，也就是说，人们的家庭背景在一定程度上依然影响甚至决定着人们的社会地位，这所体现出来的正是等级制的特征。与此同时，西方社会学者越来越强调，贤能制越来越成为发达工业社会中处于主导地位的分层制度。贤能制是指社会分层建立在个人的所拥有的知识、技能以及个人的努力程度等因素的基础之上。这些因素通常被称之为自致因素，即个体自身努力的结果。之所以贤能制被看成是现代工业社会的主导性的分层制度，这是由于，在工业社会中，随着技术理性的不断发展，以及社会分工的发展，社会流动随之加强，社会选择的理性化程序要求等使得自致性因素取代先赋性因素成为决定人们社会位置的决定性因素。并且，在西方学者看来，随着社会对技术人才需求的增加，加上现代教育的发展与普及，越来越多的人可以借助教育实现社会地位的升迁，也就是说随着工业化的发展，社会结构将变得越来越开放。在纯粹的贤能制社会，人们的社会地位完全由个人的能力和努力程度所决定。这种制度意味着持续的社会流动，社会类别因为人们持续不断的向上和向下流动而变得模糊，人们的社会地位则由其最近的表现而决定。由此可以看出，就人类历史发展到今日的状况来看，贤能制还只是一个理想类型。

在等级制社会中，人们被要求忠诚于他所隶属的社会等级，这种制度压抑了人们的潜能，但它使得社会非常有序。基于对必要的社会秩序的需求，工业社会保留了一些等级制的成分，而不是表现出纯粹的贤能制，因为纯粹的贤能制会弱化家庭以及其他类型的社会群体。

最后，需要说明的是，在每一种分层制度背后都有着一套价值体系的支持，使得人们的等级分化表现出合理性。譬如等级社会中，君权神授这一观念使得居于统治地位者的地位得以合法化，而现代工业社会中，绩效主义在很大程度上成为人们等级分化的合法依据。

第二节 社会流动

一、社会流动及其类型

社会阶层体现的是社会结构中的层级特征，它所反映的是社会成员在社会结构所处的不同的位置。除了纯粹的封闭性社会之外，实际上社会成员的社会位置不是绝对地固定不变。在任何社会形态下，人们从一个社会位置到另一社会位置的变化总是存在的，而人们在社会结构中的位置变化即为社会流动。尽管在早期的阶级、阶层研究中，就曾经出现过对社会流动的关注，但直到1927年索罗金的《社会流动》一书发表，现代学科意义上的流动研究传统才被确立起来。在《社会流动》一书中，索罗金对社会流动进行了系统的论述和研究，社会流动研究从此成为社会学研究中一个独立的研究领域。

在索罗金看来，"社会流动可以理解为个人或社会对象或价值——被人类活动所创造的或修改了的任何变化——从一个社会位置到另一个位置的任何转变"。在我们看来，所谓的社会流动是指人们从社会结构空间的一个位置转向另一个位置的过程。社会流动是人们在社会结构空间中的流动，它不同于人们在物理空间中的流动，社会流动反映了人们的社会地位的变化，这种变化伴随着人们的社会属性的变化，它意味着人们在财富、权力和社会声望等维度上所表现出来的社会差异的变化与调整。人们在物理空间上的流动，通常表现为地理位置的转移，在现实生活中，有些地理空间上的流动往往也会带来人们在社会结构空间中的位移。

社会流动有着不同的类型。按照社会流动的方向，社会流动可以分为水平流动和垂直流动。水平流动也称为横向流动，它指的是人们在社会结构的同一层级内部，由一个社会位置向另一个社会位置的转变。这种转变对当事人获取或占有经济资源、权力和社会声望的机会没有影响或者没有明显影响。比如，一个职业经理人从甲企业的管理岗位转到乙企业类似的管理岗位。水平流动对个体社会地位的影响不大，但大规模的水平流动有可能会伴随着社会结构层面的变化，如产业结构、职业结构等的变化。

垂直社会流动也可称为纵向流动，它指的是人们在社会结构的不同层次之间，由一个社会位置到另外一个社会位置的转变。垂直流动可以进一步划分为向上流动和向下流动。向上流动意味着人们从较低的社会位置向较高的社会位置移动，如科员晋升为科长。向下流动则意味着人们从相对较高的社会位置向较低的社会位置移动，如厂长降职为工人。垂直流动意味着人们社会地位的上升或下降，或者说意味着人们获取资源的机会的变化，因而这种社会流动是人们最为关心的社会流动。垂直社会流动对社会结构的变化有着很大的影响，它影响着阶级、阶层结构，并且垂直流动的流动率也在一定程度上体现着不同阶层之间的关系。在一个特定的历史时期内，如果向上流动的总体比例比向下流动的总体比例高，则意味着这个社会在进步；相反，如果向下流动的总体比例超过向上流动的总体比例，则意味着这个社会在退步。

依据社会流动的参照点的不同，社会流动可以分为代内流动和代际流动。代内流动也称为一生流动，是指个人在其一生之中所发生的社会地位的变动，这种变动既包括垂直流动，也包括水平流动。在现代社会，尤其是城市社会，由于教育机会和就业机会的增加，代内流动变得非常频繁，特别是职业地位的变动非常频繁。代际流动是指子代相对于其父辈而言，社会地位所发生的变化，其参照点是父辈的职业或社会地位。当子代的职业或者他们在社会分层结构中的位置与其父辈相比发生了变化，代际流动就产生了。代际流动也表现出向上或向下两种类型，代际向上流动意味着子代的社会地位较其父辈高，代际向下流动则意味着子代的社会地位较父辈低。在传统社会里，特别是在等级制社会中，由于社会结构的相对封闭性，代际社会流动率往往比较低，人们世世代代从事着相同的职业，隶属于同一个阶级或阶层，有着相同的社会地位，代际地位更替表现出同质性。而在相对开放的社会中，特别是在不断发展和进步的社会中，代际社会流动率往往比较高，并且在代际流动中，社会成员有着更多的机会向上流动。

另外，还可依据社会流动的原因，将社会流动区分为自由流动和结构性会流动。自由流动又称为非结构性社会流动，它指的是由社会个体自身的原因所导致的单个个体的社会地位变动。当然，现代社会学研究表明，即便是这种个体性的社会流动也有着社会结构性因素的制约作用，只是这种制约作用没有表现出群体性的特征而已。结构性的社会流动指的是由社会结构性因素所直接导致的多数个人的社会地位的变化，或者说是由社会结构性因素所导致的群体性社会流动，如当代中国史上的知识青年"上山下乡"运动所体现出来的正是一种结构性社会流动。另外，由产业结构的调整而导致的多数人的职业变动，也是一种结构性社会流动。

二、社会流动的机制与功能

1. 社会流动的机制

社会流动得以实现的内在机制是什么，或者说人们何以实现社会地位上升的呢？特纳曾经根据社会流动得以实现的内在机制，概括出一对理想类型：竞争型流动和赞助型流动。根据特纳的理解，竞争型流动是这样一种流动机制，优势社会地位具有开放性，它是人们自由竞争的战利品，是那些有抱负者通过自身努力可以获得的社会地位。竞争受到一些公平性法则的支配，优势社会地位是人们在这些公平性法则的基础上自我努力的结果，而不是优势地位的既有占有者主动出让或授予的结果，并且优势地位的既有占有者也不能决定谁将是竞争中的获胜者。赞助型社会流动指的是这样一种流动机制，优势地位的新的占有者是由这些地位上的既有占有者或其代理人基于一定的标准进行选择的结果，优势地位不是人们通过自身努力就可以实现的。在这种流动机制的作用下，向上流动就像进入一个私人俱乐部，每一个候选人都必须得到一个或更多俱乐部成员的"担保"，根据这些成员对候选人是否具有他们所希望的、在同道成员身上能够看到的那些特质的判断，最终确定候选人能否实现向上流动。

人们往往将上述赞助型社会流动机制与传统社会联系在一起，实际上在现代社会中，上述两种流动机制都不同程度地存在，所谓的赞助型流动，在现代社会通常是通过某些潜在的策略和规则而实现的。

与上述观点相类似，也有学者将社会流动的机制分为这样的三种类型，即开放式流动、封闭式流动和混合流动。开放式流动是指社会成员在各阶层、职业间流动不受制度性限制的流动模式。在现代社会中，社会成员享有公民权，他们可以根据自己的能力去从事合法的职业活动，而不受人为的、排斥性的制度限制。也就是说，所有的职业、职位对全体社会成员都是开放的。而封闭式流动意味着社会成员只能在一定范围内流动的社会流动模式。在传统社会中，由于社会资源短缺，统治者和上层社会为了维护自己的利益而设置种种制度，把人们的职业流动，特别是底层群体的职业流动限制在一定范围之内，即只允许他们在一定范围内流动。混合流动模式是在一个社会中既有开放式流动，又有封闭式流动的状况。社会成员可以在一定范围内甚至是在一些社会阶层之间进行流动，但是他们不能进入另一个封闭的领域。比如在中国的封建社会，平民可以由仕途或军功而为将相，但他们一般不能封王，也就是说，由平民到将相的范围内是开放的，但社会的最高层对平民来说是封闭的。

2. 社会流动的功能

社会学研究特别关注的是垂直流动，尤其关注的是在特定的社会形态下，社会成员向上流动的可能与机会，因为一定程度或比率的向上流动，无论是对社会个体还是对整个社会及其运行，都有着积极的意义。对于社会成员和群体来说，向上流动意味着社会地位的提升，以及对各种社会资源的获取机会的增加。而对于社会来说，社会流动，既是社会生产力发展造成社会分化的过程，又是缓和或消除不同社会阶层之间的隔阂和冲突的方式，社会流动对于维护社会秩序、促进社会良性运行具有非常重要的作用。社会流动的积极作用或者说正功能体现在合理的社会流动上，而所谓的合理的社会流动意味着一定比例的垂直流动和水平流动的存在，以及流动机制上所表现出来的竞争性或开放性。合理的社会流动所具有的正功能主要表现在以下几个方面。

第一，合理的社会流动使得社会成员可以依据自身的努力实现地位的升迁，有利于形成合理的社会差异和公平竞争的社会氛围，激发社会成员社会活动的积极性，从而使得社会系统的活力得到增加。

第二，合理的社会流动有利于形成开放、合理的社会结构，促进社会成员之间平等关系的建立。合理的社会流动能够打破阶层之间的隔阂，削弱社会成员与社会地位之间的固有关系。社会流动率越高，流动幅度越大，社会结构就越开放，不同社会地位的社会成员的机会越趋于平等。

第三，合理的社会流动有利于促进不同阶层的社会成员相互交往，拓宽社会各阶层之间的接触面，增加彼此之间的了解，进而有利于调整各社会阶层之间的关系，缓和社会各阶层之间的冲突，促进社会整合。

3. 影响社会流动的因素

社会流动受到多种因素的制约作用，这些因素有来自社会结构与制度层面的因素，有来自社会成员个体方面的因素，也有来自然方面的因素。总的来看，影响社会流动的因素可以概括为两大类因素。其一为个体所具备或拥有的某些特质，如家庭背景、受教育程度、个人能力与努力程度等,这一类因素可以概括为影响社会流动的个体方面的因素。其二是超越个体之外的一些因素,这类因素可以称之为非个体方面的因素。非个体方面的因素既不是社会个体自身所拥有或具备的某些特质,也不是社会个体自身所能掌控的,这些因素来自自然和社会两个方面。上述两大类因素往往是交互作用于实际的社会流动过程中。

先来看影响社会流动的个体方面的因素。从社会个体的角度来看,社会流动实际上意味着新的地位的获得过程,因此相关研究也称作地位获得研究。影响社会流动的个体方面的因素,或者说影响人们地位获得的个体方面的因素又可以进一步划分为先赋因素和自致因素。所谓的先赋因素指的是个体所具备或拥有的与生俱来的一些特质,如家庭背景、种族、民族、性别、年龄、身高、体重、相貌等。这些因素通常是人们无法进行自我选择的,也无法通过自身的努力而得到改变。所谓自致因素是指个体在后天通过学习和自我努力而获得的一些特质,如学历、知识、技能、职称、职业经历、专长等。针对现代工业社会的流动研究和地位获得研究都不同程度地表明,随着工业化的发展,自致因素在个体的地位获得过程中的作用越来越突出,这是由于工业化的发展推动着社会分工的发展,社会流动也随之加强,社会选择过程中对经济-技术理性的强调,以及大众教育的普及等使得自致因素取代先赋因素成为决定人们社会位置的决定性因素。但也有研究试图表明所谓的自致因素不可避免地受到来自先赋因素或多或少的作用,例如,有研究者强调,虽然教育成为人们地位获得(社会流动)的决定性因素,但是作为家庭背景的父辈的职业和文化程度则在一定程度上影响着人们的教育获得,也就是说,家庭背景可以通过潜在的方式影响人们的地位获得(社会流动)。

再来看影响社会流动的非个体方面的因素。影响社会流动的非个体方面的因素有来自社会的,也有来自自然的,概括起来说主要包括这样一些因素。

第一,社会分层制度。这是影响社会流动的最为重要的因素。在本章的第一节中,我们曾指出,在不同的社会形态下有着不同的分层制度,分层制度最为极端的两种形式是纯粹的等级制和纯粹的贤能制。在纯粹的等级制下,人们的社会地位完全是由其出身所决定,也就是说在这种制度下,垂直的社会流动几乎不存在。而在纯粹的贤能制下,人们的社会地位完全取决于人们自身的努力,在这种制度下,垂直的社会流动将非常频繁。上述两种分层制度实际上只是理想类型,现实社会的分层制度要么偏向于等级制,要么偏向于贤能制,也就是说两种分层制度都会在不同程度上存在。分层制度与社会结构的开放性程度直接关联,分层制度越是偏向于等级制,社会结构就越趋向于封闭,如果分层制度偏向于贤能制,社会结构就会表现出更多的开放性。正因为如此,也有人将影响社会流动的分层制度理解为社会结构的开放性与否对社会流动的影响。从这个角度来看,一个社会的阶级阶层结构越是趋向开放,社会流动的频率就越高。

第二,社会制度与社会政策。除了分层制度这一影响因素之外,一些社会制度和社会政策从更具体的层面影响着社会流动。事实上,有些社会制度与政策对人们的社会流动过程做出直接的规定,比如户籍制度、人事管理制度、劳动用工制度、招生制度、离退休制度、教育政策等。这些制度和政策直接而具体地规定了社会流动的各种规则。我国计划经济体制下形成的比较僵化的户籍制度、人事劳动制度对社会流动起着相当大的限制和阻碍作用,许多单位自定的"土政策"也曾限制了人员的流动。

第三，经济发展状况。科学技术的进步和生产力的发展，是社会流动的根本原因。无论是经济发展的量的变化还是质的变化，都在一定程度上影响着社会流动过程。例如在现代工业社会中，随着生产力的发展，产业结构不断分化，社会流动比率不断提高。经济的发展不仅带来社会流动率的增加，也会带来社会流动内在机制的变化。社会学家特雷曼在比较研究的基础上指出，随着工业化水平的提高，社会所需要的专门化技能无法再像传统社会那样依靠家庭来传授，家庭对子代的职业的直接影响得以削弱，而来自学校教育的作用得到加强。并且，随着工业化水平提高，公共财政在教育中的作用被逐步制度化，教育成就对父辈财政支持的依赖减弱，因而父辈职业地位对子代教育的影响得也有所下降。

第四，社会价值观。社会价值观也是影响社会流动的重要因素，这是由于社会价值观表现为对人们所追求的东西予以肯定或否定，这种肯定或否定的评价以个体内化了的方式或社会压力的方式制约着人们的行为，影响着人们对特定社会地位的追求，进而影响着社会流动。例如，在传统社会，"父母在，不远游"的价值观念，以及农民安土重迁的社会心理等，都在一定程度上影响着社会流动。

第五，社会革命与社会改革。社会革命是一种急剧性的社会变迁，它可以直接导致阶级、阶层关系的调整，使得各阶级、阶层的成员的社会地位发生急剧的变化，并改变不同社会成员社会流动的方向。例如，社会主义革命取得胜利之后，原来被剥削、被压迫的阶级、阶层的成员地位得到大幅提升，而原来处于统治地位的阶级、阶层成员则表现出向下的社会流动。又比如改革是对社会经济政治制度等的调整，它也会引起社会结构的变化，影响到不同社会成员的社会流动。

第六，人口及自然环境。人口因素，特别是不同阶层的人口出生率也是影响社会流动的一个因素。李普塞特和本迪克斯等在进行社会流动的国际比较研究时指出，尽管社会经济结构的变化带来了高水平职位需求的提高，但生育率的下降使得从事这些高水平职位的人的家庭没有增加他们的人口比例份额，也就是说，即使高地位的父亲的每一个儿子都保持与其父辈一致的地位，对其他人来说，还是有大量上升的空间。这一研究结论在一定程度上表明了出生率对社会流动的影响。另外，自然环境的变化也是在一定程度上影响着社会流动，自然环境的变化，如自然灾害，通常带来的是人们在地理空间上的流动，当然也会带来人们社会生活的变化，进而影响到其社会地位的升降。

在现实生活中，还有一些无法预知的因素会影响着特定个体或群体的因地位升降，如个人某种机遇、意外地中彩票，等等。这些因素对人们地位升降的影响，或者说对社会流动的影响并无一般性的规律可循，因而并不被社会学研究所关注。

第三节 当代中国社会分层与社会流动

改革开放以来，中国社会逐步经历着全面而又深刻的变化。这些变化中包含着两个深刻的转变：一是体制的转轨，即从高度集中计划经济体制向社会主义市场经济体制转轨；二是社会结构的转型，即从农业、乡村、封闭半封闭的传统社会向工业、城镇、开放的现代社会转型。随着改革开放的实施，经济体制改革不断深化，原有的两个阶级（工人阶级、农民阶级)、一个阶层(知识分子阶层)的社会阶级阶层结构逐步分化,新的阶层(如经理阶层、私营企业主阶层)和群体(如农民工群体)不断涌现,阶层化的机制以及阶层之间的相对关系也在不断发生变化。本节在相关研究的基础上对当前中国社会分层与社会流动状况做简要介绍。

一、改革开放以前的中国社会分层与流动

新中国成立以后,中国的阶级阶层结构发生了根本性的变化。首先是消灭了地主阶级,没收了官僚资产阶级的财产,接着对民族资产阶级进行了社会主义改造。至1956年底我国基本上消灭了剥削阶级。在改革开放以前,中国的阶级阶层结构通常被学界表述为"两个阶级、一个阶层",即工人阶级、农民阶级和知识分子阶层。另外也有学者用三个阶层或四个阶层来表述这一时期的阶层结构,之所以有三个阶层和四个阶层的差异,是由于这一时期知识分子的社会地位处于不断变动之中。三个阶层通常也被表述为三个身份群体,即干部、工人和农民,在这种表述中,知识分子被列入干部这一阶层当中。而四个阶层的提法则是考虑到了知识分子社会地位的变动性,将其单列出来。除知识分子外,其他各阶层的社会地位在这一时期相对固定,并表现出一定的等级序列。干部的经济和社会地位最高,工人的经济和社会地位应低于干部但高于农民。另外,从社会流动的角度来看,干部、工人、农民这三种身份群体,或曰阶层之间有着较高的封闭性,彼此之间的流动率比较低,一系列制度设置,如户籍制度、劳动人事制度、单位制等强化了这种封闭性和低流动性。概括起来说,这一时期中国社会分层与流动主要有着以下特点。

第一,户籍制度导致城乡分割。从20世纪50年代中期一直到1979年,甚至到改革开放后的相当长一段时间内,我国一直有着比较严格的户籍制度。户籍制度最主要的方面就是将人们分为两类:城市户口和农村户口。严格的户籍制度造成了我国城市与农村相互分割的二元社会结构,使得城乡差异成为最基本的社会分层。从总体上说,持有城市户口的人在收入、消费、社会福利、就业等各个方面所享有的条件和待遇都是持有农村户口的人所不能比的。并且这种制度还严格地限制着农民的流动,农民要想改变其生活模式而进入城市社会,在当时是相当困难的。另外,由于农民占到人口的绝大多数,这种城乡高低差异很大的体制自然就造成了我国社会底层大、上层小的金字塔型社会分层结构的特点。

第二,城市居民被划分为两种身份群体,即干部和工人。我国城镇中的正式就业者都有一份由他所在的组织(单位)保存的档案。档案记载着这个人一生的经历、家庭背景、亲属状况等。档案编制的身份基本上是两类,即干部身份和工人身份。这两种身份的区分不仅仅是档案管理的一种方式,而是体现着重大的物质利益差别,两种身份在工资级别、工作待遇、出差补助、住房条件、医疗、退休等福利待遇上均有很大差异。一般说来,干部编制的待遇要大大优于工人。另外,从社会流动的角度来看,从工人到干部的身份转变也是相当困难的。这种身份的转变只有两种可能:一是从国家正式的全日制中等专业技术学校、高等学校获得相应的文凭;二是根据国家人事部门分配的干部指标而被聘用到干部岗位上,这种干部指标往往是很有限的。

第三,在我国改革开放前的身份制分层体系中,干部的分层是一个核心内容,人们通常把它称为官本位制,也就是说,以干部或官员级别垂直分层作为全社会分层的基础与主

线，并由此派生出全社会的分层体系。1956年，在颁布干部级别和工资分层标准时，国务院就以这些标准为模本对其他机构、团体和社会体系做了等级分层。与干部的工资级别相配套的有一系列的福利、待遇、服务等制度。

第四，单位制在城市社会生活中有着突出的作用。单位不仅是一种职业活动场所，而且由于政党与政治体系在单位内部的建立，单位具有了教育功能、思想政治功能、工作功能、社会保障功能等多种功能。由于功能的齐全性，单位具有了小社会的特征，单位之间的差异导致不同人群之间的差异。单位制的特点是，不同单位之间的差异较大，而同一单位成员之间的差异较小。另外，单位内成员大体上是终身制，成员在各单位之间的流动很少。

除了上述特点外，改革开放以前中国的社会分层也还有其他一些特点，例如，社会运动造成的地位骤升和地位骤降、财产分层不明显、集体主义盛行、个人财产所有制的弱化，等等。

二、当前中国社会阶层结构与社会流动

改革开放以来，中国社会结构发生了很大的变化，新的阶层不断兴起，现代意义上的阶层结构在中国开始形成。1999年初，中国社会科学院社会学研究所成立了"当代中国社会结构变迁研究"课题组，历时三年，以职业分类为基础，以组织资源、经济资源和文化（技术）资源的占有状况为标准划分出中国十大社会阶层。其中，组织资源包括行政组织资源与政治组织资源，主要指依据国家政权组织和党组织系统而拥有的支配社会资源的能力；经济资源主要指对生产资源的所有权、使用权和经营权；文化（技术）资源指社会（通过证书或资格认定）所认可的知识和技能的拥有。根据这种分层原则，课题组所划分的十个阶层依次如下。

国家与社会管理者阶层。指在党政、事业和社会团体机关单位中行使实际行政管理职权的领导干部，具体包括：中央政府各部委和直辖市中具有实际行政管理职权的处级及以上行政级别的干部；各省、市、地区中实际行政管理职权的乡科级及以上行政级别的干部。

经理人员阶层。指大中型企业中非业主身份的中高层管理人员。这一阶层的社会来源主要是三部分人。第一部分是原来的国有和集体企业干部。随着现代企业制度的发展，这一部分企业干部逐渐从行政干部系列中脱离出来，成为职业经理人。第二部分来自较大规模的私营企业或高新科技产业领域中的民营企业，这些企业在20世纪90年代后期以来开始出现所有权与管理权分离的趋势，一些企业主聘用职业经理人来为他们经营管理企业，另一些业主则通过企业股份化而使自己从业主型的创业者转变为职业经理人。第三部分人是三资企业的中高层管理人员。

私营企业主阶层。指拥有一定数量的私人资本或固定资产并进行投资以获取利润的人。按照现行政策规定，即包括所有雇工在8人以上的私营企业的业主。私营企业业主阶层的成员最初主要来自农村和城镇社会的较低阶层，但在1992年以后，具有文化专业知识的原国有和集体企业的管理人员、专业技术人员和机关干部开始大量加入这一阶层，使这一阶层的社会形象和社会地位有了极大提高。

专业技术人员阶层。指在各种经济成分的机构（包括国家机关、党群组织、全民企事业单位、集体企事业单位和各类非公有制经济企业）中专门从事各种专业性工作和科学技术工作的人员。他们大多经过中高等专业知识及专业职业技术培训，并具有适应现代化社会大生产的专业分工要求的专业知识及专门技术。

办事人员阶层。指协助部门负责人处理日常行政事务的专职办公人员，主要由党政机关中的中低层公务员、各种所有制企事业单位中的基层管理人员和非专业性办事人员等组成。这一阶层是社会流动链中的重要一环。

个体工商户阶层。指拥有较少量私人资本（包括不动产）并投入生产、流通、服务业等经营活动或金融债券市场而且以此为生的人。如小业主或个体工商户（有足够的资本雇用少数他人劳动但自己也直接参与劳动和生产经营的人）、自我雇用者或个体劳动者（有足够的资本可以自己开业经营但不雇用其他劳动者）以及小股民、小股东、出租少量房屋者等。

商业服务业员工阶层。指在商业和服务业中从事非专业性的、非体力的和体力的工作人员。由于中国目前的商业服务业还不发达，而且产业层次较低，这一阶层的绝大多数成员的社会经济状况与产业工人阶层较为类似。但在一些大城市中，在与国际较为接轨的商业服务业部门中，商业服务业人员的社会经济状况接近办事人员阶层。

产业工人阶层。指在第二产业中从事体力、半体力劳动的生产工人、建筑业工人及相关人员。经济改革以来，产业工人阶层的人员构成发生了根本性的变化，一部分成员通过接受成人教育和技术培训进入社会经济地位较高的其他社会阶层，而另有一些人，随着国有企业改革及减员增效等政策的实行，转向城市无业、失业、半失业阶层。与此同时，进城的农民大批涌入产业工人阶层，成为产业工人阶层的重要组成部分。

农业劳动者阶层。该阶层是指承包集体所有的耕地，以农（林、牧、渔）业为唯一或主要的职业，并以农（林、牧、渔）业为唯一收入来源或主要收入来源的人员。这是目前中国规模最大的一个阶层。

城乡无业、失业、半失业者阶层。指无固定职业的劳动年龄人群（排除在校学生）。

针对阶层结构出现的新变化，"当代中国社会结构变迁研究"课题组还对中国阶层结构变化中表现出来的特点进行了概括，在他们看来，一个现代化的社会阶层结构已在中国形成，这一雏形有着以下特点：社会结构的中下层在逐步缩小；社会中间层已经出现，并且正在不断壮大；掌握或运作经济资源的阶层正在兴起和壮大；现代化社会阶层的基本构成成分已经具备；现代化的社会阶层位序已经确立；现代社会流动机制已经出现，正在逐渐取代传统社会流动机制。

另外，"当代中国社会结构变迁研究"课题组在 2004 年还发表了一篇专门针对当代中国社会流动的研究报告，从该报告中我们可以概括出当前中国社会流动所表现出来的特点：

第一，改革开放以后，虽然国家的制度安排和政策规定对个人、阶层的社会地位获得仍然起着一定的作用，但现代社会流动机制正在逐步形成。

第二，中国的职业结构正在渐趋高级化，这为人们通过自身努力实现向上流动、改善自身地位提供了更多的机会。

第三，中国的职业高级化水平将有一个跳跃式的提高，中国的社会中间阶层也将有一个跳跃式的扩大。

第四，中国社会正逐步走向一个开放的社会。就目前的情况来看，相对于改革开放以前，无论是代内向上流动的比率还是代际向上流动的比率，都有着不同程度的提高。

第五，由于从计划经济体制向社会主义市场经济体制的转变尚未完成，加上改革过程中一些不利因素的影响，公正、合理、开放的现代社会流动模式尚未最终形成。

从总体上来看，当代中国的社会流动，同样显示出我们国家社会转型与体制转轨双重转变的特征，因此，要形成现代化社会应有的社会流动模式，还需要一个过程。

思考题

1. 举例分析现代社会有哪些类别分化被赋予了等级差异的意涵。
2. 人们在地理空间上的流动和在社会结构空间中的流动有何关系？
3. 先赋因素和自致因素在社会流动中的作用是什么？
4. 结合分层制度举例分析在特定社会情境下某些社会不平等是如何得以合法化的。
5. 试分析户籍制度的社会影响。

推荐阅读

1. David Grusky B (ed.), *Social Stratification: Class, Race, and Gender in Sociological Perspective*, Westview Press, 2008.

2. Nee Victor, "A Theory of Market Transition: From Redistribution to Markets in State Socialism", *in American Sociological Review*, 1989, 54, pp. 663-681.

3. Bian Yanjie, Logan John R, "Market Transition and the Persistence of Power: The Changing Stratification System in Urban China", *in American Sociological Review*, 1996, 61, pp. 739-758.

4. Parish William L, Michelson Ethan, "Politics and Markets: Dual Transformations", *in American Journal of Sociology*, 1996, 101, pp. 1042-1059.

5. 方长春：《从"再分配"到"市场"——市场转型与社会分层研究综述》，《南京社会科学》，2006年第1期。

6. 李路路：《制度转型与社会分层模式变迁》，《江海学刊》，2002年第5期。

7. 刘欣：《当前中国社会阶层分化的多元动力基础——一种权力衍生论的解释》，《中国社会科学》，2005年第4期。

第十八章

社 会 组 织

第一节
社会学视野中的社会组织

一、社会组织的界定与分类

(一) 社会组织的界定

本章所讨论的这类在当前中国社会被称为"社会组织"的组织，在不同社会文化脉络中被赋予不同的称谓，组织使命、组织形态与组织资源也不尽相同。这些称谓如非政府组织、非营利组织、独立部门、第三部门、志愿组织等。这些不同称谓一定程度反映了概念使用地区的制度特征，亦各有其局限。Salamon 等将这些社会领域的组织的定义分为三大类，每类对应一组特定术语。

1. 经济界定

第一类界定从经济视角聚焦于这些组织所获得的支持来源，一般来说，"志愿部门""慈善部门""非营利部门"这些概念的使用从某种意义上传达出这些社会组织财政来源的主要部分来自私人（如会员资源缴纳的会费或大众捐款）而非市场交易或政府财政支持。从经济角度来看，非营利领域的组织主要是由它们的收入结构来定义的。

2. 法律界定

第二类界定关注这些组织的法律身份，一般多注册为某种特殊法律身份（如协会或基金会）或者享受所在国家或地区的税收优惠。协会或免税组织的概念主要用以表达此层意涵。界定非营利领域的组织最直接、最确定的体系莫过于国家或地区法律法规体系，如美国税收法典收录的非营利领域的组织超过 20 种不同类别，涵盖各类实体。其中，宗教慈善组织以及社会福利机构两大类占注册非营利组织总数的 70%。据美国法律规定，对于前者，免征所得税和其他形式的税收，并可从个人和企业中获得免税捐款；而捐款给后者则不符合捐款人减税资格。成为慈善组织须通过组织、政治与资产相关三方面审查。[①]

3. 功能界定

第三类界定方法关注组织的宗旨目标，强调这类组织多关注公共利益，鼓励赋权增能与参与，或是致力于解决导致贫穷议题的结构性原因。功能定义强调的是这一部门所属组织所履行的功能与目标诉求。这些组织的工作旨在预防和救济贫困、促进教育发展、改善人类健康、增进社会及社区发展（包括照顾、支持及保护长者、障碍人士、儿童及青少年福利）、文化艺术传承与保护、解决冲突、保护与改善环境等。"公民社会""非政府组织""慈善"这些概念多为传达这一意涵。

当然，这些概念的使用也有其时代特点。以我国香港为例，用以命名这类组织的术语从早期的"慈善组织"到 20 世纪 70 年代的"志愿组织"，再到 1991 年社会福利白皮书里出现"非政府组织"字样。这些术语使用的变迁反映了这类组织在香港社会的角色转变。"慈善组织"凸显这些组织早期出现时所发挥的最基本的济贫功能；"志愿组织"则彰显了一种积极意向，即源自社会的志愿精神如何服务于人民福祉的提升；后续"非政府组织"概念的使用，重在强调这些组织虽然在社会福利服务中发挥了重要功能，这些组织与政府很相似，是政府社会福利领域的重要合作伙伴，但它们并非政府体系的一部分。

一般而言，社会组织多指在目标、结构与运作方面都不同于政府与市场部门的组织，根据 Salamon 与 Anheier 提出的结构化-操作化定义，如果一个组织具有组织性、民间性、利润不可分配性、自治性及志愿性五大特征[②]，这一组织即可被定义为非营利组织。

（二）社会组织的分类

社会组织的界定与分类可谓一体两面，概念界定关注这群实体的共性特征，而分类则旨在寻求这些实体间的差异。组织分类首先需厘清两个基本议题，一是分析单位，二是分类标准。非营利领域的组织在全球各国的发展差异多元。约翰·霍普金斯大学公民研究中心在 20 世纪 90 年代创设了一项非营利部门比较项目（Johns Hopkins Comparative Nonprofit Sector Project），邀请了 150 余名全球研究者参与其中。这项研究首次收集了大量代表不同地域、文化、历史与发展程度的国家或地区的非营利部门的数据，涉及其规模、结构、财政、功能角色差异以及地区差异背后的影响因素（如历史、法律制度、宗教背

---

① 这类组织在教育、宗教、慈善、科学、文学、公共安全、促进国家和国际业余体育竞赛及预防虐待儿童和动物领域运作，不得参与涉足政治选举活动，资产方面则禁止将资产或收入分配给创始人、董事会成员、经理或员工等个人。

② 组织性，即在某种程度上是制度化的；民间性，即区别于政府制度；利润不可分配性，即不向所有者或董事返还产生的利润；自治性，即组织能够控制好自己的活动，具有不受外部控制的内部管理程度；志愿性，即涉及一些有意义层面的自愿参与。

景、文化、社会经济结构以及政府政策等)。这项研究将全球非营利部门分为不同的区域模式为:盎格鲁-萨克森模式、北欧福利国家模式、欧洲福利伙伴模式、亚洲工业化模式、拉美模式、非洲模式、中东欧模式以及发展中与转型国家模式。

如果以非营利领域财政来源为主要指标,可以将这些国家非营利部门划分为收费主导型与政府主导型。前者多见于非营利部门发展较弱的发展中国家与转型国家,后者则在发达的西欧国家比较显著,尤其是斯堪的纳维亚以外的国家,如爱尔兰、比利时、德国、荷兰、法国、奥地利、英国以及效法欧洲社会民主传统的以色列。

约翰·霍普金斯的国际比较研究项目针对这些组成了非营利部门的实体发展出了非营利组织国际分类(ICNPO),并被研究者有效运用于许多国家的非营利组织研究。如前述国际比较研究项目将非营利部门的活动领域划分为 12 大类、24 小类。

二、社会学视野中的社会组织

关于社会组织的发展及其制度特征和组织行为,有来自经济学、政治学及社会学等领域的多元理论视角加以解释。经济学领域的理论早在 20 世纪 70 年代初期即已成形,如公共财理论、市场失灵理论、信任相关理论、创业家理论以及资源依赖理论。政治学视角出发的理论涉及政府失灵与志愿失灵理论等。经济学假设认为,市场是提供服务与物品的最优机制,但由于外部性、公共财、资讯不对称等问题会引发市场失灵,因而需要政府部门介入,提供市场所无法提供的物品与服务,弥补市场的缺陷。萨拉蒙认为,由于经济与社会的快速变迁,以及民主政治本身的特性,政府本身亦有可能发生失灵危机。在市场失灵与政府失灵的双重困境之下,非营利组织便成为市场失灵与政府失灵时最佳的服务提供者。当然,非营利组织也会面临"志愿失灵"情况,具体表现为慈善的不足性、慈善的特殊性、慈善的家长制以及慈善的业余性,进而需要政府采取行动来改善非营利组织的缺失并辅助其发展。

有关经济学、政治学关于非营利组织的相关理论分析,虽有其重要地位,但局限于本章之篇幅,不展开详述。本节重点介绍社会学领域阐释非营利组织的理论视角,从历史观点、制度理论以及组织生态学理论解释非营利组织的兴起与发展。

(一) 历史观点

从历史的观点,非营利组织的出现并非以单一形态的组织模式出现,而是因应不同目标,由各类不同团体集结而成的一种组织模式。据 DiMaggio 与 Anheier 的观点,我们可以从三种重要的实体解释非营利组织的发展,分别是身份团体(status groups)、专业人士(professionals)与国家(the state)。

在非营利组织发展的早期阶段,福利服务主要由身份团体发起的慈善组织提供。随着政府开始资助非营利组织的服务,早期慈善组织对于身份团体的依赖逐渐减少,而更多诉诸专业人士的支持进入志愿组织发展阶段。步入 20 世纪 60 年代,国家承担起福利领域的主要责任,非政府组织在政府力量推动之下渐渐转变为"第三者政府"(third party government),配合政府扮演福利服务输送者角色,直至福利国家出现危机。

1. 慈善组织阶段

几个世纪以来，在政府没有承担起福利供给方面的责任之前，社会福利一直是由身份团体发起的慈善组织提供。这些身份团体包括上层阶级、工人阶级以及种族与宗教群体，它们是非政府组织发展的早期推动力。以英国为例，1601年以前，政府在社会福利领域的作用微乎其微，贫穷者的生计主要依赖他们的家庭或者善心人士得以维持。身份团体参与社会福利提供的动机各有不同。对于工人阶级而言，他们担心失业带来生存危机，因而成立互助组织。对于富裕人士而言，慈善动机则更加多元。有些为了彰显其身份地位，有些出于宗教信仰。Lewis认为，对于早期上层阶级的女性而言，她们的主要生活领域是家庭，鲜有与外界接触的渠道，参加慈善活动为她们提供了更多社交机会。不过，虽然这些慈善的背后可以解读出这些自利动机，驱使他们参与慈善捐助与志愿服务更重要的还是利他精神。

2. 志愿组织阶段

在非营利组织发展过程中，专业人士的影响不容忽视。在美国的进步年代（the Progressive Era），专业人士逐渐取代早期身份团体成为非营利组织发展背后的关键力量。进步年代的中间力量是新兴的中产阶级，他们都是活跃于各自领域的专业人士，如医生、律师、社会工作者。20世纪20年代，专业人士已然成为医院、大学及社会服务机构的主导力量，他们和上层阶级一样开始影响组织的管治。

3. 第三者政府时期

一战后，新生的苏联社会主义体系、世界经济危机以及工人运动使得资本主义体系面临严峻挑战。此时，志愿组织募集的资金有限，覆盖不了需要服务的对象，无法满足社会需求，也不足以缓解社会冲突。动荡的经济与社会局势最终促使政府肩负起应对社会问题的主要责任。从20世纪40年代起，英国政府逐渐承担起在教育、健康、社会福利以及最低生活保障方面的责任。政府不仅提供财政支持，也提供直接服务与服务督导。英国的福利体制逐渐转变为福利国家，直到70年代福利国家出现危机。在福利国家时期，非政府部门依赖政府的资助提供服务，经历了其黄金发展阶段。至70年代，美国的福利体制本质上即为一种政府与志愿部门之间的伙伴关系。非营利组织作为"第三者政府"，协助政府提供福利服务。政府资助替代传统慈善捐助，成为非营利组织最主要的财政来源。70年代，福利国家陷入危机。民众埋怨税收过重，但同时他们又期望政府可以提供更多的社会福利。而政府已无法动员到足够的资源去维持不断扩大的社会福利需求。政府提供的标准化服务也无法满足中产阶级多元化的需求，更无力回应层出不穷的新社会问题。撒切尔夫人当选为英国首相后直到90年代，保守党一直致力于减少政府在社会福利领域的干预，主张应当让民众依靠自身的力量。美国自1980年里根带领的保守党执政后，也认为大政府束缚了民间活力，应当减少政府在福利领域的支出，让民间公益力量来分担部分责任。政府福利理念的转变，意味着推动志愿部门发展背后的驱动力再次转变。政府意在复兴私部门的力量，倡导私部门在福利领域承担更多。80年代对于英美两国的非营利组织而言意义重大，虽然政府对于它们的资助减少，但却更加重视它们的发展。过去几十年间，英美志愿部门无论在规模还是范围上都有所扩展。虽然这些组织的历史可以追溯到几百年前的慈善团体身份，而它们作为非营利组织被广为认识，并成为与政府、市场并立的部门是在 70 年代才出现的。

本奈尔与桂提出研究非营利组织发展的整合视角，认为非营利组织因服务、市场及社会环境性质的变化而转变。经济、科技、社会文化等制度都影响着对非营利组织组织形式的需求与供给。信息的日益可及性、对利益相关人权益保护的重视以及科技的进步减少了对非营利组织这种组织形式的需求。而影响到对非营利组织组织需求增加的因素则包括了政府资源的削减，以及日益扩大的社会种族、宗教及文化差异。同时，当社会需求的特性从物质的、简单易量度转向无形、复杂与难以界定的产品时，也更加需要非营利组织组织。从供应面向来看，交流的畅通、捐助的增加都强化了非营利组织发展的可能性；而邻舍间的疏离网络、居住流动性的加大却限制了非营利组织的发展。过去三十年间，政府逐渐将社会福利领域的责任转向私领域。政府削减福利资助力求减少财政支出。长久以来，政府资助已经成为非营利组织最主要的财政来源，政府资助的减少使非营利组织面临巨大压力。伴随新的人口结构变迁引发的社会需求增加，需要非营利组织提供更多有多样化的服务。鉴于此背景，非营利组织开始将它们的服务市场化，拓展更多收费项目，市场成为非营利组织发展背后最显著的力量。

（二）制度理论

制度理论（Institutional Theory）认为现代社会具有高制度化特征，这样的社会所形成的制度环境，对于组织的结构、运作、存活有显著的影响。这些制度是公认的普遍的社会规则、规范和价值观，制度通过限制合法的可用选择来限制和形成个人和组织行为。制度环境中的组织所追求的目标主要是合法性，以取得充分资源、资讯与支持。制度视角下对于组织行为的理解不再局限于经济学有限理性组织模式所强调的工具与目标的成本效益关系。

合法性，在本质上是符合制度期望的，因此成为组织长期生存所需要的中心资源。此外，由于某一特定组织领域内的所有组织都受到相同的体制期望和限制，因此随着时间的推移，它们将趋向于同质化，这一过程称为同构。Powell 和 DiMaggio 区分了三种制度同构变化机制。其一，强制性同构是对直接或间接压力的反应，以遵守机构的期望，而这种压力通常是由受压力的组织所依赖的组织施加的。例如，政府和其他资助者施加的强制性压力，使承受压力的组织从非正式的、自愿的和业余的组织转变为越来越官僚和专业化的组织。同样地，随着服务专业人士取代志愿者，规范性压力的影响也在向同一个方向变化。其二，模仿性同构，即面对技术或环境不确定的情况，组织可能会模仿其他成功的组织。这有助于解释为什么非营利组织面临相当大的财务不确定性时会开始使用商业技术和营利活动。其三，规范性同构来自指导组织中专业人员工作的专业规范和标准，从而塑造组织行为。例如，无论组织形式如何，社会工作职业的规章制度和道德规范都有助于社会服务机构和福利机构之间的相似性。

制度学派强调组织的存在意义、组织目标的设定和组织的结构都是在特定制度环境中逐渐发展而成，是一种社会建构关系，组织行动与其制度环境密不可分。一般而言，非营利组织在现代工业社会中的普遍发展与"重要的决定""公共政策""观念风潮"三种制度结构密切相关。

(三) 组织生态学理论

组织生态学关注组织选择的过程，主张变迁模式是由选择过程的行动所构成。这种分析角度被称为"适应观点"。根据适应观点，组织内的次级单位，会搜寻相关环境中的机会与威胁，并采取应有的策略作为回应，据此调整组织内部结构。组织在因应环境变迁的过程中，也可能遭遇组织结构惯性压力。面对环境动态变化，组织的变迁速度慢于环境变化，就被认定为组织具有高度惯性。

从生态学角度出发，政府组织、营利组织以及非营利组织之间是既竞争又合作的关系，组织会参考其相关环境因素，做出对组织最有利的决定。生态学分析有助于我们了解时间演进过程中三者之间的此消彼长及其影响因素。

(四) 社会资本理论

美国学者普特南出版《使民主运转起来》以及《独自打保龄球》两本著作，提出社会资本理论概念涉及三个面向：网络、规范价值与信任。人们共同投身于公共事务或形成团体，进而产生互动关系、联结网络与共同价值规范，使参与者的行动有所依托，并由此基础形成对彼此的信任。他认为，传统社会制度的崩溃、人际关系的冷漠、信任感的降低、低度政治参与率、婚姻制度的不稳定、高犯罪率等问题，皆受到了人民不愿意积极参与社会的影响，从而导致社会资本无法持续有效累积。公民之间的自愿结社有利于社会公众之间相互联结互惠，共同为集体目标合作；这种存在于人与人、组织与组织之间的网络互动，甚至可构成整体社会的运作基石。

社会组织在社会资本共享上有其重要的正向意义与角色。社会组织发挥的中介角色及其公益属性，能让人们有共同结社与讨论的机会与管道，产生并凝聚活跃的网络关系。这些社会资本的产生与积累，也具有公共物品特性，由参与者共同分享，而非个人所能独自占有，这就使得个人的私利有转化为集体公共利益的可能。社会组织的开放性参与与自发性社交，为人们提供相互了解的机会，形成多元的互动关系，参与者彼此的网络关系也有交叉叠加的可能，使得彼此间的社会资本可以流动，扩展社会信任的范围与程度。如此将有利于更大规模的合作与集体行动的产生，促进社会和谐运转与发展。

第二节
社会组织相关研究议题

一、社会组织管理与治理

(一) 社会组织管理

将社会组织与商业公司、政府组织进行比较有助于我们理解社会组织的行为。这些来自不同部门的组织在目标、服务对象、组织结构、社会参与、激励机制及组织资金来源等方面各有不同，这些区别已为一些研究所讨论并梳理出三类理想型组织的各自特征。就组织目标而言，政府组织一般关心的是通过重新分配资源和提供以其他方式无法满足的基本需要来提升社会福利。商业公司则追求通过生产商品在市场销售或提供服务来实现利益最大化。社会组织的目标通常是在一定价值范围内最大化会员利益（例如会员协会、合作社或互助会），或者出于利他主义动机，最大化服务群体利益（例如无家可归者、环保主义者或传统文化爱好者等）。社会组织也为个人生产个人产品，但这样做只是为了交叉补贴他们的公共产品。就组织结构而言，商业公司利润底线的可测量性允许商业公司设定清晰而具体的目标，这些目标也很容易被监控，因而商业公司可以将目标转化为清晰明确的任务结构，分层设计决策机制，而控制权归属于所有者或股东。相较商业公司，政府组织与社会组织皆缺乏一个明确的指标来衡量目标实现，组织目标和任务往往既复杂又模棱两可。政府组织需要适应不断变化的政治需要和外部利益集团的干预，最终对其选民负责。社会组织则需对其多元利益相关人负责，组织经营控制权被赋予了董事会。就组织资金来源来看，政府组织通过强制征税获得资金，商业公司通过商品或服务销售以及资本运作等方式保障其资金，社会组织则依赖社会捐赠、会员会费、政府补贴及其他服务销售等收入维持组织运作。20 世纪 70 年代非营利管理（nonprofit management）学术领域形成之初，非营利组织的"管理"乃禁忌字眼，因为当时学术社群认为非营利组织应该抵御来自商业主义的污染，这是一种超越财物底线的偏狭考量。Drucker 认为，如今多数非营利管理的研究者反而认为恰恰因为非营利组织缺乏财务底线的要求，因而比营利组织更需要"管理"。

一切管理工程的核心工作便是绩效评量（performance measurement）。二战后蓬勃发展的评估研究中，绩效评量是其中相当重要的部分。若将绩效评量置于更宏观的学术脉络之中可知，当代学术界探讨的绩效评量，乃是近年来流行于公、私部门之绩效管理（performance management）的重要部分。

然而，适用于公、私部门的管理原则与方式，特别是绩效管理，与非营利组织的特质格格不入。因为当代一些追求抽象价值与理念的非营利组织的目标可能并不十分明确，而且往往缺乏充分的财力、人力、知识、资讯等资源进行组织评估。即使完成评估，也可能因规模小、结构单纯而无法进行组织调整。因此，基于非营利组织的性质以及资源、规模等诸多限制，非营利组织管理的绩效评量应根据非营利组织的特色和实务做调整。

对于政府而言，非营利组织的绩效评量不仅是一个组织内部管理的问题，也是一个政策议题（policy issue）。在当前新公共管理（new public management）的思潮之下，公共服务的分权化、民营化与竞争化已成为政府制定相关政策所依循的原则，非营利组织成为政府执行政策时的伙伴。

（二）社会组织治理和问责

Gies 和 Shafritz 指出，治理是一种监督与管理的功能，当一群人为了非营利的目的共同筹组合法之法人团体时，治理的功能便已产生。治理的含义一般指理事会为了治理免税组织而采取的集体行动，身为理事会成员，理事们应针对组织的有关事务表明自己的态度、信念及价值。Carver 视非营利组织治理为一种引领组织成功的决策机制与原则。组织的决策权赋予理事会,以使它的权威与其负有的所有组织活动的社会责任相匹配。非营利组织治理包含了内部治理与外部治理两方面。内部治理是非营利组织内部理事会、高级管理层、监事会的职责分工以及权力分配与制衡,关键在于理事会与监事会功能的有效发挥。外部治理则是建立在良好法制基础上的有效政府监管和利益相关人监督。这里我们主要探讨非营利组织的内部治理,尤其是理事会职责与功能的发挥。理事会需要确保组织合法合理有效地践行使命,对组织服务的社区、组织的捐助者、合作伙伴以及其他利益相关人负责。

迈尔和迈耶分析比较了非营利组织治理领域不同国别、不同学科、不同组织层面治理研究与实践的关注点之差异,包括这些差异限制带来的研究断层,尝试将这些治理的多元视角与整个治理体系加以综合,从话语分析理论视角提炼出其治理分析框架。① 如表18-1所示,他们识别出非营利领域的五种组织话语,即管理主义、专业主义、家庭式、草根及公民,分析了这些不同话语对于组织治理相关的三大议题,即"组织向谁问责""组织达成何种绩效说明其是负责的""何种结构与过程可以确保问责性"的不同答案。

表18-1 不同治理话语的治理意涵

	管理主义	专业主义	家庭式	草根	公民
向谁问责	资助方	外部同行	受益人	积极分子	活跃会员
绩效指标	有效率、有成效地完成明确目标	符合专业标准 同行评价高	隐含使命的实现	草根民主原则	大众支持
机制保障	理事会执行长	同行评估 同业比较	个人关系感受	非主导式 自由讨论 与共识达成	选举、投票核查、平衡恪守正式规制

组织实践过程中,几种话语权重不同,长久以来,非营利组织受到专业主义影响,由专业人士主导,尤其是那些身处社会服务、健康照顾、环境保护等领域的组织。专业主义强调融入医疗、教育、社会工作领域这些可能恰好与商业化实践对立之专业人士。② 而新近受到新管理主义规制影响,管理主义话语显然在非营利领域占据主导地位。管理主义主张以私营部门的管理技巧来管理公共部门专业人员,这些技巧包括绩效测量与激励制度,非营利组织可以也应该遵循公司管理知识与实践。③ 管理主义话语下的治理,视非营利组

---

① Maier F, Meyer M, "Managerialism and Beyond: Discourses of Civil Society Organization and Their Governance Implications", *in Voluntas: International Journal of Voluntary and Nonprofit Organizations*, 2011, 22, pp. 731-756.

② Maier F, Meyer M, Steinbereithner M, "Nonprofit Organizations Becoming Business-like: A Systematic Review", *in Nonprofit and Voluntary Sector Quarterly*, 2014, 45.

③ Dawson S, Dargie C, "New Public Management: A Discussion with Special Reference to UK Health", *in* McLaughlin K O, Ferlie E (eds.), *New Public Management: Current Trends and Future Prospects*, Routledge, 2002, pp. 34-56.

织为生产产品或为客户提供服务的商业组织，其中心议题是效率、效益、资源、策略。组织应当选择那些导向有效率或有效益达成使命的手段。决策过程也应当遵循理性管理流程，即定义目标，在目标信息与技术知识基础上进行规划，执行措施以达成目标，定期评估措施是否有效率或有效益并进行改善。管理主义是未来导向的，认为组织需要持续快速改变以适应快速变迁的竞争环境。

专业主义话语源自传统医学与法律专业，视非营利组织为一群用其知识解决复杂社会问题的专家，重点关注组织面临的挑战与其实质性工作质量。因组织工作性质复杂需要酌情处理，因此组织决策过程是去中心化的。员工工作很少受到督导即时指导与反馈，而是接受其各自专业理念与方法指导，因而并非完全结果导向而是忠于其专业伦理。服务提供也非因市场需求导向而是基于某种立场与信仰，工作品质至关重要，安全也是关注重点。虽然也接受有效率使用资源的观念，但是用企业化方式获取与增加组织资源的意识较薄弱，在某些组织中，对品质的承诺可能会与其成本效益相矛盾。

组织治理体系包含了确保组织绩效可以向相关利益相关人负责的结构与过程，不同话语对于组织治理体系涉及的向谁问责、问责的表现是什么以及如何确保问责三方面问题的回应不同。首先，所有组织治理皆须回答向谁问责的问题。管理主义话语中，捐赠者与资助机构是中心，两者因对组织的贡献被视为公司股东。专业主义话语中，组织需优先向那些代表着专业标准的人负责。对于社会服务机构而言，其监察机构是其需要负责的对象。其次，问责的表现是什么？总体而言，非营利组织以其组织绩效问责，但不同话语对此问题仍有不同观点。管理主义认为，绩效意味着有成效与有效率地实现明确的目标；而专业主义则视满足专业标准、获得同行好评为绩效达成。再次，如何确保负责？这一问题关注治理体系的结构与过程。管理主义话语推崇商业化治理体系，理事会与执行长是主要人士；而在专业主义话语里，问责是通过同行评价以及与业内的其他组织达成的。对于非营利组织而言，好的声望是最重要的资产。组织运转的项目回应社会需要，社会回报组织以信任与支持。理事会与整个组织一起致力于增强社会对于该机构的信任，这些努力包括如下：① 进行公众教育，提升组织知名度；② 保证组织接受社会问责；③ 全体理事、员工与志愿者都应遵守职业道德；④ 保证组织透明度，对社会公众开放组织信息；⑤ 平等尊重所有服务对象，维护其尊严；⑥ 恪守保密原则；⑦ 重视社区参与及回馈。

公信力是社会组织成功的关键因素。理事会制定政策确保组织的公信力，组织创立者、员工与志愿者共同维护其公信力。当社会公众信任组织时，他们会寻求组织的帮助，参与组织的活动，以其他形式为组织提供志愿服务与支持，称赞机构的工作、员工与领导，提供真诚的意见以帮助改善组织与项目。当然也需要明白，我们不可能让所有人都满意，只要组织能够坚守使命、恪守职业道德，就会赢得社会的信任。

二、社会组织与政府关系

20世纪80年代以来，西方社会科学研究兴起"将国家带回来"的风潮，"国家"被视为影响社会文化现象的一个重要变数。非营利研究领域中有关非营利组织与政府关系的探讨也成为重要议题。非营利组织与政府之间的关系复杂、多元、动态。根据组织类型（大型慈善机构抑或小型地方协会）、领域（社会服务或国际发展等）以及所涉政府级别

（如中央、区域、地方）的不同，这种关系的含义和性质也有所不同。同时，非营利组织与政府之间的关系还涉及货币与非货币资助的不同形式与规制问责议题。在英国，非营利组织与政府间的关系甚至被认为是整个20世纪90年代志愿行动中最具关键性的观察重点之一。

在社会组织领域，不同的理论对非营利部门与政府部门之间的关系给予不同解读。总体而言，社会组织被视为政府的替代、补充或对手。非营利组织是政府的补充和替代品的观点基于Weisbrod 1988年提出的公共财政理论和Douglas 1987年提出的政府失灵理论。他们认为，在需求偏好不同的领域中，非营利组织的介入可以弥补政府供应的不足，可为公共财提供另一种路径。Salamon进一步深化了将非营利组织视为政府职能补充的相关理论。他认为，非营利组织通常是解决各种新出现的社会问题的第一道防线，但随着时间的推移，它们面临着资源不足的问题，而这些问题反过来可以通过政府资助得到补偿。非营利组织的弱点对应于政府的优势，即公共部门收入保证非营利组织的资金来源和监管框架保证公平：公共服务的资助方（政府）与提供方（非营利组织）的角色是分开的。交易成本理论也支持这种互补的作用，认为政府通过将非核心职能外包给非营利组织、授权它们提供服务可能更有效率。

非营利组织与政府是对手的理论得到了公共财理论和社会运动理论的支持：如果需求是异质性的，少数人的观点往往不能被很好地体现于公共政策中。因此，代表少数族裔利益偏好的组织将对政府产生不利影响。此外，有组织的少数族裔社群会通过社会运动等方式更有效地向政府施压。如果非营利组织支持代表少数群体的立场，则可能导致潜在的政治冲突。

Young从非营利组织行为的经济学理论观点来分析非营利组织与政府互动模式，提出了一个非营利组织与政府关系的三角模型。据此模型，非营利组织与政府的关系可被归纳为补充性（supplementary）、互补性（complementary）与抗衡性（adversarial）三种模式。首先，在补充性模式里，非营利组织被视为可以满足政府所无法满足的公共财货之需求。当政府在财货与服务供给上负起更多责任时，经由非营利组织的集体手段来解决问题的需求就相对减少。因此，非政府组织与政府在经费支出上呈现反向关系。其次，在互补性模式里，非政府组织被视为是政府的伙伴，透过政府的经费自治，协助政府执行公共财货的递送。此观点反映出非营利组织与政府的经费支出，彼此间有正向的互动关系。最后，在抗衡性模式里，非营利组织督促政府在公共政策上进行变革，相对地，政府也会透过法律的制定去影响非管利组织的行为。Young认为，某种程度而言，这三种关系在任何时候都存在，只是在特定时期内某种关系较之其他类型关系更为显著突出。例如，在美国，民权组织和一些州政府在20世纪五六十年代是对立的，但后来在福利提供和教育政策的背景下则转变为一种更为互补的角色。

既有研究发现，非营利组织与政府之间的互动关系，以资讯交流为主要互动方式，接受政府财务辅助与使用公共设施是主要的合作协力模式，越基层的地方自治体与非营利组织的协力关系越密切。儿童福利、社会福利、环境保护与国际交流为非营利组织最想与政府进行协力之领域，而有多数的非营利组织希望以事业协力和资讯交流方式来进行。缺乏与政府合作的专业知识和技能与资讯不足则是非营利组织不愿与政府进行协力的主要因素。要提高非营利组织与政府协力的意愿，除了公开资讯外，还可以召开相关的说明会，并简化协力的行政作业流程，以加强非营利组织参与协力的诱因。加强政府对非营利组织的了解以及协力的制度化、程序的公开化与透明化，皆可以增强非营利组织与政府协力之动机与意愿。同时，促进"由下而上"自发性的民间力量之形成与目标导向的水平式协力互动关系之建立。若非营利组织与政府间协力关系的建立靠的是地方政府强制性"由上而下"推行，可能会抑制非营利组织的独立与自主性，影响政府与非营利组织双方的平等性，甚至是协力关系的成果。因此，地方政府在协力过程中只应扮演提示合理范围与方向的角色，而非影响者，基于此，双方较容易处于对等的地位，有助于水平式协力关系之建立。

三、社会企业：社会组织发展新形态

社会企业概念由来已久，但这一概念直到20世纪90年代中期才逐渐在西欧与美国得到广泛应用。社会企业最常被简约地定义为"以市场手段解决社会问题的组织形态"，当对此概念进行操作化时，市场营收占组织收入的比例往往被视为重要指标，一般要求组织资源至少50%来自市场销售。但是这种界定因不符合许多国家的社会企业实践，并未得到大多社会企业研究流派的认同。[①] 从20世纪80年代初开始，从非营利领域不断萌生出了各种关于社会企业与社会企业精神的不同概念体系，我们可以将其归纳为创收学派、社会企业家学派、EMES流派以及动物园学派。[②] 这些基于不同概念体系建立的不同流派关注社会企业概念的不同面向，但始终未能达成共识。过去20年里，围绕社会企业的界定，学界逐渐形成了这样的共识，即关注于社会企业的建立所必须具备的指标或特征，如社会企业家的特点、社会创新、非营利组织市场化收入、利润分配、社会使命实现以及经济与社会目标可持续平衡的治理。[③]

社会企业概念2002年引入我国学界，其后在英国文化教育协会及友成基金会等组织支持下，我国社会企业研究与实践均获得了快速发展。[④] 2015年，中国慈展会联合多家机构开启我国社会企业认证工作。根据其认证办法，社会企业是以解决社会问题为首要目标，以符合企业家精神的方式创新性解决社会问题的企业或社会组织。社企认证主要集中于深圳、北京、广州、上海等一线城市，杭州、成都、苏州、昆明等二线城市也快速跟进。这些社会企业多集中于无障碍服务、养老、生态保护（环保、动保）和青少年儿童（教育）等服务领域，超过80%的组织运用服务收费模式，通过向市场或政府有偿出售产

---

① Defourny J，Nyssens M，"Conceptions of Social Enterprise and Social Entrepreneurship in Europe and the United States：Convergences and Divergences"，in *Journal of Social Entrepreneurship*，2010，1，pp. 32-53.

② 田蓉：《超越与共享：社会企业研究新进展及未来展望》，《南京社会科学》，2016年第12期。

③ Defourny J，Nyssens M，"Fundamentals for an International Typology of Social Enterprise Models"，in *Voluntas：International Journal of Voluntary and Nonprofit Organizations*，2017，33，pp. 1-29.

④ 王名、朱晓红：《社会企业论纲》，《中国非营利评论》，2010年第2期。

品或服务获得主要收入来源。根据首届社会企业认证办法，申请组织收入来源需超过50%来自商品销售、贸易或服务项目收入。2018年认证办法将此条要求调整为通过市场化运作创新解决社会问题，不再明确规定商业收入的比例。

分析社会企业的源起可见，非营利组织的商业化运作是社会企业的重要来源。此外，商业发起或公部门转型亦是社会企业发展的重要路径。2009年，斯皮尔等人根据组织缘起与发展路径将英国社会企业划分为互助型、交易性慈善组织、公部门衍生以及新发展出的社会企业四类。东亚多数社会企业从非营利部门发展而来[1]，中国社会企业的兴起则受到公共福利体系民营化和社会化改革、非营利组织市场化、企业社会责任与公益创投、跨界合作（公私部门、营利与非营利组织）以及国际合作等多方面因素影响。[2]

当前，全球公共管理领域盛行的"新管理主义"理念[3]正改变着非营利组织、政府及市场传统三大领域的关系，健康、文化、教育、社区服务、环境及工作整合等领域急需新的治理形式，社会企业这种新兴组织形式也由此应运而生。新管理主义导向的系列改革影响了公共部门与服务提供者之间以及用户之间的合约条款，以往输入导向的资金被产出导向的给付所替代，营利性的服务提供者越来越多地被许可进入这一市场。传统供给侧补贴经由现金或代金券形式转变为需求方补贴，服务使用者被期待以消费者的行为方式在这一市场行动做出选择。[4] 在这样的规制脉络中，社会企业是否以及如何作为社会使命驱动的组织维持其自主性、目标以及社会创新能力值得探讨。

同时，市场与社会企业之间的关系也面临着市场价值与社会企业价值追求之间潜在冲突的挑战。[5] 市场的工具理性追求利润最大化，而社会企业担负着对社会使命与民主价值观念的基本秉持。许多社会企业体现出了清晰明确的市场导向，即使它们追求基本的社会目标，它们也必须分配部分利润盈余给它们的产权所有者。而有些社会企业源自非营利组织与营利公司之间的伙伴关系，这些社会企业处于三大领域之间的模糊领域，它们在追求冲突性目标时使命漂移的风险更高。而对于源于非营利组织的社会企业而言，如何能够实

---

[1] Defourny J, Kim Shin-Yang, "Emerging Models of Social Enterprise in Eastern Asia: A Cross-country Analysis", *in Social Enterprise Journal*, 2011, 7, pp.86-111.

[2] 余晓敏、张强、赖佐夫：《国际比较视野下的中国社会企业》，《经济社会体制比较》，2011年第1期。

[3] Anheier H, "What Kind of Nonprofit Sector, What Kind of Society?: Comparative Policy Reflections", *in American Behavior Scientist*, 2009, 52, pp.1082-1094. Osborne S, Mclaughlin K, "The New Public Management in Context", in Mclaughlin K, Osborne S, Ferlie E (eds.), *New Public Management: Current Trends and Future Prospects*, Routledge, 2002.

[4] Bode I, Gardin L, Nyssens M. "Quasi-marketization in Domiciliary Care: Varied Patterns, Similar Problems?", *in International Journal of Sociology and Social Policy*, 2011, 31, pp.225-235.

[5] Dawson S, Dargie C. "New Public Management: A Discussion with Special Reference to UK Health", in McLaughlin K O, Ferlie E (eds.), *New Public Management: Current Trends and Future Prospects*, Routledge, 2002, pp.34-56. Eikenberry A, Kluver J D. "The Marketization of the Nonprofit Sector: Civil Society at Risk?", *in Public Administration Review*, 2004, 64, pp.132-140.

现市场价值以保证组织社会目标的可持续发展是其所面临的主要挑战。桑德斯认为，市场与社会使命之间的紧张是所有非营利组织与生俱来的胎记，只有通过组织目标的妥协或者财务责任的打破来解决。[①] 社会企业的出现，是在当前全球公共部门新管理主义理念主导的制度环境下，非营利组织为了平衡市场与使命双重压力的策略选择路径之一。市场与使命之间的紧张，对非营利组织来说是必要且有益的，实务层面上试图去解决这一压力可能会引发组织丧失功能，而对此现象进行解释有助于组织在当前的制度环境下更好地理解与应对此压力。

第三节 社会组织研究实例

一、非营利部门国际比较研究

20世纪90年代，约翰·霍普金斯大学莱斯特·萨拉蒙教授与其同事创设了非营利部门比较项目。该项目调查与整理了全球非营利部门的范围、结构、组成、资金状况以及影响等方面的情况。该项目的研究成果已整理出版，为我们理解全球非营利部门提供了大量的可信有效的基础数据，可以作为了解这一部门各国社会组织概况的资源手册。这一研究在当时是弥补了官方传统统计对于"第三部门"（指非营利部门）隐而不见的缺失。因为如果对于这一部门数量、规模、活动内容、经济分量、资金、作用信息缺乏了解，必然也不会清楚导致其增长和削弱的因素，推动其在公共政策领域中参与发声的能力也会受到制约。

研究成果早期出版物涉及西欧、北美洲、亚洲、中欧和东欧、拉丁美洲等22个国家，后来的出版中增加了非洲、中东、南亚等14个国家，并引入"全球公民社会指数"概念。该研究由世界150多名研究人员进行，以期获得代表不同地理区域、文化历史传统与不同发展水平国家第三部门范围、结构、资金及功能作用情况。研究为了保障各国数据之间的可比性，开发了一套数据收集办法。数据来源主要包括：① 官方经济统计；② 伞状组织或中介协会收集的数据；③ 社会组织的调研数据；④ 人口调查数据，尤以捐赠和志愿服务为主旨的调查。各国数据收集对不同来源数据的依赖程度因国家领域差异而不同。

此项国际比较研究也将研究所涉及国家的第三部门类型进行了区域划分，依据其特定的社会政治特点划分出了几种区域模式。此外，该项研究亦有如下发现。第一，非营利部门除了在社会与政治领域发挥重要作用外，也是经济领域的重要力量，在国内支出及就业方面占有重要比例。第二，非营利部门吸引了大量的志愿者参与其中，具有强有力的志愿资源动员能力。第三，各国非营利部门规模、志愿服务等维度皆有显著差异。第四，除了

---

① Sanders M, "Being Nonprofit-like in a Market Economy: Understanding the Mission Market Tension in Nonprofit Organizing", *in Nonprofit and Voluntary Sector Quarterly*, 2013, 44.

提供有形服务，政策倡导、民意表达以及社群建设都是非营利部门发挥作用的领域。研究结果显示，非营利部门并没有替代政府，私人慈善也没有成为其最主要的财政来源，服务收费与政府支持依然是非营利部门重要的资金来源。

二、非营利部门发展新前沿研究

《撬动公益：慈善和社会投资新前沿导论》是约翰·霍普金斯大学莱斯特·萨拉蒙教授2014年的研究成果。[①] 本书探讨了在过去二十年间在慈善与社会投资领域发展的新态势，是了解第三部门研究新进程的重要著作。尽管全球的贫困、公共卫生以及发展等社会问题日益严峻，但政府和传统慈善在这些领域的投入却没有持续增长，甚至有所缩减。当下，急需拓展慈善领域新的行动主体和新工具。萨拉蒙教授的这一研究关注金融工具在慈善领域的运用，及其撬动有限慈善力量与资源的途径。这些金融工具不同于传统慈善领域的拨款，包括了贷款、贷款担保、信用增级、保险和股权投资等。通过降低投资者的风险，让投资者接受较低的回报率，这些工具可以激励私人投资资本和公共投资资本进入社会目标投资。

该书描绘了当前正在全球兴起的"慈善新前沿"，基金会不再是慈善活动的主要乃至唯一制度化配置，新的行动主体与新的工具正将越来越多的私人资源引导至社会和环境目标实现的行动中。该书也提出这些新工具与新行动主体并非当前人类共同体所面临诸多问题的万能药方，但却是颇具潜力的解决方案。这些工具与主体有助于这些社会议题的创新性解决，有助于让更多的大众参与其中，也让企业实践社会责任有更建设性的技术与路径。

与该书配套的姊妹著作为《慈善的新前沿：重塑全球慈善和社会投资的新主体和工具导论》，这本书对新行动主体（如资本聚合机构、二级市场机构、社会环境交易所、在线交易平台以及企业慈善基金等），以及新工具（如贷款、固定收益证券、社会影响力债券、保险等）进行了更为详细的分领域探讨。这本书题为撬动公益，旨在强调未来的第三部门领域中慈善需要发挥战略性作用，发挥战略性作用的途径之一即在于有效运用上述新金融杠杆。

思考题

1. 什么是社会组织？试从经济、法律及功能三个角度对社会组织进行界定。
2. 用社会学视野阐述社会组织的兴起与发展。
3. 试阐述社会组织管理与社会组织治理概念之间的关系。
4. 试阐述现代社会社会组织与政府组织之间的关系。
5. 何谓社会企业？试分析社会企业在社会组织领域的缘起及其双重价值冲突。

---

① 本书中文版已由社会科学文献出版社于2017年出版。

> **推荐阅读**

1. 王名：《非营利组织管理概论》，中国人民大学出版社，2010年版。
2. 邓国胜：《社会创新案例精选》，社会科学文献出版社，2013年版。

第十九章

社会问题

20世纪初,社会学者开始关注工业化社会中产生的大量的社会问题。他们分别从不同的视角,对形形色色的社会问题试图做出理论的解释。他们对社会问题的定义、社会问题产生的条件、社会问题研究的方法、社会问题产生的原因等进行了探索性的研究,在此基础上,逐渐形成了社会问题研究的体系。

第一节
社会问题的界定

社会问题是一个人们既熟悉又陌生的概念。所谓熟悉,是指每一个人都能感到社会问题的存在,多多少少都能对社会问题发表一些议论,谈些见解;所谓陌生,是指许多人对社会问题的认识又是含糊不清的。有人认为社会问题就是社会热点、社会焦点问题,即人们高度关注的或与利益相关的社会现象就是社会问题;有人认为社会犯罪就是社会问题,即某些严重越轨的、侵犯他人生命或社会利益的社会现象就是社会问题;有人把一时无法解释的社会矛盾、社会冲突归结为社会问题;也有人将社会上的阴暗面、不健康现象都归结为社会问题。这些对社会问题的认识是不全面的,它们涉及了社会问题某一个方面的特征,还没有深入到对社会问题本质的认识。

一、什么是社会问题

英文"social problems"被译为"社会问题"。20世纪初,欧美国家也用"社会病态""社会解组""社会反常""社会失调"这些名词来指称社会问题。研究社会问题是社会学的传统主题。早期社会学产生的动因,就是研究和解决诸种社会问题的需要,例如著名的美国芝加哥学派的产生与发展,与他们研究芝加哥这一城市社区中存在的社会问题是分不开的。从语义学上分析,日常生活中的"社会"一词是指一种公共的、许多人共处一起的环境。理论上的"社会"是指相当数量的人们按照一定的规范发生交互行为与相互联系的生活共同体,也指一定时期与范围内各种人际关系和群际关系的总和。"问题"是指不符合社会中主导价值体系和规范体系的公共生活中的麻烦,是一个社会生活的共同体遇到的共同的麻烦。关于社会问题最简洁的定义莫过于美国社会学家米尔斯的论述:社会问题也即公众的问题,即不是个人的困扰,而是社会中许多人遇到的公众麻烦或公共麻烦。但这一定义过于简单,有许多公众麻烦可能是经济问题、政治问题、文化问题,而不完全是社会问题。米尔斯在定义社会问题时写道:"社会的公众问题常常包含着制度上、结构上的危机,也常常包含着马克思所说的'矛盾'和'斗争'。"① 然而,问题并非如此简单,不同的学者由于研究的侧重点或研究兴趣不同,对社会问题下了不尽相同的定义。

乔恩·谢泼德和哈文·沃斯在《美国社会问题》一书中认为:一个社会的大部分成员和社会一部分有影响的人物认为不理想、不可取,因而需要社会给予关注并设法加以改变的那些社会情况即为社会问题。② 这一定义强调了主体的判断。

我国老一辈社会学者孙本文先生认为,社会问题就是社会全体或一部分人的共同生活或进步发生障碍的问题。当社会秩序安定,人与人之间的共同生活顺利安全,社会是没有问题的。③ 这一定义以社会秩序为中心。

北京大学编写的《社会学教程》中则把社会问题定义为社会中发生的被多数人认为是不合需要或不能容忍的事件或情况,这些事件或情况,影响到多数人的生活,是必须以社会群体的力量才能进行改进的问题。④ 这一定义突出了多数人的体验与承受力。

在众多的定义中,我们可以发现,对社会问题的界定,本身就是一个科学的认识过程。一般而言,人们往往是从几个方面去界定社会问题:社会功能上是否使社会运行、社会秩序失调;后果上是否影响多数社会成员的利益或生活;标准上是否符合社会的主导价值标准和规范标准;程度上是否有解决的迫切性。

具体而言,在对社会问题下定义的时候,又受到许多因素的影响,主要有以下几个因素。一是国家或地区的社会发展水平。有些社会问题只有当生产力发展到一定程度时才会出现,人们才予以重视。如人口老龄化问题、贫困问题、离婚问题、青少年犯罪问题等。二是国家和地区的文化背景。每个社会都有着不同的规范体系、价值观念和社会制度,因此每一个社会对具体的社会问题的看法会有所不同。某些现象在一国是社会问题而在另一国可能是正常的现象。在中国,数千万的婚龄期男女未婚,被视为重大的社会问题,而在欧美社会中,独身主义是一种时尚或生活方式而不成为一个社会问题。文化的差异性会直接影响对社会问题的界定。三是研究者本人的理论素养、兴趣、研究视角的差异。有的学者喜爱以理论模式解释社会问题,有的喜爱实证分析方法,有的偏爱从社会环境中找原

---

① 赖特·米尔斯等:《社会学与社会组织》,何维凌、黄晓京译,浙江人民出版社,1986年版,第10页。
② 乔恩·谢泼德、哈文·沃斯:《美国社会问题》,乔寿宁、刘云霞译,山西人民出版社,1987年版,第5页。
③ 孙本文:《社会学原理》(下册),商务印书馆,1946年版,第167页。
④ 北京大学社会学系社会学理论教研室《社会学教程》编写组:《社会学教程》,北京大学出版社,1987年版,第333页。

因，有的愿意在问题界定者的主观方面挖掘原因。同时，由于研究者观察问题的角度不同，对同一种社会现象会有不同的认识。四是社会观念的发展变化。社会是在不断地进步的，人们的观念在信息时代变化也非常之快，因此，评价社会问题的标准也在不断地变化之中。但是，这并不是说对社会问题的界定是任意的，我们在对上述定义的研究中也可发现某些具有共同性的要素，这些共同性的要素也构成了社会问题界定的基本条件。

综上所述，本书对社会问题的定义是：社会问题是违背社会主导价值，干扰社会成员健康生活，妨碍社会协调发展，引起社会成员普遍关注的一种公众问题。我们之所以把某一社会现象称作社会问题，是因为某种公众问题在空间上涉及的范围广大，在时间上延续了一定的时期，在后果上已经危害到社会中相当部分或大部分社会成员的利益与社会秩序。

二、社会问题界定的条件

1. 客观性的事实依据

社会问题具有客观意义，这种客观事实必然有其外在的表现形式，即某一种社会现象或某一类社会行为，而且是十分具体的。社会问题的客观性，其一是指存在于我们的意识之外，不管我们承认与否，它客观地存在着。社会问题是社会生活中确实存在的某种具体的客观事实，而不是存在于人们头脑中的臆想。对社会问题的认识，是以社会生活中存在某种与社会发展不相协调的社会现象为客观依据的。没有客观事实的存在，社会问题就无法确认。有的社会问题尽管一时还未被人觉察或认识，但它依然客观地存在于社会之中，对社会生活产生若有若无的影响。随着时间的推移，问题会逐步突显，最终也将会为人们认识和接受。例如，人口膨胀成为我国的社会问题，庞大的人口已成为经济发展和提高人民生活水平的不容忽视的负担。一般而言，社会问题对广大社会成员来说，是一种消极性的社会事实。社会问题毕竟不是由概念决定的，而是由客观事实决定的。

2. 影响到许多人的公众问题

社会问题具有一种数量含义。引起社会问题的现象通常是一种"公众问题"而非"个人麻烦"。美国社会学家米尔斯很有见解地提出要区分这一现象。"个人麻烦"产生于个人性格，也同别人的直接接触有关，但它发生在有限生活领域内，烦恼属于个人的私事，它是个人感到自己的利益或生存条件以及所持有的价值观念遭受威胁时所产生的，需通过个人的行动加以克服。"公众问题"却是涉及整个社会的问题，是属于大众的事，它超越了个人狭小的生活环境，与全体社会成员或大部分社会成员生活密切相关。它对社会生活产生很大的影响。"公众问题"往往是社会的结构失调、行为规范失范和社会运行失控引起的。它的产生并不是少数人的责任，它的解决也要通过广大社会成员的集体努力，因而具有群体性。例如，在一个城市中，只有几个或几十个人找不到工作，这仅仅是少数人的个人麻烦，这与该城市绝大多数人无关。麻烦的原因可能是个人的素质不佳、能力不强等，要解决只要从提高个人的素质入手即可。但若这个城市有成千上万的人找不到工作，那就是由"个人麻烦"上升为"公众问题"了，其通常是社会结构性因素引起的，如产业结构调整、经济萧条、制度弊病等。社会问题威胁或触犯了社会中相当一部分人的利益,因而社会上大多数人或相当多的人对这种社会现象持否定态度,认为这种现象有问题,都感到社会必须加以关注和改变这些问题。公众问题一般涉及较大的规模、数量,也涉及社会结构因素。

3. 违背社会的主导价值与主导规范

社会问题也具有主观方面的意义,这是指社会成员的知觉判断对界定社会问题起着重要作用。将某种社会现象或社会行为定义为社会问题,是因为社会上绝大多数的社会成员认为这种现象或行为有悖于社会的主导价值和主导规范,正好反映出公众的价值观念和认识的标准。否则,一种现象或行为即使为某个人或某一集团所深恶痛绝,也不会被认为是社会问题。以贫困为例,早期西方社会中,人们并不将贫困视为一种社会问题。一般人和统治者认为,贫困是不可避免的社会现象,是穷人自己能力太差或本身就是社会竞争中的弱者导致的。随着社会的不断进步,一些理念被更多的人所接受,诸如平等、自由、博爱、人权等,贫困才开始被看作一种社会问题,政府才开始着手解决,实施了普遍的社会福利制度。一旦某种观念被许多人所接受并被作为判断事物的标准,某些原先违背这些价值并不为人所重视的现象或行为,就成为社会问题。原来事实上存在的社会问题就由潜伏状态显现出来,成为现实的社会问题。反之,当社会的主导价值观念变化了,某些原本是社会问题的现象就不成为问题了。社会问题常受不同的价值判断的影响而产生矛盾现象,我们在研究社会问题中应该注意这一特点。通常在社会中占主导地位的价值体系成为判断社会问题的标准,但反过来推论,没有价值判别标准就没有社会问题,则是不科学的。有的社会学者(如价值冲突论者)推而及至,认为社会问题是社会价值判断所造成的,没有社会价值观就没有社会问题的存在。这些学者的失误在于,将判别社会问题的价值标准视作判别社会问题的唯一标准,并忽视了社会问题的客观性意义。社会规范则是社会主要价值观念的体现,社会问题在实际社会生活中常常表现为与社会规范的冲突。

4. 与人的道德抉择有关

在现实生活中,人们的行为具有社会目的性,是由主观意志支配的。同时人们也知道,为达到一定的行为目标,必须支付一定的行为成本。有些问题虽然人们难以接受,但因它并非人的意志行为或它不一定是人们有意识造成的,人们不易将这类问题看作社会问题。因为这类问题的产生,不涉及人们的道德行为,不容易激发起人们的道德情感,也是社会规范无法约束的。也就是说,当有些问题是由自然因素所引起,或是人们无意中造成的,其社会的道德价值为零时,这类问题不易被定义为社会问题。诸如严重的自然灾害,人们一般不将它看作社会问题。相反,凡是具有明显的道德意志的抉择倾向,并违背社会规范的有意识的行动,则很容易被人们视为社会问题。同样是疾病,人们没有将心脏病视为社会问题,而将艾滋病视为社会问题,是因为艾滋病一部分是由人们的性混乱和吸毒交叉感染引起的,是一种人为的越轨性行为。各国社会中存在的诸如吸毒贩毒、杀人抢劫等犯罪行为,没有一个社会学家,也没有一个政治学家、经济学家、伦理学家会否认它是社会问题,绝大多数的社会成员也认定它是社会问题。社会中有一种倾向,即当某一问题越是与人的行为选择中的道德价值有关,具有鲜明的道德意志抉择,并且直接与公认的社会价值体系和社会规范体系所冲突、对立时，越是容易激起人们的道德情感，越是易被视作社会问题。

5. 社会问题具有可改变性

社会问题的认定也与社会成员的主观能动性有关。社会问题的发生是由社会结构性因素造成的，它所造成的后果是社会性的，涉及整个社会生活；它的消除和解决也不是个别人或少数人的努力可以做到的，对社会问题只有通过社会的力量才可能改善和解决。人类改善和解决社会问题的能力体现在，一是人类可以不断提高认识，如人们视污染为社会问题，表示了人对健康和保护自然环境这些方面的认识的进步。西方社会在理性主义占统治地位之前，对贫困的争论往往陷于传统宗教上的善恶之争，理性主义将其变成了可做实证主义分析并能解决的问题，创造了社会控制这一概念。此概念认为贫困是可以改变的，从而否定了这些问题是人类生活中不可改变的现象。尼斯贝特等人就认为，人类可能利用理性以增进人的生活条件与幸福，基于这种新的理性观念及其内涵，若干原来只被视为可悲可叹的社会情况才开始被视为问题。二是不断提高解决社会问题的能力。在工业化和城市化之前，由于物质产品匮乏，人们无力改变贫困，将贫困当作一种无可奈何的自然现象。当工业化、城市化、现代化之后，人们有了消灭贫困的能力和条件，才将贫困视为社会问题。同样人口问题也是如此，当人们认识到无限膨胀的人口将带来沉重的负担，人们对待人口的态度才开始改变，中国人由崇尚多子多福到控制人口，西方多数人由反对堕胎到保护堕胎的权利。而现代的科学技术也为解决人口膨胀提供了条件。而当人们没有意识到或根本没有能力去改变它时，就不会将这一现象视为社会问题。

人们在日常社会生活中，承担着多重角色。在政治领域、经济领域、文化教育领域都会碰到某些公共问题，但这些问题是否都是社会问题，我们的回答是否定的。经济领域中的就业问题、住房问题、贫困问题，由于涉及的人员太多，损害了相当部分社会成员的利益，产生了严重的后果，这些原本是经济领域的问题就转化成了社会问题，成为社会共同体遇到的公共问题。但同时，经济领域中的生产、技术、经营、分配、消费、金融、产业结构等许多问题，仍然是经济问题，并没有转化为社会问题。而腐败原是在政治领域中发生的问题，但由于它的危害性太大，影响到全体社会成员对执政者合法性的信心，也影响到公平、公正等社会的终极价值观，还影响到社会的基本行为规则，腐败就由政治问题演变成了社会问题。

总体而言，只有当一种社会现象或一种群体行为，在大致符合上面五个条件的情况下，我们才将其定义为社会问题。

三、社会问题界定的过程

对社会问题的界定，是人们对社会问题从常识性的理解逐步到科学认识的过程。在日常生活层面，人们对"问题"的理解一般是某个事件、某个社会现象为社会问题，社会现象由一般的事件、麻烦上升为社会问题，要经历一个较长时间的复杂的认识过程。理查·富勒和理查·麦尔兹在《社会问题的发展》一文中指出，所有的社会问题都经过三个阶段，即警觉、政策决定与改革。① 警觉。每一种社会问题的根源都是由于人们警醒与了解到一些他们所珍惜的价值已受到威胁，而这些情况亦越来越严重。只有在这些群体认为已涉及他们的团体价值时才会开始引起警觉。② 政策决定。在警觉出现之后，大家开始辩论问题解决办法的各种政策。有关的结果与方法都被讨论到，并且社会利益的冲突也逐渐增加，某些人所提议的解决办法有时并不为他人所接受。这个政策决定阶段与警觉阶段最大的不同是利益群体考虑较多"何者应该做"，而人们则建议"这个或那个必须做好"。大家的注意力集中在特殊的计划上，各种各样的抗议也在各种引导下有组织地形成了。③ 改革。在这一阶段里我们可以发觉行政单位已插手其间，并将有计划的政策化为行动。一般的政策由特殊利益团体与专家们辩论来确定。[①]

本书在中外学者论述的基础上，将社会问题的界定概括为以下几个环节。

1. 利益受损集团的强烈不满和呼吁

利益受损集团是指直接受到某类社会问题伤害的对象。他们对某种社会问题感受最深，往往最早发出呼吁。例如，当吸毒、赌博出现时，吸毒、赌博人员及其家属首当其冲，深受其害。于是他们首先议论纷纷，或向亲朋好友倾诉委屈，或向政府反映，或向社会传播媒介呼吁，希望得到社会的关注与帮助，希望政府来解决。但此时由于问题尚在萌芽期，以潜在的形式存在，尚无普遍性和广泛性，其不良影响暂时还未充分显露出来，公众并不知道其危害性，这些不满和呼喊往往不被人们重视，被淹没在信息洪流中，此时社会问题认定的条件还不成熟。在社会生活中，社会成员各自关心的事情是不同的，他们对事情的认识往往有多义性。社会成员个人的判断或非正式组织的判断不能作为衡量社会问题是否存在的标准。但是，随着某些现象的进一步恶化，涉及的人越来越多，利益受损集团的不满和呼吁强烈到一定的程度，并有许多社会成员都开始对某一现象表示不满、抗议时，说明某些客观存在的社会现象的确影响了他们的生存和利益，并引起了人们普遍的关注。这时大多数人比较容易形成一致性的看法，达成对某些现象否定性的共识。

2. 社会敏感集团及社会上某些有识之士的呼唤

对社会问题敏感度较高的群体通常包括记者、报告文学作家、社会学家、伦理学家、政治学家、法学家等。普通公众对社会问题的关注与了解往往取决于日常生活中经验知识积累的程度和关注度。由于社会发展迅速多变，社会现象日益复杂，人们对社会问题的敏感度因利益和知识的局限而较低。而一些专家、学者和有识之士，对社会问题的敏感度较高，他们拥有较多的、较专业的知识和判断问题的丰富经验，具有抽象地分析问题的能力，能在社会公正价值观的基础上对社会发展中的各种问题做理性的思考，因而能够最先感知到社会问题。同时，专家学者群体具有知识分子勇于批评的特点，使他们具有较强烈的社会责任感，敢于对社会问题的存在进行揭露和批评，敢于讲真话，传递某些社会问题严重性的真实信息，能引起广大社会成员的警觉。例如，对我国社会生活中死灰复燃的丑恶现象，如卖淫嫖娼、色情文化、吸毒贩毒、拐卖妇女儿童、赌博、封建迷信等，最先进行揭露和猛烈抨击的是记者和报告文学作家，然后是社会学家和伦理学家。这些人虽然

---

① Fuller R C, Myers R R, "The Development of Social Problems", *in Sociological Review*, 1980, 6, pp. 320-328.

没有权力，却有较大的话语权、较高的社会知名度和较大的社会影响力，他们对某些问题的看法比起普通的老百姓来说是深刻的，他们的议论和观点可以通过自己的文章、作品、讲话进行传播，传播媒介也比较重视他们的观点。他们的观点不仅可以影响普通社会成员，对政治家和政府管理者也会产生一定的影响，他们可以将某一社会现象直接上升到社会问题的高度，他们的呼唤容易被全社会所接受。

3. 社会舆论集团及大众传播媒介的宣扬和推动

某些社会现象能否被定为社会问题，或能否被当作社会问题看待，关键在于广大社会成员对这一问题的反映和看法。现代社会中公众获取信息的主要渠道是大众传播媒介，它是制造社会舆论的主要工具。大众传播媒介具有模拟环境和价值导向的功能，多数人依据大众传播媒介的价值导向对某一社会现象做出反应。大众传播媒介对某一现象、某一事件、某一问题的报道、渲染和评价，直接影响着公众的看法和态度。当某些社会现象被有识之士指明或判定为社会问题后，必然会在社会上引起各种反响和议论，问题越辩越明，最终为公众所认识并接受，承认某一现象是社会问题。虽然现代社会的公众对某一社会状况的感觉以及能否把它当作社会问题认识并不完全取决于舆论界对他们的影响，但大众传播媒介对公众产生的巨大影响是不可否认的。社会成员不可能一一亲身经历某种社会情况，经受某种痛苦，他们往往根据舆论对某些社会情况所做的报道和评价做出自己对这个问题的反应，形成自己对这一问题的看法和态度。大众传播媒介的宣传，将某一社会现象、社会事件置于社会公众视野和社会舆论的聚焦点之下，引起全社会各个阶层的关注，对人们平时议论的、不满的但又十分无奈的问题进行淋漓尽致的曝光。大众传播媒介在发现社会问题中的功能主要是向公众揭露社会问题的严重性。在一个短时期内对某一现象进行集中的报道无疑是一种信息的密集轰炸，具有对事件的放大效应，牵引全社会的注意力，给人们留下十分深刻的影响，也会对有关的管理者形成一定的社会舆论压力，促使他们表示态度和进行干预并最终向解决问题的方向迈进。大众传播媒介将利益受损集团的遭遇、敏感集团的各种批评分析传递给社会公众，将某一社会问题提升到公共领域，成为公共问题。随着网络的普及化，在网络中活跃的意见领袖，他们对某一事件、某类现象、某个群体的报道、评论，也会形成较大的社会舆论，推动这些事物"问题化"。

4. 公众普遍的认识和接受

当某一社会现象被大众传播媒介渲染和烘托成公众关注的热门话题之后，大多数的社会成员才逐渐意识到确实存在着某个问题，越来越多的人开始关注、议论这一问题的现状、形成的原因、产生的危害以及解决它的对策。随着人们对这一问题严重性的认识不断深入，焦虑和担忧便日渐加强，大多数社会成员意识到有必要通过共同的努力来消除这一问题对社会生活造成的危害，产生解决问题的共同责任感和义务感。也就是说，当某一社会现象被相当多的社会成员认同为社会问题时，会在社会成员心理上产生巨大的压力和不安全感，产生解决这些问题的需要，达成解决问题的共识，并在社会各个利益群体的行动中汇成解决社会问题的一股强大的社会力量，这时，某一问题才真正算作一个社会问题。例如，当一种不良社会现象出现，有的人会写信给报刊、电台、电视台，向他们反映这一问题的严重性，有的人会在街头呼吁、请愿，以获取更多人的同情和支持，某些利益损失最大的人会组织起来,形成压力团体,以游行、示威、集会、抗议等集体行为的形式出现,要求政府出面解决这一社会问题。也有的人会通过法律途径,向立法机构提议颁布试图解决这一社会问题的相关法律。而社会学者不仅把社会问题看作一种公共的麻烦,而且把它看成是广大社会成员试图有所行动的信号,此时,众多的社会学者就会投入精力认真地研究这一社会问题。

5. 社会权力集团的认可与支持

最后将某一社会现象确定为社会问题,并会付以行动准备解决的,通常是有组织的权力者群体,他们居于社会管理者的地位,在社会的政治、经济、文化等领域比别人拥有更多的权力。例如,每年我国召开的全国人民代表大会、全国政治协商会议,代表与委员就社会问题的解决提出议案,成为我国解决社会问题的一个重要路径。当然,具体解决社会问题主要还是政府部门的各级官员,虽然他们未必充分了解某一问题的专门知识,但握有解决社会问题的决策的权力和能力,可以直接调动解决社会问题所需的各种资源,这使他们在认定社会问题中处于某种特殊的地位。权力集团对社会问题定义的角度与利益受损集团、敏感集团和舆论集团有所不同,利益受损集团对社会问题的定义往往更多地从自身利益的角度出发,敏感集团往往从社会的公正价值原则出发,舆论集团往往从道德价值和新闻价值考虑,而权力集团则要从社会整体利益原则出发,对社会问题做全方位思考,既要考虑政治影响,又要考虑经济因素,还要顾及其他利益集团(如既得利益集团),考虑解决问题的能力及解决问题的程序等,对社会问题的考虑更为全面仔细。因为权力集团的公开承认,就意味着社会问题的公开确定和政府正式承担起解决问题的社会责任,所以对什么现象为社会问题,权力集团的表态比起其他集团来更为慎重。当权力集团正式介入对某一社会现象的讨论并表示态度时,这就会使社会问题在社会生活中明确化和具体化。由于权力集团的认定,一个社会现象才会由少数人议论、公众舆论关注,到真正成为社会问题。在权力集团确认某一社会现象是社会问题后,权力集团将为解决社会问题提供各种相应的政策法规和策略,提供各种解决社会问题的物质条件,使解决社会问题由"纸上谈兵"到具体落实,逐步地制度化。权力集团将借助权力动员和组织社会的各种力量,发挥各种组织与社团的作用,动员社会成员,共同实施消除社会问题的各项政策法规和措施。

6. 解决社会问题的开始

当某一社会问题被全社会认定为严重的、必须解决的问题,这一认识获得全社会或大多数社会成员的首肯,这时,解决社会问题的议事日程便提出。在利益受损集团的积极要求下,在敏感集团的积极促成下,在舆论集团的不断呼吁下,在社会广大成员的关注下,社会的权力集团将针对社会问题寻找对策,制定出相应的政策法规来解决面广量大的社会问题。当解决社会问题成为一种社会需要,这时"社会的迫切需要必须而且一定会得到满足,社会必然性所要求的变化一定会给自己开辟道路,并且迟早总会使立法适应这些变化"[①]。社会问题的解决是一个长期的过程,一般分两个阶段。第一阶段是遏制社会问题

---

① 《马克思恩格斯全集》(第18卷),人民出版社,1972年版,第65页。

的发展。这一阶段是治标阶段,政府有关部门将动员社会各方面资源,集中力量来抑制社会问题的继续恶化。当越轨性社会问题如吸毒贩毒、卖淫嫖娼十分猖獗时,第一步是集中警力打击,用强制性的力量将其压下去。当贫困问题十分严重时,最要紧的是发放物品,赈济贫困者。在阻止了社会问题恶化后,第二阶段是治理社会问题。这一阶段是治本阶段,主要是消除产生社会问题的因素,瓦解产生社会问题的条件。这是一个艰难而复杂的过程,因为任何社会问题的形成不是一朝一夕的,而是长期累积的,是各种因素的纠合。要解决它不能依靠一次性的突击,只能依靠逐渐地疏导来消融不利因素。

社会问题的建构不仅需要公共话语和行动空间,同时需要经历一个时间过程才能获得足够的支撑,建构主义用社会问题生命周期的概念来描述这一过程。社会问题的生命周期是指社会问题活动在一定时空框架内表现出来的动态的模式特征。对社会问题进行生命周期的分析,就是具体描述和解释作为个案的某一社会问题的成长历程,即它在社会公共空间的出现、鼎盛、消失的不同阶段,同时考虑社会问题成长环境(制度环境、文化环境)中不同社会行动者的介入及其所发挥的影响力量。西方有很多学者利用这一概念工具来研究某一具体社会问题活动在一定历史跨度上的起伏变化。[①]

第二节 社会问题的特性

社会问题伴随着社会发展的每一个阶段。没有一种社会形态、一种社会制度不存在社会问题。任何社会都存在由其内部因素相互矛盾、冲突而引发的社会问题,社会问题几乎与人类社会同时存在,迄今为止的人类社会,还未出现过一种没有任何社会矛盾、社会冲突引起社会问题的完美无瑕的社会形态。就存在问题这一点而言,社会问题具有无国界性、无制度性的特征。达到一种十分纯洁的社会和无社会问题的社会的期望,是不切实际的一种空想。社会问题的产生与发展,是不以人的意志为转移的,人们可以减低社会问题的危害程度,但无法完全制止社会问题的发生或杜绝社会问题的产生。社会总是在解决社会问题的过程中前进和发展的,人们只能追求一种相对完满的社会形态。从这一角度讲,社会问题的存在具有永恒的意义。

一、社会问题的基本特征

社会问题内容复杂,形式多样。要把握社会问题,有必要对其特征做一番了解。

1. 每一个时代都有自己特有的社会问题

尽管在各个不同的社会里都有社会问题存在,但在不同的历史时期,产生的社会问题不尽相同,这是一种由时间序列不同而产生的差异性,即社会问题在时间上的特殊性,它

---

① Wilmoth J R, Ball P, "Arguments and Action in the Life of a Social Problem: A Case Study of Overpopulation", *in Social Problems*, 1995, 42, pp. 1946-1990.

是特定历史条件下的产物。生产力水平不同，产生的社会问题不同，社会问题具有鲜明的历史阶段性。当社会生产力尚处于较低的发展水平时，人们主要关注的是战争、贫困、失业、流浪等严重影响人们基本生存的社会问题；当社会生产力发展到一定程度时，人们关心的是贫富两极分化、教育不公平、家庭婚姻不幸、社会犯罪等影响人们生存发展的权利、安全等的社会问题；而当社会生产力发展到较高的程度，人们普遍富裕的时候，人们更多地关心人口膨胀、老龄化、环境污染、性别歧视、恐怖主义等影响生存质量的社会问题。每一个时代，都有着特有的社会问题和主要的社会问题。

2. 形成社会问题的原因是复杂的

社会问题是一种复杂的社会现象。其一，它的起因常常是多种多样的，既有历史因素，又有现实的原因；既有宏观的因素，又有微观的因素；既有政治经济因素，又有文化心理因素。一个社会问题的产生，往往由多种不同的因素所导致，不同社会因素所导致的后果可能是相同的。例如，同样是贫困问题，有的国家主要原因是殖民主义、帝国主义的压迫和剥削，有的国家主要是恶劣的自然环境，有的国家主要是腐朽的政治制度，有的国家主要是落后的历史文化原因。其二，一个社会问题往往与别的社会问题相关联。社会问题的性质及影响，都会随着时间的推移和条件的变化而相互转化。一个社会问题的产生会促使另一个社会问题的出现。如贫困导致无法接受教育，低文化又使劳动者无法找到好的职业，经常处于失业的状态，这又可能引起家庭破裂或引起犯罪。在一定的条件下，社会问题会相互转化。有时，一个社会问题的解决，又会促使另一些问题的产生。例如，实行计划生育政策以控制人口增长是为了社会的长远利益，但又引起了人口老龄化、独生子女问题、性别比例失调、兵源短缺、人口素质逆淘汰等新的社会问题。一个社会问题的本身是"果"，亦可成为影响另一个社会问题的"因"。因此，社会问题有一"因"一"果"、一"因"多"果"、多"因"一"果"、多"因"多"果"的复杂局面。又如，都市急剧的发展，会使人口高度集中，这会引起住房紧张、交通拥挤、就业困难、犯罪上升，这些问题的发生是彼此关联、互为因果的。问题的关联性与复杂性是社会问题的一大特点。这就需要我们在进行社会问题研究时，从多视角来探求社会事实，在深入了解其复杂的相关联系的基础上，把握各个相关因素之间的联系。社会问题不仅在成因上具有复杂性，在时间上也有持续性。一个社会问题从酝酿、产生、发展到形成严重的后果，有一个生长周期，在时间上有一定的持久性。社会问题的产生具有自发性，它是各种主客观因素交汇的结果，而它一旦成为社会问题，表明形成社会问题的各种因素已积蓄了相当的能量，我们试图解决它要花费极大的力量。社会问题不可能因为人们的不能容忍而在一夜之间获得解决。

3. 不同的文化背景下对某些社会问题的界定是不同的

同样一种社会现象，在某种文化背景下被认为是社会问题，而在另一种文化背景下却并不一定被认为是社会问题，甚至态度大相径庭。例如，在某些国家由于宗教信仰和风俗习惯的缘故，允许存在一夫多妻的制度，而在大多数国家，这种现象是重婚，属于触犯法律的行为。在人口问题上，某些宗教国家并不把人口膨胀作为社会问题，认为节育、堕胎是犯罪，而在大多数国家则提倡计划生育和控制人口。同一社会问题在不同文化背景的社会里表现出很大的差异。在欧美国家中，独身者众多，由于社会成员重视个人的隐私权，对婚外性行为的容忍度较高，对个人私生活并不关注，认为独身是个人生活方式的一种选择，不把它视为社会问题，而在中国，人们对婚外性行为的容忍度较低，对大龄未婚者群体十分关注，把独身视为社会问题。在西方社会中，对性别的歧视和不平等问题较为重视，认为是始终未解决的重大社会问题，而在一些宗教国家和封建形态的国家中，将性别的不平等视为正常。因此，在研究社会问题时，必须了解某一社会的文化背景即该国的风俗、规范、道德、宗教、生活方式等。必须注意一个国家的历史演变及其社会结构与思想文化体系。因为社会问题与社会制度、社会结构、社会规范以及社会价值体系有密切的关系，研究社会问题不能忽视文化的差异性。社会问题是随时间、空间而变化并受到复杂的文化因素影响的。

二、对社会问题认识的相对性

社会问题的相对性是指随着时代的不同、生产力发展水平的不同、文化背景的不同和阶级的不同，人们在社会问题的性质认定上，会产生不同的认识、不同的态度、不同的处理方法。社会问题有其文化差异性、时代性和群体差异性，这是它产生的相对性。从比较社会学的角度来看，在不同的国家和地区，生产力发展水平、社会结构、文化背景的不同，导致人们不同的价值观念、道德标准、行为规范、宗教信仰、风俗习惯、思维方式、生活方式、行为方式，因而，不同国家和地区的社会公众对社会问题的认识和界定的标准呈现出很大的差异性。而本国、本地区的人们由于利益不同、社会地位不同，对社会问题的认识也是不同的，这些造成了对待社会问题认识的不一致性。这种不同表现在以下几个方面。

1. 时间差异性：人们评价社会问题的标准是变化的

人们对社会问题的认识有一个过程，对社会问题的认识总是在问题产生之后，而不可能在社会问题产生之前。人类的是非善恶观念本身也是随着时代的进步而发生变化的，人们评价社会问题的标准也随着时代的变化而变化。不同时代都会产生这个社会的主流价值观念、道德观念和信仰系统，会影响人们对客观社会状况的看法。人们对某些社会状况在一个时期是可以接受的，而在另一个时期人们又不可容忍了，社会状况变成了社会问题；反之亦然。关键在于人们主观上评价社会问题的标准变了。如在对待人口问题上，在传统的农业社会中，多子多孙是正面的价值观念，在中国传统主导文化中认同多子多福这一观念；在西方，《圣经》以多子多孙为训，几千年来的高生育率使社会得以生存，这一现象也为民俗礼仪所维系。对于维护传统观念的人来说，节育倒是一个社会问题，一些国家甚至围绕是否允许堕胎展开过全国范围的大讨论。但是，在今天的社会中，过多的人口造成了就业的压力、资源的紧张，人口膨胀成为当今人类社会最严重的社会问题之一，控制人口生育便成为一种新的观念。于是，传统的多子多福的观念与现代的节制人口的观念发生了冲突。可见，评价社会问题的标准具有典型的时代特点，往往是非常具体的，与当时人们的利益与观念密切相关。人们对社会问题的认识通常是被动的、有局限性的。

2. 国情差异性：不同文化背景下对社会问题的界定是有差别的

对社会问题有不同的看法，也是一种由空间不同而产生的差异性。文化背景不同，产生的社会问题和关注的社会问题都是不同的。这种文化的差异性，要求我们在研究同一种社会问题时，要注意它的文化背景。在研究中国的社会问题时，只能将其放在中国的文化背景中来研究，而不能简单地照搬欧美国家社会学者的研究结论来解释中国的社会问题。在不同社会制度的社会中，对社会问题的判断表现出较大的差异。如卖淫嫖娼、赌博等，在中国被视为有伤风化、妨碍社会治安、破坏道德风尚的社会问题，是法规明令禁止的；在有的国家中，却以"既不对财产也不对生命构成危害""没有受害者"为由，采取放任不管或有限控制的宽容态度。这种对社会问题评价的国情差异，受到社会意识形态和社会制度的直接影响。国情不同，对社会问题关注的重点也不同。在社会主义国家，对道德颓丧、人际关系的功利化、贫富的两极分化、腐败、犯罪等社会问题比较关注，因为社会主义国家更注重道德的作用，社会成员对非道德的社会问题具有更高的敏感度。而在资本主义国家中，人们更多地关心与个性的自由发展，与个人的利益、个人的健康相关的问题，他们更为关注的是艾滋病、精神疾患、妇女解放、种族歧视、吸毒贩毒、财富的不平等问题。国情差异性还表现在一个国家国情的变化上。社会制度决定了一个社会的意识形态，而作为意识形态核心的价值判断体系，会直接影响管理者集团和社会成员对社会问题的判断。同样是吸毒、卖淫问题，在旧中国，政府对这类社会问题的态度是暧昧的，制止是乏力的，致使这类问题泛滥成灾；而在新中国，政府的态度是非常明朗的，采取严厉禁止的措施。由于意识形态不同，人们对同一社会现象所感受的刺激，以及做出的反应也不尽相同，因而对同一社会问题所做出的价值判断有较大差异。

3. 群体差异性：不同社会群体在对社会问题的认定上是有所不同的

由于社会成员分别处于不同的社会群体（阶层、利益群体、职业群体等准群体），有不同的职业背景、经济利益和道德观念，于是这些分别属于不同利益群体的社会成员的行为方向就发生了分化，对社会价值的判断和意见也持不同的立场。社会问题的判断标准是基于利益群体的价值标准，而价值标准在复杂的社会生活中是多元的、有差异的，有时甚至是相互冲突的。对同一社会问题，各个社会阶层有不同的看法，有的认为是社会问题，有的认为不是，有的认为问题很严重，有的认为无关紧要，变成了一种有争议的问题。例如，对于当前我国社会中产生的腐败，有人认为已经成为影响政治稳定的严重社会问题，而有的人认为这是发展市场经济的"赎买金"和"润滑剂"，是社会发展必要的成本。这种认识的多元化现象，根本的原因还在于群体利益的差异。不同利益群体、不同阶层、不同阶级对同一社会问题的看法和判断带有鲜明的差异性。不同群体的社会心态和认识判断是不一致的，因而对社会问题的认识、评估和解释都蕴含有相当浓厚的主观成分。人们这种矛盾的认识会直接影响到能否把某一客观上不合理的社会现象当作社会问题处理，会直接影响到为改变这一社会现象所做的各种努力。当然，也有可能存在同一利益群体中因认识不同而对社会问题有不同的判断。社会集团的利益矛盾，使人们对社会问题的认识有时并非一致，即使最严重的社会问题，也常常因对某些集团或利益群体有着某些正面的功能而产生不同的看法，或者这种社会问题的形成正是某些集团的需要而推动的。

第三节
社会问题的类型与化解路径

一、社会问题的类型

对社会问题的分类主要是对社会问题认识的条理化，这便于根据不同的社会问题来认识其发生和发展变化的规律性，寻找其背后隐藏着的社会根源，以作为制定解决这些社会问题的对策的依据。类型化是我们日常生活中解释事物的基本方式。亚历山大认为，人们之所以常常采用类型化方式来解释世界是"因为他们充分期望每一个新的印象都将是他已经发展起来的对世界所作的理解的一个类型。这种类型化方式不仅仅是在传统的总体水平上起作用。即使当我们遭遇到某些新的和令人激动的事物时我们也期望这种新的特性和令人激动的特性是可以被理解的：它将被我们在我们已拥有的参考词汇范围之内所认识。我们无法将自己从我们的分类系统中剥离出来"①。尽管我们力图将遇到的所有事物都概括到我们已有的分析框架中去，但真实的事物各有不同，我们总会遇到一些用现有的分析系统无法涵盖的新事物及其新性质，这时我们需要创造一些新的范畴或类型来标示它们。类型分析是一个有效的分析工具，将研究对象化繁为简，清晰地把握事物的特征。我们应用这一方法，通过对不同类型的社会问题的分析，深入研究社会问题。

我国学者雷洪提出分类的标准必须有如下特征：① 目的性。能够体现基于一定认识内容和目的的分类角度，可以达到对社会问题现象的某种具体和深入的认识。② 操作性。依一定分类角度以操作化形成的、可以区分社会问题现象的一些概念及可行方法，而且能够进一步操作化为若干可测量的指标。③ 社会性。应是一种社会因素，并依此得以表现社会问题现象的社会特征及其与社会的关系。④ 清晰性。有确定的内涵或意义，由此可以准确区分和说明不同类型社会问题的某些特征。⑤ 对应性。可将社会问题现象区分为两种及以上特征类型。②

社会问题的主要分类形式有以下四种。

(1) 二分法。墨顿与尼斯贝特在1978年合编的《当代社会问题》中将社会问题分为两大类：① 偏差行为，包括犯罪、青少年犯罪、精神病、吸毒、自杀、娼妓；② 社会解组，包括世界人口危机、种族关系、家庭解组、社区解组、都市交通问题、灾难等。雷洪在《社会问题——社会学的一个中层理论》中，将社会问题分为：① 显性社会问题；② 隐性社会问题。

(2) 三分法。中国台湾学者杨国枢、叶启政在1984年主编的《台湾社会问题》一书中，将社会问题分为三大类：① 社会性的社会问题，如人口、贫穷、农村和都市发展、

---

① 杨善华主编：《当代西方社会学理论》，北京大学出版社，1999年版，第144页。
② 雷洪：《社会问题——社会学的一个中层理论》，社会科学文献出版社，1999年版，第60页。

环境污染与保护、消费者问题、山地社会问题；② 制度性的社会问题，如家庭与婚姻、老人与福利、升学主义下的教育问题、宗教问题、劳工问题、就业问题；③ 个人性的社会问题，如少年犯罪、成人犯罪、色情与娼妓、自杀现象与问题、心理或精神性疾病问题、药物泛用问题、医疗行为问题、休闲生活问题。

乔恩·谢泼德与哈文·沃斯于1978年所著的《美国社会问题》一书中的分类是：① 结构性社会问题之一，主要指不平等，如贫富两极分化、偏见和种族歧视、政治与权力、教育不平等；② 结构性社会问题之二，主要指变化着的价值观，如家庭危机、对工作的不满情绪、人口问题与都市化、环境危机等；③ 过失性社会问题，主要指犯罪与少年过失问题、酗酒和吸毒问题、性行为过失问题、精神问题等。

弗·斯卡皮蒂所著的《美国社会问题》一书中的分类是：① 社会无组织状态，如都市化、家庭、偏见与歧视、贫穷、人口、教育、保健等；② 异端行为，如精神错乱、麻醉品与酒精中毒、犯罪与审判、暴力、性行为等；③ 技术与社会变迁，如通信、工作、环境等。

理查·富勒和理查·麦尔兹在《价值冲突》一文中，把社会问题分为三个层次。① 第一层次是自然的问题（physical problem）。这是影响人们福利状况但不是价值判断造成的问题。一些自然灾难如地震、飓风、水灾、旱灾等，被看作非人力的，是一种人类无法控制的自然力量造成的，产生的原因是非文化或前文化的，有的人甚至不把它看作社会问题。② 第二层次是修正过的问题（ameliorative problem），这类问题就任何阶级而言都是令人讨厌的，然而人们对于应该订立何种计划来修正这种情况却没有一致的意见。修正过的问题，其本质是一种解决办法和行政改革。这是由于个人触犯了统治社区的民德，如抢劫、谋杀、强奸、小偷等。这类问题是令人无法忍受的。它是一种人为的情境。③ 第三层次的问题称之为道德的问题（moral problem）。不管任何时期，道德问题的情况对于整个社会都是绝对令人讨厌的。[①]

（3）四分法。奥杜姆在1947年所著的《了解社会》一书中，针对第二次世界大战后出现的各种社会病态现象，将社会问题分为：① 个人病态问题，如酗酒、自杀、个人解组、心理缺陷、精神病残疾等；② 社会病态问题，如离婚、遗弃、私生子、恶习、娼妓等；③ 经济病态问题，如贫穷、失业、分配不均、贫富悬殊等；④ 社会制度病态问题，如政治腐败、贫民、宗教中的病态等。

中国社会学家孙本文先生在《现代中国社会问题》一书中的分类是：① 家庭问题，如家庭组织、家庭解组、妇女职业、儿童教养、婚姻等；② 人口问题，如人口数量、分布、品质等；③ 农村问题，如农村经济、教育、卫生、组织等；④ 劳资问题，如工资、工时、童工、女工、失业、劳资争议、劳工福利等。

（4）五分法。兰迪士在1959年出版的《社会问题和世界》一书中的分类是：① 个人调适的失败，如过度社会中的人格、精神病的扩张及本质、精神错乱、自杀、酒精中毒及麻醉药品、性犯罪等；② 社会结构的缺憾，如边际人、种族、男女平等、卖淫、乞丐与奴隶、社会阶级与等级等；③ 个人对适应的失败，如越轨、犯罪的预防与纠正、成年人

---

① Fuller R C, Myers R R, "Some Aspects of a Theory of Social Problems", *in American Sociological Review*, 1941, 6, pp. 27-32.

犯罪、家庭在过渡期中、不完全的核心家庭、离婚与小家庭离散、离婚后的适应、个人主义社会的儿童训练、青年的危机、学校教育等；④ 政治与经济问题，如政治经济制度的趋势、劳工的生活与工作、人口品质与生殖率等；⑤ 社会政策与制度的失调，如自然资源的保存、工业社会的老人、战争与和平、卫生健康与长寿、社会福利、社会计划与政策的制定等。

有的学者还采用多分法对社会问题进行分类，将众多的社会问题分列成十几种甚至几十种。上述几种分类方法，主要根据社会问题产生的原因、社会问题的行为主体、社会问题的个体性或群体性、社会问题分布的领域、社会问题的性质等标准。就是说，社会问题划分的标准不同，我们可以对社会问题做出不同的区分。以上几种分类，都可以做参考，但是，由于各个国家、地区的社会制度不同，情况不同，社会、经济、政治发展程度不同，历史不同，文化不同，各国有着自身特有的社会问题，用一个统一的标准试图概括各个国家的社会问题是一件十分吃力不讨好的事情，也是不科学的做法。用统一的类型较难概述，这就要求我们换一种思路，对具有一般性的社会问题，即世界共同面临的社会问题划分的标准可以粗一些，而各国、地区具体存在的社会问题划分时可以细一些。本章依据社会问题的主要根源，将社会问题分为四大类。

第一类为结构性社会问题。这类社会问题主要不是个人的原因造成的，而是由某些制度性、政策性的因素引起的。这类社会问题是各个国家都会遇到的，具有普遍的意义。主要有发展中国家的人口膨胀与发达国家的人口递减问题，我国实行独生子女政策后产生的独生子女问题，我国计划体制下的平均主义问题以及市场社会中的贫富两极分化问题、失业问题、公务员腐败问题等。正是社会转型为这些社会问题的出现提供了某些客观条件。

第二类为变迁性社会问题。这类社会问题主要是社会发展中不可逾越的阶段性现象，尤其是发展中国家从农业社会向工业社会变迁过程中都会出现的一些伴生现象。这类社会问题往往在发展中国家比较普遍，与本国的政治、经济问题纽结在一起，主要有以城乡差别为主的二元社会结构问题、农村剩余劳动力问题、农民进城问题、环境污染问题、家庭解体问题。当社会生产力尚处于较低的发展水平时，人们主要关注的是战争、贫困、失业等社会问题；当社会生产力发展到一定程度时，人们关心的是贫富两极分化、教育不公平、家庭破裂、青少年犯罪等社会问题；而当社会生产力发展到较高的程度，人们普遍富裕的时候，人们更加关心人口膨胀、环境污染、性别歧视、恐怖主义等社会问题。每一个时代都会产生每一个时代特有的社会问题。

第三类为越轨性社会问题。这类社会问题在西方学者眼中属于个人行为偏差，其诱发的原因主要是个人因素。因为在同样的社会环境下，某些人走上越轨的道路主要是由个人的动机支配的。这类问题应该分为两个层次：一是一般性的越轨问题，如较为普遍的色情、卖淫嫖娼、赌博、吸毒、自杀、精神失常等；二是严重的越轨性社会问题，即社会犯罪，如青少年犯罪、黑社会性质犯罪等严重刑事犯罪。

第四类为矛盾性社会问题。社会转型中利益格局重新分化，由于利益分配的不公平，引发大量的经济矛盾，诸如征地矛盾、拆迁矛盾、所有制改革矛盾、环境矛盾、历史遗留矛盾等。这些矛盾产生了大批的利益受损群体，而这些矛盾长期不能解决，影响到了当事人的生活，影响到了社会秩序，这些经济矛盾逐渐转化为社会问题。

还有一种社会问题即属轻微的越轨行为，仅仅是偏离了某个具体的社会道德规范，在我国指背离社会主义道德规范的社会颓风。由于我国对精神文明建设具有较高的要求，社会成员对这一类问题的敏感度较高，比别的社会更加看重这类社会问题，例如，关系网与走后门、集体性坐视不救、损害公物等。从严格意义上讲这是道德层面的问题，但有的学者认为这也是社会问题。

对社会问题的分类只是为了认识和研究的方便，并不是说，这一类型的社会问题必定是按照本书所划分的主观标准发生的，只能属于结构性的或变迁性的。例如，腐败这一社会问题，既有社会结构性缺陷的因素，又有社会变迁性的因素，也有个人越轨性的因素，各个学者论述的角度不同，可以把它划分为不同的类型。

二、社会转型中的社会问题

由于社会问题纷繁复杂，也缺少统计数据，我们很难说清楚社会问题究竟有多少类型。我们试图用间接的关于对社会问题进行研究的学术论文，来说明学者对哪些社会问题更为关注。笔者指导南京大学社会学系2001届硕士研究生朱缨，统计整理了1980—2000年中国人民大学复印报刊资料《社会学》转载的有关"社会问题"这一主题的论文和索引的频数统计，并对此进行了排序。统计的社会问题类别如表19-1所示。

表 19-1　1980—2000 年社会问题类别　　　　　　　　　　　单位：篇

	共计	20世纪80年代	20世纪90年代	转载	索引	排列顺序
社会保障	529	54	475	67	462	1
老龄人口	503	120	383	54	449	2
犯罪	154	71	83	26	128	3
离婚	148	74	74	17	131	4
贫困	133	9	124	26	107	5
贫富分化	95	1	94	16	79	6
失业下岗	84	2	82	17	67	7
收入分配	56	5	51	4	52	8
毒品	56	1	55	13	43	9
社会治安	55	12	43	8	47	10
宗族	50	0	50	18	32	11
婚配难	49	40	9	5	44	12
腐败	40	3	37	4	36	13
残疾人	35	13	22	8	27	14
迷信	33	2	31	2	31	15

按照同一文献抽样对象与研究方法,南京大学社会学院 2014 届硕士屠飘萍的论文《本世纪以来社会问题研究状况》,对《社会学》中"社会问题"这一主题进行检索,2001—2013 年的统计结果如下:13 年中,《社会学》转载的文章共 1996 篇,其中有关"社会问题"这一研究主题的共 469 篇,占文章总数的 23.5%;索引文章总数为 18694 篇,其中有关"社会问题"这一研究主题的共 5113 篇,占文章总数的 27.4%。两者总计 5582 篇。从收集的资料来看,13 年间,学者对我国社会问题的研究涉及内容相当广泛,包括社会问题总论性文章,以及各类具体社会问题研究文章,如农民工问题,老龄人口问题,弱势群体问题,社区社工、非政府组织发展问题,贫富差距问题,贫困与反贫困问题,公平与正义问题,性别不平等问题,农村建设问题,农民问题,征地拆迁问题,失地农民问题,婚姻家庭问题,家庭暴力问题,留守儿童问题,流动儿童问题,流浪儿童问题,下岗与就业问题,社会排斥与社会冷漠问题,环境问题,卖淫嫖娼问题,媒体信息与公众困境,群体性事件问题,社会黑恶势力问题,毒品问题,住房问题,网络社会问题,非自愿性移民问题,未成年人犯罪问题,城中村棚户区治理问题,腐败及职务犯罪问题,食品安全与风险感知问题,社会心态与社会情绪偏差问题,医患医闹与医疗制度改革问题,流动职业乞丐治理问题,邪教与迷信问题,宗族势力问题,慈善事业信任危机及监督问题,社会拥堵问题,社会失范、越轨问题,社会治安问题,残障人员问题,校园暴力及青少年安全问题,自杀问题等,共 92 类具体社会问题。排序前 30 位的具体社会问题如表 19-2 所示。

表 19-2 21 世纪以来社会问题研究类别

文献目录文章问题分类	转载数量/篇	索引数量/篇	总计/篇	排列	占比/(%)
农民工新问题(福利、保障、健康、居住)	40	527	567	1	10.2
老龄人口问题	15	476	491	2	8.8
弱势群体问题	13	302	315	3	5.6
社区社工、非政府组织发展问题	11	294	305	4	5.5
贫困与反贫困问题	41	243	284	5	5.1
社会问题总论	45	222	267	6	4.8
公平与正义问题	24	217	241	7	4.3
农民问题	26	169	195	8	3.5
农村建设问题	38	141	179	9	3.2
信任问题	22	132	154	10	2.8
婚姻家庭问题	3	150	153	11	2.7
环境问题	22	117	139	12	2.5
贫富差距问题	17	114	131	13	2.3
非自愿性移民问题	10	100	110	14	2.0
下岗与就业问题	5	97	102	15	1.8

续表

文献目录文章问题分类	转载数量/篇	索引数量/篇	总计/篇	排列	占比/（%）
新生代农民工问题	3	87	90	16	1.6
网络社会问题	4	84	88	17	1.6
农民工旧问题（薪酬、歧视等）	4	77	81	18	1.5
社会失范、越轨问题	4	66	70	19	1.3
家庭暴力问题	2	68	70	19	1.3
群体性事件问题	9	60	69	21	1.2
艾滋病问题	13	56	69	21	1.2
失地农民问题	1	63	64	23	1.1
社会救助、福利、保障问题	6	57	63	24	1.1
留守儿童问题	2	57	59	25	1.1
流动儿童问题	2	57	59	25	1.1
性别不平等问题	3	55	58	27	1.0
利益分化与矛盾问题	0	56	56	28	1.0
未成年人犯罪问题	1	52	53	29	0.9
征地拆迁问题	6	43	49	30	0.9

进行比较分析，可以看出，我国学者对社会问题的研究较多集中在农民工、弱势群体、老龄人口、社会公正、"三农"、婚姻家庭、社区社工和非政府组织发展、未成年人、社会治安和秩序、社会诚信和信任、环境、劳动与就业、土地流转和非自愿性移民问题上。这些社会问题的研究与以往的社会问题研究视角既有交叉重叠，也有新视角的出现。21世纪以来对于社会问题的研究中既有传统研究领域的人口、婚姻家庭、越轨等问题，也有与20世纪八九十年代相同的因社会变迁而出现的下岗与就业、贫富差距拉大、社会保障、离婚率上升、吸毒等问题，还有21世纪以来我国社会新出现的婚姻挤压、网络暴力、环境、群体性事件、征地拆迁、失地农民、留守儿童、利益分化与矛盾等新问题，也有为解决社会问题而出现的社区、社工和非政府组织发展问题。而20世纪普遍关注的毒品、腐败及职务犯罪、宗族势力、邪教与迷信等问题在21世纪的研究相对较少。需要说明的是，学者们更多地关注较为突出的、显性的、社会影响大的、后果较为严重的社会问题，有些社会问题却较少关注。这种对社会问题的类型分析与真实发生的社会问题有一定的相关性，也具有明显的局限性。

三、解决社会问题的方针与路径

解决社会问题的过程是人们以主观意志改造客观世界的过程。只有当人的主观活动符合客观实际，人们提出的解决社会问题的方案、措施才是行之有效的。而有些对策，尽管设计的方案可能十分完美，但它可能蕴含着随意性、片面性，无法解决现实中的社会问题。为了保证解决社会问题的科学性和有效性,这就需要确立解决社会问题必须遵循的指导方针与主要路径。

(一) 解决社会问题的指导方针

1. 坚持国家、社会和群众力量相结合的方针

国家政权是解决社会问题的根本力量。国家通过社会管理的手段,为解决重大的社会问题提供物质保证和组织保证。要依靠政府的力量来解决面广量大的社会问题。例如贫困问题,没有政府的政策倾斜、资金注入、物质帮助、技术提供、移民措施、贫困线和保障制度的保护,要使成千上万的人脱贫是不可能的。但政府又不是解决社会问题的唯一力量,发动社会力量,调动各个方面的积极性,才能更加有效地解决脱贫问题。例如,动员机关、工厂、学校及各种社会组织,有钱出钱,有物出物,有力出力,有技术出技术,就能将社会资源汇集起来,形成合力,使贫困地区和贫困群体获得资金、物质、技术、人才各个方面的帮助。而广大人民群众也是解决社会问题的基本力量,社会主义社会在以公有制为主、其他所有制经济为辅的基础上建立起来的新型的人际关系,为人民群众相互帮助建立了平等的社会关系基础。对于许多社会问题,可以依靠群众互助、群众监督、群众自治、群众自我教育、群众自我管理等多种形式,来加以预防和解决。

2. 坚持物质帮助和精神鼓励相结合的方针

社会问题之所以产生,有的是由于物质条件不能满足人们的基本生活需要,有的则是因为人们的精神生活和思想状态不能适应社会环境,而这两方面又是不能截然分开的。因此,在解决社会问题时,一部分社会问题主要依靠物质帮助,但也需要适当的精神支持和思想教育。例如,对落后地区的贫困者,一方面要帮助他们解决生活困难,同时也要教育他们自力更生,开展生产自救,不要产生依赖思想。而有些社会问题的解决,主要依靠思想教育或心理调适。例如,对流浪乞讨者要解决不劳而获的思想与流浪的习气,辅之以解决实际的生活困难;对精神疾病、自杀者主要依靠心理疏导、心理治疗技术,而不是物质的帮助。不同的社会问题解决的基础不同,但大多数的社会问题往往需要两者结合,既要从物质上解决,又要从思想上、精神上解决。在解决社会问题中,物质帮助是基础,精神支持和思想教育是辅助手段,但能使物质帮助发挥更大的价值。在一定的条件下,针对一定的社会问题,物质帮助和思想教育的作用、功能会融合在一起,相辅相成,相互促进。

3. 坚持整体协调,综合治理的方针

很多社会问题是由多种因素造成的,有些社会问题的起因比较简单,但在其发展过程中,牵涉到许多方面。社会问题的解决,需要从全社会的发展目标、全社会的利益、全社会的功能来考虑解决,即需要统一协调,调动全社会的力量。社会问题的复杂性,决定了对社会问题要采取综合治理的办法予以解决。例如,面对我国1600多万精神病人重症者,既有治疗问题,又有安置问题,必须坚持综合治理的方针。就是在各级政府的统一领导下,医疗、公安、民政、社区等部门齐心协力,依靠社会的力量,家庭积极配合,从预

防、治疗、管理、安置等多方面采取有效的措施,来解决精神病人的问题,减轻精神病人的痛苦,解决全社会的精神病患者问题,维持和保障社会秩序的安定。

寻求解决社会问题的对策,主要是分析诸种消除和解决社会问题的社会条件,研究和说明消除或解决社会问题的一般社会原则,提出消除或解决社会问题的科学思路,动员解决社会问题的社会力量,研究和提供消除或解决社会问题可供选择的方案。解决社会问题应该遵循以下五个准则:社会规律性原则,指社会问题的解决必须符合和遵循社会的规律性;社会规范性原则,指社会问题的解决必须确定和遵循一定的社会规范;社会公众性原则,指社会问题的解决必须有利于维护和谋求社会公众的利益;社会效益性原则,指社会问题的解决必须谋求人们改造世界活动的最大或最高社会效益;社会进步性原则,指社会问题的解决必须以推动社会的发展和进步为根本目的。[1]

(二) 解决社会问题的主要路径

通常社会问题是涉及相当数量的社会成员和各个阶层的利益问题。而要解决社会问题,只有全社会的管理机构——政府能够胜任。许多政府部门的重要职能之一就是解决社会问题。例如,劳动与社会保障部门是解决失业问题的,民政部门是解决残疾人问题、贫困问题的,司法部门是解决越轨与犯罪问题的。当某个社会问题较为严重时,政府通常以主要的职能部门为纽带,协调相关部门,调动各种资源、力量来解决社会问题。

政府解决社会问题主要的方法之一是政策调控。宏观的政策,调节政府各个部门的管理行为,调动社会的力量,调动政府控制的人、财、物、信息等各种资源,创造有利于瓦解社会问题产生的条件,创造不利于社会问题发展的环境,将社会问题逐步地抑制下去。例如,为了解决贫困问题,党和政府制定了反贫困战略,调动各种社会力量支持贫困地区通过政策加快推进再就业工程,创造更多的劳动岗位,加快建设由财政、社会保险基金、企业共同负担失业人员的保险制度,使失业这一问题得到了缓解。再比如,大量农民工子女进入城市后无法得到义务教育,各地出台了各种解决这一问题的社会政策。

第二种常用的方法是法律规范调控。当某种社会问题经常地、重复地出现时,就要用一种制度化、程序化的方法来解决。解决社会问题是要花成本和代价的,例如大量的人、财、物等。为了节省时间、人力和物力,人们找到了通过法律规范来解决社会问题的途径。法律规范制定了处理某一类社会问题的原则,规定了什么行为不能做,做了以后要承担什么惩罚后果,处理时按什么程序进行。这样大大地提高了处理社会问题的效率。例如,对于社会犯罪问题,各个国家都制定了刑法,用于处理形形色色的犯罪。新的犯罪形式不断出现,例如网络犯罪是一种新的社会问题,这就需要制定新的法律法规来应对。

第三种方法是大众传播媒介的抨击。大众传播媒介本身并没有解决社会问题的能力,在信息社会中,大众传播媒介主要起着引起社会重视、调动社会舆论对社会问题形成社会压力的作用。当某个社会问题严重时,大众传播媒介的报道会引起全社会公众的关注,起

---

[1] 雷洪:《社会问题——社会学的一个中层理论》,社会科学文献出版社,1999年版,第109-119页。

到一种聚焦效应，社会的调节机制可以对此进行干预。例如，当失学儿童学习困难、假冒伪劣严重、网络色情危害青少年时，大众传播媒介的呼吁，都能起到一定的抑制作用。大众传播媒介对迅速抑制社会问题的扩散具有即时的作用。当然，根本上解决社会问题还需要政府出面。

第四种方法是社区基层力量的化解。社区是我国化解社会问题的具体操作层面的承担者。社区中的政府组织——街道办、乡镇政府、群体性自治组织——居委会、村委会，是落实政府政策、实施社会制度的具体单位。例如，社区基层政府组织与群众性自治组织调动本社区的人、财、物等资源，通过就业、扶贫、助残、矫治等各种解决社会问题的具体实施路径，将本社区中涉及社会问题影响的对象纳入帮助的范围。

第五种方法是专业机构的介入。社会工作机构是通过汲取社会资源来解决社会问题的一种新的力量。针对社会问题的专业性社会工作机构开始出现，针对综合性社会问题的社会工作机构也应运而生。如不良青少年的矫治机构、弱势群体的帮助机构、农民工的支持机构等专业性社会工作机构正在发育、壮大，成为解决社会问题的专业的力量。社会工作机构运用社会工作的专业化手段，发挥着越来越大的作用。由于社会问题危害了人们的生存环境，随着公民自主意识与参与意识的增强，公众的志愿服务意识也在增强，社会工作机构有了源源不断的人力资源，某些准社会工作机构（社会公益性团体）干预社会问题的力量也在不断增强。

任何一个社会只要在发展，就会产生社会结构本身的发展失调问题，就会产生经济基础与上层建筑的失衡现象，也会出现社会各个部分运行中的功能失调，导致某些社会问题的产生。以辩证法的发展的眼光来看，社会的发展总是在出现社会问题—解决社会问题—再出现社会问题—再解决社会问题这种曲折的、波浪式的形式中不断地前进。每当人们解决了社会中的一个大问题，表明人类在认识和能力上有了一个实在的进步，社会文明、社会制度就向前迈进一步，从某种意义上说，社会就是在不断地解决社会问题中发展和进步的。一个社会，有社会问题是正常的，没有社会问题则是不正常的，只是社会问题的类型、性质、种类不同，严重程度不同而已。

社会问题的存在是绝对的，既然社会问题客观存在，我们就没有理由也不可能去回避它，只能用冷静客观的态度去对待它、正视它。我们承认社会问题的存在，是为了研究它并寻找解决问题的对策，抑制社会问题的副作用和破坏力。认为只讲社会主义的优越性就能鼓舞人的信心，揭露和研究社会问题就是展示社会主义的阴暗面，会丧失党和政府的威信，会动摇人们社会主义信念的认识是极其狭隘的，这只是持有这种观点的人自己对社会主义的生命力缺乏信心、对人民不信任的表现。在如何对待社会问题上，可以反映出一个学者的科学素质和科学勇气。研究社会问题对于社会学是题中应有之义，对待社会问题无须讳疾忌医，而应将其视为社会制度完善的必然环节。

思考题

1. 什么是社会问题？
2. 社会问题如何界定？
3. 社会问题与社会热点的区别是什么？

4. 社会问题的类型有哪些？
5. 解决社会问题的路径有哪些？

推荐阅读

1. 何雪松：《社会问题导论：以转型为视角》，华东理工大学出版社，2007年版。
2. 雷洪：《社会问题——社会学的一个中层理论》，社会科学文献出版社，1999年版。
3. 乔恩·谢泼德、哈文·沃斯：《美国社会问题》，乔寿宁、刘云霞译，山西人民出版社，1987年版。
4. 朱力等：《现阶段我国社会矛盾演变趋势、特征及对策》，中国社会科学出版社，2018年版。

第二十章

社会工作

社会工作是适应近现代工业社会的需要发展起来的，它产生于西方发达国家，逐渐扩散到后发达国家。社会工作是一门应用性很强的助人专业，它以不同的方式融入社会生活体系，并成为特定社会结构中的有机组成部分。

第一节 社会工作与社会学

社会学和社会工作并不是作为一个独立的领域开始的，而是共同作为19世纪改革激进主义产生的社会科学总体推动力的一部分。19世纪末20世纪初，社会学和社会工作专业作为"舶来品"在同一时期被引入我国，两个学科自此结缘，相伴相随。从中国社会工作的百年发展历程来看，它始终蕴含着一种社会学传统。[①]

一、社会学对社会工作的贡献

社会学对于社会工作的帮助是不可估量的。依据詹姆斯·博萨德的看法，社会工作的目的有两种，一是协助个人、团体或阶级适应环境，二是寻求环境的适当改变，这两种目的的达成均有赖于社会学原理的协助。[②] 综合来看，社会学对社会工作的贡献体现在以下几个方面。

---

① 萧子扬、马恩泽：《与社会学结缘的中国社会工作——一个学科史的考察》，《社会工作》，2018年第5期。

② James B H S, "The Functions and Limits of Social Work as Viewed by a Sociologists", *in* Bernard L L, *The Field and Methods of Sociology*, Farrar & Rinehart, Inc., 1934, pp. 204-217.

(一) 为社会工作提供知识基础

社会学理论为社会工作提供知识基础,有助于社会工作者在现代社会复杂的组织环境中与服务对象一起工作,并应对各种不同的社会工作实务情境。[①]

首先,社会学帮助理解环境与团体对行为的影响,更多地意识到社会规范、价值、社会组织、行为模式和社会制度建立过程中的人际互动,作为社会工作研究人类实际问题的参考[②],以便更客观地了解所参与的社会互动的性质。

其次,作为社会工作知识最重要的基础组成部分,社会学理论在社会工作中被广泛应用。蒋旨昂在1946年指出,现代社会工作需要在社会学体系中,找出正确的社工理论基础,以协助社会工作者进行事前指导和事后验证。[③] 地位、权力、角色、权威、合法性、机构、组织、责任、权利、关系和分工等社会学理论对于理解社会如何运作至关重要。[④]

(二) 提供一种理解社会状况的分析框架

波琳·杨1929年指出,社会学对社会工作有两个重要贡献:第一,社会学可以提供精确的分析和诊断概念,有助于清晰地思考社会工作者所关注的社会状况;第二,社会学可以对某些社会状况和过程进行批判性的科学分析。[⑤] 社会学为社会工作者理解社会问题、分析个人及社会行为问题提供了一个有用的框架。[⑥] 社会学是社会工作的最佳准备,因为它将人作为一个被社会问题所包围的社会存在来进行研究[⑦],使社会工作者不局限于社会工作服务中的"此时此地"原则和偏好,较为广阔地认识各种社会潜能与条件。

(三) 有助于发展社会工作哲学

社会学通过发展社会工作哲学,将研究成果应用于实务过程,指导社会工作的具体实务过程。社会学家麦基弗区分了社会学的"科学"和社会工作的"艺术"。社会工作涉

[①] Brian H J, *Sociology and Social Work: Perspectives and Problems*, Pergamon Press Ltd., 1970.

[②] James B H S, "The Functions and Limits of Social Work as Viewed by a Sociologists", *in* Bernard L L, *The Field and Methods of Sociology*, Farrar & Rinehart, Inc., 1934, pp. 204-217.

[③] 参见蒋旨昂:《社会工作导论》,商务印书馆,1946年版,第75-80页。

[④] Lena Dominelli, *Sociology for Social Work*, Macmillan, 1997, p. 59.

[⑤] Pauline Y V, "Sociological Concepts as an Aid to Social Work Analyses", *in Social Forces*, 1929, 4, pp. 497-500.

[⑥] Brian H J, *Sociology and Social Work: Perspectives and Problems*, Pergamon Press Ltd., 1970, pp. 6-7. James B H S, "The Functions and Limits of Social Work as Viewed by a Sociologists", *in* Bernard L L, *The Field and Methods of Sociology*, Farrar & Rinehart, Inc., 1934, pp. 204-217.

[⑦] Weltha K M, "The Place of Sociology in Social Work Training", *in American Catholic Sociological Review*, 1941, 2, pp. 113-121.

具体运用价值观来指导这些目的，因此社会工作者一方面要有经验，另一方面要有自己的哲学。社会学作为"科学"好像站在世界以外，无动于衷，社会工作作为"艺术"则站在世界以内，希冀改变世界。[1] 正因如此，社会学可以帮助社会工作者形成和发展一种超越社会工作实务的哲学理念。[2]

二、社会工作对社会学的贡献

社会工作与社会学是相辅相成的，因此社会工作对于社会学也有诸多贡献。

（一）为社会学提供有价值的研究资料

伯吉斯1923年指出，社会工作对社会学的贡献，是在社会服务机构收集的资料中发现具有社会学研究价值的数据。社会机构与个人和家庭的实际案例工作过程为研究提供了机会，但社会学家对此认识甚少。[3] 社会工作为社会学提供的研究资料，可以协助社会学从实际社会中研究社会情境的类型，协助社会学研究社会团体生活的过程，协助社会学从实际社会情境中了解社会的人格与文化互相影响的过程。[4]

（二）试验社会学理论

社会工作者必须有社会学的训练，依据一些基本的社会学理论假设来界定和协助解决个人问题。任何社会工作过程都是一种对于社会学理论的试验过程。这种试验过程将社会经验系统化、原则化，帮助社会学验证社会状况，有助于研究社会和了解社会。[5]

（三）成为社会学研究的主题

社会工作的主题开始引起越来越多社会学家和其他社会科学家的兴趣，许多实务领域一直是社会学关注的主题，社会工作本身以及作为其基础的意识形态本身也成为社会学分析的主题。[6]

---

[1] Robert MacIver M，*The Contribution of Sociology to Social Work*，Columbia University Press，1931.

[2] James B H S，"The Functions and Limits of Social Work as Viewed by a Sociologists"，*in* Bernard L L，*The Field and Methods of Sociology*，Farrar & Rinehart，Inc.，1934，pp.204-217.

[3] Ernest B W，"The Interdependence of Sociology and Social Work"，*in The Journal of Social Forces*，1923，4，pp.366-370.

[4] Robert M M，*The Contribution of Sociology to Social Work*，Columbia University Press，1931.

[5] Robert M M，*The Contribution of Sociology to Social Work*，Columbia University Press，1931.

[6] Brian H J，*Sociology and Social Work：Perspectives and Problems*，Pergamon Press Ltd.，1970，pp.4-5.

三、社会工作属于应用社会学

社会学与社会工作的相互贡献印证了言心哲在1944年所说的：大体言之，社会工作似为社会学原理的直接应用，社会学与社会工作乃系一种学术两方面，所以社会工作家亦往往被称为应用的社会学家或社会工程师。① 长期以来，社会工作一直被认为是应用社会学。②

在我国社会工作和社会学发展历程中，社会工作也一直被界定为应用社会学。民国时期，教会大学社会工作专业一般依附于社会学系，但服务中国社会的实用主义立场使得社会工作人才培养在社会学系中格外受到重视。③ 李安宅在为蒋旨昂的《社会工作导论》撰写的序中指出，"任何科学都有纯理部分和实用部分。社会学亦不例外。实用社会学就是社会工作。"④ 雷洁琼在1948年指出，社会学要了解社会，社会工作根据社会学的理论，从事社会实际问题的解决，调适社会关系，因此亦可称为应用社会学。⑤

我国社会学学科恢复重建后的第一本教材《社会学概论》指出，社会工作是应用社会学的重要组成部分。要解决社会问题，预防它们的发生，以保持社会的安定和秩序，就需要进行大量的社会工作。⑥ 卢谋华⑦、吴桢⑧、蒋永康⑨、袁华音⑩、袁方⑪等著名社会学家和社会工作学者都认同这种观点并进行了深入分析。

王思斌对于社会工作被视为应用社会学的一部分，从社会工作发展的不同阶段进行了阐释。⑫ 社会工作发展初期，其培训和教学常被置于社会学之中，而被视为应用社会学的一部分，王思斌将这种认识描述为社会工作在社会学中的寄居和"依附"。随着社会工作的发展，它所借用的知识领域也不断扩大，对社会学知识依赖程度逐渐降低，这实际上是社会工作的游离。随着社会变迁和社会发展，社会工作的专业助人方法与技术发展迅速显著，这确定了社会工作的专业地位，而社会工作的相对独立，并不意味着社会工作与社会学的疏离，而是以一种新的方式与社会学保持着密切联系。

---

① 言心哲：《现代社会事业》，商务印书馆，1944年版，第21-22页。
② Maurice K J，"Sociology and Social Work：A Rretrospect"，*in Social Forces*，1928，6，pp.511-519.
③ 胡杰容：《动力与趋势：中国社会工作教育在教会大学的发轫与发展》，《社会工作》，2016年第4期。
④ 蒋旨昂：《社会工作导论》，商务印书馆，1946年版，第1页。
⑤ 雷洁琼：《社会工作与社会学》，《益世报（天津版）》，1948年10月14日，第6版。
⑥ 《社会学概论》编写组：《社会学概论（试讲本）》，天津人民出版社，1984年版，第335页。
⑦ 卢谋华：《社会工作：现代化建设需要的专业》，《社会工作》，1988年第1期。
⑧ 吴桢：《社会工作讲座第一讲 社会工作与社会学》，《中国民政》，1987年第3期。
⑨ 蒋永康、黄渭梁：《社会工作与优生》，《社会》，1990年第5期。
⑩ 袁华音：《社会工作的学科地位》，载李葆义、隋玉杰编：《社会工作》，民政部民政管理干部学院、社会福利与社会进步研究所情报资料中心，1991年，第213-214页。
⑪ 袁方：《中国社会工作教育及其面临的转变》，《中国社会工作》，1997年第1期。
⑫ 王思斌：《社会工作导论》，北京大学出版社，2011年版，第121-122页。

第二节
社会工作的发展维度

社会工作有四个发展维度：助人活动、专业、职业和制度。

一、社会工作是一项助人活动

（一）社会工作是科学的专业助人活动

自然助人和专业助人都是帮助人们解决有关社会功能问题的有效手段。自然助人是最基本的助人方式，基础是平等的相互关系，助人者很大程度上凭直觉和生活经验指导助人过程。专业助人不同于自然助人，它以专业方法关注服务对象的需要，要求以特别的知识、价值和技能指导助人活动。由于社会问题的复杂性，以及有效提供人类服务所需要的广博知识和技能非一般自然助人者所能具备，社会中产生了一些助人的职业，为有需要的人提供更为复杂的服务。[1] 王思斌认为，"社会工作是以利他主义为指导，以科学的知识为基础，运用科学的方法进行的助人服务活动"[2]。这个定义指出了社会工作的本质是科学的助人服务活动，以服务对象的需要为中心，并以科学的助人技巧为手段，以达到助人的有效性。

（二）社会工作是注重社会性的助人活动

社会工作作为助人活动，常常需要深刻思考一个关键问题：社会工作帮助谁？是大多数社会成员，还是少数最有需要的脆弱人群？如果社会工作为了多数人（全体社会成员），则应当面向全体社会成员提供早期的干预，防止问题出现或恶化。其背后的逻辑是，如果社会问题被最小化并得到及时处理，每个人都能从一个有序的社会中获益。如果社会工作为了少数人，社会工作就应当关注社会中最弱势的群体。其背后的理据是将社会工作视为一种控制可能产生问题的人群的"软手段"。一旦这些人得到控制，社会上的其他人就能过上安全可靠的生活。[3] 这个问题在不同时期不同地区有着不同的答案，无论是哪种答案，实际上都涉及社会工作这一助人活动的"社会性"本质，即社会工作对社会的影响。社会工作关注的主要是个体与群体社会功能的发挥，而其他专业助人活动往往关注问题本身。

---

[1] Armando M T, Bradford S W, *Social Work: A Profession of Many Faces*, 10th ed, Pearson Education Inc., 2004, pp.27-28.

[2] 王思斌：《社会工作导论》，北京大学出版社，2011年版，第5页。

[3] Jonathan Dickens, *Social Work and Social Policy: An Introduction*, 2nd ed, Routledge, 2016, p.8.

社会工作中的社会性通过社会问题个人化、标准化以及对证据为本的实务的需求等过程被淡化,"社会"似乎变得不那么重要,而只是忙于为个人"工作",这是一个普遍关注的问题。① 社会工作不能只着重改变个人的目标,而忽略了其社会目标,它必须社会性地回应社会问题与社会需求。② 社会工作理应包含以下六项"社会"含义:社会关怀及意识;主要服务对象为社会的弱势群体;社会环境的影响;社会建构个人问题;社会改变;社会正义。③

二、社会工作是一门专业

社会工作是科学的助人活动,科学的、专业的助人方法是社会工作不可缺少的要素,也是社会工作知识体系中最主要的组成部分。社会工作是否是一门专业?弗莱克斯纳在1915年曾经提出关于专业的六个衡量和检验的标准,认为社会工作还没有完全达到专业的标准。④ 1957年,格林伍德又提出了专业的五个属性:系统化的理论;专业权威;社会认可;道德规范或伦理守则;专业文化。⑤ 基于这五个属性,格林伍德指出社会工作早已经是一门专业了。之后有很多学者对于社会工作的专业化有着进一步阐述。学者们有一个共识,在所有的专业属性之中,社会工作的利他主义的专业精神是最重要的⑥,它是社会工作专业的公众形象的源泉⑦。

(一) 社会工作教育的专业化发展历程

世界各国的社会工作专业化的发展历程都经历过从慈善人士的爱心奉献、志愿者的贡献到有职位的社会工作者的阶段。在这个过程中,各大学提供的社会工作训练和人才培养对于社会工作专业化起到了非常重要的作用。就中国社会工作专业化发展历程来看,社会

---

① Jorid Krane Hanssen, Gunn Strand Hutchinson, Rolv Lyngstad, Johans Tveit Sandvin, "What Happens to the Social in Social Work?", in *Nordic Social Work Research*, 2015, 5, pp. 115-126.

② 徐选国:《从社会学的想象力到社会工作的想象力——社会工作学的逻辑起点初探》,《华东理工大学学报(社会科学版)》,2017年第6期。

③ 甘炳光:《社会工作的"社会"涵义——重拾社会工作中的社会本质》,《The Hong Kong Journal of Social Work》,2010年第1期。

④ Abraham Flexner, "Is Social Work a Profession?", in National Conference of Charities and Corrections, *Proceedings of the National Conference of Charities and Correction at the Forty-second Annual Session Held in Baltimore*, Maryland, May 12-19, 1915, Hildmann, 1915, pp. 576-590.

⑤ Ernest Greenwood, "Attributes of a Profession", *Social Work*, 1957, 2, pp. 45-55.

⑥ Abraham Flexner, "Is Social Work a Profession?", in National Conference of Charities and Corrections, *Proceedings of the National Conference of Charities and Correction at the Forty-second Annual Session Held in Baltimore*, Maryland, May 12—19, 1915, Hildmann, 1915, pp. 576-590.

⑦ Andrew Abbott, "Boundaries of Social Work or Social Work of Boundaries? Social Service Review Lecture", in *Social Service Review*, 1995, 69, pp. 545-562.

工作专业化是中国社会转型的必然产物。①

1922年，燕京大学社会学系创立，1925年改称社会学及社会服务学系，开设个案工作、团体工作、社会行政、精神健康社会工作、社会福利等课程，培养了我国第一代社会工作者，我国的专业社会工作教育正式开始。之后，复旦大学、之江大学、南京金陵女子学院、齐鲁大学、福建协和大学、清华大学、辅仁大学等高校也相继开办了社会工作专业教育或课程。各大学不仅注重社会学及社会工作的教学、实验、研究工作，同时还设立社会工作训练班，以培训各地的社会工作者，培养了一批社会工作人才。1952年，我国高等院校进行院系调整，取消了社会学，与社会学密切联系的社会工作专业也遭受了同样的命运，使得这两门学科远远落后于国际社会的同类学科水平。②

1979年，社会学得到了恢复和重建，北京大学、南开大学、中山大学、上海大学、山东大学、人民大学先后设立了社会学系。作为应用社会学重要部分的社会工作也逐渐恢复起来。社会工作专业教育的重启与社会学界的努力倡导、民政系统重建民政教育体系两股力量紧密相关，大体可以分为1979—1990年、1991—2005年、2006年至今三个阶段。

改革开放以后恢复和发展社会工作教育的第一个呼声来自雷洁琼1980年在第一期社会学讲习班上的讲话《有关社会学的几点意见》。③ 由费孝通指导、主持和组织编写的我国恢复重建社会学以来的第一本教材《社会学概论（试讲本）》（1984年出版）中，"社会工作"独立成章，开了中国恢复社会工作教育的先河。1987年9月，民政部在北京对外经济交流中心大厦召开社会工作教育发展论证会，这次会议论证了专业社会工作对中国社会福利事业改革与发展的必要性，确认了社会工作专业的学科地位，让民政部门和社会学界衔接④，为中国社会工作发展做了政策和组织的准备，因而被视为专业社会工作恢复重建的标志性事件之一。⑤ 1988年2月，国家教委正式通知北京大学、中国人民大学、吉林大学三所学校可以开办社会工作本科专业⑥，这也标志着社会工作教育在我国的全面恢复和重新启动。⑦

1993年，中国青年政治学院建立内地第一个社会工作与管理系，其后多所院校相继设置了社会工作专业。1998年，教育部重新颁布《普通高等院校本科专业目录》，将社会工作专业从"控制发展"专业调整为"非控制发展"专业。1999年，国务院批转了教育部《面向21世纪教育振兴行动计划》，迎来了高等学校的持续扩招和社会工作专业教育的快速发展。从2000年开始全国新增社会工作本科专业的规模连续大幅度增长，截至2020

---

① 参见戚学森、许启大：《序言》，载卢谋华：《社会工作的理论与实践》，中国社会出版社，2007年版，第1-3页。

② 袁方：《中国社会工作教育及其面临的转变》，《中国社会工作》，1997年第1期。

③ 王青山：《雷洁琼与中国社会工作——为庆贺雷老99岁华诞而作》，《社会工作》，2004年第9期。

④ 彭秀良、刘振：《苏驼与中国社会工作恢复重建》，《中国社会工作》，2019年第16期。

⑤ 彭秀良：《三十年后再出发——纪念马甸会议召开三十周年》，《中国社会工作》，2017年第31期。

⑥ 颜小钗：《社会工作主题宣传周主题活动——人物专访 王思斌：我与社会工作这30年》，https://mp.weixin.qq.com/s/mJ7ds-SvJUvquetaXV05hg，访问时间：2020年3月15日。

⑦ 闵兢等：《我国社会工作教育的历史轨迹与范式转向》，《社会建设》，2019年第5期。

年全国共有社会工作本科专业点347个,截至2018年,全国有82所高职、高专学校招收社会工作专科专业学生。

2000年,香港理工大学与北京大学联合开办了全国第一个专业社会工作硕士课程(MSW),培养了一批对发展中国社会工作有承担的领军人才,并借此建立适合中国国情的本土化社会工作理论及实践模式。2001年,香港大学和复旦大学合作,开设了社会工作及社会服务与管理两门硕士课程,这也是第一个在教育部注册的由中国内地以外的机构实施的社会工作培训项目。2009年12月,成立全国社会工作硕士专业学位教育指导委员会,国务院学位委员会批准北京大学等33所高校获得社会工作硕士专业学位教育授权。截至2021年,有社会工作硕士(MSW)授予权的学校182家,20多所高校开展了社会工作博士点教育,社会工作专业人才突破120万人。

(二)"教育先行"的社会工作专业实务发展模式

我国社会工作的专业实务发展有其特殊性,经历了引入到消失再到重新引入的过程,在这个过程中,行政性非专业社会工作实务有其时代性的历史贡献,在"教育先行"的实际运作模式中努力推动专业知识与本土实务的融合与发展,表现为行政性社会工作与专业性社会工作的交叉与交织。

20世纪20年代开始,北京协和医院、南京鼓楼医院、上海仁济医院等一批医院设立了"社会服务部",引进专业社会工作者,开展医疗救助、家庭随访和各类社会服务。民国时期的中国社会迫切需要引入和发展社会工作以应对各种现实的社会问题,因而发展了多种实务类型,其中比较成熟的有城市社区工作、医务社会工作、农村社会工作、企业社会工作、儿童社会工作、军人社会工作、边疆社会工作等。民国时期的社会工作更多的是开展贫困救济,主要是满足一种低层次的"生存性需要"。[①] 这一时期社会工作还比较零散,制度保障缺乏,作用也有限。

新中国成立后,社会工作教育和科研一度被中断。由于社会问题和社会服务需求还大量存在,社会工作实践一直没有中断,在单位管理体制下主要依靠各单位自行解决。单位体制外人员的社会福利、社会救助服务主要由民政部门和工青妇等人民团体承担。这一时期我国主要靠救济制度和单位体制下的服务来解决困难群体的基本生活问题,王思斌称之为"行政性非专业社会工作"[②],一方面是从现实合理性的角度承认行政性社会服务的实际功能,另一方面从功能必要性的角度也要承认专业社会工作在各个时期缺乏培育发展的环境和土壤[③]。

社会工作专业教育恢复重建后,政府和学界共同推动下的"教育先行"模式逐步成型,高等教育先发展,引入西方先进的社会工作理念和知识体系,做人才培养的铺垫工作,同时推动政府职能转变下新的社会福利和社会服务供给体系的改革。所谓"先行",

---

① 刘振、徐永祥:《历史分期与理想类型:中国社会工作百年兴衰的历史考察》,《学术界》,2019年第5期。
② 王思斌:《走向我国社会工作的高质量进阶式发展》,《社会工作与管理》,2019年第5期。
③ 刘振、徐永祥:《历史分期与理想类型:中国社会工作百年兴衰的历史考察》,《学术界》,2019年第5期。

一方面在于专业知识方面致力于国际化接轨和本土经验提炼,以引导示范社会工作实务的发展。但是社会工作实务的发展受到长期以来社会工作岗位供应不足、社会福利政策制度脱节以及社会服务市场欠缺的影响,相对于教育的先行,凸显出实务的滞后了。尤其是在1991—2005年,社会工作教育进入了快速发展时期,但当时社会工作的影响主要局限于学界和民政系统,专业社会工作机构及实践场域近乎"一片空白",社会工作实务领域相对滞后,只是以"教育先行"的形式实现了专业化转型,并没有呈现出社会工作应有的社会属性。[①]

2006年10月11日,中央十六届六中全会发表了《关于构建社会主义和谐社会若干重大问题的决定》,决定"建设宏大的社会工作人才队伍"以促进我国的和谐社会建设,社会工作正式纳入国家政策范围。这就将加强社会工作人才队伍建设上升到了党的战略部署的高度。除了政府的持续推动之外,此时中国社会工作实务的发展还出现了另一个不同于境外的特点——高校教师领办社会工作机构。社会工作服务领域不再局限于行政性社会工作的领域,专业社会工作机构开始产生,专业社会工作实践场域在不断拓展,专业化、职业化的社会工作逐渐被国家和社会所了解和接受。此时的社会工作已经完全进入了开展"发展性福利活动"的新阶段,在"质"的层面得到了快速发展和全面提升。[②] 这一时期的社会工作发展中的"教育先行",使社会工作教育深度参与社会工作实务过程,某种程度上呼应了专业教育引领示范专业实务的社会需求,促进了社会工作服务体制的形成,社会工作的专业价值、专业形象与专业成效得到了社会的认可与支持,专业地位初步确立。

三、社会工作是一份职业

社会工作的职业化不是来自社会工作者群体的自我认知,而是来自社会承认,即来自它在社会服务方面不可替代的贡献。为此,社会工作要证明自己的独特能力和作用,在此过程中占据某类工作岗位,并通过制定专业规范形成一种职业。[③]

(一) 社会工作者职业水平评价体系

从2001年开始,我国民政部就积极与人事部联系,探索建立社工职业资格制度。2003年,上海率先进行社会工作者职业资格认证制度,产生了内地首批经过注册的职业社会工作者。2004年,劳动和社会保障部颁布《社会工作者国家职业标准》,并在上海试点,为2006年全国社会工作者职业水平评价制度的建立提供了前期探索的借鉴。

2006年,人事部、民政部联合发布《社会工作者职业水平评价暂行规定》《助理社会工作师、社会工作师职业水平考试实施办法》。之后陆续颁布了《社会工作者职业水平证书登记管理办法》《社会工作者继续教育办法》等专项政策,初步形成了初、中、高级相

---

① 刘振、徐永祥:《历史分期与理想类型:中国社会工作百年兴衰的历史考察》,《学术界》,2019年第5期。
② 刘振、徐永祥:《历史分期与理想类型:中国社会工作百年兴衰的历史考察》,《学术界》,2019年第5期。
③ 王思斌:《社会工作导论》,北京大学出版社,2011年版,第283页。

衔接的系统化的职业水平评价与管理政策。2008年开通了助理社会工作师、社会工作师职业水平考试工作。2008年6月，民政部举办首次全国社会工作者职业水平考试。截至2020年底，全国持证社会工作者共计66.9万人，其中社会工作师16.1万人。

2018年3月，人力资源和社会保障部、民政部联合印发了《高级社会工作师评价办法》，实行考试和评审相结合的评价制度，申报人参加考试合格并通过评审，方可取得高级社会工作师资格。2019年11月16日，全国高级社会工作师职业水平考试首次开考，全国共有6702人报名考试。2021年1月6日，评审工作全面启动。2021年7月完成高级社会工作师首次评审工作，全国共产生120名高级社会工作师。

（二）社会工作专业岗位开发与人才激励保障

2003年，我国内地首家专业社会工作机构——乐群社工服务社在上海成立。其后，浦东又陆续在学校、医院和街道、社区设立社工站。2008年和2009年，民政部先后出台了《关于民政事业单位岗位设置管理的指导意见》和《关于促进民办社会工作服务机构发展的通知》，把社会工作岗位确定为民政事业单位主体专业技术岗位，鼓励和扶持民办社会工作服务机构发展。2012年3月，中央财政首次安排2亿元专项资金支持社会组织参与社会服务，将社会工作服务示范项目纳入重点支持范围。2012年11月，民政部、财政部出台《关于政府购买社会工作服务的指导意见》，首次对政府购买社会工作服务进行顶层制度设计。2014年4月，民政部印发《关于进一步加快推进民办社会工作服务机构发展的意见》，明确民办社会工作服务机构扶持发展和规范管理政策措施。2016年10月，民政部联合人力资源和社会保障部、财政部等部门发布《关于加强社会工作专业岗位开发与人才激励保障的意见》，为拓展社会工作专业人才就业空间、开发和规范社会工作岗位设置提供了依据。2021年8月23日，国务院印发《"十四五"就业促进规划》，在扩大服务业就业部分，提出稳定开发社会工作服务岗位。

截至2019年底，我国有一支157.3万人的社会工作专业人才队伍，广泛分布在由相关事业单位、城乡社区、群团组织开发的44万多个专业岗位、6.4万个社工服务站点上，活跃在1.3万余家社会工作服务机构、1100多家社会工作行业组织中。2020年10月，民政部全面推进乡镇（街道）社会工作站建设，《"十四五"民政事业发展规划》提出了"推动乡镇（街道）社工站全覆盖"的明确目标。截至2021年7月，全国已建成6000多个乡镇（街道）社工站。①

（三）社会工作职业道德伦理规范

我国的社会工作伦理守则，最早的版本是由中国社会工作者协会于1994年制定的《中国社会工作者守则》，由于制定年代较早，且当时鲜有专业社会工作的岗位，故该守则更多的是表达方向的引领，内容非常空洞和抽象，不具体且缺乏操作性，无法具体指导后

---

① 许娓、颜小钗、闫薇：《社会"善治"，让公益之路走得更远》，《中国社会报》，2021年7月12日，第1版。

来的实际工作。① 我国社会工作伦理守则的第二个版本，即现在的版本，是《社会工作者职业道德指引》，该版本于2012年12月28日由民政部发布，旨在推动社会工作者职业道德建设，保证社会工作者正确履行专业社会工作服务职责。该指引以文件形式颁布，虽有一定的政策性，在推动社会工作者职业道德建设方面发挥了巨大的功效，但内容较抽象，在专业价值特征、伦理标准和结构方面仍存在不足，对当下的社会工作伦理情境难以有实际的指导作用，约束性较弱。② 由于全国社会工作发展状况不一，《社会工作者职业道德指引》意在起引领作用，将伦理守则的完善留给了各地的社会工作专业团体。③

自2004年起，一些地方社会工作者协会制定了地方性的伦理守则和职业标准，例如2004年的《上海市注册社会工作者守则（试行）》、2012年的上海市《杨浦区社会工作者职业道德伦理守则》、2015年的《北京社会工作者职业道德守则》、2020年的《深圳市社会工作伦理指南》，这些地方性标准为全国性伦理守则的完善提供了参考。

四、社会工作是一种制度

社会工作被纳入现代社会的制度系统中，成为社会福利体系的传输渠道，成为整个社会福利体系不可缺少的重要组成部分，是贯彻政府的福利政策、确保现代社会和谐稳定的不可或缺的重要制度。社会工作制度的功能除了帮助个人需要得到满足之外，也帮助他们适应并利用其他的社会制度。④ 我国的社会工作制度日趋完善，形成了国家法律、宏观政策、专项政策、领域政策、行业标准共同支持社会工作发展的制度框架。⑤

（一）层次性的社会工作制度

层次性的社会工作制度包括全国性的和地方性的，全国性的社会工作制度体现一种顶层设计的功能，地方性的社会工作制度体现一种示范引领的功能。

社会工作作为一种制度性安排，其发展与顶层制度设计密切相关⑥，二者的契合度决定了社会工作的未来发展方向。我国进行社会工作制度顶层设计时，一个重要考量是通过

---

① 沈黎、吕静淑：《华人社会工作伦理守则的比较研究》，《华东理工大学学报（社会科学版）》，2014年第3期。易松国：《中国需要什么样的社会工作伦理规范》，《中国社会工作》，2017年第16期。

② 沈黎、吕静淑：《华人社会工作伦理守则的比较研究》，《华东理工大学学报（社会科学版）》，2014年第3期。

③ 易松国：《中国需要什么样的社会工作伦理规范》，《中国社会工作》，2017年第16期。

④ Helen Leland Witmer, *Social Work: An Analysis of a Social Institution*, Farrar & Rinehart, Inc., 1942, pp. 486-490.

⑤ 许娓、颜小钗、闫薇：《社会"善治"，让公益之路走得更远》，《中国社会报》，2021年7月12日，第1版。

⑥ 叶士华、马贵侠：《顶层制度设计与本土社会工作发展：反思与前瞻》，《华东理工大学学报（社会科学版）》，2013年第5期。

发展专业社会工作来应对社会问题、推动社会管理和促进社会稳定等。[①] 2006年至2021年8月，国务院发布的提及社会工作的文件有52份。

2006年10月，中共十六届六中全会在《中共中央关于构建社会主义和谐社会若干重大问题的决定》中提出了"建设宏大的社会工作人才队伍"的战略部署。这是中国社会工作发展史上的重要转折。2010年4月，中共中央、国务院印发《国家中长期人才发展规划纲要（2010—2020年）》，将社会工作人才作为与党政人才、企业经营管理人才、专业技术人才、高技能人才、农村实用人才并列的六类主体人才之一，纳入党和国家人才发展大局。2011年9月，中组部、中央政法委、民政部等18个部门和组织联合出台《关于加强社会工作专业人才队伍建设的意见》，对社会工作专业人才队伍建设进行顶层制度设计，成为指导今后一个时期我国社会工作专业人才队伍建设的总纲。2012年3月，中组部、中央政法委、民政部等19个部委和群团组织联合发布《社会工作专业人才队伍建设中长期规划（2011—2020年）》。这是我国首个关于社会工作专业人才队伍建设的中长期规划，明确了到2020年我国社会工作专业人才队伍建设的目标任务与推进举措。2016年的《中华人民共和国国民经济和社会发展第十三个五年规划纲要》和2021年3月发布的《中华人民共和国国民经济和社会发展第十四个五年规划和2035年远景目标纲要》对"十三五"时期和"十四五"时期的社会工作发展从顶层设计上提出了总体要求。

自从2015年"社会工作"首次被写入政府工作报告以来，连续4年被写入政府工作报告，从2015年的"发展专业社会工作"到2016年的"支持专业社会工作"，再到2017与2018年的"促进专业社会工作"，分别描述着社会工作不同时期的演变，也勾勒出社会工作事业发展的美好蓝图。之后，2019—2020年，"社会工作"一词在政府工作报告中未再出现。2021年政府工作报告又提出"大力发展社会工作"。

社会工作没有国家法律的保证，就没有达到制度化的要求。[②] 2014年2月，国务院颁布《社会救助暂行办法》，首次将社会工作纳入国家行政法规，该法规于2019年修订。截至2021年8月，社会工作被写入的国家层面的法律有：2015年12月通过的《中华人民共和国反家庭暴力法》；2019年12月通过的《中华人民共和国社区矫正法》；2021年6月1日起正式施行的新修订的《中华人民共和国未成年人保护法》和《中华人民共和国预防未成年人犯罪法》；2021年4月通过的《中华人民共和国乡村振兴促进法》。

在社会工作发展较早、较为发达的地区出台了一些地方性法规，例如2007年深圳市委、市政府推出标志性的加强社会工作人才队伍建设"1+7"文件，2018年实施的《广州市社会工作服务条例》，2020年实施的《深圳市关于提升社会工作服务水平的若干措施》，2021年实施的《南京市社会治理促进条例》等，对于全国性社会工作制度建设有一定借鉴和推动作用。

（二）领域性的社会工作制度

社会工作行业标准可以指导不同领域社会工作的发展。2013年11月，全国社会工作

[①] 柳拯、黄胜伟、刘东升：《中国社会工作本土化发展现状与前景》，《广东工业大学学报（社会科学版）》，2012年第4期。

[②] 吴桢：《社会工作讲座第七讲 社会工作的预测与展望》，《中国民政》，1987年第11期。

标准化委员会成立,这是我国第一个社会工作领域标准化技术委员会。自此之后截至 2021 年,我国出台了近 70 项社会工作行业标准,其中 10 项国家行业标准:《儿童社会工作服务指南》《社会工作服务项目绩效评估指南》(2014 年);《老年社会工作服务指南》《社区社会工作服务指南》(2016 年);《社会工作方法·个案工作》《社会工作方法·小组工作》(2017 年);《青少年社会工作服务指南》(2019 年);《社会工作督导指南》《儿童福利机构社会工作服务规范》《养老机构社会工作服务规范》(2021 年)。

我国出台了不少不同服务领域的社会工作制度,例如农村社会工作、社区社会工作、青少年社会工作、反贫困社会工作、医务社会工作、司法矫正社会工作、儿童保护社会工作、公共卫生社会工作、灾害社会工作等,以利于拓展我国社会工作服务范围和提升社会工作服务质量。

第三节 社会工作的一些议题

当前社会工作面临的挑战很多,以下是一些相对较为关键的议题:关于全球与本土的讨论;实务与研究的不同取向;科学与学科的发展。

一、全球与本土

社会工作既是全球的,也是本土的。社会工作的全球性促进国际社会工作界积极对话,同时对国家间的差异表现出更大的接受度,有效地应对全球化趋势。[1] 社会工作本土化具有重要的全球意义。社会工作本土化不只是简单的社会工作知识体系的本土适用,而是通过提炼本土实践经验,将地方性知识转化为全球性知识并进行传播扩散,丰富全球社会工作实务模式和理论体系。基于社会工作的全球性和本土性的特质,社会工作是全球社会工作者们共同改进社会工作实践、教育和研究的文明成果。

(一) 社会工作的全球化

1994 年,时任国际社会工作者联合会主席的瑞典社会工作者埃利斯·恩瓦尔率先提出社会工作的全球定义,主张社会工作必须根据全球化重新定义社会工作实务的决定因素、价值观和知识基础。[2] 国际社会工作者联合会和国际社会工作教育联盟分别于 2000 年和 2010 年提出和更新了一版社会工作的全球定义。2014 年 7 月于墨尔本召开的世界社会工作联合大会重新定义了社会工作的全球定义:社会工作是以实践为基础的职业,是促

---

[1] Joe L C B, "An International Definition of Social Work for China", *in International Journal of Social Welfare*, 2007, 16, pp. 391-397.

[2] Isadora Hare, "Defining Social Work for the 21st Century: The International Federation of Social Workers' Revised Definition of Social Work", *in International Social Work*, 2004, 47, pp. 407-424.

进社会改变和发展、提高社会凝聚力、赋权并解放人类的一门学科。社会工作的核心准则是追求社会正义、人权、集体责任和尊重多样性。社会工作使人们致力于解决生活的挑战，提升生活的幸福感。[①]

《社会工作与社会发展全球议程》由三个全球专业组织制定——国际社会工作教育联盟、国际社会福利理事会和国际社会工作者联合会，2010年启动，旨在加强社会工作和社会发展的国际形象，为社会工作和社会发展从业人员以及社会工作和社会发展教育工作者提供一个独特的机会，使他们能够团结、促进、表达、阐明、商定社会、经济、政治和环境领域的优先事项，能够为政策制定做出更大贡献。2012年发布的《社会工作和社会发展全球议程》提出四个目标：促进社会和经济平等、促进人民的尊严和价值、促进社区与环境可持继性、促进人际关系的重要性。世界社会工作日分别于2012—2014年、2015—2016年、2017—2018年、2019—2020年完成了上述四个目标。世界社会工作日的成功是全球社会工作者团结合作的体现。

2020年10月1日，三个全球专业组织举办了三方会议并讨论通过了《2020—2030年社会工作与社会发展全球议程》的总体框架与2020—2022年的第一个主题。2020—2030年的总体框架是"共建具有包容性的社会转型"，认识到在世界范围内进行重大变革的必要性与进行新型社会建构的愿景，并将社会工作促进社会发展和社会团结作为优先选择的议题。2020—2022年的第一个主题为该框架奠定了基础："仁爱（Ubuntu），我因我们而存在"。这一主题认识到了所有人的生活和未来是交织在一起的，我们的命运也是连在一起的。

（二）社会工作的本土化

自从西方的社会工作通过教会组织、教会大学进入中国的那一刻，中国社会工作本土化就已经开始了动态变迁的过程，在这个过程中，西方的或外来的社会工作和本土社会工作处于不断互动交融之中。王思斌依据对本土社会、本土文化看重的程度不同，将本土化分为"中体西用"和外国经验的"移植变换"两种。[②] 顾东辉用社会工作的本土导向这个概念来描述中国本土社会工作发展过程，本土导向超越了本土化的内涵，具有外来事物本土化和本土经验规范化两方面含义，并且本土与外境的亲和程度决定着社会工作本土导向的广度、速度和深度。[③] 钱宁指出必须区分两种不同的中国社会工作本土化：以经验为基础的本土化和以知识创造为基础的本土化。[④] 何雪松、杨超提出，政治关联性、文化敏感性与实践反思性构成中国社会工作本土化的三要素。[⑤] 陆士桢、王志伟认为，文化整合与

[①] IFSW and IASSW, *Global Definition of Social Work*, https：//www.ifsw.org/what-is-social-work/global-definition-of-social-work/，2014.
[②] 王思斌：《中国社会工作的经验与发展》，《中国社会科学》，1995年第2期。
[③] 顾东辉：《上海社会工作实践的本土导向》，《青年学报》，2014年第4期。
[④] 钱宁：《以知识创造为基础的社会工作本土化》，《中国社会工作》，2017年第16期。
[⑤] 何雪松、杨超：《中国社会工作的本土化：政治、文化与实践》，《济南大学学报（社会科学版）》，2019年第1期。

制度融入是中国社会工作本土化发展的双重机理。①

王思斌提出,从我国的改革开放进程、社会建设实践和新时代现代化建设的基本任务,以及实然与应然的关系角度看,我国社会工作正在和继续走的道路为嵌入性发展—协同性发展—融合性发展。② 张昱分析了上海市政法委系统2004年开始的本土社会工作实务发展的"增量嵌入"生成方式。③ 陆士桢、漆光鸿认为,想要在中国特色文化、政体、制度的语境下,实现社会工作本土化发展,"融入"是一种值得尝试的路径。④

中国的社会工作本土化在本土与非本土的实务方法和文化价值接轨的过程中,建构一套有效的整合性的本土化社会建构话语性框架⑤,形成有文化自信的中国本土特色的社会工作。中国特色社会工作的发展应该是与我国社会转型的速度、社会发展进程基本一致的,有一定的时序模式。⑥ 这一发展一直以来都是与国家的建设目标和宏大叙事紧密联系在一起的,包括社会服务、社会福利、社会建设、社会管理、社会体制、社会治理等多方面⑦,因此需要基于中国国情、文化传统与社会工作实践探讨中国特色社会工作模式,例如人文主义的社会工作模式⑧、"政府为体、社工为用"的中国逻辑⑨、"教育为先"的专业化和实践为用的职业化的现实特点⑩,等等。

二、实务与研究

社会工作实务是复杂和动态的。实践智慧和实务经验是建立社会工作领域新知识库的最重要的方式之一。社会工作实务模式的发展塑造、扩散和补充了社会工作的知识基础。随着社会工作知识库的规模、复杂性和不一致性的增加,社会工作研究对实务产生的影响和作用也日益增加。⑪

---

① 陆士桢、王志伟:《中国社会工作本土化发展的双重机理及其实践路径》,《新视野》,2020年第1期。

② 王思斌:《我国社会工作从嵌入性发展到融合性发展之分析》,《北京工业大学学报(社会科学版)》,2020年第3期。

③ 张昱:《中国本土社会工作实务的实践逻辑及其反思》,《社会科学》,2008年第5期。

④ 陆士桢、漆光鸿:《融入——社会工作本土化的路径探析(下)》,《中国社会工作》,2017年第31期。

⑤ 殷妙仲:《专业、科学、本土化:中国社会工作十年的三个迷思》,《社会科学》,2011年第1期。

⑥ 王思斌:《中国社会工作发展的时序模式》,《中国社会工作》,2009年第34期。

⑦ 何雪松、杨超:《中国社会工作的本土化:政治、文化与实践》,《济南大学学报(社会科学版)》,2019年第1期。

⑧ 夏学銮等:《我们的社会需要怎样的社会工作》,《中国社会报》,2000年6月28日,第3版。

⑨ 马志强:《21世纪以来社会工作的本土化倾向》,《中州学刊》,2010年第1期。

⑩ 柳拯、黄胜伟、刘东升:《中国社会工作本土化发展现状与前景》,《广东工业大学学报(社会科学版)》,2012年第4期。

⑪ William R J, "Knowledge for Direct Social Work Practice: An Analysis of Trends", in *Social Service Review*, 2002, 76, pp. 6-33.

甘布里尔 1999 年依据社会工作实务决策与行动的知识来源，比较了两种不同的社会工作实务模式——权威为本的实务模式和证据为本的实务模式。[1] 科恩 2011 年提出了第三种实务模式——设计为本的实务模式。[2] 社会工作实务模式之间并不互斥，是多元共存的，但不同模式下实务过程的侧重会有所不同。

奥利里和徐明心认为，社会工作实务有四种基础——关系、服务对象、证据和价值。[3] 随着社会工作实务模式的不断进展和社会工作研究所要面临的问题的日益复杂，社会工作研究的关注点从证据、技术手段和职业标准扩展到价值观、人文精神和对全球化问题的关注等方面，以此来推进社会工作的发展。社会工作的实务过程与研究过程是相当契合的。

（一）权威为本

19 世纪末 20 世纪初的早期社会工作实务活动（主要是慈善活动）是道德为本（moral-based）的。在 20 世纪 10 年代至 30 年代之间，由于成熟的慈善事业对专业化的要求，社会工作从追求道德"事业"转变为履行社会"职能"[4]，权威为本的实务模式逐步形成。在这种实务模式中，指导实务的知识来源于其他人的意见、"权威"的判断、未经检验的直觉、轶事经验和流行观念[5]，适用于环境可能保持不变且当前结果令人满意的情况，目标是为有需要的人有效地提供服务。这一目标在很大程度上是回应性的，社会工作者一般基于什么是权威认可的和什么是权宜之计选择当下的行动方案，致力于维持现状。[6]

与权威为本的社会工作实务模式相对应的是专业主义的社会工作研究。这种研究依赖于权威（例如共识、地位），试图揭示社会工作拥有独一无二的技巧和知识的专业。也正因如此，这种实务研究受到了较多批评，指出它可能代表了一种"专业的深层次的不真诚"的伪科学[7]，盲目跟风一些学术权威，社会工作者固守自我感觉良好的想象进行专业

---

[1] Eileen Gambrill, "Evidence-based Practice: An Alternative to Authority-based Practice", *in Families in Society*, 1999, 80, pp. 341-350.

[2] Burton C J, "Design-based Practice: A New Perspective for Social Work", *in Social Work*, 2011, 56, pp. 337-346.

[3] Patrick O'Leary, Ming-sum Tsui, "The Base of Social Work: Relationship, Client, Evidence or Values?", *in International Social Work*, 2019, 5, pp. 1327-1328.

[4] Nathanael O J, James L-H Yu, "A Historical Analysis of Evidence-based Practice in Social Work: The Unfinished Journey Toward an Empirically Grounded Profession", *in Social Service Review*, 2014, 88, pp. 3-58.

[5] Eileen Gambrill, "Evidence-based Practice: An Alternative to Authority-based Practice", *in Families in Society*, 1999, 88, pp. 341-350.

[6] Burton C J, "Design-based Practice: A New Perspective for Social Work", *in Social Work*, 2011, 56, pp. 337-346.

[7] Eileen Gambrill, "Social Work: An Authority-based Profession", *in Research on Social Work Practice*, 2001, 2, pp. 166-175.

介入①。但社会工作实务依然离不开专家的权威影响,尤其是在实施预期的公共政策和使用"机构功能"作为促进服务对象改变的机制方面。②

(二) 证据为本

20世纪60年代和70年代,随着问责制和竞争的日益增强,社会工作服务的有效性面临危机,即权威为本的实务模式能在多大程度上使服务对象受益。由此社会工作经历了一个从权威为本的实务模式向证据为本的实务模式的转变。在证据为本的实务模式中,指导实务的知识来源于最佳经验的科学证据——最佳证据、临床专长和服务对象的价值,适用于问题界定清晰和备选的解决方案经过严谨检验的情境,目标是通过基于因果推理的理性过程解决服务对象问题,保证提供最有效的资源管理。社会工作实务的决策主要是通过科学控制实验研究证明何者在过去是有效的,以及把临床经验和服务对象环境结合在一起来达成。③

证据为本的实务模式的缺陷在于:过于结构化的证据忽视了日常现实中社会工作者面临的开放复杂的实务环境;依赖于过去成功经验的证据也忽略了服务对象和条件状况可能非常不同的可能性;排他性的证据也影响了社会工作者的灵活性和自主性。④

与证据为本的实务相应,证据为本的实务研究遵循经验主义、实用主义和实证主义的方法论,包括证据的搜寻、挑选及评估,重视社会工作者的经验及服务对象的取向,将社会工作介入过程的观察及评估纳入研究范围,是一种因果逻辑的研究策略。证据为本的实务研究以"科学决定实务"为中心⑤,科学理论或科学证据占主导地位,实务只是从属。

目前在中国,证据为本的实务研究主要都是基于系统评价回顾以往的介入策略,而不是基于问题分析逻辑寻找可干预的能够发生变化的中介变量。⑥ 因此有学者提出,适度循证是我国社会工作实务模式发展的一个基本走向,要将文化背景、科学手段、个体经验、具体问题结合起来,在实务中不断检验证据和反思证据。⑦

---

① 何国良:《久违的实践研究:创造社会工作学的路向》,《中国社会工作研究》,2017年第2期。

② Martha D M, "Functional Theory: Its History and Influence on Contemporary Social Work Practice", in *Social Service Review*, 1990, 64, pp. 358-374.

③ Burton C J, "Design-based Practice: A New Perspective for Social Work", in *Social Work*, 2011, 56, pp. 337-346.

④ Burton C J, "Design-based Practice: A New Perspective for Social Work", in *Social Work*, 2011, 56, pp. 337-346.

⑤ Jeane A W, "From Scientism to Science: How Contemporary Epistemology Can Inform Practice Research", in *Clinical Social Work Journal*, 2012, 40, pp. 157-165.

⑥ 郭伟和:《中国社会工作专业实践的研究理路——整合结构主义和实用主义、实证知识和实践智慧的本土创新》,《社会工作》,2019年第4期。

⑦ 张昱、彭少峰:《走向适度循证的中国社会工作——社会工作本土实践探索及启示》,《福建论坛(人文社会科学版)》,2015年第5期。

（三）设计为本

社会工作实务通常发生在结构不良和复杂的情境下，在这种情境下，简单的因果关系不足以解释或预测服务对象的结果。科恩 2011 年提出了设计为本的实务模式[①]，认为这个模式更适合于社会工作运作环境的复杂性以及未来社会工作领域面临的挑战。在这种实务模式中，知识不是先于行动和决策的，知识和行动是相关的和互惠的过程，指导实务的知识来源于社会工作者与服务对象及服务对象系统之间有目的的互动，社会工作服务方案的设计和持续监测主要基于对服务对象期望未来的共同认知，目标是帮助服务对象在复杂和不断变化的环境中发现创造预期未来的方式。社会工作者被视为设计师，致力于帮助服务对象做出选择，弥合他们当前状况和理想未来状况之间的差距。

设计为本的实务研究认为社会工作研究要与研究对象的现实处境、社会认知以及现实的合法性等问题相联系，要坚持社会工作的专业使命——人的尊严和社会公正，要对研究对象进行批判性思考，并实现和贯彻人文主义精神，而不是仅仅局限在考察各种事实证据上。[②] 让实务过程与成果引领知识的产生，而不是用一种科学主义研究方法来规范其专业实务，应该重视实践智慧。[③]

三、科学与学科

社会工作作为应用社会科学的一部分，将科学和社会行动结合在一起。作为一门"软"科学，社会工作具有很强的实践性和借鉴社会学、心理学等其他学科的历史，社会工作一直在努力将自己确立为一门学科。[④]

（一）社会工作科学

加强社会工作实务科学性的呼声在 60 多年前就已经出现，但遗憾的是，直到今天社会工作还是没有很好地成为科学的实践，或者被看作一门科学。[⑤] 虽然社会工作大量采纳自然科学与社会科学学科的理论和知识，但是它的"科学性"颇具争议。[⑥]

[①] Burton C J, "Design-based Practice: A New Perspective for Social Work", in *Social Work*, 2011, 56, pp. 337-346.

[②] Mohan Brij:《社会工作研究的人文精神——对以实证主义为导向的美国社会工作研究的批判》，盛露妮译，《社会工作（下半月）》，2010 年第 4 期。

[③] 郭伟和:《研究规范与专业使命：范式之争对社会工作研究的启示》，《社会建设》，2021 年第 1 期。Michael Sheppard, "Social Work, Social Science and Practice Wisdom", in *British Journal of Social Work*, 1995, 3, pp. 265-293.

[④] Mark Doel, *Social Work: The Basics*, Routledge, 2012, p. 132.

[⑤] 彭瑾、李娜、郭申阳:《社会工作研究中的定量方法及其应用》，《西安交通大学学报（社会科学版）》，2022 年第 1 期。

[⑥] 殷妙仲:《专业、科学、本土化：中国社会工作十年的三个迷思》，《社会科学》，2011 年第 1 期。

2012年，美国社会工作与社会福利科学院院士布雷克提出，社会工作对于科学知识的贡献是相对有限的。尽管社会工作采用了科学方法并开发了重要的基础设施来进行严格的科学活动，尤其是在美国，但它缺乏作为科学的自我定义。布雷克界定了社会工作科学的领域、结构和特征：两个广泛和相互联系的领域——寻求了解和寻求促进改变；三个核心结构——生物心理社会、人在环境中、致力于改变的服务体系；三个特征——复杂性、综合性和多元性。[①]

瑞士社会工作研究人员索默菲尔德描述了德国关于"社会工作科学"的辩论，包括社会工作教育的"拼凑"结构、社会工作与社会教育学之间的关系、社会工作科学所处的制度地位以及关于社会工作科学形成和结构的基本认识论问题。他指出，要使社会工作成为一门科学，除了将其科学工作和实务知识库整合到一个连贯和有组织的框架中，它还必须利用其跨学科的特征，应对社会的重大挑战。[②]

（二）社会工作学科

以美国为代表的西方社会工作在近百年的发展过程中，努力争取合法性地位的科学化过程为社会工作的学科化奠定了基础。[③]

社会工作除了是一种专业之外，相对于核心科学学科而言，它还是一门综合性科学学科。[④] 核心科学学科在明确界定并不断发展的范围内推动科学的深度发展，例如社会学、心理学、经济学、数学、物理、化学和生物学是核心科学学科。这些学科通常由大学的社会科学和自然科学系发展而来，中心问题不是解决生活中的问题，而是建立一个理论和研究体系，以理解被该学科界义为知识核心的现象。综合性科学学科寻求突破学科边界，以解决生活中的问题。综合性科学学科的定义是明确强调学科知识的综合应用，并将其应用于选定的生活中的问题，重点始终是应用和技术。综合性科学学科为生命问题提供了新的理论应用，拓展了跨学科的新的综合理论和模式，并以核心科学学科的学科知识为基础。综合性科学学科要求我们如何运用现有的理论，或者创造出综合性的理论，来指导我们解决生活中的关键问题。什么是关键问题是由各个综合性科学学科定义的。超学科研究活动是综合性科学学科的一个重要特征。综合性科学学科来源于专业，并且通常与专业相关。高水平的科学严谨性对于综合性科学学科是必不可少的，关注和参与生活中的问题需要使用一系列的设计和方法来处理复杂的人与人之间的相互作用。社会工作作为一门综合性的科学，允许融合价值观和科学严谨性，这对于保持社会工作的特性、提高其相关性和解决

---

① John B S, "Shaping a Science of Social Work", in *Research on Social Work Practice*, 2012, 22, pp. 455-464.

② Peter Sommerfeld, "Social Work as an Action Science", in *Research on Social Work Practice*, 2014, 24, pp. 586-600.

③ 徐选国：《从社会学的想象力到社会工作的想象力——社会工作学的逻辑起点初探》，《华东理工大学学报（社会科学版）》，2017年第6期。

④ John B S, "A Science of Social Work, and Social Work as an Integrative Scientific Discipline: Have We Gone Too Far, or Not Far Enough?", in *Research on Social Work Practice*, 2014, 24, pp. 517-523.

生活中关键问题的能力至关重要。

社会工作专业学科的形成与发展，是现代社会科学发展的结果，是社会学理论与解决、预防社会问题实践相结合的产物。虽然各国的结合程度不同，反映在思想上也有不同的观点，但其共同点是建立专业学科，有主次地吸取相关学科的知识，形成完整的理论与方法的体系。[1] 当代中国社会工作的开拓者基本上是社会学家和学者，通常其学科的设立也是划在社会学学科之内的。[2] 社会工作在中国的成长与发展离不开社会学学科基础的支撑，社会工作与社会学二者的学科基础有很大的相通性。随着社会工作实务的发展，社会工作学科特性日益明显，社会工作与社会学的区分度也日益明显。社会工作是横跨自然科学与社会科学的一门交叉性的综合性的学科。[3] 与哲学、政治学、公共管理学等学科相比，以及与社会学学科内的其他二级学科相比，我国近二十年来社会工作学科全面、深刻、系统、正向地影响了社会建设与社会发展的进程。[4]

思考题

1. 简述社会工作与社会学的关系。
2. 如何理解社会工作是一项助人活动？
3. 简述"教育先行"的我国社会工作专业实务发展模式。
4. 简述社会工作的实务模式。
5. 如何理解社会工作的本土化？

推荐阅读

1. 马克·W. 弗雷泽、杰克·M. 里奇曼、梅达·J. 加林斯基、史蒂文·H. 戴：《干预研究：如何开发社会项目》，安秋玲译，上海教育出版社，2018年版。

2. 彭秀良、林顺利、王春霞：《中国社会工作史简明教程》，北京大学出版社，2019年版。

3. 童敏：《社会工作实务基础》，社会科学文献出版社，2008年版。

4. Armando M T, Bradford Sheafor W, *Social Work：A Profession of Many Faces*, 10th ed, Pearson Education Inc., 2004.

5. Fiona Verity, Priscilla Dunk-West, *Sociological Social Work*, Routledge, 2013.

---

[1] 卢谋华：《社会工作：现代化建设需要的专业》，《社会工作》，1988年第1期。
[2] 郑杭生、童潇：《中国社会学史研究的理论框架与现实追求》，《河北学刊》，2011年第1期。
[3] 袁方：《大力发展社会工作教育》，《社会工作》，1988年第1期。
[4] 徐永祥：《理论自觉与实践建构：社会学、社会工作的学科使命》，《探索与争鸣》，2018年第12期。

第二十一章 社会保障

第一节 社会保障概述

社会保障关系人民福祉，维系社会和谐与国家安定。改革开放以来，我国社会保障体系建设加快推进，具有中国特色、覆盖城乡居民的社会保障体系基本形成，既有力维护了社会稳定和公平正义、促进了改革发展成果共享，又释放了消费潜力、扩大了内需，为经济社会发展提供了强大支撑。在这一节，我们将对社会保障的含义与特征、社会保障制度的发展历史、社会保障的功能与原则等内容做一个基础性介绍。

一、社会保障的含义与特征

（一）社会保障的含义

"社会保障"是 social security 的译语，也被译为"社会安全"，1935 年在美国罗斯福新政时期颁布的《社会保障法》中首次作为官方用语出现。[①] 但是目前国际社会也开始流行使用"social protection"一词（直译为"社会保护"）作为替代。并且由于社会保障要受到政治、经济、社会、历史文化乃至伦理道德等因素的影响，各国具体国情的差异又使其在实践中出现很大差异，因此不同历史时期、国家、学者对社会保障的理论界定是不统一的。

---

① 这是美国历史上第一个全国性的社会保障立法，由联邦政府承担义务，主要用于解决失业和老年问题。但也需要注意，其内容与当今的社会保障（例如缺乏医疗保障）有着很大的不同。

第二十一章 社会保障

国际劳工组织（ILO）认为社会保障是一项人权，它回应了人们对防范某些生命风险和社会需求的普遍需要，其通过提供"现金"或"实物"给付来实现这一目的，旨在确保医疗保健服务的获得，以及整个生命周期中的收入安全，特别是在生病、失业、工伤、产假、家庭责任、残疾、失去家庭养家糊口的顶梁柱，以及在退休和年老的情况下，确保所有人"体面"的生活条件。[1]

美国是最早提出社会保障一词的国家，对社会保障的定义存在狭义和广义之分。在美国，社会保障一般是指老年、遗属、残障保险（OASDI），这是狭义的社会保障。而美国社会保障署（SSA）则是将与社会保险、医疗（health care）和收入援助（income support）相关的公共项目统称为美国的社会保障制度（Social Security Program），这是广义的社会保障。[2] 美国社会保障署于2020年发布的 Understanding the Benefits 文件将社会保障的概念概括为：帮助老年美国人、遭遇残障的工作者以及配偶或家长身故的家庭的制度。[3]

英国是公共扶助制度的发源地。英国1942年由贝弗里奇主持起草的研究报告《社会保险和相关服务》认为社会保障是一种公共福利计划，使国民在失业、疾病、伤害、老年以及家庭收入锐减、生活贫困时有生活保障，并强调社会保障的普遍性原则。[4] 事实上在英国，社会保障通常指的是收入保障制度。[5] 英国的社会保障制度主要可以分为年金、医疗和公共扶助三大类，比较典型的是国民保险制度（National Insurance）和国民健康服务（National Health Service，NHS）。

德国是社会保险制度的发源地，其对社会保障的理解主要是基于德国社会市场经济的理论，[6] 将社会保障理解为社会公平和社会安全，是为因生病、年老、残疾等原因丧失劳动能力或遭受意外而不能参与市场竞争者及其家人提供基本生活保障。社会公平是指缩小社会成员之间的收入差距，社会安全是指为遭受不测的社会成员提供基本的生活保障。[7]

日本政府主要采用了1950年日本社会保障制度审议会对社会保障的定义：对于因疾病、负伤、分娩、残疾、死亡、老年、失业、多子女等原因陷入困境的人，通过保险方式或国家直接负担，构建经济保障途径；对于陷入生活困境的人，通过国家扶助，保障其最低限度的生活；同时亦谋求公共卫生和社会福利的提高，从而使所有国民都能过上真正有

---

[1] ILO，*Universal Social Protection for Human Dignity，Social Justice and Sustainable Development*，资料来源：https://www.ilo.org/ilc/ILCSessions/108/reports/reports-to-the-conference/WCMS_673680/lang-en/index.htm。

[2] 菊池馨实：《年金保険の基本構造——アメリカ社会保障制度の展開と自由の理念》，北海道大学図書刊行会，1998年版，第1-3页。

[3] SSA，*Understanding the Benefits*，资料来源：https://www.ssa.gov/pubs/CH-05-10024.pdf。

[4] 郑功成主编：《社会保障概论》，复旦大学出版社，2005年版，第3页。

[5] 新日本有限责任监察法人：《アメリカ及びイギリスにおける社会保障制度と会計検査に関する調査研究》，资料来源：https://www.jbaudit.go.jp/koryu/study/pdf/itaku_h26_2.pdf。

[6] 郑功成主编：《社会保障概论》，复旦大学出版社，2005年版，第3页。

[7] 曹信邦：《社会保障学》，科学出版社，2007年版，第5页。

文化的合乎社会成员的生活。①

社会保障的概念首次被中国官方使用，可追溯到1986年六届人大四次会议通过的《中华人民共和国国民经济和社会发展第七个五年计划》，该计划肯定社会保障是国家和社会对全体社会成员的社会生活提供基本保障的制度安排。② 2004年9月，《中国的社会保障状况和政策》白皮书表明，中国的社会保障体系包括养老保险、社会福利、优抚安置、社会救助和住房保障等。

国内外对社会保障的认识在大方向上存在较多一致性，界定也相对清晰。社会保障的责任主体是国家和社会；实施条件是相应的社会立法；保障对象是由各种原因导致生活困难的社会成员；保障水平为保证其基本生活，满足基本生活需求。可见，狭义的社会保障是一种国民收入再分配形式，是为防止生活水平下降的安全机制，强调补缺性与安全性，其主要功能是防止风险或摆脱困境。

(二) 社会保障的特征

现代社会保障制度的基本特征，主要表现在它的公平性、社会化、福利性、法制规范性、多样性等方面。③

1. 公平性

社会保障的公平性特征主要表现在三个方面。首先，保障范围的公平性意味着它通常不会有对保障对象的性别、职业、民族、地位等方面的身份限制。其次，保障待遇的公平性是指社会保障一般只为国民提供基本生活保障。最后，保障过程的公平性是指社会保障为社会成员解除了许多后顾之忧，维护着社会成员参与社会竞争的起点与过程的公平。同时，通过社会保障资金的筹集与保障待遇的给付，又缩小着社会成员发展结果的不公平。

2. 社会化

社会保障之所以有别于家庭保障与职业（或机构）福利，是因为它不是封闭运行而是面向整个社会开放，并通过社会化机制加以实施的制度安排。因此，社会化是现代社会保障制度的重要特征。主要体现在如下几个方面：制度的开放性；筹资社会化；服务社会化；管理与监督社会化。

3. 福利性

社会保障的福利性特征，是指社会成员在社会保障方面的支出要小于在社会保障方面的收入。这一特征的形成，主要是因为除社会保障参与或受益群体外，政府、雇主及社会各界还在一定程度上分担着个人的生活保障责任。福利性作为社会保障制度的一个基本特征，决定了社会保障虽然可以引进一定的市场机制，但它在本质上却是市场机制无法调控的。

---

① 日本厚生劳动省：《社会保障に関する基礎資料》，资料来源：https://www.mhlw.go.jp/stf/shingi/2r9852000001r86x-att/2r9852000001r8r8.pdf.
② 参见郑功成主编：《社会保障概论》，复旦大学出版社，2005年版，第3页。
③ 参见郑功成主编：《社会保障概论》，复旦大学出版社，2005年版，第16-20页。

4. 法制规范性

社会保障是依法进行的。即现代社会保障制度一般以立法规范为前提，以政府干预为条件，法律的硬约束与政府的强势干预即是社会保障制度强制性的具体体现。社会保障涉及国家、企业及其他法人团体与个人，其作为一种社会稳定机制与利益调整机制，有关各方的权利与义务亦必须由法律明确规范，并借助政府的行政权力依法执行，没有法制规范，社会保障制度便可能滑出正常运行的轨道。

5. 多样性

基于影响社会保障因素的复杂性和不同的国情，以及社会成员对社会保障的需求的差异，社会保障制度在各国的实践中通常表现出多样性的明显特征。主要表现在：各国社会保障制度的模式日益多样化；同一项社会保障制度，在一国之内也开始呈现不同的模式；项目结构多样化；水平结构多样化。

二、社会保障制度的发展

邓大松将现代意义上的社会保障划分为四个时期：形成时期（1601—1889 年）、初步发展时期（1890—1947 年）、全面发展时期（1948 年—20 世纪 70 年代初期）及改革时期（20 世纪 70 年代中后期至今）。[①]

（一）社会保障的形成时期（1601—1889 年）

现代社会保障制度的萌芽可以追溯到社会救济和社会保险这两种类型。社会救济起源于英国，其标志为 1601 年伊丽莎白时代颁布的《济贫法》。该法旨在救济当时的贫困层。而社会保险起源于德国，以 1883 年俾斯麦制定并实施的一系列社会保险立法为标志，[②] 其目的是防止因疾病和年老而导致的生活贫困。

1. 英国

中世纪封建社会解体，英国圈地运动导致大量失去土地的农民涌入城市地区，失业、歉收、传染病等问题导致贫困者、流民和乞讨者增多，社会不安因素急剧增加。出于维护社会秩序的目的，英国王室颁布了一系列法案，集其大成者即是广为周知的 1601 年《济贫法》（旧济贫法）。该法设定"济贫税"，通过使用强制性税收来稳定救济所需的财政，并根据有无劳动能力与意愿采取不同的救济方法。初期的社会保障制度以低收入者对策为中心，其待遇并非作为一项权利保障，更多的是出于社会防卫的目的，且强调个人的自助。

---

① 邓大松主编：《社会保障概论》，高等教育出版社，2019 年版，第 66 页。

② 1883 年《疾病社会保险法》、1884 年《工伤事故保险法》、1889 年《老年和残障社会保险法》。

2. 德国

19世纪中叶，德国开始大力推行工业化，工人队伍不断扩大。但当时劳动条件恶劣，工人基本生活难以得到保障，随着1870年德国经济危机的爆发和社会主义思想的传播，工人阶级斗争的迅猛开展引发了德国容克地主和资产阶级的惊恐，德国"铁血宰相"俾斯麦实行"鞭子与糖"政策，一边对工人运动实施镇压，一边颁布和实施了一系列保障劳动者利益的社会保险立法，如1883年《疾病社会保险法》、1884年《工伤事故保险法》、1889年《老年和残障社会保险法》。从此，国家通过运用社会保险工具克服劳工贫困和缓解劳资矛盾的方式，成为其他国家建立社会保障制度的典范。

（二）社会保障的初步发展时期（1890—1947年）

1. 美国

《社会保障法》在美国诞生的背景是1929—1933年资本主义世界经济危机的发生、工人阶级同资产阶级的矛盾加剧以及凯恩斯主义的诞生。因此，1933年罗斯福总统大力进行改革并推行新政，于1935年8月14日通过了《社会保障法》（The Social Security Act）。这是世界上第一部具有综合特点的社会保障法律，且第一次使用了"社会保障"一词，初期的具体项目包括失业补助、年老补助、生育补助和公共卫生服务。它在一定程度上缓和了经济危机过程中的劳资冲突，保障了社会劳动力的恢复和国民经济的全面复苏与高涨。①

1935年以后，美国社会保障体系进一步向更广泛的社会经济生活领域扩张，如社会保障立法从老年保险推广到老年遗属保险；颁布规定最低工资和最高工时的法案；为低收入家庭修建公共住房；颁布军人权利法案；实施公共卫生和健康的保障措施；等等。

2. 苏联

1917年，俄罗斯联邦人民委员会公布了《关于社会保险的政府公报》，同年12月，政府又批准和实施了失业保险和疾病保险的细则，1920年通过了改善红军残障战士及其家属待遇的《残恤金条例》。到1922年底，逐步形成了一种全新的、以国家保险为主的、各阶层群众广泛享受的社会保险制度。

1928年1月5日，苏联劳动人民委员会下属的联盟社会保险理事会通过了领取养老金待遇的第一个国家法令，决定对纺织工人首先实行养老金制度。1936年的宪法以第120条的形式将公民在年老以及患病和丧失劳动能力时享受的社会保障权利固定下来，规定要发展由国家负担费用的职工社会保险、免费医疗等。

（三）社会保障的全面发展时期（1948年—20世纪70年代初期）

英国贝弗里奇于1942年提出的研究报告《社会保险及相关服务》和国际劳工组织于1952年通过的《社会保障（最低标准）公约》，是社会保障制度全面发展时期的两个重要

---

① 邓大松主编：《社会保障概论》，高等教育出版社，2019年版，第71页。

文件。在这一阶段,社会保障有很大发展:一是在福利国家的浪潮下,发达国家建立起了"从摇篮到坟墓"的社会保障制度;二是建立社会保障制度的国家迅速增加,大批亚非拉地区的发展中国家独立以后也迅速建立了适合本国国情的社会保障制度。至20世纪70年代初期,有近70个发展中国家建立了社会保障制度。

1. 《贝弗里奇报告》的社会保障体系

1941年,贝弗里奇接受国会委托开展社会调查和政策研究,并于1942年提出了研究报告《社会保险和相关服务》(亦称《贝弗里奇报告》),该报告作为战后重建国民生活的计划,对社会保障的形成产生了巨大影响。

《贝弗里奇报告》中提出要以消除贫穷、疾病、肮脏、愚昧无知和懒惰五大社会病害为目标,呼吁建立以维持充分就业、提供无收入限制的儿童津贴、全面的医疗卫生服务为前提,以统一筹款、统一给付的社会保险制度为中心的全面的社会保障制度。《贝弗里奇报告》成为英国、北欧国家及其他西欧国家走上福利国家道路的思想基础。它不仅为英国在二战后重建社会保障制度奠定了决策的基础,而且成为西方发达国家在此后发展社会保障制度的重要依据。

2. 国际劳工组织公约的最低标准

第二次世界大战结束后,欧洲各国为了避免出现第一次世界大战后的经济萧条局面,纷纷进行以充分就业、公平分配和改善民生为核心的社会政策改革,并产生劳动保护标准国际化的需求。1952年6月4日,国际劳工组织在瑞士日内瓦举行第35届会议,并于6月28日通过了第102号公约,即《社会保障(最低标准)公约》。该公约主要包括9项内容:医疗津贴(Medical Benefit)、疾病津贴(Sickness Benefit)、失业津贴(Unemployment Benefit)、老龄津贴(Old-age Benefit)、工伤津贴(Employment Injury Benefit)、家庭津贴(Family Benefit)、生育津贴(Maternity Benefit)、残疾津贴(Invalidity Benefit)、遗属津贴(Survivors Benefit)。100多个国家和地区陆续加入了102号公约,在全世界范围内就社会保障的内容、标准和管理模式达成了共识。

3. 福利国家的发展

1945年英国工党执政后,政府采纳了贝弗里奇的计划,先后通过了一系列社会保障立法,如《国民保险法》(1944年)、《国民保险法》(1946年)、《国民卫生服务法》(1946年)、《国民保险法(工业伤害法)》(1946年)、《国民救济法》(1948年)等。由此建立的社会保障体系主要包括社会保险、工业伤害补偿、家庭补助、医疗保健四个方面。1948年7月,英国首相艾德礼向全世界宣布:英国建成了面向全体公民提供"从摇篮到坟墓"的终身福利之国。

20世纪五六十年代被资本主义国家誉为社会保障事业发展的"黄金时代",资本主义各国实行"普遍福利"政策,但同时也存在许多弊端。例如:社会保障支出膨胀,财政负担越来越沉重;增加了企业的生产成本,降低了企业产品的国际竞争力;挤占了用于投资的资金,对经济发展产生不利影响;容易引发劳动者的惰性,降低就业积极性等。

(四)社会保障制度的改革时期(20世纪70年代中后期至今)

西方国家在20世纪70年代后普遍陷入了经济滞胀的境地,动摇了支撑社会保障制度持续发展的经济基础。社会保障制度面临入不敷出的财政预算危机,进入改革时期。主要有三种政策选择:一是实行较平缓的渐进式改革;二是实行较彻底的结构性改革;三是双管齐下,在社会保障面临危机的第一个阶段选择第一种方案,以后择机实施第二种方案。[①]

1. 渐进式改革

渐进式改革中的政策调整比较平缓,不易引发较大波动,更受发达国家青睐。具体方式如下:首先,改革缴费制度,增加缴费收入,包括提高社会保险基金的缴费率、提高或取消社会保障缴费基数的上限、开征社会保障收入所得税、建立国家储备基金等;其次,改进计费办法,节约支出;再次,加强管理,提高资源的使用率,减少浪费;又次,社会保障项目部分私营化;最后,建立多层次的社会保障体系。整体而言,渐进式改革的目的在于以社会保险为主,商业保险为辅,减轻政府在社会保障制度中的财政负担并加强个人在社会保障中的责任,同时使社会保障制度的内容更趋丰富。

2. 结构性改革

实行养老金完全私营化的典型案例是智利。1981年,智利废除了原社会保险计划,颁布并实施《私营养老金法》,从现收现付的待遇确定型(Defined Benefit,DB)计划转向完全积累的缴费确定型(Defined Contribution,DC)计划的改革。由于现收现付和完全积累的制度安排各具优势和弊端,很多国家开始选择混合模式。例如意大利(1995年)、拉脱维亚(1996年)、吉尔吉斯斯坦(1997年)、瑞典(1999年)、波兰(1999年)、蒙古(1999年)、俄罗斯(2002年)等欧亚七国实行的名义账户制(Notional Defined Contribution),它既有待遇确定型现收现付制的某些特征,又有缴费确定型积累制的某些特征。

三、社会保障的功能与原则

(一)社会保障的功能

1. 稳定功能

市场机制是现代各国经济发展的首选动力机制,而社会保障则相当于首选的稳定机制。社会保障能够防范与化解社会成员因生存危机、贫富悬殊等原因导致的对社会、对政府的反叛心理与反叛行为,进而维系着社会秩序的稳定,维系着正常和健康的社会发展。因此,社会保障通过预先防范和即时化解风险来发挥其稳定功能,它在许多国家均被称为"精巧的社会稳定器"或"减震器"。

[①] 邓大松主编:《社会保障概论》,高等教育出版社,2019年版,第82页。

2. 调节功能

首先，在政治领域，社会保障是调节不同群体或社会阶层利益的必要手段。其次，在经济领域，社会保障对公平与效率之间的关系、国民收入的分配与再分配、国民经济的发展和市场体系起着有效的调节作用。最后，在社会发展领域，社会保障亦有效地调节着社会成员的协调发展。

3. 促进发展功能

在社会发展领域，首先，社会保障能够促进社会成员之间及其与整个社会的协调发展，使社会生活实现良性循环；其次，社会保障能够促进遭受特殊事件的社会成员重新认识并适应社会生活的发展变化；再次，社会保障能够促使社会成员物质与精神生活水平的提高，使其更加努力地为社会工作；又次，社会保障能够促进政府有关社会政策的实施；最后，社会保障能够促进社会文明的发展。

在经济领域，首先，社会保障通过营造稳定的社会环境促进经济发展；其次，社会保障基金的运营直接促进某些产业的发展；最后，对劳动力再生产的保障和对劳动力市场的维系，能够促进劳动力资源的高效配置和整体素质的提高，有利于生产效率的提高。

4. 互助、公助功能

社会保障其实是一种风险分散或责任共担机制，风险分散与责任共担本身即是以互助为基石并在互助中使风险得到化解的；同时，社会保障的制定与维系需要以国家为责任主体，因此又体现出了公助的特质。[①] 因此，社会保障制度不仅是一种社会稳定机制，而且也是一种互助与公助机制。

5. 其他功能

除稳定功能、调节功能、促进功能及互助、公助功能等四大基本功能外，社会保障事实上还有着诸如防控风险、资本积累的功能。在肯定社会保障具有多重功能的同时，也要警惕将社会保障功能泛化。如强调社会保障对经济发展与经济增长做出重要贡献，或者过分突出社会保障对效率的追求，以及将社会保障的政治功能夸大甚至当成政治竞争的工具，那样必然损害社会保障的正常功能的发挥。

(二) 社会保障的原则

1. 公平原则

社会保障是公共资源在公共领域中的分配，因此，缩小社会贫富差距、维护社会公平是社会保障的基本出发点，也是社会保障政策实践的归宿。根据公平原则，在社会保障制

---

① 里见贤治：《厚生劳働省の「自助・共助・公助」の特异な新解释：问われる研究者の理论的・政策的感度》，《社会政策》，2013年第2期。

度设计中，必须打破各种身份限制，公平地对待每个国民并确保其享受到相应的社会保障权益；在实践中，必须更多地维护好弱势群体的利益，以此达到缩小贫富差距、促进整个社会健康和谐发展的目标。

2. 与社会经济发展相适应原则

社会保障制度只有与社会经济发展相适应，才可能在解决相关社会问题的同时获得健康、持续的发展。如果滞后于社会经济发展，其功能便难以充分发挥，社会问题将持续恶化，进而妨碍整个社会经济的健康发展；如果超前于社会经济发展，超过财政的承受能力，制度的持久性和可行性又将受到挑战。经济发展是社会保障制度的物质基础，它事实上决定着社会保障的发展水平。

3. 责任分担原则

社会保障制度有必要确立责任分担原则。政府包办或者企业与个人承担过重的责任，都会损害这一制度的健康发展，并无助于解决那些需要通过社会保障才能解决的社会问题。只有确立责任分担原则并按照这一原则来让政府、企业、个人乃至社会等合理分担社会保障责任，这一制度才可能获得持续发展并有利于整个社会的和谐发展。

4. 普遍性与选择性相结合原则

普遍性与选择性是社会保障领域的两个重要原则。[①] 蒂特马斯认为，普遍性的含义是：不以羞辱地损害利用者的地位、尊严或自尊心的方式，提供可供全体国民使用且易接近的服务。[②] 而选择性的定义是：当贫困者获得免费的服务或现金给付、费用的减免时，为了查明原因而对其进行资产调查。[③] 资产调查的存在与否是核心判断依据。普遍性原则和选择性原则虽然在原则上是二元对立的，但在实际的政策实践中，纯粹的基于某单一原则的体系通常是不存在的，往往是体系内的某个制度是属于普遍性原则或者选择性原则，甚至可能是两者的相互结合。

5. 互济原则

互济原则既是社会保障制度赖以生存与发展的基础，也是增进整个社会协调发展的重要条件。互济原则是以互惠制为基础的，即我为他人做贡献，他人也为我做贡献。这一原则最早应当出现在家庭，由家庭而家族，由家族扩展到邻里与社区，再由社区扩展到整个社会，便构成了社会保障潜在的思想基础与群体意识。社会保障的制度安排，正是这种互助或互惠制的强制化、固定化和规范化。

---

① 阿部志郎等：《講座 戦後社会福祉の総括と二一世紀への展望Ⅱ思想と理論》，ドメス出版社，2002年版，第78页。

② 蒂特马斯：《对福利的承诺》，三浦文夫译，载《社会福祉と社会保障》，東京大学出版会社，1973年版，第159页。

③ 蒂特马斯：《对福利的承诺》，三浦文夫译，载《社会福祉と社会保障》，東京大学出版会社，1973年版，第140页。

第二节
社会保障的理论基础与研究主题

在西方世界，人文主义、空想社会主义思潮、慈善思想和救济思想为现代社会保障制度提供了思想渊源。

人文主义关心人及其生命、注重人的幸福、尊重人的自由和发展、提倡人格和依附于人格之上的权利；空想社会主义主张实现社会公平，促进社会成员协调发展，是现代社会保障思想最基本、最深刻的思想基础；慈善思想产生自原始社会，早期互助共济的习俗被社会用成文或不成文的社会规范固定下来，因而产生了世俗的慈善事业；救济思想是指以国家为实施主体的救助行为，是社会保障思想的最直接来源。

在中国，主要存在着大同社会论、社会互助论、仓储后备论和社会救济论四种思想。大同社会论是儒家思想所倡导的美好精神追求，与西方的人文主义和空想社会主义有着共通之处，强调国家对人民生活的全面保障；社会互助论强调社会成员间的互助；仓储后备论是一种依靠国家力量来储粮备荒，保障社会成员基本生存权利的一种社会思想；社会救济论中影响最为深远的便是赈济说，其主张用实物和货币救济遭受灾害或者生存危机的社会成员。这些思想的不断演化，逐步形成社会保障的主要理论基础。

一、社会保障的主要理论基础

（一）西方国家干预理论

1. 福利经济学

西方早期的国家干预理论源于福利经济学的研究。其先驱是霍布森，他认为，为实现"最大社会福利"，国家必须干预经济生活。这种干预不仅包括分配领域，还应当包括生产领域。[①]

庇古被称为福利经济学之父，代表作是1920年的《福利经济学》。他从边际效用角度出发，主张国家干预经济，从而提高国民福利。他提出了一系列实施社会保障的原则和措施：其一，福利措施应当以不损害资本增值和资本积累为宗旨，否则就会减少国民的收入和福利；其二，将富人的收入通过直接和间接的方式转移给穷人：举办一些社会保险或社会服务设施或者政府对穷人必需品的生产部门、工人的住宅建筑、垄断性的公益事业等进行补贴，以降低商品的销售价格，使穷人受益；其三，反对实行无条件的、普遍的补贴制度，最好的补贴是那种"能够激励工作和储蓄"的补贴；其四，在不损害国民收入总量的前提条件下，改进社会文教卫生事业，改善劳动者及其子女的文化和健康状况以及施行诸

---

① 曹信邦主编：《社会保障学》，科学出版社，2007年版，第60页。

如社会保险、社会救济等社会保障措施，也是增进社会福利的一个途径。[①]

2. 德国新历史学派

德国的历史学派产生于19世纪初，他们主张国民经济学，保护和发展自己的民族经济。19世纪70年代，历史学派演变为新历史学派，其主要代表人物有古斯塔夫·施穆勒、卢杰·布伦坦诺等人。新历史学派认为，国家是集体经济的最高形式，国家的公共职能在进步的文明社会中应不断地扩大和增加，凡是个人努力所不能达到或不能顺利达到的目标，都理应由国家来实施。该学派主张强化国家职能，国家除了为社会提供安全保卫之外，还应该直接干预和控制经济生活，参与经济管理；学派同时也强调法律制度的重要性；强调经济与伦理的相关性。

德国的新历史学派既反对亚当·斯密的经济自由主义，也反对"激进"的社会主义和共产主义。他们的折中主张很对俾斯麦政府的胃口，因而顺利被政府采纳，成为德国率先实施社会保险的理论依据。德国在世界上率先建立了社会保险制度，标志着人类社会保障制度的正式诞生。[②]

3. 凯恩斯主义

凯恩斯关于国家干预经济的一套理论被称为凯恩斯主义。凯恩斯主义是1929年至1933年资本主义世界经济危机的产物。凯恩斯的思想主要集中在1936年出版的《就业、利息和货币通论》中。他在书中提出了"有效需求"不足理论，认为资本主义制度下存在着的生产过剩和失业是"有效需求"不足造成的。因此，凯恩斯从宏观的角度提出了一套以国家干预、扩大需求为主要内容的改革措施。[③]

在凯恩斯的国家干预思想中，社会保障占有相当重要的地位。凯恩斯主张通过累进税和社会福利等办法重新调节国民收入分配，他还提出消除贫民窟、最低工资法、限制工时立法等主张。以凯恩斯主义为主导的国家干预理论中蕴含了国家社会保障发展的基本指导理论，因而也成为第二次世界大战以后西方福利国家社会保障制度的理论依据。

4. 福利多元主义

福利多元主义是为解决福利国家危机，于20世纪80年代新兴的理论。它主张社会福利来源的多元化，主张政府不再是社会福利的唯一提供者，社会福利可以由公共部门、营利组织、非营利组织、家庭和社区共同负担。

该理论在国家作用缩小方面和新自由主义有共同之处。但是，福利多元主义与其有着几点明显的不同。新自由主义的重点是极力缩减对公共政策的供给、支出和管制，而福利多元主义绝非支持政府支出的削减。与此相反，福利多元主义是通过促进福利供给主体的多元化，谋求政府支出对民间部门的再分配，此时政府虽然不再是福利供给的唯一主体，

---

① 曹信邦主编：《社会保障学》，科学出版社，2007年版，第61页。
② 曹信邦主编：《社会保障学》，科学出版社，2007年版，第61页。
③ 曹信邦主编：《社会保障学》，科学出版社，2007年版，第63页。

但却需要积极发挥其作为福利资金的筹措者和制度监管者的作用。①

(二) 新自由主义社会保障理论

早期亚当·斯密在《国富论》中倡导经济自由主义，认为市场机制作为一只"看不见的手"在合理地配置资源，因而反对国家干预经济生活。

后期兴起的新自由主义理论，全称是新自由主义经济学理论，亦称新古典学派理论，是一种鼓吹社会保障走"民营化"道路的新兴理论。该理论反对国家直接插手社会保障事业，认为只有市场才是解决社会保障问题的最有效途径。人们在接受社会保障措施方面，以市场为导向，不但会有更多的选择，自由程度也可更大地增加。新自由主义学派抨击欧美当时的社会保障制度，认为"福利国家"过分强调了"社会保障权利"，应强调个人的自助精神。其背后折射出的是欧美中产阶层的心态，他们关心如何确保自己的利益，而过多的集体性保障措施使得中产阶级应有的选择和自由越来越少。② 换言之，导致其不满的其实不是社会保障制度本身的保障功能，而是选择功能的削弱。

(三) 中国古代社会保障思想

中国古代并无社会保障的名称，但从事物的实际功能层面来考察，我国历史上存在着种种救灾备荒、扶贫救济、养老抚幼的机构和制度，实际发挥了社会保障的作用。许多著作中也有了社会保障思想的萌芽与发展，主要有大同社会论、社会互助论、仓储后备论和社会救济论等。

大同社会论的出现是随着贫富分化的加剧而应运而生的。贫穷者愈加贫穷，处境日益艰难，并且随时可能沦落为别人的奴隶。在这种情况下，人们缅怀过去那种没有剥削、没有压迫、自由自在的日子，大同社会论也就出现了。例如，春秋战国时期的《礼记·礼运篇》就提到了"大同世界"，主要认为：人人都能受到全社会的关爱；人人都能安居乐业；货尽其用，人尽其力。

社会互助论是中国儒家思想的一部分。互助是中国人民的传统美德之一，它是社会成员之间的互助共济，是有余力余财者帮助无劳动能力或者贫困或遭灾的社会成员避免生存危机的社会思想。社会互助论的思想基础是儒家的"仁孝"观念，在《论语》《孟子》中皆有体现。

仓储后备论是一种主张建立谷物积蓄以备灾荒并救济贫民的社会思想，在《礼记》《管子》中都有记载。根据仓储后备论，国家建立了各式各样的仓储，丰年之时把百姓手中的余粮收集起来就地建立仓库储存，荒年再行开仓赈济。仓储后备的目的在于救灾，避免灾荒之年百姓无法生存甚至铤而走险，以维护社会稳定。因此，仓储后备论是依靠国家力量来储粮备荒、保障社会成员基本生存权利的一种社会保障思想。③

---

① 郑美爱：《社会福祉政策の福祉多元主義化に関する研究：韓国と日本の比較分析》，《東亜経済研究》，2004 年第 4 期。
② 曹信邦主编：《社会保障学》，科学出版社，2007 年版，第 73 页。
③ 朱晓宁：《中国古代社会保障思想初探》，《边疆经济与文化》，2018 年第 7 期。

社会救济论主要包括调粟、赈济、养恤和蠲缓等内容。调粟实质上是"移民就食"或"移食就民",即在全国范围内通过对灾区和非灾区不同地域间的粮食调拨或移民方法,使灾区人民的经济生活得到保障。赈济即是用实物和货币救济遭受灾害或生活极端困难无以生存的社会成员,以保障其最低限度的生活需要的一种制度。养恤是指灾后由国家政府安置灾民的制度,一般包括提供栖身场所,施给粥食,发放寒衣、医药等。蠲缓是灾害发生后,国家为了让百姓尽快恢复生产,所采取的对灾区农民免征徭役的政策。[①] 这些思想在《左传》《周礼》《汉书》等著作中皆有体现。

二、社会保障的主要研究主题

基于以上的理论基础,社会保障制度不断发展,研究主题不断呈现,主要包括社会保险、社会救助、社会福利和社会优抚等。

(一) 社会保险

社会保险(social insurance schemes)是指由国家通过立法的形式强制人民(或某一群体)参与,向参保者征集社会保险费形成社会保险基金,在参保者因疾病、年老、失业、工伤等风险造成损失时提供一定收入或补偿的社会保障制度。它通常以政府为责任主体,根据法律以强制参保为原则。

社会保险的基本特征有以下几点:第一,强制性,即国家立法、强制执行,因此与商业保险不同;第二,福利性,它不以营利为目标,而是为了维持劳动力的再生产,此点亦与商业保险不同;第三,互济性,相较于个人储蓄,它存在风险分担的功能;第四,权利和义务的对等性,它的财源来自保费,未参保或者未及时缴纳保费的人不存在享受待遇的权利,反之,通过缴纳保费,参保人将获得享受待遇的权利,任何人不可非法剥夺;第五,较高的保障性,它的目标在于维持正常生活水准,与仅保障最低生活需求的社会救助不同。

通常可以根据风险类型的不同,将社会保险分为养老保险、医疗保险、失业保险、工伤保险、生育保险和长期护理保险等。另外,还可以根据参保者的类型分为职工保险和居民保险;根据参保者所在的地区或职业领域分为地域保险和职业领域保险;根据参保期限和给付期限的长短分为短期保险和长期保险。[②]

养老保险又称"年金保险",是指国家依据一定的法律法规,对达到法定退休年龄的参保者提供基本生活保障的一种社会保险制度。[③] 养老保险是社会保障制度的重要组成部分,是社会保险五大险种中最重要的险种之一。根据收支模式和覆盖范围的不同,不同国家的养老保险制度大致可分为四类:第一类为全民保险型,以瑞典、日本、英国等发达国家为代表;第二类为个人储蓄型,以新加坡、智利等国家为代表;第三类为传统保险型,

---

[①] 李昌宝、叶世昌:《略论先秦时期的社会保障思想——中国古代社会保障思想的初步形成》,《财经问题研究》,2011年第2期。

[②] 《社会福祉用语词典》,日本中央法规出版社,2012年版,第249-250页。

[③] 潘锦棠主编:《社会保障学》,东北财经大学出版社,2015年版,第43页。

以美、德、法等发达国家为代表;① 第四类为国家保险型,曾在实施计划经济的社会主义国家中实行,以苏联和经济体制改革前的中国为代表,但两国都已放弃了这种保险模式。②

医疗保险(社会保险)是指国家根据立法规定,通过强制性原则,向单位和个人征收医疗保险费形成医疗保险基金(事实上往往有财政投入补贴),在参保者患病、受伤(工伤以外)等场合提供医疗服务或医疗保险费用补偿的社会保险制度。③

工伤保险,是指劳动者在工作中或在规定的特殊情况下,遭受意外伤害或患职业病导致暂时或永久丧失劳动能力以及死亡时,劳动者或其遗属从国家和社会获得物质帮助的一种社会保险制度。④ 中国工伤保险始建于1951年,以《中华人民共和国劳动保险条例》的颁布为标志。

失业保险是指劳动者由于非本人原因失去工作、中断收入时,由国家和社会依法保障其基本生活需要的一种社会保险制度。⑤ 失业保险可以保障失业者基本生活,有利于保护和维持劳动力再生产,满足社会经济发展的需要,维持社会安定。中国现行失业保险制度的主要法律依据为《失业保险条例》(1999年)和《中华人民共和国社会保险法》(2018年修正)。

生育保险是指在女性生育期间对生育责任承担者给予收入补偿、医疗服务和生育休假的社会保险制度。⑥ 许多国家没有单列的"生育保险",往往将生育保险和雇用保险或医疗保险等融合一体。生育保险在中国是一项独立的社会险种,其主要法律依据为《企业职工生育保险试行办法》(1995年)、《中华人民共和国社会保险法》(2018年修正)和《女职工劳动保护特别规定》(2012年)。

人口老龄化背景下,失能老人的长期护理问题日渐突出,长期护理保险作为社保"第六险"逐步受到社会的关注。长期护理保险是指参保者在需要长期护理(主要因年老)时,由国家和社会依法给予一定保障的社会保险制度。⑦ 保障方式主要为实物给付,也有部分国家提供一定的现金给付。德国、日本和韩国是三个以社会保险形式制定长期护理保险制度的国家,三国分别于1994年(1996年全面实施)、1997年(2000年实施)、2007年(2008年实施)制定了长期护理保险法,建立了比较成熟的制度。我国也于2016年开始在15个试点城市探索建立长期护理保险制度⑧,2020年更是颁布了关于扩大试点的指导意见,将试点增至49个。⑨

---

① 山田隆博:《スウェーデンに学ぶ日本の年金制度改革》,《香川大学経済政策研究》,2015年第11期。
② 潘锦棠主编:《社会保障学》,东北财经大学出版社,2015年版,第46页。
③ 《社会福祉用语词典》,日本中央法规出版社,2012年版,第29页。
④ 曹信邦主编:《社会保障学》,科学出版社,2007年版,第193页。
⑤ 曹信邦主编:《社会保障学》,科学出版社,2007年版,第197页。
⑥ 潘锦棠主编:《社会保障学》,东北财经大学出版社,2015年版,第143页。
⑦ 《社会福祉用语词典》,日本中央法规出版社,2012年版,第53页。
⑧ 参见《人力资源社会保障部办公厅关于开展长期护理保险制度试点的指导意见》(人社厅发〔2016〕80号)。
⑨ 参见《医保局 财政部关于扩大长期护理保险制度试点的指导意见》(医保发〔2020〕37号)。

（二）社会救助

社会救助是依据法律规定，国家和社会对因自然灾害或其他原因而无法维持最低生活水平的无收入和低收入的个人或家庭给予帮助，满足其生存需要的制度。① 它是社会保障体系的必要组成部分，对于促进社会公平、维护社会稳定有非常重要的作用，被称为社会保障的"最后一道安全网"。

社会救助主要遵循五个基本原则。第一，最低限度原则。低保制度保障的是居民生存的最低需要，保障水平低于社会保险和社会福利等。第二，无差别、平等原则。只要满足当地的低保标准，任何人，不分性别、年龄、身份地位、职业等，都可以申请并享受待遇。第三，权利性原则。历史上救济往往被视为上位者的一种慈善或恩赐，把贫困归为个人责任，并视为存在耻辱感等人格问题。随着经济社会的发展，致贫原因逐步复杂化，产业结构的调整、经济危机等非主观因素往往容易引发贫困，因此，现代社会一般不会强调贫困的个人责任，并把社会救助看作是公民的一项权利。第四，国家责任原则。社会救助以国家为责任主要承担者。第五，补充性原则。社会保险等其他社会保障制度优先于社会救助，社会救助是最后的选择。并且，如果申请者存在法定抚养人，则应优先履行法定扶养人的责任。②

我国社会救助的主要法律法规依据为2014年施行的《社会救助暂行办法》，目前，我国《社会救助暂行办法》主要构建了8类救助项目，分别为最低生活保障、特困人员供养、受灾人员救助、医疗救助、教育救助、住房救助、就业救助、临时救助，在保障困难群众基本生活、促进社会公平、构建社会主义和谐社会等方面发挥着重要的和不可替代的作用。

（三）社会福利

社会福利（social welfare）的概念并没有一个明确的定义，日本的《社会福祉用语词典》解释，社会福利在广义上指社会全体的幸福繁荣，历史上的慈善和社会事业是它的先行概念。但根据时代、立场、个人的不同，其定义各异。③

广义的社会福利是指各种社会制度、社会政策和志愿者活动的总和。④ 与此相对，目前社会保障体系中的社会福利通常是指狭义的社会福利，和社会保险、社会救助等制度并列，共同构成一个完整的社会保障体系。社会福利的内容按对象往往可以分为未成年人福利、老人福利、残疾人福利、劳动者福利和母婴福利等。社会福利的待遇，往往以货币形式、服务形式或实物形式发放。

目前，社会福利领域里较为广泛流行的理念有两个：生活质量理念（quality of life，QOL）和正常化理念（normalization）。生活质量理念，一般是指人的生活质量或人生、生命质量，用来衡量一个人是否过着符合社会成员的、符合其个人需要的生活及其幸福程

---

① 孙光德、董克用：《社会保障概论》，中国人民大学出版社，2019年版，第7页。
② 飯塚慶子：《社会福祉士合格教科書》，大日本法令印刷株式会社，2019年版，第192页。
③ 《社会福祉用语词典》，日本中央法规出版社，2012年版，第240页。
④ 参见武川正吾：《福祉社会——包摂の社会政策》，有斐閣，2011年版，第2-9页。

度。① 正常化理念是20世纪50年代始于北欧国家的一种社会福利理念，即包容老年人和残疾人等弱势群体作为正常的社会成员存在的社会才是应有的社会，应该为他们提供支持和帮助，使他们能够像健康人一样正常生活，而不是仅能够待在家里或者设施里，同时还应该保障他们享受和其他人同等的权利。②

（四）社会优抚

社会优抚是指国家为伤亡的军人、人民警察和国家机关工作人员提供优待、抚恤和安置的社会保障制度。③ 社会优抚是一项按照人群划分的综合性社会保障项目，包括优待、抚恤、安置等多方面的内容。④ 具体而言，优待是指按照国家政策规定对优待对象提供政治和经济上的优厚待遇，以褒扬他们为国家和社会做出的特殊贡献和牺牲；抚恤是指国家对符合条件的伤残人员和牺牲、病故人员的家属提供物质上的抚恤，如给予物质照顾和抚恤金，主要分为伤残抚恤和死亡抚恤两大类；安置通常是指对复原退伍军人、军队离退休干部及其家属、无军籍退休职工等符合条件的对象提供生活保障和就业安排。⑤

我国之所以单独地设立社会优抚制度，而不是将这部分人纳入统一的社会保险和社会福利中，是因为对象的特殊性。社会优抚保障的对象的工作具有高度的危险性、重要性、分离性⑥、过渡性⑦、光荣性和公共性，他们为革命建设事业和保卫国家安全做出了牺牲和贡献。由于社会优抚具有补偿和褒扬性质，因此其待遇往往高于一般的社会保障标准，资金主要由国家财政和社会统筹资金承担。

第三节
社会保障研究实例

一、哥斯塔·艾斯平-安德森与《福利资本主义的三个世界》

近些年，社会政策（social policy）和福利国家（welfare state）研究在国内外受到了学术界的广泛关注。丹麦著名学者哥斯塔·艾斯平-安德森是其中杰出代表。他的著作

---

① 参见吉田しおり：《社会福祉》，经济社会学会，2015年版，第176-178页。
② 《社会福祉用语词典》，日本中央法规出版社，2012年版，第481页。
③ 潘锦棠主编：《社会保障学》，东北财经大学出版社，2015年版，第271页。
④ 邓大松主编：《社会保障概论》，高等教育出版社，2019年版，第253页。
⑤ 邓大松主编：《社会保障概论》，高等教育出版社，2019年版，第253页。
⑥ 军人的服役地点一般与其家庭分离，与普通社会的接触也相对较少。他们一般是家庭的主要劳动力，服役对其家庭的经济影响较大，因此需要对其家庭提供一定的补偿，保障他们正常的生活；军人长期待在部队中，可能与大众社会存在一定的脱节，因此也需要为他们适应社会的进步提供一定的支持。
⑦ 中国实行义务兵役制，义务兵需要在服役期满后重新回到正常的社会生活中去，他们需要一定的帮助和支持。

《福利资本主义的三个世界》编写于1990年，被视为福利国家研究领域的经典必读著作。该书国内版本由苗正民和滕玉英两位老师翻译，于2010年出版。

安德森从历史性分析与当代政治经济学入手，采用去商品化[①]、社会分层和就业三个指标把福利国家划分为三种福利体制（Welfare Regime）：遵循补缺原则（Residualism）的自由主义体制（Liberal Regimes）；遵循普遍原则的社会民主体制（Social Democratic Regimes）；以工作和个人贡献为主导的保守主义体制（Corporatist Regimes）。[②] 他在书中阐述了三种福利体制形成的原因、特征及对资本主义社会产生的影响，并通过大量的数据材料加以实证分析。该书清晰地建构和归纳了战后福利国家的体制，为国际社会政策的比较研究做了开创性工作。

首先，自由主义体制的典型代表有英国、美国、加拿大、澳大利亚等。各国一般都形成了重视市场作用的社会保障体系。社会福利水平整体较低，强调机会的平等和个人责任，社会福利的提供是有限的。其倾向往往是"公共福利的最小化"，即严格限定领取人的资格与补贴金额，往往仅适用于最贫穷的阶层，一般需要通过运用经济调查和家计调查（means test）等手段确认其是否真正需要福利，保障的是其最低限度的生活需要。而大部分的其他人则一般利用民营企业提供的商业保险，因此社会分层的程度较高。[③] 这种体制的去商品化效应最低，社会权利的扩张受到较大的抑制，并容易造成福利污名化（stigma）。

其次，社会民主体制的典型代表国家较少，只存在于斯堪的纳维亚半岛上的几个北欧国家，如瑞典、丹麦、挪威等。这种体制以贝弗里奇的普遍主义原则和风险的社会化为导向，在该体制下享受福利待遇往往作为个人的市民权存在，主要依据一国的公民身份或长期居民的身份，与职业、收入高低等无关。同时，家庭和市场发挥的福利作用较小，国家往往承担中心责任。福利政策的覆盖范围广，并且往往具有"高福利、高税收"的特征。比起现金给付，福利待遇往往是现物给付（服务给付）更多。[④] 这种体制的去商品化程度最高，社会分层程度较低，往往可以通过福利政策把所有人的生活水平提高到中产阶级的水平。

最后，保守主义体制的典型代表有德国、法国、意大利、奥地利等欧洲大陆国家。这种体制以风险共担和家庭主义为导向，重视职业领域的存在（如同业公会）和以男女分工为特色的家庭主义传统。该体制下，社会保障制度以社会保险为中心形成，按照不同的职业和社会群体划分福利的享受权，职业上的差距将会造成社会保障上的差距。[⑤] 该体制起

[①] 工业革命后，劳动力成为商品，工人依靠出卖其劳动力来维持生存，个人的福利往往依赖劳动关系的存在。去商品化是指个人和家庭在必要时可以通过社会政策维持一定水平的生活，而不管他们是否参加劳动力市场。

[②] 哥斯塔·艾斯平-安德森：《福利资本主义的三个世界》，苗正民、滕玉英译，商务印书馆，2010年版，第4页。

[③] 日本厚生劳动省：《平成24年版厚生労働白書——社会保障を考える—》，日経印刷出版社，2012年版，第79页。

[④] 日本厚生劳动省：《平成24年版厚生労働白書——社会保障を考える—》，日経印刷出版社，2012年版，第81页。

[⑤] 日本厚生劳动省：《平成24年版厚生労働白書——社会保障を考える—》，日経印刷出版社，2012年版，第83页。

源于德国，其后在欧洲大陆上得到了较为广泛的普及。另一方面，该体制受到了民族主义和天主教承担社会服务的传统影响，去商品化程度较高。但是，这种体制的去商品化程度，主要取决于它在多大程度上放宽了精算原则，即一个人必须工作或缴费多久才能有资格享受，以前的工作表现与待遇之间的关系紧密。① 并且，这种体制往往是用来弥补家庭无法承担的抚养责任，福利给付偏向于老年人，比起现物给付，现金给付较多。

三种福利国家体制如表 21-1 所示。

表 21-1　三种福利国家体制的对比

体制	自由主义体制	社会民主体制	保守主义体制
主要代表国家	美国、英国	瑞典、丹麦	德国、法国
所属国家群	盎格鲁-撒克逊国家	北欧国家	欧洲大陆国家
去商品化	低	高	高
阶层分化	高	低	高
去家庭化	中	高	低
主要福利供给源	市场	政府	家庭和政府

该书自 1990 年出版以来多次在各国被翻译出版，对福利国家和社会政策研究带来了极为深远的影响，是社会科学领域中里程碑式的著作。但是还主要存在以下两点不足。第一点，安德森用以实证分析的国家主要以欧美国家为主，对于东亚和部分南欧国家的福利体制考察较少。第二点，距离该书出版已 30 多年，该书中的国家政策和相关数据主要以 20 世纪 90 年代为主，至于当前三种体制下的各国有何发展与变化、该理论是否适用于东亚各国以及南欧各国、理论本身是否需要调整和优化等问题尚待解决与研讨。

二、贝弗里奇与《社会保险和相关服务》

《社会保险和相关服务》（Social Insurance and Allied Services）发表于 1942 年，由英国著名经济学家威廉·贝弗里奇编写。该书是社会保障发展史上具有划时代意义的著作，也是从事社会保障研究和教学工作者的必读书，它对英国、对欧洲乃至整个世界的社会保障制度建设和发展进程产生过重要的影响。② 该书最早的国内版本由劳动和社会保障部社会保险研究所组织翻译，于 2004 年出版。

此报告的诞生背景是第二次世界大战期间，战后重建和恢复成为英国政府的重要议题。1941 年，英国成立了社会保险和相关服务部际协调委员会（以下简称调委会），并委托经济学家贝弗里奇爵士出任调委会主席，负责对当时的国家社会保险方案及相关服务进行调查，并构思战后社会保障计划的重建，提出具体的方案和建议。因此，贝弗里奇在第

---

① 参见哥斯塔·艾斯平-安德森：《福利资本主义的三个世界》，苗正民、滕玉英译，商务印书馆，2010 年版，第 48-50 页。

② 威廉·贝弗里奇：《贝弗里奇报告——社会保险和相关服务》，劳动和社会保障部社会保险研究所组织翻译，中国劳动社会保障出版社，2004 年版，第 1 页。

二年提交了题为"社会保险和相关服务"的报告,著名的《贝弗里奇报告》就此诞生。[①]

首先,该报告在全面调查了英国社会保险的基础上,就如何重建战后的社会保障计划提出了三条指导性原则:

第一条原则,应从根本上改革英国现有的保险和救助体系。在规划未来的改革方案时,既要充分利用过去积累的丰富经验,又不应被这些经验积累过程中形成的部门利益所限制。世界历史上的划时代时刻属于破旧立新的变革,而不是"缝缝补补"的改良。[②]

第二条原则,社会保险是促进社会进步的政策体系的一部分,不仅仅是针对消除贫困的对策。此处提出了阻碍社会重建的5个巨人(five giants),即贫困(want)、疾病(disease)、愚昧(ignorance)、肮脏(squalor)和怠惰(idleness)。贫困仅仅是英国战后重建需要解决的五大问题之一,社会保险制度可以提供收入保障,有助于消除贫困,但还有其他问题需要解决和应对。[③]

第三条原则,社会保障需要国家和个人的合作。国家的责任是保障服务的供给和资金的筹集,但在尽职尽责的同时,国家不应扼杀对个人的激励机制。国家应提供最低限度的生活保障,并为个人和家庭谋求更好的生活水平保留空间。[④]

其次,贝弗里奇提出了社会保障计划需要通过对社会保险、国民救助和自愿保险这三种方式的组合来保障人们不同需要的重要观点。第一,社会保险是满足基本需求的制度,是解决贫困、保障收入的核心制度。在他的方案中,所有人以统一费率缴纳社会保险费,并以统一比率享受福利待遇最为理想。第二,国民救助是针对特殊情况的制度,仅作为很次要的部分出现。它是以家计调查为条件,以因疾病等原因陷入贫困无法负担保险费的人为对象,由国家财政负担的制度。第三,自愿保险是附加措施(前两者是基本措施),如果想要追求比满足基本生活需要水平更高的生活保障,则应用自愿保险来应对。[⑤]

最后,该报告还指出,社会保障应遵循以下四项基本原则:一是普遍性原则,即社会保障应该满足全体居民不同的社会保障需求;二是保障基本生活原则,即社会保障只能确保每一个公民最基本的生活需要;三是统一性原则,即社会保障的缴费标准、待遇支付和行政管理必须统一;四是权利和义务对等原则,即享受社会保障必须以劳动和缴纳保险费为条件。这些原则的提出和实施使社会保障理论更加丰富和趋于成熟。[⑥]

《贝弗里奇报告》设计了一整套"从摇篮到坟墓"的社会福利制度,为全英国所有公民提供了包括医疗、就业、养老等方面的全方位的福利保障。英国首相丘吉尔对于福利国家的建设持保留态度,因此贝弗里奇的建议得到具体实现是在1945年英国工党上台之后。

[①] 威廉·贝弗里奇:《贝弗里奇报告——社会保险和相关服务》,劳动和社会保障部社会保险研究所组织翻译,中国劳动社会保障出版社,2004年版,第3页。

[②] 威廉·贝弗里奇:《贝弗里奇报告——社会保险和相关服务》,劳动和社会保障部社会保险研究所组织翻译,中国劳动社会保障出版社,2004年版,第1页。

[③] 参见金子光一:《社会福祉の步み》,有斐阁,2005年版,第137页。

[④] 威廉·贝弗里奇:《贝弗里奇报告——社会保险和相关服务》,劳动和社会保障部社会保险研究所组织翻译,中国劳动社会保障出版社,2004年版,第3页。

[⑤] 参见金子光一:《社会福祉の步み》,有斐阁,2005年版,第139-140页。

[⑥] 威廉·贝弗里奇:《贝弗里奇报告——社会保险和相关服务》,劳动和社会保障部社会保险研究所组织翻译,中国劳动社会保障出版社,2004年版,第2页。

工党政府最终采纳了贝弗里奇提案,于1945年实施了《家庭补助法》,1946年实施了《国民保险法(工业伤害法)》《国民保险法》《国家卫生服务法》,1948年实施了《国民救助法》等。报告对欧洲大陆的其他国家产生了巨大的影响,该报告在英国发表和得到实践之后,瑞典、法国、意大利等国也开始纷纷效仿英国,致力于福利国家的构建。①

三、吉尔伯特与《社会福利政策引论》

《社会福利政策引论》(Dimensions of Social Welfare Policy)的作者是美国的尼尔·吉尔伯特和保罗·特雷尔,编写于1974年,目前国内有黄晨熹等人翻译的《社会福利政策导论》(2003年出版)和沈黎翻译的《社会福利政策引论》(2013年出版)等版本。

该书以美国的福利政策为例,从制度、分析和政治三个研究视角出发,阐述了社会政策的分析方法。

首先,制度的视点可以用于社会结构的确定和分析,它提出了几种基本的社会组织,包括亲属系统、宗教组织、工作场所、市场和政府等,指出它们共同构建了美国的助人活动。并且,它们具有明显不同的特质、优势和弱势,社会援助会受到它们之间平衡关系的巨大影响。②

其次,分析的视点提供了三种研究社会政策的主要方法(3P),即过程(process)、产出(product)和绩效(performance)。第一,过程研究最关注的是影响政策形成的政治体系、政府以及其他利益集团间的关系与互动。第二,产出研究认为产出就是一系列的政策选择,重点在于选择的相关议题:是什么政策选择的形态或内容,最后导致了政策的设计?这些政策选择排斥了哪些观点?什么价值、理论、假设可以用来支持这些选择?第三,绩效研究关注对方案执行成果的描述与评估,调查人员一般会考虑两方面的内容,即这个方案的执行状况和带来的影响。③

最后,政治的视点提出了社会福利政策的传统辩论多集中在保守派与改革派这两种意识形态上,两种形态对何为美好社会的定义与政府应扮演的角色看法截然不同。保守主义(Conservatism)强调个人主义和自由放任经济的观点,认为每个人应该为自己的命运负责,社会问题本身反映了选择不当、个人功能失调以及贫穷文化,推崇小政府主义。这是美国例外主义(American Exceptionalism)的基本要素,其核心精神就是自立与奋斗。相对而言,改革政治(Progressive Politics)则抱有着截然不同的看法,他们强调集体主义,认为民众有权利去"公平地分享"社会利益,社会问题反映了根本的社会经济状况、获取资源存在障碍以及缺乏机会,推崇大政府主义。④

---

① 金子光一:《社会福祉の步み》,有斐阁,2005年版,第142页。
② 参见 Neil Gilbert、Paul Terrell:《社会福利政策引论》,沈黎译,华东理工大学出版社,2013年版,第3-14页。
③ 参见 Neil Gilbert、Paul Terrell:《社会福利政策引论》,沈黎译,华东理工大学出版社,2013年版,第16-20页。
④ 参见 Neil Gilbert、Paul Terrell:《社会福利政策引论》,沈黎译,华东理工大学出版社,2013年版,第20-21页。

该书还在福利分配框架之内,将社会政策理解为四个问题(4W),即由谁领取(who)、领取什么(what)、如何发放(how to deliver)、如何筹资(how to fund)。4W问题的具体表现为:社会分配的基础、社会供给的类型、输送的策略以及财务的模式。另外,该书还以具体案例为证分析了4W问题的演变趋势:其一,社会分配的基础,从选择式到普及式;其二,社会供给的本质,从无形及限制到具体及多样化;其三,输送系统,由同一个行政单位(收入关联)输送到与行政分离,增加了私营部门和非营利组织等民间主体的参与;其四,从无限制的分类补助款到定额的综合补助款。[①]

该书清晰探讨了社会福利政策的分析架构,还提供了以社会工作能力为本的教育范本,对全球社会工作界产生了深远的影响。[②]

四、谢若登与《资产与穷人》

《资产与穷人》(Assets and the Poor: A New American Welfare Policy)于1991年出版发行,作者是美国的迈克尔·谢若登,目前国内的版本由高鉴国翻译,于2005年出版。

谢若登通过大量的客观数据对当时美国的社会政策进行分析,指出福利政策并没有发挥其应有的作用,因此他提出了一种崭新的"以资产为基础的社会政策"模式构想。20世纪80年代的美国,流浪者、儿童贫困、低学历等问题普遍存在,收入不平等在进一步加剧,1988年最顶层20%的人口得到44%的总收入,而最底层20%的人口只得到4.6%的总收入,两者几乎相差10倍。[③] 对此,谢若登指出福利政策虽然供养了弱者,但无助于使他们变强这一点。因此,他提出了一种崭新的观点,即"以资产为基础的社会政策"模式。他认为,以往的社会政策以收入为基础,尽管体现了人性和公平,但并不是构建福利救助的最好方式。他强调穷人如果想要摆脱贫困,不仅仅需要从经济上,而且要在社会和心理上积累一种"资产",因为收入只能维持消费,而资产却能改变人们的思维方式和互动方式。[④]

谢若登在书中分析了两种福利转支的区别:第一种福利转支用于"直接消费"目的,如提供给低收入家庭的租房补贴;第二种福利转支则有助于"资产积累",如对房屋贷款利息的税收减免和对住房、教育的公共补贴贷款。前者通常表现为现金和实物服务形式,明显可见;后者的服务形式很难辨识,往往通过非直接的方法进行资助,如税收支出和信

---

① 参见 Neil Gilbert、Paul Terrell:《社会福利政策引论》,沈黎译,华东理工大学出版社,2013年版,第81-90页。
② 参见 Neil Gilbert、Paul Terrell:《社会福利政策引论》,沈黎译,华东理工大学出版社,2013年版,第357页。
③ 迈克尔·谢拉登:《资产与穷人——一项新的美国福利政策》,高鉴国译,商务印书馆,2005年版,第22页。
④ 迈克尔·谢拉登:《资产与穷人——一项新的美国福利政策》,高鉴国译,商务印书馆,2005年版,第5-6页。

贷补贴。①

　　他进一步指出许多非直接福利转支是以资产为基础的，认为刺激资产积累的福利转支具有更有力的反贫困效果。为了阐述原因，他发展了一套关于资产福利效应的具体理论。该理论提出，资产的优点不仅仅是占有，还很有可能对人的行为产生其他许多积极的影响，例如促使人们不断努力，使人们能够承担风险，创造未来取向和鼓励人力资本的发展。② 因此，他认为社会政策的设计在一定程度上应当促进穷人的资产积累，并使其制度化。③

　　他还批评美国当时的福利政策已经偏离轨道，因为它仅仅注重对穷人的收入保护，而政策的目标不仅仅是保护而且应当是增权，尤其是增强资产积累在经济和社会福祉中发挥的重大作用。并且，他进一步指出，检验反贫困政策的关键应当在于接受者的经济状况比政策执行前是否有所好转，尤其是接受者是否拥有更多的资产，如果答案是否定的，那么反贫困政策就是失败的。④

　　谢若登提倡"以资产为基础"的社会政策模式，并支持发展个人账户，对传统的反贫困福利措施和思想提出了挑战，在社会福利政策的研究领域开拓了一条新的重要分析思路。⑤ 该模式赋予穷人拥有资产的权利和机会，具有很大的创新性和实践意义，但忽略了穷人的收入基数小、积累速度慢这一点，以及富人往往拥有更多的资产储蓄这一点，在实践过程中，需要警惕其在结果上反而造成为非穷人服务，使富人获利更多的危险。

> **思考题**
>
> 1. 什么是社会保障？
> 2. 社会保障的基本特征是什么？
> 3. 社会保障的基本原则是什么？
> 4. 社会保障的主要功能有哪些？
> 5. 简述社会保障的主要发展阶段。
> 6. 简述社会保障的主要研究主题。

---

① 迈克尔·谢拉登：《资产与穷人——一项新的美国福利政策》，高鉴国译，商务印书馆，2005年版，第5页。

② 迈克尔·谢拉登：《资产与穷人——一项新的美国福利政策》，高鉴国译，商务印书馆，2005年版，第6页。

③ 迈克尔·谢拉登：《资产与穷人——一项新的美国福利政策》，高鉴国译，商务印书馆，2005年版，第242页。

④ 迈克尔·谢拉登：《资产与穷人——一项新的美国福利政策》，高鉴国译，商务印书馆，2005年版，第7页。

⑤ 迈克尔·谢拉登：《资产与穷人——一项新的美国福利政策》，高鉴国译，商务印书馆，2005年版，第5页。

推荐阅读

1. 威廉·贝弗里奇：《贝弗里奇报告——社会保险和相关服务》，劳动和社会保障部社会保险研究所组织翻译，中国劳动社会保障出版社，2004年版。

2. 哥斯塔·艾斯平-安德森：《福利资本主义的三个世界》，苗正民、滕玉英译，商务印书馆，2010年版。

3. 迈克尔·谢拉登：《资产与穷人——一项新的美国福利政策》，高鉴国译，商务印书馆，2005年版。

4. Neil Gilbert、Paul Terrell：《社会福利政策引论》，沈黎译，华东理工大学出版社，2013年版。

5. 林闽钢主编：《社会保障国际比较》，科学出版社，2015年版。

6. 祝建华：《城市居民最低生活保障制度的评估与重构》，中国社会科学出版社，2011年版。

7. 邓大松、孟颖颖：《社会保障风险管理》，人民出版社，2017年版。

8. 郑功成：《中国社会保障改革与发展战略——理念、目标与行动方案》，人民出版社，2008年版。

POSTSCRIPT

后记

经过近四年时间的组织和编写，《应用社会学导论》一书终于完成了。在本书即将出版之际，我首先要感谢南京大学文科"双重"项目的支持，同时也要对参与本书编写的各位作者表示衷心的感谢！

本书各章的作者是：

第一章，贺晓星，日本广岛大学哲学博士，现为南京大学社会学院教授。

第二章，汪和建，南京大学社会学博士，现为南京大学社会学院教授、博士生导师；朱晨宇，南京大学社会学院硕士生。

第三章，张玉林，日本京都大学农学博士，现为南京大学社会学院教授。

第四章，胡小武，南京大学社会学博士，现为南京大学社会学院副教授。

第五章，徐愫，南京大学社会学博士，现为南京大学社会学院副教授；许琪，北京大学社会学博士，现为南京大学社会学院副教授。

第六章，马道明，南京大学环境科学博士，现为南京大学社会学院副教授。

第七章，闵学勤，南京大学社会学博士，现为南京大学社会学院教授、博士生导师；陈丹引，南京大学社会学院博士生。

第八章，徐连明，南京大学社会学博士，现为华东师范大学社会学院副教授。

第九章，王咏，南京大学社会学博士，现为南京大学艺术学院副教授。

第十章，周培勤，美国阿拉巴马大学传播学博士，现为南京大学社会学院副教授。

第十一章，谢燕青，南京大学社会学博士，现为南京大学社会学院副教授。

第十二章，沈晖，南京大学社会学博士，现为南京大学社会学院副教授。

第十三章，风笑天，北京大学社会学博士，现为南京大学社会学院教授、博士生导师。

第十四章，郭未，北京大学人口学博士，现为南京大学社会学院教授。

第十五章，刘柳，香港大学哲学博士（社会工作专业），现为南京大学社会学院教授。

第十六章，陈昌凯，南京大学社会学博士，现为南京大学社会学院副教授。

第十七章，方长春，南京大学社会学博士，现为南京大学社会学院教授、博士生导师。

第十八章，田蓉，香港大学哲学博士（社会工作专业），现为南京大学社会学院副教授。

第十九章，朱力，南京大学社会学博士，现为南京大学社会学院教授、博士生导师。

第二十章，肖萍，南京大学社会学博士，现为南京大学社会学院副教授。

第二十一章，祝建华，南京大学管理学博士，现为浙江工业大学公共管理学院教授、博士生导师；梁卓慧，日本金泽大学社会环境学博士，现为浙江工业大学公共管理学院讲师。

为了方便教师教学，我专门邀请南京大学社会学博士、美国得克萨斯大学访问学者、南京师范大学社会发展学院社会学系主任王晓焘副教授为本书精心制作了教学课件，他在课件中又补充了许多珍贵的资料和照片，为本书的使用增色不少。在此也对他表示感谢！

由于编写者学识水平的局限，书中难免存在各种不当之处，欢迎读者批评指正。

风笑天

2022年6月20日于南京